인권의 정치사상

정치사상총서 01

인권의 정치사상
현대 인권 담론의 쟁점과 전망

지은이 / 김비환·유홍림·김범수·홍원표·곽준혁·김병곤·오영달·최형익·박의경·김은실·김봉진·
　　　　김석근·오문환·홍태영·김남국·김병욱
펴낸이 / 강동권
펴낸곳 / (주)이학사

1판 1쇄 발행 / 2010년 12월 30일
1판 2쇄 발행 / 2011년 9월 15일

등록 / 1996년 2월 2일 (등록번호 제 03-948호)
주소 / 서울시 종로구 안국동 17-1 우110-240
전화 / 02-720-4572 · 팩스 / 02-720-4573
이메일 / ehaksa@korea.com

ⓒ (사)한국정치사상학회, 2010, Printed in Seoul, Korea.

ISBN 978-89-6147-140-4 94340
　　　978-89-6147-139-8 94340(세트)

이 책의 저작권은 저자가 가지고 있습니다.
저작권법에 의해 보호를 받는 저작물이므로 이 책 내용의 일부 또는 전부를 재사용하려면
저작권자와 (주)이학사 양측의 동의를 얻어야 합니다.

* 책값은 뒤표지에 표시되어 있습니다.

이 도서의 국립중앙도서관 출판시도서목록(CIP)은 e-CIP 홈페이지
(http://www.nl.go.kr/cip.php)에서 이용하실 수 있습니다.
(CIP제어번호: CIP2010004527)

정치사상총서 01

인권의 정치사상

현대 인권 담론의 쟁점과 전망

Human Rights

김비환, 유홍림, 김범수, 홍원표, 곽준혁, 김병곤,
오영달, 최형익, 박의경, 김은실, 김봉진, 김석근,
오문환, 홍태영, 김남국, 김병욱 지음

이학사

일러두기

1. 이 책은 한국정치사상학회 회원들이 '인권의 정치사상'을 주제로 함께 연구한 결과물이다.
2. 각 장별로 독립적인 글이므로 각 장 지은이의 글쓰기를 살리되, 인명과 몇몇 용어 및 전체적인 형식은 통일하였다.
3. 인명과 주요 용어는 각 장별로 처음 나올 때 한 번(단 일부 용어는 두 번 이상) 원어나 한자 병기를 하는 것을 원칙으로 하였다. 인용문의 경우 어법에 맞지 않는 일부 구절은 표현을 수정하기도 했다. 별도의 설명이 없는 고딕체는 지은이의 강조이다.
4. 부호의 쓰임은 다음과 같다.
　『　』: 도서명
　「　」: 논문명, 선언문, 강연명, 법률명
　〈　〉: 그림명, 방송프로그램명
　(　): 본문에서의 지은이의 부연 설명, 외국어나 한자 병기, 생몰 표기
　[　]: 인용문에서의 인용자의 부연 설명, 음이 다른 한자나 한자 구절 표기
　……: 중략

책머리에

 현대사회에서 인권의 위상은 날로 높아가고 있다. 인권을 존중하지 않는 사회는 개명되지 못한 사회요 인권 의식을 결여한 개인은 품위 있는 민주 시민으로 인정받지 못하는 시대가 되었다. 그러나 지구적 수준에서 보면 인권은 아직 자명하거나 확고부동한 공존 원리가 되었다고 보기 어렵다. 인권은 긴 시간과 광범위한 문화권에 걸친 수많은 투쟁을 통해 점진적으로 그리고 누적적으로 확립되어왔다. 그래서 인권은 아직도 많은 철학적·이론적·실천적 난제를 지니고 있다. 명실 상부한 인권의 시대는 이런 산적한 문제들이 상당 부분 해결될 때에야 실현될 것이다. 이 책은 이런 문제들에 대한 다수 시민의 이해가 인권 시대의 도래를 앞당기는 동력이 되기를 바라는 희망의 소산이다.
 이 책은 정치사상학회의 회원들이 함께 연구한 결과물들을 엮은 것이다. 그래서 한 사람의 노력으로는 다 고찰할 수 없는 인권의 다양한 측면을 검토할 수 있었다. 한 편 한 편을 꼼꼼히 읽어보면 인권에 관한 유익하고 풍성한 생각할 거리를 얻을 수 있을 것이다. 하지만 더 풍부한 내용을 담을 수도 있었는데 하는 아쉬움도 없지 않다. 그것은 전적으로 이 책의 편집을 책임진 나의 무능력 탓이기에 독자들의 이해를 구할 뿐이다. 이 책의 미진한 부분들을 더욱 발전시키고 이 책이 조명하지 못한 주제들을 다룬 또 한 권의 책이 필요할지도 모르겠다. 학회 회원들의 뜻이 모인다면 충분히 가능하고 또 추진해볼만한 일이라 생각한다.

공동의 주제를 놓고 함께 생각하고 토론하며 살아간다는 것은 공부를 업으로 삼는 사람들의 삶의 방식이다. 이 한 권의 책은 그런 삶의 조그마한 흔적이다. 이 책이 세상에 나왔으니 이왕이면 이 세상이 더불어 살고픈 곳이 되는 데 작은 밑거름이 되었으면 좋겠다. 학회의 모든 회원과 이 책이 나온 기쁨을 함께 나누고 싶다. 이런 기회를 마련하기 위해 무척 애쓰신 서병훈 전임 회장님과 전경옥 현 회장님 그리고 여러 가지 성가신 연락과 실무를 맡아주신 김은실 박사님께 깊이 감사드린다.

미국의 금융위기로부터 시작된 경제 침체가 아직도 전 세계를 뒤덮고 있는 이때에 인문사회과학 분야의 책을 출판한다는 것은 참으로 모험인듯싶다. 그럼에도 정치사상학회의 연구서 시리즈 발간을 선뜻 허락해주신 이학사 강동권 사장님께 심심한 감사의 마음을 표한다. 인권이 우리 시대의 가장 중요한 화두임은 분명하지만 정작 이에 관한 책을 출판한다는 것은 이학사의 특별한 각오와 결의가 없이는 불가능함을 알고 있다. 이에 우리 필자들은 이학사의 높은 뜻과 사명감에 경의를 표하며, 이 책이 이학사의 발전에 조금이라도 힘을 보탤 수 있기를 기대한다.

2010년 11월
16명 저자의 뜻을 모아
명륜골에서
김비환 씀

| 차례 |

책머리에 5

제1부
총론 11
현대 인권 담론의 쟁점과 전망_김비환 13

제2부
현대 주요 정치사상의 인권 담론 73
1장 현대 자유주의와 인권의 보편성_유홍림 75
2장 공동체주의 인권 담론: 보편주의적 범세계주의와의 논쟁을 중심으로_김범수 105
3장 인권 문제와 보수주의: '본의 아닌' 만남을 넘어서_홍원표 143
4장 공화주의와 인권_곽준혁 177

제3부
인권 담론의 근대 정치사상적 기원 213

5장 근대 자연권 이론의 기원과 재산권: 로크와 페인_김병곤 215
6장 인권과 민주주의에 대한 로크와 루소 사상의 비교와 북한 인권_오영달 241
7장 칼 맑스의 정치경제학 비판과 사회권 사상_최형익 271

제4부
역사적 맥락에서 본 페미니스트 인권 담론 309

8장 근대 정치사상과 여성 그리고 인권_박의경 311
9장 콜론타이의 여성해방론과 여성의 사회적·경제적 권리_김은실 337

제5부
동아시아 인권 담론의 기원과 자원 373

10장 서구 '권리' 관념의 수용과 변용: 유길준과 니시 아마네의 비교_김봉진 375
11장 인권과 문명, 그리고 아시아적 가치: '보편적인 것'의 정치성과 '열린 보편성'
_김석근 415
12장 동학(천도교)의 인권 사상_오문환 437

제6부
지구화 시대 인권 담론의 과제와 전망 461

13장 인권의 정치와 민주주의의 경계들_홍태영 463
14장 문화적 권리와 보편적 인권_김남국 493
15장 인권의 결함_김병욱 529
16장 가치 다원주의 시대의 인권 규범 형성: 정치철학적 접근_김비환 579

각 장에 대한 안내 및 각 장이 처음 게재된 학술지 615
지은이 소개 617

제1부

총론

현대 인권 담론의 쟁점과 전망_김비환

현대 인권 담론의 쟁점과 전망

김비환

1. 머리말

이 총론의 목적은 아래의 이슈들을 중심으로 현대 인권 담론의 쟁점을 정리, 이 책에 수록된 글들과 함께 인권에 관한 독자들의 이해를 돕는 데 있다.[1)]

- 인권 개념은 유용하고 바람직한가?
- 왜 자연권 대신 인권인가?
- 인권은 선험적으로 주어진 것인가 사회적으로 구성된 것인가?
- 인권은 어떻게 정당화되어왔는가?
- 인권의 보편성은 어떻게 이해해야 하는가?

1) 아래의 질문들은 불가분적으로 상호 연계·중첩되어 있지만, 분석상의 편의를 위해 구분해서 다룬다. 그리고 이 총론에서 개략적으로 다루거나 빠뜨린 이슈들은 이 책에 수록된 16편의 글에서 보다 상세히 다뤄질 것이다.

- 인권 체계 내의 우선순위는 어떻게 이해해야 하는가?
- 지구화 시대에 인권은 누가 소유하며 누가 이행의 의무를 지는가?
- 인권 규범의 보편성을 어떻게 확립할 수 있는가?

1948년 세계인권선언과 더불어 인권의 시대가 개막되었다. 1966년 최초의 인권 관련 국제법인 시민적·정치적 권리에 대한 국제규약(ICCPR)과 경제적·사회적·문화적 권리에 대한 국제규약(ICESCR)이 채택된 이후 국제법은 많은 인권을 인정·보호해오고 있다. 이 두 국제규약에 비준한 국가들도 1976년 35개국에서 2000년대 들어 140개국 이상으로 비약적으로 증가, 이제 인권의 존재와 당위성을 부정하는 국가는 거의 없게 되었다. 아직도 상당수의 국가가 인권 체계 내의 우선순위와 역사적 조건의 상이성 혹은 능력 부족 등을 이유로 들어 인권의 이행을 유보하고 있는 것이 현실이지만 적어도 표면적으로는 인권의 존재를 부정하지는 않는다. 인권을 부정하는 인상을 줄 경우 국제사회로부터 지탄을 받거나 고립될 수 있다는 판단 때문이다. 인권은 또한 국가의 선진성을 평가할 수 있는 매우 중요한 척도로 인정되고 있다. 이 때문에 그 어떤 국가도 야만적이라는 비난을 듣고 싶지 않은 이상 자국민의 인권 보호에 관심이 없다는 인상을 주지 않으려 한다.

개인적 수준에서도 인권 의식은 크게 고양되었다. 여기에는 근래에 들어 크게 진전된 자유화와 민주화가 배경으로 작용하고 있다. 자유화와 민주화는 소수인종·문화 집단의 권리 의식을 고양시킨 동시에 정치 참여를 통한 권익의 보호와 자아실현의 기회를 제공해주고 있다. 권리 의식과 담론의 확산이 공동체적 유대와 공동선의 가치를 격하시키고 사회적 관계를 원자화시키며 삶의 의미 지평을 파괴한다는 공동체주의자들의 비판이 없는 것은 아니다. 그럼에도 불구하고 오늘날 인권이 개인과 소수집단의 정체성과 권익 보호를 위한 가장 효과적인 수단으로 기능하고 있다는 것은 분명하다. 더구나 인권유린과 반인륜적인 행위의 상당 부분이 특수한 인종·종교 집단 내부의 전통적 관행과 연관되어 있는 현실에서 개인의 인권은 공동체의 억압성에 대해 개인의 권익과 존엄성을 지켜내는 매우 효과적인 기능을 수행하고 있다. 나아가서 결사의 자유와 같은 권리는 자유롭고 민주적인 공동체의 건전성을 유지하는 데 필수적인 역할을 담당하고 있을 뿐만 아니라, 소수인종·문화 집단이 독자적인 공동체를 구성함으로써 가치 있는 삶을 향유할 수 있는 기회를 제공해주기도 한다. 인권에 대한 보편적 믿음과 인권이 수행하는 권익 보호 역할을 두고 볼 때, 오늘날 인권이 가장 많은 신자를 거느린 일종의 세속 종교가 된 이유를 충분히 납득할 수 있다.

하지만 인권 복음이 범세계적으로 확산되고 있음에도 불구하고 많은 지역에서 인권의 실상은 여전히 암울하다. 오늘날 인권 분야에서만큼 이론과 실제의 간극이 크게 벌어진 분야도 찾아보기 힘들다. 세계 곳곳에서 대량 학살과 테러가 지속적으로 발생하고 있으며, 고문과 정치범 박해와 같은 인권침해 사례들이 끊이지 않고 있다. 중국처럼 고도의 경제성장을 구가하고 있는 국가들에서도 시민적·정치적 권리의 실현은 아직도 요원한 과제로 남아 있다. 우리와 대치하고 있는 북한에서의 인권의 실상은 참혹할 정도이다. 3대 세습 체제를 구축하려는 봉건적인 정치형태가 존속하고 있으며 정치범 강제수용소가 운영되고 적법절차를 무시한 사형 집행이 비일비재로 일어나고 있다. 아프리카로 눈을 돌려보면, 종족들 사이에 빈번히 대량 살상이 자행되고 있으며, 질병과 기근으로 인해 많은 사람이 아사하거나 아사 직전에 처해 있다. 심지어 문명의 최전선을 달린다고 자부하는 서구 국가들에서도 인종차별적 관행과 경찰의 가혹 행위, 수감자들에 대한 학대, 불법 입국자들에 대한 잔혹한 색출과 추방 행위 등이 빈번히 자행되고 있다. 그리고 멀리 볼 것도 없이 우리 사회에서도 아동 학대와 외국인 노동자에 대한 차별과 착취, 경찰에 의한 불심검문, 피의자에 대한 가혹 행위 그리고 교도소 징벌방의 과밀 수용 등 크고 작은 인권 침해 사례들을 무수히 찾아볼 수 있다. 일부 국가는 "당위(ought)는 실천 가능성(can)을 포함한다."는 진술에 입각하여 일부 인권, 특히 사회적·경제적인 인권들은 "실천 가능하지 않기 때문에 실천할 수 없다."고 변명하곤 한다.[2] 하지만 그런 진술은 빈번히 지도자들과 기득권층의 무관심 혹은 의지 결여를 변명하는 것에 불과할 때가 많다. 이 모든 정황은 인권이 세속 종교가 되었다는 선언의 신빙성을 의심케 하며, 인권의 시대라는 표현에 담긴 다면적인 의미를 심사숙고하게 만든다. 어떤 의미에서 인권 복음은 이 복음을 절실히 필요로 할 정도로 많은 문제가 산적해 있다는 문제의식을 표현한 것에 지나지 않을 수도 있다.[3]

인권 체계의 확립과 인권 복음의 확산에도 불구하고 인권의 실제가 여전히 어둡다는 인식은 인권 담론에 내재하는 다양한 모순 혹은 긴장 때문에 더 심각히 다가온다. 인권의 이론과 실제 사이의 간극은 그 자체로 중대한 문제이다. 하지만 이 간극의 현실적 의미는 인권 담론

---

2) 예컨대 크랜스톤(M. Cranston)은 시민적·정치적 권리만이 보편적으로 실천 가능하기 때문에 인권의 범주에 포함된다고 주장한다(Cranston, 1973). 하지만 이는 지나치게 협소한 견해로 보인다. 시민적·정치적 권리의 실천 가능성은 다른 사회적·경제적 조건과 밀접한 연관성이 있기 때문이다.
3) 인권의 암울한 실제에도 불구하고 인권 시대의 도래는 국가를 포함한 모든 집단이 정책을 입안하고 집행할 때 그것에 영향을 받는 개인들과 집단들의 권리와 자유를 진지하게 고려해야 하는 시대가 되었음을 의미하며, 개인들로서는 그런 국가를 포함한 집단들의 행위가 자신들의 중요한 권익을 침해한다고 판단할 경우 그것에 대항할 수 있는 도덕적·법적인 수단을 하나 더 갖게 되었다는 것을 의미한다.

에 내재하는 다양한 긴장과 한계에 의해 더욱 심화된다. 인권 담론에 내재하는 긴장과 한계들은 인권 담론을 구성하고 있는 핵심적인 원리들 혹은 요소들에 관계되어 있다는 점에서 매우 근본적이고 심각한 것들이다. 인권 체계가 인간의 본성이나 신의 섭리에 관한 제1명제로부터 수미일관한 연역적 논리를 통해 도출되어 만인에게 타당한 것으로 인식되었다면 인권 담론에 내재하는 긴장이나 모순은 존재하지 않거나 그다지 심각하지 않았을 것이다. 하지만 실제로 인권은 복잡한 역사·정치적 과정을 통해 점진적이고 누적적으로 인정·채택되어왔을 뿐만 아니라, 여러 국가의 상이한 역사 인식과 필요를 반영하고 있는 까닭에 구조적인 긴장이나 모순을 내포하고 있을 수밖에 없다(김비환).[4] 여기에 지구화 추세 및 국제정치적 역학 관계 등이 결부되면 인권을 둘러싼 담론 형성은 더욱 복잡해질 수밖에 없는바, 인권 담론이 인권의 실제를 개선하는 데 무력한 한 가지 이유는 인권 담론이 체계적 정합성과 명료성을 확보하지 못함으로써 정치적으로 이용될 수 있는 여지를 허용하고 있기 때문이다.

하지만 인권 담론 내부의 긴장과 모순을 들어 인권의 한계나 무용론을 주장하는 것은 지나치게 비관적이다. 완벽하지는 않지만 인권 규범은 어느 정도 현실 질서를 틀 짓고 또 규제하고 있기 때문이다. 무엇보다 인권 규범은 수많은 국가와 집단 및 개인에 의해 지지·준수되고 있으며 규범적 장악력을 넓혀가고 있다.[5] 이 때문에 인권 담론의 내부적 긴장과 모순을 평계로 그 규범적 타당성과 유용성을 전면적으

---

[4] 총론의 본문 괄호 속의 한국인 저자는 이 책에 수록된 각 글을 가리킨다.
[5] 여기서 '장악력'은 법적인 구속력 및 적극적인 도덕적 동의의 태도까지 포함하는 개념이다. 따라서 인권의 규범적 장악력을 넓히는 과제는 다수 국가에서는 법적인 구속력까지를 그리고 나머지 국가에서는 최소한 적극적인 도덕적 수용의 태도를 형성하는 것을 의미한다.

로 거부하는 것은 온당치 않을 뿐만 아니라 비현실적이기조차 하다.

이처럼 인권 담론이 지닌 최소한의 규범적 타당성과 현실적 유효성을 인정할 경우, 인권 담론에 내재하는 긴장과 한계를 인식하고 극복하려는 노력은 이론적으로뿐만 아니라 실천적으로도 큰 의미가 있다. 이론적 모순의 극복은 규범적 일관성과 타당성을 제고시켜줄 수 있고, 인권 담론에 내재하는 한계에 대한 인식은 각국의 발전 수준과 형편에 따라 다소 특수한 인권 체계를 채택할 수 있는 여지를 허용해주기 때문이다. 이런 문제의식을 가지고 이 총론은 서두에서 제시한 질문들을 중심으로 인권 담론에 내재하는 긴장과 한계를 체계적으로 조망, 이 책에 수록된 글들과 함께 인권의 이론과 실제에 관한 독자들의 이해를 제고하는 데 일조하고자 한다.

2. 인권 개념은 유용하고 바람직한가?

오늘날 인권 개념이 누리고 있는 높은 명성에도 불구하고 인권 개념의 유용성과 바람직함에 대한 철학적 회의는 종식되지 않았다. 권리란 개념이 자연권 형태로 제시·옹호되었던 근대 초 이래 권리 개념에 대한 회의는 지속적으로 표명되어왔으며 그 점에 있어 오늘날도 예외는 아니다.

프랑스혁명을 비판하는 가운데 버크(E. Burke)는 인간의 권리(the rights of man)를 기치로 내건 프랑스혁명이 영국의 전통적인 사회구조의 붕괴에 영향을 미칠 것을 우려하면서 추상적이고 보편적인 인간의 권리를 부정한 바 있다(홍원표). 버크에게 있어 권리는 특정한 정치 공동체의 역사와 전통 속에 결박되어 있는 만큼 선험적이고 보편적으로 존재하는 인권이란 존재하지 않는다. 나아가서 벤담(J. Bentham)은 선험적으로 존재하는 자연권이란 관념을 철학적 헛소리—'죽마 위의 헛소리(nonsense upon stilts)'—이자 사회적 테러라 비판함으로써 자연권이 '효용(=유용성)'을 강조하는 공리주의적 관점에 입각하여 사회적으로 인정되거나 폐지될 수 있다는 것을 시사했다.

권리 개념에 대한 비판은 오늘날에도 전혀 수그러들지 않았다. 1981년 『덕의 상실(After Virtue)』에서 공동체주의자 매킨타이어(A. MacInture)는 인권이란 개념을 마녀나 유니콘처럼 그 존재를 입증할 수 없는 허구와 유사한 것이라고 비판함으로써 인권 개념의 유용성 및 규범적 타당성을 부정한 바 있다(MacIntyre, 1981: 67). 샌들(M. Sandel) 역시 비슷한 맥락에서 권리 정치의 등장을 공동선 정치의 타락에 수반되는 병리적인 현상으로 파악하는 한편, 권리를 '무연고적인 자아(unencumbered self)'의 독립과 자유를 보장해줌으로써 공동체의 해체를 공식화·가속화시키는 제도로서 비판한 바 있다(Sandel, 1982).

현재는 권리 개념의 엄밀성이나 명료성에 초점을 맞춘 비판들이 제시되고 있다. 권리가 무엇이고 그 인정 근거는 무엇이며, 권리에는 어떤 종류와 형태가 있고, 또 각각의 종류와 형태는 어떤 실천적 함의를 지니는가?[6] 이런 이슈들에 대한 철학적 검토는 인권의 문제가 보다 복잡한 철학적·이론적 문제들과 연계되어 있음을 보여주는데, 이 이슈들을 둘러싼 다양한 철학적 입장 사이의 치열한 경합은 인권의 유용성에 대한 회의를 불러일으키는 또 다른 요인이 되고 있다.

예컨대 인권은 인간이 단순히 인간이라는 사실—주로 인격성 혹은 도덕성을 갖는 존재—때문에 갖는 권리로서 이해되기도 하고(Adams, 2002; Griffin, 2002), 특별한 보호가 필요한 인간의 '긴급한 이익들(urgent interests)'이나 반드시 충족되어야 할 '기본적 필요들(basic needs)'로서 이

---

[6] 이런 이슈들에 개한 개관으로는 조운즈(Jones, 1994: 1장, 2장)를 참조할 것.

해되기도 한다(MacCormick, 1977; Lyons, 1969; Braybrook, 1987; Nussbaum, 1995; 1997). 이런 각각의 정의를 채택할 경우, 전자는 권리를 소유할 수 있는 인간의 범주를 어떻게 설정할 것인가를 두고, 그리고 후자는 어떤 이익들을 '긴급한 이익들'로 규정할 것인가를 두고 또 다른 논란을 불러일으킨다. 예컨대 전자의 경우는 권리 소유의 자격을 합리성과 언어 능력의 소유에서 찾는 입장과, 감각성(sentience)의 유무를 중시하여 비인간적인 존재들에게까지 권리를 부여해야 한다고 주장하는 입장—예컨대 싱어(P. Singer)—으로 갈린다. 그리고 후자의 경우는 문명 발전의 수준에 따라 '긴급한 이익'의 내용이 달라질 수 있는 만큼, '긴급한 이익'의 보편적 기준을 설정하는 작업이 큰 난관에 봉착한다. 게다가 각국의 역사 발전 수준을 어떻게 평가하느냐에 따라 각국에 적합한 '긴급한 이익'의 기준들이 달라질 수 있기 때문에 '긴급한 이익'의 보편적 척도를 마련하기란 결코 쉽지 않다.

권리 개념 및 권리 부여의 근거에 대한 상이한 이해 방식들은 권리가 무엇에 대한 권리인가 하는 또 다른 문제와 얽혀 있다. 예컨대 인간이 권리를 갖는다고 말할 때 그것은 인간이 특정한 방식으로 취급되어야 한다는 것을 뜻하는가, 아니면 자신의 삶을 계획하고 추구하는 데 필요한 자원에 대한 권리를 의미하는가? 그것도 아니라면 자신의 소질이나 능력을 개발할 수 있는 기회에 대한 권리를 의미하는가?[7]

이런 문제들은 평등의 본질을 둘러싼 현대 정치철학의 중요한 논쟁들과 착종되어 있어서 권리 개념을 더욱 논쟁적으로 만든다. 오늘날

---

[7] 오늘날 인권은 다양한 근거에서 정당화되고 있다. 쉐스탁(J. J. Shestack)의 구분에 따르면 인권은, 자연권 개념, 정의 개념, 부정의에 대한 반응, 존엄성 개념, 존중과 관심의 평등 원칙, 문화상대주의 등의 다양한 근거 이론에 의해 정당화되고 있다(Shestack 2003).

다양한 정치철학적 입장은 평등의 본질에 대해 서로 상이한 입장을 견지하고 있는데, 권리문제에 있어 이 정치철학적 논쟁이 중요한 이유는 어떤 평등관을 표방하느냐에 따라 상이한 권리 개념과 체계를 도출·정당화할 수 있기 때문이다. 예컨대 행복(well-being)의 평등, 자원의 평등, 기회의 평등 혹은 능력의 평등 중에서 어떤 평등관을 표방하느냐에 따라 권리의 의미와 내용이 달라질 수 있는 것이다. 이 때문에 권리라는 용어는 위에서 열거한 몇 가지 질문에 답변을 제공해줄 수 있는 철학적 이론과 연계하여 이해되지 않을 경우 그다지 유익한 개념이 되지 않을 수도 있다.

권리 개념의 유용성에 대한 철학적 회의는 일부 철학자로 하여금 권리 개념을 대체할 수 있는 개념이나 원리를 모색하도록 고무했다. 그 한 가지 흥미 있는 예는 인간의 능력(capabilities)과 기능(human functioning)을 중시하는 접근 방법이다. 너스바움(M. Nussbaum)은 센과 함께 '능력(세트) 접근'이라 불리는 접근법을 창안, 복지와 삶의 질에 관한 국제적 논쟁에서 그 접근법의 중요성을 옹호했다(Nussbaum and Sen, 1993; Nussbaum, 2000). 너스바움과 센은 인간의 능력이라는 개념을 사용했는데 이는 아리스토텔레스가 『니코마코스 윤리학』에서 좋은 정치 공동체의 몇 가지 목적을 표현하기 위해 소질(human capability= dunamis)과 기능(energeia) 관념을 사용한 데 착안한 것이다. 너스바움과 센은 인간의 소질과 기능 및 이와 연계된 삶의 질을 강조한 자신들의 접근 방법이 다른 접근들—개인적 효용(personal utility), 절대적 혹은 상대적 풍요(실질소득이나 실질적 부), GNP, 복지, 소극적 자유의 측정치, 주요한 사회적 가치들의 소유 비교(Rawls), 자원 소유의 비교 측정(Dworkin) 등과 같은 접근들—에 비해 장점이 있다는 것을 강조해왔다(Nussbaum and Sen, 1993: 30).

최근 들어 너스바움과 센은 그들의 접근 방식을 현대의 권리 중심 접근 방법과 통합시키는 방향으로 나아가고 있다. 이런 입장은 권리 개념을 결여하고 있는 아리스토텔레스주의를 롤즈(J. Rawls)와 드워킨(R. Dworkin)류의 권리 중심 자유주의를 통해 보완 또는 통합시키고자 하는 새로운 입장으로, 인간의 가장 중요한—혹은 긴급한—능력 또는 소질로 인정될 수 있는 것들을 헌법적 권리로서 천명·보호할 필요성에 대한 인식을 반영한다(Nussbaum, 2000: 96-101).

하지만 너스바움과 센의 통합적 접근 방법은 다음과 같은 의문을 불러일으킨다. 능력 중심 접근은 반드시 권리 중심적 접근을 필요로 하는가? 능력 접근이 권리 중심 접근과 충돌할 가능성은 없는가? 능력과 기능이라는 아리스토텔레스적 언어를 사용하는 자연법적 가톨릭 이론가들 다수는 여전히 권리에 토대를 둔 자유주의적 언어들을 거부하고 있는데 그것은 개념적인 오류인가 아니면 그럴만한 근거가 있는가? 이와 같은 질문들은 인권 개념이 오늘날에도 여전히 철학적으로 논쟁적인 개념임을 드러내주는 것으로 인권 개념의 유용성에 대한 철학적 회의를 반영한다.

반드시 인권 개념에 대한 회의를 반영한다고 볼 수는 없지만, 인권이 보호 또는 실현하고자 하는 가치나 목적이 필히 인권을 통해서만 실현될 수 있으며 또 실현되어야 하는지에 대해서도 강한 의문이 제기되어왔다. 이와 같은 의문은 자질구레한 도덕적 요구까지도 다 인권이란 기치 아래 포섭시켜가고 있는 오늘날의 인권 만능주의 경향의 문제점과 함께, 인권 일변도의 문제 해결 방식에 강한 거부감을 불러일으키고 있다. 현대의 인권 만능주의 경향은 그다지 중요하지 않은 사소한 도덕적 요구 사항들마저 인권에 포함시켜 인권 목록을 급격히 확장시켜왔는데, 이런 경향은 인권의 가치를 평가절하시키는 결과를 초래하고 있다(Mahoney, 2007: 71; Jones, 1994: 4-5). 그뿐 아니라 인권 개념의 확산에 따른 소송 문화의 확산과 사회적 원자화 경향은, 인권 개념이 정치사회의 조직 원리로서는 뚜렷한 한계가 있다는 비판 및 대안적인 사회조직 원리에 관한 모색을 자극하고 있다. 특히 유교 문화권이나 이슬람 문화권에 속하는 철학자들은 권리 개념에 반영되어 있는 서구 중심주의를 비판하는 한편으로, 서구의 권리 개념이 수행해 온 기능들을 훌륭히 수행하면서도 권리 문화가 조장하는 개인주의 문화의 폐단을 극복할 수 있는 다른 제도나 원리를 모색할 필요성을 강조한다.

인권 개념의 개인주의적 함의를 탈색하면서도 인권이 담당하고 있는 역할을 대신할 수 있는 대안적인 사회적 원리로서 인간 존엄성 원리나 덕의 윤리를 제시하는 전통들이 있다. 동학도 그런 전통에 속한다(오문환). 인권의 정치가 궁극적으로 인간성의 실현에 있다고 한다면 동학에서 주창하는 덕의 원리 역시 인간성의 실현에 관심을 갖고 있다. 동학에서 제시하는 천도의 보편성은 인권의 보편성에 대응한다. 다만 서구 인권 사상은 인권을 법적·제도적으로 표현하는 데 주력해온 반면, 동학은 심법과 수양을 통한 인간 존엄성의 체득을 주장한다. 동학은 인간중심주의에 매몰되지 않고 여타 자연과 우주와의 상통성에 기초하여 열린 공동체를 발전시킬 수 있다는 점에서 인권에 대한 바람직한 대안 원리로 제시된다.

이와 유사한 맥락에서 김석근은 인권 개념에 반영되어 있는 서구 중심주의를 지적하고, 다양한 문화적 차이를 극복함으로써 지구적인 적실성을 가질 수 있는 진정한 보편적 인권 모색의 가능성을 탐구한다(김석근). 그는 동아시아에서 인권 개념은 가토 히로유키와 후쿠자와 유키치의 번역물들에서 최초로 나타난다고 확인하고, 애초에는 민권이란 용어로 표현되었던 것이 점차 인권으로 대체되면서 그 개인주의적 색채를 노골적으로 드러내기 시작했다고 분석한다. 그는 일본인 국제법학자 오누마 야스아키의 연구를 참조하면서 구미 중심의 인권

관은 그 보편적인 형식성에도 불구하고 구미 중심주의, 자유권 중심주의, 개인 중심주의라는 '특수성'을 지닌다고 분석하고, 지구적 규모의 정당성을 갖는 문제적(文際的) 인권관의 당위성을 부각시킨다.

김봉진의 글은 동아시아 3국(한·중·일)에서 권리 개념이 주자학과의 이종교배를 통해 수용·변용된 과정을 특히 유길준(1856-1914)과 니시 아마네(1829-1897)의 사상을 중심으로 비교·고찰하고 있다는 점에서 일차적으로 '동아시아 인권 담론의 역사적 기원'을 다루고 있지만, 동시에 주자학 전통이 서구의 권리 개념(특히 자연권)에 상응하는 요소 혹은 원리—'천리자연, 성즉리' 등—를 내포하고 있다는 점을 부각시켜준다(김봉진). 김봉진의 시도는 상호 연관되어 있는 두 가지 측면에서 시사하는 바가 크다. 첫째는 동아시아의 유학 전통은 인권 개념을 사용하지 않으면서도 인권 개념에 상응하는 기능을 수행하는 고유의 원리를 가지고 있다는 것을 보여준다. 그리고 둘째, 동아시아의 유교 문명권은 다른 문화권과의 중첩 합의를 통해 국제적인 인권 규범의 수립과 실현에 능동적으로 참여할 수 있다는 것을 시사해준다.

김병욱의 글은 지금까지의 인권 담론에 대한 근본적 비판을 수행함으로써 새로운 인권 담론을 모색할 필요성을 강조하고 있다는 점에서 흥미롭다(김병욱). 그는 인권의 현실적 필요성을 인정하지만 기존 인권 담론의 철학적 근거에 치명적인 결함이 있다고 진단하고 그 결함을 극복할 수 있는 새로운 인권 담론의 모색이 절실하다고 강조한다. 그에 의하면 현대 인권 담론의 근본적 결함은 무엇보다 우리 시대에 절실한 '좋은 삶'에 관한 비전—보다 구체적으로는 '좋은 국가'나 '사회적 좋음'에 관한 구체적 해석—에 의해 뒷받침되지 않고 있다는 데 있다. 이는 인권 담론을 그저 '인간 욕구의 정당화 논리와 그 인정 투쟁'으로 변질시키는 근본 원인이 되고 있다는 점에서 심각한 문제이다. 김병욱의 글은 현대 인권 담론의 근본적 문제점을 분석하고 대안적인 인권 담론의 모색을 꾀하고 있다는 점에서 매우 대담한 시도이다.

3. 왜 자연권 대신 인권인가?

오늘날 우리가 알고 있는 바의 인권은 주로 17~18세기 유럽적 사고의 산물로, 최소한 12세기 이전까지의 윤리·정치적 사고 속에서는 전혀 등장하지 않았다(Mahoney, 2007: 1; Herbert, 2002: 49, 69-71).[8] 근대의 자연권 사상은 절대적이고 양도 불가능하며 시효가 없는 선험적 권리로서의 자연권 개념을 제시함으로써 근대 인권 개념의 초석을 세웠다. 자연권 사상가들은 인간의 천부적 권리인 자연권은 우주의 통치자인 신에 의해 부여된 것이거나 순수한 우주적 이성인 자연법에 의해 인정된 것으로 간주하였으며, 인간은 이성이라는 자연의 빛을 통해 자연권을 발견할 수 있다고 보았다. 그리하여 인간은 이 자연권

---

8) 하지만 시초부터 서구 정치사상사의 전통에서 강조되어온 다음과 같은 두 가지 경향이 근대의 자연권 이론의 발전에 기여함으로써 인권 사상의 출현에 기여했다. 그 한 가지는 서구 정치사상사의 가장 오래된 주제인 정의론에서 도덕이 차지하고 있는 핵심적인 위상이며, 다른 한 가지는 도덕적 지식의 원천으로서의 인간의 본성에 대해 서구 정치사상사의 전통이 가져온 깊은 관심이다(Mahoney, 2007: 1). 서구 정치사상의 전통 속에서 강조되어온 이 두 가지 경향을 중심으로 볼 경우, 자연적 정의의 중요성을 인정한 아리스토텔레스나 자연법을 인간 본성에 구유된 것으로 파악한 키케로, 그리고 중세 초 교부철학의 자연법 이론으로 발전한 바울의 성서 해석, 인간 본성에서 도출되는 보편적인 도덕법 관념을 강조한 아퀴나스에서부터 권리에 대한 개인적 견해를 창시한 오캄의 윌리엄(William of Oakham)에 이르는 중세 말기의 경향, 그리고 르네상스와 종교개혁 시기 자연법이나 자연권 대신 시민법이나 시민권에 무게중심을 두는 사유 경향이 무르익는 분위기 속에서 자연법을 종교적인 맥락으로부터 해방시킨 그로티우스의 사유 등도 근대 인권론의 중요한 역사적 원천들로 이해된다(Mahoney, 2007: 1-11). 인권의 전사(前史)에 관한 개관으로는 이 책 1장 유홍림의 글을 볼 것.

을 보호해주는 정치 질서 속에서 보다 안정되고 문명화된 삶을 살 수 있다고 보았다.

특히 로크는 근대 자연권 사상에서 핵심적인 지위를 점하고 있다. 그는 재산권을 자연권의 중핵으로 제시한 것으로 알려져 있다. 김병곤에 의하면, 그로티우스와 푸펜도르프의 재산권 이론은 다른 사람들의 동의에 의해 재산권이 발생한다고 주장했는데 이는 동일한 논리로 다른 사람들의 동의에 의해 재산권이 부정될 수 있는 가능성을 허용하는 한계가 있었다(김병곤). 로크의 자연권적 재산권 이론은 국왕의 절대 권력과 사유재산권 원리가 충돌하는 17세기 영국에서 국왕의 절대권을 부정하는 휘그의 정치적 대의에 복무함으로써 사유재산권을 사회적 관계에 좌우되지 않는 절대적 권리로 확립하려는 목적을 갖고 있었다.

급진 자유주의 계열에 속하는 페인의 자연권 이론은 정부가 반드시 사유재산권의 절대성을 보호하기 위해 존재한다는 편향된 인식을 바로잡게 해준다(김병곤). 로크와 마찬가지로 자연권 개념에 토대를 두고 있는 페인의 정의론은 제한적이긴 하지만 정부가 인민의 복지를 보장할 의무를 지고 있다는 것을 보여주고 있기 때문이다. 부분적으로 재분배 및 복지 제도를 옹호한 페인의 정의론은 자연권을 구성하는 인권들 사이에 일찍부터 긴장이 존재하고 있었다는 것을 보여준다.

중세 봉건사회의 억압성과 정치적 절대주의의 극복이라는 역사적 사명을 완수하자 자연권 이론은 점차 경험주의적이고 실증주의적인 권리 이론들에 의해 밀려나게 되었다. 이제 자연권 관념은 그 권위와 기능을 유지하면서도 자연적 권리라는 형이상학적·종교적 색채를 탈색한 새로운 관념으로 대체될 필요가 있었는데, 이는 세속화되고 합리화된 시대의 당연한 요청이었다.[9] 흄의 실용주의와 회의주의 그리고 벤담의 공리주의는 이런 시대적 요청에 부응하는 권리 개념의 토대를 제공했다. 이들은 선험적으로 존재하는 보편적인 권리 개념을 거부하고 인권을 국가 사회로부터 파생되거나 국가 사회와 결부되어 있는 것으로, 다시 말해 '사회적으로 승인된' 것으로 보았다.[10] 그리고 그 정당성의 근거를 사회적 유용성이나 필요에서 찾음으로써 논리적으로는 동일한 근거에서 권리가 철회될 수 있는 가능성을 암시했다.

현대에는 자연권이란 용어가 거의 사용되지 않는다. 자연권 개념이 전제하는 형이상학적인 가정들이 세속화되고 다원화된 현대사회의 성격과 부합하지 않기 때문이다. 홉스(T. Hobbes)와 벤담 그리고 오스틴(J. L. Austin)을 거쳐 오늘날의 지배적인 법이론적 전통으로 확립된 법실증주의는 자연권 관념을 배격한다. 법실증주의는 권리의 선험적 원천을 부정하며 모든 권리는 '사회적 사실이나 관습'의 문제라고 본다. 법실증주의자들은 보편적인 도덕규범을 전제한 인권 규범을 오류라고 간주하고 사회적으로 받아들여지고 있는 '승인률(rule of recognition)'에 따라 제정된 법규만이 실효성을 갖는다고 주장함으로써 국제법의 규칙들은 엄밀한 의미의 법규가 아니라 단지 국제 여론에 의해 확립된 일군의 도덕 규칙들에 불과하다고 간주한다. 다만 예외적으로 실증주의자 하트(H. L. A. Hart)는 자연권이라는 전통적 이름을 유지하기를 원했는데, 그것은 자연권의 존재를 믿어서라기보다는 사회제도로

---

9) 홉스는 자연권 사상의 역사에서 이중적인 지위를 지닌다. 그는 자연권 사상가이기도 하지만 법실증주의자이기도 하다. 그는 정치사회에 진입한 이상 주권자의 명령으로서의 법이 정의의 기준이어야 한다고 주장한다. 홉스에게서 근대적 연원을 찾을 수 있는 법실증주의는 권리의 선험적 원천을 부정하며 모든 권리는 사회적 사실이나 관습의 문제라고 본다(Coleman and Leiter, 1999: 241-244). 법실증주의는 또한 국가보다 상위에 있는 선험적인 도덕적 권리를 인정하지 않고 국가 주권의 최고성을 강조하는 까닭에 인권의 국제적 토대를 확립하는 데도 장애가 될 수 있다(김비환).
10) 보수주의와 공화주의 전통 역시 자연권 관념에 부정적이다. 이에 관해서는 후술할 것이다.

부터 독립된 가장 근본적인 도덕적 권리가 있을 수 있는가에 관한 진지한 토론을 지속하기를 원했기 때문이다(Becker, 2002: ix).

실증주의의 득세와 더불어 자연권이란 용어의 역사적 수명은 다했다고 할 수 있다. 하지만 제2차 세계대전의 참혹함은 자연권의 대안 개념으로서 인권을 부각시켰다. 나치즘과 제2차 세계대전이 나치 독일에 의해 부각된 실증주의 법체계의 위험성을 인식하게 만듦으로써 인류는 야만적 폭력성으로부터 인류와 개인의 존엄성을 보호할 수 있는 불변적인 규범의 필요성에 대한 보편적 공감대를 형성했는바, 인권이란 개념이 그런 공감대 형성의 구심점을 제공했다. 사실상 인권 관념은 자연권 관념에 포함된 보편성과 절대적 성격을 상당 부분 흡수했다. 블라스토스(G. Vlastos)와 베이츠(C. R. Beitz)처럼 인권을 절대적이거나 양도 불가능한 불가침의 권리로 보는 것에 반대하는 입장이 없는 것은 아니지만(Valstos, 2002; Beitz, 2002), 인권 문제를 다루는 현대의 도덕철학자들 다수는 기본적으로 인권이 모든 인간이 소유한 기본적인 도덕적 권리라는 고전적 자연권 이론가들의 견해에 동의하고 있다고 볼 수 있다(Becker, 2002: ix-x). 그러므로 현대에는 실증주의적인 권리 이론이 인권 형태로 부활한 자연권 이론의 도전에 직면하여, 권리의 원천과 성격 등 다양한 측면에서 자연권 이론과 경합하고 있는 상태에 있다고 할 수 있다. 그리고 제3의 길로서 실증주의와 자연법 전통의 종합 혹은 통합이 시도되고 있기도 하다.

4. 인권은 선험적으로 주어진 것인가 사회적으로 구성된 것인가?

이미 살펴본 바와 같이 실증주의 시대가 도래함으로써 자연권 관념의 쇠퇴는 당연했으나, 실증주의의 한계를 극명히 드러낸 제2차 세계대전의 참혹한 반인륜성은 자연권 관념을 채색하고 있는 형이상학적이며 선험적인 성격을 탈피하면서도 보편적이며 절대적인 성격을 갖는 권리 개념으로서의 인권 개념을 부각시켰다. 인권이란 관념은 인간에게는 천부적인 권리가 주어져 있다는 자연권 관념과 달리 반드시 권리의 선험성을 전제하지는 않는다. 많은 인권 이론가가 여전히 인권을 국가 혹은 국가들 사이의 작위적 산물로 보는 것은 인권의 한 가지 핵심적 성격—선험성—을 부인하는 것이라고 주장하면서 인권을 자연권과 같은 것으로 간주하고 싶어 한다. 하지만 인권 개념은 반드시 자연권의 한 가지 특징인 선험성을 전제할 필요가 없다. 어쨌든 자연권을 대신하여 등장한 인권 개념은 인권을 과연 선험적으로 존재하는 것으로 보아야 하는지 아니면 사회적으로 구성된 것으로 보아야 하는지에 관한 논쟁을 다시 점화시켰다.

　권리의 선험성 명제는 공공연하게 주장되고 있지는 않다. 하지만 권리의 선험성 명제는 현대의 지배적인 정치 이데올로기로 군림하고 있는 자유주의 전통의 가장 오래된 가정 중의 하나였으며 지금도 그러하다. 자유주의에 대한 정당화 방식이 롤즈의 자유주의가 제시된 이후 급격히 사회적 구성주의로 이동해왔음에도 불구하고, 자유주의 전통이 전제해온 권리의 선험성 명제는 여전히 광범위하게 신봉되고 있다. 학문적인 영역에서는 사회적 구성주의의 득세로 인해 권리의 선험성 명제가 급속히 퇴조하고 있는 것이 사실이다. 하지만 상식적인 수준에서는 그와 반대로 권리의 선험성 명제가 대중들의 의식에 더 깊은 뿌리를 내려가고 있다. 대부분의 현대인은 인간은 태어나면서부터 기본적인 권리를 갖는다는 명제를 당연시하고 있다. 권리가 사회에 의해 합의·승인된다는 아이디어는 학자들 사이에서나 확산되고 있을 뿐 상식적인 수준에서는 여전히 권리의 선험성 명제가 광범위하게 수용되고 있는 것이다.

그렇다고 권리의 선험성 명제가 모든 학자에 의해 거부되고 있는 것은 아니다. 예컨대 노직은 현대 자유주의를 재정립하는 과정에서 로크의 자연권 사상을 세속화된 형태로 수용, 강력한 권리 중심의 자유주의를 제시했다. 그는 『아나키, 국가 그리고 유토피아』(1974, 한국어 번역서명은 『아나키에서 유토피아로』)에서 자연 상태의 "개인들은 권리를 소유하고 있다."고 전제한 후 개인들이 자발적인 동의를 통해 자신의 생명과 재산을 무력과 사기 그리고 도난으로부터 보호하기 위해 보호 기관을 구성·선택하게 되는 가상의 과정을 추론함으로써 최소 국가 형태가 정당화될 수 있는 가장 최대치의 국가임을 주장했다.

최소 국가에 대한 노직의 정당화 방식은 학계에서 많은 비판을 받았다. 하지만 『아나키, 국가 그리고 유토피아』가 학계 일각과 사회로부터 열광적인 관심을 확보할 수 있었던 것은 그만큼 그의 입장이 대중적 호소력을 발휘했기 때문인데, 이는 오랫동안 자유주의가 전제해 온 권리의 선험성 명제가 대중적으로 깊은 뿌리를 내리고 있었기 때문에 가능한 일이었다.

사실 꼼꼼히 들여다보면, 사회적 구성주의의 유행을 선도한 롤즈의 자유주의도 권리의 선험성 명제를 완전히 벗어났다고 보기는 어렵다. 그가 자유주의 정치 질서를 구성하기 위해 채택하고 있는 기본 아이디어들—공정한 협력 체계로서의 사회관, 자유롭고 합리적이며 평등한 존재로서의 시민관 등—이 비록 선험적인 명제가 아니라 자유주의적 공공 문화로부터 추출한 아이디어였다고 해도, 그것은 '원초적 상황'에서의 집단적 선택의 조건을 틀 짓는 '합당한(reasonable)' 조건 속에 '미리' 반영되어야 할 조건이었던 만큼, 이론적으로는 선험적인 가정과 다를 바 없다. 따라서 정의의 제1원칙인 최대한의 '평등한 자유의 원칙'이 제2원칙인 '차등의 원칙'에 대해 '사전적으로(=서열상, lexically)' 우선적인 지위를 갖는 것은 자유주의 사회의 시민들에게는 최대한의 평등한 자유가 그 어떤 가치보다도 우선적인 가치―경험적이지만 선험적인 것으로 받아들여지는 신념―라는 널리 퍼져 있는 신념을 반영한 것에 지나지 않는다.

더구나 그렇게 도출된 정의의 원칙들을 최종적인(once and for all) 것으로 간주하고 그러한 정의의 원칙들이 그 원칙들을 선택한 세대는 물론 차세대의 시민들에게까지 구속력을 가지는 것으로 보는 롤즈의 입장은 그의 자유주의 이론마저도 권리의 선험성 명제로부터 완전히 벗어나지 못했다는 것을 보여준다. 기본적인 권리 체계를 합리적인 집단적 선택의 결과로 정당화하는 그의 구성주의는 정의의 원칙들에 선험적 규범주의의 특징인 보편적이며 절대적인 타당성을 부여하고 싶은 유혹을 완전히 물리칠 수는 없었던 것이다.[11]

하버마스의 『사실성과 타당성: 담론적 법이론과 민주주의적 법치국가 이론』(1992) 역시 이와 같은 관점에서 평가할 수 있다. 그는 이 저서에서 법에 대한 사회학적 이론과 정의에 대한 철학적 이론을 통합시킴으로써 법과 정의, 법과 민주주의를 화해시킬 수 있는 중요한 이론 틀을 제시했다. 하버마스는 법 아래에서의 평등한 '제휴자들(consociates)'을 자율적이며 서로의 존엄성을 상호 인정하는 존재들로 전제하면서 새로운 절차적 패러다임을 구성함으로써 민주주의와 권리의 관계 및 법과 체계 그리고 생활세계의 관계를 재구성한다.

그런데 이 절의 주제와 관련, 하버마스가 절차적 민주주의 패러다임을 통해 기본권 체계를 도출·정당화하는 측면을 분석해보면 하버

---

11) 정의론을 다양한 철학적·도덕적·종교적 집단 사이의 중첩 합의로서 강조하고 있는 후기의 정치적 자유주의 역시 이런 비판으로부터 면제될 수 없다. 그것은 일차적으로 정치적 안정성과 지속성에 대한 관심을 반영하지, 정치적 규범의 역사성과 가변성을 강조하기 위한 것이 아니다. 롤즈의 구성주의는 공화주의적 심의 민주주의 모델을 채택, 그것으로부터 자유주의적 기본권 체계를 도출하려고 한 시도였다고 볼 수 있다.

마스의 입론은 권리의 선험성을 전제하는 자유주의와 공화주의적 심의 절차 모델을 통합하려고 한 시도였다고 볼 수 있다. 다시 말해 하버마스는 정치 규범에 대한 공화주의적 정당화 모델과 권리의 선험적 명제를 통합하여, 법의 사실성과 규범적 타당성을 동시에 설명·정당화할 수 있는 (민주와 법치의) 통합 모델을 모색하고자 했다. 법치와 민주적 자치의 '상호 침투'로 설명할 수 있는 그의 모델은, 반(反)사실적인 절차적 민주주의의 조건 속에 이미 '제휴자들'의 평등한 자유와 합리성이—절차적 민주주의를 구성하는 권리라는 형태로—반영되어 있기 때문에 권리의 선험성 명제를 충족하며, 그렇게 구성된 절차적 민주주의를 통해 기본권 체계가 '회고적으로 확립되기 때문에'—이미 권리가 인정되어 있지만 절차적 민주주의를 통해 구성된 것으로 간주되기 때문에—심의 민주주의를 통해 구성·정당화된 것으로 볼 수 있다. 이 때문에 하버마스의 민주와 법치의 상호 침투 모델 역시 자유주의가 견지해온 권리의 선험성 명제로부터 크게 이탈한 것으로 보기 어렵다.

권리의 선험성을 전제하는 자연권적 자유주의나 그 현대적 변형들과는 달리 공화주의자들은 공동체 구성원들의 심의를 통해 권리 체계가 형성·변경될 수 있다고 본다. 어떤 권리가 권리로서 인정되고 정당화되는 것은 최종적으로 공동체 구성원들의 심의를 통한 합의의 결과라는 것이다.

곽준혁은 공화주의가 그동안 인권에 대해 소극적인 태도를 견지해 온 것으로 잘못 이해된 이유를 무엇보다 공화주의의 특성으로 지적되어온 정치적 경계성(조국)과 문화 특수주의에 대한 강조에서 찾으면서, 오늘날 '고전적' 공화주의를 계승한 '신(新)로마' 공화주의의 등장이 인권과 공화주의의 관계에 대한 인식을 변화시키고 있다고 주장한다(곽준혁). 그에 의하면, 고전적 공화주의도 시민적 공화주의와 마찬가지로 인간의 상호 의존성과 개별 문화의 특수성을 강조하고, 인권의 절대적 보편성이나 자연권 개념을 거부한 것은 맞다. 하지만 페팃(P. Pettit)의 주도를 따라, 고전적 공화주의가 제시하는 자유의 고전적 의미, 곧 '비지배로서의 자유(freedom as nondomination)'—타인의 자의적 의지로부터의 자유—가 공화주의와 인권의 새로운 결합 양식에 대한 기대를 갖게 만들었다고 판단하고, '비지배적 상호성' 원칙을 비인간적이고 반인류적인 악행을 방지 또는 조정할 수 있는 보편적인 조정 원칙으로 확립하고자 한다. 다시 말해 그는 권리를 특수한 정치 공동체의 정치적 심의의 산물로 보는 공화주의적 권리관을 특수한 정치사회의 경계를 넘어 보편적으로 적용될 수 있는 인권으로 확립할 수 있는 가능성을 '비지배적 상호성' 원칙의 지구적 확장을 통해 찾아내고자 하는 것이다. 그는 '감정적 전이'의 원리를 '정치적 전이'의 원리로 발전시켜 보편적인 인권 체계 확립의 기초로 삼는다.

보수주의 역시 전통적 자유주의가 견지해온 선험적 권리 개념을 부정하고 권리를 특수한 공동체의 역사적 진화 과정을 통해 점진적으로 확립된 것으로 본다. 보수주의자들에게 있어 권리는 언제나 특정한 정치사회의 권리이지 선험적으로 주어진 보편적 권리가 아니다. 홍원표에 따르면, 버크는 인간의 권리를 특수한 역사적 사회 속에서의 "실제적이고 기록되어 있는 상속 권리"로 규정했으며, 선과 악의 투쟁이라는 종교적·도덕적 틀과 국가의 위대성에 대한 관심을 결합시킨 미국의 네오콘들은 공격적인 인권 외교에도 불구하고 국내적으로는 인권 문제에 소극적 입장을 견지하는 모순적 태도를 취하고 있다(홍원표). 이런 관점에서 홍원표는 인권과 보수주의의 관계를 '본의 아닌 만남'의 관계로 정리하고, 국제적인 정치적 협약이 보수주의가 강조하는 실천적 지혜를 담아낼 수 있도록 유도하되 보수주의 역시 인권에 대한 기존의 태도를 바꿈으로써 인권 친화적이 될 수 있도록 노력할 것을 주문한다.

선험성이—근거와 적용에 있어—보편성을 함축하고 있는 것으로 본다면 공동체주의 역시 권리의 선험성을 부정한다고 볼 수 있다. 공동체주의자들은 보편주의적 범세계주의자와 대조적으로 인권 향유자의 범위와 인권 보장 이행 의무의 주체를 설정함에 있어 특정 공동체의 멤버십—국적, 시민권, 문화 공동체의 성원권 등—을 일차적인 기준으로 제시한다(김범수). 예컨대 밀러(D. Miller)와 같은 학자는 민족성(nationality)이 갖는 윤리적 중요성을 강조하며 참정권 적용 범위를 민족 공동체 구성원에게 한정시키는 것이 현실적이라고 주장한다.

김범수에 의하면 공동체주의의 문제점은 특히 오늘날과 같은 다문화 사회 속에서 현저히 드러난다. 공동체주의자들은 인권 향유자와 의무 이행자의 범위를 설정함에 있어 공동체의 경계가 갖는 중요성을 강조한 나머지 국적이나 시민권 혹은 종족성을 공유하지 못하는 이방인들이나 소수자들을 부당하게 배제하거나 차별할 가능성이 높다. 따라서 공동체주의가 외국인들이나 소수자들의 인권에 대해 무관심하거나 소극적이라는 비판을 면하기 위해서는 다양한 '차이'를 관용하고 포용할 수 있는 개방성을 갖출 필요가 있다고 주문한다.

맑스주의는 보수주의나 공동체주의와는 다른 의미에서 권리의 선험성을 부정한다. 일반적으로 맑스주의는 인권 개념에 부정적인 것으로 이해되어왔다. 이런 이해 방식은 무엇보다 현실 사회주의국가들의 잔혹한 인권 탄압 역사와 밀접한 연관성이 있지만, 부분적으로는 자유권 중심의 부르주아적 시민권 개념의 형식성을 비판해온 맑스주의의 특수한 역사적 관심을 제대로 평가하지 못한 데에도 원인이 있다(최형익). 자유주의 인권 담론은 자유권 중심의 '단수의' 인권 개념에 경도되어 있기 때문에 자유권의 형식성을 비판한 맑스주의를 마치 반(反)인권적인 정치 이데올로기인 양 성급하게 단정해버렸다. 하지만 최형익은 사회주의 정치 운동이 인권의 강력한 옹호자로 등장했던 역사적 사실을 상기시키며, 맑스주의가 역사적으로 직면했던 부르주아 자본주의사회의 특수한 구조 속에서 자유권과는 '질적으로' 다른 '사회권' 중심의 권리들을 확보하는 데 관심이 있었다는 점을 강조함으로써 독자적인 맑스주의 권리 이론의 구성이 가능함을 부각시키고 있다. 간략히 말해 맑스주의적 인권 이론은 사적 소유권에 기초해 있는 자본의 운동 법칙을 해명하는 정치경제학 비판 및 자본에 저항함으로써 생존·생활권을 담보하려는 노동계급의 계급투쟁 관점을 통합시킨 사회주의혁명 이론의 필수적 일부로서 이해되는 것이다. 그것은 부르주아 자본주의사회의 형식적 권리들, 곧 자유권적 자유들과는 전혀 다른—사회구조적으로 발생되거나 형성된—관심들을 반영한다.

권리의 선험성 명제와 관련해서는 맑스주의 인권 담론의 입장은 비교적 분명하다. 권리는 선험적으로 주어진 것이 아니다. 그것은 특정한 역사적 발전 단계에 있는 특정한 경제·사회적 구조 속에서의 투쟁의 산물, 곧 사회적 구성물이다. 그렇게 볼 때, 부르주아적 시민권 개념도 특정한 역사 발전 국면에 있는 부르주아 자본주의사회 속에서의 구성물이었듯이, 사회권 중심의 사회주의적 권리 체계 역시 특수한 생산관계 속에서의 특수한 계급적 이해관계를 반영한 사회적 구성물이었다. 요컨대 맑스주의적 "인권 담론〔은〕 역사적 진공 상황이 아니라 특정한 역사적 맥락 속에 위치 지어진 특정한 사회적 혹은 정치적 관계를 기초로 형성〔된 것이다〕"(최형익).[12]

---

12) 그런데 맑스주의적 인권 담론은 권리가 자연적(선험적)이지 않고 사회적 구성물이라는 관점에서 특징화할 수도 있지만, 권리의 보편성과 편파성이라는 관점에서도 분석해볼 수 있다. 이에 관해서는 인권의 보편성과 관련된 쟁점을 다루는 6절에서 설명할 것이다. 맑스주의적 인권 이론과 관련하여 또 한 가지 쟁점은 맑스주의의 보편주의적 역사 발전론과 결부되어 있다. 각국의 역사 발전 단계는 상이하지만, 동일한 계급투쟁과 역사 발전 법칙(사적유물론)을 거치는 것

5. 인권은 어떻게 정당화되어왔는가?

크게 볼 때, 현대 인권 담론은 두 가지 형태를 띤다. 그 한 가지는 철학적·종교적이며 다른 한 가지는 역사적·정치적이다(김비환). 철학적·종교적 담론은 인권 개념을 우주에서의 인간의 지위나 인간 본성에 대한 형이상학적 가정으로부터 연역해내거나 정당화한다. 예컨대 현대 칸트주의 도덕철학은 인간은 합리적이며 자율적인 존재, 곧 자유의지를 갖고 있는 존엄한 존재이기 때문에 기본권을 갖는다고 주장하고, 기독교적 담론은 인간은 신의 자녀이기 때문에 신성하며 모두가 신 앞에서 평등하기 때문에 인권을 갖는다고 본다.

이와 달리 역사적·정치적 인권 담론은 인권 규범을 특정한 역사적·사회적 맥락 속에서의―주로 소수 약자에 의해 수행된―투쟁을 통해 점진적이고 누적적으로 확립되어온 것으로 파악한다(홍태영; 유홍림; 김비환). 예컨대 종교적 자유는 종교전쟁을 통해, 시민적 자유는 절대주의에 대한 의회의 투쟁을 통해, 그리고 정치적·사회적 자유는 노동자들과 소(小)자작농들의 성장과 요구를 통해 확립된 것으로 보는 식이다.

그런데 이 두 가지 담론 형태는 각각의 장단점이 있다. 먼저 인권에 대한 철학적·종교적 옹호와 정당화는 인권에 대한 우리의 태도를 형성하고 국제 인권법의 권위에 대한 존중심을 함양하는 데 매우 중요하다. 이런 철학적·도덕적 인권 담론들이 없다면 인권에 대한 국제적

으로 볼 수 있다면, 최종적으로 도출된 권리 체계는 보편적인 성격을 갖지 않을까 하는 것이다. 각국의 상이한 역사 발전 단계로 인해 특정한 역사적 국면에서 각국이 확립한 인권 체계는 상이할 수밖에 없지만, 각국은 결국 동일한 최종적 역사 단계에 진입한다고 볼 때, 인권의 특수성과 편파성이 극복되고 단일한 보편적 인권 체계가 형성된다고 볼 수 있지 않을까?

인 공동 이해와 대응에 어려움이 따를 것이며, 서로 다른 종교와 문화를 갖고 있는 나라들이 상호 이해를 통해 인권 관련 국제법을 만들고 국제기구를 창설·유지하는 것도 거의 불가능할 것이다.

하지만 인권에 관한 철학적·종교적 정당화는 오늘날과 같은 문화 다원주의 시대에는 논란의 소지가 크다. 예컨대 인간의 본성은 가변적인가 불변적인가, 인간의 기본적인 필요와 욕구는 무엇인가, 그리고 인간의 필요와 욕구는 문화와 시대에 따라 변하는가? 이런 문제들에 대한 통일된 철학적·종교적 견해는 아직 존재하지 않으며 가까운 미래에도 존재하지 않을 개연성이 높다. 또한 인간의 본성에 대한 가정으로부터 인권 체계를 도출해내어 적용하려는 시도는 상황적·현실적 한계라는 커다란 벽에 부딪힐 수밖에 없다. 모든 국가가 각고의 노력 끝에 보편적인 것으로 간주할 수 있는 인권 체계를 도출했다고 해도, 인권 규범 이행의 조건과 단계 그리고 방법에 대해서는 이해관계를 달리할 수밖에 없다.

인권 규범을 인권이 발생한 구체적인 역사적·사회적 맥락 속에서 파악하는 역사적·정치적 담론은 철학적·종교적 담론의 한계를 보완하고 인권의 기원과 성격 그리고 한계에 대해 보다 현실적인 인식과 대응을 가능케 해주는 장점이 있다. 하지만 역사적·정치적 담론은 철학적·도덕적 관점이 갖는 보편적 규범성을 갖추지 못함으로써 각국 내에서의 인권침해에 대한 비판과 시정을 어렵게 한다. 그뿐만 아니라 각 사회의 전통과 발전 수준의 차이를 강조한 나머지 국제적으로 보편성을 갖는 인권 체계와 제도의 구상을 어렵게 한다. 따라서 역사·사회학적인 방법 역시 철학의 반성적이고 보편주의적인 관점에 의해 보완되지 않으면 안 된다.

나는 지금까지 설명한 두 가지 인권 담론을 대립적으로 이해할 필요는 없다고 본다. 이 두 가지 담론은 상호 보완성도 있기 때문에 규범적 타당성과 아울러 실천 가능한 인권 담론을 모색하는 데 활용할 수 있다(김비환). 인권의 보편성과 인권 체계의 역사적 진화 과정은 인권 철학과 정치가 결코 화해될 수 없는 긴장 관계에 있지 않다는 것을 보여준다. 인권선언(UDHR)은 철학적·도덕적 진리와, 부정의에 대한 역사적 투쟁 그리고 정치적 심의 혹은 타협의 원리가 종합된 결과물이다. UDHR에 기여한 요소들과 그것에 도달하기까지의 정치적 과정은 철학과 역사(정치)가 인권 레짐의 구성에 필수 불가결한 요소로 협력했다는 것을 보여준다.[13] 롤즈가 '반성적 균형(reflective equilibrium)'과 '중첩 합의'의 방법을 통해 정의의 원칙들을 도출한 과정은 그와 같은 실제적 과정을 이론적으로 표현한 것으로 볼 수 있는데, 다원주의적인 지구적 시민사회를 배경으로 하여 규범적 타당성과 적실성을 아울러 지닐 수 있는 인권 규범을 확립하는 데 시사하는 바가 크다.

정치적 정의관을 다원적인 철학적·도덕적·종교적 교의들 사이의 '중첩 합의'로 이해함으로써 규범적 타당성과 장기적 안정성을 갖는 정의관을 도출한 롤즈의 방법은 당연히 국제적인 인권 규범 수립에도 적용될 수 있다. 유홍림은 공정하고 평등한 원초적 상황에서 '공정으로서의 정의'를 도출한 롤즈의 구성주의적 방식이 유사한 절차를 통해 인권 체계를 필수적 일부로서 포함한 만민법을 선택 또는 구성하는 데 적용되는 논리를 검토한다(유홍림). 이 과정은 자유주의적인 국가들은 물론 비자유주의적인 국가들도 각각의 관점에서 만민법의 선택에 동의할 수 있다는 것을 보여줌으로써 다원주의하에서도 중첩 합의를 통해 최소한의 보편적인 도덕규범의 수립이 가능하다는 것을 보

---

13) 물론 철학과 역사 그리고 정치적 심의의 상호작용을 통해 인권 규범 체계가 형성·확립되었다는 사실이 철학과 정치 사이에 존재하는 긴장을 온전히 해소했다는 의미는 아니다. 철학이 지향하는 보편적 규범 체계의 확립과 현실적인 정치 사이에는 여전히 깊은 심연이 존재할 수 있기 때문이다.

여준다. 이와 같은 가능성은 비록 권리라는 관념이 발달하지 않았거나 아예 없는 비자유주의적인 사회들 속에서도 자유주의 사회에서 권리가 수행하는 역할과 유사한 역할을 수행하는 다른 원리나 제도가 존재할 수 있다는 것을 입증해주는바, 다양한 관점에서 인권 체계에 대한 정당화가 이뤄질 수 있다는 것을 의미한다. 예컨대 테일러(C. Taylor)는 태국의 개혁 불교도 자체의 논리를 통해 인권과 민주주의를 옹호·정당화할 수 있다고 강조한다. 요컨대 유홍림은 다양한 문화와 종교 사이의 "'인권에 대한 비강제적 합의'가 가능하며, 그 합의는 모든 것을 공유하는 사람과의 합의가 아니라 차이와 낯섦이 존재하는 상황에서의 합의 형태이어야 한다."고 주장하고, "인권 운동과 함께 '지평의 융합(fusion of horizons)'을 향한 상호 학습의 과정이 지속되는 경우 역사적 성과로서의 인권은 보편성을 확보하게 된다."고 본다.

정치적 정의관을 중첩 합의로서 정당화한 롤즈의 방법은 어느 정도의 응용을 통해 UDHR의 입안 과정에 구체적으로 적용해볼 수 있다. 유엔은 문화상대주의가 제기하는 도전에 직면하여, 유네스코(United Nations Educational, Scientific and Cultural Organization)로 하여금 '인권의 이론적 기초 위원회(Committee on the Theoretical Bases of Human Rights)'를 구성토록 함으로써 인권의 보편적 토대를 확립하고자 시도했다(Kohen, 2007: 134-141; 김비환). "인권의 용어들은 비교적 근대 유럽 발전사의 산물일지라도, 인권의 원천은 모든 문화적 전통에 존재한다."고 확신했기 때문이다.

인권선언의 초안작성위원회는 간문화적 대화(cross-cultural dialogue)의 원칙에 입각하여 인권 규범을 일종의 확장된 간문화적 중첩 합의로서 도출했다. 이 합의 과정에는 플라톤적 철학자와 왈쩌(M. Walzer)적 철학자 그리고 공동체의 부정의와 잔악한 행위들에 맞서온 저항자들이 '함께' 참여·심의했다. 즉 민주적 심의 과정에는 초월적(보편적) 규범과 내재적 가치 그리고 실용적인 고려들이 함께 제시되고 조정됨으로써 모종의 결론(합의 혹은 규범)에 이르는 것이 가능했던 것이다(김비환). 일종의 확장된 중첩 합의로서의 인권선언은 다수의 사람에게는 진정한 도덕적 합의로, 그리고 일부에게는 부도덕한 정치적 악행을 차단하기 위한 소극적인 도덕적 동의로 이해될 수 있다는 점에서 정당성과 아울러 상당히 지속적인 안정성을 확보할 수 있다.

그런데 확대된 중첩 합의로서의 인권선언은 문화에 대한 우리 시대의 변화된 인식과 궤를 같이한다. 지구화로 인한 다문화주의 경향과 문화적 소통성의 증대, 그리고 간문화적 공통성의 확인은, 자유화 및 민주화 그리고 인권 의식의 급속한 확산과 더불어 유엔을 통한 국제적 협력을 가능하게 하는 배경이 되었다.

6. 인권의 보편성은 어떻게 이해해야 하는가?

인권의 선험성 명제처럼 인권의 보편성 명제도 중요한 논쟁적 이슈이다. 원칙적으로 대부분의 문화와 종교가 인권이나 그 기능적 대체물—대표적으로 덕—의 존재를 인정한다고 해도, 각국의 역사적 특수성이나 문화적 독특성으로 인해 그 의미를 상이하게 해석할 수 있고 고유한 방식으로 인권을 보호·실현하고자 할 수 있기 때문이다. 다시 말해 다양한 종교와 문화를 지닌 국가들 사이의 중첩 합의로서의 인권 규범이 중첩 합의의 당사국들에 의해 상이한 방식으로 정당화될 수 있었다는 사실은, 구체적인 이행의 수준으로 내려올 경우 추상적인 인권 규범을 상이한 방식으로 해석하고 이행할 수 있는 가능성이 있다는 것도 의미한다. 모든 국가가 인권 규범을 올바르게 실현하고자 하는 선의를 갖고 있다면 그나마 인권 규범을 특수한 방식으로 이행할 때 발생할 수 있는 문제점은 그다지 심각하지 않을 수도 있다. 하지만 비록 만장일치에 의해 채택되었을지라도 인권 규범은 매우 다양한 근거와 논리에 의해 정당화되었기 때문에 그 이행의 방식과 조건 역시 상이할 가능성이 크며, 이는 자연스럽게 인권 규범의 해석 및 실천과 관련하여 보편주의 대 특수주의라는 중요한 쟁점을 발생시킨다. 이 문제는 특히 인권 규범 이행의 전반적인 책임을 각국 정부가 지고 있는 현실에서 각별한 실천적 의미를 지닌다.

인권 규범의 보편적 타당성을 모든 국가가 진정으로 받아들인다고 해도 인권 규범의 보편적 실천에는 많은 어려움이 따른다. 그것은 모든 국가가 남김없이 완전한 자유민주주의 체제로 이행하여 온전한 시민적·정치적 권리를 보호·보장해줄 수 있는 상황에 있다고 가정해도 마찬가지다. 왜냐하면 모든 국가가 동일한 경제적·문화적·사회적 상황에 처해 있지 않는 한 전 인류에게 동일한 주거 안정이나 복지 수준을 보장한다는 것은 불가능할 것인바, 각국의 특수한 경제적·문화적·사회적 상황의 특수성을 인정하지 않는 인권 규범의 보편적 이행에 대한 요구는 비현실적이며 자가당착에 빠질 가능성이 크기 때문이다.[14] 예컨대 시민적·정치적 권리는 물론 높은 수준의 경제적·사회적 인권을 누리고 있는 서구 국가들의 경우 보편적인 인권 규범 이행의 요구는 현재 이들 국가의 시민들이 누리고 있는 높은 수준의 복지를 포기할 것을 요구하는데 이는 현실적으로 거의 불가능하다. 또한 그 논리적 연장선상에서 볼 때 궁극적으로 모든 국가 사이 그리고 모든 산업 주체 사이의 경쟁과 교역을 무의미하게 만들어버리는 모순을 초래할 수 있다. 요컨대 인권의 보편성 명제는 인권의 특수한 해석과

---

14) 이는 인권의 이행 의무 주체에 관한 논쟁과 연관되어 있는 문제로 이 측면에 대해서는 후술하기로 한다.

이행의 가능성을 허용하지 않는 한 현 질서에 대한 근본적인 혁명을 요구하며, 심지어 혁명적 변화의 수혜국에 속하는 시민들마저도 장기적으로 원하지 않는 상황을 초래할 수도 있는 것이다. 현재의 물질적 생산력과 국제 질서의 성격을 감안하면, 인권 규범의 보편성이 인권 규범 이행의 특수성과 양립하지 못할 경우 인권 규범 자체가 무용화 또는 무력화될 가능성이 크다.

하지만 추상성이 높은 보편적 인권 규범은 불가피하게 각국의 역사적 발전 수준이나 문화적 고유성을 감안하여 이행되어야 한다고 보는 특수주의(particularism)적 입장은 자칫 잘못하면 인권의 부정이나 침해를 정당화하기 위한 논리로 전락할 수 있다. 각국의 역사적 발전 수준이나 고유문화에 대한 단일한 해석이 존재하기 어렵고, 각국의 정치 세력들이 자신의 정치적 의도와 필요에 따라 그런 요소들을 자의적으로 해석·활용할 수 있는 가능성이 존재하기 때문에 역사적·문화적 특수주의에 대한 강조는 대부분 진정성이 의심될 때가 많다. 따라서 인권의 보편성은 항상 역사적·문화적 특수성을 배경으로 (재)해석·이행되어야 한다는 주장은 타당한 면이 있으면서도 동시에 경계할 필요가 있다.

지금까지의 논의는 타당한 특수주의와 타당하지 않은 특수주의를 구별할 필요가 있다는 주장으로 귀결된다고 볼 수 있겠는데, 이 경우 타당한 특수주의를 '맥락화한 보편성', 다시 말해 특수한 역사적 맥락을 통해 매개된 보편성으로, 그리고 타당하지 않은 특수주의를 맥락의 특수성을 빙자한 보편성의 인위적 왜곡으로 이해할 수 있다. 타당한 특수주의와 타당하지 않은 특수주의의 구분은, 선의와 악의의 결과가 반드시 그 의도와 일치하지 않을 수 있다는 점에서 언제나 모호성을 내포하지만, 적어도 이론적으로는 의미가 있는 구분이다.

인권의 보편성 명제는 또한 형식적인 보편성 대 실질적인 편파성이란 관점에서 비판할 수 있다. 이 관점에 따르면, 인권은 그 형식적·선언적 보편성에도 불구하고 실질적으로는 지배계급의 이익이나 남성계급의 이익에 복무하는 편파적인 역할을 수행한다. 이런 문제의식은 엄밀히 말해 인권의 보편성 명제를 둘러싸고 있는 이중의 허구성에 대한 비판이다. 인권의 보편성 명제가 이중적으로 허구인 까닭은 한편으로는 인권의 형식적·선언적 보편성이 실질적인 편파성과 공존하고 있기 때문이며, 다른 한편으로는 형식적 보편성 관념이 일종의 허위의식(false consciousness)으로서 실질적으로 존재하는 인권침해의 현상들을 은폐·온존시킬 뿐만 아니라 확대 재생산하는 데 기여하기 때문이다.

박의경은 근대 정치사상의 흐름 속에 여성의 권리에 대한 관심이 과연 존재했는지에 대해 강한 의심을 표명하며, 근대 정치의 주체를 표현해온 인간 혹은 개인이란 보편적 개념이 사실은 여성을 철저히 배제한 개념이었다는 것을 지적한다(박의경). 근대 정치사상을 통해 표현된 근대적 기획의 방향은 보편타당한 것이었다. 하지만 그 형식적·선언적 보편성과 달리 실질적으로는 철저히 여성을 배제한 편파성을 감추고 있었다. 근대적 시민사회는 계몽의 목표인 인간의 보편적 해방을 이루기는커녕 남성이라는 인간에 여성이 복종하게 된 또 하나의 억압적인 질서였을 뿐이다. 이 질서 속에서는 인간의 권리가 공적이며 이성적인 존재로 규정된 남성에게만 보장되었고 '자연적'인 존재로 간주된 여성은 인간의 권리를 박탈당한 채 정치의 외곽에 존재할 수밖에 없었다.

이런 관점에서 보면, 프랑스혁명 직후 제정된「인간과 시민의 권리선언」도 예외가 아니었다. 만일 프랑스 인권선언에 명시된 인간과 시민의 범주에 실질적으로 여성도 함께 포함되어 있었다면 올랭프 드 구주(Olympe de Gouges)에 의해 작성된「여성과 여성 시민의 권리선언」은 물론 메리 월스톤크라프트(M. Wollstonecraft)의『여성권리옹호론』과

수잔 앤소니와 엘리자베스 캐디 스탠톤의 「감정의 선언문」 및 존 스튜어트 밀(J. S. Mill)의 『여성의 예종』은 불필요한 문서였을 것이다.

20세기 전체에 걸쳐 페미니즘은 수차례의 파도를 일으키며 젠더(gender)의 문제를 인문학과 사회과학 전반의 중요한 화두로 부상시키면서 동시에 많은 제도적·의식적·문화적 변혁을 주도했다. 하지만 박의경은 인권의 실질적인 실현이란 관점에서 볼 때 근대의 기획은 아직 미완이라는 것을 지적하고 미완의 근대 기획을 지속할 필요가 있다고 강조한다.

인권의 보편성 명제에 대한 박의경의 비판은 보편성 자체에 대한 문제 제기라기보다는 형식적 보편성 개념에 대한 비판이거나 형식적 보편성 아래 감춰진 실질적 편파성에 대한 비판이다. 그러므로 인권의 보편성 명제에 대한 비판의 한 가지 근거는 근대적 보편성이 진정성이 없는 형식적인 것이거나 실질적으로 전혀 보편적이지 않다는 것이다. 따라서 박의경의 주장은 형식적이며 선언적인 인권의 보편성을 여성을 포함한 약소 집단들에게도 실질적으로 보장 또는 이행하라는 요구로 이해할 수 있다.

계급투쟁의 관점에서 정치 세계를 바라보는 맑스주의자들의 경우도 인권의 보편성 명제에 대해 동일한 비판을 가해왔다. 부르주아 자본주의사회에서 보장된 개인의 권리는 보편적으로 규정되어 있지만 실질적으로는 부르주아 지배계급이 헤게모니를 쥐고 있는 사회질서를 유지하는 편파성(=당파성)을 갖는다(김비환). 권리의 형식적 보편성은 실제적 편파성을 은폐하고 재생산하는 허위의식의 일부로서, 결국은 다수 피지배계급에 대한 억압을 증대시키고 지배계급의 이익을 공고화·극대화시키는 기제일 뿐이다. 따라서 맑스주의자들에게는 권리의 보편성 명제는 권력과 자원의 실질적인 평등이 담보되고 개인들의 의식이 사회화된 사회주의 단계 이후의 사회에서나 실질적인 의미를 가질 뿐, 부르주아 자본주의 단계에서는 지배/피지배 관계와 기득권을 은폐 또는 공고화하는 이데올로기적 기제에 불과할 뿐이다. 하지만 부르주아 자본주의 단계에서 보통선거권 제도로 실현된 정치적 해방이 민주적 선거를 통해서건 계급 혁명을 통해서건 인간의 총체적 해방으로 이어진다면, 맑스주의자들이 비판하는 인권의 형식적 보편성은 실질적 보편성으로 바뀔 수도 있다. 하지만 인권의 보편성을 실질적으로 보장·이행하는 문제는 그리 단순한 문제가 아니다. 인권이 단지 선언과 계몽의 방법만으로 보편적으로 실현될 수 있다면 인권 문제는 그다지 중요한 이슈가 되지 않았을 것이다. 많은 경우 인권의 보편성은 지적인 계몽과 감성적 공감의 전략은 물론 심지어 많은 피와 땀을 필요로 하는 정치투쟁을 통해 구현되어왔다(홍태영; 유홍림; 김비환). 다시 말해 인권의 보편성은 인권을 박탈당한 약소 집단들과 그들의 불만과 욕구를 대변하는 엘리트 지도자들의 공동 투쟁을 통해 점진적으로 구현되어온 명제이다. 이와 같은 관점에서 보면 인권의 보편성은 선험적으로 주어진 규제적 이상이면서도 주로 약소 집단들의 끈질긴 요구와 투쟁을 통해서만 점진적으로 구현될 수 있었던 역사적인 명제이기도 하다.

이와 같은 관점에서 김은실은 초기 소비에트 러시아의 각료였던 여성주의자 알렉산드라 콜론타이(Александра Коллонтай)가 제시한 '여성해방과 자유' 개념이 갖는 역사적 의미를 분석한다(김은실). 김은실의 연구는 여성이 남성과 대등하게 자기 결정권을 갖는 사회적 주체로 인정받게 되는 것은 특수한 역사적 조건 속에서의 치밀한 전략과 투쟁을 통해서만 가능하다는 것을 예시해주고 있다. 초기 소비에트 러시아를 배경으로 한 콜론타이의 여성해방론은 사회나 산업구조의 변화에도 불구하고 과거 농경 사회로부터 지속되어온 가정적 역할에 여성을 한정시키는 당시의 시대착오적인 의식과 제도에 대한 문제 제기로서, 여성에 대한 '보호와 예속'을 끊임없이 재생산해온 전통적인 가정의 영역을 벗어나서 여성을 사회·정치 영역의 대등한 일원으로 포섭시킬 수 있는 두 가지 방법, 곧 여성의 경제적 자립의 모색과 그것을 뒷받침할 수 있는 사회적·법적 제도의 확립으로 현실화되었다.

맑스주의와 접목되어 있었던 콜론타이의 여성운동은 여성들에게 남성과 대등한 자유권적 인권이나 정치적 권리를 부여하는 데 머무르지 않았다. 여성이 진정한 자기 결정적 존재로 거듭나기 위한 필수 조건으로서 여성의 '경제적인 독립'을 가능하게 해줄 수 있는 경제적·사회적 권리―예컨대 교육권과 노동권의 보장―를 포함한 광의의 인권 보장을 목표로 삼았다. 콜론타이는 초기 소비에트 정부 각료로서 여성의 정치교육, 가사 노동의 사회화와 공동육아, 모성 보험, 매춘 문제 등에 관한 입법과 정책 수립을 시도하였으며, 가족법, 이혼법, 낙태법, 어린이집 설립을 통해 여성의 경제적 활동 공간을 확보함으로써 여성과 남성이 동등하게 공존할 수 있는 사회적 기반을 모색했다. 요컨대 김은실에 의하면, 여성이 공적 영역에서 남성과 대등하게 사회 노동(경제활동)에 종사할 수 있는 사회를 지향했던 콜론타이의 여성운동은 보편적 인권을 초기 소비에트 러시아라는 특수한 맥락 속에서 해석·구현하고자 했던 치열하고도 진정성 있는 시도였다.

인권의 보편성 명제가 지닌 논쟁적 성격을 상대주의와 보편주의의 다차원적인 의미를 분석·연계시키는 전략을 통해 완화시켜보려는 시도 있다. 김남국은 보편적 인권의 확립은 국민국가의 물리적 경계와 문화들 사이의 도덕적 경계를 넘어설 때 가능하다는 것을 강조하고, 특히 문화들 사이의 도덕적 차이가 빚어낸 문화상대주의의 다차원적인 의미를 분석함으로써 인권의 보편성 명제와 양립 가능한 문화적 인권(문화상대주의)의 확립 가능성을 탐색한다(김남국).

먼저 김남국은 문화들 사이의 비교 가능성을 거부하는 문화상대주의를 서술적 상대주의(descriptive relativism), 초윤리적 상대주의(metaethical relativism) 그리고 규범적 상대주의(normative relativism)로 구분한다. 서술적 상대주의는 옳고 그름에 대한 서술적 차이에도 불구하고 보편적 도덕 기준의 가능성을 열어놓는다. 초윤리적 상대주의는 옳고 그름을 평가할 수 있는 보편적인 도덕적 기준의 확인은 불가능하다고 보지만, 롤즈의 중첩 합의로서의 정의관처럼 실용적인 윤리적 수준에서는 개방적이고 동태적인 균형점으로서의 보편적 규범의 존재를 인정할 여지가 있다. 반면에 규범적 상대주의는 서술적 상대주의와 초윤리적 상대주의의 결합 형태로 볼 수 있는데, 간문화적으로 적용될 수 있는 보편적인 도덕규범은 존재하지 않기 때문에 각 사회는 자체의 고유한 도덕 기준에 따라 영위되어야 한다고 본다.

이어서 김남국은 이 세 가지 차원의 문화상대주의에 대응한다고 판단되는 세 가지 수준의 문화적 보편주의를 제시한다. 추상개념 수준의 보편주의, 해석 수준의 보편주의, 실천(=적용) 수준의 보편주의가 그것들이다. 깊이 생각해보지 않더라도 충분히 예상할 수 있듯이, 추상적 개념 수준에서 해석 수준으로 그리고 실천 수준으로 옮겨갈 경우 보편화 가능성은 더 어려워진다. 추상적인 인권 규범에 대해 개념적인 수준에서는 모두가 동의할 수 있지만, 그것의 의미를 구체적으로 해석하고 적용할 때는 문화에 따라 매우 상이한 결과가 발생할 수 있기 때문이다.

문화상대주의와 문화적 보편주의에 대한 김남국의 분석이 갖는 함의는 비교적 분명하다. 해석과 실천 수준으로 하향할수록 초윤리적 상대주의와 서술적 상대주의의 타당성이 높아지는 반면, 추상적인 개념 수준의 보편주의는 비교적 쉽게 확립될 수 있다는 것이다. 세계인권선언 이후 2005년 유네스코에 의해 채택된 「문화적 표현의 다양성 보호와 증진에 관한 협약」에 이르기까지의 과정에서 알 수 있듯이, 문화적 권리는 개인적 권리로부터 집단의 권리로 확장되어왔으며, 그 내용도 문화적 권리를 유효하게 해주는 사회적·경제적 활동까지도 포함하게 되었다. 하지만 문화적 인권이 개념적 수준을 넘어 해석과 실천 수준에서 보편성을 얻기 위해서는 규범적 상대주의는 물론 초윤리적 상대주의와 서술적 상대주의까지도 극복해야만 한다.

문화상대주의와 문화적 보편주의에 대한 김남국의 분석은 이미 앞에서 설명한 보편주의 대 특수주의의 논쟁을 개념적으로 더 엄밀히 펼쳐본 것이라 할 수 있다. 이와는 달리 나(김비환)의 글은 아예 실현 가능한 보편주의의 성격을 규정하고, 그렇게 규정된 보편주의의 특징과 한계를 설명한다. 나의 입장은 지구적 타당성을 갖는 인권 규범의 보편성은 인류의 평화적이고 안정적인 공존이라는 실용적 목적에 근거한다. 그것은 다양한 문화적·종교적·철학적 전통 사이의 중첩 합의를 반영할 뿐만 아니라(합리적 정당화), 홀로코스트와 같은 인류의 비극적인 역사적 경험을 되풀이하지 않고자 하는 정서적 공감 및 특수한 공동체들의 잔악한 행위들에 맞서온 저항자들의 의지가 투합하여 구성된 '확장된 중첩 합의'로서 이해·정당화된다. 말하자면 초윤리적 상대주의와 양립 가능한 실용적 보편주의의 관점에서 인권 규범을 이해하는 것이 가장 적실성 있다고 주장하는 것이다. 물론 나는 실용-신중주의적 보편주의의 한계를 잘 인식하고 있다. 하지만 심원한 다원주의로 특징화될 수 있는 현 시기 지구 사회에서 인권 규범이 갖는 보편성은 그와 같은 제한성과 한계를 지닐 수밖에 없다고 본다.

7. 인권 체계 내의 우선순위는 어떻게 이해해야 하는가?

인권 체계 내의 우선순위 문제 역시 중요한 논쟁 대상이다. 사회주의 국가들은 인권 체계 내에서 상대적으로 적극적 인권, 즉 경제적 인권의 중요성을 강조한다. 그리고 중국이나 싱가포르와 같이 시민적·정치적 권리를 온전히 보장해주지 않는 권위주의 정권도 상대적으로 경제적 인권—기본적 생계유지의 권리—의 중요성을 강조하는 경향이 있다. 이는 종종 정치적 권위주의나 독재를 유지하기 위한 정략적 의도와 결부되어 있는 만큼 인권 규범에 대한 진정성 있는 지지의 표현이라 보기 어렵다. 그럼에도 불구하고 경제적 인권의 우선성을 강조하는 입장은 극심한 경제·사회적 양극화의 문제를 안고 있는 미국과 같은 사회에 대해서는 어느 정도 설득력을 가질 수 있는데 이는 양극화가 극심한 곳에서는 시민적·정치적 인권보다 경제적 인권의 보장이 더 시급하게 여겨질 수 있기 때문이다.

그리고 형식적으로 보장된 시민적·정치적 인권의 실질적 향유를 위해서는 사회적·경제적 인권의 보장이 요구되고, 반대로 사회적·경제적 인권을 보장받기 위해서는 먼저 시민적·정치적 권리의 적극적 행사가 요구된다고 볼 수 있는바, 소극적 인권과 적극적 인권은 서로가 서로의 실현 조건이 되는 매우 복잡한 관계를 맺고 있다(김비환). 그러므로 이 두 가지 권리를 동시에 실현할 수 있을 정도의 정치 발전과 경제 발전을 이루지 못한 곳에서는, 인권 체계 내의 우선순위 문제가 여러 사회 세력의 이해관계와 맞물려 매우 복잡한 양상을 띨 수밖에 없다.

이미 앞에서 살펴본 바와 같이 로크와 페인의 자연권 이론은 자유주의 사상 전통 내에서도 재산권과 복지권의 긴장이 존재해왔다는 것을 보여주고 있다(김병곤). 자연권 사상 내에 존재하는 이와 같은 긴장 관계는 자유주의자인 로크의 권리 이론과 현대 사회주의사상에 영감을 제공한 루소의 권리 이론을 비교할 때 더욱 첨예해진다. 오영달에 의하면 로크의 자연권 이론은 시민적·정치적 권리의 기초를 제공함으로써 자유민주주의 정치 전통의 토대를 마련했고, 경제적·사회적 권리를 참여 민주주의의 필수적 토대로 강조한 루소의 권리 이론은 사회주의적 민주주의 또는 전체주의적 민주주의의 이론적 기초를 제공했다(오영달). 오영달은 특히 경제적·사회적 권리의 중요성을 강조한 루소의 정치사상이 맑스와 레닌의 공산주의와 맺고 있는 연관성을 강조한다. 그리하여 시민적·정치적 권리보다 경제적·사회적 권리의 우선성을 강조하는 정치사상 전통은 경험적으로 볼 때 사회주의적 민주주의나 전체주의적 민주주의로 귀결될 가능성이 높다고 주장함으로써 반드시 시민적·정치적 권리의 우선성 명제가 고수되어야 한다는 것을 강조한다.

오영달은 인권과 민주주의의 관계를 동전의 양면과 같이 상보적이고 상호 지지적인 관계를 형성하고 있는 것으로 보지만, 이 경우 민주주의와 훨씬 직접적인 연계성을 갖는 것은 시민적·정치적 인권이라 본다. 사회적·경제적 인권의 우선성을 강조할 경우 소련이나 중국 그리고 북한처럼 권위주의적이거나 전체주의적인 정치체제로 나아갈 가능성이 크다고 보기 때문이다. 이런 관점에서 오영달은 앞으로 북한의 인권 문제에 대처할 때는 시민적·정치적 권리의 실현을 우선적 목표로 삼을 것을 권고한다.

물론 오영달은 사회적·경제적 권리의 중요성을 부정하지 않는다. 그는 이 두 범주의 인권들이 모두 중요하다는 것을 인정한다. 다만 자유민주주의 정치체제를 유지하는 데 관심이 있다면 인권 체계 내의 우선순위를 정함에 있어서 시민적·정치적 권리를 먼저 확립할 필요가 있다는 것을 강조한다. 사회적·경제적 인권의 확립을 우선적 목표로 삼을 경우 시민적·정치적 권리는커녕 사회적·경제적 권리도 제대로 확립할 수 없다고 보기 때문이다. 반면에 시민적·정치적 권리의 실현에 우선성을 둔 자유주의 사회들은 자유민주주의 정치체제를 굳건히 세웠을 뿐만 아니라, 시민적·정치적 권리를 통해 약자들의 사회적·경제적 권리까지도 성공적으로 보장해줄 수 있었다고 본다. 요컨대 오영달은 자유민주주의의 발전과 유지라는 관점에서 두 가지 범주의 인권들 중 어느 것이 우선성을 가져야 하는가를 평가한 후 "국가 사회 그리고 국제사회가 안고 있는 어떤 문제도 '시민적·정치적 권리'를 바탕으로 국가 안이든 또는 밖이든 정치 공동체 구성원들 사이에 자유롭고 평등한 논의를 통하여 다루어나갈 때 '경제적·사회적' 권리 그리고 문화적 권리에 대한 보호와 증진도 기대될 수 있을 것이다."라고 결론짓는다.

그렇지만 시민적·정치적 권리와 사회적·경제적 권리의 우선성 문제는 이론적으로는 좀 더 복잡한 양상을 띨 수 있다. 왜냐하면 시민적·정치적 권리들은 권리 소유자들의 사회적·경제적 조건에 따라 그 값어치(worth)가 현저히 달라질 수 있기 때문이다(Ralws, 1971: 204). 자유민주주의 사회의 시민들은 누구나 시민적·정치적 기본권들을 소유하고 있지만, 사회적·경제적 조건의 차이로 인해 그 기본권들을 보다 충실하게 행사할 수 있는 시민들과 전혀 그렇지 못한 시민들로 나뉠 수 있다. 이 경우 형식적으로는 평등하게 보장된 시민적·정치적 권리가 실질적으로는 매우 불평등하게 행사될 수밖에 없는바, 정치적 평등주의를 지향하는 민주주의의 온전한 구현이 어려워진다.

일면에 있어, 롤즈의 복지 자유주의는 사회적·경제적 불평등으로 인해 민주주의가 왜곡될 수 있는 위험성을 차단하려는 목적을 갖고 있다. 재산 소유 민주주의(property-owning democracy)와 복지권에 토대를 둔 시민적·정치적 권리의 보장만이 실질적인 의미의 민주주의 실현에 이바지할 수 있다고 보는 것이다.

최형익의 글은 맑스주의가 시민적·정치적 권리와 사회적·정치적 권리의 균형을 모색한 롤즈류의 사회민주주의에 만족하지 않고, 사회적·경제적 권리의 우선적 확립에 주력했던 역사적·사회구조적 근거를 설명한다(최형익). 맑스는 먼저 부르주아혁명을 통해 달성한 정치적 해방은 인간의 공민으로서의 측면을 이기적인 사적 개인으로서의 측면에 굴복시켜, 정치를 사적 개인의 인권을 보호하기 위한 수단으로 전락시켰다고 분석한다. 그런데 이와 같은 분석과 인식은 맑스에게 국가 중심적인 협소한 정치 인식을 시민사회의 물적 토대를 제공하는 자본주의 운동 법칙에 대한 관심으로까지 확장시킬 수 있는 계기를 제공함으로써 그가 국가와 시민사회의 관계를 총체적이고 동태적으로 파악할 수 있게 해주었다.

이와 같은 방법상의 전환은 맑스로 하여금 프랑스 인권선언에 표명된 형이상학적 자연권 이론의 추상성과 비역사성을 거부하면서도 그 특수한 역사적 의의를 평가할 수 있는 새로운 권리 정치 이론 구성을 시도할 수 있게 해주었다. 맑스는 근대사회에서의 권리의 내용과 역할은 기존의 자연권적 이론으로는 적절히 설명할 수 없다고 보고, 특정한 역사적 국면에서의 사회경제적 적대와 갈등이라는 관점에서만 권리에 대한 적절한 이해와 설명이 가능하다고 보았다. 말하자면 맑스는 특정한 역사적 국면에서 자본가 집단과 투쟁하고 있는 노동계급의 관점에서 권리문제를 바라봄으로써 자유주의적 인권 담론과는 질적으로 다른 인권 담론을 전개하려 했던 것이다.

이와 같은 관점에서 보면, 맑스의 인권 이론은 자유주의 인권 이론에 은폐되어 있는 보편 대 특수(혹은 편파)의 모순을 강조했던 초기의 입장으로부터, 경제적 가치론의 역사적 전개(사적유물론) 과정 속에서 자유주의적 인권 이론과 사회주의적 인권 이론의 역사적 의의를 통일적으로 해석할 수 있게 된 후기의 입장으로 이행해왔다고 할 수 있다. 그러므로 맑스적 관점에서 보면, 사회적·경제적 인권의 우선성에 대한 강조는 인간의 총체적 해방이 실현될 새로운 사회의 도래를 매개하는 계급투쟁의 한 가지 핵심 내용이 되는바, 이는 한편으로는 부르주아 자본주의사회에서 실현된 형식적인 보편적 권리들을 실질적으로 실현시켜줄 수 있는—역사적으로 필히 요구되는—물적 조건 확보의 긴급성을 표현한 것으로 볼 수 있으며 다른 한편으로는 자본주의사회와는 질적으로 다른 사회의 물적 토대에 대한 관심을 반영한 것으로 볼 수 있다.

이론적으로만 본다면, 시민적·정치적 권리의 우선성을 주장하는 입장과 사회적·경제적 권리의 우선성을 주장하는 입장 중 어느 쪽이 더 설득력이 있는가를 판단하기는 어렵다. 직관적으로 볼 때, 최소한의 물질적 필요와 교육에 관련된 문제가 해결되지 않고서는 법적으로 보장된 시민적·정치적 권리들을 의미 있게 행사하기란 어려울 것이다. 물론 혹자는 약자들에게 시민적·정치적 권리가 보장된다면 그 권리의 행사를 통해 사회적·경제적 권리를 획득할 수 있기 때문에 시민적·경제적 권리의 획득이 민주주의와 생존·생활권을 동시에 보장받을 수 있는 최선의 길이라고 주장할 수 있다. 이 주장은 경험적으로 매우 강력한 근거를 갖고 있다. 하지만 시민적·정치적 권리가 주어졌다고 해도 그것을 의미 있게 사용할 수 있는 자원과 실질적 능력이 뒷받침되지 않을 경우, 마찬가지로 경험적으로 볼 때, 그 권리들은 사회적·경제적 권리의 보편적 보장에 필요한 사회·경제적 구조 변화를 초래할 수 없는 한계를 지닐 수밖에 없다. 린드블럼(C. E. Lindblom)의 「감옥으로서의 시장(the market as prison)」은 그런 경향을 잘 설명해주고 있다(Lindblom, 1982). 이런 관점에서 보면, 맑스주의적 변혁 운동의 파고를 직접적으로 경험했던 유럽 국가들과 그렇지 않았던 미국이 사회적·경제적 권리의 보편적 실현 정도에 있어 상당한 차이를 보이는 이유를 어느 정도 이해할 수 있다.

권리의 우선성 논쟁은 자본주의 체제와 사회주의 체제 사이의 차이와 관련되어 있는 문제이면서도 자본주의사회의 정치 세력들 사이에 서도 중요한 논쟁의 대상이 된다. 보수주의자들은 이미 확립되어 있는 권리들의 목록에 새로운 권리를 추가하는 것에 그다지 적극적이지 않다. 특히 재산권을 신성시하고 민주주의를 최소주의적으로 이해하는 그들의 일반적 경향은 일부 국가에서 경제적·사회적 권리의 확대와 제도화를 가로막는 가장 중요한 요인이 되고 있다. 이들은 민주주의를 최소주의 이상으로 확장시킬 경우 사적 소유권에 대한 공적인 규제가 확대될 것을 우려하기 때문에, 민주주의를 대의제 구성을 위한 절차적 제도로 국한시켜 민주주의의 실질적 심화에 따른 재산권 침해의 가능성을 차단하고자 한다.

반면에 진보주의자들은 민주주의를 단순히 대의제 구성을 위한 제도로서의 의미를 넘어 평등한 시민권의 실질적 실현이라는 측면에서 파악함으로써 공적 심의에 참여할 수 있는 법적인 자격(민주적 권리들) 및 실질적인 기회와 조건의 충족(복지권)을 결합시켜 규정한다. 그러므로 이들에게 민주주의는 실질적으로 시민적·정치적 권리들과 경제적·사회적 권리들이 균형적으로 통합되어 있는 하나의 패키지로서 이해된다.

마지막으로 한 국가 사회의 중장기적인 발전 과정을 놓고 볼 때, 초기부터 모든 권리를 동시에 보호 또는 충족시켜주기는 어려우며 사실상 불가능하다. 그러므로 발전 단계에 따라 우선적으로 보호 또는 충족시켜주어야 할 권리들을 선택해야 하는 문제가 대두한다(유홍림). 역사 발전 단계에 부응하는 권리의 우선순위 배정 문제는 빈번히 지배 집단의 권력욕과 소유욕에 의해 심각히 왜곡되어온 것이 사실이다.[15]

---

15) 특히 경제 발전과 민주화 사이의 양자택일(trade-off)과 관련된 권리의 우선순위 결정은 권위주의 체제를 장기적으로 유지하려는 지배 집단에 의해 조작된 경우

하지만 국가 사회의 장기적 발전과 번영에 대한 지배 집단의 충정을 인정할 수 있는 경우에도 권리의 우선순위 설정 문제를 회피할 수 없는 때가 더러 있다. 전시체제나 자연 재난으로 인한 국가비상사태 등과 같이 극단적인 경우가 아니더라도 특정한 역사 발전 단계에 있어서는 권리들 사이의 우선순위 설정이라는 중요한 정치적 문제에 봉착할 수 있다. 서구에서 권리 체계의 확립 과정은 권리 체계가 일시에 한꺼번에 확립된 것이 아니라 순차적으로 그리고 누적적으로 확립되어왔다는 것을 보여준다. 그러므로 지배 집단의 진정성을 인정할 수 있는 경우라 해도 경제성장과 민주화를 성취하고자 하는 후발 또는 후후발 국가들에서 일시적으로나 중단기적으로 권리들의 순위를 정하는 문제가 중요한 과제로 대두될 수 있는데, 권리의 우선순위 설정 문제는 특히 이런 과도기에 처해 있는 국가들에서 긴요한 과제가 될 수 있다.

가 많았다. 센(A. Sen)의 경험적 연구는 경제 발전을 위해 권위주체 정치체제가 필요했다는 왜곡된 주장들을 바로잡아준다. 현재 비약적인 경제 발전을 기록하고 있는 인도는 1970년대부터 민주주의를 잘 정착시켜왔으며, 2000년 이전까지 비약적인 경제 발전을 이룩해온 보츠와나는 2000년 이전까지 아프리카에서 가장 민주화된 국가였다. 더구나 경제의 질적 측면을 고려할 경우 민주화는 경제적 질을 높임으로써 균형 잡힌 경제 발전에 이바지할 수 있다. 따라서 아시아의 4마리 용들이 권위주의적인 정부하에 비약적인 경제 발전을 달성할 수 있었던 원인을 권위주 체제의 강력한 리더십에서 찾는 것은 근시안적인 오판이거나 정치적으로 왜곡된 결론이라고 볼 수 있다. 대만과 싱가포르 그리고 홍콩과 한국이 비약적인 경제성장을 할 수 있었던 것은 권위주 정치체제를 채택했기 때문이 아니라 당시의 국제경제 질서를 배경으로 적합한 합리적인 경세정책을 펼쳤기 때문이었다. 그러므로 경제 발전과 민주화의 관계를 양립 불가능한 교환관계로 간주, 경제성장과 민주주의 사이에서 양자택일을 강조한 것은 지배 집단의 장기 집권 음모의 일환이었다고 볼 수도 있다.

8. 지구화 시대에 인권은 누가 소유하며 누가 이행의 의무를 지는가?

지구화와 그로 인해 가속화된 각 사회의 다문화 추세는 전통적인 인권 담론의 지형을 새롭게 조형하고 있다. 지구화는 그동안 인권 담론이 갇혀 있었던 주권적 국민국가라는 물리적 경계를 허물어뜨림으로써, 그리고 다문화 추세는 인권 담론의 또 다른 배경이었던 문화적·도덕적 경계의 의미를 새롭게 해석하도록 자극함으로써 전통적인 인권 담론의 지형을 변형시키고 있다.

전통적으로 인권은 강력한 보편적 함의를 지녀왔음에도 불구하고 실제에 있어서는 주권적 국민국가를 매개로 해서만 보장되어왔다(Arendt, 1951, Book II, chap. 9; 홍태영). 국민국가의 시민들만이 인권의 담지자이고, 정부는 그들의 인권을 보장해줄 수 있는 권한과 능력을 소유하고 있는 유일한 실질적 주체로서 간주되었던 것이다. 주권국가의 합법적 구성원인 국민들은 국가에 대한 구체적인 권리로서 시민권을 향유하며, 국가는 그들에게 일정한 시민으로서의 의무를 이행하도록 요구할 수 있는 권한을 갖는 동시에 그들의 권리를 보장해주어야 할 의무의 유일한 주체로서 인식되었다. 아렌트는 일찍이 이와 같은 현실적 모순을 다음과 같이 파악했다.

> 프랑스혁명 이래 인류라는 개념은 국가로 구성된 가족이란 이미지를 가지고 있었기 때문에, 인간의 이미지는 개인이 아니라 국민이라는 사실이 점차 명확해졌다. …… 인권은 양도할 수 없다고 가정되지만, 주권국가의 시민과는 다른 사람[난민]들이 나타날 때면―심지어 인권에 기초한 헌법을 보유한 국가에서조차―인권은 강요할 수 없는 것이라는 사실이 드러났다(아렌트, 『전체주의의

기원』 제2부 9장).

정치의 토대인 시민권은 이제 인종을 근거로 소수집단들—특히 유대인—에게는 선택적으로 부정된다. 국가를 상실한 유대인들, 즉 '특수한 자연 상태로 되돌려진' 권리 없는 사람들은, 시민의 권리가 없는 곳에서는 또한 '인간의 권리'라는 것도 존재하지 않는다는 사실을 처음으로 깨달은 사람들에 속한다(Feldman, 1978: 44).

국민국가 중심의 국제 관계를 배경으로 형성된 인권 레짐은 그 형식적·선언적 보편성에도 불구하고 주권적 국민국가의 정치적·군사적·경제적 현실과 필요에 의해 제한될 수밖에 없었는데, 이는 인권의 규범적 보편성과 현실적 특수성 사이에 존재해온 긴장의 가장 중요한 측면이다. 그러므로 지구화로 인해 시공간적으로 매우 축소된 하나의 지구적 시민사회가 출현하고 있다는 인식은, 인권의 보편적 요구와 주권국가의 특수주의적 논리 사이의 긴장을 해소할 수 있는 새로운 가능성을 제공해주고 있다.

홍태영은 국민국가 시대로부터 지구화 시대에 이르기까지의 인권 담론의 진화를 시민과 비(非)시민을 구분하는 다양한 형태의 경계들의 철폐라는 관점에서 조망함으로써 인권 확장—권리를 향유하는 시민 범주의 확장과 권리의 수적 증가—의 정치사가 곧 민주화의 역사였다는 것을 부각시킨다(홍태영). 그의 논의에서 '경계'라는 개념은 특히 중요하다. 왜냐하면 '경계'는 어떤 사람들 혹은 집단들을 시민의 범주로 포섭할 것인가 아니면 배제할 것인가를 구분 짓는 '사이'를 의미하기 때문이며, 인권 정치의 핵심을 구성하는 개념인 동시에 민주화 과정을 역사적이고도 동태적으로 이해할 수 있게 해주는 키워드이기 때문이다.

홍태영은 프랑스혁명 시기로부터 시작된 근대 인권 정치(및 민주주의)의 역사를 애초에 시민으로부터 배제된 소수집단의 권리 자각과 쟁취라는 관점에서 개관한다. 이 관점에 따르면 민족주의는 막 탄생한 국민을 한 집단의 시민으로, 자유주의는 국민을 개별적인 주체적 시민으로, 사회주의 운동은 노동계급을 그리고 페미니즘은 여성을 정치적 주체로 포섭하는 역할을 수행함으로써 인권 정치 및 민주화의 과업을 계승해왔다. 이와 같은 일련의 계승적 인권 정치를 통해 시민들과 비(非)시민들을 나누는 다양한 '경계'가 상당 부분 이미 무너진 상황에서, 국민국가라는 근대적 정치체에 근본적인 변화의 압력을 가하고 있는 포스트모던적 지구화 추세는 인권 정치와 민주주의에 또 다른 전환의 계기를 제공하고 있다. 아마도 인권의 보편화 가능성 및 새로운 지구적 민주주의 형태에 대한 모색은 인권 정치와 민주화의 새로운 전환을 표현하는 시도들로 볼 수 있을 것이다(Held, 2006: chap. 11; 김남국; 유홍림).

이주민들의 수가 급격히 증가하고 있는 지구화 시대를 배경으로 소이살(Soysal)이 제시한 탈국가적 시민권(postnational citizenship) 개념은 그와 같은 가능성을 탐색하고 있는 흥미 있는 예이다(Soysal, 1994). 소이살은 이주민들이 이입국에서 광범위한 권리와 의무를 갖는 사회적·정치적·경제적 행위자로서 참여하고 있는 것은 국민국가 체계와 맞물려 있는 국가적 시민권 개념의 근본 원리를 침식하는 것이라 평가하고, 국적과 상관없이 개별적인 인간(personhood)이라는 사실에 기초하여 모든 이주민에게도 시민권을 부여해야 한다고 주장했다(Soysal, 1994: 2). 요컨대 그의 탈국가적 시민권 개념은 탈영토적인 시민권 개념을 표현한 것으로서 초국가적 인권 담론의 흥미 있는 예를 제공한다.

지구화가 가속화시키고 있는 각 사회의 다문화 경향은 다른 측면에서 인권 지형을 변모시키고 있다. 다문화 경향은 인간의 삶에서 문화적 경계가 갖는 중요성을 새롭게 인식하도록 자극하면서, 지구화로 인한 물리적 통합과는 다른 성질의 압력과 도전을 가하고 있는 것이다. 지구화는 상호 의존성과 통합의 증대를 통해 지구적 보편성을 갖는 인권 규범 확립에 긍정적으로 작용하는 것처럼 보인다. 반면에 다문화 경향은 인종적·문화적 다양성과 차이를 긍정하는 문화상대주의를 조장함으로써 보편적 인권 규범 형성에 부정적인 요인으로 작용하는 듯 보인다. 만일 한 국가 사회를 구성하고 있는 모든 문화 집단이 문화의 고유한 가치를 내세우며 인권의 보편적 요구를 외면한다면 어떻게 인권의 보편적 이행을 담보할 수 있을 것인가? 직관적으로 볼 때 다양한 문화의 고유한 가치를 인정·보호할 것을 요청하는 다문화주의는 상대주의를 조장함으로써 인권의 보편성을 침식하는 것처럼 보인다.

하지만 인간은 가치 있는 삶을 살기 위해 반드시 문화적 맥락을 필요로 한다는 명제가 보편적으로 적용될 수 있다면, 다시 말해 개인들은 자신이 속해 있는 고유한 문화로부터 삶의 의미와 목적에 관한 관념을 얻는다는 것이 보편적인 명제라고 한다면, 다문화주의와 인권의 관계는 좀 더 긍정적인 관점에서 이해될 수 있는 여지가 있다.[16] 왜냐하면 그 명제는 개인들이 가치 있는 삶을 살 수 있도록 국가가 개인들이 속한 문화 집단들을 보호해주어야 한다는 요구를 정당화시켜줄 수 있기 때문이다. 예컨대 킴리카(W. Kymlicka)는 소수집단을 소수인종(ethnic minority), 소수민족(national minority) 그리고 원주민(indigenous people)의 세 범주로 구분하고 이들의 역사적 성격과 요구 및 필요를 감안하여 상이한 권리들을 부여해야 한다고 주장한다(김남국).

16) 문화를 단순히 도구적인 것으로 볼 경우, 다시 말해 개인이 마음대로 선택하고 교체할 수 있는 선택 대상으로 볼 경우, 인권과 문화적 권리의 관계는 다르게 이해될 수 있다.

하지만 한 국가 사회가 수용·보호할 수 있는 문화적 다양성의 범위가 도대체 어디까지인가 하는 문제는 다른 문제와 착종되어 있어서 더 복잡한 양상을 띤다. 만일 합의를 통해 각 인종·문화 집단에 적합한 문화적 권리를 인정해준 결과 각 문화 집단이 고유한 문화 전통과 관습을 유지·전승해가는 과정에서 필히 구성원들의 헌법적 기본권을 침해할 수밖에 없다면 이 권리의 충돌을 어떻게 해결해야만 하는가? 만일 개인의 기본권을 우선시하여 개인의 기본권을 침해하는 문화적 전통이나 관습을 금지시킨다면 그것은 결국 문화적 권리를 진정성 있게 인정해주는 것이 아닐 것이다. 그리고 반대로 문화적 권리의 존중을 위해 문화 내에서 일어나는 인권침해를 외면한다면 그것은 헌법 질서의 파괴를 인정하는 꼴이 되고 말 것이다. 그러므로 선진 사회들은 인권의 보편적 실현과 문화적 권리의 존중이라는 상충할 수 있는 두 목표를 어떻게 조정할 것인가를 두고 심각한 고민에 빠질 수밖에 없었는데, 이런 상황에 대한 각국의 대응은 각국의 처지와 목표에 따라 상이한 입장으로 나타나게 되었다. 예컨대 자유주의국가는 개인들이 표방하는 다양한 가치관 혹은 문화 사이에서 중립을 지키는 것이 옳다고 보는 중립적 자유주의, "자유주의 철학 내에서, 안정되고 정당화될 수 있는 방식으로, 공적인 영역은 물론 사적인 영역에서도 종교적·문화적 혹은 인종적 기원상의 차이들을 최대한으로 수용하고자 하는 정책"적 입장을 표방하는 자유주의적 다문화주의, 개인은 인종적·문화적·종교적 기원에 상관없이 모두가 국가 헌법에 대한 동일한 권리와 의무를 갖는다는 점을 강조하는 헌정적 애국주의(=공화주의적 동화주의) 등이 대표적인 이론적 대응이다.

집단도 권리의 담지자가 될 수 있는가 하는 문제는 누가 권리 이행 의무의 주체인가 하는 또 다른 이슈와 연관되어 있기 때문에 더욱더 복잡하다. 예컨대 소수민족에게 부여될 수 있는 자치권에 비해 비교적 제한된 문화적 권리만을 소유하는 소수인종 집단의 대표위원회가 그 구성원들에 대해 가질 수 있는 의무의 범위와 강도는 광범위한 자치권을 보장받은 소수민족 정부에게 부여된 의무의 범위와 강도와는 다를 수밖에 없다. 이 경우 소수인종 대표위원회가 그 구성원들의 권리를 보장해줄 수 있는 권한은 소수민족 자치 정부가 그 구성원들에 대해 갖는 권한과는 큰 차이가 있을 것이다. 아마도 광범위한 자치권이 위임된 소수민족 정부는 제한적이긴 하지만 경제·사회·문화·교육 등의 다방면에서 독립적인 권리 이행의 의무 주체로 인정될 수 있겠지만, 소수인종 대표위원회는 독립적인 권리 이행 의무의 주체로 인정받기 어려울 것이다. 그리고 광범위한 자치권이 주어진 소수민족의 경우에도 중앙정부와 권한과 의무를 어떻게 분담하느냐에 따라 매우 상이한 권한과 의무를 갖게 될 것이다.

　김범수의 논의는 좀 더 포괄적인 이론적 수준에서 권리 이행 의무의 주체에 관한 논쟁을 다루고 있다(김범수). 그는 보편주의적 범세계주의와 공동체주의를 대비시키고 각각의 입장이 의무 이행자의 범위를 어떻게 설정하고 있는지를 설명한다. 보편주의적 범세계주의자들은 가난한 국가의 시민들을 포함한 모든 개인이 다 생존권을 보장받을 권리가 있다고 주장하며, 만인의 권리를 보호·보장해줄 도덕적 의무가 전 인류에게 귀속된다고 본다. 예컨대 탈국가적 시민권 개념을 제시한 소이살의 입장이나 부자 국가들의 특별한 의무를 강조한 포기(Pogge)의 입장 그리고 인권은 모든 인간에게 한두 가지 이상의 의무를 부과한다고 본 지워스(A. Gewirth)의 입장 등은 보편주의적 범세계주의에 속하는 주장들이다. 그리고 이보다는 완화된 형태이지만 개인의 인권은 그 개인이 속하지 않은 다른 사회의 구성원들에게도 '어느 정도는' 의무를 부과한다고 보는 맥리언(D. MacLean)과 슈(H. Shue)의 입장도 있다.[17)]

반면에 공동체주의자들은 "국민국가의 경계를 초월한 의무"의 존재는 너무 추상적일 뿐만 아니라 인간의 본성에도 역행한다고 보고, 개인들이 속해 있는 특수한 공동체들—이웃, 동포 그리고 민족 등—과 구성원들이야말로 개인의 권리를 보호·보장해주어야 하는 특별한 의무의 담당자라고 주장한다(김범수). 그러므로 공동체주의자들은 보편적 인권의 존재를 인정한다 하더라도 그것을 보호·보장해줄 의무는 어디까지나 개인이 속해 있는 특별한 공동체에 있다고 본다. 예컨대 대거(Dagger)는 인간은 인간으로서 다른 사람들에 대해 '일반적 권리와 의무(general rights and duties)'를 지니는 한편, 공동체의 구성원으로서 다른 구성원들에 대해 특별한 권리와 의무를 지닌다고 본다. 하지만 공동체주의자들은 이방인들에 대한 의무 이행의 당위성보다는 같은 공동체 소속 구성원들에 대한 의무의 이행을 강조하는 것이 일반적이다. 예컨대 밀러(D. Miller)는 인권 보장의 가장 주된 의무 이행자로서 국민국가에 기반을 둔 민족 공동체를 강조한다. 마틴(R. Martin) 또한 인권 문서들이 겨냥한 일차적 대상들이 각국의 정부들이라는 점과 오직 사회적으로 인정되고 유지되는 권리들만이 실재적인 인권이라는 점을 강조하며 일차적인 의무가 개인이 속한 사회의 정부에 있다고 주장한다(Martin, 2002).

세계적 보편주의와 공동체주의는 다음과 같은 제3의 입장으로 통합될 수도 있다. 니켈(J. W. Nickel)은 인권이 실효성 있게 보장되려면 개인이 속한 정부는 물론 다른 사회의 정부, 국제 제도, 동료 시민 그리고 모든 개인의 협조가 필요하다고 주장한다(Nickel, 2002). 막스(S. P. Marks) 역시 비슷한 관점에서 개인주의 전통에도 속하지 않고 사회주

---

17) 맥리언과 슈의 입장은 보편주의와 공동체주의 사이에 있는 절충적 입장으로 볼 수 있다.

의 전통에도 속하지 않는 3세대 인권—'연대의 권리'로 표현할 수 있으며, 평화, 생태 균형 등의 관심사와 연관되어 있다—의 이행을 위해서는 개인, 국가, 공적·사적 결사들 및 국제 공동체들을 포괄하는 모든 행위자의 공조가 필요하다고 주장한다(Marks, 2002).

이상의 논의는 권리는 그에 상응하는 의무의 담당자가 있다는 가정 하에 전개되었다. 하지만 권리의 다양한 형태—요구권(claim rights), 자유권(liberty rights), 권한으로서의 권리(power), 면제권(immunities)—를 살펴보면 권리에 대응한 의무의 담당자를 분명히 확인할 수 없는 경우들도 적지 않다(Jones, 1994: chaps. 1, 2; Wellman, 2002).[18] 특히 자유권적 권리들 중 일부는 명백한 의무의 담당자를 확인할 수 있는 요구권과 달리 그에 연관된 의무의 주체를 확인하기 어렵다. 이런 경우는 조운즈(P. Jones)가 사용한 축구 경기의 예를 들어 설명할 수 있다(Jones, 1994: 19). 축구 경기에서는 어떤 선수든 골을 기록할 권리가 있는데 이는 골 기록을 금지하는 규칙이 없기 때문에 자유권적 권리에 속한다. 그것은 어떤 선수가 골을 기록할 수 있도록 상대방 선수가 허용할 의무를 지고 있지 않다는 점에서 요구권이 아니다.[19] 어떤 선수가 골을 기록할 수 있는 자유로서의 권리를 갖고 있듯이 다른 모든 선수도 골을 기록할 수 있는 동일한 자유를 갖고 있으며, 나아가서 모든 선수는 상대편 선수가 골을 기록하지 못하도록 가로막을 자유권도 갖고 있다. 그러므로 이 경우는 누가(A) 골을 기록할 수 있는 자유권을 갖고 있기 때문에 다른 누군가(B)는 그에 상응하여 A가 골을 넣는 것을

---

18) 권리가 반드시 한 가지 형태로만 존재하는 것은 아니다. 어떤 권리는 두 가지 형태—예컨대 요구권과 자유권—가 결합되어 있는 형태로 존재할 수 있고 또는 그 이상의 형태가 결합한 형태로 존재할 수도 있다.
19) 어떤 이들은 권리는 반드시 그에 대응하는 의무(및 그 이행자)가 있을 때만이 엄격한 의미의 권리로 볼 수 있다고 주장한다.

막지 말아야 할 의무를 져야 한다고 말할 수 없다.[20]

요구권처럼 특정한 의무 이행자를 필요로 하는 경우에도 누가 적합한 의무 이행자인가 하는 문제를 두고 보편주의적 범세계주의와 공동체주의 사이에 논쟁이 발생하지만, 특별한 의무 이행자를 확인하기 어려운 자유권을 누가 보호·보장해주어야 하는가 하는 문제는 애초부터 매우 뜨거운 논란을 불러일으킬 수 있다.[21] 명확한 의무 이행자를 확인하기 어려운 자유권의 경우에는 민주화와 자유화의 정도에 따라 국가마다 큰 격차가 있기 때문에, 보편주의와 공동체주의 사이의 논쟁보다는 더욱 실천적인 수준에서 국가 대 국가, 국가 대 국제기구, 혹은 국가 대 시민단체 사이의 (자유화를 둘러싼) 논쟁 형태로 전개될 가능성이 크다. 자유권은 적극적 요구권―예컨대 특수한 재화와 용역에 대한 요구, 혹은 복지에 대한 요구―의 보장에 필요한 경제 발전을 전제하지 않고서도 보장이 가능하기 때문에 특히 민주화를 지향하는 개발도상국들에서 치열한 인권논쟁의 대상이 될 수 있다. 더구나 자유권과 권한으로서의 권리―예컨대 참정권―는 공동체주의에 입각하여 그 실현이 유보될 수도 있고, 보편주의에 입각하여 보편적 권리로서 주장될 수도 있기 때문에 국내외적으로 더욱 복잡한 논쟁을

---

20) 잘 인용되곤 하는 하트(A. L. H Hart)의 다음과 같은 예도 대응하는 의무가 없는 자유권의 예를 보여준다. A라는 사람은 이웃집(B)을 볼 수 있는 자유를 금하는 법률이 없기 때문에 낮은 담장 넘어 이웃집을 볼 수 있는 자유권을 갖고 있다고 할 수 있다. 하지만 A가 누리는 자유권이 B가 담장을 낮게 유지해야 할 의무를 발생시키는 것은 아니다. B는 A가 자신의 집을 보는 것이 싫어서 A의 시야를 가릴 수 있는 높은 담장을 쌓을 수 있는 자유권을 가지고 있다. 그것을 금하는 법률이 없기 때문이다. 물론 이 예는 도의적 권리나 의무에 관한 것이 아니라 법적인 권리와 의무에 관한 것이다.
21) 요구권의 상당 부분도 그 요구를 들어줄 수 있는 의무 이행자의 여건과 능력 그리고 의지와 관계되어 있는 만큼, 근본적인 수준에서 국제 질서의 근본적인 재편과 연관된 복잡한 문제를 야기한다.

불러일으킬 수 있다. 이에 반해 요구권의 경우에는 부유한 선진 국가들의 대폭적인 양보와 지원이 없는 한 보편적인 실현이 불가능하기 때문에 현실적으로 논쟁을 이론적·당위적 수준 이상으로 끌어올리기 어렵다. 시민적·정치적 권리가 국제적 논쟁의 일차적인 대상이 되고 있는 데 반해 사회적·경제적 인권은 주로 규범적 수준에서 논의되고 있는 현실은 권리 실현의 현실적 조건과 용이성에 관한 이와 같은 복잡한 판단을 반영한다.22)

9. 인권 규범의 보편성을 어떻게 확립할 수 있는가?

인권의 미래와 관련된 또 하나의 중요한 과제는 인권 체계의 규범적 장악력을 어떻게 넓혀갈 것인가 하는 문제이다. 만일 인류의 다수가 보편적인 인권 규범의 존재나 필요성을 확신하고 있을지라도 인권 규범의 보편타당성에 대해 부정하는 사람이나 집단이 다수 존재한다면 실질적인 의미에서 인권 규범은 보편적 구속력을 갖기 어렵다. 그리고 그 결과 인권 규범의 보편적 실천을 위해서는 인권 규범을 지지하는 다수 인류와 집단의 강제적 힘이나 다른 수단을 통한—예컨대 경제적 제재나 여론 조성 및 지속적인 비난 등을 통한—압박이 필요해질 것인바, 이는 실효성도 장담할 수 없을 뿐만 아니라 오히려 인권 레짐 확립에 불리한 국제적 긴장과 분쟁만을 야기할 수 있다. 그러므로 현실적으로 인권 체계가 보편적인 규범적 장악력을 확보하지 못한 상태에 있고 또 인권 규범의 수용 압박에 대해 상당수의 개인과 집단이 거부감을 갖고 있거나 저항하고 있는 것이 현실이라면, 단순히 인

22) 이 문제는 또한 앞 절의 주제—권리의 우선순위 결정 문제—와도 연관되어 있다.

권 규범의 보편타당성을 주장하는 것만으로는 인권 규범의 보편적 장악력을 넓히기 어렵다. 이런 문제는 인권 규범에 대해 선험적 보편주의 입장을 취한다고 해도 여전히 존재한다. 따라서 인권 규범이 실천적인 차원에서 규범적 영향력을 확보하기 위해서는 인권 규범의 보편타당성에 대해 확신하지 못하는 사람들과 집단들이 인권 규범의 보편타당성을 받아들이도록 하는 방법적인 문제—보편화 가능성(universalizability)—가 매우 긴요한 과제로 대두한다(유홍림).

먼저 이 과제를 풀어가기 위한 실마리로 적극적인 간문화적·간종교적 소통 채널을 확립할 필요가 있다. 다양한 문화와 종교가 비록 인권이란 용어를 사용하지는 않지만 인권이 수행하는 역할과 유사한 기능을 수행하는 다른 원리—예컨대 덕의 원리와 인의 원리 혹은 자비의 원리 등—를 포함하고 있다는 인식 혹은 자각은 간문화적 소통을 통해 인권의 보편적 규범성을 확립할 수 있는 가장 중요한 토대가 될 것이다(유홍림; 곽준혁; 김비환). 물론 인권 규범의 보편적 수용과 이행을 위해서는 넘어야 할 장애가 많지만 적어도 그 규범적 당위성에 대한 간문화적·간종교적 합의의 도출은 인권 체계의 규범적 보편성을 확립하는 데 중요한 출발점이 될 것이다.

그런데 인권 규범을 간문화적·간종교적 중첩 합의로서 정당화하는 과정은 수많은 의사소통 채널과 합리적 계몽 수단을 필요로 한다. 민주적인 간문화적·간종교적 의사소통 포럼의 구성이 선결 문제로 대두될 것이며, 그 포럼을 어떻게 민주적으로 조직화하고 운영할 것인가 하는 문제가 잇따르게 될 것이다. 그리고 나아가서 다양한 포럼을 통해 도달한 공동 인식과 합의를 다수 인류와 집단에게 전달·정당화할 수 있는 구체적인 수단과 방법이 모색되어야 할 터인즉, 이는 각국의 공식적인 교육제도는 물론 다양한 문화와 종교의 비공식적인 계몽 방법의 활용을 요구한다. 인권 체계의 규범적 장악력은 단순히 인권 규범을 간문화적·간종교적 중첩 합의로서 정당화하는 대표 집단들 사이의 지적 노력을 통해서만은 확장될 수 없고, 인류 다수와 다양한 집단이 인권 규범의 보편타당성을 도덕적으로 수용할 수 있도록 계몽시킬 수 있는 구체적인 제도와 방법을 고안·활용할 때만 실효를 거둘 수 있다.

하지만 이상과 같이 중첩 합의를 도출하고 계몽하는 합리적인 전략만으로는 인권 규범의 보편적 장악력을 넓히는 데 한계가 있다. 이는 역사적으로 볼 때 인권 체계의 확립과 전파가 합리적인 설득과 동의에 의해서보다는 많은 경우 지배 집단들의 착취와 억압에 대한 피억압 민중들의 감정적 분노와 투쟁을 통해 전개되었다는 사실에 의해 확인된다. 현재의 국제적 인권 레짐이 제2차 세계대전과 홀로코스트의 참상에 대한 공동의 분노 및 비슷한 사건이 재현될 가능성에 대한 공동의 두려움 위에 성립되었다는 사실도 합리성에 호소하는 전략만으로는 인권 체계의 규범적 장악력을 넓히는 데 한계가 있다는 것을 말해준다.

유홍림은 세계인권선언이 공포되었던 시기의 철학 사조가 보편적 인권 규범 확립에 부정적으로 작용했던 주관주의 경향—윤리적 감정주의와 실존주의 등—을 띠고 있었음에도 불구하고 전쟁과 독재가 야기한 고통에 대한 공동의 분노와 공포의 감정이 보편적인 인권 규범 형성의 동력으로 작용했다는 것을 강조함으로써 잔인함과 폭력 등과 같은 공동의 악을 막아보려는 정서적 공감 형성이 합리주의적 접근보다 더 효율적이라고 주장한다(유홍림). 유홍림에 의하면, "전쟁과 압제에 의해 초래되는 폭력과 고통의 경험이 보편화될 때 인권은 지적 관심의 대상이 아니라 '실존적 요구'가 된다." 그리고 "인권의 보편성은 이론에 의해 확보될 수 있는 것이 아니라 실존적인 고통의 경험에 대한 공감이 확산되고, 그 기억이 보편화됨에 따라 확보될 수 [있다]." 그는 계몽주의적 보편주의를 상속한 '인권 정초주의'의 한계를 지적하고, 그것을 극복 또는 보완할 수 있는 전략으로서 사랑, 우정, 신뢰, 사회적 연대와 같은 감정을 배양하는 '감성 교육'의 필요성을 역설한다.

이성과 감성의 복잡한 교호 작용을 두고 볼 때, 인권 규범을 간문화적·간종교적 중첩 합의로서 합리적으로 정당화하려는 노력과, 인류의 고통을 경감시킬 수 있는 기제로서의 인권 규범 확립의 필요성에 대한 정서적 공감대 형성의 노력은 병행되는 것이 최상일 것이다. 잔인한 행위에 대한 분노의 감정은 그런 행위를 방지할 수 있는 방책에 대한 합리적 대응을 자극한다. 그리고 정의롭지 못하거나 부당한 차별과 억압에 대한 분노는 정의로운 질서에 대한 합리적인 대응을 촉발시킨다. 반면에 정의로움과 합당성 및 인간다움에 대한 합리적 이해는 그렇지 못한 상황이나 행동에 대한 분노의 감정을 자극하여 정의롭고 인간다운 질서를 향한 우리의 노력에 실천적 동력을 제공한다. 그러므로 보편적 인권 규범에 대한 공동의 합리적 이해를 넓혀가는 전략과 정서적 공감대를 형성해가는 전략은 병행하여 실천될 때만 가장 큰 시너지 효과를 낼 수 있다. 유홍림은 감성적 전략의 우수성을 드러내는 한편 그동안 강조되어온 합리주의적 전략의 한계와 일방성을 지적함으로써 우회적으로 병행 전략의 당위성을 주장하고 있는 것으로 볼 수 있다.

10. 맺음말

인권의 미래를 전망한다는 것은 매우 어려운 일이다. 인권의 미래를 낙관적으로 전망할 수 있는 이유들도 존재하지만 반드시 낙관적으로만 바라볼 수 없게 하는 요인들도 동시에 존재하기 때문이다. 앞에서 개관한 현대 인권 담론의 다양한 쟁점만 해도 인권의 미래를 반드시 밝게 전망할 수 없는 중요한 근거가 된다. 바닥을 드러내고 있는 지구의 제한된 자연 자원과 외교적·군사적 헤게모니를 두고 치열하게 경합하고 있는 국가들 사이의 상충하는 이해관계 및 희소한 재화의 배분을 두고 국내의 다양한 사회 세력이 벌이는 격렬한 대립을 두고 볼 때, 비교적 가까운 장래에 인권 체계가 보편적 구속력이나 규범적 장악력을 확보할 가능성은 매우 낮아 보인다. 그리고 신자유주의적인 세계 질서가 심화시키고 있는 남북문제 혹은 빈부 격차 문제를 두고 볼 때도 인권 규범의 보편적 실천은 더욱 요원해지고 있다는 느낌도 든다.

하지만 인류의 역사는 그렇게 비관적인 전망만을 견지하는 것도 타당하지 않다는 것을 보여준다. 전 역사에 걸쳐 인류는 수많은 난관을 극복하며 자유화와 민주화를 달성해왔으며, 빈곤과 기근과 같은 재난에 대처하는 한편 인간적이고 문명화된 삶을 가능케 하는 다양한 기술과 제도를 발전시켜왔다. 제2차 세계대전 이후 국제법적 구속력을 가진 다양한 인권규약을 제정하고 대부분의 국가가 이를 승인한 사실은 인권 규범의 미래를 낙관적으로 바라볼 수 있게 하는 유력한 근거가 된다. 현실적으로 인권 규범을 무의미하게 만들거나 무력화시키는 수많은 요인이 존재하지만, 인류 역사는 앞으로 인류가 이런 난관들과 장애들을 극복하면서 더욱더 자유롭고 민주적이며 인간적인 규범 질서를 만들어갈 수 있다는 믿음을 준다.

이와 같이 상충하는 두 전망 사이에서 우리는 어떻게 대처해야 하는가? 우리가 인권 문제에 대해 지속적인 관심을 갖고 담론을 형성해 가는 이유는, 결코 비관주의나 회의주의에 굴하지 않고, 희망과 확신을 갖고 인권의 미래를 밝게 열어가기 위한 가능성을 찾고자 하기 때문이다. 만일 그와 같은 희망과 확신을 가지고 현 시기 인권 담론에 내재된 모순과 한계를 극복하려는 지속적인 노력을 경주하지 않는다면, 인권 규범의 미래는 더욱 불확실하고 불안정한 상태에 놓이게 될 것이다. 그런 의미에서 현대 인권 담론의 쟁점들에 대한 비판적 개관은 우리가 희망과 믿음을 가지고 인권의 미래를 밝게 열어가기 위한 출발점으로서의 의미가 있다.

참고 문헌

이 책에 수록된 16편의 글.

Arendt, Hannah, 1951, *The Origins of Totalitarianism*, New York: Harcourt Brace Yovanovich.

Beetham, David, 1999, *Democracy and Human Rights*, Cambridge: Polity.

Bobbio, Norberto, 1996, *The Age of Rights*, trans. Allan Cameron, Cambridge: Polity.

Braybrook, David, 1987, *Meeting Needs*, Princeton: Princeton University Press.

Coleman, J. L. and B. Leiter, 1999, "Legal Positivism", in Dennis Patterson ed., *A Companion to Philosophy of Law and Legal Philosophy*, Oxford: Blackwell, pp. 241-260.

Craston, Maurice, 1973, *What are Human Rights?*, London: Bodley Head.

Dembour, Marie-Bénédicte, 2006, *Who Believes in Human Rights?: Reflections on the European Convention*, Cambridge: Cambridge University Press.

Donnelly, Jack, 2003, *Human Rights in Theory and Practice*, 2nd Edition, Ithaca: Cornell University Press.

Feldman, Ron H., 1978, 'Introduction' in Arendt, *Hannah Arendt: The Jew as Pariah*, edited with an introduction by Ron H. Feldman, New York: Golve Press.

Freeman, Michael, 2002, *Human Rights*, Cambridge: Polity.

Habermas, Jürgen, 1996, *Between Facts and Norms: Contributions to Discourse Theory of Law and Democracy*, trans. William Rehg, Cambridge: MIT Press.

Held, David, 2006, *Models of Democracy*, 3rd edition, Cambridge: Polity.

Jones, Peter, 1994, *Rights*, London: The Macmillan Press LTD.

Lindblom, Charles E., 1982, "The market as Prison", *Journal of Politics* 44: 324-336.

Lyons, David, 1969, "Rights, Claimants and Beneficiaries", *American Philosophical Quarterly* VI: 173-185.

MacCormick, Neil, 1977, "Rights in Legislation", in *Law, Morality and Society*, eds. P. M. S. Hacker and J. Raz, Dordrecht: Reidel, pp. 189-209.

Mahoney, jack, 2007, *The Challenge of Human Rights: Origin, Development and Significance*, Oxford: Blackwell.

Nozick, Robert, 1974, *Anarchy, State and Utopia*, New York: Basic Books.

Nussbaum, Marth C., 1995, "Human Capabilities. Female Human Beings", in *Women, Culture and Development: A Study of Human Capabilities*, eds. M. Nussbaum and J. Glover, Oxford: Oxford University Press, pp. 61-104.

Nussbaum, Marth C., 1997, "Capabilities and Human Rights", *Fordham Law Review*, 66: 775-802.

Nussbaum, Marth C., 2000, *Women and Human Development: Capabilities Approach*, Cambridge: Cambridge University Press.

Rawls, John, 1971, *A Theory of Justice*, Oxford: Oxford University Press.

Rawls, John, 1993, *Political Liberalism*, New York: Columbia University Press.

Shestack, Jeromes J., 1998, "The Philosophical Foundations of Human Rights", *Human Rights Quarterly* 20: 201-234.

Soysal, Yasemin Nuho lu, 1994, *Limits of Citizenship: Migrants and Postnational Membership in Europe*, Chicago and London: Chicago University Press.

Wellman, Carl ed., 2002, *Rights and Duties* Vol. 4: Human Rights and Universal Duties, New York: Routledge. 이 책은 총론에 인용된 다음 저자들의 논문을 담고 있다. Hart, Vlastos, Wellman, Martin, Beitz, Gewirth, Nickel, Marks, Adams, Griffin, MacLean, Shue.

제2부
현대 주요 정치사상의 인권 담론

1장 현대 자유주의와 인권의 보편성_유홍림

2장 공동체주의 인권 담론:
   보편주의적 범세계주의와의 논쟁을 중심으로_김범수

3장 인권 문제와 보수주의: '본의 아닌' 만남을 넘어서_홍원표

4장 공화주의와 인권_곽준혁

1장 현대 자유주의와 인권의 보편성

유홍림

1. 인권의 보편성을 어떻게 이해해야 하는가?

현대 자유주의는 최소주의와 보편성을 지향한다. 자유주의의 관점에서 개인의 자유를 최대한 보장하고, 사회적 갈등과 고통을 최소화하기 위해서는 기본권의 평등, 상호 존중과 관용 등의 최소 규범이 보편적으로 수용될 수 있어야 한다. 현대 자유주의 이론가들은 형이상학적 정당화가 더 이상 설득력을 갖기 어려운 상황에서 한층 복잡하고 다원화된 현대사회를 배경으로 인간적 삶을 영위하기 위한 최소한의 보편성을 추구한다. 물론 최소 규범이 최대 합의를 보장하지는 않지만, 최소한의 절차적 규범을 이론과 실천의 차원에서 확보하려는 노력은 법치 민주주의의 기초 수립과 관련해 중요한 의미를 갖는다.

이러한 맥락에서 현대 자유주의와 인권의 관계는 밀접하다. 역사적으로 근대 서구의 자유주의가 시민혁명의 과정에서 개인의 권리와 자유 담론을 주도하기도 했지만, 제2차 세계대전 이후의 '인권 혁명'은 현대 자유주의의 발전과 직접적으로 연관된다. 근대 자유주의 혁명의 역사적 배경이 봉건적 절대주의라면, '인권 혁명'의 역사적 배경은 파시즘과 제2차 세계대전의 경험이다. 자유주의는 인권으로 상징되는 인류의 도덕적 진보 담론에서 여전히 중추적 지위를 차지하고 있다. 현대의 국제적 인권 레짐의 중요 기능이 국가의 개인에 대한 횡포와 억압을 제지하는 것이기 때문이다. 국제적 차원에서 개인의 법적 권리가 인정되기 시작한 것은 1948년 세계인권선언 이후의 일이다. 그 이전에는 국가만이 국제법적 권리의 주체였다.

현대 자유주의 이론가들은 개인의 권리와 존엄성 주장의 차원에서 인권을 옹호하고 그 중요성을 인정한다. 그러나 자유주의가 옹호하는 개인의 자유와 권리, 법치를 근간으로 하는 정치적 자유와 권리가 인권의 전부는 아니다. 인권 담론은 매우 복잡한 역사적, 정치적, 이론적 배경을 갖는다(Sharma, 2006). 인권 담론에는 다양한 문화 전통과 신념 체계, 이론적 자원이 경합하고 있으며, 서구적 기원과 보편성의 문제, 정치적 권리와 사회경제적 권리의 우선성, 개인적 권리와 집단적 권리의 조화 등을 둘러싼 많은 논쟁이 포함되어 있다. 현대 자유주의는 한편으로 인권 담론 내부의 갈등을 완화하고 인권의 보편성을 확보하기 위해 자유주의 원리의 확장과 적용 가능성에 관심을 기울인다. 그러나 인권을 보편적 '원칙'으로 정립하고자 하는 자유주의적 합리주의가 성공적일 수 있는가? 특수한 상황 속에서 가능한 제도화를 추구하는 정치적 '실천'으로서의 인권의 보편성은 어떻게 정당화될 수 있는가? 과연 자연법 및 자연권 사상의 형이상학적 기초가 필요한가?

한편으로 인권에 대한 절실한 각성은 인류가 겪은 다양한 '고통'의 경험으로부터 비롯된다. 전쟁과 대량 살상, 독재 정권에 의한 자의적인 권력 행사, 인종 갈등과 내전, 그리고 기아와 빈곤 등은 인간의 삶에 편재하는 '고통'에 대한 인식을 확산시킨다. 희망과 이상으로부터의 단절, 인간 삶의 조건에 대한 절망과 회의, 부조리와 비합리성의 극대화에 의한 실존적 불안의 경험들은 '의미'에 대한 근본적인 성찰을 불러일으킨다. 그리고 개인적 삶의 '의미'에 대한 성찰은 공동체와 전통, 윤리적 신념의 문제와 연관되어 개인과 세계를 새롭게 재결합하려는 노력으로 이어진다. 이러한 노력은 넓은 의미로 '종교적'이라 할 수 있다(Perry, 1998: 11-41). 'religion'의 라틴어 어원인 *religare*는 '재결합한다'는 뜻을 갖는다. 최소한의 삶의 의미를 보장하는 인권의 절대성과 보편성을 주장하는 것은 개인과 세계, 삶의 현실과 인간의 존엄성의 필연적 결합에 대한 신념의 표현으로서 항상 '종교적' 성격을 띤다. 이에 따라 인권은 논란의 여지가 있기는 하지만 하나의 '세속종교'라고까지 일컬어진다(Ignatieff, 2001: 53).

인권 이념은 인류의 경험을 토대로 형성된 신념이며, 공유된 경험에 대한 기억을 토대로 한다. 인간의 공동체는 과거 경험에 대한 '기억'의 공유와 반추를 통해 형성된다. 인류 공동체는 인류 전체가 직간접적으로 체험한 경험에 대한 공동체 차원에서의 반성을 공유함으로써만이 수사적 표현을 넘어선 의미 있는 공동체가 될 수 있다. 흔히 인권 담론은 자유주의적 개인주의의 반영 또는 확대로 이해되기도 한다. 그러나 개인의 인간으로서의 기본권은 사회적 연대(solidarity)를 통해서만 보장될 수 있다. 물론 집단적인 광기는 국가 차원으로 확대되어 개인과 국가 공동체 사이의 갈등과 대립을 낳는다. 제어되지 않은 권력의지는 유기체적 국가 이론으로 무장한 전체주의와 독재를 초래하며, 이러한 상황에서 개인의 권리는 집단주의와 극렬한 대립의 관계에 놓이게 된다. 이러한 대립에 직면하여 개인주의는 어느 단계까지는 하나의 '사회적 신화'로서 자의적 권력의 횡포를 막는 역할을 담당한다. 그러나 그 형태와 정도가 극단화되는 경우 개인주의는 또 다른 자의적 권력의 희생물이 되고 만다. 따라서 개인의 기본권 수호는 건전한 형태의 사회적 유대를 형성하려는 노력을 필요로 한다. 이러한 면에서 지난 50여 년간 진행되어온 인권 확보의 노력은 인류 차원에서의 유대 형성의 과정이라고 할 수 있다.

인권 이념이 표방하는 개인의 존엄성, 목적적 존재로서의 인간관이 철저한 개인주의를 전제로 하는 것은 아니다. '독립된 자율적 개인'이라는 근대 도덕철학의 기본 전제는 하나의 '사회적 신화'로서 그 당시 상황에서는 중요한 기능을 담당했다. 철학적 자유주의/개인주의는 자유를 확보하기 위한 방편으로 고안된 이른바 '분리의 기술(the art of separation)'을 극단화함으로써 개인들의 고립과 소외를 조장했다(Walzer, 1984). 보다 심각한 문제는 철학적 자유주의/개인주의가 상정하는 개인들은 자의적 권력 행사와 자본의 횡포에 대항할 수 있는 제도적 기반을 박탈당하게 되었다는 사실이다. 근대사회의 출현 과정에서 나타난 자유주의의 '분리의 기술'은 국가와 교회, 국가와 시민사회, 국가와 대학, 국가와 가족, 공적 영역과 사적 영역 등의 분리를 통해 개인들로 하여금 종교와 양심의 자유, 경제활동의 자유, 표현의 자유, 학문의 자유, 프라이버시 등의 권리를 향유할 수 있게 하였다. 이러한 분리는 제도적 분리를 의미한다. 즉 각각의 제도와 영역이 자율성을 확보함에 따라 개인은 자유의 영역을 확장할 수 있게 되었다. 또한 이러한 제도의 분리는 평등의 가치를 실현하는 데도 크게 기여했다. 철학적 자유주의/개인주의는 기존의 권력과 제도에 대한 개인의 저항과 비판을 정당화하는 중요한 '사회적 신화'로서의 순기능을 담당했다. 그러나 이러한 철학적 자유주의가 제도적 관계망을 해체하고 제도적 삶의 중요성을 부정하는 단계로까지 극단화되는 경우 그 폐해는 매우 크다. 현대사회에서 철학적 자유주의/개인주의의 한계는 새로운 자의적 권력으로서의 '경제 권력'에 대항할 수 있는 이론적 무기를 제공하지 못한다는 것이다. 따라서 인권은 철학적 자유주의/개인주의에 의거해 정당화되기 어려운 것이 현실이다.

인권 담론이 '권리'의 담론으로 획일화되거나 편협하게 이해될 필요는 없다. 인권은 권리뿐만 아니라 책임과 존엄성, 상호 인정 등의 신뢰와 유대 관계의 차원도 포괄한다. 이른바 '인권 문화'의 확산 및 보편화라는 현실에 의해 입증되는 사실은 인권의 문제의식이 현대의 개인 및 집단적 삶에 총체적으로 관여하고 있다는 점이다. 따라서 인권 문화가 보편화되고 있는 현대적 상황에서 인권의 보편성을 정당화하기 위한 이론적 기초는 자유주의적 개인주의 철학일 필요는 없다. 이성과 합리주의의 틀에 매이지 않고, 감성과 문화, 사회적 유대감 등에 호소하는 정당화의 노력이 필요하다. 과거의 경험에 대한 '내러티브' 또는 이야기를 통해 '고통'에 대한 기억을 널리 공유하려는 노력은 인권의 가치를 철학적으로 포장하려는 시도보다 인권 문화의 보편화에 보다 효과적으로 기여할 수 있다.

사상사적 맥락에서 보면 인권 이념은 자연법 전통 속에서 형성되었다. 도덕적 행위와 판단의 보편적 준거를 수립하고자 하는 철학적 노력은 경험 세계의 우연성에 의해 훼손되지 않는 초월성을 추구한다. 그리고 이러한 노력의 필요성은 고통과 혼란을 초래하는 상황들이 빈발함에 따라 계속 강조되어왔다. 다른 한편 자연법이 인권의 기초가 된다는 사상은 버크나 흄, 그리고 벤담 등의 사상가들에 의해 비판의 대상이 되기도 했다. 그리고 이들의 비판은 20세기에 이르기까지 많은 영향력을 행사해왔다. 그러나 인권을 주장하고 보호하려는 노력 또한 19세기와 20세기 초반에 이르기까지 다양한 방식으로—노예제 폐지, 노동법, 대중 교육, 노조 운동, 참정권 운동 등의 형태로—지속되어왔고, 나치즘의 몰락과 함께 20세기 후반에 이르러 인권은 최소한 원칙의 차원에서 보편적 이념으로서의 위상을 확립하게 되었다. 1948년 유엔총회에서 채택된 세계인권선언은 인류의 오랜 역사적 경험을 통해 축적되어온 보편적 이상의 결정체라 할 수 있다. 시민적·정치적 권리(civil and political rights)와 경제적·사회적·문화적 권리(economic, social, and cultural rights), 연대의 권리(solidarity rights) 등은 근대사회의 출현 이후 다양하게 전개되어온 혁신적 정치 운동의 중심 이념으로서 인권 사상을 구성하는 핵심 개념들이다.

　인권 사상의 전통과 담론에는 여러 차원에 걸친 긴장과 갈등—시민권과 인권, 주권과 인권, 정치적 권리와 사회경제적 권리, 서구 중심주의와 보편주의 등—이 내재한다(Falk, 1981; Galtung, 1994). 따라서 인권의 보편적 규범성이 세계적 차원에서 인정되어야 한다는 주장이 있는 반면, 다른 한편으로 인권 외교의 현실을 근거로 인권은 결국 권력정치의 도구에 불과하다는 주장이 제기되기도 한다. 아래에서는 이러한 긴장과 갈등의 측면들에 주목하면서, 인권에 대한 자유주의적, 보편주의적 정당화의 가능성을 비판적으로 검토해보고자 한다. 이를 위해 인권 사상의 역사적 전개 과정에 대한 고찰을 통해 현대 인권 담론의 역사적 맥락을 파악하고, 인권의 보편성이 어떻게 정당화될 수 있는가의 문제를 다루고자 한다. 즉 특수주의와 보편주의의 갈등이 첨예화되면서 동시에 양자 간의 조화의 필요성이 증대되고 있는 현대적 상황에서 인권에 대한 정당화의 가능성과 방법을 모색해보고자 한다.

2. 인권 담론의 역사

　인권 담론은 여타의 규범적 논의와 마찬가지로 역사적 배경과 조건에 의해 그 내용과 범위가 제약되고, 역사적 경험과 밀접한 연관성을 가지며 변화한다. 인권 사상의 전통이 가지는 이러한 역사성은 나아가 사회적 특성과 차별성에 의해 더욱 그 보편성이 제약되며, 따라서 인권의 보편성에 대한 논의는 인권 사상 전통의 역사적 형성 및 변화 과정에 대한 검토를 요구한다.

인권 담론의 본격적인 역사는 근대 시민혁명으로부터 시작되지만, 인권의 기초가 된 자연권과 자연법의 사상적 연원은 고대로까지 거슬러 올라간다. 또한 고대의 공화주의에서 출발한 시민권(citizenship) 사상의 전통은 인권 사상의 전개와 밀접한 연관성을 갖는다. 시민권 사상의 기초가 인간의 본성(human nature) 또는 인간의 목적인(human *telos*)에 대한 담론이라는 점을 고려할 때, 시민권과 인권은 불가분의 관계를 갖는다. 시민권이 인간의 정치 공동체적 삶을 전제로 한 권리와 의무에 대한 규정이며, 인권 또한 개인과 정치 공동체의 갈등과 조화의 문제와 괴리될 수 없다는 점에서도 시민권과 인권의 관계는 이론적 논의의 중요한 주제이다. 물론 시민권 사상의 역사적 전개를 고찰함에 있어서는 고대적 공화주의와 근대의 민주적 공화주의의 차이에 대한 인식이 필요하다. 또한 인간 사회에서의 권리와 의무에 대한 규정의 초월적 기초로 주장되어온 자연법에 대한 이해에 있어서도 역사적 변화의 양상에 주목할 필요가 있다. 자연법의 인식 주체 및 방법, 그리고 그 내용에 대한 규정은 역사적 갈등과 투쟁의 산물이기 때문이다.

인간의 존엄성에 근거하여 모든 인간에게 평등한 권리를 인정해야 한다는 인권 사상을 전근대사회에서 찾아볼 수 없다는 주장은 어느 정도 설득력을 갖는다. 예를 들어 그리스인들은 그리스인과 야만인을 구별했고, 로마인들은 권리를 혈통, 시민권 및 공적에 따라 인정했으며, 중세에는 신자와 비신자의 구분이 정치 영역에 이르기까지 차별성의 기초가 되었다. 그러나 인간의 권리에 대한 관심과 논의의 연원은 그리스-로마의 자연법 전통에서 찾을 수 있다. '동족(*philos*)'의 범위를 초월하는 정치 공동체의 형성에 있어 '이방인(*xenos*)'의 문제는 당시 정치사상의 중심 주제로 부각되었으며, 국적과 시민권을 기반으로 하는 특수주의의 한계를 극복하고자 하는 노력은 세계주의 또는 보편주의 정치사상을 출현시켰다. 소피스트들의 주장에서 발견되는 개인의 권리와 보편적인 인간 본성이라는 관념은 폴리스라는 문화적 공동체의 시민권을 확립하려는 노력과 긴장 관계를 형성하면서 정치적 사고의 틀을 마련했다. 히피아스(Hippias)와 알키다마스(Alcidamas) 등의 소피스트들은 인간의 권리와 인류라는 보편적 관념들을 주장하기도 했으나, 이들의 개인주의적인 자연법사상은 그 당시 폐쇄적인 폴리스 질서를 비판하기 위한 이방인들의 대항적 논리를 반영하는 것이었다 (Rommen, 1998: 3-29). 또한 이들의 개인주의적 주장은 형이상학적 토대를 부정함으로써 이후 윤리적 회의주의로 귀결되어버렸다. 물론 이들 소피스트적 관념과는 다른 형태의 인간의 권리에 대한 관념이 스토아학파에 의해 제기되기도 했다. 그러나 대체로 고대의 인권 (또는 세계시민권)에 대한 보편주의적 교리는 권리보다는 의무를 강조하는 경향을 보였고, 노예제라는 현실적 장벽을 극복하지 못한 한계를 지니고 있었다.

중세 말 이후 르네상스로부터 17세기에 이르는 시기에 인권 또는 자연권은 사회적 필요와 현실에 기초해 나름대로 영향력을 행사하는 이념으로 자리 잡기 시작했다. 아퀴나스와 그로티우스의 저작들, 영국의 대헌장 및 권리장전 등은 모두 인간에게는 양도 불가능한 권리가 부여되었다는 견해를 바탕으로 한다. 자연법에 대한 근대적 해석, 즉 자연권 사상은 17~18세기에 데카르트, 라이프니츠, 스피노자, 베이컨, 로크, 디드로, 볼테르, 몽테스키외, 루소 등의 사상가들에 의해 체계화되었다. 또한 18~19세기에 전개된 정치적 절대주의에 대항하는 투쟁의 과정에서 인권 사상은 크게 발전했다. 제퍼슨과 라파예트에 의해 인권(자연권)의 절대성과 보편성이 화려한 수사와 함께 인류의 진보를 기약하는 이념으로 부상했으며, 인권 및 시민권 선언(1789)

과 미국의 권리장전(1791) 및 헌법(1787) 등의 문서는 인권의 내용을 구체화한 역사적 기록들이다.

그러나 근대에 발전된 인권 사상은 계급 갈등과 연관되어 신흥 부르주아지의 이데올로기로 이해되기도 한다. 대표적인 예로 로크의 자연권 사상은 자연 상태에서의 평등한 개인을 출발점으로 한 보편적 권리론이지만, 그의 소유권에 대한 논의는 성장하는 부르주아지의 권리를 옹호하는 성격을 강하게 띠고 있다. 그의 자연권론은 귀족의 특권에 대항하는 강력한 논거를 제공했으며, 절대주의 권력을 대체하는 대의제 민주주의의 이론적 기반을 마련했다. 그러나 근대 자연권론이 갖는 이러한 계급성에도 불구하고 그 철학적 개념과 용어가 갖는 보편성은 이후 3세기에 걸친 정치사회운동의 발전에 크게 기여했다. 즉 18세기 이후 주요한 정치투쟁들은 인권을 향유하는 주체의 확대를 둘러싸고 전개되었다. 재산을 소유한 소수의 유산자 계급에 국한되었던 참정권을 확대하려는 노력은 19세기 대부분의 서구 국가에서 격렬하게 표출되었다. 또한 식민지 민중들의 권리를 확보하려는 투쟁은 20세기 후반에 이르기까지 전 지구적으로 확산되었다. 아울러 인종과 성에 기초한 차별을 철폐하려는 투쟁도 수많은 지역에서 지속적으로 나타났으며, 제2차 세계대전 이후 유엔헌장의 전문과 제1조에 인권이 포함되면서 인권은 국제적인 관심의 대상이 되었다.

이러한 역사적 맥락에서 한 가지 주목할 점은 근대국가 체제의 형성 과정에서 나타난 주권과 인권의 갈등 관계이다. 근대국가는 내적 통합과 합리적 권력의 정당화를 위해 국민주권의 이념에 기초하여 민주주의적 절차와 제도의 수립을 추구한다. 이 과정에서 자유민주주의적 기본권은 보편적 권리로서 주장되고, 나아가 보편적 인권과 동일시된다. 그러나 다원적인 국가들로 구성되는 국제사회에서 인권의 보편성에 대한 주장은 각 국가의 주권성 주장과 긴장 관계에 놓인다. 국민국가의 경계 설정이 전쟁과 우연의 산물이라는 사실에 의해 국민국가의 내적 동질성 및 주권성의 확보 노력은 보편적 주장으로서의 인권 이념과 지속적인 상호 배반의 관계를 갖는다. 그리고 이러한 관계에 의해 인권 사상은 국민국가의 범위를 넘어설 때, 권력정치와 문화적 상대주의의 도전에 직면하게 된다. 이러한 도전을 어떻게 극복하는가의 문제는 현재에 이르기까지의 인권 담론에 부과된 핵심적인 과제들 중의 하나이다. 따라서 국제적인, 나아가 범지구적 연대를 지향하는 자발적 시민운동에 대한 관심이 고조되고 있는 현상은 우연이 아니다.

근대 출현 이후 인권의 내용과 범위의 변천 과정에 대한 이해에 있어서 프랑스 법학자 바삭(Vasak, 1982)이 제시한 "인권의 3세대론"은 유용하다. 프랑스혁명의 규범적 이상인 자유, 평등, 박애와 연관하여 보면, 제1세대 인권은 시민적·정치적 권리를 대표하며, 제2세대 인권은 경제적·사회적·문화적 권리를, 그리고 제3세대 인권은 연대의 권리를 의미한다. 물론 이러한 인권의 세대론 모델은 연속과 단절의 복잡한 역사 과정을 단순화한 한계를 지닌다. 그러나 분석의 차원에서 인권의 내용을 구별해보는 시도는 인권 담론의 역사를 이해하는 데 도움을 준다. 우선 제1세대 인권 담론은 17~18세기 영국, 미국, 프랑스혁명과 연관된 혁명 이론에 기초한다. 자유주의적 개인주의와 자유방임주의의 영향 아래 근대 인권 사상의 제1세대는 적극적 권리("rights to")의 형태보다는 소극적 권리("freedom from")의 형태로 인권을 규정한다. 따라서 인간의 존엄성을 정부의 개입이 아닌 정부로부터의 자유에 의해 확보하려는 경향을 띤다. 제1세대 인권의 내용은 세계인권선언 2-21조에 명시된 권리들, 즉 인종을 포함한 여타의 차별로부터의 자유, 개인의 생명과 자유, 안전의 권리, 노예적 종속으로부터의 자유, 자의적 체포와 구금으로부터의 자유, 공정한 공적 재판의 권리,

사적 영역에 대한 침해로부터의 자유, 거주 이전의 자유, 망명의 권리, 사상·양심·종교의 자유, 의사 표현의 자유, 평화적 집회와 결사의 자유, 공직 참여의 권리, 재산 소유의 권리 등을 포함한다. 물론 제1세대의 인권 중 개인의 안전권, 공정한 재판권, 자유선거권, 망명권 등은 적극적인 정부의 행위를 필요로 한다는 점에서 소극적 자유의 이념과 일치하지는 않는다. 그러나 제1세대의 인권 개념에 내재하는 중심 이념은 자유(liberty)로서 정치권력의 자의적 행사에 대항하는 안전판의 역할을 담당한다. 현재 160여 개국의 헌법에 규정된 이상의 권리들은 기본적으로 서구 자유주의적 인권 관념에 기초한다.

제2세대의 경제적·사회적·문화적 권리는 그 기원을 19세기 초 이후의 사회주의 전통에서 찾을 수 있다. 대체로 제2세대 인권은 계급 지배와 식민지적 착취를 용인하거나 정당화하는 자유 개념과 자본주의적 발전 논리에 대응하는 성격을 강하게 띤다. 따라서 제2세대 인권은 가치의 생산과 배분 과정에 있어서의 형평성 확보를 위한 국가의 적극적 개입을 요구한다. 세계인권선언의 22-27조에 제시된 권리들, 즉 사회보장의 권리, 노동의 권리, 휴식과 여가의 권리, 삶의 질에 대한 권리, 교육의 권리, 지적 생산물 보호의 권리 등이 제2세대 인권의 주축이 된다. 물론 모든 제2세대 인권이 "적극적 권리"의 성격을 갖는 것은 아니다. 그러나 제2세대 인권의 대부분은 사회적 평등을 실현하기 위한 국가의 적극적 역할을 필요로 하며, 특히 제3세계의 등장에 의해 세계적 차원에서 그 중요성에 대한 인식이 확산되었다.

제3세대 인권인 연대의 권리는 제1세대 및 제2세대 인권과 밀접하게 연관되어 제기되고 있으며, 20세기 후반 국민국가의 발흥 및 쇠퇴 과정 속에서 형성되었다. 세계인권선언의 28조에 그 기본 정신이 제시되어 있으며, 구체적으로는 6개의 권리, 즉 정치적, 경제적, 사회적 그리고 문화적 자결(self-determination)의 권리, 사회경제적 발전의 권리, "인류 공동의 유산(the common heritage of mankind)"에의 참여와 향유의 권리, 평화권, 환경권, 그리고 인도주의적 구제권 등이 제3세대 인권에 포함된다. 이러한 제3세대 인권은 국민국가의 능력과 범위를 초월하는 문제들에 대한 전 인류 차원에서의 대응이 필요하다는 문제의식을 기반으로 한다.

3. 합리주의적 정당화의 가능성

인권의 실현을 추구해온 모든 정치사회운동은 모두 보편적 언어로 표현되는 인간의 기본권에 대한 강한 신념에 기초한다. 헤겔(G. F. W. Hegel)의 용어를 빌리면, 근대 이후의 역사의 전개는 자유와 인권이라는 보편적 이념의 자기실현 과정이라고도 볼 수 있다. 즉 인권의 보편성은 이념과 실천의 수렴 과정을 파악하는 역사철학적 통찰력에 근거해 이해되고 정당화될 수 있다. 이러한 인권의 보편성에 대한 역사철학적 정당화는 목적론을 전제로 한다. 그러나 비과학적 목적론이 현대의 실증주의적 문화에서 설득력을 갖기는 어렵다. 현실 속의 갈등, 그리고 현실과 이념과의 괴리는 극복될 수 있는 모순(contradiction)이라기보다는 극복될 수 없는 이율배반(antinomy)이라는 주장이 더욱 설득력을 갖는다. 극복될 수 없는 긴장을 전제로 할 때 과연 인권의 절대성과 보편성을 정당화할 수 있는 방법은 무엇인가? 인권의 보편성은 문화적 차이, 역사적 맥락의 차이를 넘어서 확보될 수 있는가? 인권담론의 역사를 돌이켜볼 때, 인권의 보편성은 합리주의 전통에 의해 가장 설득력 있게 정당화되어왔다. 그러면 현대의 탈형이상학적, 탈목적론적 합리주의에 의해 인권의 보편성이 재구성될 수 있는가?

최소주의 윤리에 의거해 인권의 보편성을 확보하려는 것은 합리주의적 정당화의 대표적인 방식이다. 그리고 이러한 철학적 정당화의 노력은 롤즈(John Rawls)의 만민법(the law of peoples)과 인권의 관계에 대한 논의에서 찾아볼 수 있다. 롤즈는 만민법을 "국제법 및 그 실제 관계에서 적용되는 원리와 규칙에 적용되는 올바름과 정의에 관한 정치적 관념"(롤즈, 2000: 54)이라고 규정한다. 『정의론』(1971)과 『정치적 자유주의』(1993)에서 제시된 공정으로서의 정의로부터 만민법의 가능성과 정당성을 도출해내고자 하는 롤즈의 시도는 정치적 구성주의에 의존하여 전개된다.

롤즈의 만민법에 대한 관심은 궁극적으로 현대 세계에서 인권의 보편성을 이론적으로 확보하려는 노력의 반영이다. 롤즈에게 있어 인권은, 모든 인간은 동등한 가치를 가진 도덕적 인격체라든지 혹은 인간은 천부적인 도덕적·지적 능력에 따른 권한을 주장할 수 있다는 등의 포괄적인 도덕적 원리나 인간 본성에 관한 철학적 개념에 의존하지 않는다. 철학적 관념이나 이론이 전제되는 경우 인권은 서구의 정치적 전통의 산물로 이해되어 비판과 거부의 대상이 될 수 있다. 따라서 롤즈는 "기본적 인권이란 정의로운 국제정치사회의 정규 구성원이 되는 모든 국가가 질서 정연한 정치적 제도들을 갖추기 위한 최소한의 기준을 뜻하는 것"(롤즈, 2000: 89-90)으로 본다. 이러한 면에서 인권은 합당한 만민법을 구성하는 데 있어 특별한 역할을 할 것으로 기대되는 특별한 종류의 권리들이다. 즉 인권은 합당한 만민법의 구성 부분이며, 만민법에 따라 모든 국가에 요구되는 국내적 제도의 형태를 규정한다. 이런 의미에서 인권은 한 사회가 정의로운 국제사회의 정당한 자격을 얻기 위한 외부적 경계를 의미한다.

롤즈에 따르면 종교개혁 이후 시작되는 근대사회의 특징은 인간 이성의 자유로운 발현에 의해 대립적인 포괄적 신념 체계가 다양하게 발전되었다는 사실에서 찾아진다. 이와 더불어 근대성은 자유주의적 정치제도의 수립을 통해 어느 정도 조화롭고 안정적인 다원적 사회의 유지를 가능케 하였다. 롤즈는 근대 민주주의 사회의 다원주의는 상반되지만 각각 납득할만한 다양한 포괄적 신념 체계의 다원주의임을 강조한다. 이러한 다원주의는 지속성이 있는 자유주의적 제도하에서 인간 이성의 활용이 초래하는 필연적 결과로 이해된다. 여기에서 이들 신념 체계가 합당하다 함은 이들 간에 기본적 사회규범에 관한 합의가 가능함을 의미한다. 롤즈에 따르면 이러한 다원주의적 상황에서 정치적 민주주의는 다양한 신념 체계에 대한 중립성 및 공정성이라는 측면에서 정당화되어야 하며, 그의 정의에 관한 '정치적' 개념화는 바로 근대적 상황에서 정치적 자유와 권리의 확립을 목적으로 한다.

『정치적 자유주의』의 주된 논지는 정치적 자유주의는 자유주의에 대한 "포괄적" 교의가 아니라는 것이다. 이러한 주장에 담긴 그의 의도는 정의의 원리를 구성함에 있어 다원주의적 사회 내에서는 필연적으로 논쟁의 소지가 되는 "포괄적인 종교적, 철학적 혹은 도덕적 교의들"에 의거하지 않으려는 것이다. 롤즈는 정치적 자유주의, 즉 정의에 대한 정치적 개념화를 통해 논쟁적인 문제들에 대한 해결을 각자가 취하는 '포괄적' 신념 체계에 근거한 견해와 해석에 맡기는 '최소주의' 규범론을 표방한다. 여기에서 주목할 점은 롤즈는 자유민주주의의 원리와 이념의 정당성을 인정하는 한 최소주의 규범론은 논리적으로 불가피하며 또한 정당하다고 이해한다는 것이다. 롤즈에게 있어 "공정성으로서의 정의"라는 이념이 여타의 포괄적 교의들과 구별되지 않는다는 것은 자신의 이론적 기획의 자가당착을 의미하는 것이다. 왜냐하면 칸트주의적 견지에서 상충하는 이해와 주장을 평가하기 위해 이들에 의해 구애받지 않는 초월적 지위를 갖는 정당성의 '기준'을 정립하고자 하는 것이 그의 이론화 작업의 중요한 취지이기 때문이다.

한 국가 내에서 정치적 자유주의의 보편적 위상을 확보하려는 노력은 국제적 차원으로 확장될 수 있다고 롤즈는 주장한다. 국제적 차원에서의 보편 규범의 모습은 "만민법"의 구성을 통해 드러난다. 만민법과 구별되는 국제법은 실효적인 제재 수단들을 결여하고 있다고 해도 하나의 실정법 질서이다. 이에 비해 만민법은 국제법으로 확장되고 적용될 수 있도록 고안된 자유주의적 정의의 관념들을 구체화한 것으로서 올바름, 정의 그리고 공동선과 같은 정치적 관념들을 말한다. 따라서 만민법은 국제법을 평가할 수 있는 개념과 원리를 제공한다.

이러한 만민법은 자유주의적인 정의 관념에 기초하지만 질서 정연한 비자유주의 사회에서도 수용될 수 있음을 밝히려는 것이 롤즈의 의도이다. 여기에서 질서 정연한 사회는 평화를 애호하며 팽창주의적이지 않은 사회이다. 이러한 사회의 법체계는 그 사회의 구성원들의 입장에서 요구되는 정당성의 조건을 충족시켜야 하며, 그 결과로 기본적인 인권들을 존중하는 체계여야 한다. 이러한 조건을 만족시키는 비자유주의 사회를 롤즈는 "질서 정연한 위계 사회"라고 칭한다. 만민법의 도출과 관련된 근본적인 문제는 자유주의 사회들과 위계 사회들이 일치하여 만민법을 수용해야 한다는 것이다. 양 사회 모두 세계의 정의로운 국가들로 구성된 질서 정연한 국제사회의 정규 구성원들이 되어야 하는 것이다. 롤즈는 만민법에 대한 논의를 통해 어떤 사회가 기본적인 인권을 존중한다고 할 때 그 사회가 반드시 서구적인 자유주의 사회일 필요는 없다는 점을 논증하려 한다. 즉 자유주의 사회들과 위계 사회들이 동일한 만민법에 동의할 수 있으며, 그 만민법은 서구적 전통의 특징에 의존하지 않는다는 것이다.

일반적인 자유주의적 정의 관념은 폐쇄적이며 자족적인 하나의 자유민주주의 사회를 상정하면서 포괄적 교의가 아닌 형태로 제시되는데, 문제는 그러한 정의 관념이 국제사회 속에서 어떻게 합당한 만민법으로 확장되어 재구성될 수 있는가 하는 것이다. 여기에서 구성주의적 이론의 권위는 실천이성의 원리들과 관념들에 기초한다. 롤즈는 우선 일정한 조건들—공정으로서의 정의—을 충족시키는 질서 정연한 자유주의적 국가들로부터 시작한다. 국내적인 차원에서 공정으로서의 정의의 원리들이 도출되는 구성의 과정에서 무지의 장막(veil of ignorance)과 원초적 입장(original position)은 대표성, 합리성, 대칭성과 평등성을 확보하기 위한 중요한 매개 개념들이다.

정의에 대한 자유주의적 관념이 국제적인 차원으로 확장되는 단계에서도 원초적 입장은 중요하다. 이 경우 원초적 입장의 당사자들은 자유주의적 정의 관념에 따라 조직되고 운영되는 사회들의 대표들로서 모든 국가가 협력할 수 있는 공평한 조건과 만민법을 규명하는 기능을 수행한다. 대표 장치로서의 원초적 입장에 의하면 자유롭고 평등한 국가들은 합당한 조건 아래 각기 합당한 근거에 따라 결정하고 선택하는 합리적인 행위자들로 상정된다. 민주적 국가들의 대표자로서의 당사자들은 서로 대등하며, 따라서 각 국가들을 합당하게 대표한다. 또한 각 당사자는 국내의 자유주의적 정의의 원칙에 따라, 혹은 그것을 전제로 하여, 만민법을 위한 여러 원칙에 대해 숙고할 것이다. 그리고 각 당사자는 무지의 장막에 가리어져 있다. 즉 당사자들은 민주주의를 위한 조건들이 무엇인지에 대해서는 알고 있지만, 그들 국가들이 가지고 있는 자연 자원이 얼마나 되는지, 또는 그들의 경제 발전의 수준이 어느 정도인지, 기타 연관된 다른 정보에 대해서는 알지 못한다. 이러한 조건들은 자유롭고 평등한 국가들이 서로 협력할 수 있는 기본적 조건들을 규명함에 있어 공정한 절차로 수용될 수 있다. 이러한 절차적 조건하에 합의되는 정의의 원칙들 중 하나가 "각 국가들은 인권을 존중해야 한다."는 원칙이다.

롤즈는 자유주의적 국가들 사이에 합의될 수 있는 만민법은 질서 정연한 위계 사회의 대표자들에 의해서도 채택될 수 있다고 본다. 위계 사회는 '공동선으로서의 정의(justice-as-common-good)'의 관념에 의해 운영되는 사회들이다. 그리고 이러한 사회들이 질서 정연한 사회로 인정되기 위한 최소한의 조건들은 제도적 차원에서 법체계가 확립되어 있으며, 대의적 기구를 가지고 있어야 한다는 것이다. 그리고 또 하나의 요건은 바로 기본적인 인권에 대한 존중이다. 롤즈에 따르면 합당한 국제사회의 구성원이 되기 위한 이러한 요건들이 충족되는 경우 만민법은 위계적 사회에로까지 확장될 수 있다. 그리고 이러한 확장의 과정에서 원초적 입장은 자유주의적 사회들 간의 합의 과정에서와 마찬가지로 중요한 기능을 담당하게 된다. 원초적 입장에서는 각 국가의 대표자로서의 당사자들은 상호 동등한 조건하에 놓이게 된다. 이러한 경우 각 당사자는―그가 대표하는 사회 내에서는 기본적 불평등이 허용되지만―국제적인 차원에서의 평등을 요구할 권리를 인정받는다. 설사 한 사회에 기본적인 평등이 결여되어 있다고 해도 그 사회가 다른 사회들에 대한 권리의 주장에서 평등을 요구하는 것이 부당한 것은 아니다. 따라서 비자유주의 사회의 대표들도 원초적 입장에서 평등한 자유의 원칙에 합의할 수 있게 된다.

  이러한 논의를 통해 롤즈가 강조하는 근본적인 논점은 『정의론』에서와 같이 한 정치사회 내에서 공정으로서의 정의가 도출되는 것과 정의에 관한 보다 일반적인 자유주의적 관념으로부터 만민법이 도출되는 것 사이에는 차이가 없다는 것이다. 두 경우 모두 합당한 구성의 절차라는 근본적 이념을 사용하여 상호 공정한 조건을 공유하는 합리적 행위자들이 각각의 주제, 즉 개별적인 국내의 기본 구조(제도)든 또는 공통된 만민법이든 그 주제들에 대한 정의의 원리들을 선택하게 된다는 것이다. 그리고 양자 모두의 경우 그들이 원초적 입장의 절차를 통해 합의에 도달하려는 동기는 평화적인 질서와 안정이라는 정치적 관심에서 발견된다.

테일러(1996)는 인권에 대한 비강제적인 국제적 합의의 가능성을 롤즈의 '중첩적 합의(overlapping consensus)' 개념에 근거하여 모색한다. 즉 상이한 집단, 국가, 종교 공동체, 문명은 양립할 수 없는 포괄적 교의를 갖지만, 인간 상호 간의 행동에 적용되어야 하는 규범에 대해서는 합의가 가능하리라는 것이다. 물론 합의 가능한 규범에 대한 정당화의 방식이 서로 다를 수 있다는 점은 인정되어야 한다. 그러나 중요한 사실은 왜 옳은지에 대한 의견은 서로 다를 수 있지만 모두가 합의할 수 있는 규범이 '중첩적 합의'의 형태로 존재할 수 있다는 것이다.

일반적으로 이러한 형태의 합의의 내용은 인권일 것이다. 그러나 테일러가 지적하듯이 권리 담론은 서구 문화에 뿌리를 두고 있으며, 또한 서구 역사의 특수성을 배경으로 한다. 따라서 권리라는 용어를 통해 합의가 가능한지는 많은 검토를 필요로 한다. 그러나 중첩적 합의의 가능성을 염두에 둘 때 권리의 목록으로 표현된 규범들이 비서구 지역에서는 권리라는 용어로 표현되지는 않지만 다른 관념의 형태로 존재한다는 사실에는 주목해야 한다. 서구 전통에서 인간의 주관적 권리는 자연법 전통의 영향 아래 근대에 이르러 법규범으로 확립되었다. 이에 따라 자연권은 본질적이고 근본적이며 인간 자체에 속하는 양도 불가능한 것으로 인식되기 시작했다.

이러한 흐름의 연장으로서 현대 서구의 권리 담론은 한편으로 법형식과 관련되며, 다른 한편으로는 인간 및 사회철학과 관련된다. 자유가 법형식을 띠면 그것은 권리로서 법률에 의해 보장된다. 인간 및 사회철학의 관점에서는 개인성이 중요시되고 인간 개인의 자율적 동의가 도덕적 권위를 부여받게 된다. 현대의 인권 담론은 이러한 두 차원, 즉 법형식의 차원과 철학의 차원으로 구성된다. 따라서 인권 담론에 이의를 제기하는 경우 그 비판이 어느 차원과 관련되는지를 검토한다면, 서구 문화와 비서구 문화 간의 갈등을 보다 건설적으로 해결할 수 있는 방식이 모색될 수 있을 것이다.

이러한 문제의식을 가지게 되면 현상적으로 상이하게 보이는 전통들 간의 공유점이 발견될 수 있다. 인간 및 사회철학의 차원에서 서구의 개인주의는 서구의 또 다른 전통인 공동체주의의 지속적인 비판의 대상이 되고 있다. 공동체주의로부터의 비판의 핵심은 자유주의적 권리 담론이 정치적 신뢰의 중요성을 간과한다는 것이다. 모든 정치사회는 신뢰에 기초하고 있으며, 개인의 자유를 확보하려는 경우 정치적 신뢰와 규칙에 대한 공동의 헌신적 노력의 중요성은 더욱 크다는 것이다. 즉 개인의 자유와 권리는 공동체적 신뢰에 의해서만 확보될 수 있다는 것이다. 그러나 인간과 사회에 대한 상이한 철학적 입장에도 불구하고 자유주의와 공동체주의는 모두 인권의 법적 지위와 형식에 대해서는 차이를 보이지 않는다.

또한 테일러가 예를 들어 설명하듯이 태국의 개혁 불교에서 인권과 민주적 발전을 서로 연결시키는 대안적인 방식이 찾아질 수도 있다. 물론 구체적인 철학적 정당화의 개념과 방식이 서구의 틀과 다르다는 점은 인정되어야 한다. 그러나 점차로 인권과 민주주의의 실천이 세계적 합의를 확보해가는 상황에서 철학적 정당화에 있어서의 차이들은 호혜적인 합의에 도달하기 위해 서로를 이해하기 위한 자료로 활용되어야 한다. 서구에서의 인권 사상은 인간 행위자를 최우선시하는 휴머니즘의 발전에 기초하여 옹호되어왔다. 그러나 전혀 다른 불교 철학적 기초로부터도 인권과 민주주의의 옹호와 정당화가 가능하다. 따라서 '인권에 대한 비강제적 합의'는 가능하며, 그 합의는 모든 것을 공유하는 사람과의 합의가 아니라 차이와 낯섦이 존재하는 상황에서의 합의 형태이어야 한다. 철학적 배경이 서로 다름에도 불구하고 인권의 보편적 실천과 제도화를 추구하는 모든 운동은 타당성을 인정받을 수 있다. 이러한 인권 운동과 함께 '지평의 융합(fusion of horizons)'

을 향한 상호 학습의 과정이 지속되는 경우 역사적 성과로서의 인권은 보편성을 확보하게 된다.

4. 다문화적 상황에서의 인권의 보편성

일반적으로 인권의 보편성에 대한 비판은 상대주의적 입장으로부터 제기된다. 모든 인간에게 공통된 본질 또는 본성이 존재하지 않는다는 '과학적' 주장에 근거한 '인류학적 상대주의'와 통약 불가능성(incommensurability)을 전제로 통문화적인 인권의 정당화 불가능성을 주장하는 '인식론적 상대주의'는 그리 설득력을 갖지 못한다(Perry, 1998: 57-86). 그러나 다원주의적 현실을 인정하는 '문화적 상대주의'는 인권의 보편성과 대립적 관계로 인식되어서는 안 된다. 인권의 구체적 실천 과정에서 양자는 상보적 관계를 갖는 것으로 이해되어야 한다.

세계인권선언은 다양한 문화 간의 차이를 부정하기보다는 그 차이를 전제로 한 국제적 합의의 산물이라 할 수 있다(Espiell, 1998). 즉 문화적 다원주의가 윤리적 상대주의로 반드시 귀결되는 것은 아니며, 삶의 중요한 가치와 목적에 대한 다양한 견해 속에서도 초문화적인 합의의 가능성은 여전히 존재하는 것이다. 그러나 국제 관계의 역학과 맞물려 인권의 보편성에 대한 비서구 문화권으로부터의 도전은 인권 담론의 중요 쟁점 중의 하나이다(도넬리, 1996). 한 예로 서구적 개인주의에 반대하는 주장들은 사회질서와 조화를 강조한다. 효와 충, 인과 예를 강조하는 유교 전통은 조화를 추구하며, 개인의 권리보다는 의무를 사회질서유지의 조건으로 내세운다. 그리고 이러한 가치와 사회관계의 체계는 국제적인 인권 규범의 기초가 되는 평등하고 자율적인 개인들의 모습과는 분명히 차이를 보인다. '서구적인' 인권 요구에 대항하는 논자들은 가족, 공동체, 예의범절, 의무와 헌신 등 전통적인 가치를 보호할 대안적인 정치적 이상과 제도 및 실천을 모색한다. 그리고 이러한 노력을 통해 서구 개인주의 문화의 일탈 현상을 극복할 수 있다고 주장한다. 그러나 이러한 주장은 전통의 결함이나 근대의 장점을 무시하는 근시안적인 낭만주의로 흐르기 쉽다. 또한 국제적으로 승인된 인권을 전통문화의 이름으로 부정하는 것은 타당하지 않다. 보편적 인권에 대한 요구는 서구의 경우에도 하나의 이상이다. 따라서 서구의 현실적인 폐해를 지적하면서 인권의 보편성을 비판하는 것은 불공평하고 불합리한 것이다. 서구의 경우 근대적인 윤리적 이상인 '진정성(authenticity)'은 개인의 자율성과 자결의 권리뿐만 아니라 '의미의 지평'과 사회관계의 상호성을 내포하고 있다. 물론 자본주의와 산업화에 의해 '진정성'의 한 측면인 개인주의적 요구와 권리가 일방적으로 강조되어온 것이 서구의 현실이다. 그러나 이러한 현실을 이유로 윤리적 이상 자체가 부정되거나 매도될 수는 없다.

인권 개념의 서구 중심적 성격을 강조하고, '인권'이 아닌 '인간의 존엄성' 개념의 적실성을 인정하는 경우, 보장되어야 하는 권리의 내용이 문화적 특수성에 의해 사회에 따라 달라질 수 있다는 주장이 제기될 수 있다. 한 예로 동아시아 사회의 경우 전통적으로 개인의 권리보다는 의무와 공동체적 유대가 중요시되어왔고, 근대화의 과정에서도 권위주의적이지만 공공선을 효율적으로 실현하는 '좋은 정부'에 대한 사회적 요구가 정당하게 수용되었다는 사실에 근거하여 인권의 핵심을 이루는 서구적인 시민적·정치적 권리의 우선성을 비판하는 입장이 대두되었다. 나아가 이러한 주장을 전개하는 논자들은 동아시아의 유교 문화권 전통에서도 나름대로의 인권 사상이 발견되며, 유교 전통에서 강조되는 인간의 존엄성과 복지에 대해 정당한 의미를 부여하기 위해서는 '인권에 대한 또 다른 접근'이 필요하다고 본다. 이에 대해 "뉴턴 물리학과 양자물리학이 서구에서 유래되었고 최초로 보급되었기 때문에 '서구' 물리학을 아시아에 적용할 수 없는 것이 아니듯이, 인권 개념 형성의 역사 때문에 인권이 '서구'적이라는 것은 타당하지 않다."(도넬리, 1996: 35)는 반비판이 제기된다.

그러나 실제로 국제 인권법은 엄밀한 의미에서 자유민주주의적(혹은 사회민주주의적) 복지국가 모델에 기초한 것이라 할 수 있다(Howard & Donnelly, 1986). 국제적으로 승인된 인권 규범들을 실현하기 위한 첫 번째 조건은 정치적 권위의 형성은 민주적이어야 한다는 것이다. 즉 국민주권으로부터 권력의 정당성이 도출되어야 하는 것이다. 두 번째 조건은 정당한 국가는 자유주의적이어야 한다는 것이다. 즉 국가는 시민권을 효과적으로 실현하는 데 필요한 조건들을 확립하기 위한 제도인 것이다. 또한 정당한 국가는 복지국가여야 한다는 것이다. 즉 자유주의적 소유권을 넘어서는 경제적, 사회적 권리들이 보장되어야 하는 것이다. 이 세 가지 조건은 모든 사회 구성원의 도덕적 평등과 모든 시민의 정치적 평등 및 자율성을 기초로 한다.

이러한 점을 고려할 때 인권에 대한 '아시아적' 도전에 대해, 인권은 보편적이고 따라서 어떤 상황에서도 제한되어서는 안 된다는 주장으로 대응하는 것은 적실하지 못하다. 인권에 대한 아시아적 도전은 특정 권리들이 서로 갈등적일 수 있고, 그 결과 정부는 그 상황에서 더 중요한 권리를 보호하기 위하여 일부 권리를 희생하거나 유보해야 한다는 주장이다. 따라서 이러한 상황적 특수성과 단기적 고려에 근거한 도전에 대해서는 그러한 주장이 장기적인 관점에서 인권의 보편성을 부정하는 것이 아니라는 점을 각성시키는 방법으로 대응하여야 한다.

비서구 사회의 경우 근대화에 의해 인권에 대한 관심과 그 보장 가능성이 증대되어온 것은 사실이다. 정치적 민주주의의 확산은 개인의 자유와 시민의 권리를 증진시켰으며, 경제적 근대화에 의해 보다 광범한 복지의 실현이 가능하게 되었다. 그러나 근대화 과정에서 인권이 제약되는 사례도 많이 발견된다. 경제성장과 정치적 민주주의 사이의 갈등에서 비롯되는 '교환(trade-off)'이 대표적인 경우이다. 그러나 자유와 형평의 요구가 경제 발전과 '교환'될 수 있는가? 많은 개발독재국가에서 볼 수 있는 경험적 현상은 이러한 교환 가능성, 나아가 교환의 정당성을 인정하게 한다. 그러나 이러한 교환의 논의들은 일시적인 인권침해만을 정당화해줄 뿐이다. 빈곤과 식량 부족이 심각한 상황에서는 경제 발전의 요구에 우선권이 주어질 수 있다. 그러나 이러한 단기적인 변명에 의해 인권의 희생이 보편화될 수는 없다. 장기적으로 볼 때, 시민적, 정치적, 경제적, 사회적, 문화적 권리를 외면하는 어떠한 정권도 정당화될 수는 없는 것이다.

각 국가가 처한 정치경제적 상황과 문화적 특수성에 의해 인권들 간의 우선순위가 서로 다르게 조정될 수는 있다. 그러나 이러한 사실이 인권의 희생을 정당화하는 것은 아니다. 그리고 시민적·정치적 권리와 경제적 권리, 사회적 권리, 문화적 권리들이 일시적으로 상충될 수는 있지만 장기적으로 이들 인권들은 상호 보완적이라 할 수 있다. 즉 시민적·정치적 권리의 기초 없이 경제적 권리와 복지가 제대로 보장될 수는 없는 것이다. 실제로 시민적·정치적 권리는 사회문제에 대한 여론을 조성하고 적합한 정치적 반응을 유도한다는 의미에서 경제적 안전과 성장을 보장하는 데 기여할 수도 있다. 인권 담론의 역사적 특수성을 빌미로 인권을 도외시하는 권위주의 체제는 강압 정치, 관료제의 무능력, 족벌주의, 부패 등과 연관되어 있는 것이 현실이다.

또한 문화 전통의 특수성을 강조하는 입장에 대해서는 지역적인 문화 전통과 인권 규범을 대립시키기보다는 인권의 규범과 관행이 지역적인 문화 전통과 양립할 수 있는 가능성을 제시하려는 노력이 필요하다(de Bary, 1998; de Bary and Weiming, 1998). 이러한 노력은 인권이 가지는 가치의 설득력을 다양한 문화권에 걸쳐 높이기 위한 전략적 고려와 연관된다. 인권이 서구의 독특한 고안물이라는 주장이 보편화될 때, 각 지역에서의 인권 운동은 서구 문화의 대리인으로 인식됨에 따라 토착 문화와의 갈등에 직면하게 된다. 인권 운동의 확산을 위한 전략적 고려의 차원에서 인권은 국제적인 합의의 산물이라는 점이 강조되어야 하며, 특수한 문화 전통과의 양립 가능성을 모색함으로써 국지적 정당화에 많은 관심을 기울일 필요가 있다(Bell, 1996).

효과적인 인권 운동의 확산을 위해서는 비록 세계인권선언이 규범으로서의 구속력은 있지만, 대부분의 국가가 이를 승인한 것은 실용적, 정치적 이유 때문이라는 점을 인식해야 한다. 이러한 인식에 입각해볼 때, 가능한 한 많은 국가가 합의해야 한다는 요구에 의해 그 추상 정도가 너무 높아진 '국제 인권 장전(International Bill of Human Rights)'에만 의존하여 인권의 정당성을 확보하려는 노력은 다소 실천력이 약할 수 있다. 따라서 인권의 실천과 관행을 전통적 문화 자원을 동원하여 이념적으로 정당화하려는 노력은 인권의 보편성을 현실적으로 확보하는 데 크게 기여한다.

궁극적으로 문화적 차이와 인권의 보편성을 둘러싼 논쟁은 인권 담론의 내용을 풍부하게 만드는 데 기여할 뿐만 아니라 인권의 보편성을 새로운 각도에서 재인식할 수 있는 기회를 제공한다. 인권의 '보편성(universality)'이 인권의 '보편화 가능성(universalizability)'의 문제로 재인식될 때, 인권은 초역사적이며 초사회적인 객관적 개념이라는 전제로부터 탈피할 수 있다. 나아가 인권은 역사 과정 속에서 호흡하며 생명력을 확보해가는 '발전적' 이념으로서 상황의 변화에 적응하여 그 설득력을 증대시킬 수 있다.

5. 인권의 보편성에 대한 새로운 인식

인간이 인간이라는 사실에 의해 향유할 수 있는 권리가 있는가? 인간이 인간으로서 가지는 권리라는 관념은 삶의 유지와 의미의 확보를 위해 필요한 '사회적 신화'라 할 수 있다. 삶의 의미와 가치라는 문제에 대한 철학적/회의주의적 성찰은 인권의 절대성과 보편성을 보장하지 않는다. 인권 이념은 인류의 역사 과정 속에서 성장해온 인간의 삶에 대한 감성과 애정에 의해 정당화될 수 있다. 고통은 삶의 과정에서 보편적인 경험이다. 이러한 보편성이 가장 극대화되는 상황은 이유 없는 죽음이 강요되고 폭력이 정당화되는 전쟁의 상황이다. 인권에 대한 인식이 나타나게 된 계기가 전쟁의 경험인 것은 우연이 아니다.

인권에 대한 세계적 차원에서의 본격적인 관심과 논의는 제2차 세계대전의 종전과 더불어 시작되었다. 그리고 그 일차적 결실은 1948년 제3차 유엔총회에서 채택된 세계인권선언으로 나타났다(United Nations, 1998). 세계인권선언은 제2차 세계대전, 특히 나치즘의 경험을 토대로 작성되었다. 선언의 초안 작성을 위해 구성된 위원회에 파견된 각국의 대표들 간의 논의 기록을 살펴보면 이러한 사실을 분명히 알 수 있다(Morsink, 1993). 그들의 초미의 관심은 어떻게 하면 나치즘의 경험이 되풀이되지 않을 수 있는가 하는 문제였다. 세계인권선언의 초안자들에게는 나치에 의한 유대인 학살과 전쟁의 경험 이외에 철학적 정당화가 필요하지 않았다. 잔학함과 고통의 경험만으로 그들은 "모든 인간은 태어날 때부터 자유롭고 존엄성과 권리에 있어서 평등하다."는 명제를 자명한 진리로 확신하였다. 이러한 이유로 그들은 나치즘과 같은 독재에 대항할 수 있는 정치적 자유와 권리의 보편성을 인정하고 명문화할 수 있었다. 물론 망명의 권리와 관할권 등의 문제를 둘러싸고 국가주권과 국제규약 사이의 갈등이 초안 작성 과정에서 표출되기도 했으나, 궁극적으로 합의를 가능케 했던 근거는 이론적 합리성이 아니라 전쟁과 독재의 경험이었다.

세계인권선언이 공포되었던 즈음의 철학의 대체적인 사조는 인권 이념을 정당화하는 방향으로 흐르고 있지 않았다. 영미권의 분석철학 전통에 속하는 도덕철학자들은 규범적 객관주의에 반대하여 도덕적 판단의 근거를 주관적 감정의 차원으로 환원시키는 경향이 강했다. 또한 그들은 보편적인 인간의 본성이라는 개념에 대해 비판적이었다. 다른 한편 유럽 대륙의 실존주의 철학 사조는 가치관의 주관성을 강조하였으며, 이에 따라 모든 도덕적 선택의 부담은 실존적 개인의 몫이 되어버렸다. 이러한 상황에서 세계인권선언이 표방한 인간의 권리가 가지는 절대성과 보편성은 그 당시의 철학에 의해 정당화되기 어려웠다.

세계인권선언 작성자들은 인권 조항들을 추상적인 도덕적 원리로부터 도출해낸 것이 아니었다. 또한 전체 조항들이 제1조에 근거하여 논리적으로 파생된 것도 아니었다. 각각의 조항은 전쟁의 경험에 근거하여 개별적으로 정당화되었다. 세계인권선언의 탄생을 전쟁의 경험과 연관시킬 때 우리는 비로소 왜 상이한 정치적, 문화적 배경을 갖는 다양한 대표자가 인권선언에 나타난 여러 인권의 항목에 대해 합의할 수 있었는가를 이해할 수 있다. "이성의 법정(the court of reason)"에서 도덕적 신념이 탄생하지는 않는다. 인권의 보편성에 대한 도덕적 신념은 역사적 경험과 그에 대한 기억 속에서 발생하며, 도덕적 신념을 지속시키는 힘은 끊임없는 실천 속에서 생성, 유지된다. 인간의 삶 속에 고통과 억압이 실제적으로 또는 잠재적으로 편재하는 한 인권의 보편성은 철학적 논증이 아니라 도덕적 신념과 실천에 의해 정당화될 것이다.

전쟁과 압제에 의해 초래되는 폭력과 고통의 경험이 보편화될 때 인권은 지적 관심의 대상이 아니라 '실존적 요구'가 된다. 인권의 보편성은 이론에 의해 확보될 수 있는 것이 아니라 실존적인 고통의 경험에 대한 공감이 확산되고, 그 기억이 보편화됨에 따라 확보될 수 있는 것이다. 인권에 대한 자연법적, 형이상학적 정당화의 노력이 그 효과와 기능을 발휘할 수 있었던 상황은 인간의 이성과 합리성에 대한 신념이 보편화되었던 계몽주의의 시기였다. 근대를 출현시킨 '혁명'의 과정에서 천부인권의 '신화'가 호소력을 가질 수 있는 기초는 자연법과 인간의 이성이었다. 서구 근대의 경험 속에서 배태된 인권 이념은 결국 서구 철학의 전통 속에서 그 정당성의 기초를 발견했던 것이다. 그러나 세계적인 '인권 문화'가 형성되고 있는 현대의 상황에서 인권의 정당성은 새로운 기초를 필요로 한다.

  인권의 보편성과 절대성을 이론적으로 확보하려는 이른바 '인권 정초주의'는 그 설득력이 약화되고 있다(로티, 2000). 인권이 역사적 경험과 사실에 근거할 수 없다는 주장은 인권이 상황 논리에 의해 부정될 수 없는 절대적 규범임을 설득하려 한다는 점에서 그 의의가 인정될 수 있다. 로티는 이러한 맥락에서 "우리가 플라톤과 칸트와 같은 철학자들에게 매우 감사히 여기고 있는 것은 그들이 진리를 발견했기 때문이 아니라, 그들이 보편주의적 유토피아를 예언했고, 비록 그 유토피아의 내용 대부분은 잘못된 것일지도 모르나, 그 예언이 없었더라면 그것에 도달하기 위해 우리가 노력을 경주하지도 아니하였을 것이기 때문이다."(로티, 2000: 155)라고 말한다.

  그러나 세계적 차원에서 '인권 문화'가 형성되고 있는 현실에서 인권 정초주의는 시대에 뒤떨어진 것이라는 주장 또한 설득력을 갖는다. 인권 정초주의는 일반적으로 인간의 이성과 도덕적 능력을 강조하는 경향을 갖는다. 그러나 실제로 '인권 문화'가 형성되는 과정에서 보다 중요한 역할을 담당하는 것은 사랑, 우정, 신뢰, 사회적 연대 등과 같은 감정이다. 인권 문화의 확산은 합리주의적 도덕철학이 강조하는 도덕률에 의해서가 아니라 베이어(Baier, 1991)가 말하는 "감성의 진보"에 의해 가능할 것이다. '감성 교육'의 결과물이라 할 수 있는 이러한 진보에 의해 우리는 타자와의 차이보다는 유사성을 중시하게 되고, 타자에 대해 애정과 관심을 가지고 선량한 태도를 취하게 된다. 인권 문화가 '세계적 사실'이 된 것은 감정의 놀라운 속도의 진보가 달성되었기 때문이다. 따라서 현재는 이성뿐만 아니라 보다 중요하게는 감성과 감정이입의 상상력에 호소하는 인권 담론이 절실한 때이다.

인권의 내용과 범위는 역사적 산물이다. 인권의 보편성은 선험적 또는 초월적 기초에 의해서만 정당화될 수 없다. 역사 과정을 통해 인권의 내용이 심화되고 그 범위가 확대될 때, 비로소 인권의 보편성이 의미를 가지게 된다. 다시 말해 인권의 보편성은 '주어지는' 것 또는 '발견되는' 것이 아니라 '획득되는' 것이다. 따라서 인권의 보편성에 대한 담론은 역사 과정에서 보편적 인권을 확보하기 위한 '실천'의 한 부분이다. 현대 세계에서 인권의 옹호는 다양한 형태로 표출되어야 한다. 한편으로 인권은 고통과 억압으로부터 벗어난 최소한의 인간적 삶을 영위하기 위한 '정치적 수단'으로서 다양한 도덕적 자원을 통해 정당화될 수 있다. 인권은 도덕적 다원주의와 대립적이지 않다. 택일의 논리가 아닌 포섭의 논리에 근거해 인권 담론이 다양화될 때, 인권의 법제도적 실현을 위한 모든 실천이 그 의미를 인정받을 수 있다.

참고 문헌

도넬리, 잭, 1996, 「인권 개념의 보편성과 아시아적 가치」, 『계간 사상』(1996 겨울).

로티, 리차드, 2000, 「인권·이성·감성」, 스티븐 슈트, 수잔 헐리 엮음, 『현대사상과 인권』, 민주주의법학연구회 옮김, 서울: 사람생각.

롤즈, 존, 2000, 「만민법(The Law of Peoples)」, 스티븐 슈트, 수잔 헐리 엮음, 『현대사상과 인권』, 민주주의법학연구회 옮김, 서울: 사람생각.

유홍림, 2001, 「인권의 보편성 문제」, 『민주주의와 인권』, 창간호.

테일러, 찰스, 1996, 「인권에 대한 비강제적 합의의 조건」, 『계간 사상』(1996 겨울호).

Baier, Annette, 1991, *A Progress of Sentiments: Reflections on Hume's Treatise*, Cambridge: Harvard University Press.

Bell, Daniel, 1996, "The East Asian Challenge to Human Rights", *Human Rights Quarterly* 18.

de Bary, Wm. Theodore, 1998, *Asian Values and Human Rights*, Cambridge: Harvard University Press.

de Bary, Wm. Theodore and Tu Weiming eds., 1998, *Confucianism and Human Rights*, New York: Columbia University Press.

Donnelly, Jack, 1989, *Universal Human Rights in Theory and Practice*, Ithaca: Cornell University Press.

Eide, Asbjorn, 1998, "The Historical Significance of the Universal Declaration", *International Social Science Journal* v. 50 i. 4.

Espiell, Hector Gros, 1998, "Universality of Human Rights and Cultural Diversity", *International Social Science Journal* v. 50 i. 4.

Falk, Richard, 1981, *Human Rights and State Sovereignty*, New York: Holmes & Meier Publishers.

Galtung, Johan, 1994, *Human Rights in Another Key*, Oxford: Polity Press.

Gearty, C. A. ed., 1997, *European Civil Liberties and the European Convention on Human Rights: A Comparative Study*, Boston: M. Nijhoff Publishers.

Howard, Rhoda E. & Jack Donnelly, 1986, "Human Rights, Human Dignity, and Political Regimes", *American Political Science Review* 80.

Ignatieff, Michael, 2001, *Human Rights as Politics and Idolatry*, Princeton: Princeton University Press.

McDougal, M. S., H. D. Laswell and L. Chen, 1980, *Human Rights and World Public Order*, New Haven: Yale University Press.

Morsink, Johannes, 1993, "World War Two and the Universal Declaration", *Human

Rights Quarterly v. 15 n 2.

Perry, Michael J., 1998, *The Idea of Human Rights*, New York: Oxford University Press.

Rawls, John, 1971, *A Theory of Justice*, Cambridge: Harvard University Press.

Rawls, John, 1993, *Political Liberalism*, New York: Columbia University Press.

Rawls, John, 1999, *The Law of Peoples*, Cambridge: Harvard University Press.

Rebecca, Wallace ed., 1997, *International Human Rights Text and Materials*, London: Sweet & Maxwell.

Rommen, Heinrich A., 1998, *The Natural Law*, Indianapolis: Liberty Fund.

Rosenbaum, Alan S. ed., 1980, *The Philosophy of Human Rights: International Perspectives*, London: Aldwych Press.

Sharma, Arvind, 2006, *Are Human Rights Western?: A Contribution to the Dialogue of Civilizations*, New Delhi: Oxford University Press.

Shute, Stephen & Susan Hurley, eds., 1993, *On Human Rights*, New York: Basic Books[스티븐 슈트, 수잔 헐리 엮음, 『현대사상과 인권』, 민주주의법학연구회 옮김, 서울: 사람생각, 2000].

Taylor, Charles, 1991, *The Ethics of Authenticity*, Cambridge: Harvard University Press.

Unite Nations, 1998, *The Universal Declaration of Human Rights: 1948-1998*, New York: United Nations Publications.

Vasak, Karel, ed., 1982, *The International Dimensions of Human Rights*, Westport, Conn: Greenwood Press.

Walzer, Michael, 1984, "Liberalism and the Art of Separation", *Political Theory* v. 12 n. 3.

Warner, Daniel, ed., 1997, *Human Rights and Humanitarian Law: The Quest for Universality*, Boston: M. Nijhoff.

White, C. Dale, 1998, *Making a Just Peace: Human Rights & Domination System*, Nashville: Abingdon Press.

2장 공동체주의 인권 담론:
보편주의적 범세계주의와의 논쟁을 중심으로

김범수

1. 서론

공동체주의(communitarianism)는 개인의 자아 형성과 삶에 있어 공동체의 역할과 중요성을 강조하는 사상 사조로 공동체가 개인들의 총합으로 환원될 수 없는 고유한 도덕적 가치를 가지고 있다고 보며 개인의 자아, 정체성, 복지 등은 공동체 안에서만 완전하게 구현될 수 있다고 본다. 공동체주의의 이러한 기본 관점은 1980년대 초 아리스토텔레스(Aristotle)와 헤겔(Hegel)의 철학을 계승한 매킨타이어(MacIntyre, 1981), 샌들(Sandel, 1982), 왈쩌(Walzer, 1983), 테일러(Taylor, 1985; 1990) 등 일군의 학자들에 의해 확립된 것으로 롤즈(Rawls, 1971), 드워킨(Dworkin, 1977) 등으로 대표되는 자유주의자들과의 논쟁을 거치며 체계화되었다.[1]

---

1) 공동체주의자들이 일반적으로 자유주의의 개인주의적 경향을 비판하며 개인의 자아 형성과 삶에 있어 공동체의 역할과 중요성을 강조하고 있지만 공동체의 개

이 논쟁에서 공동체주의자들은 자유주의자들의 인간 자아에 대한 가정이 추상적이며 인간의 사회적 본성을 무시하는 "원자론적(atomistic)" 또는 "무연고적(unencumbered)" 자아관이라고 비판하였다(Taylor, 1985; Sandel, 1992). 공동체주의자들에 의하면 진정한 자아는 공동체의 전통이나 가치, 덕목, 역사 등에 근거해 형성되는 것으로 특수한 사회적 맥락을 떠나 생각할 수 없다.[2] 공동체주의자들은 또한 자유주의들

> 념, 공동체의 구체적 역할, 공동체의 성격, 개인과 공동체의 관계, 개인주의 극복 방안 등에 대해 모든 공동체주의자가 동일한 견해를 가지고 있는 것은 아니다. 김동수(1993: 10)가 지적하고 있듯이 공동체주의자 내부에는 "단일화된 정치사상의 한 분파로 범주화될 수 없을 만큼"의 다양한 견해차가 존재하며 개인주의 비판에 있어서도 각자의 이념적, 정치적 성향에 따라 다양한 차이를 보이고 있다. 실례로 매킨타이어와 샌들이 개인주의에 대해 상대적으로 더 비판적인 반면 테일러와 왈쩌는 개인주의의 긍정성을 어느 정도 수용하는 모습을 보인다(손철성, 2007: 18). 이처럼 공동체주의자 내부에 존재하는 다양성으로 인해 하나의 통일된 사상 체계로서 공동체주의가 무엇을 의미하는지 엄밀히 정의하는 것은 매우 어려운 일이다. 이러한 이유로 이 장에서는 공동체주의를 개인의 자아 형성과 삶에 있어 공동체의 가치와 역할을 강조하는 사상 사조로 폭넓게 정의하고자 하며 이러한 정의에 기초하여 매킨타이어, 샌들, 왈쩌, 테일러, 에치오니(Etzioni) 등을 공동체주의자의 범주에 포함하고자 한다.

[2] 이러한 맥락에서 매킨타이어는 다음과 같이 언급하였다. 그에 의하면 "전근대 전통 사회에서 개인은 다양한 사회집단에 속함으로써 자신의 정체성을 획득하고 또한 다른 사람들을 통해 자신의 정체성을 확인하였다. 나는 누구의 형제이고, 사촌이고, 손자이고, 어떤 집안, 마을, 또는 부족의 구성원이다. 이러한 것들은 인간에게 우연히 부여된 특성들(characteristics)이 아니며 '진정한 자아(the real me)'를 발견하기 위해 제거되어야 할 특성들이 아니다. 이것들은 내 본질(substance)의 일부분으로서 적어도 부분적으로 그리고 종종 전적으로 나의 책임(obligations)과 의무(duties)를 규정한다. 개인들은 상호 결합되어 있는 일련의 사회관계 속에서 특정한 사회적 공간을 계승한다. 만약 그러한 사회적 공간을 결여한다면 그들은 아무도 아닌 존재(nobody)이거나 기껏해야 이방인(stranger) 또는 추방된 자(outcast)이다."(MacIntyre, 1981: 33-34) 동일한 맥락에서 매킨타이어는 다음과 같이 언급하였다. "나는 누군가의 아들이거나 딸이고, 누군가의 사촌이거나 삼촌이다. 나는 이 도시나 저 도시의 시민이고 이런저런 길드나 직업집단의 구성원이다. 나는 특정한 씨족, 부족, 또는 국가에 속한다. …… 이러한 역할의 담지자로서 나는 나의 가족, 나의 도시, 나의 부족, 나의 민족의 과거로부터 다양한 부채와 유산,

이 개인의 자유와 권리를 옹호하기 위해 공동체의 가치와 중요성을 격하시켰다고 비판하였다. 공동체주의자들에 의하면 공동체는 개인의 자유와 권리를 증진하고 보호하기 위한 수단으로서뿐 아니라 그 자체 목적으로서 구성원 개개인으로부터 독립적인 고유한 도덕적 가치를 가질 수 있다(Van Dyke, 1982; Garet, 1983; McDonald, 1991).[3] 공동체주의자들은 또한 국가가 다양한 가치관과 생활 방식, 종교, 문화로부터 "중립적"일 수 있다는 자유주의자들의 "중립성(neutrality)" 명제를 비판하며 국가는 필연적으로 특정 가치관과 생활 방식을 대변할 수밖에 없으며 더 나아가 보다 적극적으로 시민들 사이에 특정한 도덕적 가치와 덕성(virtue)을 고취하기 위해 노력해야 한다고 주장하였다.[4] 이

정당한 기대와 책무를 물려받았다. 이러한 것들은 나의 삶에 주어진 것들로서 나의 도덕적 출발점을 구성한다. 이는 부분적으로 내 삶에 그 나름의 도덕적 특수성을 제공한다. …… 나는 과거와 함께 태어났다. 나의 자아를 이러한 과거로부터 개인주의적 방식으로 분리시키려는 시도는 나의 현재 관계들을 왜곡시키는 것을 의미한다. …… 자아는 가족, 이웃, 도시, 부족과 같은 공동체에 속함으로써 자신의 도덕적 정체성을 발견해야 한다."(MacIntyre, 1981: 220-221)

3) 공동체의 고유한 도덕적 가치를 부정하는 자유주의자들의 입장을 비판하며 맥도날드(McDonald)는 "개인이 무엇인가를 스스로 선택할 수 있고 자기 이익을 가지고 있기 때문에 가치 있다면 공동체 또한 스스로 선택할 수 있고 자기 이익을 가지고 있기 때문에 개인과 마찬가지로 가치 있는 것으로 간주되어야 한다."고 주장하였다(1991: 236-237). 반면 자유주의자들은 이러한 공동체주의의의 입장이 때때로 공동체의 이름하에 개인의 자유와 권리를 억압하거나 제한할 가능성이 있다고 주장한다. 자유주의자들에 의하면 공동체는 단지 공동체를 구성하는 개인들의 복지를 위해 존재할 뿐 자체의 고유한 독립적인 도덕적 가치를 가지지 못한다(Narveson, 1991). 이러한 맥락에서 하트니(Hartney)는 "오직 개인의 삶만이 궁극적인 가치를 가지며 공동체(collective entities)는 개인의 삶에 공헌하는 한에서만" 가치를 가진다고 주장하였다. 그에 의하면 "공동체는 개인의 복지에 기여하기 때문에 중요한 것이지" 그 자체로 가치를 가지는 것은 아니다(1991: 297).

4) 실례로 웰만(Wellman)은 자유주의자들의 중립성 명제를 비판하며 국가가 종교의 영역에 있어서는 어느 정도 중립적일 수 있지만 문화, 언어 등의 영역에 있어서는 전적으로 중립적일 수 없다고 주장한다. 웰만에 의하면 모든 국가는 불가피하게 법률이나 정책을 통해 특정 문화를 지원하거나 위험에 빠뜨리고 있으며,

외에도 공동체주의자들은 자유주의자들이 공동선의 중요성과 공동체적 의무의 중요성을 간과하고 있다고 비판하였다.[5]

이상의 내용을 특징으로 하는 공동체주의에 대해 그동안 국내 학계에서는 정치학, 철학, 윤리학, 사회학 등의 분야를 중심으로 다양한 연구가 이루어져왔다. 대표적 연구로는 정치학 분야에서 자유주의와의 논쟁의 맥락 속에서 공동체주의의 사상적 기초를 살펴보고자 하는 김동수(1993; 1994)의 연구, 매킨타이어와 테일러 등의 논의를 중심으로 공동체주의의 정치사상적 기초에 대해 살펴보고 있는 유홍림(1996; 1997)의 연구, 매킨타이어 정치 이론의 문제점을 조명하고 더 나아가 자유주의와 공동체주의 논쟁이 가지는 정치적 성격에 대해 고찰한 김비환(1998; 1999)의 연구, 자유주의와 공동체주의 논쟁이 가지는 정치 이론적 제 측면을 조명한 김용찬(2003), 장동진(2003) 등의 연구가 있다. 철학, 윤리학, 사회학 분야에서는 자유주의와의 논쟁의 맥락 속에서 공동체주의를 소개하고 공동체주의의 공동체관, 자아관, 윤리관, 정의관, 국가관, 방법론 등에 대해 연구한 이인숙(1993), 박정순(1993; 1999a; 1999b; 1999c), 이진우(1998; 1999), 황경식(1999), 권용혁(2002), 김미영(2003), 김영기(2005), 손철성(2007) 등의 연구가 있다.

이처럼 공동체주의에 대해 그동안 국내 학계에서 다양한 연구가 이루어져왔음에도 불구하고 공동체주의자들이 인권을 어떻게 이해하고

공용어의 선정에서 보듯이 특정한 문화의 발전에 영향을 미친다. 예를 들어 프랑스어를 공용어로 인정한 퀘벡에서의 언어 정책은 불가피하게 프랑스어를 모국어로 사용하는 캐나다인들의 문화 발전을 지원하고 그 밖의 언어를 모국어로 사용하는 캐나다인들의 문화 발전을 저해하는 결과를 가져올 수밖에 없다. 또한 미국의 언어 정책은 영어에 기반을 둔 문화를 지원하는 결과를 가져올 수밖에 없다(1999: 39).

5) 자유주의자들과 공동체주의자들의 논쟁에 대해서는 아비네리와 드 샬리트(Avineri and De-Shalit, 1992), 벨(Bell, 1993), 에치오니(Etzioni, 1995), 박정순(1993; 1999), 김비환(1999), 이진우(1999), 손철성(2007) 등을 참조.

어떻게 접근하고 있는지에 대해서는 상대적으로 연구가 거의 이루어지지 않은 형편이다. 그 이유로 몇 가지를 지적할 수 있겠지만 가장 중요한 이유로는 공동체의 중요성과 역할을 중시하는 공동체주의의 기본 입장이 개인의 자유와 권리를 중시하는 자유주의를 비판하면서 상대적으로 인권에 부정적인 것처럼 비쳐졌다는 점을 지적할 수 있겠다. 실제로 가장 대표적인 공동체주의자 가운데 한 사람인 매킨타이어는 인권 개념이 합리적 정당화와 공동체적 근거를 결여한 상상 속의 "허구(fiction)"라고 비판하면서 인권에 대해 부정적 입장을 표명하였다. 그에 의하면 인간이 단순히 인간이기 때문에 가지는 권리를 의미하는 "자연권(natural rights)" 또는 "인권(human rights)" 개념은 근대 이전에는 존재하지 않았던 개념으로서 그러한 권리의 존재를 믿는 것은 "마녀(witches)"의 존재나 "유니콘(unicorns)"의 존재를 믿는 것과 마찬가지이다(MacKintyre, 1981: 69-70). 그러나 모든 공동체주의자가 매킨타이어와 마찬가지로 인권에 대해 부정적 입장을 취하는 것은 아니다. 많은 공동체주의자가 자유주의 인권 개념에 대해 비판적 입장을 취하면서도 공동체 내에 보편적으로 적용 가능한 인권이 존재한다는 점에 대해 대체적으로 동의하고 있다. 실례로 왈쩌(Walzer, 1983: xv)는 매킨타이어와 달리 모든 인간이 생명과 자유에 대한 권리를 가지고 있다고 주장하며 인권의 존재를 인정하고 있다.

이 장은 이처럼 공동체주의 진영 내부에 존재하는 다양성을 고려하면서 공동체주의자들이 인권에 대해 공유하는 입장은 무엇인지 보편주의적 범세계주의자들(universalist cosmopolitans)과의 논쟁의 맥락 속에서 살펴보고자 한다. 이를 위해 다음 절에서는 우선 인권의 정의와 이의 해석을 둘러싼 다양한 논쟁에 대해 간단히 살펴보고자 하며, 3절과 4절에서는 이러한 논쟁 가운데 두 가지 쟁점, 즉 인권을 향유할 수 있는 사람들의 범위를 어떻게 설정할 것인가의 문제와 인권 보장의 의무, 특히 기본적 생존권을 보장할 의무를 이행할 사람들의 범위를 어떻게 설정할 것인가의 문제를 중심으로 공동체주의자들이 인권에 대해 그리고 인권 보장의 의무에 대해 어떻게 이해하고 어떻게 접근하고 있는지 보편주의적 범세계주의자들과의 논쟁의 맥락 속에서 살펴보고자 한다. 결론에서는 이상의 논의를 간단히 정리한 후 최근 "지구화(globalization)"와 국제적 인구 이동의 증가로 공동체의 "경계(boundaries)" 설정이 점점 어려워지고 있는 상황에 직면하여 공동체의 경계, 특히 국민국가의 경계가 가지는 윤리적 중요성을 강조하는 공동체주의 인권 담론이 가지는 한계가 무엇인지 간략히 살펴보고자 한다. 우선 인권의 정의부터 살펴보도록 하자.

2. 인권의 정의와 이의 해석을 둘러싼 논쟁

인권이 무엇을 의미하는지 명확히 정의하는 것은 매우 어려운 일이지만 크랜스톤(Cranston, 1967: 50)에 의하면 인권은 일반적으로 "인간이 단지 인간이기 때문에" "보편적(universal)"으로 가지는 "도덕적(moral)" 권리로 정의된다. 이 정의에 따르면 인권은 권리의 주체로 인간을 상정한다는 점에서 최근 몇몇 동물보호론자가 주장하는 "동물권(animal rights)"과 구별되며 "법인(法人)"과 같은 "가상의 인간(artificial person)"이 가지는 권리와도 구별된다. 즉 권리의 주체라는 측면에서 볼 때 인권은 정의상 인간이 가지는 권리이다. 둘째, 인권은 인간이 "보편적"으로 가지는 권리로 유엔이 1948년 채택한 세계인권선언 2조가 규정하고 있듯이 "모든 사람(everyone)"이 언제 어디서나 "인종, 피부색, 성, 언어, 종교, 정치적 또는 기타의 견해, 민족적 또는 사회적 출신, 재산, 출생 또는 기타의 신분"에 상관없이 평등하게 향유하는 권리를 의미한다(United Nation, 1948). 이러한 점에서 인권은 특정한 사람만이 향유하는 "특권(privilege)"과 구별된다. 셋째, 인권은 "도덕적 권리(moral rights)"로서 실정법에 상관없이 "도덕 원칙(moral principles)"에 의해 정당화되는 권리를 의미한다. 이러한 점에서 인권은 비록 실정법에 의해 타당성이 보장되는 "법률적 권리(legal rights)"와 현실적으로 많은 부분에서 중첩되지만 개념적으로는 이와 구별된다(Cranston, 1967: 44).[6] 특히 실정법이 도덕 원칙에 어긋날 경우 인권은 때때로 "법을 어길 수 있는 권리(the right to break the law)"를 포함하기도 한다.[7] 이러한 맥락에서 드워킨(Dworkin, 1977: 189-192)은 사람들이 일반적으로 법을 준수해야 하는 의무를 가지지만 이 의무가 자신의 양심과 충돌할 경우 자신의 양심에 따라 행동하는 것이 특별한 도덕적 잘못(morally wrong)을 일으키지 않는 한 자신의 양심에 따라 행동할 권리 또한 가진다고 주장하였다.

---

[6] 물론 모든 학자가 이러한 관점에 동의하는 것은 아니다. 특히 벤담(Bentham)은 실정법에 의해 뒷받침되지 않는 권리는 "죽마 위의 헛소리(nonsense upon stilts)"라고 주장하며 인권이 도덕적 권리라는 점을 부정한다. 벤담에 의하면 "권리는 법의 자식으로서 실질적인 법(real laws)에서 실질적인 권리(real rights)가 나오며 '자연법'과 같은 상상의 법(imaginary law)에서는 상상의 권리(imaginary rights)가 나온다. ……〔이러한 점에서〕자연권 개념은 말도 안 되는 죽마 위의 헛소리이다." 비슷한 맥락에서 버크(Burke) 또한 인권은 단순한 추상에 불과한 것이라고 주장하면서 실정법에 의해 뒷받침되지 않는 권리의 존재를 부정한다(Cranston, 1967: 44).

[7] 실례로 독재국가나 전체주의국가에서 실정법이 집회의 권리, 정치적 결사의 권리, 자유로운 표현의 권리 등을 비롯한 기본권을 금지할 경우 인권 개념은 이러한 실정법을 어길 수 있는 권리를 포함한다. 이뿐만 아니라 민주주의국가에서도 실정법이 항상 도덕적으로 "정의(just)"로운 것은 아니기 때문에 그리고 실정법이 때때로 특정 "소수자 집단(minority groups)"이나 "종교 집단(religious groups)"의 "정당한 도덕적 권리"를 부정할 수 있기 때문에 인권 개념은 각자 자신의 양심과 종교적 신념에 따라 "법을 어길 수 있는 권리"를 포함하기도 한다(Dworkin, 1977: 186-187). 그러나 위에서 언급한 벤담과 버크의 영향하에 몇몇 학자는 "법을 어길 수 있는 권리"를 인권의 범주에 포함하는 것에 반대한다.

인권이 이처럼 동물권, 가상의 인간이 가지는 권리, 특권, 여타의 법률적 권리 등과 구별되는 "인간이 인간이기 때문에 보편적으로 가지는 도덕적 권리"라는 점에 대해 많은 학자가 대체적으로 동의하고 있지만—물론 모든 학자가 이에 대해 동의하는 것은 아니다—이를 구체적으로 어떻게 해석할 것인가에 대해서는 학자들 사이에 논쟁이 분분한 상황이다. 우선 인권을 향유하는 권리의 주체를 인간으로 한정할 경우 인간의 범주를 어떻게 설정할 것인가의 문제가 발생한다. 실례로 낙태 문제를 둘러싼 논쟁에서 드러나듯이 임산부의 뱃속에 있는 태아를 인권의 주체로 볼 수 있는지 없는지, 인권의 주체로 볼 수 있다면 언제부터 인권의 주체로 볼 수 있는지, 몇몇 사람이 주장하는 바와 같이 수정 순간 또는 착상 순간부터 인권의 주체로 볼 수 있는지 등과 같은 문제는 인권의 주체를 구체적으로 확정하는 일이 매우 어려운 일임을 보여준다.

둘째, 인권을 "모든 사람"에게 적용 가능한 "보편적" 권리로 정의할 경우에도 "모든 사람"의 범주를 어떻게 설정할 것인가의 문제가 발생한다. 이 문제에 직면하여 일부 학자는 "모든 사람"이 말 그대로 모든 사람을 의미한다고 주장하는 반면 일부 학자는 몇몇 특정한 인권의 경우(예를 들어 참정권) 권리의 적용 범위를 설정하는 데 있어 국적, 시민권, 법적 지위 등에 따른 제한이 필요하다고 주장한다.

셋째, 인권을 도덕 원칙에 의해 정당화되는 도덕적 권리로 정의할 경우에도 인권의 구체적 내용이 문화적 차이를 초월하여 보편성을 가질 수 있는가의 문제가 발생한다. 일부 학자는 칸트(Kant)의 "정언명령"과 같이 시공간적 맥락을 초월하여 전 인류에게 보편적으로 적용 가능한 도덕 원칙이 존재하기 때문에 문화적 차이를 뛰어넘는 보편적 인권이 존재할 수 있다고 주장하는 반면[8] 일부 학자는 인권을 정당화하는 도덕 원칙이 문화에 따라 "상대적"일 수밖에 없기 때문에 문화적 차이를 뛰어넘는 보편적 인권이란 존재할 수 없다고, 그리고 설령 존재한다 하더라도 바람직하지 않다고 주장한다.[9] 한편 롤즈(Rawls, 1999), 테일러(Taylor, 1999) 등은 보편타당한 도덕 원칙을 도출해내는 정치적

---

8) 보편주의적 관점에서 몇몇 학자는 문화적 차이를 초월하여 전 인류에 적용 가능한 보편적 인권이 존재할 수 있다고 주장한다. 이들에 의하면 인류 사회는 비록 문화적으로 독립적인 여러 공동체로 분리되어 있지만 궁극적으로는 공통의 도덕 원칙을 공유하는 하나의 도덕 공동체로 보편적 도덕 원칙에 근거, 전 인류에 적용 가능한 보편적 인권 개념을 공유할 수 있다. 이들은 이러한 보편적 도덕 원칙의 주요한 예로 "모든 사람은 자신이건 다른 사람이건 상관없이 모든 인간을 수단으로서가 아니라 목적으로 대하는 방식으로 행동해야 한다."는 칸트의 정언 명령을 들면서 이 원칙에 근거, 모든 인간이 도덕적으로 평등하게 대우받을 권리를 가진다고 주장한다(Linklater, 1990: 100-101). 이들 보편주의자들은 또한 문화적 차이를 근거로 인권의 보편성을 부정하는 것이 상대주의의 함정에 빠져 인권 개념을 왜곡하고 더 나아가 인권침해를 문화적 차이라는 이름으로 정당화하는 데까지 이를 수 있음을 경고한다.

9) 실례로 몇몇 공동체주의자는 인간이 인간이기 때문에 가지는 도덕적 권리를 의미하는 인권 개념이 시공간적 맥락에 의존적일 수밖에 없다고, 즉 문화적 특수성이나 이념적 전제로부터 자유로울 수 없다고 주장하며 인권 개념의 보편성에 의문을 제기한다. 이러한 맥락에서 왈쩌는 인권에 대한 개념이 특정한 문화와 시대, 장소에 "특수(local)"하다고, 즉 그가 "두터운(thick)"이라고 칭한 각 사회의 특수한 문화로부터 도출되고 이 특수한 문화 속에서만 의미를 가진다고 주장한다(1994: 4, 10, 50). 그에 의하면 인권은 "인류 공통의 인간성(our common humanity)"에 근거한 것이 아니라 사회마다 각기 다를 수밖에 없는 "사회적 재화에 대한 공유된 인식(shared conceptions of social goods)"에 근거한 것으로 "성격상 지역적(local)이고 특수(particular)"할 수밖에 없다(Walzer, 1983: xv). 이처럼 인권의 보편성을 부정하는 왈쩌의 입장을 공유하는 몇몇 공동체주의자는 보편주의가 실천적으로 불가능(impractical)할 뿐만 아니라, 누구의 윤리를 보편적으로 적용할지 합의가 부재한 다원주의 상황하에서는 바람직하지도 않다(undesirable)고 주장한다. 특히 아시아와 이슬람 지역의 몇몇 학자는 서구적 경험과 세계관에 기반을 둔 "보편적" 인권 개념이 아시아 지역 또는 이슬람 지역의 특수성을 이해하지 못하고 있다고 비판한다. 이들에 의하면 문화적 차이와 시공간적 맥락을 무시하는 보편적 인권 개념은 궁극적으로 다원주의를 억압하는 "도덕적 제국주의"로 전락할 수 있다. 이러한 논쟁, 특히 서구 인권 개념에 대한 동아시아 학자들의 비판과 이에 대한 보편주의자들의 반박에 대해서는 바우어와 벨이 펴낸 책(Bauer and Bell, 1999)에 실린 논문들을 참조.

과정을 중시하며 다양한 세계관, 문화, 종교, 이념을 가진 사람들이 "중첩적 합의(overlapping consensus)"를 통해 "보편적" 인권 개념에 대해 합의할 수 있다고 주장한다.[10]

이 외에 인권 보장의 의무(duty)가 누구에게 있는지, 다양한 종류의 인권 사이에 충돌이 발생할 경우 어떠한 인권을 우선시해야 하는지, 정부는 인권을 제한할 수 있는지 그리고 있다면 어느 경우에 어느 정도 제한할 수 있는지, 구체적으로 어떤 종류의 인권이 존재하는지 등에 대해 학자들 사이에 다양한 논쟁이 존재한다.

이 장은 이러한 논쟁 가운데 인권을 향유할 수 있는 "모든 사람"의 범위를 어떻게 설정할 것인가의 문제와 인권 보장의 의무, 특히 기본적 생존권을 보장할 의무를 이행할 사람들의 범위를 어떻게 설정할 것인가의 문제에 초점을 맞춰 공동체주의자들이 인권에 대해 그리고 인권 보장의 의무에 대해 어떻게 이해하고 있는지 보편주의적 범세계주의자들과의 논쟁의 맥락 속에서 살펴보고자 하며 이를 통해 인권 담론 전반에 대한 이해를 높이고자 한다. 구체적으로 다음 절에서는

---

10) 롤즈는 인권이 보편타당한 도덕 원칙에 근거한다는 보편주의적 입장을 받아들이면서도 동시에 그러한 원칙을 도출해내는 정치적 과정을 중시하며 다양한 세계관, 문화, 종교, 이념을 가진 사람들이 "중첩적 합의"를 통해 "보편적" 인권 개념을 도출할 수 있다고 주장한다. 이러한 관점에서 그는 "종교적 혹은 비종교적 포괄적 교리들은 인권 개념의 기초를 인간 인격(human person)의 본성에 대한 신학적, 철학적, 도덕적 관점에 의거해서" 찾지만 "만민법(the laws of peoples)은 그러한 경로를 따르지 않는다."라고 주장하였다(Rawls, 1999: 81). 한편 테일러(Taylor)의 경우도 롤즈의 "중첩적 합의" 개념에 근거하여 "인권에 대한 비강제적 국제적 합의"가 가능함을 주장한다. 그에 의하면 서로 양립할 수 없는 포괄적 교의를 가진 다양한 집단, 국가, 종교 공동체, 문명이 규범에 대해 다른 방식으로 다른 이유로 정당화함에도 불구하고 "중첩적 합의"를 통해 모두가 합의할 수 있는 규범을 가질 수 있으며 마찬가지로 인권 개념에 대해서도 "중첩적 합의"를 통해 모두가 합의할 수 있는 인권 개념을 도출할 수 있다고 주장한다(Taylor, 1999: 124-126).

우선 인권을 향유할 수 있는 사람들의 범위를 설정하는 데 있어 시민권, 국적, 공동체의 구성원 여부 등에 따른 제한이 불가피하다는 공동체주의자들의 주장에 대하여 살펴보고자 하며, 4절에서는 인권 보장의 의무를 이행할 사람들의 범위를 설정하는 데 있어 공동체의 경계, 특히 국민국가의 경계에 따른 구별이 필요하다는 공동체주의자들의 주장에 대하여 살펴보고자 한다.

3. 권리 향유자의 범위 설정

1948년 유엔이 채택한 세계인권선언 1조는 "모든 인간(all human beings)은 태어날 때부터 자유롭고 존엄성과 권리에 있어서 평등하다."고 밝히고 있으며, 2조는 "모든 사람(everyone)은 인종, 피부색, 성, 언어, 종교, 정치적 또는 기타의 견해, 민족적 또는 사회적 출신, 재산, 출생 또는 기타의 신분과 같은 어떠한 종류의 차별 없이, 이 선언에 규정된 모든 권리와 자유를 향유할 자격이 있다."고 밝히며 인권을 "모든 사람"이 평등하게 향유할 수 있는 "보편적" 권리로 규정하고 있다(United Nation, 1948). 비슷한 맥락에서 1966년 유엔이 채택한 경제적·사회적·문화적 권리에 대한 국제규약과 시민적·정치적 권리에 대한 국제규약 전문은 "시민적·정치적 자유"와 "공포와 결핍으로부터의 자유를 향유하는 자유로운 인간의 이상"은 "모든 사람(everyone)이 자신의 시민적·정치적 권리와 경제적·사회적·문화적 권리를 향유할 수 있는 조건하에서만 성취될 수 있다."고 밝히며 인권이 "모든 사람"에 의해 향유되어야 한다고 밝히고 있다(United Nation, 1966a; 1966b). 또한 1776년의 미국 「독립선언서」 전문은 "우리는 모든 사람(all men)이 평등하게 창조되었고 창조주로부터 생명, 자유, 행복 추구와 같은 양도 불가능한 권리를 부여받았다는 것을 자명한 진리라고 생각한다."고 밝히며 "모든 사람"이 양도할 수 없는 인권을 부여받았다고 규정하고 있다(National Archives, 2008).

이처럼 세계인권선언, 국제인권규약, 미국 「독립선언서」 등 인권에 대한 주요 선언과 규약이 인권을 "모든 사람"이 평등하게 향유할 수 있는 "보편적" 권리로 규정하고 있지만 구체적으로 "모든 사람"의 범위를 어떻게 설정할 것인가에 대해서는 학자들 사이에 논쟁이 분분한 상황이다. 일부 학자는 보편주의적 관점에서 "모든 사람"이 말 그대로 모든 사람을 의미한다고 주장하는 반면 공동체주의자들은 몇몇 인권의 경우 그 적용 범위를 설정하는 데 있어 국적, 시민권, 법적 지위, 공동체의 구성원 여부 등에 따른 제한이 불가피하다고 주장한다. 이 절은 이 문제에 초점을 맞춰 공동체주의자들이 인권을 향유할 수 있는 사람들의 범위를 어떻게 설정하고 있는지 살펴보고자 한다.

잘 알려져 있듯이 18세기 후반 이래 벌어진 중요한 정치투쟁의 대부분은 보다 더 많은 사람이 보다 더 많은 권리를 향유할 수 있도록 하는 것을 목적으로 하였다. 예컨대 19세기 유럽에서 벌어진 정치투쟁의 대부분은 선거권을 향유할 수 있는 사람들의 범위를 재산을 소유한 소수의 남성으로부터 확대하는 것을 목표로 하였고 19세기와 20세기 초 유럽과 북미에서 벌어진 여성운동과 노동운동은 여성과 노동자의 권리를 확대하는 것을 목표로 하였다. 또한 1950년대 이후 제3세계 및 식민지에서 전개된 민족 해방 투쟁은 식민지 민중들의 권리 증진을 목표로 하였으며, 1960년대 이후 전개된 인권 운동은 인종과 성에 기초한 차별을 제거하는 것을 목적으로 하였다(Donnelly, 1999: 63).

이처럼 지난 2세기에 걸쳐 전개된 투쟁의 결과 생명권, 자유권을 비롯한 기본적 인권은 "모든 사람"이 인종, 성, 종교, 재산, 사회적 신분 등에 상관없이 평등하게 향유할 수 있어야 한다는 보편주의적 인권 개념이 자리 잡게 되었다. 그러나 몇몇 인권의 경우, 예를 들어 선거권, 피선거권, 공무담임권, 국민투표권 등과 같은 참정권, 자유권 가운데 국경을 넘어 자유롭게 이주할 수 있는 권리, 사회권 가운데 노동의 권리, 사회보장 서비스를 제공받을 권리 등은 국적, 시민권, 법적 지위 등에 따른 차별이 아직 유지되고 있다. 실례로 참정권의 경우, 우리나라를 비롯하여 서유럽 일부 국가가 지방선거나 주민 투표 등에 한해 외국인의 참정권을 제한적으로 인정하고 있지만, 국회의원선거와 대통령선거, 국민투표 등 국정 선거에 참여할 수 있는 참정권은 전 세계의 거의 모든 나라가 오직 "국민(nationals)" 또는 "시민(citizens)"에게만 인정하고 있다.[11] 또한 국경을 넘어 자유롭게 이주할 수 있는 권리의 경우에도 모든 나라가 국적 또는 법적 지위에 따른 제한을 유지하고 있으며, 난민을 제외한 대부분의 경우 허가받지 않은 외국인의 입국을 엄격히 제한하고 있다.[12] 노동의 권리의 경우에도 거의 대부분의 선진 국가가 특별한 절차에 따라 허가를 받지 않은 외국인의 일할

---

11) 우리나라는 법개정을 통해 2004년부터 일정한 자격 요건을 갖춘 외국인의 주민 투표권을 인정해오고 있으며, 2005년부터는 외국인의 지방선거 참정권을 제한적으로 인정해오고 있다. 2005년 8월 4일 개정된 공직선거법 제15조 제2항은 "「출입국관리법」 제10조(체류자격)의 규정에 따른 영주의 체류자격 취득일 후 3년이 경과한 19세 이상의 외국인으로서 제37조 제1항의 선거인명부 작성 기준일 현재 「출입국관리법」 제34조(외국인 등록표 등의 작성 및 관리)의 규정에 따라 당해 지방자치단체의 외국인 등록대장에 등재된 자"에게 지방선거 선거권을 부여하고 있다. 또한 핀란드, 스웨덴, 노르웨이, 덴마크, 아이슬란드, 네덜란드, 스위스, 독일, 프랑스, 영국 등 유럽의 여러 나라도 일정한 자격 요건을 갖춘 외국인 거주자들에게 지방선거 참정권을 제한적으로 인정하고 있다(김범수, 2008: 178-179).
12) 세계인권선언 13조는 "모든 사람은 자국을 포함하여 어떠한 나라를 떠날 권리와 또한 자국으로 돌아올 권리를 가진다."고 규정, "출국의 권리(a right to emigrate)"를 보편적으로 인정하고 있다. 그러나 이 조항은 "입국의 권리(a right to immigrate)"를 인정하고 있지는 않다(United Nation, 1948).

권리를 제한하고 있다. 또한 설동훈(2005: 53-54)이 지적하듯이 대부분의 나라가 "'국가 안전보장, 질서유지, 또는 공공복리' 등의 사유가 있을 경우 헌법 또는 국내법을 통해 '외국인'의 권리를 일정 정도 제약하고 있다."

보편주의적 범세계주의자들은 이러한 제한 조치의 부당성을 지적하며 참정권을 포함한 기본적 인권이 국적이나 시민권 등에 따른 차별 없이 모든 사람에게 평등하게 부여되어야 한다고 주장한다. 실례로 너스바움(Nussbaum, 1996: 7)은 우리는 "세계시민(world citizens)"으로서 "모든 인류를 우리의 동료 시민으로 그리고 우리의 이웃으로 동등하게 대해야 한다."고 주장하며 국적, 민족성(natioanlity), 종족성(ethnicity), 인종, 계급, 성별에 근거한 차별이 사라져야 한다고 주장한다. 그녀에 의하면 "어떤 사람이 어느 나라에 태어났다는 사실"은 "도덕적으로 자의적(morally arbitrary)"인 "하나의 사고(an accident)"일 뿐 어떠한 도덕적 가치도 가지지 못한다. 이러한 관점에서 너스바움은 우리가 국적 등의 차이에 상관없이 모든 인류를 동등하게 대해야 하며, 민족 정체성이나 특정 국가 시민으로서의 정체성 같은 "특수한(local)" 정체성을 유지하면서도 동시에 "모든 인류로 구성된 도덕 공동체에 ...... 우선적 충성심을 바쳐야 한다."고 주장한다(Nussbaum, 1996: 9). 더 나아가 너스바움은 우리가 우리의 도덕적 사고 범위를 "우리 자신의 영역(our own sphere)"으로 제한해서는 안 되며, 정치적·경제적 결정을 내리는 데 있어 국적이나 시민권에 따른 차별 없이 모든 사람의 생명권, 자유권, 행복추구권 등을 고려해야 한다고 주장한다(Nussbaum, 1996: 13-14). 요컨대 너스바움은 모든 인류가 "세계시민"으로서 동등한 도덕적 가치를 가지기 때문에 국적이나 시민권 등에 근거한 차별 없이 동등하게 대우받아야 한다고 주장한다.

비슷한 맥락에서 벤하비브(Benhabib)는 인권의 적용 범위를 설정하는 데 있어 국적, 시민권 등에 따른 차별이 사라져야 한다고 주장한다. 그녀에 의하면 최근 국제적 인구 이동의 증가, 자본, 금융, 노동 등 분야에서 전 세계적 자유 시장의 발전, 정보 통신 기술의 발달, 국제적 또는 초국경적(transnational) 문화 네트워크의 등장, 하위 국가적(subnational) 또는 초국가적(supranational) 행위자의 성장 등으로 인해 특정 영토를 바탕으로 배타적 권위를 독점하는 "웨스트팔리아 모델(Westphalian model)"에 근거한 근대적 "국가주권(state sovereignty)" 개념은 점차 적실성을 상실하게 되었다(Benhabib, 2004: 4). 이러한 상황에서 정치 공동체의 구성원 자격, 즉 "정치적 성원권(political membership)"을 "정당(just)"하게 설정하기 위해서는 시민권을 가진 일부 사람만을 정치 공동체의 구성원으로 인정하고 그렇지 못한 사람들을 "국외인(aliens)"으로 대하는 "국민주의 시민권(national citizenship)" 개념을 벗어나 이방인(strangers), 이민자, 난민, 망명자(asylees)의 권리를 폭넓게 인정하고, 국적 등에 상관없이 일정한 자격을 갖춘 모든 사람에게 아렌트(Arendt)가 이야기하는 "권리를 가질 수 있는 권리(the right to have rights)"를 평등하게 보장해 주는 새로운 성원권 개념이 등장해야 한다고 벤하비브는 주장한다(Benhabib, 2004: 2-3). 이러한 관점에서 그녀는 이민자, 난민, 망명자와 같은 "타자들(others)"에게도 보편적 인권을 보장하는 것이 필요하다고 주장한다.

한편 헬드(Held), 아치부기(Archibugi) 등 "범세계주의적 민주주의(cosmopolitan democracy)" 모델을 지지하는 학자들은 지구화로 국가들 사이의 상호 의존과 상호작용이 증가한 상황에서 민주주의의 규범적 가치를 실현하기 위해서는, 즉 어떤 결정의 결과에 영향을 받는 사람들이 의사 결정 과정에서 배제됨으로써 나타나는 소위 "민주주의 결핍(democratic deficit)" 문제를 해결하기 위해서는, 민주적 의사 결정 과정에 참여할 수 있는 권리가 국적, 시민권에 상관없이 결정에 의해 영향을 받는 모든 사람에게 부여되어야 한다고 주장한다(Held, 1998; 1999; Archibugi, 1998). 이러한 관점에서 헬드는 다음과 같이 이야기한다. 어느 특정 정치 공동체의 시민들이 자신들의 운명을 외부 간섭 없이 스스로 결정할 수 있다는 근대 민주주의의 기본 가정은 최근 지구화로 인해 더 이상 유지될 수 없게 되었다. 실례로 지구화된 세계에서 어떤 나라가 인플레이션을 막기 위해 이자율을 올리기로 결정한다면 이는 그 나라뿐 아니라 다른 나라의 경제에도 커다란 영향을 미치게 된다. 이처럼 일국의 결정이 다른 나라 사람들의 삶에 커다란 영향을 미치는 세계에서 민주적 책임성과 민주적 정당성을 확보하기 위해서는 무엇보다 민주주의 체제가 일국의 경계를 벗어나 "국제화(internationalized)"되는 것이 필요하다(Held, 1999: 106). 즉 기존의 국민국가 수준에서 운영되는 민주주의 체제에 더하여 지역적 수준 또는 전 세계적 수준에서 국적, 시민권에 상관없이 결정의 결과에 영향을 받는 모든 사람의 참여를 보장하는 새로운 민주적 제도의 도입이 필요하다(Held, 1998: 24). 헬드는 이러한 새로운 제도를 도입함으로써 국적이나 시민권에 상관없이 모든 사람에게 민주적 의사 결정에 참여할 수 있는 권리를 보장할 수 있다고 주장한다.

이상에서 살펴본 범세계주의자들의 보편주의 관점을 비판하며 공동체주의자들은 몇몇 인권의 경우, 특히 참정권과 국경을 넘어 자유롭게 입국할 수 있는 권리의 경우, 권리를 향유할 수 있는 사람들의 범위가 특정 공동체(예를 들어 민족이나 주권국가)의 구성원으로 한정되어야 한다고 주장한다. 실례로 밀러(Miller)는 "민족성(nationality)"이 가지는 윤리적 중요성을 강조하며 참정권 적용 범위를 설정하는 데 있어 민족 공동체의 구성원인가 아닌가의 여부에 따른 제한이 불가피하다고 주장한다. 밀러에 의하면 민주주의, 특히 심의 민주주의(deliberative democracy)가 성공적으로 운영되기 위해서는 무엇보다 심의에 참여하는 사람들이 정책에 대한 합의를 이루기 위해 때때로 자신들의 주장을 양보해야만 하는데, 이러한 양보는 공통의 "공공 문화(public culture)"와 공통의 민족 정체성을 공유하는, 즉 공동체 구성원으로 함께 살아가는 데 필요한 행동 원칙과 사회적 규범, 문화적 이상 등을 공유하는 "국민(nationals)" 사이에서만 이루어질 수 있다(Miller, 1995: 97-98). 이처럼 공공 문화와 민족 정체성을 공유하는 국민들 사이에서만 성공적 민주주의 운영이 가능하기 때문에 밀러는 참정권을 부여하는 데 있어 어느 정도의 제한은 불가피하다고 주장한다.

한편 왈쩌는 공동체의 구성원이 될 수 있는 자격, 즉 "성원권(membership)"을 어떻게 분배하는가, 즉 누구를 공동체의 구성원으로 받아들이고 누구를 배제할 것인가의 문제가 규범적 정치 이론의 가장 핵심적 이슈라고 주장하면서, 각각의 공동체가 이 성원권을 배분하는 데 있어 어느 정도 자율권을 보장받아야 한다고 주장한다. 왈쩌에 의하면 공동체가 공동체 구성원들의 자유와 복지, 문화를 보호하고 구성원 사이의 응집력을 유지하기 위해서는, 그리고 자신의 고유한 문화 또는 삶의 방식을 안정적으로 보존하고 공동체로서의 독립성을 유지하기 위해서는 어느 정도의 "폐쇄(closure)"가 불가피하며, 이러한 이유로 주권국가와 같은 정치 공동체들은 누구를 공동체의 구성원으로 받아들일지에 대해 자신이 독자적으로 결정할 수 있는 권리와 이민자들(immigrants)의 흐름을 때때로 제한하고 통제할 수 있는 권리를 가져야 한다(Walzer, 1983: 39). 물론 왈쩌가 공동체가 가지는 이러한 권리의 절대성을 주장한 것은 아니다. 왈쩌는 모든 공동체가 누구를 공동체 구성원으로 받아들일지에 대해 어느 정도의 자율권을 가져야 한다고 주장하면서 동시에 난민이나 망명자에게 "피난처(asylum)"를 제공해주어야 할 의무와 외국인 노동자를 받아들일 경우 이들에게 성원권을 부여해줄 의무를 가진다고 주장한다(Walzer, 1983: 50-51, 60-61). 이러한 점에서 왈쩌의 주장은 공동체가 "아무 곳에도 갈 수 없는" 난민이나 망명자를 받아줘야 할 의무와 외국인 노동자에게 성원권을 부여해줄 의무를 가지고 있지만, 이를 제외한 일반적인 경우 자신만의 "특성(character)"과 독립성을 유지하기 위해 누구를 공동체 구성원으로 받아들일지 그리고 어느 선에서 이민을 허용할지 선택할 수 있는 권리를 가져야 한다는 것이다(Walzer, 1983: 61-62). 그리고 공동체 구성원이 아닌 사람들은 공동체 구성원들이 허락하는 한에서만 공동체의 구성원이 될 수 있는 자격, 즉 성원권을 획득할 수 있다. 요컨대 왈쩌는 공동체의 구성원이 될 수 있는 권리, 즉 성원권의 경우, 권리를 누릴 수 있는 사람들의 범위는 공동체 구성원들의 결정에 의해 제한되어야 한다고 주장한다.

이처럼 인권의 적용 범위를 설정하는 데 있어 국적, 시민권, 공동체의 구성원 여부 등에 따른 제한이 불가피하다고 주장하는 공동체주의 입장은 공동체 구성원들에게는 "보편적" 권리 개념을 적용하면서도 동시에 공동체 구성원이 아닌 사람들에게는 이를 제한하는 양면적 모습을 보여준다. 이러한 점에서 공동체주의 인권 담론에 있어 권리를 향유할 수 있는 "모든 사람"은 "모든 국민," "모든 시민," 또는 "공동체의 모든 구성원"을 의미할 뿐 말 그대로 모든 사람을 의미하는 것은 아니다. 공동체주의자들에 의하면 이러한 "차별"은 공동체의 문화와 독립성을 보전하고 공동체 구성원들의 자유와 복지, 그리고 더 나아가 이들의 권리를 보호하기 위해 불가피하며, 공동체 구성원이 아닌 사람들은 공동체 구성원이 "허락하는 한에서만" "보편적" 권리를 향유할 수 있다. 그리고 이처럼 권리의 적용 범위를 공동체 내부로 제한함으로써 공동체 내에서 인권의 내용과 깊이가 확장될 수 있다고 이들은 주장한다(Walzer, 1983: 39). 이처럼 "보편적" 권리를 공동체 구성원에게만 적용하고 공동체의 구성원이 아닌 사람에 대한 어느 정도의 차별이 불가피하다고 주장하는 공동체주의 인권 담론은 최근 국제적 인구 이동의 증가로 공동체 구성원의 "경계"가 점점 불분명해지는 상황에서 공동체 구성원의 범주를 명확히 설정해야 하는 도전에 직면하고 있다.

4. 의무 이행자의 범위 설정

라즈에 의하면 모든 권리는 "의무의 기반(the ground of the duty)"으로 그에 상응하는 의무를 발생시킨다(Raz, 1984: 199). 즉 우리가 아프리카 어린이들이 최소한의 인간적 삶을 유지하는 데 필요한 음식, 주거, 의료 서비스 등을 누릴 권리, 즉 슈(Shue, 1980: 3)가 이야기하는 "생존권(subsistence rights)"을 가지고 있다고 이야기한다면, 이는 이들에게 이러한 재화와 서비스를 제공해주어야 할 의무가 누군가에게 있다는 것을 의미한다. 이처럼 모든 권리가 그에 상응하는 의무를 발생시킨다고 가정할 때 문제가 되는 것은 이 의무가 누구에게 귀속되는가라는 점이다. 이 문제에 관하여 보편주의적 범세계주의자들은 기아와 가난으로 고통 받는 사람들의 기본적 생존권을 보장해줄 의무가 모든 인류에게 귀속된다고 주장하는 반면 공동체주의자들은 이러한 의무가 일차적으로 개별 공동체 내부에 존재한다고 주장한다. 이 절은 이 문제에 초점을 맞춰 공동체주의자들의 입장에 대해 살펴보고자 한다. 우선 보편주의적 범세계주의자들의 주장부터 살펴보자.

보편주의적 범세계주의자들은 아프리카, 인도, 방글라데시 등에 거주하는 가난한 사람들의 기본적 인권, 특히 생존권을 보장해줄 의무가 모든 인류에게 있다고 주장한다. 실례로 싱어(Singer)는 "도덕 원칙은 우리가 도덕적 관점에서 보았을 때 비슷한 정도로 나쁜 일을 일으키지 않으면서 어떤 나쁜 일이 일어나는 것을 막을 수 있다면 이를 막을 것을 요구한다."고 주장하며 다음과 같이 이야기한다. "내가 어느 낮은 연못가를 지나가다 어린아이가 물에 빠진 것을 보았다면 나는 이 어린아이를 구해줄 의무를 가진다. 물론 이 경우 내 옷은 진흙투성이가 되겠지만 이는 어린아이의 생명을 구하는 것과 비교할 때 도덕적으로 중요한 것은 아니다." 마찬가지로 우리가 만일 하루에 10센트 정도의 적은 비용으로 기아에 굶주리는 사람들의 생명을 구할 수 있다면 우리는 기아에 굶주리는 사람들을 도와야 할 의무를 가진다. 그리고 이 경우 "내가 도울 수 있는 사람이 10야드 떨어진 이웃에 사는 사람이건 아니면 천 마일 떨어진 벵골에 사는 이름도 모르는 사람이건 이는 도덕적으로 아무런 차이가 없다." 도덕적 고려에 있어 "근접성(proximity)"이나 물리적 "거리(distance)"는 문제 되지 않는다. 우리는 도움을 필요로 하는 사람이 단지 먼 곳에 살고 있다는 이유로 그 사람을 차별할 수 없다. 우리는 근접성이나 물리적 거리에 상관없이 우리가 도움을 주기 위해 들어가는 비용보다 더 큰 이익을 얻을 수 있다면 도움을 주어야 할 의무를 가진다(Singer, 1972: 231-233). 요컨대 싱어의 입장은 공리주의적 관점에서 도움을 줌으로써 얻을 수 있는 이익이 비용보다 클 경우, 도움을 줄 수 있는 사람은 도움을 받는 사람이 속한 공동체가 어디이건 상관없이 도움을 주어야 할 도덕적 의무를 가진다는 것이다.

한편 포기(Pogge)는 부자 나라 사람들이 가난한 나라 사람들의 가난에 일정 정도 책임이 있다고 주장하며 우리 모두가 가난한 나라 사람들을 도와야 할 의무를 가진다고 주장한다. 그에 의하면 현재 가난한 나라 사람들이 겪고 있는 가난은 부분적으로는 현재의 세계 정치경제 제도와 질서에 의해 유발된 것으로, 부유한 나라 사람들은 이 제도와 질서를 지지하고 유지함으로써, 그리고 이를 가난한 나라 사람들에게 강제함으로써 전 세계적 가난에 일정 정도 책임이 있다. 포기는 다음과 같이 이야기한다. "현재 세계의 제도적 질서는 부유한 사람들(the better-off)이 만들어 가난한 사람들(the worse-off)에게 강요한 것으로 …… 우리는 이러한 제도적 질서 아래, 투자, 대출, 무역, 뇌물, 군사원조, 섹스 관광, 문화 수출 등을 통해 지구 저편에 사는 가난한 사람들의 삶에 커다란 영향을 미치고 있다. 지구 저편에 사는 가난한 사람들의 생존은 종종 우리가 어떠한 상품을 소비하는가에 달려 있으며, 우리의 소비는 그들이 살아가는 데 필요한 식료품 가격과 그들이 필요로 하는 일자리 기회를 결정하기도 한다. …… 이러한 이유로 우리 모두는 그들의 불행에 인과적으로 깊이 연관되어 있다."(Pogge, 2001: 61-62) 그러나 "우리 대부분은 그들이 겪고 있는 가난이 우리가 유발한 것"이라는 점을 인식하지 못하고 있다. 우리는 대신 그들이 겪고 있는 가난이 전적으로 그들 자신의 잘못과 그들 나라의 잘못된 정책이나 제도, 관리들의 부정, 잘못된 문화, 열악한 자연 환경, 낮은 기술수준 등에 의해 발생한 것이라고 생각한다(Pogge, 2005: 1). 그러나 이러한 생각은 잘못된 것으로, 가난한 나라의 제도와 정책, 문화 등이 현재와 다른 세계 질서 속에서는 전혀 다른 결과를 가져올 수 있음을 인식하지 못한 것이다. 이뿐만 아니라 이러한 생각은 전 세계에 영향을 미치는 세계의 제도적 질서가 가난한 나라의 극심한 가난과 기아의 중요한 원인이라는 점을 간과하고 있으며(Pogge, 2002: 140-144), 또한 때때로 부자 나라 정부가 기업들로 하여금 가난한 나라의 관리들을 매수하도록 인센티브를 주고 있고 무기 거래 등을 통해 부당한 독재정권을 지원하고 있으며, 가난한 나라에서 정권을 잡은 사람들이 자신들의 사욕을 위해 자원 개발권을 싼값에 해외에 팔 수 있도록 조장하고 있음을 간과한 것이다(Pogge, 2001: 62). 부자 나라에 사는 우리 모두는 "현재의 부당한 세계 질서를 의식적으로든 또는 무의식적으로든

지지하고 이를 가난한 나라 사람들에게 강제함으로써 가난한 나라의 가난과 기아에 일정 정도 책임이 있으며," 이러한 책임 때문에 가난한 나라의 가난 문제 해결을 위해 현재의 세계 질서를 개혁해야 할 도덕적 의무를 가진다(Pogge, 2002: 142). 요컨대 포기는 부자 나라 사람들이 가난한 나라 사람들의 가난에 일정 정도 책임이 있다는 전제 아래 우리 모두가 가난한 나라 사람들의 생존권을 해결하기 위해 노력해야 할 의무를 가진다고 주장한다.

마지막으로 베이츠(Beitz)는 국가들 사이에 "상호 의존(interdependence)"이 증가함에 따라 인권 보장의 의무를 이행할 사람들의 범위 또한 확대되어야 한다고 주장하며 다음과 같이 이야기한다. 그에 의하면 "국가들 사이의 경제적 상호 의존과 협력의 발전은 새로운 차원에서 도덕성을 논의할 수 있는 기반을 마련해주었다. …… 잉여 자본은 국경을 넘어 가장 높은 이익이 보장되는 곳에 투자되고 있다. 예를 들어 미국 자본의 상당량이 유럽이나 남미, 동아시아 지역 등 노동력 비용이 저렴하고 시장 전망이 밝은, 그리고 이익이 높은 지역에 투자되고 있다. 이와 더불어 노동력의 전 세계적 분업 체제가 나타나고 있다. 상품은 임금이 싸고 노조 활동이 약한 지역에서 생산되어 좀 더 부유한 선진 지역에서 팔리고 있다. 상품 가격과 임금을 결정하는 데 다국적기업이 중요한 역할을 하며, 국제적 노동 분업은 가난한 나라에서 생산된 가치가 부자 나라 국민들의 이익을 위해 사용되는 세계 무역 체제의 발전으로 이어지고 있다. …… 상호 의존 체제는 가난하고 경제적으로 약한 국가들에게 부담을 강요한다. …… 이러한 사실은 국경이 더 이상 사회적 협력의 한계가 될 수 없음을 드러내준다. …… 국경은 더 이상 사회적 협력의 한계가 아니며 더 이상 의무의 한계도 아니다."(Beitz, 1975: 373-376) 요컨대 베이츠는 국가들 사이의 경제적 상호 의존과 협력의 증가로 인해 도덕적 의무의 범위가 개별 국가를 넘어 전 세계로 확장되어야 한다고 주장한다.

이처럼 공동체의 경계를 초월한, 특히 "국민국가의 경계를 초월한 의무(transnational duty)"의 존재를 주장하는 범세계주의자들의 보편주의에 대하여 공동체주의자들은 이러한 주장이 너무 추상적이고 "인간 본성(human nature)"을 무시하고 있다고 비판한다. 공동체주의자들에 의하면 인간은 그 본성상, 자신의 가족, 친구, 동료 등과 같이 자신과 특별한 관계에 있는 사람을 특별하게 대하고, 이들의 이익을 다른 사람의 이익보다 우선시하며, 이들에 대한 의무가 다른 사람에 대한 의무보다 특별하다고 생각한다. 실례로 사람들은 자신이 사랑하는 사람과 낯선 사람 가운데 오직 한 사람만을 구해야 하는 상황에 처하게 되면 "당연히(naturally)" 사랑하는 사람을 구하려 한다(Etzioni, 2002: 580-581; MacIntyre, 1983: 122-123). 마찬가지로 이러한 사고의 연장선상에서 인간은 이웃, 동포, 민족 등과 같이 자신과 동일한 공동체에 속한 사람들을 특별하게 대하고 이들의 이익을 다른 사람의 이익보다 우선시하며 이들에 대한 의무가 다른 사람에 대한 의무보다 특별하다고 생각한다고 공동체주의자들은 주장한다(Dagger, 1985; Miller, 1995; Mason, 1997; Wellman, 2000; Etzioni, 2002). 에치오니에 의하면 "사람들은 일반적으로 지구 저편에서 수천 명의 어린이가 굶주림으로 죽어가고 있다는 사실보다 자신의 공동체에서 세 명의 어린이가 배고픔으로 고생하고 있다는 사실에 더욱 괴로워한다. 사람들은 자신의 공동체에 속한 사람들의 고통에 더 많은 관심을 기울이며, 이들에 대한 의무가 다른 사람에 대한 의무보다 훨씬 더 중요하다고 생각한다."(Etzioni, 2002: 573)

사람들이 이렇게 행동하고 생각하는 이유는 여러 가지가 있겠지만 공동체주의자들은 다음과 같은 이유를 강조한다. 우선 에치오니는 "공동체에 참여하고 구성원이 되는 것이 완전한 인간으로 살아가는 데 매우 중요할 뿐만 아니라 정체성과 성격의 발달, 인류의 번성에 필수적이기 때문에" 사람들은 자신이 속한 공동체 구성원들에게 "특별한 의무(particularistic obligations)"를 가진다고 주장한다(Etzioni, 2002: 578). 에치오니에 의하면 "우리는 공동체 없이 살아갈 수 없을 뿐만 아니라 인간으로서 완전한 기능을 이룰 수도 유지할 수도 없다."(Etzioni, 2002: 589) 공동체는 우리의 인격과 자아 형성, 정체성 형성 과정에 없어서는 안 될 중요한 역할을 수행한다. 공동체가 가지는 이러한 "구성적 역할(constitutive role)"의 중요성 때문에 에치오니는 인간이 자신이 속한 공동체 구성원들에게 특별한 의무를 가진다고 주장한다. 한편 비슷한 맥락에서 밀러(David Miller)는 공동체의 구성원들이 정체성을 공유하기 때문에 서로서로에 대해 특별한 의무를 가진다고 주장한다. 밀러에 의하면 "내가 나의 가족, 나의 대학, 나의 이웃 공동체에 속한다는 정체성을 가지고 있기 때문에, 나는 이러한 집단의 구성원들에 대하여 다른 사람들에 대하여 가지는 의무보다 특별한 의무를 가진다. 나는 또한 내 자신을 이러한 집단의 구성원으로 인식하고, 집단에 대한 충성심을 공유하기 때문에, 집단 구성원의 이익을 다른 사람의 이익보다 우선시한다."(Miller 1995: 65) 대거(Dagger)는 또한 동일한 공동체에 속하는 사람들은 공통의 이익을 위해 서로 협력하기 때문에 서로에 대해 특별한 의무를 가진다고 주장한다. 그에 의하면 인간은 "인간(human beings)"으로서 다른 사람들에 대하여 "일반적 권리와 의무(general rights and duties)"를 가지는 한편 공동체의 구성원으로서 다른 공동체 구성원들에게 "특별한 권리와 의무(special rights and obligations)"를 가진다. 그리고 공동체 안에서 다른 공동체 구성원들과 공통의 이익을 위해 협력하기 때문에 이 두 가지 종류의 권리와 의무 가운데 일반적으로 후자를 전자보다 우선시한다(Dagger, 1985: 443).

여기서 한 가지 중요한 점은 이들 공동체주의자들이 기본적 생존권과 인권을 보장해줄 의무의 존재 자체를 부정하는 것은 아니라는 점이다. 이들은 이러한 의무의 존재를 인정하면서도 다만 이러한 의무를 이행할 사람들의 범위가 "일차적(primary)"으로는 공동체 내부로 제한되어야 한다고 주장할 뿐이다. 이러한 맥락에서 공동체주의자들은 탄자니아, 에티오피아, 소말리아, 방글라데시 등에 거주하는 가난한 사람들의 생존권을 보장해줄 의무는 일차적으로 이들 국가의 국민과 정부에 있다는 입장을 견지한다. 실례로 밀러는 "스웨덴 사람의 권리와 복지를 보장해줄 책임은 스웨덴 사람에게 있으며 소말리아 사람의 권리와 복지를 보장해줄 책임은 소말리아 사람에게 있다."고 주장한다(Miller 1995: 63). 이들 공동체주의자들에 의하면 부유한 나라 사람들은 가난한 나라 사람들을 자선이나 기부를 통해 도와줄 수는 있지만 그들과 공동체의 끈으로 묶여 있지 않기 때문에 그들을 도와줄 의무를 가지지는 않는다. 설령 부유한 나라 사람들이 가난한 나라 사람들을 도와야 할 의무를 가진다 하더라도 공동체주의자들은 이러한 의무가 "이차적(secondary)"일 뿐이라고 주장한다(Kim, 2007: 9). 이러한 맥락에서 대거는 다음과 같이 주장한다. 그에 의하면 "우리는 우리의 정치 공동체에 속하지 않은 사람들에 대해서도 몇 가지 책임을 가지고 있다. 그러나 우리의 첫 번째 책임은 우리 나라에 사는 가난한 사람들과 굶주린 사람들 그리고 집 없는 사람들을 도와주는 데 있다."(Dagger, 1985: 436) 비슷한 맥락에서 왈쩌는 "공통의 삶을 공유하는 사람들은 서로서로에 대해 다른 사람들에 대하여 가지는 의무보다 더욱 강력한 의무를 가진다."고 주장한다(Walzer, 1983: 33).

이처럼 의무를 이행할 사람들의 범위를 설정하는 데 있어 공동체의 윤리적 중요성을 강조하는 공동체주의자들은 다양한 공동체 가운데서도 특히 국민국가(nation-state)를 기반으로 하는 "민족 공동체(national community)"의 중요성을 강조한다. 밀러(Richard Miller, 1998: 203)에 의하면 이는 "사람들이 자신과 동일한 민족 공동체에 속한 동포들(compatriots)의 필요를 더 잘 이해하고, 자신이 살고 있는 국가의 경계 안에 있는 가난한 사람들에게 더욱 쉽게 도움을 줄 수 있기 때문이다." 동일한 맥락에서 밀러(David Miller, 1995: 63)는 "민족성을 공유하는 사람들은 서로서로에 대해 그렇지 못한 사람들보다 더 잘 알고 있고, 어려움에 처하거나 권리가 박탈되었을 때 더 쉽게 도울 수 있는 위치에 있기" 때문에 민족 공동체의 경계가 윤리적으로 중요한 역할을 수행한다고 주장한다. 그에 의하면 "민족성의 원칙(the principle of nationality)"은 우리로 하여금 "외국인과 동포(compatriots)를 모든 면에서 동등하게 대할 것을 요구하지 않는다."(Miller, 1995: 190-191) "우리가 우리 동포에 대해 가지는 의무는 단지 그들이 동포라는 이유로 우리가 낯선 사람들에 대해 가지는 의무보다 더 광범위하다." 또한 거의 대부분의 사람은 이처럼 자신의 동포를 특별 대우하는 것이 "자명한 진실(self-evidently true)"이라고 믿고 행동한다(Miller, 1988: 647). 이러한 공동체주의의 기본 입장은 슈의 표현을 빌리자면 "동포가 우선이다(compatriots take priority)."라는 명제로 정리될 수 있다(Shue, 1980: 131-132). 슈에 의하면 이 입장은 민족 공동체가 역사, 문화, 언어, 상호 의존적인 경제 체제, 단일한 세금 제도와 경제 교류 체제, 상호부조의 사회적 네트워크, 단일한 정치제도 등을 공유하기 때문에, 또는 친밀감과 비슷한 정서를 공유하기 때문에, 아니면 기본적인 가치와 도덕적 원칙들을 공유하기 때문에 윤리적으로 중요하다는 논리에 근거하고 있다(Shue, 1980: 136).

요컨대 공동체주의자들은 인간의 사회적 본성과 공동체의 윤리적 중요성을 강조하며, 사람들의 생존권과 기본적 인권을 보장해줄 의무가 일차적으로는 이들이 속한 공동체와 공동체의 다른 구성원들, 특히 이들과 민족성을 공유하는 "동포" 또는 "동일 민족 구성원(co-nationals)"에게 있다고 주장한다. 공동체주의자들에 의하면 사람들이 동일 공동체에 속하지 않는 외부인을 때때로 자선 등을 통해 도와줄 수는 있지만 이들을 반드시 도와야 할 도덕적 의무를 가지는 것은 아니며, 설령 가진다 하더라도 이차적 의무만 가질 뿐이다. 밀러의 표현을 빌리자면 공동체주의자들은 "기본적 권리를 보호할 적극적 의무는 일차적으로 동일 민족 구성원에게 있다."고 간주한다(Miller, 1995: 79).

이처럼 의무 이행자의 범위를 설정하는 데 있어 공동체의 경계가 가지는 윤리적 중요성을 강조하는 공동체주의자들의 입장은 인간이 일반적으로 자신의 가족이나 친척 등 자신과 특별한 관계를 가진 사람들을 특별하게 대한다는 사실을 고려한다면 매우 설득력 있어 보인다. 또한 이러한 입장은 공동체와 공동체 구성원들에게 인권 보장의 의무를 부여함으로써 공동체 내부의 인권 문제를 해결하는 데 기여할 수 있다. 그러나 만약 공동체주의자들의 주장이 공동체 구성원의 권리와 복지를 외부인의 권리와 복지보다 "모든 경우"에 우선시해야 한다는 것을 의미한다면 이는 도덕적으로 많은 문제를 가져올 수 있다. 슈(Shue, 1980: 151-153)가 이야기하듯이 현재 아프리카를 비롯한 몇몇 지역에 존재하는 극심한 가난과 기아 문제가 부유한 선진국의 도움 없이 해결될 수 없는 상황에서, 공동체 구성원의 권리와 복지를 모든 경우에 외부인의 권리와 복지보다 우선시해야 한다는 주장은 사실상 수많은 사람을 그냥 죽도록 내버려두어야 한다는 주장과 별반 다르지 않기 때문이다. 이러한 점에서 앞으로 공동체주의에 놓인 과제는 어느 경우에 공동체 구성원의 권리를 우선시하고 어느 경우에 외부인의 권리를 우선시할지에 대한 해결책을 찾는 것이라 할 수 있겠다.

5. 결론

이 장은 지금까지 인권을 향유할 수 있는 사람들의 범위를 어떻게 설정할 것인가의 문제와 인권 보장 의무를 이행할 사람들의 범위를 어떻게 설정할 것인가의 문제에 초점을 맞춰 공동체주의자들이 인권에 대해 그리고 인권 보장의 의무에 대해 어떻게 이해하고 있는지 보편주의적 범세계주의자들과의 논쟁의 맥락 속에서 살펴보았다. 위에서 언급한 바와 같이 첫 번째 문제와 관련하여 공동체주의자들은 기본적 인권이 모든 사람에게 차별 없이 평등하게 부여되어야 한다고 주장하는 범세계주의자들의 보편주의적 입장이 추상적, 비현실적이라고 비판하면서 몇몇 인권의 경우, 특히 참정권과 국경을 넘어 자유롭게 입국할 수 있는 권리의 경우, 권리를 향유할 수 있는 사람들의 범위를 설정하는 데 있어 국적, 시민권, 공동체의 구성원 여부에 따른 "차별"이 불가피하다고 주장한다. 공동체주의자들에 의하면 이러한 "차별"은 공동체의 문화와 독립성을 보전하고 공동체 구성원들의 자유와 복지, 그리고 더 나아가 이들의 권리를 보호하기 위해 불가피하며, 공동체 구성원이 아닌 사람들은 공동체 구성원이 "허락하는 한에서만" 이러한 권리를 향유할 수 있다. 그리고 이처럼 인권을 향유할 수 있는 사람들의 범위를 공동체 내부로 제한함으로써 공동체 내에서 인권의 내용과 깊이가 확장될 수 있다고 공동체주의자들은 주장한다.

한편 두 번째 문제와 관련하여 공동체주의자들은 공동체의 경계를 초월한, 특히 "국민국가의 경계를 초월한 의무"의 존재를 주장하는 범세계주의자들의 입장이 추상적이고 인간 본성을 무시하고 있다고 비판하면서, 생존권과 같은 기본적 인권을 보장할 의무는 일차적으로 개별 공동체 내부에 존재한다고 주장한다. 공동체주의자들에 의하면 사람들이 자신의 공동체에 속하지 않는 "외부인"을 때때로 자선 등을 통해 도와줄 수는 있지만 그렇다고 해서 반드시 그렇게 해야 할 도덕적 의무를 가지는 것은 아니며, 설령 가진다 하더라도 이차적 의무만 가질 뿐이다. 앞서 언급한 바와 같이 공동체주의자들은 생존권과 같은 사람들의 기본적 인권을 보장해줄 의무가 일차적으로는 이들이 속한 공동체와 공동체의 다른 구성원들, 특히 이들과 민족성을 공유하는 "동포"에게 있다는 입장을 견지한다. 공동체주의자들에 의하면 이는 인간이 그 본성상, 자신과 특별한 관계에 있는 사람을 특별하게 대하고, 이들의 이익을 다른 사람의 이익보다 우선시하며, 이들에 대한 의무가 다른 사람에 대한 의무보다 특별하다고 생각하기 때문이다.

이상과 같은 내용을 특징으로 하는 공동체주의 인권 담론은 개인주의적 또는 보편주의적 인권 해석이 간과하고 있는 공동체의 중요성, 특히 공동체의 "경계"가 가지는 "윤리적 중요성(ethical significance)"을 강조함으로써(Miller, 1988) 인권 담론의 지평을 확대하는 데 기여하였다. 그러나 이러한 관점은 공동체의 경계와 공동체 구성원의 범주를 확정하는 데 있어 나타나는 어려움으로 인해 다음과 같은 한계를 가진다.

첫째, 공동체주의자들이 인권을 향유할 수 있는 사람들의 범위와 인권 보장 의무를 이행할 사람들의 범위를 설정하는 데 있어 기준으로 제시하는 공동체가 가족, 친족, 이웃, 마을, 부락 등과 같이 직접적 접촉이 가능한 공동체로 한정되는지 아니면 앤더슨(Anderson, 1983)이 이야기하는 "민족"과 같이 직접적 접촉은 없지만 정체성, 언어, 문화, 생활 방식, 역사 등을 공유하는 (또는 공유하는 것으로 믿어지는) "상상의 공동체(imagined community)"를 포함하는지 분명치 않다. 특히 후자와 같이 공동체의 경계가 가족, 친족, 이웃을 벗어나 종족, 민족, 국가와 같은 다양한 "상상의 공동체"로 확장 가능하다면 논리적으로 전 인류를 포괄하는 "지구 공동체(global community)"를 "상상"하는 것이 불가능한 것은 아니다. 물론 이러한 문제에 직면하여 많은 공동체주의

자가 국가의 경계를 따라 공동체의 경계를 설정하고자 한다. 그러나 공동체의 경계를 국가의 경계를 따라 설정한다 해도 월드론(Waldron, 1992: 755)이 언급한 바와 같이 미국처럼 규모가 큰 국가나 소련 붕괴 후 설립된 독립국가연합(the Commonwealth of Independent State)처럼 느슨하게 연결된 국가 등에 단 하나의 공동체가 존재한다고 주장하기는 어려워 보인다. 또한 테일러(Taylor, 1994) 같은 공동체주의자는 언어와 의사소통의 중요성을 강조하며 공동체의 경계를 공통의 언어와 공통의 의미 체계를 공유하는 민족/종족 공동체로 한정하려 하지만, 공통의 의미 체계에 기초한 의사소통이 반드시 언어를 공유하는 공동체 내에서만 이루어지는 것은 아니며, 더 나아가 공동체의 경계를 언어를 공유하는 민족/종족 공동체로 한정할 경우에도 영국, 캐나다, 미국, 호주에 거주하는 영어를 사용하는 모든 사람, 또는 남미에 거주하는 스페인어를 사용하는 모든 사람과 같이 "국민국가"의 경계를 초월하여 존재하는 "초국경적 공동체(transnational community)"를 하나의 공동체로 인정할 것인지 등의 복잡한 문제가 남는다. 이러한 상황에서 공동체가 어떤 공동체를 의미하는지 명확히 하지 않은 채 공동체의 경계를 기준으로 "안"과 "밖"을 나누고 이에 따른 "차별" 대우의 필요성을 주장하는 공동체주의자들의 주장은 때때로 공허하게 들릴 수밖에 없다. 이 문제를 해결하기 위해서는 앞으로 공동체주의자들이 인권을 향유할 수 있는 사람들의 범위와 인권 보장 의무를 이행할 사람들의 범위를 설정하는 기준이 되는 공동체가 어떤 공동체를 의미하는지 좀 더 명확히 할 필요가 있다.[13]

---

[13] 공동체주의자들이 모든 인간 집단을 공동체로 인정하는 것은 아니다. 반다이크(Van Dyke, 1982: 22-23)는 인간 집단이 도덕적으로 의미 있는 공동체가 되기 위해서는 단순히 개인의 "총합(aggregations)"으로서가 아니라 개인과 구별되는 독립적 "단위(units)"로 존재할 수 있어야 한다고 주장하며 민족, 종족 집단 등과 같은

둘째, 인권을 향유할 수 있는 사람들의 범위와 인권 보장 의무를 이행할 사람들의 범위를 설정하는 기준이 되는 공동체의 경계 설정이 가능한 경우에도 누구를 그러한 공동체의 구성원으로 "포함(inclusion)" 할지 그리고 누구를 "배제(exclusion)"할지의 문제가 남는다. 특히 이 문제는 최근 지구화와 국제적 인구 이동의 증가로 한 사회 안에 다양한 국적, 시민권, 민족성 등을 가진 사람들이 함께 살아가지 않으면 안 되는 상황에서 그 중요성이 더욱 증가하고 있다.14) 이 문제에 직면하

인간 집단만을 도덕적으로 의미 있는 공동체로 인정한다. 그에 의하면 자신을 보존하고자 하는 욕구와 자의식을 가진 집단으로서 소속감, 공동체 의식, 연대 의식, 공통의 유산과 운명, 정체성 등을 공유하고 구성원의 삶에 중요한 의미를 가지며, 일정 기간 이상 자신을 보존하기에 충분한 규모와 구성원 자격에 대한 명확한 기준을 가진 조직화된 인간 집단만이 도덕적으로 의미 있는 공동체가 될 수 있다(Van Dyke, 1982: 32-33). 맥도날드는 또한 어떤 집단이 도덕적으로 의미 있는 공동체가 되기 위해서는 "그 구성원들 스스로가 서로서로를 규범적으로 구속되어 있는 집단으로 간주하고, 단순히 자신만을 위해 행동하는 것이 아니라 의사 결정의 규칙 또는 구성원 자격 등에 대하여 서로 공유하는 규범적 이해를 구현하기 위해 행동하며" 더 나아가 스스로를 단순히 "분리된 존재(separate me)"로서가 아니라 공통의 정체성을 공유하는 "우리(us)"의 일부로 이해해야 한다고 주장한다(McDonald, 1991: 218-219). 비슷한 맥락에서 웰만은 "자신의 집단적 의지를 행사하기에 충분할 정도로 조직화된 집단"으로서 선택 능력을 가진 집단만이 도덕적으로 의미 있는 공동체가 될 수 있다고 주장한다(Wellman, 1999: 14). 그에 의하면 "머리카락 색깔이 붉은 캐나다 시민들" 또는 "롤링스톤즈 콘서트에 참석한 사람들"과 같은 집단은 집단으로서의 조직적 구조를 가지고 있지 않은 단순히 개인들의 총합일 뿐 도덕적으로 의미 있는 공동체는 될 수 없다(Wellman, 1999: 22-23). 그러나 이처럼 정체성을 공유하고 규범을 공유하고 조직적 구조를 가진 인간 집단만을 도덕적으로 의미 있는 공동체로 인정한다 하더라도 그러한 기준에 부합하는 공동체의 종류가 너무 다양하기 때문에 그러한 공동체 가운데 어떤 공동체를 인권 논의에 적합한 공동체로 인정할지의 문제는 그대로 남는다.

14) 유엔 인구과에서 펴낸 『2006년 국제 인구 이동(International Migration 2006)』에 의하면 2005년 자신의 "모국"을 떠나 "타국"에서 생활하는 사람들의 수가 전 세계적으로 1억 9,100만 명에 달하고 있는데 이는 전 세계 인구의 약 2.9%에 이르는 수치이다(United Nation Population Division, 2006).

여 공동체주의자들이 국적, 시민권, 민족성 등에 따라 어느 한 공동체 내부에서 공동체 구성원(members)과 비구성원(non-members)을 구별하고 이에 따른 "차별" 대우의 필요성을 계속 주장한다면 이는 국적, 시민권을 공유하지 못하는 "외국인"이나 "주류 문화"를 공유하지 못하는 "종족적/문화적 소수자들(ethnocultural minorities)"에 대한 부당한 배제를 정당화하는 논리로 사용될 위험성이 있다. 실례로 미국이나 서유럽 국가처럼 "외국인 노동자" 유입과 이민의 증가로 국적, 시민권, 민족성 등을 달리하는 외국인 거주자가 인구의 상당수를 차지하고 있는 "다문화 사회(multicultural society)"에서 국적, 시민권, 민족성 등에 따른 "차별" 대우의 필요성을 주장하는 공동체주의자들의 주장은 때때로 외국인 노동자, 이민자, 히스패닉, 무슬림 등에 대한 차별을 정당화하는 논리로 이어질 수 있다. 또한 한국 사회의 경우도 최근 외국인 노동자와 결혼 이민자의 증가로 급격히 다문화 사회로 변화하고 있는데 이러한 상황에서 국적, 시민권, 민족성 등에 따른 구별을 주장하는 공동체주의 인권 담론을 무비판적으로 적용한다면 이는 외국인 노동자와 결혼 이민자에 대한 차별 대우를 정당화하는 논리로 사용될 위험성이 있다. 공동체주의자들이 이러한 위험성을 피하기 위해서는 국적, 시민권, 민족성 등에 따른 "차이(difference)"를 포용할 수 있는 개방적 공동체에 대한 모색이 필요하다 하겠다.

참고 문헌

권용혁, 2002, 「공동체주의와 의사소통공동체 이론」, 권용혁 외 지음, 『공동체란 무엇인가』, 서울: 이학사, 225-261쪽.
김동수, 1993, 「현대공동체주의의 사상적 기초」, 『한국정치학회보』 26(3): 7-21.

김동수, 1994,「민주주의와 공동체주의: 자유주의와 공동체주의 논쟁을 넘어서」,『한국정치학회보』28(1): 275-296.

김미영, 2003,「덕과 공동체: 매킨타이어의 공동체주의」,『사회와이론』3: 255-311.

김범수, 2008,「민주주의에 있어 포용과 배제: "다문화 사회"에서 데모스의 범위 설정 문제를 중심으로」,『국제정치논총』48(3): 173-198.

김비환, 1998,「매킨타이어(A. Macintyre)의 공동체주의 정치 이론 비판: 해석 사회학(Interpretative Sociology)의 문제점을 중심으로」,『한국정치학회보』32(2): 9-30.

김비환, 1999,「자유주의와 공동체주의: 현대 자유주의-공동체주의 논쟁의 정치적 성격에 관한 고찰」,『철학연구』45: 101-121.

김영기, 2005,「자유주의와 공동체주의: 국가의 중립성을 중심으로」,『철학연구』95: 21-50.

김용찬, 2003,「미국의 자유주의-공동체주의 논쟁에 나타난 정치 이론의 의미와 역할」,『미국학』26: 37-71.

박정순, 1993,「실천철학에서의 방법론 논쟁: 자유주의 대 공동체주의 논쟁의 방법론적 쟁점」,『철학연구』33: 33-62.

박정순, 1999a,「마이클 왈쩌의 공동체주의」,『철학과현실』41: 175-198.

박정순, 1999b,「공동체주의 정의관의 본질과 그 한계」,『철학』60: 267-292.

박정순, 1999c,「자유주의와 공동체주의: 자유주의의 건재」,『철학연구』45: 17-46.

설동훈, 2005,「외국인 노동자와 인권: 국가의 주권과 국민의 기본권 및 인간의 기본권의 상충 요소 검토」,『민주주의와 인권』5(2): 39-77.

손철성, 2007,「자유주의와 공동체주의의 주요 논쟁점에 대한 검토」,『동서사상』3: 17-32.

유홍림, 1996,「공동체주의의 철학적 기초: A. MacIntyre와 C. Taylor」,『미국학』19: 1-17.

유홍림, 1997,「현대 미국의 정치사상: 미국의 공동체주의 정치사상」,『미국학』20: 211-233.

이진우, 1998,「공동체주의의 철학적 변형: 공적과 정체성 개념을 중심으로」,『철학연구』42: 243-273.

이진우, 1999,「자유의 한계 그리고 공동체주의」,『철학연구』45: 47-60.

이인숙, 1993,「M. 샌들의 공동체주의 연구: J. 롤즈의 정의론 비판을 중심으로」,

『철학연구』 16: 251-289.
장동진, 2003, 「자유주의와 공동체주의의 구성원리: 정당성과 선」, 『법철학연구』 6(2): 267-294.
황경식, 1999, 「왜 '자유주의와 공동체주의'인가?: 개인권과 공동선의 갈등과 화합」, 『철학연구』 45: 1-15.
Anderson, B., 1983, *Imagined Communities: Reflections on the Origin and Spread of Nationalism*, London: Verso.
Archibugi, D., 1998, "Principles of Cosmopolitan Democracy", pp. 198-228 in *Re-imagining Political Community: Studies in Cosmopolitan Democracy*, edited by D. Archibugi, D. Held and M. Koehler, Stanford: Stanford University Press.
Avineri, S. and A. De-Shalit eds., 1992, *Communitarianism and Individualism*, Oxford: Oxford University Press.
Bauer, J. R. and D. A. Bell eds., 1999, *The East Asian Challenge for Human Rights*, Cambridge: Cambridge University Press.
Beitz, C. R., 1975, "Justice and International Relations", *Philosophy and Public Affairs* 4(4): 360-389.
Bell, D., 1993, *Communitarianism and Its Critics*, Oxford: Clarendon Press.
Benhabib, S., 2004, *The Rights of Others: Aliens, Residents, and Citizens*, Cambridge: Cambridge University Press.
Cranston, M., 1967, "Human Rights, Real and Supposed", pp. 43-53 in *Political Theory and the Rights of Man*, edited by D. D. Raphael, London: Macmillan.
Dagger, R., 1985, "Rights, Boundaries, and the Bonds of Community: A Qualified Defense of Moral Parochialism", *American Political Science Review* 79(2): 436-447.
Donnelly, J., 1999, "Human Rights and Asian Values: A Defense of 'Western' Universalism", pp. 60-87 in *The East Asian Challenge for Human Rights*, edited by J. R. Bauer and D. A. Bell, Cambridge: Cambridge University Press.
Dworkin, R., 1977, *Taking Rights Seriously*, Cambridge, MA: Harvard University Press.
Etzioni, A. ed., 1995, *New Communitarian Thinking: Persons, Virtues, Institutions, and Communities*, Charlottesville: University Press of Virginia.
Etzioni, A., 2002, "Are Particularistic Obligations Justified?: A Communitarian

Examination", *The Review of Politics* 64(4): 573-598.
Garet, R., 1983, "Communality and Existence: The Rights of Groups", *Southern California Law Review* 56(5): 1001-1075.
Hartney, M., 1991, "Some Confusions Concerning Collective Rights", *The Canadian Journal of Law and Jurisprudence* 4: 293-314.
Held, D., 1998, "Democracy and Globalization", in *Re-imagining Political Community: Studies in Cosmopolitan Democracy*, edited by D. Archibugi, D. Held and M. Koehler, Stanford: Stanford University Press.
Held, D., 1999, "The Transformation of Political Community: Rethinking Democracy in the Context of Globalization", pp. 84-111 in *Democracy's Edges*, edited by I. Shapiro and C. Hacker-Cordon, Cambridge: Cambridge University Press.
Kim, Bumsoo, 2007, "Why Should We Help the Poor Foreigners?: Thomas W. Pogge's Responsibility-Based Argument for Transnational Obligation", *The Korean Journal of International Relations* 47(5): 7-25.
Linklater, A., 1990, *Beyond Realism and Marxism: Critical Theory and International Relations*, New York: St. Martin's Press.
MacIntyre, A., 1981, *After Virtue*, Nortre Dame: Notre Dame University Press.
MacIntyre, A., 1983, "The Magic in the Pronoun 'My'", *Ethics* 94(1): 113-125.
Mason, A., 1997, "Special Obligations to Compatriots", *Ethics* 107(3): 427-447.
McDonald, M., 1991, "Should Communities Have Rights?: Reflections on Liberal Individualism", *The Canadian Journal of Law and Jurisprudence* 4: 217-238.
Miller, D., 1988, "The Ethical Significance of Nationality", *Ethics* 98(4): 647-662.
Miller, D., 1995, *On Nationality*, Oxford: Clarendon Press.
Miller, R. W., 1998, "Cosmopolitan Respect and Patriotic Concern", *Philosophy and Public Affairs* 27(3): 202-224.
National Archives, the U. S. A., 2008, "Declaration of Independence", http://www.archives.gov/exhibits/charters/declaration.html
Narveson, J., 1991, "Collective Rights?", *The Canadian Journal of Law and Jurisprudence* 4: 329-345.
Nussbaum, M. C., 1996, "Patriotism and Cosmopolitanism", in *For Love of Country: Debating the Limits of Patriotism*, edited by J. Cohen, Boston: Beacon Press.
Pogge, T. W., 2001, "Eradicating Systemic Poverty: Brief for a Global Resources

Dividend", *Journal of Human Development* 2(1): 59-77.

Pogge, T. W., 2002, *World Poverty and Human Rights: Cosmopolitan Responsibilities and Reforms*, Cambridge, UK: Polity.

Pogge, T. W., 2005, "World Poverty and Human Rights", *Ethics and International Affairs* 19(1): 1-7.

Rawls, J., 1971, *A Theory of Justice*, Cambridge, MA: Harvard University Press.

Rawls, J., 1999, *The Law of Peoples*, Cambridge, MA: Harvard University Press.

Raz, J., 1984, "On the Nature of Rights", *Mind* 93(370): 194-214.

Sandel, M., 1982, *Liberalism and the Limits of Justice*, Cambridge: Cambridge University Press.

Sandel, M., 1992, "The Procedural Republic and the Unencumbered Self", pp. 12-28 in *Communitarianism and Individualism*, edited by S. Avineri and A. De-Shalit, Oxford: Oxford University Press.

Shue, H., 1980, *Basic Rights: Subsistence, Affluence, and US Foreign Policy*, Princeton: Princeton University Press.

Singer, P., 1972, "Famine, Affluence, and Morality", *Philosophy and Public Affairs* 1(3): 229-243.

Taylor, C., 1985, "Atomism", in *Philosophy and the Human Sciences: Philosophical Papers* 2, Cambridge: Cambridge University Press.

Taylor, C., 1990, *Sources of the Self*, Cambridge: Cambridge University Press.

Taylor, C., 1994, "The Politics of Recognition", in *Multiculturalism: Examining the Politics of Recognition*, edited by A. Gutmann, Princeton: Princeton University Press.

Taylor, C., 1999, "Conditions of an Unforced Consensus on Human Rights", pp. 124-144 in *The East Asian Challenge for Human Rights*, edited by J. R. Bauer and D. A. Bell, Cambridge: Cambridge University Press.

United Nations, 1948, "Universal Declaration of Human Rights", http://www.un.org/Overview/rights.html

United Nations, 1966a, "International Covenant on Civil and Political Rights", http://www.unhchr.ch/html/menu3/b/a_ccpr.htm

United Nations, 1966b, "International Covenant on Economic, Social, and Cultural Rights", http://www.unhchr.ch/html/menu3/b/a_cescr.htm

United Nation, Population Division, 2006, *International Migration* 2006, http://

www.un.org/esa/population/publications/2006Migration_Chart/2006IttMig_chart.htm

Van Dyke, V., 1982, "Collective Entities and Moral Rights: Problems in Liberal Democratic Thought", *Journal of Politics* 44(1): 21-40.

Waldron, J., 1992, "Minority Cultures and the Cosmopolitan Alternative", *University of Michigan Journal of Law Reform* 25: 751-793.

Walzer, M., 1983, *Spheres of Justice: A Defense of Pluralism and Equality*, New York: Basic Books.

Walzer, M., 1994, *Thick and Thin: Moral Argument of Home and Abroad*, Notre Dame: University of Notre Dame.

Wellman, C. H., 1999, "Liberalism, Communitarianism, and Group Rights", *Law and Philosophy* 18(1): 13-40.

Wellman, C. H., 2000, "Relational Facts in Liberal Political Theory: Is There Magic in the Pronoun 'My'?" *Ethics* 110(3): 537-562.

3장 인권 문제와 보수주의:
'본의 아닌' 만남을 넘어서

홍원표

1. 침묵 속에 들리는 소리

프랑스 인권선언이 발표된 1789년부터 베를린장벽이 붕괴된 1989년까지 200년이란 시간이 흘렀다. 시대의 차이를 넘어서 프랑스혁명과 베를린장벽 붕괴는 정치 질서의 새로운 변화를 촉발시키는 계기가 되었다. "우리 시대는 시작과 끝의 시대이다."(Dallmayr, 1993: 101) 1989년의 사건은 냉전 질서의 해체와 민주주의의 분출, 즉 끝과 새로운 시작을 알리는 신호가 되었다. 세계화의 흐름과 중첩되고 있는 이때에 우리는 인권 담론의 활성화를 목도하게 되었다. 미묘하게도, 프랑스혁명이 현대 인권 담론의 출발점이 되었다면, 냉전 질서의 해체는 21세기 인권 담론의 활성화를 마련하는 계기가 되었다.

우리나라에서 제도적인 국가 인권 기구의 설치에 관한 논의는 민간단체 공동대책위원회가 1993년 빈에서 열린 세계인권대회에 참가하면서 제기되기 시작했다(국가인권위원회, 2004: 47). 인권 담론의 역사에서 1990년대 초반은 경제성장, 반공, 부국강병의 논리에 밀려 민주주의와 인권이 유예되었던 권위주의 시대, 그리고 국민 개개인에 대한 인권 보장을 내실화하고 인권침해와 차별이 없는 선진 민주 사회의 건설을 국정 지표로 삼았던 민주화 시대를 가르는 분수령이다.

건국 이후 "한국 보수주의 핵심이 권위주의였다."(강정인, 2009: 51) 이 어두운 시기에 인권 신장을 위한 시민사회의 노력에도 불구하고, 국가기구에 의한 인권유린은 지속되어왔다. 인권 문제는 권위주의 체제를 불편하게 하는 요인이었다. 권위주의 체제의 정치 관행과 실제가 개선되었듯이, 인권 이념의 제도화와 실천 역시 예외는 아닐 것이다. 그러나 민주주의와 인권의 주요 가치들은 보수주의 정권의 등장 이후에도 여전히 전향적으로 실현되고 있는가? 인권 정책의 퇴조 분위기는 시대의 특수성을 반영하는가? 아니면 보수주의의 이념 성향에 그 기반을 두고 있는가? 나는 이러한 질문에 대한 해답을 부분적으로나마 찾고자 정치사상의 측면에서 보수주의 일반과 인권의 관계를 조명하는 데 중점을 두고자 한다.[1]

프랑스혁명에 대한 반발로 등장한 보수주의는 근대의 산물이다. 보수주의는 이후 등장한 수많은 이데올로기와 긴장 관계에 있거나 공존하면서 정치의 내용과 형태를 결정하는 위력을 지니고 있다. 보수주의는 현대 한국 정치의 지형에서도 일정한 위치를 차지하고 있다. 다른 정치 이데올로기와 마찬가지로, 보수주의 역시 인간성 또는 인간의 존엄성에 관한 기본 명제를 담고 있다. 그러나 보수주의는 자신의 정체

---

1) 보수주의 지형은 다양한 분파로 구성되어 있다. 정치적·사회적·문화적·경제적·종교적 보수주의, 그리고 자유주의적·법률적·역사적·비판적 보수주의 등 그 분파는 다양하다. 근대 서구 보수주의의의 이중 성격에 대해서는 강정인(2009)을 참조하시오. 그러나 여기에서는 인권과 보수주의의 관계를 고찰하기 때문에, 보수주의의 계보에 대해서는 고찰하지 않을 것이다. 서구 보수주의의 기원과 발전에 대해서는 김용민(1999)을 참조하시오.

성을 부각시키려는 의도로 인권 담론을 핵심 쟁점으로 삼지는 않았다.

오히려 자유주의자들이 현재의 인권 담론을 주도하고 있기 때문에, 보수주의자들의 인권 담론은 크게 부각되지 못하고 있다. 보수주의자들은 인권 자체에 대해 이상하게 침묵을 유지한다는 인상을 주지만 인권 담론에서 귀 기울여 들어야 할 견해를 조용히 제시하고 있다. 보수주의가 인권 자체를 핵심적인 주제로 삼고 있지 않다는 지적이 보수주의가 인간의 존엄성과 인권에 대한 기본 입장을 부정한다는 것을 의미하지는 않는다. 그러나 자유주의 인권 담론의 경우와 달리, 보수주의자들은 인권 자체를 핵심적인 주제로 상정하고 있지 않기 때문에, 보수주의와 인권에 대한 치밀한 연구에 어려움이 따른다.

이러한 경향은 인권 담론에 나타나는 긴장 상태와 연계된다. 인권 개념은 보편성과 특수성이라는 두 가지 요소를 지닌다. 자유주의자들은 보편성을, 보수주의자들은 특수성을 강조하는 경향이 있다. 따라서 2절에서는 인권 개념을 둘러싼 다양한 형태의 긴장을 고찰할 필요가 있다. 이러한 고찰은 인권의 특수성을 강조하는 보수주의가 인권 담론의 지형에서 어떠한 위치에 서 있는가를 이해하는 데 도움이 될 것이다.

자유주의와 보수주의가 대립적인 입장에 있던 19세기와 달리, "오늘날 서구의 중도 우파 정당은 두 전통의 요소들을 수용하고 있을 뿐만 아니라 레이몽 아롱이나 오크쇼트와 같은 정치 이론가들과 미국 신보수주의자들도 두 전통의 상대역으로 두각을 보이고 있다."(Lakoff, 1998: 435) 자유주의와 보수주의의 두 진영에 뿌리를 내리고 있는 버크와 토크빌은 오늘날 보수주의 인권 담론을 이해하는 데 있어서 그 출발점을 제공하고 있다. 따라서 3절에서는 버크의 인권 사상에 대한 세 가지 해석을 제시하고, 4절에서는 토크빌의 인권 사상을 주로 다양한 유형의 폭정에 대한 그의 입장을 통해 고찰한다. 5절에서는 유럽의 전통을 수용하면서도 미국의 가치를 반영하고 있는 미국 신보수주의자들의 인권 사상을 주로 비판적으로 고찰한다. 결론에서는 오늘날 인권 시대에 정치적 실천과 협약을 통해 인간성을 증진시키려는 보수주의의 노력이 필요하다는 점을 강조하고, 아울러 한국 인권 정책과 관련된 견해를 제시한다.

2. 풀리지 않는 긴장: 보편과 특수, 추상과 구체, 도덕과 정치

인권 개념에 내재된 긴장은 인권 담론의 지형을 분화시키는 중요한 요소가 된다. 인권과 보수주의의 관계에 대한 이해에 앞서 인권 개념에 내재된 긴장 요소를 고려할 필요가 있다. 인권 담론에서 긴장을 형성하는 대립적인 요소들 가운데 일부는 부각되고 일부는 잠재되어 있거나 무시되기도 한다. 그렇다면 대립적인 요소를 무시할 경우 긴장 관계는 소멸하는가? 그리고 이 경우 다른 요소는 잠재적으로만 인정되는가?

"인권은 외형적으로 보편성과 특수성이라는 두 가지 상반된 요소를 담고 있다. 인권의 원리와 국민의 주권은 배제와 포섭 사이의 투쟁, 즉 보편과 특수 사이의 투쟁이다."(Isaac, 2002: 560) 이러한 긴장은 프랑스 인권선언에서도 드러난다. "모든 정치적 결사의 목적은 인간의 자연적이고 소멸할 수 없는 권리를 보존하는 데 있다. 그 권리란 자유, 재산, 안전 그리고 억압에 대한 저항이다."(인권선언 제2조) 그리고 "모든 주권의 원리는 본질적으로 국민에게 있다. 어떠한 단체나 어떠한 개인도 국민으로부터 명시적으로 유래하지 않는 권리를 행사할 수 없다."(인권선언 제3조) 제2조에서는 인권의 보편성을, 그리고 제3조에서는 주권의 특수성을 언급하고 있다. 인권 담론에서 보편성 옹호는 잠재적으로 특수성 옹호와 대립적인 것 같지만, 양자 사이에 보이지 않는 연결 고리가 존재할 수 있다. 어떠한 존재론적 가정도 상대를 전제하지 않을 수 없기 때문이다. 아렌트는 인권 개념에 내재된 긴장 문제를 다음과 같이 언급한다.

> 프랑스혁명이 인간의 권리선언을 국민주권의 요구와 결합시켰을 때, 국가와 민족 간의 잠재된 갈등은 근대 국민국가의 출현으로 드러났다. …… 기본 권리들은 모든 인류의 양도 불가능한 유산이며 동시에 특정 민족의 특정한 유산이다. 한 민족은 인간의 권리에서 비롯되는 법에 예속되면서도 동시에 보편적인 법에 의해 제약되지 않는, 즉 '주권적인' 것으로 동시에 선언되었다(Arendt, 1951: 230).

프랑스 인권선언 이후 인권 담론에 나타나는 내적 긴장은 20세기까지 해결되지 않은 채 유지되어왔다. 인권 개념에 내재된 긴장을 겉으로 드러내고 있는 문구는 "권리를 향유할 권리(the right to have rights)"이다. 인권은 곧 권리를 향유할 권리이다. 여기에서 권리는 두 가지 의미를 지닌다. 영어 문구에서 전자의 '권리'는 도덕적 정언명령과 연관된다. 칸트의 용어로 표현하자면, "당신은 행동할 때 항상 인간을 결코 수단이 아닌 목적으로 대하는 방식으로 행동하라."(Benhabib, 2002: 549) 이러한 정언명령은 문화적·종교적·언어적 요소 또는 우리와 다른 사람을 구분하는 차이가 인간을 대우하는 기준이 되어서는 안 된다는 의미를 담고 있다. 이 도덕률은 한 인간의 인격에 포함된 인권, 즉 인간의 존엄성과 가치라는 기준에 따라 다른 사람들에 의해 대접받을 권리를 정당화한다. 이러한 도덕 명제는 인권 담론의 존재론적 근거가 된다.

인권은 인간의 존엄성에 기반을 두고 있기 때문에, 인류·인간애에 대한 이해에 기반을 두고 있는 인권 담론은 추상성을 전제하고 있으면서도 역사적 실천과 연관된다는 점에서 구체성을 띤다고 볼 수 있다. '인류'는 오랜 기간 정치적 실재가 아니라 추상화된 가공물에 불과하였다. 역설적이게도, 인류는 전례 없는 정치적 사건인 전체주의의 등장과 파멸적 결과를 해결하는 과정에서 비로소 정치적 실재로 등장하게 되었다. 법은 미덕과 악덕이란 양극단 사이에 존재한다. 인류에 반하는 범죄를 처벌의 대상으로 삼을 수 있다는 주장은 인류가 이제 추상물이 아니라 법적-정치적 실재라는 의미를 담고 있다.

18세기의 인간이 역사로부터 해방되었듯이, 20세기의 인간은 자연으로부터 해방되고 있다. 인간의 본질이 더 이상 자연이나 역사의 관점에서 이해될 수 없다는 점에서 역사와 자연은 우리에게 여전히 생소하다. 18세기에 칸트의 용어에서 규제 이념에 불과했던 인류는 이제 오늘날 불가피한 사실이 되고 있다. 이러한 맥락에서 '인류'가 사실상 과거에는 자연이나 역사에 속한다고 생각된 역할을 맡고 있는 이 새로운 상황은 권리를 가질 권리가 인류 자체에 의해 보장되어야 한다는 점을 의미한다(Arendt, 1951: 298).

이 문구에도 나타나듯이, 아렌트는 인권 문제를 사실과 당위의 관점에서 언급한다. 경험적 구체성과 당위적 규범성은 인권 담론에서 끊임없이 제기된다. 이 문제에 대한 해결책은 도덕적 또는 규제적 차원뿐만 아니라 정치적 차원에서도 제기될 수 있다. 당위의 명제는 그 실현 가능성을 유지하려면 정치적 실재에 부합되어야 한다(Menke, 2007: 739). 인권의 도덕적 측면은 보편성과 연계되고, 정치적 측면은 역사·문화적 특수성과 연계되어 있다. 이에 따라 발생하는 긴장은 국가

들 사이의 협약이나 역사적 실천을 통해 부분적으로 해소되어왔다.[2]

이제 인권 개념을 구성하는 '권리(rights)'에 대한 의미를 검토하기로 한다. 이 경우 '권리'는 구성원의 자격이라는 선행 요건을 전제로 한다. 사람이 이미 정치 공동체의 구성원일 때 권리를 갖는다는 사실은 '내가 무엇인가를 하거나 하지 않겠다.'는 주장을 내포한다. 이러한 경우는 의무에도 해당된다. 다른 사람은 내가 무엇인가를 행하거나 행하지 않는 것을 방해하지 않을 의무를 가진다. 이와 같이 권리와 의무는 상호 연계되어 있다. 따라서 여러 가지 권리라는 개념은 세 가지 요소를 포함한다. 즉 권리를 부여받은 사람, 이러한 의무를 수행할 다른 사람, 그리고 권리 주장에 대한 보호가 그것이다. 이러한 권리는 기존의 법적 공동체, 즉 국가 및 그 기구를 통해서 실현된다. 인권 개념의 일부를 구성하고 있는 '권리'는 보편적 권리라기보다 헌법에 명시되어 있는 '시민적·정치적 권리'로 규정된다.

인권 담론의 존재론적 위상 문제는 본질주의와 '반본질주의(anti-essentialism)' 논쟁으로 이어지기도 한다. 본질주의는 인권이 인간의 어떤 본질적 측면에 기반을 두고 있다는 점을 강조하지만, 반본질주의는 인권이 인간 본성이나 도덕성에 기반을 두고 있다기보다 상이한 형태의 정당화를 모색하는 데 있다는 점을 강조한다.[3] 우리는 이러한

---

[2] 인권의 도덕적 보편성과 주권 사이의 긴장은 다음과 같은 경우에 인권의 우위를 인정한다. 연합군이 뉘른베르크재판에서 나치 전범에 대해 처음으로 적용시킨 인류에 반하는 범죄의 경우에, 그리고 어떤 정권이 그 국민에 대해 가혹 행위를 할 때 이를 중단시키기 위해 행사할 수 있는 인도주의적 개입의 경우에 인권이 주권에 우선한다는 이론과 관행을 예로 들 수 있다. 이에 관해서는 벤하비브(2008)를 참조하시오.

[3] 최근 인권 담론에서 전자의 대표자로서 데이비드 리틀(David Little), 잭 도넬리(Jack Donnelly), 알란 지워스(Alan Gerwirth), 아마르티아 센(Amartya Sen)이, 후자의 대표자로서 미카엘 이그나티에프(Michael Ignatieff), 베드 싱어(Beth Singer), 리차드 로티(Richard Rorty), 그리고 존 롤즈(John Rawls) 등이 있다. 이에 관해서는 파레크

두 입장과 달리 제3의 입장을 고려할 수도 있다. 이 경우 인권은 인간 본성과 연계되어 있으면서 목적을 성취하는 데 단순히 필요하다는 입장과 달리 생물학적·실존적 의미에서 동시에 이해되는 인간적 삶의 가능성을 결정하는 조건으로 이해된다(Parekh, 2005: 289).

3. 버크의 보수주의: 자연권과 인권 사이의 긴장

보수주의 인권 사상의 계보에서 그 출발점은 에드먼드 버크이다. "영국 보수주의 이론가들—특히 버크, 쿨리지, 디스레일리, 메인, 오크쇼트—은 하나의 정치·사회·문화적 신념 체계를 주장하고 있지는 않다."(Devigne, 1994: 1) 보수주의자들은 보편성보다는 특수성이라는 측면에서 인권 문제를 이해하고 있다. 따라서 인권 담론의 지형에서 보수주의자들의 목소리는 자유주의자들의 경우보다 상대적으로 약한 편이다. 자유주의의 관점에서 보면, 보수주의자들은 보편적 인권 개념에 대해 부정적 입장을 취하고 있다. 그들은 자연적이고 보편적이며 양도 불가능한 권리라는 개념을 거부한다(Barry, 1989: 240). 여기에서는 버크의 입장을 소개하되 세 얼굴의 버크를 조명한다. 첫째는 자연권의 변형을 강조하는 버크이고, 두 번째는 인종적 사유를 은연중에 드러내는 버크이며, 마지막은 인권의 특수한 보편성을 강조하는 버크이다.

(Parekh, 2007)를 참조하시오.

1) 스트라우스의 버크

버크의 보수주의는 자연권 비판과 연계되어 있으며, 자연권 비판 또한 그의 독특한 인권 사상과 연계된다. 스트라우스는 『자연권과 역사』 제6장 「근대 자연권의 위기」에서 루소에 이어 버크의 입장을 압축적으로 조명하고 있는데, 특히 "보수주의 자체에 대한 비판보다 보수주의의 배경에 비판의 초점을 맞춤으로써"(Lenzner, 1991: 364) 근대 자연권 사상의 쇠퇴 원인을 철학적으로 조명하고 있다. 여기에서 자연권에 대한 버크의 입장은 세 가지 형태로 묘사된다.[4]

버크는 루소의 자연권 사상이 야기한 난점들에 대응하고자 '전근대(premodern)'의 자연권 개념으로 복귀하려고 시도하였다. 이때 버크는 고전을 옹호하는 입장을 취한다. 그는 자신이 제시한 정책의 건전성을 독자들에게 설득시키기 위해서 고전적 틀 또는 아퀴나스의 틀에서 자연 상태, 자연권, 인간의 권리 등 자연권 언어를 주저 없이 사용하였다(스트라우스, 2001: 355). 따라서 프랑스혁명 이론가에 대한 비판의 기준은 '역사(History)'가 아닌 아리스토텔레스의 실천적 지혜이다.

버크는 역사라는 명분에 입각해 당대의 '급진' 이론을 비판하기에 앞서 이론과 실천의 관계를 언급하고 있다. 그에 따르면, 완벽한 사변주의는 이론·과학·철학이 실천과 연계된 판단의 근거를 제공하지 못한다. 따라서 정부의 진정한 목적을 이해하려는 사람은 이론과 구분되는 실천, 실천적 지혜 또는 사리 분별을 필요로 한다. 이렇듯 버크는 실천 영역에서 이론의 과도한 개입을 비판함으로써 형이상학자·신학자·수학자의 접근 방법을 비판하고 순수한 정치적 접근 방법을

---

4) 스트라우스가 『자연권과 역사』에서 묘사한 세 얼굴의 버크를 이해하기 위해서는 렌츠너(Lenzner, 1991: 364-390)를 참조하시오.

택하였다. 그런데 "버크는 이론적 학문의 침해에 대항하여 실천적 지혜를 옹호하는 데 만족하지 않고, 이론(특히 형이상학)을 비방함으로써 아리스토텔레스 전통과 결별한다."(스트라우스, 2001: 371)

스트라우스는 또한 역사라는 명분으로 당대의 사상을 근본적으로 비판한 근대인으로서의 버크의 모습을 제시한다. 이 버크는 추상화된 이론이 실천을 제대로 인도하지 못한다고 생각하였다. 즉 추상화된 이론은 특수하거나 변화하는 것을 잘못 인도한다는 것이다. 이론은 보편적이고 불변적인 것과 연관되지만, 실천은 항상 특수하거나 변화하는 것과 연관되기 때문이다. 버크에 따르면, 과정의 산물은 지혜의 측면에서 이론적 성찰보다 우월하다.

그는 영국 헌법에 선행하는 자연권에 대해 언급하는 것을 싫어하지 않는다. 그러나 그는 또한 다음과 같이 주장한다. 우리 헌법은 규범적 헌법이다. 헌법의 권위는 그것이 먼 과거부터 존재했다는 사실에서 유래하거나 그것이 어느 다른 일반적 권리나 선행하는 권리와 연관되지 않고 영국 인민에 특별히 속하는 '영국인의 자유'를 옹호한다는 사실에서 유래한다. 규범은 헌법을 위한 유일한 권위가 될 수 없다. 따라서 규범 자체가 선을 충분히 보장하지 못한다면, 헌법에 선행하는 권리, 즉 자연권에 대한 의존은 부차적일 수밖에 없다. …… 실재적인 것과 현존하는 것은 합리적이다. 외견상 선한 것과 오래된 것을 동일시하는 고대의 입장으로 복귀하는 것은 사실 헤겔을 위한 준비이다.[5]

---

[5] 이 인용문은 스트라우스의 『자연권과 역사』에 소개된 내용으로서 근대 자연권 사상의 퇴조 원인을 지적하고 있다(2001: 378).

이 인용문에서도 잘 나타나듯이, 스트라우스는 역사에 대한 버크의 입장을 보여주고 있다. "버크는 명예혁명에 대한 환기에도 불구하고 18세기 중반 진보에 대한 튀르고의 강의와 보조를 유지하면서 역사철학에 대한 헤겔의 강의 그리고 맑스의 유물론적 해석으로 정점에 도달한 역사주의의 자연권 개념을 유지하였다."(Lakoff, 1998: 459) 버크는 이론의 측면과 절대 순간을 부정하고 있기 때문에, 그의 역사 이론은 급진 성향을 띠고 있다. 따라서 정치적 실재를 구성하는 역사는 고전적 의미의 관습과 동일한 맥락을 지니고 있다. 그의 자연권 사상은 속류적 인습주의의 전통을 계승하고 있는 것 같다. "시민사회의 진정한 질서가 자연 상태이다."(스트라우스, 2001: 356)라는 주장은 현실적인 것이 이상적인 것이라는 헤겔의 주장과 같이 인위적인 것과 자연적인 것을 동일시하는 의미를 함축한다.

2) 아렌트의 버크

스트라우스와 달리, "아렌트는 실천보다 이론을 특권화하는 서구 정치철학의 전통을 비판한다는 점에서"(Beiner, 1990: 251) 버크와 공통점을 지니고 있다. 『전체주의의 기원(The Origins of Totalitarianism)』에 나타나듯이, 아렌트는 인권에 대한 버크의 입장을 인정하면서도 그의 인권 사상과 일정한 거리를 둔다. 즉 그녀는 자연권을 비판한 버크의 입장에 동의하면서도 '영국인의 권리' 주장에 내재된 인종적 사유를 비판하는 것이다. 이렇듯 버크에 대한 아렌트의 입장은 복잡하다.

아렌트는 미국의 권리장전을 찬성하지만, 프랑스 인권선언에 대해 비판하는 입장을 유지하고 있다. "프랑스 인권선언은 인간 본성에 내재된 일차적인 적극적 권리를 설명하는 데 역점을 두고 있지만, 미국의 권리장전은 모든 정치권력에 대한 항구적인 제약을 확립하려는 의미를 담고 있기"(Birmingham, 2006: 45) 때문이다. 아렌트는 버크와 마찬가지로 자연권 개념을 비판하였다.

"버크에 따르면, 우리가 향유하는 권리는 민족 내에서 형성된다. 그래서 자연법, 신성한 명령이나 로베스피에르의 '인류', 지구의 주권자와 같은 어떠한 인간 개념도 법의 근원으로 요구되지 않는다."(Arendt, 1951: 299) 인권은 추상화된 개념이 아니라 역사적 실재로 이해된다. 이러한 공동의 입장에도 불구하고, 아렌트는 다음과 같은 측면에서 버크와 입장을 달리한다. 즉 자연권 개념의 비판은 인권이 특정한 국민국가의 시민들에게만 귀속된다는 주장과 필연적으로 연계되지 않는다는 것이다. 아렌트는 인권을 영국인의 권리와 동일시하는 버크의 입장에 내재된 한계를 인정하지 않고 있다.

아렌트의 주장은 이러하다. 여기에서 인권은 정치적으로 제도화되는 방식을 필요로 하지만, 인권의 정치적 제도는 제도에 활기를 불어넣는 인간성의 보편적 원리에 입각해 확립되어야 한다. 따라서 아렌트는 보편적 인간이 추상화된 인간이며, 시민의 권리만이 있다는 버크의 주장과 거리를 두게 된다. 아렌트는 버크의 인권 개념에 내재된 인종적 사유에 주목하게 되었다. 이러한 주장은 버크의 인권 사상이 인종주의 이전 인종적 사유의 맹아를 제공하였다는 지적과 연계된다. 아렌트는 버크의 인권 사상에 대해 비판하는 입장을 보이고 있다. 그녀는 『전체주의의 기원』 제6장 「인종주의 이전 인종적 사유」에서 버크의 인종적 사유에 대해서 다음과 같이 언급한다.

버크는 영국 내 특권계급의 권리를 침해하지 않으면서 이 특권의 원리를 확장하여 전체 영국 국민을 포함시켰다. 다시 말하면 그는 영국 국민을 많은 민족 중에서 일종의 귀족계급으로 설정했던 것이다. 그러므로 그는 자신들의 시민권을 인간의 권리로 주장하는 자들을 경멸했다. 그는 이 권리가 '영국인의 권리'로서만 가치가 있다고 생각했다(Arendt, 1951: 176).

여기에서 아렌트는 버크를 근대국가 중심의 인종주의의 선구적 사상가들 가운데 한 사람으로 규정하였다. 권리를 영국인의 권리로 축소시키려는 버크의 입장은 귀족주의적 푸른 피를 지닌 인류라는 개념과 밀접하게 연계되어 있다. 아렌트에 따르면, 인종적 사유는 인간의 이념에 의해 보장되는 모든 국민의 평등과 유대라는 원리를 지속적으로 부정한다.

인종적 사유는 기본적으로 타자(무국적자, 난민, 이주자 등)에 대해 배타적인 입장을 유지하고 있기 때문에, 아렌트의 버크는 인권의 보편성을 옹호하지는 않는다. 그런데 아렌트는 보수주의자들의 특수성과 자유주의자들의 보편성이란 긴장 구도에서 다른 형태의 보편성을 강조한다. 아렌트는 "권리를 가질 권리, 모든 개인이 인류에 속하는 권리가 인류 자체에 의해 보장되어야 한다."(Arendt 1951: 298)는 주장을 통해 인권의 공통 근거를 미래에 나타날 인류가 아닌 그 시초에서 끌어내고 있다. 인류의 탄생(natality)이 바로 인권을 보장해야 하는 원리 또는 근거(principle; beginning)이기 때문이다. 아렌트는 이러한 주장을 통해 버크의 인권 개념의 특수성에 나타나는 한계로부터 벗어났다. 그러나 아렌트의 이러한 지적과 달리, 버크의 인권 개념에 보편성을 부각시키려는 제3의 해석을 고려할 필요가 있다.

3) 버크의 '구체적' 보편주의

버크는 영국인의 권리의 근원으로서 「권리청원(Petition of Right)」을 부각시킨다. 의회는 찰스 1세에게 다음과 같이 주장했다. 폐하의 신민들은 "자신들의 권리를 추상화된 원리에 의거한 '인간의 권리'가 아니라, 영국인의 권리로 그리고 그들 조상에게 물려받은 것으로 주장했다."(버크, 2006: 80) 이 주장은 인권이 추상화된 보편적 권리가 아니라 역사의 산물이라는 점을 명시하고 있다. 또한 인간의 권리는 "실제적이고 기록되어 있는 상속 권리"로 규정된다. 버크의 상속 개념은 보수의 원리와 전달의 원리에 기반을 두고 있다.

> 인간의 권리, 즉 인류의 자연권은 실제로 성스러운 것이다. 그리고 어떠한 공적 척도가 그것들에 영향을 미친다면, 이의는 그 척도에 치명적이어야 한다. 이러한 자연권이 명백한 협약에 의해 계속 긍정되고 선언된다면, …… 그것들은 더 좋은 조건에 있다. 어떠한 기만적 모호성도 없이 이러한 도구에 의해서 확보되는 것들은 위임된 인간의 권리로 적절히 불릴 수도 있다.[6]

버크는 인권의 특수성을 언급하면서 자연권이라는 개념을 사용하고 있다.[7] 위 문장에서도 나타나듯이, 이때 자연권은 인간들의 정치

---

6) 커크의 『보수주의 정신』에 소개된 내용을 재인용하였다(Kirk, 1953: 43).
7) 프리만의 분석은 버크의 자연권 개념의 사용과 관련한 의미를 이해하는 데 도움이 될 것이다.
"버크가 '자연적 인권(natural human rights)'이라는 이념에 찬성한 증거는 두 가지 형태로 나타난다. 하나는 자연권 언어의 자유주의적 사용과 연관되고, 다른 하나는 그의 자연법 이론 및 정부 이론과 연계된다. 자연권이란 수사는 버크의 저작에서 공통적이며 시대에 따라 다양한 문제와 연관되어 사용된다. 1774년 미국 식민지 주민들을 옹호할 때 '인류의 본질적 권리', '인간들의 공통 권리'라는 용어를 사용하고, 1782년 아일랜드 가톨릭교도들의 억압과 관련하여 '인간 본성의 권리' 그리고 '인류의 권리'와 '자연법'이라는 용어를 사용하였으며, 폴란드 혁명을 찬양할 때는 '인간들의 진정한 순수한 권리'라는 용어를 사용하였다.
이러한 인용은 몇 가지 흥미로운 측면을 지니고 있다. 첫째, 버크는 신민을 옹호하고 정부에 반대하기 위해 권리라는 개념을 사용하고 있으며, 이때는 고대의 자

적 실천을 통해서 형성된 실증적 권리이다. 자유주의자들은 추상적이고 양도 불가능한 권리를 자연권으로 규정하지만, 버크의 자연권은 실증적 권리이다. 그의 인권 사상은 역사적 존재론에 기반을 두고 있다. 이를 원용하자면, 인간세계에서의 역사적 실재가 곧 존재이다. 버크에 따르면, 프랑스 인권 사상은 추상적 보편성에 기반을 두고 있지만 좋은 정치 질서를 타락시킨다. 그의 인권 사상은 보편성을 넘어서 특수성에 초점을 맞춘다.

그러나 피츠(Pitts)는 버크의 인권 사상이 보편성을 부각시키는 데 역점을 두고 있다고 주장한다. "버크를 '자연적 계서'의 옹호자, 인권에 대한 철저한 비판자로 묘사하고 있는 일반적인 입장과 달리, 그는 인간의 자연적 평등과 인간 자체가 어떠한 기본적 권리를 주장할 수 있다는 이념을 확고하게 옹호하였다."(Pitts, 2000: 86) 이러한 지적은 인권 개념에 대한 버크의 비판이 무엇인가에 대한 이해를 필요로 한다.

버크는 추상화된 인권 개념을 반대하였다. "이 이론가들이 아주 그럴듯하게 주장하는 권리는 모두 극단적인 것으로서, 형이상학적으로 진리임에 비례하여 도덕적·정치적으로는 허위이다."(버크, 2008: 122) 이러한 주장은 인간의 권리가 실제 상황에서는 선이며 인간의 삶에 이익이 된다는 점을 담고 있다. 피츠는 이러한 점에 주목하여 버크의 인권 개념이 이중의 의미를 지니고 있다고 주장한다.

"정치적 논쟁에서 사용되는 권리라는 언어에 대한 버크의 양면적 태도는 권리가 법의 강력한 동맹자이고 논리적 추론일 뿐만 아니라 권력의 자의적 사용을 위한 핑계라는 그의 견해에서 나타난다."(Pitts,

유주의 전통을 유지하고 있다. 둘째, 그는 1782년 사건을 언급할 때 권리와 인간 본성, 그리고 인권과 자연법을 연계시켰다. 셋째, 1774년과 1791년 이전의 '실질적', '진정한', '순수한'이란 수식어는 권리라는 용어가 특별한 의미를 지니고 있다는 것을 시사한다."(Freeman, 1980: 86)

2000: 105) 버크는 권리의 원리보다 권리에 대한 '거짓된' 주장에 이의를 제기하였다는 것이다. 인간의 권리선언에 대한 버크의 비판은 추상화된 인권이 권력의 자의적 행사와 연계되어 있다는 인식, 그리고 인권 언어가 약자를 지지하기보다 오히려 억압하는 수단으로 사용된다는 두려움에서 비롯된다. 진정한 의미의 권리는 실정법에 의해 보호를 받는 자연권 또는 인권이다. 이렇듯 피츠는 거짓된 인권이 아니라 실질적인 인권을 손상시켜서는 안 된다는 입장을 버크의 '특수한 보편주의'[8]로 규정한다.

4. 토크빌의 자유주의적 보수주의: 폭정과 인권 문제

자유주의와 보수주의가 대립적인 정치 이념으로 이해되던 19세기에 살았던 토크빌은 완고한 보수주의자 또는 낙관적인 자유주의자로 이해되기도 하지만 자유주의적 보수주의자로 이해되기도 한다. 특히 커크는 『보수주의 정신(The Conservative Mind)』에서 버크 이후 다양한 유형의 보수주의, 그리고 그 발전 과정을 체계적으로 정리하면서 머콜리(Macaulay) 및 쿠퍼(Cooper)와 함께 토크빌을 자유주의적 보수주의자로 규정한다.[9] 아롱, 오크쇼트, 그리고 미국 신보수주의자들의 지

---

8) 구체적 보편주의는 'concrete universalism'으로, 특수한 보편주의는 'specific universalism'으로 표기된다. 이는 추상화된 보편성보다 역사적 사건 또는 구체적 사건 자체가 보편성을 지닐 수 있다는 의미를 강조하는 표현이다.
9) 이봉희는 미국의 자유주의적 신보수주의의 대표자로 비레크(Peter Viereck)를 강조한다. 그에 따르면, 비레크는 자유주의적 보수주의를 제창하면서 이론의 측면에서 미국 보수주의의 방향을 제시하였다. 토크빌 역시 "미국의 특수한 상황에서 민주적 폭정이 지니고 있는 문제를 …… 외국인의 시각에서 제시함으로써 현대 미국 보수주의의 방향을 선견한 예언자로 여겨진다."(이봉희, 1996: 182-183)

적 성향을 고려할 때, 보수주의와 자유주의의 기본적 융합 형태는 이미 버크와 토크빌의 사상에 나타나 있었다(Lakoff, 1998: 435).

이들은 세대 또는 문화의 차이에도 불구하고 프랑스혁명에 충격을 받았다. 버크는 기사들의 나라인 프랑스에서 기사도의 상실로 인한 폐해를 통탄하였으며(버크, 2008: 142), 토크빌의 가족 가운데 일부는 공포정치의 희생자가 되었다. 이러한 측면에서 두 사상가는 당시에도 여전히 작동되었던 역사의 연구에 매료되었다. 버크와 달리, 토크빌은 프랑스혁명의 근원과 역사적 의미에 대해서는 잘 인식하고 있었다. 그는 증거를 발견하고 참가자들의 견해를 기록함으로써 역사를 이해하고자 하였기 때문에 역사가 상이한 관찰자들의 눈에는 상이한 모습으로 나타난다고 주장한다(Lakoff, 1998: 436). 『미국의 민주주의』에서도 잘 나타나듯이, 그는 또한 19세기 자유주의자들과 보수주의자들 사이에서 사회적 환경의 역사적 변화를 둘러싼 논쟁을 통해 민주주의의 형성을 이해하려고 노력하였다.

토크빌은 추상화된 도그마, 특히 자연권을 혁명과 재산의 정당화 수단으로 사용하는 것을 싫어했다. 그는 자유의 기원에 대해서는 자유주의자들과 견해를 달리한다. 즉 자유는 역사적으로 봉건제에 대한 반발에서 처음으로 등장한 게 아니고 전통적인 귀족적 자유의 이상에 기반을 두고 있다는 것이다. 그는 개인의 자유를 열렬히 옹호하면서도 국가 통제력의 팽창뿐만 아니라 다수의 폭정을 방지하기 위해 개인과 집단 사이의 유대를 보존하고자 하였다.

> 그러므로 구체제를 예속과 복종의 시기로 간주하는 것은 아주 잘못된 생각일 것이다. 당시에는 지금보다 훨씬 많은 자유가 있었다. 그러나 그것은 무원칙적이고 간헐적이고, 언제나 계급적 한계 속에 위축되어 있고, 언제나 예외와 특권에 연결되어 있으며

…… 자유만이 후세들에게 프랑스혁명을 동시에 찬사와 공포의 대상으로 만들어줄 불굴의 정신, 즉 대담하고 자존심 있는 천재를 탄생케 하였다(Tocqueville, 1998: 179).

그는 구질서에 대해 긍정적으로 평가한다. 즉 그는 사회질서가 계서를 필요로 하며 종교 신념만이 후손을 야만주의로 빠지지 않게 하는 도덕적 통제 수단을 제공한다고 믿었던 것이다. 이러한 입장은 다수결 민주주의에 대한 그의 회의와 공포를 반영한다. 그러나 토크빌은 대부분의 보수주의자와 달리 민주주의로의 이행을 완전히 차단하려는 노력이 공허하다고 생각했을 뿐만 아니라 귀족정의 도덕적 우월성에 대한 환상도 갖고 있지 않았다. 토크빌은 인간의 존엄성과 평등, 그리고 모든 사람을 위한 시민권을 인정한 1789년 인권선언의 원리를 인정한다.[10]

이제 토크빌의 권리 개념에 대한 일반적 입장을 고찰해보자. 그는 주권의 제한과 개인적 권리의 보장이 증거나 순수한 이성에 의해 획득될 수 없다는 점을 충분히 인식하였다. 그는 미덕과 권리는 통합되어 있다고 생각하였다. "권리의 개념은 정치 세계에 도입된 미덕 개념에 지나지 않는다."(토크빌, 2007: 319) 토크빌은 권리를 신적·도덕적·정치적 차원으로 구분하면서, 신적 또는 도덕적 권리가 쇠퇴하고 있

---

[10] 피츠에 따르면, "토크빌은 1789년과 1793년의 사건을 구분한다. 그는 자신이 혁명가는 아니라고 언급했을 때 1793년의 사건을 염두에 두고 이런 말을 했다. 노예제에 대한 그의 글에서도 나타나듯이, 그는 자신의 가장 중요한 정치적 임무들 가운데 하나는 1789년의 원리를 옹호하는 것이라고 믿었다."(Pitts, 2000: 225) 이에 관한 입장은 그의 저서 『구체제와 프랑스혁명』의 서문에 다음과 같이 언급된다. "지하로 흘러가다가 상이한 둑 사이에 나타나는 같은 물줄기같이, 구체제의 수많은 법과 정치적 실제가 1789년 사라졌다가 몇 년 후에 다시 출현하였다."(Tocqueville, 1998: 85)

다는 점뿐만 아니라 정치적 권리가 사적 이익과 연계되어 있다는 것을 인정하였다. "부의 확산이 재산에 대한 개념을 모든 사람에게 가져다주듯이 민주 정부는 정치적 권리의 개념을 가장 낮은 계층의 시민들 수준에까지 확산시킨다."(토크빌, 2007: 321)

권리에 대한 토크빌의 생각은 자연권에 대한 입장에 기반을 두고 있지 않다. 랑베르티(Lamberti)는 다음과 같이 설명한다. 정치와 종교의 자유가 인정되는 미국에서는 자연권 이론은 권리의 신적 또는 도덕적 개념과 단절되지 않지만, 프랑스에서는 인권 이론은 권리의 신적·도덕적 개념과의 모든 연계를 단절시키며 인간과 시민의 관계에 대해 인민이 생각하는 방식을 왜곡시키는 혁명의 불가피한 도구가 되어버렸다(Lamberti, 1989: 79). 인간의 권리, 즉 인권은 실제로 시민의 권리일 뿐이다.

인간성 또는 인권에 대한 논의가 토크빌의 저서에 잘 드러나지 않지만, 인간의 평등과 자치권에 대한 주장은 인권과 연계되어 있다. 토크빌은 『미국의 민주주의』에서 다양한 유형의 폭정에 대해 언급한다. "모든 것이 가능하다."는 명제가 조직적으로 실행되는 현대 전체주의가 인간성 상실과 연계되듯이, "모든 것이 사회의 이익을 위해 허용된다."는 명제가 실행되는 폭정은 "인간을 가혹하게 다루지는 않으면서 품위를 떨어뜨릴 것이다."(토크빌, 2007: 887) 따라서 그는 민주국가에서 폭정의 가능성을 경계하였다.

> 내 의견으로는 합중국의 현 민주제도의 주요한 폐단은 유럽에서 흔히 주장되고 있듯이 그 제도의 취약성에 있는 것이 아니라 막강한 그 세력에 있다. 그 나라가 누리는 지나친 자유보다는 폭정에 대해서 충분한 보장책이 마련되어 있지 않은 상태가 내 보기에는 더 경계할 대상이다(토크빌, 2007: 338).

토크빌은 무엇보다도 폭정 때문에 인간의 삶이 완전히 사적 삶으로 축소되고 공적 삶에서의 자유가 유린당할 위험성을 지적하면서 이를 방지할 수 있는 중요한 해결책으로 공동의 결사 기술에 대해 언급한다. 그는 다수의 전제적 행동이나 왕권의 침해에 대항하여 인간들이 자신을 보호하려는 것을 도와주는 것으로 정치결사뿐만 아니라 시민생활에 있어서 구성된 공공 결사에 대해서 언급하였다(토크빌, 2007: 676). 그의 경우 인류의 보편적 이성은 인간의 존엄성을 유지하는 기본 원리이다. "결사의 자연권에 대한 이러한 호소에도 불구하고, 토크빌은 자유를 옹호하기 위해 자연적 기준의 존재보다 오히려 결사의 경험을 강조하였다."(Lloyd, 1995: 56)

『미국의 민주주의』는 노예에 대한 폭정 또는 노예의 굴종을 비판적으로 언급한다. 민주주의가 존재하는 아메리카에서 인권 억압 또는 인간의 존엄성 상실과 관련한 구체적 제도에 대한 비판은 인권의 보편성에 관한 토크빌의 입장을 잘 보여준다. 토크빌은 『미국의 민주주의』 제1권 18장에서 민주정치의 법률과 관습이 존재하는 아메리카에서 "민주정치에 재앙을 초래할 노예제도"(토크빌, 2007: 443)를 비판적으로 해부하였다.[11] 자신이 출생한 공동체에 속하는 것이 더 이상 당연한 일이 되지 못하며, 또한 탈퇴가 선택에 의해 이루어지지 않는 상황에 처한 흑인 노예와 아메리카 인디언은 인권을 박탈당하고 있기 때문이었다. "백인 또는 유럽인만이 제대로 인간이라 불리고," 흑인과 인디언, "두 종족은 폭정에 시달리고 있으며, 그 후손들은 억압을 통

---

11) 토크빌은 공직 생활을 하는 동안 노예제도를 반대하였으며, 『미국의 민주주의』, 그리고 의회 보고서 및 연설, 그리고 개인 서신을 통해 이러한 입장을 일관되게 제기하였다. 토크빌은 노예제도의 경제적 실패, 그리고 다른 실용적 관심 등에서 이 문제에 관심을 가지고 있지만, 그 이면에는 프랑스혁명을 통해 형성된 인권에 관한 정치철학에 기반을 두고 노예제도를 반대하였다. 거쉬맨(Gershman, 1976)을 참조하시오.

해서 거의 모든 인간의 특권을 빼앗겼다."(토크빌, 2007: 416) 흑인 노예들은 미국에서 아프리카의 뿌리를 상실한 채 "고향이라 부를 수 있는 곳을 온 우주 안에 한곳도 찾을 수 없어서"(토크빌, 2007: 417) 자유나 정의보다 더 근원적이라고 할 수 있는 활동할 권리마저 지니지 못하였다.

이러한 '잔혹한 폭정(hard despotism)'은 인권 상실과 밀접하게 연계되어 있다. 토크빌은 "근대의 폭정을 특이하게 하는 것은 개인의 인간 존엄성을 파괴하려는 시도라고 주장한다."(Lloyd, 1995: 56) 남부 지역의 백인들이 노예를 잔혹하게 취급하는 억압 행위는 당시까지 '전례 없는' 것이었다. 그는 남부 노예들에 대한 전제적 지배 형태가 근대 폭정의 한 형태라는 것을 강조한다.

> 남부의 노예와 관련한 남부 주들의 입법은 오늘날 유례없는 잔혹성을 나타내고 있어서 인간이 만든 법률로서는 완전히 뒤틀렸다는 것을 드러내기에 족하며 또한 그 법률이 선포되어 있는 백인 사회의 단말마적인 처지를 드러내기에 족하다. …… 고대인들이 노예제도를 유지하는 유일한 방법이 족쇄와 죽음이었다면 남부 아메리카인들은 자기네 권력을 지속시키는 데 더 지속적인 보장책들을 찾아냈다. 그들은 인간의 마음에 대해서 그들의 전제 권력과 폭력을 사용하였다(토크빌, 2007: 469).

나아가 토크빌은 노예제도가 폐지된 상황에서도 지속되는 세 가지 편견(즉 주인의 편견, 종족의 편견, 피부색의 편견)이 인권 신장을 어렵게 한다는 점을 지적하였다. "고대 시대의 최대 난점이 법률을 바꾸는 것이었고, 현대에 있어서 최대의 난점이 관습을 바꾸는 것"(토크빌, 2007: 444)이라는 점을 고려할 때, 앞에서 언급한 세 가지 편견은 노예제도의 폐지보다 더 어려운 것이다. 주인의 편견 때문에, "백인들이 우세를 지키고 있는 곳에서는 어디서든지 그들은 흑인들을 열등한 위치나 노예 상태로 빠뜨린다."(토크빌, 2007: 446) 종족의 편견 때문에, "노예제도가 없었던 주들보다 흑인들에 대해서 더 혹독한 곳은 없다." (토크빌, 2007: 446) 피부색의 편견 때문에, "북부 지방의 백인은 자신과 흑인을 구별하는 장벽을 더 이상 뚜렷하게 식별할 수 없어서 흑인을 더 가혹하게 배척한다."(토크빌, 2007: 447)

토크빌은 미국 남부의 백인이 "자연의 법칙을 깨뜨림에 따라 자연으로부터 끔찍스럽게 보복당하는 모습을"(토크빌, 2007: 470) 목격하였으며, 흑인들에게 귀중하고 침해할 수 없는 '인간의 권리'를 가르치면서도 이들을 경멸하는 남부 백인들의 이중적 태도를 목격하였다. 토크빌은 이러한 점에서 노예제도가 성공할 수 없다고 밝혔다. 그에 따르면, 문명 세계 일부에 존재하는 노예제도는 기독교의 관점에서 악이며, 정치·경제적으로도 해로운 것이다. 이렇듯 토크빌은 "오늘날의 자유로운 민주제도와 우리 시대의 지성과 대조를 이루고 있으며"(토크빌, 2007: 472), 끊임없는 재앙을 초래하는 노예제도는 폐지되어야 한다고 주장하였다.

전체주의 정치가 인류에 반하는 범죄라는 전례 없는 새로운 형태의 범죄를 잉태하였기 때문에 전체주의와 인권은 공존하기 어렵다. 20세기 전체주의의 등장 이전에, 토크빌은 근대의 폭정에서 인간의 존엄성을 유린당할 수 있다는 입장을 제시하였다. 그는 노예제도를 악으로 규정하였다(Gershman, 1976: 470). 아메리카에 존재하였던 노예제도가 20세기에 흑인 인권 운동으로 발전되었다는 점에서 『미국의 민주주의』는 인권 사상을 고찰할 수 있는 통찰력을 담고 있다.

5. 커크, 크리스톨 그리고 신보수주의: 분파 내 동일성과 차이

미국에는 다양한 유형의 보수주의가 있다. 제도적 보수주의는 정부의 수준에서 전통적 역할의 보존에 역점을 두고 있으며, 경제적 보수주의는 자유주의적 신념을 공유하고, 사회적 보수주의는 전통적 규범과 관련하여 정부의 적극적인 지지를 지향한다.[12] 신보수주의는 사회적 보수주의와 공통점을 지니고 있으나 외교정책에 대한 적극적인 개입주의 입장을 강조한다(Colan and Dinan, 2007: 297).

현대 미국 보수주의에 영향을 미친 사람들 가운데 한 사람은 러셀 커크(Russell Kirk)이다.[13] 미국혁명 이후 중요한 영미 보수주의 사상가 및 정치 지도자의 사상 계보를 설명함으로써 제2차 세계대전 이후 미국 보수주의의 윤곽을 밝힌『보수주의 정신』이 1953년 출간되었다.[14] 미국의 전통적 보수주의를 옹호하면서 현대 보수주의를 확립한 커크는 이 책에서 보수주의의 6가지 기준—신적인 의도가 사회뿐만 아니

---

12) 크리스톨에 따르면, 프리드만의 경제적 보수주의는 경제성장의 원동력인 시장경제의 미덕을 이해할 수 있는 기반을 제공하고, 하이예크의 사회적 보수주의는 사회제도가 인간 행위의 산물이라는 중요한 진리를 이해할 수 있는 기반을 제공하고, 문화적, 정치적 보수주의는 자본주의 이전 도덕적, 철학적 전통의 중요성을 이해하는 기반을 제공한다(Kristol, 1983: xii).

13) 이봉희(1996: 182)에 따르면, 에드먼드 버크의 사상은 미국으로 건너와 존 애덤스, 해밀턴, 존 랜돌프, 우드로우 윌슨, 월터 리프만, 어빙 베빗 등의 사상가들에게 전승되어 미국식으로 토착화되는 과정을 거치면서, 결과적으로 제2차 세계대전 이후 커크와 비레크(Viereck)의 신보수주의로 승화되고 있다.

14) 커크는 트릴링의 지적을 통해 보수주의가 자유주의의 대안으로 등장하고 있는 당시 분위기를 다음과 같이 강조한다. "미국 내 보수주의 세력은 상응하는 지성을 보유하고 있는가? 트릴링 씨는 그것을 거부하고 있다. 현재 미국에서 자유주의는 지배적인 전통일 뿐만 아니라 유일한 지적 전통이다. …… 물론 이것은 보수주의에 대한 충동이 없다는 것을 의미하지는 않는다. 그러한 충동은 강하다. …… 그러나 보수주의의 충동은 몇 가지 고립적인 기이한 경우를 제외하고 이념으로 표현되지 못하고 단지 행동으로만 표현된다."(Kirk, 1953: 418-419)

라 양심을 지배한다는 신념, 전통적 삶의 다양성과 신비에 대한 애착, 문명사회가 질서와 계급을 필요로 한다는 확신, 재산과 자유가 연계되어 있다는 확신, 인간의 무정부적 충동을 통제하는 전통과 건전한 편견, 변동과 개혁이 동일하지 않다는 인식, 즉 개혁이 현존의 전통 및 습관과 연계되어 있다는 인식—을 제시하였다(Kirk, 1953: 7-8).

그에 따르면, 이러한 이념 체계는 다양한 형태로 나타날 수 있지만, 보수주의자들은 이러한 신념을 일관되게 준수한다. 커크는 200년이라는 시간적 간격에도 불구하고 버크와 많은 면을 공유하고 있으며(Feulner, 2008: 2), 버크의 인권 개념을 수용하고 있다. 폭스(Fox)의 「동인도회사권리장전(East India Bill)」에 대한 커크의 입장은 다음과 같다.

> 인간이 신법에 복종할 때만 인간의 권리는 존재한다. 권리는 법의 소산이기 때문이다. 이 모든 것은 로크의 자연권과 근본적으로 다르다. 버크의 자연권 개념은 분명히 루소의 자연권 개념과 완전히 분리되는 근거에서 유래된다. …… 버크의 자연권은 키케로의 자연법이다. …… 버크는 신의 의도에 복종하는 인간의 관습이라고 주장한다(Kirk, 1953: 44).

미국의 보수주의는 오래전에 확립되어 실제의 삶에 배어 있는 지혜와 습관을 존중하는 버크의 입장을 수용하고 있다. 버크에 따르면, 영국과 미국은 같은 이름과 핏줄을 가지고 있으며, 공동의 헌법, 역사, 관습을 가지고 있다. 관습은 지식의 보고이며, 선입견 역시 한 공동체의 성향·기질·선호를 나타낸다. 이러한 입장을 수용하는 보수주의자들은 관습·실제·기억을 소중하게 여기며 기존 공동체의 독특한 성격을 존중한다. 미국 내에 다양한 형태로 나뉜 보수주의의 전통은 버크의 감수성을 반영한다.

미국의 전통적 보수주의자들은 연방 정부의 팽창을 거부하였다. 강력한 정부에 대한 불신은 미국 내 보수주의 정치 강령의 가장 강력한 교의로 이어졌다. 보수주의자들에게서 공통으로 나타나는 특징은 한계에 대한 존중이다. 이들은 제한 정부를 옹호하였다. 그리고 이들은 도덕적 미덕과 윤리적 규율의 배양을 칭찬한다. 물론 보수주의자들 사이에 차이는 있다. 일부는 공적 도덕의 통치를 옹호하지만, 다른 일부는 정부의 사적 영역 침해에 대한 제한을 옹호하기도 한다. 이러한 차이에도 불구하고, 이들은 한계에 대한 존중에 대해서는 의견의 일치를 보이고 있다.

전통적 보수주의와 신보수주의는 동일한 요소를 지니고 있으면서도 차이를 뚜렷하게 드러내고 있다. 전자는 영국의 보수주의 전통을 담고 있지만, 후자는 거의 미국의 가치를 잘 드러낸다. 신보수주의는 1960년대 말과 1970년대에 새로운 지적 경향으로 등장하기 시작하였다.[15] 어빙 크리스톨(Irving Kristol)에 따르면, 신보수주의의 지적 실체는 하이예크류의 사회적 보수주의, 커크류의 문화적 보수주의, 그리고 레오 스트라우스류의 철학적·정치적 보수주의의 성향으로부터 유래하였다(Kristol, 1983: xii). 크리스톨은 『신보수주의』 제31장 「도래하는 보수주의 세기」에서 1990년대의 정치적 지혜의 출발점은 자유주의가 지적 한계의 끝에 있다는 인식이라고 지적한다(Kristol, 1995: 364). 보수

---

[15] 이삼성(2005)의 분석에 따르면, 신보수주의 제1세대의 대표자는 어빙 크리스톨, 진 커크패트릭 등으로서 1986년 이란-콘트라 스캔들로 몰락하였으며, 제2세대는 1998년에 재등장하기 시작하여 부시 정권에서 대외 정책에 중추적인 역할을 담당하였다. 신보수주의의 영어 표현은 'New Conservatism'과 'Neo-conservatism' 이다. 전자는 1950년대 이전의 전통적 보수주의와 구별된다. 반면에 후자는 1970년대 등장하여 레이건 행정부에서 두각을 나타냈으며, 부시 정권에서 외교정책의 수립과 집행에 있어서 중추적인 역할을 수행하였다. 양자를 구분하기 위해 표현을 달리해야 하지만, 두 가지 형태의 보수주의는 "상호 보완 관계를 유지하고 있다."(이봉희, 1996: 11)

주의자들은 한때 국가의 확장을 거부하였으나 국가권력의 확장을 옹호하였다. 반면에 신보수주의자들은 과거의 전통적 보수주의가 의문시하고 거부했던 권력을 장악했다. 그들은 권력 행사의 제한 역시 더이상 미덕으로 생각하지 않는다.

"민주와 인권에 반하는 것은 물론 반인륜적 범죄일 수도 있는 외교정책들까지도 단순히 안정이나 안보의 차원이 아닌 민주주의와 문명의 이름으로 설명해낼 수 있어야 한다는 강박에 가까운 역사의식이 신보수주의의 지적 추동력이었다."(이삼성, 2005: 84-85) 외교정책에 있어서 인권 문제가 핵심이 되었다. 인권 개념은 도덕적 차원과 연관된 '본연의 인권(human rights proper)', 시민권, 정치적 권리, 사회경제적 권리를 포함하고 있으며, 이들은 상호 연관되어 있다(Kristol, 1983: 266). 크리스톨은 "매우 상이한 정치 이념들로 구성된 인권 개념이 미국 외교정책을 형성하는 데 자연적이면서도 불가피하게 기여할 것"(Kristol, 1983: 269)이라고 밝히고 있다.

신보수주의의 아버지인 크리스톨은 신보수주의가 미국의 전통적 보수주의로부터 완전히 이탈하였다는 것을 인정하며, 신보수주의를 완전히 미국적인 것으로 제시한다(Norton, 2004: 77). 부시 행정부의 외교정책을 주도한 신보수주의자들은 일방적인 군사행동을 부끄러워하지 않는다. 그들은 국제 협력을 강조하지 않고 애국주의적 도덕과 미국의 역사적·보편적 가치를 강조한다. 인간의 조건은 선과 악 사이의 투쟁으로 정의된다. '악의 축'이라는 개념에서도 나타나듯이, 악에 대한 부시 행정부의 투쟁은 종교적 확신을 기저로 깔고 있다.

신보수주의는 현대 자유주의에 대한 각성으로 형성된 사상의 흐름이며, 실체와 기질에 있어서 반낭만적이고, 고전 정치철학에 기반을 두고 있으며, 경제성장의 필요성을 믿고, 고상한 사회의 불가피한 기둥으로서 가정과 종교를 존중한다(Kristol, 1983: 75-77). 그리고 보수주의자들은 애국주의의 부활, 강력한 군사력, 그리고 팽창주의 외교정책을 촉구함으로써 인권을 대외 정책의 수단으로 활용한다는 비판을 받아왔다.

크리스톨은 스트라우스가 일반적으로 신보수주의에 주로 영향을 미쳤으며 특별히 외교정책에 그 접근 방식을 주로 제공한 학자라고 강조한다(Drury, 2007: 62). 부시 집권기의 월포비츠 국방차관, 딕 체니 부통령 등 신보수주의자들은 정책적 영감의 근원으로서 스트라우스를 들고 있기도 하다.[16] 비판자들에 따르면, 스트라우스의 철학적 입장을 정치적으로 오용하는 신보수주의자들은 정치적으로 유용한 고귀한 거짓말을 제공하였다. 이들은 9·11테러 이후 부시 대통령이 과거 외교정책의 위선을 암묵적으로 인정해왔다고 주장한다.

신보주의자들은 세계를 인권에 더 유리한 세계로 변화시키기를 원한다고 말한다(Owen, 2007b: 277). 이들에 따르면, 예방적 군사개입은 미국에 대한 직접적인 위협이 없더라도 관련 국가의 시민이나 인근 국가에 미치는 피해를 사전에 차단하는 군사적 개입으로서 정당화된다. 칼 슈미트가 정치적인 것을 우적(友敵) 개념으로 특징화하였듯이, 신보수주의자들은 정치적인 것을 선과 악의 투쟁으로 정의한다. "이를 부정하는 것은 근대의 개인에게서 도덕적 목적의 근원을 박탈하는 것이다."(Owen, 2007b: 278) 여기에서 도덕 이데올로기는 국가의 위대성과 연계된다.

---

[16] 스티븐 스미스의 『레오 스트라우스 독해: 정치, 철학, 그리고 유대주의』는 미국 신보수주의의 잔해로부터 스트라우스와 스트라우스주의를 구원하려는 필사적인 노력을 보여준다(Schultz, 2007: 366). 스미스의 입장에서 볼 때, 신보수주의는 초라하기 때문에, 스트라우스주의와 신보수주의의 연계 역시 초라하다(Schultz, 2007: 370).

인간의 존엄성에 대한 어떤 진지한 관심보다 헤게모니를 확대하고 유지하려는 관심이 서구 전쟁의 본질에 속한다. 그러나 이러한 이론은 위선이 노출되는 인권 남용에 대한 세부적인 재고찰을 통해서만 형성될 수 있다. 그것은 인권과 자유의 확산을 정치적 수사의 핵심에 설정하려는 사람들의 과거와 현재 궤적 기록에 대한 검토를 필요로 한다. 이것은 인권 담론 수사가 잘못 판단되었으며 인권에 해로운가를 판단하는 유일한 방법이다. 이러한 검토를 시작하지 않는 것은 인권 전쟁과 인권 확산의 상관관계를 인정하는 것이다(Owen, 2007a: 104-105).

이상하게도 국내 영역에서 종교와 공격적 민족주의는 국가의 핵심적인 정치 이데올로기가 되고 있다. 시민 다수의 일차적인 관심사는 국가의 위대성이다. 따라서 건국 선조들에 대한 경외는 미국의 가치에 대한 신보수주의 이념의 지지와 연관된다. 신보수주의자들이 상정하는 이상적인 시민은 투표에 참여하는 애국주의자이며, 가정과 국가에 대한 전통적 가치를 지지한다(Owen, 2007b: 279). 국내 정치에서 시민 불복종은 인권 정치와 밀접하게 연계된다. 그런데 신보수주의자들은 시민 불복종과 반전시위에 의심의 눈초리를 보임으로써 인권 문제에 대해 근본적으로 소극적인 입장을 유지한다.

크리스톨은 "한때 현대 세계에서 이데올로기에 기반을 두지 않은 정치는 정치의 무장해제라고 주장했다."(Kristol, 1983: ix) 그러나 전체주의 정치가 정치 영역을 붕괴시키듯이, 이데올로기는 정치를 무장해제한다. 특히 "현대의 세계 상황 속에서 이데올로기의 고전적 유형은 순수한 형태로 존재하지 않는다. 그러나 현재 미국의 정치적 수사에서 관찰될 수 있는 이데올로기들 가운데 하나는 최상의 민주주의 이데올로기이며, 다른 하나는 도덕적 순수성이라는 이데올로기이다."

(Young-Bruehl, 2004: xxi) 이와 같이 도덕적 순수성만을 강조하는 이데올로기 정치에서 인권 문제는 부각될 수 없다. 부시 정부에서 가장 영향력 있는 이데올로기는 도덕 이데올로기이다. 종교 이념을 기저에 깔고 있는 도덕 이데올로기는 민주주의의 보편적 가치를 강화시킨다는 명분으로 부각되었지만, 정치 영역을 심각하게 손상시키는 결과를 초래할 수밖에 없다. "인권 실현을 위한 전쟁과 인권의 확산의 상관관계"(Owen, 2007a: 105)는 검토를 필요로 한다.

6. 시대의 변화와 보수주의

버크 이래 보수주의는 다른 정치 이데올로기와 마찬가지로 정치 영역에 지속적으로 영향을 미쳐왔다. 그러나 자유주의의 경우와 달리, 보수주의는 인권과 관련한 입장을 지니고 있음에도 불구하고 이에 대해서는 소극적인 입장, 나아가 침묵을 유지해왔다. 즉 보수주의는 추상화된 이론보다는 역사적 지혜를 우선시하는 전통 때문에 인권의 보편성에서 시선을 다른 데로 돌리는 것이다. 그러나 보편성과 특수성, 구체성과 추상성이 어느 하나의 형태로만 존재하지 않듯이, 인권의 특수성은 보편성을 전제할 때 비로소 그 정체성을 유지할 수 있다.

인권이 단순히 규제 개념이 아니라 정치적 실천과 연관된다는 점에서 보수주의는 인권 담론의 실천을 위한 정치적 지혜를 제공할 수 있다. 인권과 주권 사이의 긴장을 해결하는 전례로서 인도주의적 범죄에 대한 국제적 개입, 인류에 반하는 범죄에 대한 국제적 제재, 인권법 제정과 같은 정치적 실천은 국가들의 공동 합의를 통해서 실현될 수 있다. 따라서 보수주의는 인권 담론의 실현 가능성을 증진시킬 수 있는 한 축의 근거를 제공할 수 있다.

그러나 인권 담론에서 보수주의자들의 목소리는 거의 들리지 않는 것 같다. 그동안 신보수주의자들은 민주주의의 보편적 가치를 옹호한다는 명분 아래 국가의 이익과 위대성을 내세웠다. 극단적으로 표현하면 이러한 정치적 수사는 실제로 기만적 요소를 담고 있다. 버크가 영국민의 권리를 주장함으로써 인종주의 이전의 인종적 사유의 가능성을 보여주고 있듯이, 더 위대한 명분을 위해 작은 명분을 희생시키겠다는 정치적 수사는 인간의 존엄성을 보장하기 어렵다.

우리는 인권 담론에서 도덕적·법률적 차원뿐만 아니라 정치적 차원의 중요성을 고려해야 한다. 인권 개념에 내재된 긴장에도 불구하고 인권 신장은 공동의 노력인 정치 협약을 통해서 그 빛을 발할 수 있기 때문이다. 정치 협약은 실천적 지혜를 담을 수 있다는 점을 고려할 때, 보수주의는 추상적인 이념이 아니라 현실적으로 당연히 인정되어야 하는 실재로서 인간성 자체의 신장에 기여하는 계기를 간과할 수 있다.

한국의 경우, 민주화 이전 거의 40년 동안 정권 안보와 경제성장이라는 대명제가 우리의 의식 세계를 압도하고 있던 상황에서 삶 자체가 최고의 선이었지 인간다운 삶을 고민하고 이를 실현하려는 노력은 민주화를 열망하였던 시민들만의 관심사였다. 인권 무시, 심지어 인권유린은 물질적 삶의 보장으로 우리가 치러야 했던 대가였다. 이제 우리 사회는 인간다운 삶이 한낱 사치스러운 언사가 아니라 진정한 인간적 실존을 가능케 하는 요소라는 것을 이해하는 의식의 전환을 필요로 한다.

현실적으로, 북한의 인권유린은 심각한 상태이다. 부시 정권은 대북 정책의 일환으로 민주주의와 인권이란 원칙에 따라 '북한 인권법'으로 북한을 압박하였다. 우리도 북한의 인권유린과 관련한 수많은 언론 보도를 접하면서 이를 완화시키기 위한 지원 방안을 모색하고 있다. 비판과 지원은 상호 밀접하게 연계되어 있다. 우리가 북한 정권의 인권유린을 비판하기 위해서는 인권유린과 관련한 과거의 역사를 청산하는 적극적인 정책적 노력을 지속해야 할 것이다. 한국은 인간의 존엄성을 보장하는 물질적 수단을 확보하기 위한 정책을 실현해야 하지만 인간다운 삶을 보장하기 위한 인권 정책에도 관심을 가져야 할 것이다. 변화를 모색하지 않은 보수주의가 지속될 수 없듯이, 한국의 보수주의 역시 인권 문제와 관련하여 변화를 모색해야 할 필요가 있다.

참고 문헌

강정인, 2009, 「보수주의: 비동시성과 동시성 그리고 모호한 정상화」, 강정인·김수자·문지영·정승현·하상복, 『한국정치의 이념과 사상: 보수주의·자유주의·민족주의·급진주의』, 후마니타스, 35-119쪽.
국가인권위원회 인권백서발간위원회, 2004, 『인권백서』 제1집, 서울: 국가인권위원회.
김용민, 1999, 「서구 보수주의의 기원과 발전」, 김병국·김용민·박효종·서병훈·함재봉, 『한국의 보수주의』, 인간사랑, 11-52쪽.
버크, 에드먼드, 2008, 『프랑스혁명에 관한 성찰』, 이태숙 옮김, 파주: 한길사.
벤하비브, 세일라, 2008, 『타자의 권리: 외국인, 거류민, 그리고 시민』, 이상훈 역, 서울: 철학과현실사.
이봉희, 1996, 『보수주의: 미국의 신보수주의를 중심으로』, 서울: 민음사.
스트라우스, 레오, 2001, 『자연권과 역사』, 홍원표 역, 일산: 인간사랑.
이삼성, 2005, 「미국의 신보수주의 외교이념과 민주주의: 현실주의와 도덕철학의 한 결합 양식」, 『국가전략』, 제11권 2호: 81-112.
토크빌, 알렉시스, 2007, 『미국의 민주주의 I, II』, 임효선·박지동 옮김, 서울: 한길사.
Arendt, Hannah, 1951, *The Origins of Totalitarianism*, San Diego, New York and London: A Harvest Books.

Barry, Norman P., 1989, *An Introduction to Modern Political Theory*, London: Macmillan Education Ltd.

Beiner, Ronald, 1990, "Hannah Arendt and Leo Strauss: The Uncommenced Dialogue", *Political Theory* 18(2): 238-254.

Benhabib, Seyla, 2002, "Political Geographies in a Global World: Arendtian Reflections", *Social Research* 69(2): 539-566.

Benhabib, Seyla, 2004, *The Rights of Others: Aliens, Residents, and Citizens*, Cambridge: Cambridge University Press.

Birmingham, Peg, 2006, *Hannah Arendt and Human Rights: The Predicament of Common Responsibility*, Bloomington: Indiana University Press.

Burke, Edmund, 1969, *Reflections on the Revolution in France: and on the Proceedings in Certain Societies in London Relative to that Event*, edited with an Introduction by Conor O'Brien, Penguin Books.

Colan, Tim, and John Dinan, 2007, "Federalism, the Bush Administration and the Transformation of American Conservatism", *The Journal of Federalism* 37(3): 279-303.

Dallmayr, Fred, 1993, "Postmetaphysics and Democracy", *Political Theory* 23(1): 101-127.

Devigne, Robert, 1994, *Recasting Conservatism: Oakeshott, Strauss, and the Response to Postmodernism*, New Haven and London: Yale University Press.

Drury, Shadia B., 2007, "Leo Strauss and American Imperial Projects"(Book Review), *Political Theory* 35(1): 62-67.

Feulner, Edwin J., 2008, "The Roots of Modern Conservative Thought from Burke to Kirk", *The First Principles Series* 19.

Freeman, Michael, 1980, *Edmund Burke and the Critique of Political Radicalism*, Oxford: Basil Blackwell.

Gershman, Sally, 1976, "Alexis de Tocqueville and Slavery", *French Historical Studies* 76(3): 467-483,

Isaac, Jeffrey C., 2002, "Hannah Arendt on Human Rights and the Limits of Exposure, or Why Noam Chomsky is Wrong about the Meaning about the Meaning of Kosovo", *Social Research* 69(2): 505-537.

Kirk, Russell, 1953, *The Conservative Mind: From Burke to Santayana*, Chicago: Henry Regenry Company.

Kristol, Irving, 1983, *Reflections on a Neoconservatism: Looking Back, Looking Ahead*, York: Basic Books, Inc., Publishers.

Kristol, Irving, 1995, *Neoconservatism: The Autobiography of an Idea*, New York: The Free Press.

Lakoff, Sanford, 1998, "Tocqueville, Burke, and the Origins of Liberal Conservatism", *Review of Politics* 60(3): 435-464.

Lamberti, Jean-Claude, 1989, *Tocqueville and the Two Democracies*, Cambridge and London: Harvard University Press.

Lenzner, Steven J., 1991, "Strauss's Three Burkes: The Problem of Edmund Burke in Natural Right and History", *Political Theory* 19(3): 364-390.

Lloyd, Margie, 2001, "In Tocqueville's Shadow: Hannah Arendt's Liberal Republicanism", *The Review of Politics* 57(1): 31-58.

Menke, Christoph, 2007, "The 'Aporias of Human Rights' and the 'One Human Rights': Regarding the Coherence of Hannah Arendt's Argument", *Social Research* 74(3): 739-762.

Norton, Anne, 2004, *Leo Strauss and the Politics of American Empire*, New Haven and London: Yale University Press.

Owen, Patricia, 2007a, *Between War and Politics: International Relations and the Thought of Hannah Arendt*, Oxford and New York: Oxford University Press.

Owen, Patricia, 2007b, "Beyond Strauss, Lies, and the War in Iraq: Hannah Arendt's Critique of Neo-conservatism", *Review of International Studies* 33: 265-283.

Parekh, Serena Marie, 2005, "The Phenomenological Analysis of Human Rights in the Works of Hannah Arendt", Ph. D. Dissertation, Boston College of the Graduate School of Arts and Sciences.

Parekh, Serena Marie, 2007, "Resisting 'Dull and Torpid' Assent: Returning to the Debate Over the Foundations of Human Rights", *Human Rights Quarterly* 29: 754-778.

Schultz, Bart, 2007, "Review Essay: Mr. Smith does not go to Washington", *Philosophy of Social Sciences* 37(3): 366-386.

Strauss, Leo, 1953, *Natural Right and History*, Chicago: The University of Chicago Press.

Tocqueville, Alexis de., 1998, *The Old Regime and the Revolution*, translated by Alan S. Kahan, Chicago and London: The University of Chicago Press.

Pitts, Jennifer Gaston, 2000, "Nation, Rights, and Progress: the Emergence of Liberal Imperialism, 1780-1850", Ph. D. Dissertation, Harvard University.

Young-Bruehl, Elisabeth, 2004, "Preface to Second Edition", *Hannah Arendt: For Love of the World*, New Haven and London: Yale University Press, ix-liii.

4장 공화주의와 인권

곽준혁

1. 서론

최근 공화주의 전통에서의 인권 개념이 학계의 주목을 받고 있다.[1]

---

1) 인권을 정의하는 것은 쉬운 일이 아니다. 특히 인간의 권리를 천부적이고 전정치적(pre-political)이며 보편적이라는 것을 인정하지 않는 공화주의 전통에서, 단순히 '인간이기에 당연히 향유해야 할 권리'로 인권을 정의하는 것은 부적절해 보인다. 따라서 나는 여기에서 인권을 두 가지 측면이 상호작용한 결과로 이해하고자 한다. 첫째, 나는 인간의 권리를 천부적이거나 전정치적인 것이 아니라 정치 공동체 구성원들에 의해 성취되고 토론을 통해 구성되는 사회적 실체로 간주하는 입장을 수용한다. 이 경우 인권은 시간과 공간을 초월하는 절대적인 내용을 갖는 것으로 인식되기보다 구성원들이 기본권에 대해 갖는 견해가 반영되기에 시간과 공간에 따라 변화할 수밖에 없는 내용을 가지는 것으로 이해된다. 둘째, 나는 인권을 개별 정치 공동체의 역사와 문화가 보편, 즉 인간으로서 향유해야 할 최소한의 물적·정신적 조건을 확보하고자 하는 노력과 결합한 것으로 이해한다. 이때 문화적·정치적 경계를 넘어 여러 국가 또는 사회에 적용될 수 있는 인권의 보편성은 비지배적 상호성이 보장된 이문화 간 심의를 통해 확보될 수 있다고 주장된다. 비지배적 상호성이 보장된 상황에서의 민주적 심의에 대해서는 곽준혁(2005)을 참조.

한편으로는 '유력 시민' 또는 '권력 집단'이 공적 영역(public sphere)과 공적 자산(public patrimony)을 독점 또는 오용하는 것을 방지하고자 하는 공화주의 전통에서의 시민적 권리를 인권의 주요한 내용으로 부각시키는 입장이 대두되고 있고,[2] 다른 한편으로는 민주적 절차와 정치사회적 맥락으로부터 독립된 기준을 통해 인권의 내용을 제시하려는 자유주의적인 인권 해석에 대한 대안으로 민주적 심의를 통해 구성되는 시민으로서의 권리를 인권의 내용으로 제시하는 입장이 재조명되고 있는 것이다.[3] 그러나 두 가지 경우 모두 공화주의 전통에서의 인권을 올바르게 설명하고 있다고 보기 힘들다. 전자의 경우 시민적(civil) 권리, 정치적 권리, 그리고 사회적 권리를 넘어선 '제4의 권리'로 공화주의 전통에서의 권리 개념을 제시하고 있는데, 이것은 자유주의 이전 공화주의 전통에서의 권리 개념이 이미 네 가지 의미를 모두 포괄하고 있었다는 사실을 간과한 채 공화주의의 시민권을 자유주의적 인권 개념보다 진화한 형태로 이해하는 오류를 범하고 있다는 비판을

---

2) 이런 입장은 특히 라틴아메리카 학자들의 연구에서 부각되고 있지만, '공적인 것(res publica)'으로 대표되는 공공 영역과 공적 자산에 대한 시민적 권리는 시민의 적극적인 정치 참여를 주문하는 시민적 공화주의(civic republicanism) 또는 공동체주의(communitarianism), 그리고 참여 민주주의를 강조하는 학자들이 오래전부터 다루었던 주제다. 최근 라틴아메리카 학자들 사이에서 대두된 공화주의와 관련된 인권 연구의 경향에 대해서는 페레이라의 연구(Bresser-Pereira, 2002)를 참조하고, 후자의 경우는 '공적인 것'을 공적 영역과 연관시켜 공적 자산에 대한 시민의 적극적인 권리를 강조했던 오스트롬의 연구(Ostrom, 1994), 그리고 신로마 공화주의(neo-Roman republicanism)를 사회적·시민적 최소 조건을 보장할 수 있는 '시민 경제(civic economy)'의 확립이라는 목적에서 재해석한 대거의 연구(Dagger, 2006)를 참조.

3) 실제로 자유주의의 등장 이전 공화주의 전통에서는 '천부인권' 또는 '자연권'이라는 개념 자체가 존재하지 않았다. 왜냐하면 개인이 향유할 수 있는 권리는 심의를 통해 확정 또는 변경될 수 있는 시민적 권리로 이해되었고, 사회적으로 보장받지 않는 한 그 어떤 권리도 도덕적 주장에 불과한 것으로 이해되었기 때문이다(Brunt, 1988: 281-350).

피할 수 없다. 또한 후자의 경우도 이른바 자연권으로 대표되는 자유주의적 인권 개념에 대한 다양한 형태의 도전들이 재구성된 것일 뿐이라는 비판으로부터 자유롭지 못하다. 자연적으로 부여되는 것이 아니라 '획득된 것' 또는 '심의를 통해 구성되는 것'으로서의 인권 개념은 다양한 전통에서 발견되고, 공화주의도 다수결주의가 가져올 반인륜적이고 반인권적인 결정을 방지 또는 억제할 법적 제도가 필요하다는 인식을 갖고 있다.[4] 즉 두 입장은 공화주의 전통에서의 인권보다 자유주의에 대한 대안으로서 공화주의의 역할에 지나치게 초점을 맞추고 있다고 볼 수 있다.

사실 공화주의는 인권에 대해 매우 소극적인 태도를 견지하고 있다는 비난을 받아왔다. 크게 두 가지 이유 때문이다. 첫째는 정치 공동체에 대한 헌신 또는 공동체적 삶을 통해 배양된 시민적 덕성을 강조하는 시민적 공화주의 또는 공동체주의가 공화주의를 대표했던 상황에서, 공화주의는 문화적 또는 정치적 경계를 넘어 존재하는 인권의 보편적 기준을 무조건 거부한다는 인상이 굳어졌기 때문이다. 모든 공동체주의자가 문화적 특수성만을 고집한다고 볼 수는 없다. 그러나 어떤 공동체가 갖는 문화적 특수성과 집단 내부의 가치가 갖는 도덕적 우월성에 대한 주장을 공동체주의자들은 '특수주의' 또는 '문화적 상대성'이라는 이름으로 옹호해왔을 뿐만 아니라,[5] 문화적 경계를 넘

---

[4] 이런 맥락에서 보비오는 인권이 '자연적으로 부여된 것'이라기보다 '획득된 권리'라고 보는 입장을 '실증법적'이라고 부르고, 자연권과 같이 절대적인 것을 상정하지는 않지만 시민적 열망과 민주적 심의를 통해 획득되어야 할 권리로 인권을 이해하는 입장을 '이성적 또는 비판적'이라고 불렀다(Bobbio, 1996: 3-11). 다수결주의를 통한 인권침해의 가능성에 대해서는 엘스터의 연구를 참조하고(Elster, 1999: 123-126), 공화주의 전통에서 이러한 문제를 방지하기 위해 어떤 법적·제도적 장치가 모색되고 있는지에 대해서는 페팃의 연구를 참조(Pettit, 1997: 171-205).

[5] 공동체주의에서 문화적 상대성 또는 문화적 특수성을 옹호하는 경향은 '아시아

어선 인권의 보편성과 관련된 주장에 대해서도 공동체주의자들은 탈식민주의의 서구 중심주의 비판만큼이나 반발해왔다는 점을 부인하기 힘들다.6) 둘째는 인권을 민주적 심의를 통해 구성된 정치사회적 권리 또는 시민으로서의 권리로 이해하는 공화주의가 민주적 절차 또는 시민적 합의를 통해 형성될 수 있는 반인권적 또는 반인륜적 결정마저도 용인할 것 같은 편견이 팽배했기 때문이다(곽준혁, 2006: 92-95). 시민적 공화주의를 주장하는 학자들 중에도 문화적 경계를 넘어 모든 사회에 통용될 수 있는 도덕적 기준이 있을 수 있다고 주장하는 경우가 있다. 예를 들면 왈쩌와 같은 학자는 반복된 경험을 통해 거의 모든 사회가 공감할 수 있는 최소한의 기준 또는 협소한 도덕성(thin morality)이 있을 수 있다고 보는 것이다(Walzer, 1994: 9-10). 그러나 이러한 최소 기준은 인권의 절대적 보편성을 주장하는 자연법 이론가들에게는 여전히 부적절하고(Finnis, 2000; Cranston, 1983), 민주적 심의로부터 독립된 사법적 검토의 필요성을 강조하는 반다수결주의자들에게는 턱없이 불충분할 수밖에 없다(Dworkin, 1996: 345).

적 가치'와 관련된 인권 논쟁에서 가장 잘 나타났다(Fox, 1997; Thompson, 2000: 660-664). 그러나 인권 논의에서 아시아적 가치와 공동체주의의 연관성을 강조하는 경향은 최근 크게 줄어들었다. '아시아적 가치'의 특수성을 주장하는 입장들이 오히려 아시아 각국의 다양한 문화적 차이를 무시했다는 비판(Sen, 1997: 34), 아시아의 권위주의 정부들에 의해 차이가 과장 또는 왜곡되었다는 의견(Donnelly, 1999: 79-83; Taylor, 2008[1996]: 142-143), 그리고 아시아의 정신문화에서도 동서양의 경계를 넘어선 보편적 인간 가치를 구현할 수 있다는 해석이 설득력을 얻어가고 있기 때문이다(Caney, 2001: 60-70). 마지막 경우에 대해서는 개인주의와 구별되는 인격주의(personalism)를 가지고 '유가적 공동체주의'와 서구의 인권 개념을 연결시키려 한 드베리와 웨이밍의 연구를 참조(de Bary, 1998: 1-29; Weiming, 1998).
6) '지구적 시민사회'를 주창한 포크(Richard Falk)와 세계시민교육을 주창한 너스바움(Martha Nussbaum)에 대한 샌들의 비판은 이러한 태도를 잘 반영하고 있다. 샌들은 사해동포주의적 이상은 도덕적 이상으로서도 시민적 자율을 위해서도 결함이 많을 뿐만 아니라 실현 가능성도 없다고 비판한다(Sandel, 1996: 338-349). 공동체주의의 자기 문화 절대주의는 하워드의 연구를 참조(Howard, 1993: 326-332).

반면 '신로마' 공화주의의 등장과 함께 부각된 '고전적' 공화주의가 공화주의 전통을 대표하게 된 지금에 이르러서는 공화주의와 인권의 상관관계에 대한 인식이 크게 달라지고 있다(Hope, 2008). 고전적 공화주의도 시민적 공화주의와 마찬가지로 인간의 상호 의존성과 개별 문화의 특수성을 강조하고, 인권의 절대적 보편성이나 자연권으로서의 인권을 거부한다(곽준혁, 2007). 그러나 고전적 공화주의가 제시하는 자유의 고전적 의미, 즉 '비지배(nondomination)'—타인의 자의적 의지로부터의 자유—는 공화주의와 인권의 새로운 결합 양식에 대한 기대를 갖게 만들었다. 무엇보다 고전적 공화주의가 시민으로서 향유해야 할 가장 기본적인 정치사회적 조건으로 제시하는 비지배 자유가 자유주의 진영에서 인권과 관련해서 지속적으로 강조해왔던 '개인의 자율성'이라는 부분을 충족시켜줄 수 있는 것처럼 비쳐졌고, 그 결과 전정치적 직관에 기초하는 공동체 우위의 집단주의적 경향성이나 소속된 공동체에 대한 의무를 넘어선 세계시민적 책임에 대해 무관심하다는 비판으로부터 공화주의를 자유롭게 할 수 있다는 믿음을 주었다. 즉 공화주의 전통에서 문화적 또는 정치적 경계를 초월하는 보편적 틀이 없어도 특정 정치 공동체의 울타리를 넘어 적용될 수 있는 판단 기준이 있을 수 있고, 자연권의 존재를 거부하면서도 민주적 심의를 통한 결과에 이르기까지 비인간적·반인류적 내용을 방지 또는 조정할 수 있는 일관된 조정 원칙을 찾아낼 수 있다는 자각을 제공한 것이다.[7]

---

[7] 이미 신로마 공화주의자들을 필두로 고전적 공화주의자들은 공동체에 대한 애정의 지구적 차원으로의 확산(Viroli, 2002; White, 2003), 지구적 차원에서의 시민사회 건설(Bohman, 2001; 2004), 그리고 비지배 자유에 기초한 헌정 질서와 지구적 차원의 교감(Pettit, 2010)을 통해 공화주의와 인권의 보다 적극적인 결합 양식을 모색하고 있다.

심의를 통해 정치적·문화적 경계를 초월하는 보편성을 확립할 수 있는지 여부로 인권 논의의 초점이 이전된 것도 공화주의에 대한 기대를 증폭시키고 있다.[8] 인권의 보편성을 주장하는 입장에서는 이문화 간(cross-cultural) 심의를 통해 비교 가능한 판단 기준을 확립할 수 있다는 견해가 이미 있었다.[9] 그러나 지금은 심의를 통해 보편성을 추구하는 경향이 다양한 입장에서 발견되고 있다. 다문화주의자인 파레크(Bhikhu Parekh)는 보편적 가치가 갖는 규범적이고 비판적인 기능을 유지하면서 동시에 보편적 가치가 문화를 통해 어떻게 표현되는지를 주목해야 한다고 주장하고, '비(非)자기 민족 중심(non-ethnocentric)의 심의'가 정치적·문화적 경계를 넘어서는 판단 기준을 구성할 수 있다고 역설했다(Parekh, 1999: 139-150). 인간 존엄성이 지나치게 서구 중심적으로 이해되고 있다고 비판했던 오누마도 인권을 목적이 아니

---

8) 1990년대만 하더라도 인권과 관련된 가장 활발한 논의는 보편과 특수를 둘러싼 논쟁 또는 이상과 현실 사이의 대립에서 발견되었다. 한편으로는 단일한 잣대로 문화적·정치적 경계를 넘어 여러 국가 또는 사회를 인권이라는 범주에서 비교할 수 있는가라는 질문과 관련된 논쟁, 다른 한편으로는 인권을 보장할 수단과 방법뿐만 아니라 인권의 내용도 국제정치에서의 권력관계와 주권국가 사이의 정치적 타협에 달려 있을 수밖에 없다는 판단을 둘러싼 담론이 주를 이루었던 것이다. 전자와 관련해서는 도넬리의 연구(Donnelly, 2003: 89-123)를 참조하고, 후자와 관련해서는 이그나티에프의 연구(Ignatieff, 2001: 3-98)를 참조.
9) '강한 사해동포주의자'인 너스바움의 경우, 인간으로서 향유해야 할 최소한의 물적·정신적 조건으로 '가능성(capabilities)'을 인권의 내용으로 제시하고, 이문화 간 토론을 통해 포용적이면서도 수시로 변경이 가능한 '두텁고 희미한(thick vague)' 가능성의 목록들을 구성할 수 있다고 주장해왔다(Nussbaum, 2000: 411-426; 1997: 277). 그리고 '약한 사해동포주의자'로 분류되는 롤즈(John Rawls)는 정치사회적·문화적 차이가 있다고 하더라도 자기 공동체 구성원에 대해 기본적인 인권을 보장하는 사회의 사람들 사이에는 민주적 심의를 통해 중첩적 합의가 존재할 수 있기에, 특정 문화 또는 정치체제의 일방적 우위를 주장하거나 강요하는 것은 옳지 못하다고 주장했다(Rawls, 1999: 78-88). 사해동포주의의 분류는 크로닌과 그리프를 참조(Cronin & Greiff, 2002).

라 매개로 한 '문명 간(inter-civilizational)' 대화를 통한다면 문화적 경계를 초월한 물질적·정신적 인간성의 실현이 가능하다고 보았다(Onuma, 1999: 120-123). 또한 인권 논의에 잠재된 자유주의와 공동체주의의 대립에 주목한 하버마스는 자유주의의 주관성과 공동체주의의 집단성을 모두 극복할 수 있는 방법의 하나로 민주적 절차를 통한 '상호주관적' 공적 토론을 제시한다(Habermas, 1999: 61-63; 1996: 21-26). 여기에 비지배 자유가 문화적·정치적 차이에서 비롯된 갈등에도 불구하고 민주적 심의의 조건을 제공할 수 있다고 확신하고, 문화적 공동체의 자율성이 침해되지 않는 선에서 인권의 내용을 구성할 수 있다고 주장하는 고전적 공화주의가 가세한 것이다.

이러한 맥락에서, 이 장은 자연적으로 부여된 권리가 아니라 심의를 통해 구성되는 권리로 인권을 이해하는 고전적 공화주의 전통을 새롭게 재조명하고, 정치사회적 권리로서 인권의 내용을 구성하는 심의적 구성과 정치사회적 경계를 넘어 적용되는 인류 보편의 권리를 조화시킬 수 있는 원칙으로 '비지배적 상호성'을 제시하고자 한다. 구체적으로 두 가지 과제가 수행된다. 첫째, 최근 고전적 공화주의와 인권의 상관관계와 관련된 이론들을 비판적으로 검토한다. 이 과정에서 시민적 공화주의와 구별되는 고전적 공화주의의 인권관이 제시되고, 동시에 고전적 공화주의 내부의 인권과 관련된 이론들이 갖는 장단점이 부각될 것이다. 둘째, 민주적 절차 또는 시민적 합의로부터 독립된 절대적 기준에 호소하지 않으면서도 보편적 인권의 내용을 구성할 수 있는 조정 원칙으로 비지배적 상호성을 제시한다. 구체적으로, 공감의 범위가 확대되는 감정적 전이를 대체할 설득의 정치를 통한 국내외 정치의 연계를 내용으로 하는 정치적 전이가 검토되고, 정초주의와 상대주의를 동시에 거부함으로써 이문화 간·국가 간 심의를 통해 결정된 인권의 내용들이 보편적으로 적용될 수 있도록 조정하는 원칙으로 비지배적 상호성이 구체화된다.

2. 공화주의에서의 인권 논의

인권이 자연적 권리가 아니라 역사적 또는 사회적으로 구성된 권리라는 주장은 오래전부터 존재했다. 여기에서 '역사적' 또는 '사회적'이라는 말이 의미하는 바는 인권이 정치적 구성물이 아니라 자연적 권리로, 특정 집단의 권리가 아니라 모두가 향유해야 할 평등한 권리로, 그리고 동일한 공동체에 소속된 시민들에게만 허용되는 것이 아니라 인류 보편의 권리로 인식된 시점에 대한 정치사회적 성찰이 필요하다는 것이다. 역사학자 헌트의 연구에서 보듯, 17세기 자유주의가 자연권을 전면에 내세운 이후에도 인권은 평등성과 보편성을 쉽게 확보하지 못했고,[10] 미국 「독립선언서」나 프랑스 「인간과 시민의 권리선언」에 등장하는 '인간의 권리(rights of man)'라는 말이 평등성과 보편성을 구체화할 수 있었던 것도 18세기 중엽부터 '자율'과 '평등'이 지

---

[10] 지성사 연구가 갖는 실증적 한계에도 불구하고, 헌트의 연구가 우리의 관심을 끄는 이유는 두 가지다. 첫째는 정치사회적 상호작용에 주목했다는 점이다. 헌트는 인권의 내용에 '평등성'과 '보편성'이 구체화된 것은 18세기에 이르러 다른 사람을 자신과 동일한 인격체로 인식하는 '감정이입(empathy)'이 새로운 힘을 얻었기 때문이었고, 이러한 공감의 확대는 당시 소설들이 전달하는 내용을 통해 개개인들의 인식에 변화가 있었기 때문이었다고 주장한다(Hunt, 2007: 35-69). 둘째는 인권을 정치사회적 열망으로 이해한 것이다. 헌트는 18세기 지식인들조차도 여성과 노예의 권리에 무관심했던 것처럼, 19세기 민족주의의 출현과 함께 인권에 대한 이해가 후퇴한 것처럼, 1948년 인권선언은 존재하는 것이 아니라 존재해야 할 것에 대한 열망을 대변한다고 본다. 동일한 맥락에서 헌트는 인권은 반인권적 행위를 방지하고자 우리가 유일하게 공유하는 열망이며, 이러한 열망의 실현을 위해 대중매체의 역할이 그 어느 때보다 중요하다고 역설한다(Hunt, 2007: 176-216).

식 사회에서 주요한 가치로 받아들여졌기에 가능했을 정도였다(Hunt, 2007: 22-34). 실제로 비교 역사적 시각을 가진 대부분의 학자가 동의하는 것처럼, 근대 자유주의가 대두되기 이전 서구 사회에서 '인간의 권리'는 인권(human rights)이라기보다 시민으로서 향유할 수 있는 정치사회적 권리의 다른 표현이었다(Bobbio, 1996: 32-60). 즉 근대 자유주의가 출현하면서 사회의 일원으로서 시민이 가지던 권리는 개개인이 자연으로부터 부여받은 권리로 이해되기 시작했고, 기독교로부터 배양된 개인의 자율성에 대한 계몽주의적 신념을 바탕으로 인권은 억압에 대한 저항과 불가침의 자유와 같은 내용으로 구체화되게 된 것이다. 공화주의의 인권에 대한 인식은 바로 이와 같은 이해에 기초한다. 인권의 자연성은 거부되고, 정치사회적 맥락에 따라 인권의 내용이 다르게 구성될 수밖에 없다고 보는 것이다.

그러나 인권을 자연적 권리가 아니라 정치사회적 구성물로 이해한다는 사실이 곧 공화주의가 지구적 차원의 정의에 무관심하다거나 인권의 보편성을 무시한다는 비난의 근거가 될 수는 없다. 앞서 언급한 것처럼, 정치사회적·문화적 특수성을 강조하는 시민적 공화주의도 모든 사회가 공감할 수 있는 인권의 최소 기준을 제시하기도 한다. 한편으로는 이문화 간 차이를 강조하지만, 다른 한편으로는 차이를 넘어선 보편적 판단 근거가 구성될 수 있다는 견해를 피력하는 것이다. 물론 사해동포주의에서 제시하는 인권의 보편성과 공화주의 전통에서 언급하는 그것이 동일한 것은 아니다.[11] 이문화 간 대화를 통해 인권의 내용을 구성할 수 있다는 전제에서 '제한된' 또는 '최소주의적'

---

11) 전자의 경우는 보편성이 특정 사회의 정치사회적 맥락으로부터 독립해서 적용되어야 할 것으로 이해되지만, 후자의 경우 보편성이란 특정 사회의 정치사회적 맥락과는 불가분의 관계를 갖고 있는 도덕적 잣대가 구체적 사안을 통해 상세하게 표현된 결과일 뿐이다(Walzer, 1994: 1-19, 36-39).

보편성을 주장하더라도, 전자의 경우는 궁극적으로 정치사회적·문화적 맥락으로부터 독립된 중립적이고 객관적인 보편성을 형성하고자 한다면, 후자의 경우는 보편성이란 지역적 특수성을 가진 문화를 통해 해석되고 납득될 수밖에 없다고 본다(Beitz, 2001: 272-276). 이렇게 볼 때, 공화주의와 인권의 결합에서 중요한 과제는 어떻게 인권의 보편성이 문화적 특수성을 통해 반영되느냐를 설명하는 것이 아니다. 보다 시급한 과제는 어떻게 사회 구성원으로서 동료 시민들에게 갖는 의무가 인간으로서 갖는 의무로 확대될 수 있는지, 그리고 어떻게 각 사회 속에서 형성된 도덕적 기준에 얽매일 수밖에 없는 자기 문화 내 포적인 보편성이 정치사회적 경계를 넘어 비판적이고 강제적인 영향력을 갖게 되는지를 설명하는 것이다. 최근 공화주의자들은 이러한 과제에 대한 해답을 다름 아닌 고전적 공화주의 전통에서 찾을 수 있고, 그 해답은 자유주의자들이 제시하는 '최소 기준'보다 풍부하고 일관성이 있다고 주장하고 있다. 여기에서는 이들이 제시한 해결책들을 비판적으로 검토해보고자 한다.

1) 감정적 전이

공화주의와 인권의 결합에 대한 최근 이론들 중 첫 번째로 살펴봐야 할 것은 사회의 구성원으로서 갖는 특수성이 '감정적 전이(Emotional Transition)'를 통해 인간으로서 갖는 보편성으로 확대된다는 주장이다. 이와 같은 주장은 주로 민족주의나 애국심과 같은 집단적 정체성 또는 특정 정치적 공동체에 대한 소속감이 지구적 차원의 정의와 상충하기보다 상호 보완적 역할을 할 수 있다고 믿는 학자들이 개진하고 있다. 크게 두 가지 입장으로 나뉘는데, 동료 시민들에 대한 의무와 전체 인류에 대한 의무의 차별성을 강조하면서 권리보다는 책임에 초점을 두고 인권 문제에 접근하는 입장, 그리고 인간과 사회라는 두 가지 차원을 분리하기보다 두 차원 모두에 동일하게 적용될 수 있는 일관된 판단 기준을 통해 공감의 확대를 설명하려는 입장이 있다. 전자가 시민적 연대가 갖는 긍정적인 정치사회적 기능에 주목하는 시민적 공화주의의 순화된 형태라면, 후자는 정치사회적 조건으로서 비지배 자유에 주목하는 최근 고전적 공화주의의 한 형태다.

첫 번째 입장은 밀러의 '약한 사해동포주의'에서 찾을 수 있다(Miller, 2007).12) 그가 최근 구체화한 약한 사해동포주의는 자신이 주창하는 시민적 민족주의가 지구적 정의를 구현하고자 하는 도덕적 요구와 결코 대립되지 않는다는 주장에서 출발한다. 즉 민족국가에 기초한 시민적 책임에 대한 강조가 인권과 관련된 지구적 차원의 도덕적 열망을 무시하지 않는다는 점을 강조한 것이다. 여기에 인간의 존엄성을 유지하는 데 필요한 최소 기준들은 반드시 옹호되어야 하고, 최소 기준의 결핍으로 고통을 받는 사람들이 있다면 직접적인 고통의 책임이 없다고 하더라도 그들을 구제해야 할 의무가 있다고 주장한다(Miller, 2007: 230-261). 이러한 측면만을 볼 때, 밀러의 약한 사해동포주의는 자신이 견지했던 공화주의와 인권의 결합에 중대한 수정을 한 것처럼 보인다. 그러나 그의 주장은 근접성(proximity)에 기초한 감정적 애착이 지구적 차원으로까지 전이될 수는 없다는 이전의 주장과 크게 다르지 않다. 실제로 동료 시민들에 대한 의무와는 달리, 전체 인류에 대해서는 사회적 권리까지 보장해주어야 할 책임은 없다는 태도가 견지된다

---

12) 밀러는 영미학계의 일반적인 민족주의에 대한 거부감과는 대조적으로, 개인의 자유와 민주적 절차를 통해 순화된 민족주의는 시민들 사이의 신뢰를 강화시킴으로써 재분배의 문제를 포함한 사회정의의 실현에 도움이 된다는 입장을 견지해왔고, 소속된 공동체에 개개인이 갖게 되는 감정적 애착(attachment)을 기대할 수 없는 지구적 차원에서는 분배적 정의를 기대할 수 없다는 태도를 보여왔다 (Miller, 2000: 24-40, 81-96).

(Miller, 2007: 34-43). 따라서 밀러의 공화주의와 인권의 결합 양식, 즉 지구적 의무와 시민적 의무가 뚜렷이 구별된다는 전제에서 전개되는 인권 논의는 그에게 가해졌던 이전의 비판들을 환기시킨다. 왜 지구적 차원에서는 불가능한 감정적 애착이 단 한 번도 만난 적이 없는 민족국가 내부의 시민들 사이에서는 자연적으로 발생한다는 것인지, 그리고 왜 지구적 의무에 대해서는 자발적 헌신을 기대할 수 없는지에 대한 설명이 불충분하다는 것이다.

두 번째 입장은 공화주의적 애국심(republican patriotism)을 민족주의의 배타성을 극복할 대안으로 제시하는 비롤리(Maurizio Viroli)와 화이트(Stuart White)의 주장에서 발견된다. 비록 이들은 자신이 소속된 공동체의 문화와 동료 시민에 대한 특별한 애정을 인정한다는 점에서 밀러와 유사하지만, 사회 구성원으로서의 국지적 의무와 인간으로서의 지구적 의무가 구별되지 않는다고 본다는 점에서는 다르다(White, 2003: 256).[13] 이들에게 국지적 의무와 지구적 의무는 비지배 자유를 통해 연결되고, 비지배 자유는 스스로가 비지배적 조건을 경험하고 유지시키는 과정에서 가지는 이성적 판단으로 전환된다. 그리고 동일한 맥락에서 이들은 어떤 공동체에 소속되었다는 이유만으로는 결코 밀러가 말한 감정적 애착이 생길 수 없다고 본다. 오직 비지배 자유를 향유할 수 있는 정치체제만이 이러한 감정적 애착을 구성원들에게서 유발할 수 있고, 이러한 정치체제에서 자유를 향유하는 시민들은 다른 공동체 구성원들에게도 비지배 자유를 보장해야 한다는 의무감,

---

13) 화이트는 비롤리와의 차이를 언급하지만, 공화주의적 애국심이 갖는 보편성에 대한 이견 이외에 인식론적 전제나 정치사회적 구상에서 큰 차이를 발견할 수는 없다. 그가 제시한 차이는 마치니(Giuseppe Mazzini)의 계몽주의적 자유주의를 공화주의적으로 해석했다는 점, 정치 공동체에 대한 충성과 정치제도에 대한 이성적 판단을 구별한 점, 그리고 공화주의적 애국심을 지나치게 보편적 가치인 것처럼 묘사한 점이다(White, 2003: 257).

즉 감정적 전이를 갖게 된다고 보는 것이다(White, 2003: 258-259; Viroli, 2002: 86-91).

> 특정 조국의 시민이기 전에 우리는 인간이고, 이것은 곧 민족적 경계가 결코 도덕적 무관심의 핑계거리가 될 수 없다는 것을 의미한다. 고통 받는 사람들의 목소리는 어디에서 들려오든지 반드시 들리게 된다. 문화적 차이가 얼마나 큰가에 상관없이 자유에 대한 사랑은 그들이 겪는 고통의 전이(transition)를 가능하게 한다(Viroli 2002, 85).

그러나 소위 화이트가 '인본주의적 연대(humanitarian solidarity)'라고 부르는 이러한 감정적 전이는 두 가지 근본적인 문제점을 갖고 있다. 첫째는 인본주의적 연대감을 개인의 선택으로 치환시켰다는 점이다. 개인의 선택으로 치환된 감정적 전이는 일반적으로 전정치적 보편성을 전제한 자유주의적 사해동포주의에서나 볼 수 있는 인식론적 태도이다. 왜냐하면 정치적 삶을 공유하는 동료 시민들에 대한 애정으로부터 이성적 판단을 구별할 때에만, 그리고 시민적 책임성을 개인의 선택에 좌우된 것으로 이해할 때에만 이런 인식이 가능하기 때문이다. 둘째, 비지배 자유가 감정적 전이를 자동적으로 일으킬 것이라는 확신을 뒷받침할만한 설명이 부재하다. 사회 구성원으로서 경험한 비지배 자유가 종종 감정적 전이를 방해할 수도 있다. 정치 공동체 사이의 갈등에서 자주 노출되듯, 사회 구성원으로서의 공감은 인간성에 기초한 공감과는 달리 구체적인 사건과 경험에 대한 기억을 갖고 있고, 동시에 구체적 사안에서 자의적 지배로부터의 자유에 대한 상이한 이해가 인간성이 가져다주는 도덕적 판단을 왜곡할 수도 있는 것이다.

2) 지구적 심의

감정적 전이를 통해 공화주의와 인권의 결합을 설명하려는 주장들은 개개인이 지구적 의무에 대해 가지는 자발적 동기에만 집중한 경향이 있다. 따라서 이들에 대한 비판도 그러한 동기가 가능한지 여부에 맞춰질 수밖에 없다. 즉 밀러의 경우에는 근접성만이 자발적 헌신과 감정적 애착을 가져오는지, 공화주의적 애국심을 주장하는 학자들의 경우에는 비지배 자유의 경험이 어떻게 지구적 차원의 공감으로 확대될 수 있는지 여부에 비판이 집중되는 것이다. 반면 '지구적 심의(Global Deliberation)'라는 주제를 통해 공화주의와 인권의 결합 양식을 설명하려는 입장은 심의에 초점을 맞춘 경우라고 할 수 있다. 감정적 애착에 기초하거나 시민적 덕성에 호소하기보다 심의를 통해 다양한 행위자가 지구적 차원의 정치적·도덕적 판단 기준을 가질 수 있다고 전제하고, 전제로부터의 해방이라는 공화주의의 비지배 자유가 인권의 내용을 결정할 지구적 심의의 조건을 제공해줄 것이라고 말하기 때문이다. 이러한 입장을 대표하는 학자는 보먼(James Bohman)이다. 그는 몇 해 전만 하더라도 하버마스의 소통 이론을 발전시켜 심의 민주주의와 유럽 통합의 바람직한 방식을 연구하던 학자였다. 그러던 그가 고전적 공화주의의 비지배가 갖는 규범적 가치에 주목하고, 비지배 자유를 통해 지구적 차원의 민주적 심의가 가능할 뿐만 아니라 초국가적 시민사회의 형성이 가능하다고 주장하고 나선 것이다.

보먼의 주장은 크게 세 가지 주제로 나뉜다. 첫째는 보편적·세계시민적 논의를 위한 틀로 제시된 '공화주의적 사해동포주의'다.[14] 보먼

---

14) 보먼에게 있어 공화주의적 사해동포주의는 밀러의 약한 사해동포주의와 절대적 보편성을 주장하는 자유주의적 사해동포주의의 대립을 극복하기 위한 하나의 대안이다. 전자는 시민적 책임에 지나치게 집착해서 민족 단위를 넘어선 세

은 지구적 차원에서의 상호 의존의 심화가 오히려 국가 간의 불평등과 세계은행이나 거대 기업의 자의적 간섭을 가중시키고 있다고 지적하고, 비지배 자유에 기초한 공화주의적 사해동포주의가 보편적·세계시민적 틀을 제공할 수 있다고 주장한다(Bohman, 2004: 337-341; 2001: 9-12). 둘째는 지구적 차원의 민주적 심의다. 보먼은 인권의 보장이나 반인권적 행위의 규제와 같은 지구적 사안을 처리하기 위해서는 민주적 심의가 필요하고, 이러한 민주적 심의는 각기 다른 처지에 있는 정치 공동체들이 모두 받아들일 수 있는 심의의 조건이 구축될 때에야 가능하다고 전제한다. 이런 전제에서, 그는 타인의 자의적 의지로부터 자유로운 상태를 심의의 조건으로 제시하는 고전적 공화주의가 지구적 차원에서의 민주적 심의의 가능성과 실현성을 높일 수 있다고 보고 있다(Bohman, 2008: 203-215; 2001: 15-18). 셋째는 지구적 차원에서의 시민사회 건설과 관련된 논의다. 그는 지구적 차원에서 민주주의가 실제로 실현되려면 국가적 차원에서의 인민주권과 같은 집단적 정체성이 필요하고, 문화적 특수성이나 국가적 경계를 초월하는 지구적 차원의 집단적 정체성은 그 어떤 형태의 자의적 간섭도 용인되지 않도록 감시하고 심의하는 초국가적 시민사회가 건설될 때 가능하며, 이러한 지구적 차원의 시민사회는 개인적 차원에서 인간답게 행동하는 것뿐만 아니라 집단적 차원에서 구성될 인권의 내용에 이르기까지 일관되게 비지배를 관철시킬 때 건설될 수 있다고 주장한다(Bohman, 2008: 201-205; 2001: 12-15). 즉 비지배를 통해 지구적 차원에서 적극적 시민성을 형성하고자 하는 것이다.

보먼이 비지배 자유를 보편적·세계시민적 틀로 제시하거나, 지구

계시민적 의무를 논의하기에 부적절하고, 후자는 개인의 도덕적 판단을 정치사회적 맥락과는 무관하게 이해하기에 불충분하다는 것이다(Bohman, 2004: 340-341; 2001: 5-9).

적 차원의 민주적 심의를 위한 전제 조건으로 내세운 점은 문제가 될 것이 없다. 오히려 고전적 공화주의에서 정의된 비지배 자유를 국가적 차원으로부터 지구적 차원으로 적절하게 확대한 경우라고 할 수 있다. 그러나 보먼이 세계시민사회 건설에 집착해서 공화주의와 인권의 결합을 설명한 것은 비판의 여지가 있다. 첫째, 초국가적 시민사회가 지구적 차원의 민주주의를 정착시키는 데 필수적이라는 주장에 동의하더라도, 비지배 자유를 세계시민사회의 건설을 위한 수단으로 이해하거나 민주주의 그 자체로 설명하는 것은 무리가 있다. 공화주의에서 비지배 자유는 민주적 심의를 구성하는 조건이지만, 시민적 책임성을 높이는 수단은 아니다(Pettit, 1997: 186-200). 반면 보먼은 적극적인 정치 참여를 통한 자율에 초점을 맞추고, 비지배를 시민적 견제력과 심의 능력의 평등한 부여를 내용으로 하는 민주주의와 동일시한다(Bohman, 2007: 1-57). 그 결과 비지배 자유가 갖는 최소 조건으로서의 의미가 사라지고, 이러한 조건을 보장하기 위해 필요한 것들이 지구적 차원의 시민사회를 건설하기 위한 기제로 전치되었다. 둘째, 민주적 심의를 통해 개별 국가가 시민들에게 요구하는 특수한 원칙들이 인류 보편의 원칙들과 조화될 수 있는 방안을 제시했다는 점에서는 성공적이지만, 비지배적이고 민주적인 절차와 제도에 대한 애정이 실질적인 삶의 공유를 통해 형성되는 공동체와 동료들에 대한 애정을 대체할 수 있을지에 대해서는 의구심이 생긴다. 하위 단위와 분리된 문화적 총체로서의 민주적 심의는 유럽의 정치적 통합을 설명할 수는 있지만, 민주적 심의만을 통해 배분적 정의를 포함한 지구적 사안을 해결할 지구적 차원의 정체성이 생기는지에 대해서는 쉽게 예단할 수 없다는 것이다.

3. 고전적 공화주의와 인권의 결합

호프는 최근 논문에서 고전적 공화주의에서의 인권 논의가 갖는 문제점들을 다음과 같이 지적하고 있다. 첫째는 비지배가 정치사회적 맥락을 넘어 모두가 동의할 수 있는 판단 기준이 될 수 없다는 것이다(Hope, 2008: 370-374). 호프의 비판은 비지배 자유가 실현될 수 없다는 비관적 현실주의에서 비롯된 것도 아니고, 지배란 어떤 정치 공동체에서도 발견될 수 있다는 냉소주의에 기초한 것도 아니다. 정치사회적 맥락으로부터 독립된 근거를 찾고자 노력하는 자유주의와는 달리, 고전적 공화주의는 그 자체만으로는 어떤 권리와 의무를 누가 그리고 왜 가지고 있는지를 명확하게 설정할 수 있는 객관적 기준을 제공하지 못한다는 인식에서 출발한 것이다. 둘째는 고전적 공화주의에서 비지배 자유는 제도적 보장 없이도 상호 간의 의무를 요구할 수 있는 기본적인 권리가 아니라는 지적이다. 이런 비판은 심의의 조건과 권리의 조건은 다르다고 전제하기에 가능한 것이고, 제도적 구축 이전에 상호 관계의 의무를 부과할 수 있도록 보완되지 않으면 공화주의와 인권의 결합은 여전히 불충분하다는 주장을 담고 있다(Hope, 2008: 376-381). 만약 제도의 구축 이전에 보장받아야 할 기본적인 권리로서의 내용을 갖고 있지 않다면, 비지배 자유는 인권의 보루가 아니라 여러 도덕적 호소 중 하나일 수밖에 없다는 것이다(Hope, 2008: 378). 이러한 맥락에서 호프는 최소한의 전정치적인 공화주의적 인권의 내용이 확립되어야 하고, 가장 적절한 방법은 너스바움이 '가능성 이론'에서 주장한 정신적·물질적·정치사회적 최소 조건의 결핍을 타인의 자의적 의지에 종속될 수밖에 없는 취약성과 결합시키는 것이라고 제안한다(Hope, 2008: 378-379).

엄격하게 말하자면 호프의 비판은 공화주의적 수정이라기보다 자유주의적 보완에 가깝다. 비지배 자유를 모든 사람이 동의하는 유일·최상의 가치인 것처럼 간주하는 경향에 대한 비판이나, 비지배를 개인 또는 집단에 따라 다르게 이해할 수 있다는 지적은 공화주의 내부에도 있다. 그러나 비지배 자유가 갖는 심의적 불완전성—절대적인 기준이 먼저 설정되기보다 심의를 통해 내용을 구성해야 한다는 입장—을 객관적 기준의 부재라고 말하는 것은 인식론적 차이에서 비롯된 것이다. 왜냐하면 개인의 행동이나 판단에 동기를 부여하는 측면을 정치사회적 관계를 통한 실천보다 강조하고, 심의를 통한 구성보다 심의로부터 독립된 기준을 확보하려는 것은 자유주의적 인식론에 가깝기 때문이다. 사실 고전적 공화주의에서 비지배 자유는 개인에게 동기를 부여하기 위한 이상이라기보다 정치사회적 관계 속에서 정당화되어야 할 사회적 이상이다. 또한 사회적 이상으로서 비지배는 심의의 내용을 사전에 규제하기 위해 요구되는 것이 아니라, 심의에 참여하는 각각의 사람에게 균등한 힘을 부여하기 위한 것이다(Pettit, 2009: 21-26). 따라서 호프가 공화주의에서 심의적 불완전성이 갖는 의미를 평가절하한 것이나, 심의의 조건과 권리의 조건을 엄격하게 구분한 부분은 보완이 필요하다. 그 보완으로, 여기에서는 고전적 공화주의 전통에서 심의를 설득의 정치로 설명하고, 심의를 통한 구성에도 불구하고 공화주의에서의 인권이 보편성을 확보할 수 있는 근거로 비지배적 상호성을 제시하고자 한다.

1) 설득의 정치와 국내외 연계

공감의 범위가 개인으로부터 동료 시민들로 그리고 다른 사회의 사람들에게까지 확대되어간다는, 소위 '감정적 전이' 이론으로 설명할 수 없는 공화주의와 인권의 결합 양식이 있다. 바로 설득의 정치를 통한 국내외 정치의 연계다. 설득의 정치(Politics of Persuasion)란 크게 두 가지 특징으로 설명된다. 첫째, 설득의 정치는 이문화 간의 토론을 전제하는 것이 아니라, 어떤 특정 정치사회의 수사적 상호 관계를 전제한다. 감정적 전이 이론도 공감을 어떤 특정 사회에서 경험한 비지배적 조건에서 찾고 있지만, 내부적 심의를 통해 세계시민적 의무감이 구성될 수 있다는 입장은 아니다. 반면 설득의 정치는 대중적 심의 또는 집단적인 의사 결정을 통해 형성되는 윤리적 책임 의식에 초점을 맞춘다. 한편으로는 심의에 참여할 수 있는 실질적인 힘의 제도적 보장을 요구하는 공화주의에서의 시민적 권리의 내용을 유지하고, 다른 한편으로는 특정 사회에 국한된 시민적 책임성이 확대 적용될 수 있는 근거를 공적 심의의 결과를 통해 확보하고자 하는 것이다. 둘째, 설득의 정치에서 설득이란 심의를 주관적 견해의 예의 바른 교환(sermo)이 아니라, 대립된 의견의 충돌(disputationes)에도 불구하고 어떤 행동의 방향을 결정할 수밖에 없는 상황에서 나타나는 심의의 정치적 특성이다(Garsten, 2006: 142-173; Remer, 1999). 어떤 윤리적 가치가 시민들에게 납득될 수 있는 정당성을 확보하지 못하면 시민적 책임성을 요구할 수 없듯이, 설득의 정치에서는 인권과 관련된 주장도 어떤 정치 공동체 내부의 심의에서 납득할만한 정치적·도덕적 이유를 제공하지 못한다면 그 가치를 인정받을 수 없다. 인류 보편의 권리도 하나의 도덕적 주장이고, 그 가치는 이러한 주장이 대중에 대해 갖는 설득력에 달려 있다는 것이다.

설득을 통한 국내외 정치의 연계를 보여주는 가장 좋은 예는 키케로(Cicero)가 『의무론(De Officiis)』(이하 *Officiis*)에서 제시하는 신뢰의 원칙이다. 자연법이 전쟁을 비롯한 국제 관계에 어떻게 적용되는지를 논의하는 이 책에서, 키케로는 국가적 수준에서나 국제적 수준에서나 동일하게 적용되는 원칙의 하나로 신뢰의 원칙을 제시한다.[15] 여기에서 신뢰의 원칙이란 어떠한 경우에도 일단 동의한 일은 지켜야 한다는 것이다. 이 원칙에 기초했을 때, 일방적인 이익을 위해 동맹을 파기하는 행위는 정당화될 수 없고(*Officiis* 3.49), 자신의 이익을 위해 다른 사람의 이익을 침해하거나 불의를 당하고 있는 사람을 방관해서는 안 된다는 원칙들이 외국인들에게도 적용되어야 하고(*Officiis* 3.28), 공동체의 생존이 걸린 전쟁이라 할지라도 잔인함과 야만성은 결코 용납될 수 없다(*Officiis* 1.34-41). 표면적으로 신뢰의 원칙은 동료 시민들에 대한 시민적 책임과 세계시민들에 대한 의무가 동일하다는 스토아학파의 사해동포주의를 확인하는 것처럼 보인다.16) 그러나 신뢰의 원칙은 '자연(natura)에 부합하는 올바른 이성(recta ratio)', 즉 진정한 법으로서 자연법이 모든 사람에게 적용되며, 영구적이며 불변적인 통제를 할 것이라는 확신과는 다소 거리가 있다(cf. *Officiis* 3.27; *De Re Publica* 3.22. 33; *De Finibus* 3.45; *De Legibus* 1.6.18-19). 신뢰의 원칙에 정당성을 부여하는 것은 설득을 통한 국내외 정치의 연계다.

내 생각으로 우리는 불신(insidiarum)이 없는 평화를 항상 염두에

---

15) 신뢰의 원칙은 자연 이성이 부여한 신과 인간의 법(lex divina et humana), 즉 자연법에 기초해서 모든 사회의 사람들에게 적용될 수 있는 만민법(ius gentium)에 나타난 불간섭의 원칙, 그리고 서로를 위해 조력하고 필요를 충족시킴으로써 공익을 증진시켜야 할 의무를 요구하는 상호 의존의 원칙과 함께 키케로의 비지배 원칙을 구성한다. 여기에 대해서는 곽준혁(2003: 333-336)을 참조.
16) 키케로의 사해동포주의에서 스토아학파가 차지하는 위치는 오랜 논쟁거리다. 그의 사상에 스토아학파의 영향이 있다는 것을 부정하는 학자들은 없지만, 스토아학파의 사해동포주의를 답습했다는 입장과 수정 또는 비판하면서 다소 다른 형태를 제시했다는 주장이 맞서고 있다. 나는 후자의 입장인데, 세계 공동체(societas)에 대한 확신과 '올바른 이성'을 가진 현명한 인간들만이 향유하는 세계 시민 의식으로부터 특수성과 일반인의 상식에 보다 부합하는 완화된 형태의 사해동포주의를 키케로가 제시했다고 본다. 이러한 논쟁과 해석에 대해서는 팽글의 연구를 참조(Pangle, 1998).

두어야 한다. 내 말에 귀를 기울였다면 우리는 아마도 최상의 정체는 아니라도 여전히 어떤 형태의 공화 정체를 가지고 있었을 텐데, 지금 우리는 아무것도 가지지 못했다. 그리고 우리는 무력으로 정복한 사람들을 배려해야 할 뿐만 아니라, 비록 공성 망치가 그들의 장벽을 〔이미〕 부수어버렸더라도 로마 장군들의 신의를 믿고 항복해온 사람들도 보호해주어야 한다. 로마인들은 이런 점에서 매우 정의로웠기에, 선조의 관습을 따라 전쟁을 통해 정복된 도시나 족속을 신의로(in fidem) 보호해주어 그 도시의 후견인이 된 것이다(*Officiis* 1.35).

위에서 보듯이, 키케로는 신의의 원칙을 두 가지 측면으로 나누어 설명하고 있다. 첫째는 신의의 원칙이 정당성을 확보하는 과정이다. 그가 심의라는 정치적 과정에서 신의의 원칙의 정당성을 설득시키고 납득시키는 데 실패했다고 말하듯, 심의의 원칙은 자연법이 아니라 로마인들 사이의 심의의 결과에 그 적용 여부가 달려 있다.[17] 즉 신의의 원칙은 '올바른 이성'을 가진 사람들만이 이해할 수 있는 자연법이라기보다, '어느 정도의 이성(ratio probabilis)'을 가지고 진지하게 일상을 꾸려가는 시민들 사이의 수사적 관계에서 그 정당성을 확보할 수밖에 없는 '중간 정도의 의무(medium officium)'라는 것이다(*Officiis* 1.7-8, 2.35, 3.14-17). 둘째는 키케로가 전하는 충고다. 주지하다시피 『의무론』은 자신의 아들을 포함한 정치적 야망을 가진 젊은이들에 대한 훈계를 담고 있다. 이러한 책에서 그는 국가 간의 신뢰를 깨는 행위가

---

[17] 키케로가 언급하는 자신의 설득이 실패한 경우는 바로 케사르와 폼페이의 내전을 막지 못했다는 것이다. 주지하다시피 그는 이 전쟁을 막으려고 노력했고, 이후에는 폼페이의 편에서 전쟁을 종식시키려고 했다. 이와 유사한 맥락에서 키케로는 로마 공화국에서의 설득의 정치가 소멸되었다고 한탄한다(*Officiis* 2.65-67).

시민 의식을 부패시켜 결국 공화국을 무질서에 빠지게 만들었다고 말하고 있다. 전쟁을 이미 시작한 이후 항복한 사람들까지 관대하게 품어주었다는 말을 통해 관습보다 더 관대한 태도를 요구하면서, 케사르(Caesar)의 민중주의적 잔혹함과 야만성이 공화국의 시민들을 부패하게 만들었다고 암시한다. 다시 말하자면 시민적 심의에서 다른 사람들을 설득할 수 있는 위치와 능력을 갖고 있다면, 케사르와 같이 압도적 승리를 통해 인민의 욕구만을 충족시키기보다 국가 간의 신의의 원칙이 관철될 수 있도록 인민을 설득시켜야 한다는 것이다.

키케로의 신의의 원칙은 정치적 전이가 공화주의와 인권의 결합을 가능하게 만드는 중요한 요소라는 사실을 우리에게 말해주고 있다. 우선 키케로는 신의의 원칙이 설득을 통해 정당성을 확보한다고 주장함으로써 인류 보편의 권리가 심의를 통해 구성된다는 공화주의의 인식론을 그대로 견지할 수 있었고, 심의 그 자체를 시민적 권리가 행사되는 영역이자 정치적 실천의 장으로 이해하는 공화주의의 정치사회적 관점을 유지할 수 있었다. 절대적인 진리나 완벽하게 이성적인 판단을 고집하기보다 우연적 타협이나 감정적 판단이 용인되는 정치의 개연성을 인정함으로써 일반 시민들의 의견으로부터 인권의 내용이 구성될 수 있다는 점을 확인시켜 준 것이다. 아울러 설득의 능력을 갖는 사람과 대중의 관계를 결부시킴으로써 동료 시민들에 대한 시민적 책임감마저도 버거운 일반 시민들이 어떻게 다른 사회의 구성원들에 대해 동일한 의무감을 가질 수 있는지를 보여주었다. 역사적 사례를 통해 독자들이 신의의 원칙의 중요성을 추론할 수 있도록 했고, 그 중요성을 자각한 사람들에게 대중을 설득하도록 유도했다. 즉 신의의 원칙을 불이행할 경우 발생할 결과를 상상함으로써 지구적 의무감을 갖도록 유도하는 정치적 전이, 그리고 이러한 정치적 전이를 위해 다른 시민들을 설득할 수 있는 능력을 갖고 있는 시민 또는 정치가의 역할이 무엇보다 중요하다고 주장했던 것이다. 종합하자면 설득의 정치를 통한 국내외 정치의 연계는 정치적 개연성과 정치적 사려를 통해 형성된 정치적 전이를 의미하고, 이러한 정치적 전이는 감정적 전이를 통해 생기는 자발적 동기에 의존함이 없이 공화주의와 인권의 결합을 가능하게 만들 수 있는 고전적 해법의 하나인 것이다.

2) 심의적 구성과 비지배적 상호성

설득의 정치를 통한 국내외 연계는 감정적 전이에 의존해온 공화주의와 인권의 결합 양식에 새로운 대안을 제시할 수 있다. 그러나 정치적 개연성과 정치적 사려의 결합이 개별 국가의 특수성을 넘어 보편성에 호소할 수 있는 정치적·도덕적 판단의 근거를 구성할 수 있기 위해서는 먼저 다음과 같은 문제들이 해결되어야 한다. 첫째, 심의의 결과로 발생하게 될 반인류적이고 반인권적 결정을 막을 수 있는 내재적 원칙이 필요하다. 전술한 바대로 그 어떤 전정치적 원칙을 인정하지 않는 상태에서 정치적 개연성이 인정되는 민주적 심의는 결과를 예측할 수 없다. 그리고 정치적 사려로 결과를 추론할 수 있는 능력이 있는 정치가 또는 시민도 설득에 실패할 수 있다. 만약 이러한 우려를 불식시킬 수 있는 내재적 원칙이 없다면, 시민적 공화주의자들과 참여 민주주의자들에게 쏟아졌던 다수결주의의 폐해에 대한 비난을 피할 길이 없을 것이다. 둘째, 심의를 가능하게 하는 조건과 심의를 통해 결정된 내용이 강제될 수 있는 조건이 동일해야 한다. 엄연히 존재하는 힘의 불평등을 용인한 채 우연적이고 논쟁적인 주제들을 심의할 때, 그리고 첨예한 대립 가운데 있는 쌍방에게는 지배와 피지배 관계에 대한 해석이 상대적일 수밖에 없다는 전제에서 심의를 통한 결정을 거부할 수 있을 때, 심의는 가능하지도 않을 뿐만 아니라 효과적이지도 않다. 특히 국내 정치와는 달리 법적·제도적으로 강제력을 발휘할 수 있는 통치 체제를 갖지 못한 국제정치에서, 이문화 간·국가 간 심의는 더욱 이러한 조건들을 우선적으로 확보해야 한다. 즉 정치사회적 경계를 넘어 그리고 문화적 경계를 넘어 모두가 받아들일 수 있는 심의의 조건이 있어야 하고, 이 조건이 심의의 구성에서부터 결과의 검증까지 일관되게 적용되어야 한다는 것이다.

만약 비지배가 두 가지 문제를 모두 해결할 수 있는 이문화 간·국가 간 조정 원칙(regulative principle)이 되려면, 다음과 같은 수정이 불가피하다. 우선, 비지배가 심의 과정에 적용되어야 할 규제 원칙이지만, 역으로 심의라는 과정을 통해 그 내용이 형성될 수도 있다는 것이 납득되어야 한다. 만약 이것이 납득되지 않는다면, 비지배는 일방의 전 정치적 요구일 수밖에 없고, 비지배의 제도화는 힘의 경쟁을 위한 미사여구로 전락할 수밖에 없다. 비지배가 누구나 동의할 수밖에 없는 최상의 이상(supreme ideal)으로 제시된다면, 그 어떤 전정치적 기준도 허용되지 않는 심의라는 의미가 무색해지고, 심의를 통해 형성된 비지배적 절차에 대한 애정이 동료 시민들에 대한 애정과 시민적 책임성을 능가하는 정치적·도덕적 행위의 준칙이 될 수 있는지도 미지수이기 때문이다. 다음으로, 비지배가 심의에 적용되는 정치적·도덕적 판단 근거이자, 동시에 비지배적 조건이 충족되지 않은 상태를 극복하기 위한 정치적·도덕적 행동의 준칙이 되어야 한다. 즉 비지배적 심의가 새로운 정체성을 창출하기를 기대하기보다, 심의에 참여한 모두가 납득할만한 근거를 제공함으로써 이들 사이의 합의가 궁극적으로 비지배적 조건을 제공하고 유지하고자 하는 정치적 실천을 유도해야 한다는 것이다. 예를 들면 일국 또는 특정 국가들의 자의적 힘의 행사가 지속적이고 반복적으로 발생한다면, 이러한 패권 국가들 또는 강대국들을 견제하기 위한 약소국들 사이의 연대 또는 국제사회의 심의를 활성화하는 정당성을 비지배가 제공해야 한다는 것이다.

두 가지 수정 사항을 종합하면, 심의를 통해 보편적으로 적용될 인권의 내용을 구성할 수 있는 길은 비지배적 상호성을 보장해주는 데 있다. 이때 비지배는 이문화 간·국가 간 심의를 형성하는 최소 조건이지만, 이것 자체가 제1원칙으로서 다른 모든 원칙을 전정치적으로 규정하지는 않는다. 시민들뿐만 아니라 정치가들이 특수한 맥락에서 무엇이 올바른 일인가를 판단할 때, 비지배는 이성적 판단의 근거가 되는 동시에, 심의의 내용을 채워나갈 다른 원칙들을 심의를 통해 드러나게 하는 조정 원칙이라는 것이다. 조정 원칙으로서 비지배는 심의의 조건을 구성함과 동시에 그러한 조건을 파괴하는 어떤 형태의 결정도 용납하지 않음으로써 다수결이라는 절차를 통해 반인권적 결정조차 용인될 수 있는 여지를 없앤다. 비지배가 국내적 차원에서는 개인의 자율성을 보장한다면, 국제적 차원에서는 심의에 참여한 국가의 자율성을 보장할 수 있는 원칙으로 제시되는 것이다. 또한 비지배는 상호적이어야 한다. 갈등상태에서 쌍방은 결코 비지배라는 조건에 무조건적으로 동의할 수 없다. 이때 필요한 것은 갈등상태의 쌍방이 동일하게 비지배라는 조건에 구속된다는 확신, 즉 비지배적 상호성에 대한 확신이다. 비지배를 통해 불평등한 힘의 구조가 심의 과정에서 개선되고, 동일한 이유에서 약자가 잠재적 지배에 대항하는 실질적인 정치적 힘을 가질 수 있다는 확신을 가질 때, 심의를 통한 의사 결정에 참여할 수 있는 동기가 제공된다는 것이다. 아울러 이러한 심의에 참여한 행위자의 동기만이 아니라, 심의를 통해 형성될 문화도 비지배적 상호성에 대한 확신을 높여줄 것이다.

공화주의와 인권의 결합을 가능하도록 만드는 하나의 형태로서 이문화 간·국가 간 심의를 조정하는 비지배적 상호성은 다음과 같은 내용으로 구체화된다. 첫째, 비지배적 상호성은 반정초적(anti-foundational)

인 심의를 지향하지만, 모든 가치가 수사적으로 결정된다는 상대주의적이고 회의론적인 인식론은 거부한다. 마치 키케로가 『법률론(De Legibus)』에서 보여주듯, 비지배적 상호성은 보편적이고 절대적인 가치가 존재한다는 것은 인정하면서도 인간적 오류와 시간적·공간적 한계를 인정하기에 그 어떤 정초적 근거도 전제하지 않는다(De Legibus 2.14.35-37, 2.18.45, 2.25.62-66).[18] 즉 심의를 다양한 의견이 갈등적으로 논의되는 장으로 이해하고, 다양한 의견이 당파적 이익과 불완전한 지식을 전달한다는 것을 전제하며, 그럼에도 불구하고 불편부당한 재판관이나 계약에 호소하기보다 이러한 의견들이 대중적 심의를 통해 조정되고 정당성을 확보해가는 과정에 주목하는 것이다. 따라서 비지배적 상호성은 전정치적으로 주어진 절대적 가치를 부정하지만, 정치사회적·문화적 차이를 절대시하는 회의주의적 견해를 받아들일 수 없다. 비지배적 상호성은 인간적 삶을 영위하는 데 필요한 가치를 논의함에 있어서는 여러 가치 중 하나일 뿐이지만, 이문화적·국가 간 심의를 제도화하는 방향을 논의함에 있어서는 가장 우선되어야 할 최소 기준이자 조정 원칙으로 제시된다. 즉 비지배적 상호성은 어떤 가치가 부적합한지를 심의 이전에 규정하지는 않지만, 심의에 참여하는 행위자들 모두가 헌신해야 할 최소 조건이자 결정된 사안의 검토 기준으로 제시되는 것이다.

둘째, 비지배적 상호성은 심의에 참여하는 모든 행위자에게 동일하게 적용될 수 있는 조건을 제도화하고, 심의의 장을 보호하고 유지하

---

[18] 이와 관련된 연구로는 키케로의 『법률론』에서 보통법적 요소를 찾은 케스틀리의 연구가 있다. 전체적으로 케스틀리의 해석은 시민적 공화주의의 입장을 대변하고 있어, 지나치게 시민적 실천과 적극적 정치 참여에 초점을 잡았다(Kastely, 1991). 그 결과 키케로의 '정치적 개연성'이 갖는 반정초적이지만 보편적인 틀을 찾으려는 노력을 간과했다는 비판으로부터 자유롭지 않다.

는 데 헌신해야 한다는 최소한의 의무를 부과한다. 일면 참여하는 행위자들이 균등한 정치적 힘을 가질 수 있는 심의의 조건을 언급한다는 점에서 롤즈의 만민법적 해결과 유사하다. 그리고 비지배를 조건으로 지구적 심의를 조직함으로써 세계적 차원에서의 보편적 틀을 제시했다는 점에서 보면의 지구적 시민사회 이론과 비슷하다. 그러나 전자와는 비지배가 선택이 아니라 갈등하는 쌍방이 서로를 존중할 수밖에 없도록 강제하는 힘까지 심의에 참여하는 행위자 모두에게 부여하는 제도화를 요구한다는 점에서 차이가 있고,[19] 후자와는 세계적 차원에서의 민주적 거버넌스를 창출하거나 국가적 정체성을 대체할 세계적 차원의 정체성 또는 세계시민사회를 구축한다는 목표를 상정하지 않는다는 점에서 다르다. 또한 너스바움의 '가능성 이론'과 같이 인간적 삶의 영위를 위해 최소의 조건들의 결핍과 상실을 깊이 고민하지만, 인간 존엄성을 유지할 가능성의 최소 목록들도 자의적 지배나 이러한 지배를 방지할 수 있다는 사실이 심의를 통해 납득될 때에만 고려가 될 수 있다. 그럼에도 불구하고 비지배적 상호성은 구축된 제도를 통해서만 실현될 수 있는 것은 아니다. 이러한 제도의 필요성을 논의하는 최초의 심의에서부터, 비지배적 상호성은 심의의 참여자들이 그 결과를 추론함으로써 다시 구성해가는 정치적·도덕적 판단 기준인 것이다.

정리하자면 비지배적 상호성은 반정초적이지는 않지만 정치사회적·문화적 경계를 넘어 보편성을 확보할 수 있는 방법의 하나로 심의적 구성에 주목하고, 심의에 참여한 모든 행위자에게 균등한 힘을 부여함과 동시에 서로의 의사를 존중할 수밖에 없는 실질적 힘을 제도

---

19) 롤즈의 만민법과 비지배를 심의의 조건으로 제시하는 공화주의에서 이해하는 만민법의 차이에 대해서는 페팃의 연구(Pettit, 2009: 21)를 참조.

화해서, 그 결과 이문화 간·국가 간 차이에도 불구하고 적용될 수 있는 인권의 내용을 구성하는 조정 원칙이다. 동시에 비지배적 상호성은 심의에 참여하는 모든 사람이 받아들여야 할 최소의 조건이고, 심의의 내용뿐만 아니라 심의의 결과까지 규제함으로써 심의에 대한 신뢰를 확보하는 정치적 기제며, 이러한 비지배적 심의에 참여하는 모든 행위자가 체득하게 될 하나의 문화이자 규범으로 내면화될 정치적·도덕적 판단 근거다. 비지배적 상호성이 국내적 차원에서처럼 국제적 차원에서 그대로 실현 또는 구축될 수 있다고 보는 것은 유토피아적 환상일지도 모른다. 그러나 행위의 동기가 아니라 심의를 통한 구성이라는 측면에서 바라본다면, 최소 조건으로서 비지배적 상호성의 타당성을 검토하는 심의에서부터 비지배적 상호성이 심의의 조건으로 제도화되는 과정에 이르기까지, 이문화 간·국가 간 심의의 토대로서 비지배적 상호성이 갖는 정당성은 점증적으로 강화되리라 생각한다.

4. 결론

지금까지 나는 공화주의와 인권의 결합을 타인의 자의적 지배로부터의 자유로 정의되는 고전적 의미의 자유를 통해 재조명하려는 새로운 시도들을 소개하고, 인권을 자연적으로 부여된 권리가 아니라 심의를 통해 구성되는 것으로서 이해하는 고전적 공화주의 전통에서 정치사회적 특수성과 인권의 보편성을 조화시킬 수 있는 조정 원칙으로 비지배적 상호성을 제시했다. 이 과정을 통해 나는 두 가지 주장을 전개했다. 첫째, 최근 비지배 자유를 가지고 공화주의와 인권의 결합을 시도한 이론들은 이문화 간 심의의 최소 조건으로서 비지배가 갖는 정치적 특성을 충분히 고려하지 못했다는 것이다. 공감의 범위가 개인으로부터 다른 사회의 구성원으로 확대된다는 감정적 전이 이론은 자유주의적 사해동포주의와 마찬가지로 개개인이 지구적 의무에 대해 가지는 동기에만 집중했다는 점이 부각되었고, 비지배적 심의를 통한 지구적 차원의 시민사회 또는 정체성의 수립을 주창한 이론은 시민적 공화주의와 마찬가지로 민주적 심의를 통한 시민 의식의 제고가 목적으로 전치되어버렸다는 점이 지적되었다. 둘째, 비지배적 상호성이 전정치적으로 주어진 절대적 기준에 호소하지 않으면서도 문화적·정치사회적 경계를 넘어 적용될 수 있는 인권의 내용을 구성할 수 있는 조정 원칙이 될 수 있다는 것이다. 이를 위해 먼저 키케로의 언술을 통해 공화주의와 인권의 결합에 대한 최근 논의에서 간과되었던 설득을 통한 국내외 정치의 연계를 부각시켰고, 이후 반정초적이면서도 반상대주의적인 판단 기준과 관련된 고전적 논의를 통해 이문화 간의 심의를 구성하면서 동시에 심의를 통한 반인권적 결정을 방지할 수 있는 최소 조건으로 비지배적 상호성을 제시했다.

  우리는 인권의 시대에 살고 있다. 그러나 인권이 중요한 정치사회적 주제로 대두되었다는 사실이 인권을 둘러싼 윤리적·정치적 문제가 완전히 해소되었다는 것을 의미하지는 않는다. 인권을 둘러싼 이념적 대립과 규범적 갈등, 그리고 정치사회적 협상으로 풀어야 할 숙제가 아직도 많다. 이러한 갈등과 숙제는 민주적 절차나 공정한 심의를 기대할 수 없는 정치체제에서만 나타나거나, 강대국의 이익에 따라 인도적 개입의 내용이 좌우되는 국제정치 질서의 냉혹한 현실로부터만 비롯되는 것은 아니다. 사실 거의 대부분의 정치체제에서 인권은 가장 중요한 가치로 헌법에 명시되어 있고, 1948년에 채택된 세계인권선언의 규범적 성격은 거의 대부분의 나라가 부정하지 않고 있다. 그럼에도 불구하고 매일의 일상을 통해 우리는 인권의 내용과 구체적인 적용이 정치적 심의를 통해 결정될 수밖에 없다는 점을 다시금 느끼게 된다. 민주화가 될수록 인권의 구체적 적용에서 발생하는 상이한 이해의 조정이 필요하고, 국제적 차원에서 인권 신장의 요구가 강할수록 인간의 권리 중 하나로 간주되는 주권국가의 자율성이 갖는 현재적 의미를 재고해볼 수밖에 없다.

　민주적 심의를 통해 구성되는 권리로서 인권을 바라본다고 문제가 모두 해결되는 것은 아니다. 추상적 언명을 현실화하는 과정에서, 민주적 절차를 통해 절대적 인권의 범위와 내용을 정하는 일은 결코 간단하지 않기 때문이다. 만약 어떤 집단이 자신들의 정치적 의사를 인권을 통해 관철시키려고 할 때, 그리고 이와 대립되는 집단이 인권에 대한 상이한 해석과 내용을 바탕으로 이들의 의사에 반대할 때, 인권은 더 이상 두 집단 모두가 공감할 수 있는 규범적 척도로서 기능을 발휘할 수 없다. 군가산점 문제나 낙태 문제와 같이 상이한 인권 해석을 가진 집단들이 충돌하는 경우, 사회적 안전망을 수립하는 비용 분담을 둘러싸고 개인들이 소유권을 바탕으로 저항하는 경우, 민주적 절차를 통해 수립된 법률을 인권이라는 잣대로 헌법재판소가 위헌판결을 내리는 경우, 그 외에도 많은 사안에서 인권은 민주주의와 잠재적·명시적 긴장 관계에 있다. 따라서 우리는 인권은 무조건 보장되어야 한다는 추상적 언명이 아니라 그것을 실현할 수 있는 제도적 장치들의 마련을 고민해야 한다. 지금의 제도가 문제가 있다면 고쳐야 하고, 고쳐야 한다면 새로운 제도적 모색을 위한 심의를 시작해야 한다. 그리고 이러한 심의가 가능하려면 인권에 대한 다양한 이해를 듣고 생각할 수 있는 시민적 품위와 상상력이 필요하다. 그렇지 않으면 다양한 견해가 가져올 수 있는 인간다운 삶의 새로운 청사진보다 교조적인 정치적 수사가 가져올 반복되는 절망만이 난무할 것이다. 국제적 차원에서는 더 말할 나위가 없을 것이다.

나는 비지배적 상호성에 기초한 민주적 심의가 국내적 차원에서나 국제적 차원에서나 동일하게 적용될 수 있는 인권의 내용을 구성할 수 있다는 확신을 심어주는 데 큰 기여를 할 수 있으리라 생각한다. 인권을 단순히 인간으로서 동일한 대우를 받아야 한다는 도덕적 규범에 국한하지 않을 때, 인권을 민주적 심의에 참여할 수 있는 실질적 힘의 제도적 보장까지 포함하는 것으로 이해할 때, 그리고 이러한 제도적 조건이 민주적 심의를 통해 구성되고 유지되어야 한다고 말할 때, 전정치적으로 부여된 절대적 가치를 전제하는 것만으로 이문화 간·국가 간 차이를 극복할 수 있다고 말하는 것은 부적절해 보인다. 또한 심의의 조건으로서 비지배가 다른 사회의 구성원들에게 확대 적용되는 것을 개인의 선택으로 치환하거나 세계시민사회의 일원으로서의 책임감에 귀속시키는 것은 불충분해 보인다. 이런 맥락에서, 비지배적 상호성은 지금까지 공화주의 인권 논의에서 간과된 정치사회적 권리로서의 인권의 특성, 그리고 반정초적이면서도 반상대주의적인 심의의 가능성을 부각시킴으로써 새로운 공화주의와 인권의 결합 형태를 만들 수 있을 것이라고 기대한다.

참고 문헌

곽준혁, 2003, 「민족주의 없는 애국심과 비지배 평화 원칙」, 『아세아연구』 46집 4호: 311-340.
곽준혁, 2005, 「심의 민주주의와 비지배적 상호성」, 『국가전략』 11권 2호: 141-168.
곽준혁, 2006, 「사법적 검토의 재검토」, 『한국정치학회보』 40집 4호: 1-25.
곽준혁, 2007, 「키케로의 공화주의」, 『정치사상연구』 13집 2호: 126-148.
Beitz, Charles, 2001, "Human Rights as a Common Concern", *American Political*

Science Review 95(2): 269-282.

Bobbio, Norberto, 1996, *The Age of Rights*, Trans. Allan Cameron, Cambridge, UK: Polity.

Bohman, James, 2001, "Cosmopolitan Republicanism", *The Monist* 84(1): 3-21.

Bohman, James, 2004, "Republican Cosmopolitanism", *The Journal of Political Philosophy* 12(3): 336-352.

Bohman, James, 2007, *Democracy across Borders*, Cambridge: MIT Press.

Bohman, James, 2008, "Nondomination and Transnational Democracy", Cecile Laborde and John Maynor eds., *Republicanism and Political Theory*, Malden, MA: Blackwell Publishing Co., pp. 190-216.

Bresser-Pereira, Luiz Carlos, 2002, "Citizenship and Res Publica: The Emergence of Republican Rights", *Citizenship Studies* 6(2): 145-164.

Brunt, Peter, 1988, *The Fall of the Roman Republic and Related Essays*, Oxford: Clarendon Press.

Caney, Simon, 2001, "Human Rights, Compatibility, and Diverse Cultures", Simon Caney and Peter Jones eds., *Human Rights and Global Diversity*, Portland, OR: Frank Cass, pp. 51-76.

Cicero, 1967, *De Finibus Bonorum et Malorum*, Trans. H. Rackham, Cambridge: Harvard University Press.

Cicero, 2000[1928], *De Re Publica & De Legibus*, Trans. Clinton Walker Keyes, Cambridge: Harvard University Press.

Cicero, 2001[1913], *De Officiis*, Trans. Walter Miller, Cambridge: Harvard University Press.

Cranston, Maurice, 1983, "Are There Any Human Rights?", *Daedalus* 112(4): 1-17.

Cronin, Ciaran and Pablo De Greiff, 2002, "Introduction: Normative Responses to Current Challenges of Global Governance", Ciaran Cronin and Pablo De Greiff eds., *Global Justice and Transnational Politics*, Cambridge: MIT Press, pp. 1-32.

Dagger, Richard, 2006, "Neo-republicanism and the Civic Economy", *Politics, Philosophy & Economics* 5(2): 151-173.

De Bary, Wm. Theodore, 1998, *Asian Values and Human Rights: A Confucian Communitarian Perspective*, Cambridge: Harvard University Press.

Donnelly, Jack, 1999, "Human Rights and Asian Values: A Defense of 'Western'

Universalism", Joanne Bauer and Daniel Bell eds., *The East Asian Challenge for Human Rights*, New York: Cambridge University Press, pp. 60-87.

Donnelly, Jack, 2003, *Universal Human Rights in Theory and Practice*, Ithaca: Cornell University Press.

Dworkin, Ronald, 1996, *Freedom's Law, the Moral Reading of the American Constitution*, Cambridge: Harvard University Press.

Elster, Jon, 1999, "Majority Rule and Individual Rights", Obrad Savic ed., *The Politics of Human Rights*, New York: Verso, pp. 120-148.

Finnis, John, 2000, "The Priority of Persons", Jeremy Horder ed., *Oxford Essays in Jurisprudence*, Fourth Series, Oxford: Clarendon Press, pp. 1-15.

Fox, Russell Arben, 1997, "Confucian and Communitarian Responses to Liberal Democracy", *The Review of Politics* 59(3): 561-592.

Garsten, Bryan, 2006, *Saving Persuasion*, Cambridge: Harvard University Press.

Habermas, Jürgen, 1996, "Three Normative Model of Democracy", Seyla Benhabib ed., *Democracy and Difference*, Princeton: Princeton University Press, pp. 21-30.

Habermas, Jürgen, 1999, "Private and Public Autonomy, Human Rights and Popular Sovereignty", Obrad Savic ed., *The Politics of Human Rights*, New York: Verso, pp. 50-66.

Hope, Simon, 2008, "Republicanism and human rights: a plausible combination?", *Cambridge Review of International Affairs* 21(3): 367-382.

Howard, Rhoda, 1993, "Cultural Absolutism and the Nostalgia for Community", *Human Rights Quarterly* 15(2): 315-338.

Hunt, Lynn, 2007, *Inventing Human Rights*, New York: W. W. Norton.

Ignatieff, Michael, 2001, *Human Rights as Politics and Idolatry*, Princeton: Princeton University Press.

Kastely, Amy, 1991, "Cicero's *De Legibus*: Law and Talking Justly Toward a Just Community", *Yale Journal of Law & the Humanities* 3(1): 1-31.

Miller, David, 2000, *Citizenship and National Identity*, Cambridge: Polity Press.

Miller, David, 2007, *National Responsibility and Global Justice*, New York: Oxford University Press.

Nussbaum, Martha, 1997, "Capabilities and Human Rights", *Fordham Law Review* 66(2): 273-300.

Nussbaum, Martha, 2000, "In Defense of Universal Values", *Idaho Law Review* 36: 379-447.

Ostrom, Vincent, 1994, "Res Publica: the Emergence of Public Opinion, Civic Knowledge, and a Culture of Inquiry", Vincent Ostrom ed., *The Meaning of American Federalism in Constituting a Self-Governing Society*, San Francisco: Institute for Contemporary Studies, pp. 199-288.

Pangle, Thomas, 1998, "Socratic Cosmopolitanism: Cicero's Critique and Transformation of the Stoic Ideal", *Canadian Journal of Political Science* 31(2): 235-262.

Parekh, Bhikhu, 1999, "Non-ethnocentric Universalism", Tim Dunne and Nicholas J. Wheeler eds., *Human Rights in Global Politics*, Cambridge: Cambridge University Press, pp. 128-159.

Pettit, Philip, 1997, *Republicanism*, New York: Oxford University Press.

Pettit, Philip, 2010, "A Republican Law of Peoples", *European Journal of Political Theory* 9(1): 70-94.

Remer, Gary, 1999, "Political Oratory and Conversation, Cicero versus Deliberative Democracy", *Political Theory* 27(1): 39-64.

Sen, Amartya, 1997, "Human Rights and Asian Values", *The New Republic* 20(July 14-21): 33-40.

Taylor, Charles, 2008[1996], "A World Consensus on Human Rights?", Richard Falk, Hilal Elver and Lisa Hajjar eds., *Human Rights, Critical Concepts in Political Science*, New York: Routledge.

Thompson, Mark R., 2000, "The Survival of 'Asian Values' as 'Zivilisationskritik'", *Theory and Society* 29(5): 651-686.

Viroli, Maurizio, 2002, *Republicanism*, Trans. Antony Shugaar, New York: Hill and Wang.

Walzer, Michael, 1994, *Thick and Thin: Moral Argument at Home and Abroad*, Notre Dame, IN: University of Notre Dame Press.

Weiming, Tu, 1998, "Epilogue: Human Rights as a Confucian Moral Discourse", Wm. Theodore de Bary and Tu Weiming eds., *Confucianism and Human Rights*, New York: Columbia University Press, pp. 297-307.

White, Stuart, 2003, "Republicanism, Patriotism, and Global Justice", Daniel Bell and Avner de-Shalit eds., *Forms of Justice, Critical Perspectives on David Miller's*

Political Philosophy, Lanham: Rowman & Littlefield Publishers, pp. 251-268.

Yasuaki, Onuma, 1999, "Toward an Intercivilizational Approach to Human Rights", Joanne Bauer and Daniel Bell eds., *The East Asian Challenge for Human Rights*, New York: Cambridge University Press, pp. 103-144.

제3부

인권 담론의 근대 정치사상적 기원

5장 근대 자연권 이론의 기원과 재산권: 로크와 페인_김병곤

6장 인권과 민주주의에 대한 로크와 루소 사상의 비교와 북한 인권
_오영달

7장 칼 맑스의 정치경제학 비판과 사회권 사상_최형익

5장 근대 자연권 이론의 기원과 재산권:
로크와 페인

김병곤

1. 사유재산권은 자연권인가?

자연권 이론을 통해 인권을 정당화하는 논의는 우리에게 너무나 익숙하다. 일반적으로 자연권 이론 혹은 천부인권론은 두 가지의 특징을 가지고 있다. 우선 자연권으로서의 인권 이론은 자유주의라는 특정 이데올로기와 깊은 연관을 가지고 있다. 그리고 인권에 대한 추상적이고 보편적 방식의 접근이라는 특징을 가진다. 이 두 특성은 그동안 두 가지의 논쟁을 유발해왔다. 하나는 자연권 이론을 바탕으로 하는 자유주의 인권론이 제기하는 인권의 보편성과 연관된 것이고, 다른 하나는 자유주의 인권론 내부에서 일어나는 사유재산권과 인권의 충돌 내지 제한의 문제이다. 이 글의 주목적은 근대 자유주의 정치사상의 토대가 마련되는 시기에 있었던 재산권 이론의 지적 전통을 분석하고 사유재산권과 인권의 관계에 대한 자연권 이론의 다양한 모습을 보여주는 것이다. 이 글을 통해 나는 초기 자유주의 인권론의 논리

내에서 나타나는 인권과 재산권 사이의 관계를 조망할 것이다.

일반적으로 정치사상사에서 고전적 자유주의 이론은 스튜어트 왕조하의 17세기 영국 정치를 둘러싼 논쟁으로부터 발전된 것으로 인식된다. 자유주의 정치사상은 국왕의 지배라는 전통적 통치 형태와 이에 대한 이론적 정당화인 '왕권신수설(Divine Kingship)'에 대한 휘그의 비판을 통해 등장한 이래 지금까지 발전해왔다. 이 시대는 국왕을 상징으로 하는 국가의 절대적 지배의 정당성을 주장하는 절대주의 정치사상과 그에 대한 저항으로서 사유재산권을 중심으로 개인의 자유라는 가치의 우위를 주장하는 새로운 사상적 조류가 충돌을 일으키기 시작한 시대였다. 특히 로크를 위시한 당시의 급진 휘그 이론가들은 모든 사회와 정부의 발생 이전부터 본래적으로 존재하는 자연권의 절대성을 이유로 인권의 신성함을 주장하였다.

현실의 정치적 이슈의 측면에서 보면, 당시의 정치적 격변의 주된 양상은 국왕의 조세권과 비상대권이 각각 대표하는 사유재산의 절대성(Absolute Private Property)과 왕권의 절대성(Absolute Kingship)의 대립이라 할 수 있다. 이 대립 속에 많은 사상가는 자신이 속한 시대의 문제점의 해결 방안을 제시했다. 여기서 주목할 점은 고전적 자유주의는 이념의 출발점에서부터 사유재산의 절대성을 여하히 확보할 것인가를 가장 중요한 문제의식으로 인식하고 있었다는 사실이다.

당시의 반왕당파(Anti-Absolutist)의 주장은 국가로부터 사유재산이라는 사적 권리의 절대성을 보호하고, 특히 국가의 적극적 역할의 필수적 요건이 되는 조세를 통한 재원 조달을 사유재산에 대한 침해로 인식함으로써 국가의 영역을 최소화하려는 의도를 담고 있었다. 초기 자유주의의 정치 이론은 사회계약론 등의 이론을 통해 국가를 인공적 제도로 규정하고, 사유재산권 등의 사적 권리를 국가 이전의 상태, 즉 자연 상태에서 출발하여 정당화시키는 자연권 이론의 형태로 전개되었다. 자연권 이론은 권리의 기원을 국가보다 선행하는 것으로 정당화함으로써 사유재산권 등의 권리를 정치가 변경할 수 없는 불변의 것으로 만드는 데 기여하였다

고전적 자유주의의 정치사상에 있어 가장 중요한 특징인 자연권 사상을 현실 정치의 문제와 연관시켜 전개한 대표적 사상가가 바로 토마스 홉스(Thomas Hobbes)이다. 그가 자유주의 정치사상이 가지는 이론적 전제, 즉 자연권 이론과 사회계약론, 정치적 권위의 출발로서의 형이상학적 논의의 거부 등의 접근 방식을 제시하고 있기 때문이다. 비자유주의적 결론을 자유주의적 논리 구조 속에 담은 홉스 정치철학의 아이러니는 이제 왕당파의 이론이 사회경제적 변화에 대응할 수 없는 낡은 이론이라는 시대적 변화를 보여준다.

홉스를 통해 국가는 더 이상 개인의 자연권 외의 어떤 기반도 가지지 못하게 되었다. 인간은 원래부터 불평등한 상태에서 출발한 것이 아니며 현실의 불평등은 신이 만들어준 보편적 질서가 아니라는 것이다. 또 정치제도의 근원도 개인의 동의가 기반이 되고 있는 것이다. 따라서 모든 정당한 정치적 권위의 기원은 자유로운 개인으로부터 나오는 것으로 정부 설립의 목적은 개인의 안전의 보장에 있었다.

자연권 이론은 인간의 자유, 재산, 생명은 자연적인 것으로 작위적인 어떠한 제도나 권위도 그것을 임의로 박탈할 수 없다는 주장에 기반을 두고 있다.[1] 개인은 그 자신의 신체를 방어할 자유를 가지고, 심지어는 합법적으로 자신들을 침해하는 사람들에 대해서도 방어할 권리를 가진다. 여기서 등장하는 것이 저항권의 이론이다. 원래 의회의 국왕에 대한 권리로서 인식되던 저항권은 16~17세기에는 엘리트의

---

1) 대표되는 주장은 로크에게서 발견할 수 있으며 이는 그의 저서 『정부론』의 기본 전제이자 자유주의 정치사상의 인권론의 출발점이다.

문제로만 간주되었다. 즉 저항권의 교리는 정부 내의 최상위자와 하급 관리의 문제로만 인식되었고 일반 인민의 권리와는 사실상 무관한 것이었다.

자연권 이론을 바탕으로 저항권과 함께 본격적인 자유주의 인권론을 전개한 사람은 존 로크(John Locke)이다. 로크는 자연 상태를 배경으로 사유재산권의 논리를 정당화함으로써 로버트 필머(Sir Robert Filmer)로 대표되는 사유재산권에 대한 국왕권 우위의 정당화 논리를 공박하고, 사유재산권에 대한 어떠한 침해도 정당한 저항의 대상임을 분명히 한다. 이로서 자유주의의 가장 중요한 특질이라 할 수 있는 공공의 영역과 그것이 결코 침범할 수 없는 사적 영역의 구별이 확연히 나타나는 공사의 이원적 구분(Public-private dichotomy)이 확립되었다.

자유주의는 그 이전 시대의 국가에 복종하는 신민 대신에 자율적 개인을 주체로 내세웠다. 여기서 자율의 의미는 특히 경제적 부의 축적의 자유를 의미한다. 비록 자유주의가 국가의 존재를 전적으로 부정하지는 않는다 하더라도 궁극적으로 자유주의의 국가는 필요악이다. 고전적 자유주의는 어디까지나 공동체가 간여할 수 없는 독립된 사적 영역의 존재를 전제로 하고 이 영역을 공동체의 간섭으로부터 여하히 보호할 것인가 하는 것이 가장 중요한 이론적 목표였다고 말할 수 있다. 다시 말하면 초기 자유주의는 개인의 입장에서 공동체를 제한하는 방향으로 작동했다.

특히 로크의 재산권의 절대성에 대한 옹호는 국가를 사유재산의 보호자일 뿐이라고 규정함으로써 사유재산에 관계되는 제 활동에 대한 국가의 간섭을 거부했다. 국가 이전의 절대적 자연권으로서의 사유재산권의 성립은 국가를 사유재산이라는 영역 밖으로 밀어내었다. 로크는 생명, 자유, 재산이라는 사유재산권을 사적 영역에 위치시켜 공공 권력으로부터 절연시킴으로써 인권의 절대성을 확보하려 하였다. 이는 당시로는 급진적 의미를 가진 사상이었으나 공적 영역의 역할로부터 복지 등의 문제를 분리하는 함의를 담은 것으로 해석될 여지를 가지고 있었다.

자유주의적 인권 이론을 현실 정치에 구현하는 것을 주도했던 정치세력인 휘그 중 많은 분파는 18세기를 기점으로 명예혁명으로 정착된 제도의 유지에 관심을 쏟는 보수적 경향으로 전환한다.[2] 특히 18세기 세계사의 최대 사건 중 하나인 프랑스혁명은 버크에게는 심각한 우려와 경계의 대상이었고 보수주의적 주장을 전개하게 만든 직접적인 계기를 제공하였다. 그러나 다른 많은 사람은 영국의 명예혁명을 미완의 것으로 규정하고 보다 진보적 정치체제를 만들어야 한다는 생각을 적극적으로 주장하였다. 프랑스혁명의 정당성을 강조하는 사상가 중에서 토머스 페인은 사유재산에 대해서도 새로운 견해를 제시하였다. 그에게 있어 토지에 대한 절대적 사유재산권은 정당화될 수 없는 것이었고, 공동체를 유지해나가게 하는 바탕이자 목표라기보다는 사회적 문제를 만들어내는 원인의 하나였다.

이 글의 목적은 고전적 자유주의 정치사상 속에 이미 자연권에 대한 두 가지의 상반되는 접근이 존재하였다는 점을 페인과 로크의 소유권 사상을 비교함으로써 보여주는 것이다. 이를 위해 다음과 같은 순서로 논의가 진행될 것이다. 우선 휘그의 사유재산권 이론의 지적 배경이 되는 17세기의 자연권 이론가들 특히 그로티우스와 푸펜도르프의 재산권 논의를 살펴볼 것이다. 그리고 로크와 페인의 사유재산에 대한 논의를 두 사상가의 『정부론 2권(2nd Treatise on Government)』과 『토지 정의론(Agrarian Justice)』의 내용을 중심으로 분석한 다음 양자의 비교가 주는 한국 사회에 대한 함의를 밝히려 한다.

---

[2] 보수주의의 고전인 『프랑스혁명에 관한 고찰』을 집필한 버크도 휘그파였다.

2. 17세기 자연권 이론에 있어서 사유재산의 문제

17세기의 대표적 자연법론자 중 그로티우스와 푸펜도르프는 사회계약론 중심의 정치사상의 자연권 이론에 지대한 영향을 미쳤다. 로크의 시민정부에 관한 첫 번째 글이 필머의 가부장권론에 대한 비판을 중심으로 전개되었다면 두 번째 글은 가부장권자들뿐 아니라 그로티우스와 푸펜도르프의 자연권 이론 중 사유재산에 관한 부분을 수정하려는 의도로 집필되었다.

17세기 초반의 자연권 이론이 인간의 권리를 설명하는 출발점은 인간은 원래 자유롭다는 것을 가정하는 것이다(Olivercrona, 1977: 212). 모든 개인은 각자 자유를 가진 존재이다. 따라서 한 개인은 자신의 영역 속에서는 자유를 가지는 반면 타인의 영역에 속하는 타인의 자유를 침해하지 말아야 할 의무를 가지게 된다. 개인에 대해 자연법이 보장하는 권리는 자신의 영역에서 멈춘다. 따라서 각자 가진 영역을 침해하지 않는 것이 바로 정의로운 것으로 이해된다. 그로티우스나 푸펜도르프 같은 자연권 이론가들에게 있어 정의란 침해하지 않는 것이라는 소극적 의미를 가지는 개념이었다.

자연 상태의 인간은 자신의 영역에서 자기 것에 대한 권리(suum cuique)를 가진다. 이 권리에 대한 침해(iniuria)는 정의롭지 못하다. 따라서 모든 사람은 자신의 권리에 대한 타인의 침해가 발생하기 전에 미리 침해하는 자를 공격하여 자신의 권리를 보호하고 복구할 수 있는 것이다(*De Jure Belli ac Pacis*: Book I, Chap. 2, para.1).[3] 어떤 의미에서 모든 사람은 구분되는 자기만의 영역을 가지고 있고 이 영역 내의 것은 각자에게 속한다. 그러나 자연 상태, 즉 국가가 존재하기 이전의 상태

---

3) 그로티우스의 원전은 스콧(James Brown Scott)이 편집한 1995년판을 사용하였다.

에서는 각자의 것에 대한 보호는 어떤 방식으로든 불안정성을 가지고 있다. 이 불안정성이야말로 정치사회로 전환을 시도하게 만드는 동력이다.

자연 상태에 있어 개인들 사이의 관계를 규율하는 두 개의 원칙이 있다. 그것은 자기 것에 대한 권리의 신성함과 그 권리를 침해하는 자들에 대한 공격의 허용이다. 이 원칙은 사회에서도 계속된다. 사회는 이 원리를 더 안정적으로 유지할 수 있다는 장점 때문에 만들어진다. 물론 17세기 자연법사상가들에게 있어 소유의 문제는 신이 인간에게 부여한 자연에 대한 공유권이다. 인간은 자연을 이용하여 자신의 생존을 지속할 권리가 있다는 것이다. 당시 사유재산권에 대한 대부분의 논의는 공유의 전제와 사유의 발생이라는 이중적 구조로 되어 있었다.

> 우리 자신은 육체를 가진 실체이므로…… 인간을 포함한 모든 생명체에 존재를 부여한 신은 존재에 필요한 모든 것도 부여하였다. 그것들 중 일부는 존재를 위해 절대적으로 필요하며 일부는 복지를 위해서만 필요하다. 즉 그것들은 안전과 평안을 위해 필요한 것들이라 할 수 있다(*De Jure Praedae*: Prolegnomena 11).

> 인간은 자기 자신의 몸만으로는 생존할 수 없고, 외부의 물질을 필요로 하도록 구성되어 있다. 인간은 신의 뜻에 의해 다른 피조물들을 사용한다. …… 신이 인간에게 생명을 부여하였기 때문에 인간은 신의 선물인 생명을 유지하기 위해 다른 피조물을 사용할 권리도 함께 받았다고 이해할 수 있다(Pufendorf, 1991: Chap. 3. Sec. 1-2).

이런 전제 위에서 그로티우스와 푸펜도르프는 자신들의 소유권 이론을 전개했다. 그로티우스는 소유권의 문제를 전적으로 사적 소유, 즉 배타적 권리로서의 소유권이라는 측면에서 접근한다. 그는 중세부터 존재하던 자연법과 성경과의 불가분한 관계를 완화하면서 소유권을 정당화하려는 시도를 하였다. 성경을 통해 당시의 다양한 종교적 입장을 가진 사람들이 납득할만한 이론을 전개하기는 어려웠을 것이다.[4] 어떻게 공유물인 자연이 배타적인 개인의 소유물로 전환되는가 하는 것이 그의 소유권 이론의 출발점이다. 그로티우스에 의하면 자기 것에 대한 권리는 어떤 개인에게 속한 것, 즉 소유된 것에 대한 배타적 권리를 의미한다(Tully, 1980: 70). 자연 상태에서 이것은 생명, 자유, 신체, 그리고 명예와 평판까지 포함하는 개념이다. 이 개념은 인간의 행위, 즉 자유와 생명까지 포함하는 개념이다. 따라서 모든 개인은 이에 대한 어떠한 침해에 대해서도 방어할 수 있다.

인간의 소유권은 인간의 자유 개념과 연결된다. 인간은 자신의 행위에 대해 지배권을 가지고 있으며 인간의 행동은 상호 관계를 형성할 수 있다. 한 인간의 행위의 영역과 다른 인간의 행위의 영역은 서로 충돌할 가능성이 있다. 즉 한 인간의 재산의 확장을 위한 노력은 타인의 같은 노력과 충돌할 수 있다. 따라서 각 개인의 재산권의 실질적이고 안정적인 인정을 위해 사람들 사이의 동의가 필요하다. 개인의 재산권은 개인의 의지만으로 지켜지는 것이 아니라, 재산에 대한 침해는 개인에 대한 침해로 간주된다는 도덕적 주장에 대한 개인 사이의 동의를 전제로 성립한다.

원래 자연을 이용하여 자신의 생명 유지에 도움을 받을 수 있는 권리는 단지 이용권이었고 이는 동물도 가지고 있는 권리였다. 반면에

---

4) 당시 자연법과 성경의 관계에 대해서는 턱(Tuck, 1987) 참조.

완전한 의미의 소유권은, 타인으로부터 자유로운 배타적 권리로서의 소유권은 전적으로 인간의 권리이다. 이는 인간이 해결할 수밖에 없는 문제이다. 여기서 동의의 개념이 등장한다. 최초의 동의는 어떤 사람이 자신의 사용을 위해 취한 물건에는 타인이 손을 댈 수 없다는 도덕적 권리에 대한 동의이다.『전쟁과 평화의 법(De Jure Belli ac Pacis)』에서 그로티우스는 사물에 대한 인간의 권리는 문명의 발전에 따른 인간 생활의 변화 때문에 공유에서 사유로 전환되기 시작하였다고 주장한다.

> 우리는 처음에는 동산, 후에는 부동산에 대해서까지 원시적 공유가 포기된 이유를 알 수 있다. 그것은 인간이 더 이상 토지로부터의 자연적 생산물에 의존하지 않고, 동굴에서 벌거벗거나 나뭇잎이나 동물의 가죽으로 된 옷을 입고 살지 않게 되었기 때문이었다. 인간은 이제 더 세련된 생활을 선택하게된 것이다. 이 선택은 인간을 근면하게 만들었다(*De Jure Belli ac Pacis*: Bk. II. Chap. 11. para. 4)

사유재산은 "점유나 분할을 통해 표명되어 일종의 동의에 의해 발생한다. 사실상 공유가 포기되고 새로운 분할이 생기지 않는 한 각자가 취득한 것은 각자의 사유재산으로 인정하도록 동의되었다고 간주할 수 있다."(*De Jure Belli ac Pacis*: Bk. II. Chap. 2. para. 1) 따라서 그로티우스에게 사유재산권은 절대적인 자연권은 아니다.

푸펜도르프도 그로티우스와 유사하게 사유재산은 자연적인 것이 아니라 인간법에 의해서 인간적으로 발생했음을 주장함으로써 사유재산을 중세적 이론 구조의 틀 속에서 설명한다. 푸펜도르프는 재산의 양도에 있어서는 반드시 양자의 동의가 전제되어야 한다고 주장한다. 그에게 있어 재산의 취득은 반드시 동의가 선행되어야만 정당화된다. 푸펜도르프에게 있어서는 인간의 자연에 대한 공유권은 그 자체로 특별한 의미를 지니지 못한다. 개인이 배타적 사유권을 획득하지 않는 한 개인은 실질적이고 안정적으로 자연을 자신의 생존에 이용하지 못한다는 것이다. 그리고 신은 인간에게 배타적 사유권까지 자연적으로 부여한 것이 아니므로 공유권은 단순한 점유를 통해 무엇이든 소유할 수 있다는 권리로 해석될 수는 없다. 사유재산권이 배타적 권리로 성립하기 위해서는 반드시 인간의 동의의 과정이 요구되는 이유가 여기에 있다. 누가 어떤 것을 배타적으로 소유하는가가 정해지기 전까지 인간의 소유권은 제대로 작동할 수 없다. 소유권을 인간의 자기보존으로부터 도출시키는 로크와 달리 푸펜도르프는 인간의 자연에 대한 지배의 측면에 무게를 두었다.

> 아담이 홀로일 때 그는 진정한 의미에서의 재산권을 가지고 있지 않았다. 아담과 이브도 자식들의 사용을 금지하는 의미에서의 재산권을 가지지 않았다. …… 자연은 신의 명령에 의해 명시적으로 사유재산이나 공동재산으로 창조되지는 않았다. 소유권은 후에 인류의 평화를 위해 인간이 만든 것이다(Pufendorf, 1991: 533-536).

이상에서 보았듯이 그로티우스와 푸펜도르프의 소유권 이론은 각자의 전개 방식의 차이는 있지만 동의라는 장치를 통해서 소유권이 정당화되는 것으로 이론화되었다. 그들에게 사유재산이란 인간의 의지에 의해 도입된 것이다. 그러나 로크는 자연 상태에서 개인과 개인의 어떠한 관계가 발생하기 전에 선재하는 배타적 소유권을 정당화함으로써 자연권으로서의 소유권의 절대성을 확보하려는 이론적, 이념적 목표를 가지고 있었다.

3. 로크의 자연권으로서의 소유권

로크의 사유재산권 이론은 그 시대의 정치적 이슈 중에 가장 첨예하게 대립되었던 문제에 대한 고뇌의 결과였다. 당시 영국에서의 사유재산권을 둘러싼 논쟁과 갈등을 이해하기 위해서는 다음과 같은 사실을 염두에 두어야 한다. 사유재산을 둘러싼 당시의 논쟁의 초점은 사유재산권 자체가 아니었다. 다시 말하면 사유재산 자체에 대한 논쟁이라기보다는 사유재산권의 성격과 한계에 대한 논쟁이었다. 17세기 영국의 정치적 투쟁은 사유재산권과 왕권의 대립, 즉 양자 중 어느 쪽이 절대적인가 하는 논쟁이었다. 사유재산권과 왕권의 대립이 발생할 경우 어느 쪽이 양보하여야 하는가. 인권은 왕권보다 우선성을 가지는가. 이 문제들은 세계 인권의 역사에 중요한 의미를 가진다.

로크의 자연인은 원래 자신의 행동에 대한 자유를 가지고 있으며 자신의 소유물에 대한 절대적 주인이다. 그러나 개인의 자기 소유물에 대한 절대성은 타인의 소유물에 대한 절대성의 인정과 공존하여야 한다. 자연법, 즉 이성의 지배에 의해 모든 개인은 타인의 소유물을 침해할 수 없다. 로크는 재산의 의미에 생명, 자유, 자산을 함께 포함시킴으로써 인권의 문제를 재산의 문제와 함께 전개한다. 그에게 있어 재산은 소유물에 대한 단순한 물질적 권리를 넘어서는 인간존재의 선행조건으로 간주되는 것이다. 로크는 인간의 자연적 자유를 소유물에 대한 자유와 함께 논의한다.

인간의 자연 상태는 완전히 자유로운 상태이다. 즉 사람들이 일일이 다른 사람의 허락을 받는다든지 다른 사람의 의사를 따르지 않고 자연법이 허용하는 한도 내에서 스스로 적당하다고 생각하는 것에 따라 자신의 행동을 규제하며 또한 자신의 소유물을 스스로의 생각대로 처리할 수 있는 완전히 자유로운 상태인 것이다(Locke, 1960: Chap. I. sec. 3).

인간의 자연권은 소유물에 대한 권리까지를 포함한다. 인간은 자기 보존의 원리에 의해 음식과 기타 자연이 자기보존을 위해 제공하는 것을 소유할 권리를 갖는다(Locke, 1960: Chap. II. sec. 8). 로크의 소유권의 전제는 그 이전의 자연권 이론가들과 마찬가지로 신이 인간의 생존을 위해 모든 인간으로 하여금 땅과 그 열매를 이용할 수 있도록 하였다는 것이다.[5] 그러나 지상의 무엇을 사용한다는 것은 필연적으로 타인의 사용을 금지한다는 점과 연결된다. 그러면 애초에 공유물인 자연이 어떤 방식으로 타인의 사용이 금지되고 일인의 사용만이 허용되는 배타적 권리의 대상으로 전환되는가. 이것이 로크가 해결하여야 할 과제였다. 물론 이 전환에 있어 개인의 권리는 침해받지 않아야 한다.

그로티우스, 푸펜도르프 이론의 문제점은 두 가지 정도를 들 수 있다. 그중 하나는 자연 상태에서 발생하는 동의의 가능성의 문제이다. 과연 인류가 아무런 제도적 장치가 존재하지 않는 자연 상태에서 어떤 방식으로든 개별적 사유재산의 발생을 위해 동의를 하고 그 동의를 준수하는 것이 가능하였는가 하는 것이다. 다른 하나는 동의에 의한 사유재산권의 발생은 그로티우스의 이론에서 보듯이, 언제나 새로운 동의에 의해 재검토와 수정이 가능하므로 그 절대성을 보장받을 수 없다는 데 있다. 만약에 동의를 사용하여 소유권을 정당화한다면

---

[5] "하나님이 그들에게 복을 주시며, 그들에게 이르시되 생육하고 번성하여 땅에 충만하라. 땅을 정복하라. 바다의 고기와 공중의 새와 땅에 움직이는 모든 생물을 다스리라 하시니라. 하나님이 가라사대 내가 온 지면의 씨 맺는 모든 채소와 씨 가진 열매 맺는 모든 나무를 너희에게 주노니 너희 식물이 되리라."(「창세기」 1장, 28-29절)

그것은 언제든 변경될 가능성을 가진 불완전한 권리로 인식될 가능성이 있었다. 이것이 로크가 그로티우스 등의 상호 동의에 의한 소유권 이론으로 만족할 수 없었던 이유였다. 로크는 필머 비판에서도 필머의 그로티우스의 동의에 의한 사유재산권 이론의 비판에 대해서는 침묵함으로써 간접적으로 그로티우스 이론을 비판하였다.

로크는 공유에서부터 사유재산으로의 전환에 있어 동의의 관념을 사용하지 않고 다른 방식으로 논리를 전개하려고 노력하였다. 즉 시민법의 권능이 미치지 않는, 자연법과 자연권의 영역에서 사유재산권을 정당화하려 하였던 것이다(Ashcraft, 1987: 88). 특히 그는 소유권을 인간의 생존과 연결되는 절대적 권리이자 자연권, 즉 천부인권으로 이해하였기 때문에 개인과 자연 사이의 관계만으로 정당화할 수 있는 이론을 원했다. 동의에 의한 소유권 성립을 극복하기 위해 로크는 인간 신체의 활동인 노동에 주목한다. 노동은 자기 자신의 일부가 합쳐진 것이며 노동을 통해 공유물인 자연은 신체와 같이 개인의 일부가 되고 타인이 침해할 수 없는 배타적으로 사적인 영역으로 변화한다는 것이다. 인간의 사적 영역인 신체의 작용이 자연을 공유의 영역인 자연으로부터 사적 영역으로 위치를 변화시키는 것이다. 이렇게 사유재산권은 인간의 생명과 마찬가지로 한 개인의 일부가 된다.

> 인간의 육체에 의한 노동과 그의 손이 하는 일은 그 자신의 것이라 할 수 있다. 따라서 자연이 제공해준 대로 있는 것으로부터 끌어낸 것은 무엇이든 자신의 노동력을 투입한 것이며, 또한 자기 자신의 것을 더한 것이 된다. 이런 방식으로 그것이 자신의 소유물이 된다(Locke, 1960: Chap. V. sec. 27).

노동에 의한 사유재산권 성립은 위에서 말한 또 하나의 장점을 가지고 있다. 이는 자연 상태에서 절대적 사유재산권이 발생했다는 점을 설득력 있게 설명할 수 있게 만든다. 사회 구성원의 존재를 전제로 하는 동의 개념은 사회 상태에서의 사유재산권의 위치를 취약하게 할 가능성을 가지고 있기 때문이다. 로크는 노동을 통해 개인의 사유재산권이 자연 상태에서 타인과의 동의 등의 사회적 관계 없이 발생한다는 것을 보여줌으로써 사회의 요구로부터 자유로운 절대성을 사유재산에 부여하려 한 것이다. 그 이후 노동은 육체, 고용인, 도구 등으로 그 범위가 점차 확장된다(Locke, 1960: Chap. V. sec. 28). 로크의 사유재산권은 실정법이 존재하지 않는 자연 상태에서의 자연권이다. 이 권리는 정부에 의해 인정받아야 할 권리가 아니라 정부가 결코 넘볼 수 없고 존중해야만 하는 권리이다.

노동에 의한 사유재산의 취득은 그 범위가 동산으로부터 부동산 특히 토지에까지 확장된다. 토지의 경우도 황무지의 개간이나 경작에서 인클로저까지 노동을 통해 사유재산으로 전환되는 것으로 설명한다. 이때 발생하는 문제는 만약 원래 지상의 모든 것이 공유재산이라면 그 중 일부를 취하는 것이 타인에 대한 침해가 아닌가 하는 것이다. 여기에 대한 로크의 대답은 타인을 위해 충분히 남아 있을 때는 타인에 대한 침해로 볼 수 없다는 것이다.[6] 이것이 소위 로크적 단서(the Lockean Proviso)이다. 자연 상태와 같은 원시시대의 상황을 전제로 하면 재산권 간의 충돌을 논리적으로 해결할 수 있는 방도를 찾는 것이 용이하다. 그러나 사유재산권 이론의 궁극적 목표는 현실의 재산권 문제이다.

로크는 사유재산에 대해 몇 가지의 제한을 제시한다. 첫째는 필요한 만큼만 획득해야 한다는 것이다. 필요 제한(the Necessity Limit) 혹은 부패 제한(the Spoilage Limit)으로 불리는 이 제한은 화폐의 도입과 임금

---

[6] "No injury is committed when there is enough left for others."(Locke, 1960: Chap. V. sec. 31)

노동의 도입 등으로 인해 그 의미가 퇴색된다. 특히 로크는 화폐 도입을 자연 상태하에서 동의를 통해 가능한 것으로 인식함으로써 그의 사유재산권 이론에 동의가 등장하게 되는 이론적 약점도 노출한다.

로크에 의하면 화폐는 교환 행위의 확대를 통해서 자연스럽게 도입된다. 만일 호두를 금 조각으로 교환하여 일생 동안 보관하더라도 이는 부패 제한을 어기는 것이 아니다(Locke, 1960: Chap. V. sec. 46). 이러한 교환의 과정은 결국 화폐경제의 도입으로 귀결된다. 화폐는 인간의 소유물의 보존을 용이하게 하는 동시에 확장의 가능성을 활짝 열어주는 역할을 한다. 화폐를 통하여 인간은 자신의 노동의 결과물을 부패시키지 않고 영속적으로 보관할 수 있기 때문에 인간의 끊임없는 근면과 부의 축적에 대한 욕구를 촉발시킨다(Locke, 1960: Chap. V. sec. 46). 이제 노동의 결과는 영원히 존속할 수 있게 된다. 노동의 결과는 불멸의 것으로 남아 있게 되는 것이다. 로크에게 있어 화폐의 도입은 인간으로 하여금 자연을 충분히 편리하게 이용하게 하려는 신의 뜻에 부합된다(Kelly, 1988: 283).

그러나 스나이더가 말했듯이 로크에게 있어 화폐의 도입은 한편으로는 재산의 불평등을 유발하고 시기, 탐욕과 갈등을 만연시킴으로써 자연법의 위반을 빈발하게 하여 로크의 자연 상태를 홉스의 자연 상태와 같은 전쟁 상태로 전환시킬 위험을 내포하고 있다(Snyder, 1986: 749-750). 특히 화폐에 대한 동의는 사회가 만들어지는 동의 이전에 발생하는 동의이다. 동의 이전의 동의는 사회 존립의 전제 조건 같은 느낌을 준다. 화폐경제가 됨으로써 이제 인간은 재산을 획득하기 위해 직접 노동을 하지 않아도 되며, 자신의 노동이 반드시 자신의 소유로 귀결되지는 않는다.

로크의 재산권 이론은 자신의 신체에 대한 개인의 완전한 소유를 출발점으로 한다. 내가 나의 신체의 일부를 나의 자식을 위하여 양도

할 수는 있으나 나의 의지에 반하여 나의 신체에 그 누구도 위해를 가할 수 없듯이 재산권 역시 타인의 침해로부터 자유로운 절대적 권리이다. 그러나 의문이 드는 것은 자기 자신의 신체에 대한 절대적 소유가 자신의 바깥에 존재하는 사물에 대한 절대적이고 배타적인 소유권의 정당화를 위한 충분한 근거를 제공하는가 하는 점이다. 공유의 자연과 자신의 신체를 소유한 개인의 노동의 결합이 어느 누구도 문제 제기를 할 수 없을 만큼 자명하게 소유권을 정당화하는가.

로크의 재산권 이론의 또 다른 문제점은 많은 학자가 지적하고 있듯이[7] 그의 이론이 결과적으로 자원 배분에서의 불평등을 정당화하는 방향으로 나아간다는 점이다. 다시 말하면 로크의 이론에서 가장 중심적인 주장인 개인의 자유에 대한 억압을 방지하기 위하여 가장 중요한 권리인 재산권이 불평등의 방식으로 개인의 자유를 억압하게 되는 역설이 발생할 가능성이 있다는 점이다. 로크의 자연 상태에서 화폐의 도입은 평등의 종말을 도래하게 하여 엄청난 부의 편중을 가져오게 된다. 이에 대해 로크는 부의 창출을 위해 전보다 부가 늘어났다는 방식으로만 설명할 뿐 부의 편중에 대한 어떤 직접적 대답도 명확히 제시하지 않고 있다.

그리고 로크의 사유재산은 분명히 자연 상태에서부터 보장되는 자연권이다. 그럼에도 불구하고 여전히 정부는 사회의 재산권을 보장하고, 세금을 징수하고, 상업과 재산의 교환에 관한 법률과 질서를 유지하는 역할을 한다. 그러나 이것이 로크가 사회가 재산에 대해 적극적 역할을 하여야 한다고 주장했다는 의미는 아니다. 로크에게 있어서는 사유재산에 대한 정부나 사회의 개입이 명백하게 제한적으로 규정되어 있다. 이것이 로크의 사유재산권 이론이 가지는 최소정부론(minimal

---

[7] 대표적인 예로 맥퍼슨(C. B. Macpherson)의 저작들을 들 수 있다.

government)의 함의이다. 합리적 능력을 지닌 시민의 존재를 전제로 할 때 정부는 고도로 제한된 정치적 영역만을 가진다는 것이다. 즉 정부는 오로지 시민의 자연권, 즉 자유, 재산, 생명의 보전을 위해서만 존재한다. 특히 경제적 영역에서는 시민은 자신의 능력을 충분히 아무런 외부의 방해 없이 발휘할 수 있다는 것이다. 이와 같은 논리하에서는 정부가 사회를 이끌어가는 중요한 역할을 직접 담당하는 것이 원천적으로 어렵게 된다.

4. 페인의 토지 정의론

주지하다시피 토머스 페인은 미국독립혁명에 지대한 영향을 끼친 『상식(Common Sense)』의 저자이다. 그리고 프랑스혁명기에 집필한 『인권(Rights of Man)』은 근대 인권 이론의 가장 중요한 고전의 하나일 것이다. 페인은 이 두 책에서 공히 개인의 권리가 존재하고 그 권리는 개인과 불가분의 관계에 있음을 강력하게 주장하였다.

페인에게 있어 자연권은 인간의 모든 시민권의 기초가 된다. 인간은 세상에 태어날 때 모두 평등하게 권리를 가지고 태어났다. 여기서 그가 자연권을 설명하는 방식과 내용은 일반적인 자유주의 천부인권론의 논리와 유사하다. 즉 페인의 자연권은 자신의 존재 자체가 권리의 기원이 되는 것이다. 여기에는 모든 지성적 자유, 심적 자유, 그리고 개인이 자신의 안녕과 행복을 위해 행동하는 것과 관련된 모든 자유가 포함된다. 이 모든 자유는 타인의 자연권을 침해하지 않는 한 그 자체로 정당하다(Adkins, 1966: 138). 정부의 권한은 자연권에 기원하고 있으며 이에 따라 제한적이나마 정부는 복지를 보장할 의무가 있게 된다(West, 2003: 1457).

사유재산과 복지라는 주제에 대한 페인의 창조적인 논의는 1797년에 출간된 짧은 저서 『토지 정의론』에서 시도되었다. 그는 이 책에서 인권에 대한 논의에서 출발하여 평등과 복지라는 주제로 논의를 확대하였다. 페인은 이 팸플릿의 서문에서 사유재산을 다음과 같이 규정한다.

> 자유와 재산은 우리가 가진 소유물 중에서 지적 성격을 가지지 않은 모든 것을 지칭하는 말이다. 세상에는 두 가지의 사유재산이 존재한다. 첫 번째는 자연적 재산이다. 이는 땅, 공기, 물과 같은 것으로서 우주의 창조자로부터 우리에게 주어진 것이다. 두 번째는 인위적 혹은 취득된 재산, 즉 인간 작위에 의한 것이다(*Agrarian Justice*: i04).

페인에 의하면 인위적 재산에 있어서는 평등이 불가능하다. 왜냐하면 모든 이에게 평등한 분배가 정당화되려면 모든 사람의 기여가 동일하여야 할 것인데 이는 불가능한 일이기 때문이다.

이 글을 저술함에 있어 페인의 사회에 대한 인식은 루소와 유사하다. 그는 근대 문명이 과연 인간에게 행복을 가져다주었는가 하는 문제의식에서 출발하고 있다(Seaman, 1988: 130). 페인의 근대사회에 대한 시각은 한편으로는 위대한 성취의 외양에 대한 놀라움과 동시에 다른 한편으로는 극단적인 가증스러움에 대한 충격이라는 모순적인 것의 혼합이었다. 근대의 가장 문명화된 사회에서 가장 풍요한 인간과 가장 비참한 인간이 동시에 존재한다는 것이다. 이런 모순적 모습 앞에서 우리는 진정한 사회가 나갈 길을 어떻게 발견하여야 하는가. 이에 대한 페인의 생각은 대부분의 자연권 이론가와 유사하다.

사회 상태가 어떠하여야 하는가를 이해하기 위하여 인간의 자연 상태나 원시 상태에 대한 어떤 관념을 가지고 있을 필요가 있다. 이는 마치 오늘날 북아메리카의 인디언들의 사회와 같다. 그 상태에서는 유럽의 도시와 거리에서 빈곤과 결핍이 우리로 하여금 목도하게 만드는 인간적 비참함의 광경이 존재하지 않는다. 따라서 빈곤은 소위 문명화된 사회가 만든 것이다. 그것은 자연 상태에서는 존재하지 않았다(*Agrarian Justice*: 3-4).

그러면 사유재산은 어떤 방식으로 어느 선까지 정당화되는가. 그로티우스 등의 동의인가, 로크의 노동인가. 페인의 사유재산에 대한 논의는 위에서 말한 재산의 구분, 즉 자연적 재산과 인위적 재산의 구분에서 출발한다. 문명이 가져온 재산과 빈곤의 문제의 본질을 잘 나타내는 것이 바로 토지이다. 페인의 토지에 대한 접근은 일견 종교적인 측면이 있다. 페인은 신이 인간에게 토지를 부여한 것을 그 속에서 근면하게 경작하여 생산하라는 의미로 해석하지 않았다. 오히려 그 이미지는 인간이 단순히 열매를 따먹고 평온한 생활을 영위하는 에덴의 동산과 같은 것이었다. 경작은 인간이 만든 발명품일 뿐이었다.

페인에 의하면 토지와 지대의 문제가 바로 당시 사회의 모순을 가장 적나라하게 보여주는 것이었다. 페인은 경작 자체를 부정적으로 인식하지는 않는다. 그에게도 역시 경작은 자연의 가치를 높이는 방법으로서 대표적인 인간의 발명이며 로크에게서와 마찬가지로 토지의 가치를 열 배 더 상승시키는 원동력이다.[8] 인간에게 악을 가져다 준 것은 경작 그 자체라기보다는 경작을 통한 토지의 독점이었다. 이

---

8) 페인의 토지와 다른 재산의 구분 역시 로크의 영향을 받은 바 크다. 그러나 로크는 이 구분을 자연 상태에서만 강조하고 있을 뿐이다(Foner, 1976: 249).

독점은 인구의 반에게 토지 없는 삶을 부여함으로써 그들의 자연적 권리를 박탈하고 이에 대해 보상하지 않았다. 이러한 악에 의해 인간에게 유례없는 빈곤과 고난이 부과된 셈이었다(*Agrarian Justice*: 19).

토지 재산의 경우 토지의 경작 등을 통한 가치의 창출과 토지 그 자체의 엄밀한 구분이 불가능하다. 이러한 불가분성이 토지 재산 자체를 가능하게 한다. 그럼에도 불구하고 개인의 재산은 토지 그 자체가 아니라 토지로 인해 가치가 향상된 부분뿐이라고 페인은 주장한다(*Agrarian Justice*: 11). 왜냐하면 페인에게 있어 토지는 본질적으로 개인의 사유재산이 될 수 없기 때문이다. 인간은 토지를 만든 적이 없으며, 인간이 토지를 점유하여 사용할 자연적 권리를 가지고 있다 하더라도 그 권리는 인간이 토지의 일부를 영원히 자기의 것으로 하는 배타적 권리와는 다른 것이다.

엄밀히 말하면 모든 토지 재산의 소유권자는 공동체에 대해 지대를 빚지고 있는 셈이다. 페인의 토지 정의의 실현 방안은 토지 소유자가 공동체에 빚지고 있다는 사실에서 출발한다. 개인이 자신만의 것이 아닌 토지를 독점적으로 점유하고 그 점유의 바탕 위에서 자신의 부를 창출하고 축적해왔다면 그는 어떤 방식으로든 공동체에 대해 진 빚을 갚아야 할 의무가 있다.

토지 소유자가 자기의 토지 점유에 따른 빚을 갚는 방식은 다양할 것이다. 예를 들자면 개인 토지 소유자가 국가에 대해 자기가 점유한 토지의 지대를 납부하는 시스템을 구축하는 방식이 있을 것이다. 그러나 페인은 독특한 방식으로 접근한다. 그에 의하면, 공동체는 전혀 다른 방식으로 지대를 징수한다. 이러한 일종의 공동체 펀드는 토지 재산을 보유한 개인이 사망할 시 그 재산의 10분의 1을 세금으로 징수함으로써 형성된다.

이 공동체 펀드는 두 가지 방식으로 시민들에게 지불된다. 첫 번째는 21세가 되는 모든 사람에게 지불되는 15파운드이다. 이 돈은 토지 소유 제도의 도입으로 인한 자연적 권리의 손실을 어느 정도 보상하는 기능을 한다. 여기에 덧붙여서 일종의 연금 형식으로 지급되는 보상이 있다. 연금의 수혜 대상은 50세 이상의 모든 시민이다. 이들은 50세부터 평생 매해 10파운드씩의 연금을 수령한다. 당시 대단히 획기적이라는 평가를 받았던 페인의 재분배 및 복지 시스템이 자유주의 이념으로부터 동떨어진 것은 아니다. 왜냐하면 그의 정의론은 모든 이에게 부여된 자연적 권리로부터 출발하여 이를 일관성 있게 유지하고 있기 때문이다. 그에게 있어 경제적 혜택은 복지 혜택이 아니라 권리일 뿐이다.[9]

앞에서 말했듯이 페인의 공동체 펀드는 모든 토지는 원래 인류의 공동재산(the common property of the human race)(*Agrarian Justice*: 24)이라는 원칙에 의해 정당화된다. 즉 모든 사람은 토지에 대한 자연적 재산권을 보유한 채 태어났다는 것이다. 그러나 그는 현실의 토지 소유자에 대해 비난을 가하지는 않는다. 현재의 소유자가 정의로운 제도의 이행에 반대하지 않는 한 그들에게 어떠한 비난도 가할 수 없다. 비록 토지의 소유에 의해 빈곤이라는 악이 발생하였지만 이는 현재 소유주의 잘못이라기보다는 제도의 잘못이라는 것이다. 따라서 정의의 회복을 가져오는 수단은 현재의 어떠한 소유자의 권리를 근본적으로 침해하는 것이어서는 안 되는 것은 물론 사회를 분열시키는 것이어서도 안 된다.

펀드의 지불은 이미 말했듯이, 가난하거나 부자이거나 여부를 막론하고 모두에게 행해진다고 제안되어 있다. 여기서 페인이 강조

---

[9] "It is a right, and not a charity, that I am pleading for."(Agrarian Justice: 20)

하는 것은 원칙의 문제이다. 시기를 유발할만한 부당한 구분을 만들지 않기 위해서는 이것이 최선이다. 이는 옳은 것이기도 하다. 왜냐하면 이는 모든 사람에게 권리로 존재하는 자연적 유산을 대신하는 것으로서 그 권리는 인간이 창조하거나 개인적으로 상속받은 재산 위에 존재하는 것이기 때문이다(*Agrarian Justice*: 26).[10]

페인은 자신의 모든 제안이 권리와 정의에 입각한 것이라 주장한다. 이는 단순히 복지와 자선과 경제적 이득의 문제가 아니다. 정의에 기초한 페인의 주장은 자연적 권리 즉, 인권 이론의 일부였다. 그에게 중요한 것은 인간 문명의 부정의와 증오스러움을 수정하는 일이었다. 페인은 당시의 상황이 더 이상 방관할 수 없는 지경에 이르렀으며, 혁명적 변화가 필요한 시점이라고 생각했다. 그에게 있어 현실의 부와 빈곤의 공존은 산 자와 시체가 하나로 묶여 있는 것과 마찬가지로 기괴한 것이었다. 비록 자선에 많은 힘을 쏟는 개인이 있으나 개인이 할 수 있는 것은 한도가 있으며 제도의 혁명적 개혁 외에는 해결책이 없는 것이었다. 정의는 가난한 자들만을 위한 것이 아니었다. 도덕적 독립성과 빈곤으로부터의 자유는 상호 연결된 것이었다(Christian, 1973: 378). 페인에 의하면 "정의의 시스템만이 소유자로 하여금 안전을 예상하게 만드는 것이다."(*Agrarian Justice*: 63) 정의는 사회에 반감과 반목을 제거하고 모든 이가 공존할 수 있는 유일한 길이기 때문이다.

---

[10] 물론 부자가 연금 등을 원하지 않으면 그 수령을 포기할 수 있고, 이는 공동의 펀드에 남게 된다.

5. 자유주의 인권론의 다른 얼굴

사유재산은 자연법에 의해 보장받는 절대적 권리인가. 아니면 인간의 성찰과 동의에 의해 수정되고 제한될 수 있는 것인가. 사유재산권 제한의 한계는 어디까지인가. 사유재산제가 수반하는 빈곤과 인권의 문제는 어떻게 할 것인가. 이 문제들은 현대 자유주의자가 발견한 새로운 것이 아니다. 이 논쟁은 이미 과거부터 존재해왔다. 우리는 로크와 그로티우스, 푸펜도르프, 페인 등의 권리에 대한 논의 속에서 이에 대한 고민과 다양한 해법의 실마리를 찾을 수 있다.

그동안 자유주의의 정치사상에 있어 사유재산권의 문제는 로크의 자연권 이론의 틀 속에서 분석되어왔다. 그러나 더 이상 신의 창조와 하사, 신의 섭리에서 출발하는 자연법 등이 우리의 삶에 있어 중심적인 위치를 차지하고 있지 않은 현실의 세계에서 로크의 이론은 과연 '사유재산권의 한 신화' 이상의 어떤 의미를 가지는가. 어쩌면 한 학자의 말대로 이제 더 이상 자연이 신의 창조물로 인정되지 않는 세상에서 로크보다는 그로티우스 등이 맞는지도 모른다(Dunn, 1984: 118).

로크는 잘못된 정부에 대한 저항과 종교적 문제에 대한 관용이라는 대안 등을 강조함으로써 자유주의 인권론의 발전에 있어 중요한 방향 제시를 해주었다. 그러나 자유주의 이념 속에 사유재산과 인권의 문제는 미완으로 남아 있다. 이에 대한 적극적 노력의 하나로 페인에 주목하였다. 페인은 개인의 자연적 권리라는 자유주의적 틀을 벗어나지 않으면서도 농지에 대한 자연적 권리와 인간의 자연에 대한 개선이 가져오는 자연에 대한 소유권적 권리의 긴장을 침해에 대한 인정과 이에 대한 보상의 방식으로 해결하려는 시도를 보여주었다.

오늘날 지상의 모든 공동체의 어깨를 짓누르고 있는 경제위기와 신자유주의의 운명에 대한 조망은 우리에게 중요한 시사점을 던져준다.

현실에서 이 문제를 바라볼 때 다시 한 번 제기되어야 할 것은 이념이란 무엇인가 하는 보다 근본적 질문이다. 모든 이념은 시대에 따라 변모한다. 자유주의도 예외는 아니다. 오히려 자유주의는 시대에 따라 특히 다양한 변모를 보였고 그 변모가 자유주의의 생존의 비결이었다.

여기서 우리는 다시 자유주의의 다양한 전통에 주목하여야 한다. 사회와 국가의 운용 방향을 결정하기 위한 작업은 인류의 영원한 과제이다. 신자유주의의 논리가 결코 자유주의 정치사상의 끝일 수는 없다. 이념으로서의 자유주의의 역사는 수많은 자기비판과 다른 이념으로부터의 영향과 변화의 역사였다. 자유주의는 복지와 자유의 조화, 여성의 참여의 확대와 보호 등 다양한 가치를 구현하기 위해 노력해왔다. 인권과 재산권의 문제에 대한 진지한 고민이 요구되는 시점에서 다양한 지적 흐름으로 이루어진 자유주의의 과거를 다시 한 번 본격적으로 되짚어보는 것도 의미가 있을 것이다.

참고 문헌

Adkins, Nelson F. ed., 1966, *Thomas Pain: Common Sense and Other Writings*, Forum Books.
Ashcraft, Richard, 1987, *Locke's Two Treatises of Government*, London.
Christian, William, 1973, "The Moral Economics of Tom Paine", *Journal of the History of Ideas* 16.
Dunn, John, 1984, "John Locke", in Brian Redhead et al., *Plato to Nato: Studies in Political Thought*, London.
Foner, Eric, 1976, *Tom Paine and Revolutionary America*, Oxford University Press.
Grotius, Hugo, 1950, *De Jure Praedae*, Clarendon Press.
Grotius, Hugo, 1975, *De Jure Belli ac Pacis* Book I, 2.1.5, in James Brown Scott ed., 1995, *The Classics of International Law*, New York, Carnegie Institution.

Kelly, Patrick, 1988, "All Things Richly to Enjoy: Economics and Politics in Locke's Two Treatise of Government", *Political Studies* 26.

Locke, John, 1960, *The 2nd Treatise of Government* in Peter Laslett ed., *Two Treatise of Government*, Cambridge University Press.

Olivercrona, Karl, 1977, "Appropriation in the State of Nature", *Journal of the History of Ideas* 35(2).

Paine, Thomas, 1894, *Agrarian Justice*, in *The Writings of Thomas Paine*, Collected and Edited by Moncure Daniel Conway, New York: G. P. Putnam's Sons.

Pufendorf, Samuel, 1991, *On the Duty of Man and Citizen According to Natural Law*, James Tully ed., Cambridge.

Seaman, John, 1988, "Thomas Pain: Ransom, Civil Peace, and the Natural Right to Welfare", *Political Theory* 16(1).

Snyder, David C, 1986, "Locke on Natural Law and Property Rights", *Canadian Journal of Philosophy* 16(4).

Tuck, Richard, 1987, "The Modern Theory of Natural Law", in Anthony Pagden ed., *The Language of Political Theory in Early Modern Europe*, Cambridge University Press.

Tully, James, 1980, *A Discourse on Property*, Cambridge University Press.

West, Robin, 2003, "Tom Paine's Constitution", *Virginia Law Review* 89(6).

6장 인권과 민주주의에 대한 로크와 루소 사상의 비교와 북한 인권

오영달

1. 인권과 민주주의에 대한 두 가지 관점

인권과 민주주의라는 용어 모두는 규범적으로 인간의 정치 생활에서 가장 널리 사용되어왔다고 할 수 있다. 그것은 이 두 용어 모두가 보다 나은 공동체의 삶을 위한 운영 원칙을 담고 있다는 인식의 공감대가 존재하기 때문일 것이다. 또한 이 두 용어는 그 의미에 있어서 역사적으로 상호 밀접한 관련성을 가지면서 발전해왔다고 할 수 있다. 주지하다시피 이미 고대 그리스에서는 민주주의 개념이 본격적으로 발전되기 시작했다(최자영, 1995).[1] 또한 고대 로마에서는 자연권 사상이 널리 통용되고 있었다. 동양의 맹자를 포함하여 인권 및 민주주의 관련 논의들은 동서양을 막론하고 인류 역사를 통하여 그 구체적 표현이나 내용에 있어서 다소의 차이가 있을망정 지속적으로 전개

---

1) 이에 대한 심층적 연구는 최자영(1995) 참조.

되어왔다(예를 들면 김대중, 1994). 그중에서도 1689년 영국의 명예혁명 후 발표되었던 권리장전(Bill of Rights)이나 1776년의 미국의 독립선언 그리고 1789년의 프랑스 인권선언은 인류의 오랜 역사 속에서 저류로 흘러왔던 인권 인식을 보다 체계적이고 공식적으로 표현한 것이라 할 수 있다. 좀 더 넓은 범위의 국제사회에서 민주주의에 대한 활발한 논의와 발전은 19세기 이후 찾아볼 수 있지만 인권에 대한 논의는 20세기에 들어서 보다 체계화되었으며 나아가 국제 규범으로 자리 잡기 시작했다고 할 수 있다. 특히 유대인 대량 학살의 주범인 히틀러가 제2차 세계대전을 일으킨 장본인이라는 이해의 공유로부터 전후 세계질서의 수립 과정에서 인권은 그 어느 때보다도 중요한 고려 사항으로 떠오르게 되었고 그 결과 유엔헌장의 중요한 설립 목적의 한 부분을 구성하게 되었다(Krasno, 2004: 40). 1948년 12월 유엔총회의 결의를 통하여 세계인권선언(Universal Declaration of Human Rights)이 채택되었고 이후 두 개의 국제인권규약(International Covenants on Human Rights)이 1967년에 서명, 채택되고, 1976년부터 발효, 시행되고 있으며 그 밖에 여성, 아동, 소수민족 등 각 분야에 관한 구체적인 국제 인권 보호 규범들과 제도들이 등장하였다(Oberleitner, 2007: 특히 제4장).

그럼에도 불구하고 국제사회는 인권의 정확한 의미에 대하여 뚜렷한 합의를 도출하는 데 어려움이 있었다. 거의 만장일치로 채택된 세계인권선언도 결과에 있어서는 자유주의 진영과 사회주의 진영 국가들의 인권에 대한 대조적인 입장을 병치(竝置)한 것에 불과하였다. 이뿐만 아니라 인권의 원칙에 대한 보다 높은 실행력을 기대하며 추진되었던 국제조약 형식으로서의 국제인권규약은 이 양 진영 간의 근본적 입장 차이로 결국 시민적 · 정치적 권리에 대한 국제규약(International Covenant on Civil and Political Rights)과 경제적 · 사회적 · 문화적 권리에 대한 국제규약(International Covenant on Economic, Social, and Cultural Rights)이라는 각각 두 개의 문서로 분리될 수밖에 없었다. 그만큼 국제사회는 일반적으로 인권이 중요하다는 점에는 공감하면서도 그 구체적인 내용과 실행 방법론에는 합의하기 어려웠음을 알 수 있다.

인권의 의미에 대한 이러한 입장 차이는 마찬가지로 모두가 선호하는 민주주의의 구체적인 내용에 대한 이론적 입장 차이와 깊은 관련이 있다. 주지하다시피 민주주의는 그 수식어에 따라 다양한 종류가 존재하지만 그중에서도 고전적 자유주의에 이론적 기초를 두고 있는 자유민주주의와 또 대체로 맑시즘에 이론적 기초를 두고 있는 사회민주주의[2] 또는 공산주의가 대표적이다. 그런데 인권과 민주주의라는 두 용어는 역사상 그 등장 시기는 서로 다르지만 오늘날 서로 밀접한 관련이 있음을 알 수 있다. 즉 민주주의를 자유주의에 기초하여 이해하는 경우에는 '시민적·정치적 권리'를 인권의 핵심으로 보는 이론적 입장을 취하는 반면에 사회주의를 기초로 하여 민주주의를 이해하는 경우에는 '경제적·사회적 권리'를 우선적인 인권으로 보는 이론적 입장을 취하고 있음을 볼 수 있는 것이다. 다시 말하면 자유주의에 기초하여 인권에 접근하는 경우 '자유'를 바탕으로 '사회적·경제적' 측면의 인간 권리도 증진될 수 있다고 보는 반면에 사회주의를 염두에 두고 인권에 접근하는 경우 사회적 '평등'을 바탕으로 '시민적·정치적' 측면의 인간 권리가 제대로 실현될 수 있다고 주장하는 것이다. 냉전

---

[2] 사회민주주의의 이념적 내용은 19세기 맑스의 등장 이후 많은 이론적 분파 사이에 다양한 특색을 보여주고 있다. 특히 오늘날 유럽의 여러 국가에서 보이는 사회민주주의 정당이나 정부는 자본주의와 사회주의 모두를 인정하면서 민주적 복지국가를 추구하고 있다는 점에서 정통 맑스주의와 크게 다른 점이 있는 것도 사실이다. 하지만 이러한 문제에 대한 논의는 이 글의 범위를 넘는 것으로 다만 이 글에서 사용하는 사회민주주의가 정통 맑스주의에 기초하고 있는 사회주의 분파를 염두에 두고 있음을 밝힌다(http://en.wikipedia.org/wiki/Social_democracy 참조. 2008년 9월 3일 검색).

기간을 통하여 나타났던 동서 양 진영의 대결은 어떤 면에서는 이처럼 인권과 민주주의의 내용에 대한 상반된 이론적 입장에 뿌리를 두고 있었다. 그리하여 국제사회에서 인권 문제는 1985년 구소련에서 새로운 지도자 미하일 고르바초프 서기장이 등장하고, 1989년 11월 베를린장벽의 붕괴로 상징되는 동서 냉전이 종식된 후에 비로소 제대로 다루어질 수 있었다.

인권과 민주주의에 대한 국제사회의 이론적 대립 양상은 이념적으로 분단된 한반도에서도 존재해왔다. 자유민주주의를 정치 이념으로 하여 수립되었지만 오랫동안 독재 내지 권위주의 정권하에 있었던 남한과 사회주의 또는 공산주의를 표방하면서 오늘날까지 국가를 운영하고 있는 북한이 아직도 상호 대치하고 있다. 베를린장벽의 붕괴와 함께 국제사회에서는 인권과 민주주의에 대한 이데올로기적 대립이 현저히 약화된 측면이 있지만 한반도 전체에서는 남북 간에 그리고 대한민국 내에서는 학계에서 북한 인권 문제 대처 방안을 둘러싸고 그 대립이 지속되고 있는 것으로 보인다(조희연·박은홍, 2007: 294).[3]

이 장의 문제의식은 바로 여기에 있다. 즉 오늘날 한반도에서 나타나는 인권 문제를 둘러싼 논쟁은 기본적으로 인권의 의미에 대한 대조적 이해에 기초하고 있다는 점을 지적하고자 하는 것이다. 이를 위해 이 장은 '인권'과 '민주주의'라는 용어가 기본적 의미에 있어 갈리(W. B. Gallie)가 말하는 '근본적으로 계쟁되는 개념들(essentially contested concepts)'(Gallie, 1956: 167-198) 중의 하나라고 본다. 갈리에 의하면 많은 정치학 용어에는 특징적으로 그 개념 정의에 있어서 서로 경쟁하는 의미와 내용이 존재하게 된다는 것이다. 이 장은 위에서 논의한 것처

---

[3] 서보혁은 이러한 이념적 스펙트럼을 보수적, 중도적, 그리고 진보적 견해로 나누어 정리하고 있다(서보혁, 2006: 13-19).

럼 매우 논쟁적인 인권의 의미에 대하여 '시민적·정치적' 권리가 우선적으로 취급되어야 하며 '경제적·사회적' 권리는 '시민적·정치적 권리'의 주체인 시민들의 토론과 합의를 바탕으로 실현 가능한 권리라는 점을 주장하고자 한다. 그리고 이러한 주장을 뒷받침하기 위해 정치사상사로 거슬러 올라가 인권 개념에 대하여 대조적 접근을 시도한 존 로크(John Locke)와 장 자크 루소(Jean-Jacques Rousseau)의 사상을 비교, 검토하고자 한다. 로크와 루소의 사상을 비교, 논의하는 이유는 로크가 자유민주주의의 이론적 기초를 제시하면서 동시에 '시민·정치적' 권리에 대한 이론적 기초도 제시했으며, 루소는 논의의 여지가 있음에도 불구하고 사회민주주의의 이론적 기초를 제공하면서 동시에 '경제적·사회적' 권리의 이론적 기초도 제시했다고 보기 때문이다. 로크와 루소 두 사상가의 견해는 오랜 세월 동안 학자들 사이에서 논의되어왔기 때문에 이 장에서 다루고자 하는 인권과 민주주의에 대한 논쟁의 이론적 근원을 천착하는 데 있어서도 중요한 토대를 제공한다고 할 수 있다.

이 장에서는 본 서론에 이어 2절에서 로크의 정치사상에서 자유민주주의와 '시민적·정치적' 권리의 이론적 기초를 추출해내고 3절에서는 로크와 대조적인 견해로서 루소의 사회민주주의적 사상 요소와 나아가 '경제적·사회적' 권리의 옹호 입장을 천착한다. 마지막으로 4절 결론 부분에서는 앞의 내용을 간단히 요약하고 오늘날 북한 인권 문제의 논의와 관련하여 도출되는 시사점을 서술하고자 한다.

2. 로크의 '자유' 중심적 민주주의론과 인권론

로크는 17세기에 그의 자유주의적 정치사상을 통해 '자유' 중심적

인권과 이에 기초한 자유민주주의의 이론을 체계적으로 제시한 것으로 유명하다. 그는 자연권이라는 용어를 사용함으로써 오늘날 사용되는 인권(human rights)이라는 용어를 명시적으로 사용하지는 않았다. 하지만 오늘날 널리 받아들여지고 있는 인권 개념의 중요한 이론적 기초는 사실 그의 사상 속에서 찾아볼 수 있다. 따라서 모리스 크랜스톤(Maurice Cranston)은 근대의 자연권에 대한 논의를 현대 인권의 기초로 보고 있는 것이다(Cranston, 1981: 187-195; 오수웅, 2007: 94에서 재인용). 잭 도넬리(Jack Donnelly)가 서구 인권론에 대한 자유주의적 접근의 기원을 17세기 로크의 『정부론(Two Treatises of Government)』[4]에서 찾는 것도 같은 맥락에서 이해할 수 있다(Donnelly, 1989: 89).

로크는 인간의 기본적 권리로서 자연권을 정부의 역할과 관련하여 논의한다. 그리고 로크의 자연권론은 홉스와 달리 기본적으로 그의 인간성에 대한 낙관적 견해에 기초하여 전개되고 있다. 즉 로크는 자연 상태에서 인간들은 비교적 질서를 잘 유지하며 평화롭게 삶을 영위하는 것으로 보았다. 다만 종종 질서를 어지럽히고 평화를 파괴하는 사람들이 나타나기도 하는데 여기에 정부의 존재 이유가 있는 것이다. 로크는 그의 『정부론』 제2장에서 국가나 정부가 행사하는 정치권력의 속성을 제대로 이해하고 그것을 그 원래의 근본 상태로부터 도출하기 위해서는 먼저 가장 근본적인 원래 상태라는 의미의 자연 상태에서의 인간의 완전한 자유와 평등 상태를 이론적으로 고려하지 않으면 안 된다고 하였다. 그리하여 모든 사람은 이 자연 상태에서 **자연법의 범위** 내에서 다른 사람들의 허락을 구하거나 다른 사람들의 의지에 의존하지 않으면서 어떻게 행동하고 어떻게 자신들의 재산을 처

---

[4] 이하 로크의 『정부론』에서 인용하는 내용들은 제2논문(Second Treatise)과 절(§)로 표시한다.

분하고 또 어떻게 자신들의 신체를 다룰 것인가에 대해 자유롭다고 단정하였다(Locke, Second Treatise §4). 로크가 상정하는 자연 상태에서의 자유에 대한 이러한 단정으로부터 평등의 논리도 도출된다. 따라서 로크는 차별 없이 태어난 같은 종(種)의 생물체들은 또한 서로 종속되거나 굴종됨이 없이 자연이 부여하는 모든 종류의 혜택과 재능의 사용에 있어서 평등해야 한다고 주장하는 것이다(Locke, Second Treatise §4). 로크는, 우리 인간은 열등한 부류의 생물체가 인간을 위해서 쓰이는 것처럼 그렇게 다른 사람들의 용도에 맞게 쓰이도록 만들어지지 않았으며 따라서 인간들 사이에는 서로를 파괴할 수 있는 권한이 인정되는 그러한 종속 관계는 존재할 수 없다고 하였다(Locke, Second Treatise §6). 로크가 이러한 평등의 견해를 강조한다고 해서 삶의 현실 속에서 일상적으로 경험하는 불평등을 간과하는 것은 아니다. 로크 역시 자연 상태의 평등에 반하는 경우가 나이, 미덕, 지성, 혈통 등과 관련하여 흔히 있다는 것을 인정한다. 그러나 이러한 사례들이 자연 상태의 평등 원칙에 대한 근본적인 장애가 될 수 없다고 보는데, 그 이유는 그가 말하는 평등이 한 사람의 다른 사람에 대한 관할권 또는 지배력이라는 의미로서 사용되고 있기 때문이다. 여기에서 유의할 점은 로크의 자연 상태는 위에서 이미 언급한 것처럼 자연법이라는 '한계 범위 내'라는 조건을 달고 있기 때문에 홉스가 말하는 자연권에 기초한 무제한의 자유에서 비롯되는 '만인의 만인에 대한 투쟁' 상태와는 크게 다르다는 것이다. 또한 이러한 의미에 있어서 로크의 자연 상태는 이미 사회적인 상태라고 할 수 있는데, 피터 라스렛(Peter Laslett)이 지적한 바와 같이, 사회 상태라는 것도 실제에 있어서는 결코 자연 상태를 완전히 초월한 적이 없는 것이기도 하다(Laslett, 1960: 99). 또한 로크가 상정하는 자연 상태는 노르베르토 보비오(Norberto Bobbio)가 지적하듯이 인류 역사에서 오랫동안 유지되어왔던 상명 하달식의 정치권력에 대한 관념을 근본적으로 뒤바꾸기 위해 필요한 이론적 수단 이었다(Bobbio, 1996: 83).

그러면 로크는 사람들이 자신의 의지에 따라 자유롭게 행동할 수 있는 근거를 어디에서 찾는가? 로크는 이를 사람들이 가지고 있는 이성에서 찾는데 이러한 이성은 자연법 내에서 사람들 자신을 다스리며 사람들 자신이 가지는 의지의 자유에 대한 한계도 알 수 있게 해준다는 것이다(Locke, Second Treatise §63). 또한 로크는 자연법은 자연 상태에서의 자유의 범위를 한정해주는 반면에 신의 전지전능함은 인간의 자유와 조화될 수 있다고 보았는데 그 이유는 자연법이 신의 의지의 표현이고 신의 확실한 명령은 우리의 이성을 통해 알 수 있기 때문이라는 것이다. 이성에 대한 로크의 이러한 견해는 당시에 유행하고 있던 케임브리지의 플라톤학파 사이에 공유되었던 것으로 그들은 이성이 곧 인간에게 내재하는 '신의 목소리'라고 이해하고 있었다(Laslett, 1960: 94). 따라서 로크는 이러한 논리적 맥락에서 주장하기를, 인간의 이성은 곧 자연법이고 자연법을 잘 분별하는 인류 모두는 서로 평등하고 독립적이기 때문에 누구나 다른 사람의 생명, 건강, 자유, 또는 재산에 대해 손상을 가해서는 안 된다는 것을 잘 알고 있다는 것이다. 로크의 이러한 견해는 결국 자연 상태에서의 자유와 평등, 인간 이성, 그리고 자연법 사이에 존재하는 상호 이론적 연결성에 기초하고 있다. 이러한 상호 연결성의 존재는 '권리(right)'라는 용어와 '법(law)'이라는 용어 사이에 존재하는 의미론적 연관성에 의해 분명하게 드러난다. 권리라는 용어는 어원상 라틴어의 'ius'에서 유래하는데 'ius'라는 용어는 그 의미상 두 가지 서로 구분되면서도 상호 관련되는 '법'과 '권리' 모두를 의미하는 것이다. 따라서 라틴어의 'ius naturale'는 '자연법'뿐만 아니라 '자연권'도 의미하는 것이다. 이와 관련하여 정치사상가 프란세스코 수아레즈(Francesco Suarez)는 일찍이 'ius'에 대해 말하는 것은 단지 '공정성(rightness)'에 대하여 말하는 것뿐만 아니라 어떤 것에 대한 '권리(rights)'를 갖는다는 의미도 지닌다고 지적한 바 있다 (Skinner, 1978: 176). 이렇게 볼 때 로크가 말하는 자연권의 의미는 위에서 이미 언급한 홉스의 자연권과 크게 다르다고 할 수 있는데 홉스는 자연권이 인간 삶을 불안하게 할 여지가 있으므로 인간은 그 이성의 적용을 통해 별도의 자연법을 만들어 서로 평화롭게 지낼 수 있도록 노력한다고 하였다(Hobbes, 1996: 88).

자연 상태에서 사람들이 가지는 또 하나의 근본적인 특징은 자기보존권이다. 자연 상태에서 이러한 자기보존권이 시사하는 것은 바로 집행권(executive power)의 측면으로서 이에 대하여 로크는 다음과 같이 설명한다.

> 사람들은 이미 증명된 바와 같이 세계의 다른 사람 또는 단체와 평등한 완벽한 자유, 자연법 상 통제받지 않는 모든 권리와 특혜의 향유에 대한 정당한 권리를 가지고 있기 때문에 자연적으로 그의 재산, 즉 보다 구체적으로 그의 생명, 자유, 재산을 다른 사람이 손상하거나 도모하지 못하도록 보존할 뿐만 아니라 다른 사람의 자연법 위반을 판단하고 처벌할 수 있는 정당한 권리가 있다 (Locke, Second Treatise §87).

로크는 자연 상태에서의 그의 집행권론에 대한 비판을 잘 의식하고 있었고 그 또한 자연 상태에서 개인들이 가지는 집행권으로부터 야기될 수 있는 문제를 바로잡기 위해 시민정부가 필요하다는 것을 인정한다. 하지만 이러한 불편이나 문제를 해결하기 위해 홉스의 견해처럼 절대적인 정부가 그 해결책이라는 데 대해서는 동의하지 않는다. 그 이유는 당시의 정치체제하에서 흔히 통치자 역할을 했던 군주도

결국은 똑같은 사람이기 때문이라는 것이다(Locke, Second Treatise §13). 위의 인용문에서 언급한 바와 같이 자연권의 구체적 내용은 간단히 재산권으로 표현되었는데 이는 광의(廣義)와 협의(狹義) 두 가지 의미로 사용되었고 광의로 쓰일 때는 구체적으로 생명, 자유 그리고 당시 재산의 중요한 부분을 차지했던 토지 등을 의미했다. 로크가 재산(property)이라는 용어를 이처럼 두 가지 모두의 의미로 사용한 이유는 재산이라는 것이 단순히 사람들의 소유 대상물뿐만 아니라 사람들의 신체 그 자체에도 그 속성이 있다고 할 수 있기 때문이었다. 따라서 어떤 사람의 신체에 대하여 그 자신 외에는 누구도 권리를 행사할 수 없다고 주장하는 것이다. 이러한 견해의 논리적 연장은 어떤 사람의 신체와 손발을 통한 노동의 결과는 진정으로 그 자신의 것이라는 주장으로 귀결된다(Locke, Second Treatise §27).

로크는 이러한 자연권의 주체로서의 개인들이 사회계약을 통해 시민정부를 설립한다고 말했다. 즉 정부의 설립 목적은 바로 개인들이 가지고 있는 이러한 자연권을 보다 잘 보호하기 위해서라는 것이다. 이러한 이론적 맥락에서 정부가 행사하는 권위는 홉스 또는 뒤의 루소가 말하는 것처럼 절대적인 것이 아니라 개인들 그리고 그들로 구성되는 국민들의 자연권을 제대로 보호한다는 전제 조건하에서 부여되는 것이다. 따라서 정부가 이러한 전제 조건을 위반할 때 시민들의 저항권 행사는 정당화되며 그 과정에서 위정자들이 행사하는 권위가 회수될 수도 있다는 것이 로크 시민정부론의 주된 내용인 것이다. 따라서 로크의 자연권론과 시민정부론을 기초로 하여 설립된 정부는 일사 분란하게 국가 전체의 단일한 합의를 도출하는 데에는 다소 어려움이 있을지 몰라도 독재적인 통치를 시도하는 것이 지극히 어려울 수밖에 없다고 할 수 있다.

로크의 이와 같은 자연권론은 근대 인권론의 역사에서 중요한 획을 그었던 18세기 말 미국독립혁명과 프랑스혁명 당시에 약간 수정되어 다시 천명되는 것을 볼 수 있다(Vincent, 1995: 25). 또한 그의 자연권론은 오늘날 인권론에 있어서뿐만 아니라 자유민주주의 정치에 있어서도 이론적 선구 역할을 하고 있다(Vincent, 1995: 7-18; Donnelly, 1989: 9-27). 왜냐하면 1789년의 프랑스혁명 당시에 발표된 프랑스 인권선언은 1948년 국제연합을 통해 채택된 세계인권선언의 기초 과정에 커다란 영향을 미치고 있기 때문이다(Marks, 1998: 459-514). 오늘날 일상화되어 있는 수많은 종류의 구체적 인권의 내용들은 로크의 이러한 자연권에서 그 이론적 근거가 도출된다고 할 수 있다. 먼저 생명권은 모든 인간의 생명에 대한 존중이라는 당위적 원칙에서 파생되고 이에 따라 남의 생명을 손상하지 말아야 하는 것이다. 그리고 어떤 범죄의 혐의가 있을 때일지라도 무죄 추정의 원칙에 따라 고문을 해서는 안 된다는 원칙이 나올 수 있는 것이다. 이뿐만 아니라 생명권과 관계되면서도 좀 더 생명의 자유로운 속성에 초점을 둔 자유권에는 많은 자유민주주의국가의 헌법에 규정되고 있는 것처럼 언론, 출판, 집회, 신앙, 거주 이전 등 각종 자유가 포함된다. 인류가 19세기 후반에서부터 20세기의 오랜 기간을 통하여 경험했던 자유민주주의 대(對) 사회민주주의(공산주의)의 경쟁은 1989년 베를린장벽의 붕괴 이후 프랜시스 후쿠야마(Francis Fukuyama) 등에 의해 자유민주주의의 승리로 묘사되기도 하였다(1992). 이러한 자유민주주의의 승리는 자연히 유엔을 포함하는 국제사회에서 독재 정권들이 저지르고 있는 시민적·정치적 권리의 유린에 대한 관심을 고양시키는 결과로 나타났다.

3. 루소의 '평등' 중심적 민주주의론과 인권론

　루소도 앞에서 논의한 로크나 다른 근대사상가들과 마찬가지로 인간성과 자연권 등에 대하여 깊은 관심이 있었고 이를 바탕으로 그의 정치사상을 전개하였다. 따라서 조지 새바인과 토마스 소슨(George H. Sabine and Thomas L. Thorson)은 루소가 이미 1750년대 초반 당시에 사용되고 있던 자연 상태나 자연인 등과 같은 표현에 커다란 관심을 가지고 있었다고 지적하였다(Sabine and Thorson, 1973: 534). 루소는 인간성을 홉스나 로크처럼 일반화하여 긍정적으로 보거나 부정적으로 보기보다는 사람들이 처해 있는 삶의 환경과 관련하여 이해하였다. 따라서 그는 사람들이 자기 자신의 이기심을 넘어 다른 사람들의 고통을 싫어하는 본유적인 혐오감을 갖고 있다는 의미에서 원래 인간성은 자연 상태에서(naturally) 선하다고 보았다(Sabine and Thorson, 1973: 536). 따라서 루소는 사람들이 자연법에 따라 세계적인 규모에서 자연적 정의의 최소한의 요구에 부응하여 살아갈 수 있을 것으로 보았으며 심지어 자기보존의 본능도 모든 사람의 최고선이라는 기본적이며 보편적인 법칙에 부합될 수 있다고 이해하였다(Gourevitch, 1997: xii; 오수웅, 2007: 106-107). 그러나 우리는 여기서 루소가 자연권 또는 인간 정의의 원칙을 인간의 자연적 필요, 즉 음식, 휴식, 성욕과 같은 기본적 욕구와 관련하여 이해하고 있다는 사실에 유의할 필요가 있다(Rousseau, 1970: 235; 오수웅, 2007: 106에서 재인용). 왜냐하면 이것은 뒤에서 논의하는 것처럼 루소가 이미 사회적 평등을 중시하고 있다는 것을 시사하기 때문이다.

　그럼에도 불구하고 루소의 정치 이론 구성에서 인간의 모습에 대한 묘사와 관련하여 보다 중요한 측면은 바로 근대의 문명화된 사회 속에 살아가는 인간들의 타락성이다. 즉 루소는 사람들이 물질적으로 그리고 심리적으로 서로 의존하기 시작하자마자 그들은 자동적으로 자연 상태에서 자연적 정의에 부응하여 영위하던 삶을 멈추게 되며 또 자연법이나 인간의 본성에 기초한 법이 자연적 정의의 규범 작용을 중지하게 된다고 하였다(Rousseau, 1970: 235; 오수웅, 2007: 106에서 재인용). 루소는 사람들이 근대의 문명사회에 살게 되면서 기존 자연 상태에서 공평무사한 이성에 귀를 기울이던 관행에서 벗어나 이기주의를 지향하고 있음에 주목하고 있었던 것이다. 그 결과 루소는 근대 시기의 인간들의 본성에 대하여 대체로 비판적인 시각을 가지게 된다. 따라서 루소는 문명사회에서의 자연법이나 자연권은 자연적인 제재가 결여되어 있기 때문에 공허한 존재라고 하였다(J. J. Rousseau, *The Social Contract*, Book II, Chapter Six: [2], 이하는 Rousseau, SC, Bk, Ch식으로 표기). 이러한 이해하에서 루소는 세계적으로 무너진 '자연적 정의 또는 자연권(natural right)'을 재정립하기 위한 시급한 과제가 새로이 '정치적 정의 또는 권리(political right)'의 지배를 받는 구체적인 지역 또는 도시의 정치사회들을 수립하는 것이라고 하였다. 즉 이미 문명화되고 타락한 근대사회에서는 더 이상 자연권이나 자연적 정의의 실현을 기대할 수 없기 때문에 정치 공동체를 수립함으로써 그 안에서만 정의를 실현할 수 있다고 본 것이다. 물론 여기서 '정의' 또는 '권리'의 궁극적 존재 목적은 자유롭게 태어났던 인간들이 근대 시민사회 속에서 다시 쇠사슬에 묶이는 것을 방지하기 위한 것이다. 이러한 루소의 이론적 맥락에서 자연 상태가 아니라 근대 시민사회 속에서 살아가는 개인들과 국가에 대한 루소의 논의를 검토함으로써 왜 루소의 인권 개념이 로크와 대조적인 사회민주주의 또는 극단적인 경우에 전체주의적인 성향을 띠게 되었는지 알아볼 필요가 있다.

루소의 견해에서 볼 때 개인들과 국가라는 두 행위자 모두는 동시에 주권자이며 정의로운 인간 질서의 유일한 기초이다. 루소는 그의 대표적인 저술 중의 하나인 『사회계약론』에서 그의 개인주의와 국가 하의 권위주의와의 사상적 융합을 잘 보여주고 있다. 루소는 널리 알려진 바와 같이 개인의 권리 또는 자유를 열렬히 옹호하였는데 여기에서 말하는 개인의 권리 또는 자유는 **국가**(state)에 대한 대항에 의해서가 아니라 **사회**(society)의 형태와 관습에 대한 대항을 통해서 추구되고 있다. 즉 루소가 추구하는 개인의 자유는 **국가**로부터의 구속 면제(immunity)로서가 아니라 '근대 시민사회'의 구조적 억압과 타락으로부터 벗어나야 한다는 의미이다(*SC* ed. C. E. Vaughan, 1918: xiv; Nisbet, 1943: 98에서 재인용). 루소의 정치 이론에서 그의 적대감의 표적이 되었던 것은 정치적 국가(political state)가 아니라 바로 '근대 시민사회'의 가혹함, 불평등, 갈등상태였다. 여기서 루소가 적대감을 가졌던 '근대 시민사회'는 곧 근대 시기의 '부르주아(bourgeois)사회', 즉 유산계급들에 의해 지배되는 사회를 의미한다. 루소에 의하면 근대 시민사회라는 삶의 환경 속에 있는 부르주아적 인간은 내면적으로 이기적인 욕구와 비이기적인 욕구 사이에서 부동(浮動)하고 있어서 자아가 파편화되고 인간성이 말살되고 있다는 것이다(Melzer, 1980: 187). 이러한 의미에서 부르주아적 인간은 다른 사람들을 이용하려는 그의 노력으로 인하여 결국 스스로 노예화되고 있음에도 불구하고 이러한 노예화가 내면화됨에 따라 그 심각성을 인식하지 못하는 영혼의 분열 현상이 생긴다는 것이다(Melzer, 1980: 193). 따라서 근대의 부르주아적 인간은 그가 자연 상태에서 지녔던 순수한 자아를 상실하고 그의 참된 역할을 수행하지 못하게 되며 허구의 삶을 살아가게 된다는 것이다. 그리하여 근대 부르주아사회는 개인적 이해관계와 상호 약탈적 종속 관계 속에 존재함으로써 구조적으로 사람들을 정의에서 벗어나게 만든다는 것이다. 즉 근대 부르주아사회가 이렇게 된 이유는 사람들이 본래 그 성품상 사악해서가 아니라 사람들 간의 상호 약탈적 종속성 위에 세워져 있고 그러한 종속성을 조장하며 또 오직 다른 사람에게 해를 끼침으로써만 자기가 행복해질 수 있는 근대사회의 구조적 특징 때문이라는 것이다(Melzer, 1980: 197). 루소는 근대 부르주아사회의 특징인 이기적 모순의 기둥을 뽑아버리고 사람들 간의 관계를 수단으로서가 아니라 목적 그 자체로 변화시켜야 한다고 주장하였다. 이러한 목적의 실현을 위해 정치와 입법의 기본적인 과제는 타인에 대한 애경심을 높이고 타인을 이용해야 할 필요성을 제거함으로써 부르주아적 인간을 국가의 참된 구성원으로서의 시민으로 변화시키는 것이라고 주장했다(Melzer, 1980: 199). 따라서 경제 부문에서 개인 간의 종속성 제거를 위해 부의 상대적인 평등을 이룩해야 하고, 사치에 의해 발생하는 무절제, 이기성, 상호 종속성을 막기 위해 사치금지법을 만들어야 한다고 했다. 또한 정치 부문에서는 민중의 입장에서 제정된 법의 종합적이고 절대적인 지배를 통해 개인 간의 종속성을 제거해야 한다고 했다(*Second Discourse*, 79-80; Melzer, 1980: 199에서 재인용). 이러한 인식하에서 루소는 개인을 해방하고 가능하면 그들의 총체적 불평등을 자연상태에 가까운 평등의 조건으로 바꾸기를 희구했던 것이다. 이에 대하여 루소는 다음과 같이 말하고 있다.

> 각각의 시민은 이제 그의 동료 시민들로부터 완벽한 독립을 누리게 될 것이며 국가에 절대적으로 의존하게 될 것이다. 이러한 것은 항상 똑같은 수단에 의해서 성취된다. 왜냐하면 그 구성원들의 자유가 확보되는 것은 오직 이 국가의 힘에 의해서 가능하기 때문이다. 바로 구성원들 간의 이러한 관계에서 시민법(civil laws)이 탄생한다(Rousseau, *SC*, Bk II, Ch twelve [3]).

이로부터 루소가 희구했던 개인의 독립은 국가로부터가 아니라 그 사회의 동료 시민들로부터였음을 알 수 있다. 그리하여 국가의 사명은 개인이 국가에 의존하게 함으로써 개인을 부르주아사회로부터 독립하도록 만드는 것이며, 그리고 지금까지 적대적인 부르주아사회 속에서 좌절되었던 개인의 잠재적인 선을 발현할 수 있게 함으로써 개인 해방의 매개체 역할을 하는 것이다(Nisbet, 1943: 99). 루소에 의하면 사람들은 이러한 시민 국가에 들어가게 되면 본능 대신에 정의에 맞게 행동하게 되고 그동안의 어리석고 제한적이었던 동물의 상태로부터 벗어나 이성적으로 사고하는 존재로서의 인간이 된다고 하였다(Rousseau, SC, Bk I, Ch eight [1]). 그리하여 국가의 권력을 통해 사람들은 이제 그의 이기적이고 파괴적인 열정으로부터 나오는 불화와 폭정 없이 지낼 수 있게 된다고 믿었다.

그런데 여기에서 그의 역설이 등장하게 된다. '시민사회'의 불화로부터 벗어나 '시민 국가'의 정신적인 평화에 머물기 위해서 각 개별 구성원은 그의 권리 모두를 공동체 전체에 완전히 양도해야 한다는 것이다(Rousseau, SC, Bk I, Ch six [1]). 여기에서 공동체(community)의 의미는 니스벳(Nisbet)에 따르면 정치적 공동체로서 균일적인 특질을 갖는 국가와 다를 바 없다(Nisbet, 1943: 100). 그리하여 루소는 이 도덕적 통일을 유지하는 정치적 공동체의 유기적 성격을 설명하기 위해 국가 주권력의 역할을 인체에 있어서 두뇌의 역할에 비유한다. 이러한 이론적 맥락에서 나오는 것이 '일반의지(general will; volonté générale)'라는 개념으로서 이것은 인간의 마음처럼 통일되고 단일한 형태로 남아 있지 않으면 안 된다. 이 일반의지는 각 구성원의 의지의 합이라고 할 수 있는 '전체의지(the will of all; volonté de tous)'와 크게 다르다. 루소는 '일반의지'는 최고의 정확성을 가지기 때문에 정의에서 벗어나는 일이 없으며, 나뉠 수 없고, 양도될 수 없으며, 또 제한될 수 없다고 하였다. 따라서 이러한 '일반의지'는 공동체 내의 각 개인의 무조건적 순종을 필수로 하며 각 시민은 국가가 적절하다고 여기는 모든 의무를 바쳐야 하는 것이다. 그럼에도 불구하고 루소는 개인의 삶에 있어서 국가의 이와 같은 두드러진 역할이 전제주의가 아니라 진정한 개인의 자유를 위해서 필요한 기초라고 여겼다. 루소는 다음과 같이 주장한다.

> 사회계약이 단지 공허한 형식이 되지 않도록 하기 위해서 그것은 암묵적으로 다른 사람들 모두에게 강제될 수 있는 다음과 같은 약속을 포함하게 된다. 즉 일반의지에 복종하기를 거부하는 어떤 사람도 국가조직 전체에 의하여 그 일반의지에 복종하도록 강제되어야 한다. 이것은 다름 아니라 바로 그가 자유로워질 수 있도록 강제되고 있을 뿐이다. 이렇게 하는 것만이 개인을 조국에 바침으로써 개인적 종속을 막을 수 있기 때문이다(Rousseau, SC, Bk I, Ch seven [8]).

즉 개인은 오직 전지전능한 국가에 그를 완전히 양도한 가운데 자유로운 삶을 살게 된다는 것이다. 그리하여 루소의 이러한 사유 방식은 절차적으로 앞에서 논의한 것처럼 개인의 자연권 보호라는 전제조건하에 국가에 복종하는 로크의 자유주의적 사유 방식과 크게 대조적임을 알 수 있다. 루소가 말하는 개인의 자유는 전지전능한 국가가 결정하는 것은 그 어떤 것도 복종하는 가운데 가능하다는 가정을 담고 있기 때문이다.

그리하여 루소의 사유 방식은 그 의도에 있어서는 개인들의 자유 확보를 목적으로 하고 있으면서도 그 과정과 결과에 있어서는 전체주의로 나타날 수 있는 이론적 위험성을 안게 된다. 이러한 이론적 특징은 특히 그의 일반의지론과 관련해서 이해할 수 있다. 루소의 '일반의지'론에 따르면 그것은 단일해야 하고 분리될 수 없는 것으로 사회의 영향에 의해 제한받지 않으며 인격의 전체를 포괄하는 것이다. 루소는 같은 맥락에서 순수한 주권을 성취하기 위해서 전통적 사회에 대한 충순(忠順)은 철폐되어야 한다고 주장한다. 그리하여 심지어 국가 아래 통일되어 있는 일반의지는 그 하위의 작은 단체들의 존재와 양립할 수 없으므로 하위 단체들은 모두 제거되어야 한다는 급진적 제안까지 가능하게 하는 것이다(Nisbet, 1943: 102-103). 따라서 사회는 오직 국가의 주권적 의지에 따라서 함께하도록 만들어진 원자들의 집합체가 되어야 한다는 것이다(Fernand Baldensperger et al., 1912: 284 ff.; Nisbet, 1943: 104에서 재인용). 이러한 관점의 한 예로 기독교는 사회의 한 단체일 뿐이므로 진정한 국가에 있어서는 유일한 종교로 인정되지 말아야 함을 분명히 했다. 그 대신에 주권자가 신조를 정하는 순수 시민의 종교가 수립되지 않으면 안 된다고 하였다. 이러한 시민의 종교는 주권자에 대한 존경, 오로지 국가에 대한 충성, 모든 이해관계의 국법에 대한 종속 등을 특징으로 지닌다고 하였다(Nisbet, 1943: 106). 같은 이론적 맥락에서 루소는 가족도 일반의지에 부합될 수 있도록 조정되어야 하며, 인간성도 국가의 일반의지에 부합될 수 있도록 어린이들은 태어나면서부터 부모가 아니라 공공 교육을 통해 평등하게 국가의 법에 대해 교육을 받고 일반의지의 공리를 체득하게 해야 한다고 주장했다(Rousseau, 1997: [37]). 이것을 통해 우리는 루소가 오늘날 다원적 자유민주주의의 사회와 크게 다른 사회를 상정하고 있었다는 것을 알 수 있다.

이와 같이 루소의 사유 방식을 이해할 때 흔히 이해하고 있는 것처럼 그가 유토피아적이고 윤리적이며 또 인간적인 민주 사회의 비전을 제시하고 있었음을 엿볼 수 있다. 그리하여 일반적으로 민주주의 이론 발전사에서 루소는 대표적인 사상가 중의 한 명으로서 높이 평가되고 있다. 하지만 그의 이러한 유토피아적인 이상 사회론은 동시에 전체주의 사회를 위한 이론적 기초를 제공할 여지도 많이 있다. 따라서 그에 대한 높고 다양한 평가에도 불구하고 그가 전체주의적인 성향의 이론적 기초를 제시했다는 비판적 평가들도 있다는 점에 주목하게 된다. 예를 들면 벤자민 콩스탕(Benjamin Constant)은 모두에게 자기를 바침으로써 결국 자기를 아무에게도 주는 것이 아니라는 루소의 역설에 대하여 언급하기를 '사람들은 다만 모두라는 이름하에 행동하는 사람들에게 자기를 바칠 뿐'이라고 지적하였다(Dodge, 1971: 39). 이뿐만 아니라 탤몬(J. L. Talmon)은 '루소가 외부화된 일반의지를 국민주권론과 국민의 자기 표현에 접합시킴으로써 전체주의적 민주주의(totalitarian democracy)에 일조하였다.'고 비판하였다(Talmon, 1953: 43). 이와 유사한 관점에서 수전 던(Susan Dunn)은 당시의 가장 급진적이고 유토피아적인 루소의 사상이 부지불식간에 20세기 전체주의와 일당 체제 민주주의 그리고 공동체주의가 복잡하게 얽힌 무대를 마련해놓았다고 지적하였다(Dunn, 2002: 4). 제임스 밀러(James Miller) 또한 루소 사상 속의 한 가닥 독재적 민주주의적인 요소가 19세기 유럽 사회주의의 주류적 전통 속에 들어갔고 러시아 사회주의 운동기에는 블라디미르 레닌(Vladimir Lenin)의 필요에 맞닿았다는 점을 말하고 있다(Miller, 1984: 118). 더욱 중요한 것은 인권을 구성하는 중요한 내용의 한 부분으로서 자유에 관한 루소의 논의는 그 내용에 있어서 후대의 칼 맑스(Karl Marx)의 사상에 크게 영향을 미쳤다는 것이다.

칼 맑스는 그의 저술들을 통하여 과학적 사회주의 또는 공산주의를 통한 이상 사회의 비전을 제시하였다. 하지만 그는 민주주의뿐만 아니라 인권 이론에 있어서 자유주의에 기초한 이론들과 대조적인 시각을 제시하였다. 맑스 그 자신도 그의 초기 저작들에서는 자유에 대하여 모든 사유적인 존재의 종(種)적 필수 요소이며 이성이라는 보편적인 태양광의 자연적인 능력이라고 지적한 적이 있다(Richard N. Hunt, 1978: 5-6; Marks, 1998: 478에서 재인용). 하지만 그는 앞에서 논의한 루소처럼 실질적인 자유와 형식적인 자유를 엄격히 구분하였으며 사회에서 효과적으로 행동할 수 있는 능력—성, 인종, 계급 등에 의해 결정됨—이 권리를 실제적인 것으로 만들며 그렇지 않은 경우에 권리들은 형식적인 지위로 전락하게 된다고 주장하였다. 즉 맑스는 로크와 같은 이론가들의 자연권론이 주로 부르주아의 이익을 보호하기 위한 외피 역할을 하고 있으며 특히 생산수단을 소유하고 통제하는 사람들을 보호하고 있다고 주장하였다. 같은 맥락에서 근대 시민사회에 대한 고찰을 통하여 로크적인 자연권론에 비판적인 입장을 취한 반면에 루소적인 사상에 동정적인 입장을 취하였다. 즉 프롤레타리아에게 로크적인 자연권은 공허하며 형식적일 뿐이라는 것이다. 재산, 교육의 기회가 없으며 자본가들에게 전적으로 의존하고 있는 사람들은 이러한 자연권을 사용할 가능성이 없다고 주장하였다(Marx and Engels, 1992: 3). 또한 맑스는 자연 상태의 개인은 환상이며 사람은 사회적 동물일 뿐만 아니라 나아가 오직 사회 속에서 진정한 개인으로 발전할 수 있다고 주장하였다(Eide, 1998: 485). 이러한 이론적 시각에서 맑스는 1789년의 프랑스 인권선언에 대하여 비판적인 입장을 취하였는데, 그 이유는 여기에서 말하는 자유가 사람과 사람을 분리시켜 고립된 원자로 만들며 재산은 이기심의 권리이고 안전은 이기주의를 보장하고 있기 때문이었다. 이러한 의미에서 맑스는 인권은 지배 이데올로기의 한 부분이며 보편적인 허위의식의 한 부분이라고 주장하였다(K. Marx, 1971; Goodwin, 1992: 287에서 재인용). 따라서 맑스는 자연권에 기초한 자본주의사회에서 체현되는 개인주의는 종(種)적 존재(species-being)로서의 인간의 자연적인 성향과 관련해서 볼 때 아주 혐오스런 것이라고 하였다(Weatherley, 1999: 34). 자연권에 비판적이었던 맑스의 사상은 이후 인류 사회에 지대한 영향을 미치면서 흔히 인권을 '시민적·정치적 권리'와 '경제적·사회적 권리'라는 두 범주로 나눌 때 후자가 우선이라고 주장하는 사회민주주의 또는 공산주의 국가들의 인권론에 이론적 기초를 제공하였다(Shestack, 2000: 40). 맑스의 사상은 20세기 후반에 로크 등의 자유민주주의를 '소유적 개인주의(possessive individualism)'라고 비판한 맥퍼슨(Macpherson, 1962), 그리고 사회적 정의 또는 분배적 정의의 입장에서 인권에 접근한 많은 이론가에게 중요한 영향을 미쳤다. 예를 들면 토니 에반스(Tony Evans)는 자연권은 중세의 구질서를 전복하기 위한 도덕적 기초를 제공하면서 동시에 새로운 지배 집단의 이익을 정당화시켜주었다고 주장하였다(Evans, 1998: 4). 보다 최근에 제라 아라트(Zehra F. Arat)도 자유민주주의라는 이름하에 통치되는 미국을 비롯한 국가들에서 인권을 이야기할 때 그 실제 내용에 있어서는 시민적·정치적 권리만을 염두에 둠으로써 자본가들에게 유리한 사회를 운영하고 약자들의 경제적·사회적 권리는 무시하고 있다고 비판한다(Arat, 1999: 119-144). 아라트를 비롯하여 자유민주주의적 인권에 비판적인 오늘날의 학자들은 '경제적·사회적' 권리가 확연하게 우선이라고 주장한 맑스 등 이전의 사회주의 이론가들과 달리 이제 시민적·정치적 권리와 경제적·사회적 권리는 서로 불가분의 관계에 있으므로 동시에 실현되어야 한다고 주장한다(Arat, 1999: 144). 그것은 오랫동안 많은 사회주의 또는 공산주의 국가가 인권의 내용으로서 '사회 및 경제적 권리'의 실현을 위해 재산의 균등한 배분, 무료 교육과 질병 치료 등을 추구했던 노력이 실패로 끝남에 따라 나타난 입장 변화로 보인다.

4. 결론: 인권에 대한 두 가지 대조적 이해와 북한 인권

이 장은 인권과 민주주의의 의미에 대하여 로크와 루소의 사상적 내용을 대조적으로 재검토하였다. 그리하여 오랫동안 국제사회에서 그리고 오늘날 한반도에서 벌어지고 있는 북한의 인권 문제를 둘러싼 논쟁의 기초를 이론적으로 조명하고자 하였다. 이러한 논쟁은 그 자체만을 가지고는 어떤 입장이 더 설득력이 있는지 알기 어려운데, 로크와 루소의 사상적 접근은 논리상 비교적 내적으로 완결성이 있어서 논쟁의 전체적인 틀을 확인할 수 있게 해주기 때문이다. 앞의 2절에서 논의한 로크의 정치사상은 자연권에 대한 체계적인 논의를 통하여 오늘날 '시민적·정치적' 권리의 이론적 기초를 제시하였음을 볼 수 있다. 이와 동시에 인류 정치 공동체의 양대 이데올로기의 하나였던 자유민주주의의 이론적 초석을 제공하였음을 지적하였다. 다른 한편으로 앞의 3절에서는 루소가 흔히 오늘날 운용되는 민주주의 발전에 중대한 기여를 했다고 보는 해석과는 매우 다르게 사회주의적인 민주주의 또는 전체주의적인 민주주의에 이론적 기초를 제공한 측면이 있다는 것을 지적하였다. 나아가 인권론에 있어서는 '경제적·사회적' 권리를 우선시하는 이론적 기초를 제공하였음을 강조하였다. 이뿐만 아니라 루소의 정치사상은 후에 칼 맑스 및 레닌 등에 의해 체계화된 공산주의에 중요한 영향을 미쳤음을 지적하였다. 이렇게 볼 때, 인권과 민주주의의 상호 관계는 사상사적으로 내용상 서로 밀접하여 '시민적·정치적' 범주의 인권은 자유민주주의의 기초를 형성하고 있으며 '경제적·사회적' 범주의 인권은 사회민주주의 또는 공산주의 정치체제의 이론적 핵심을 형성하고 있다고 할 수 있다. 인류의 오랜 역사를 통하여, 특히 근대 이후 인권과 민주주의에 대한 논의가 전개되어오는 동안 이와 같은 서로 대조적인 두 시각이 경쟁하면서 이 분야의 담론을 지배해왔다고 할 수 있다. 이러한 대조적 접근은 서론에서도 이미 언급한 바와 같이 제2차 세계대전 후 국제사회가 유엔을 통하여 인권 문제를 중요 의제로 다루는 과정에서 두드러지게 나타났다. 특히 유엔인권위원회를 통한 세계인권선언 기초 과정과 국제인권규약의 협상 과정에서 동서 양 진영은 인권의 내용을 둘러싸고 대립했는데 국제법적 의무 이행을 수반하는 조약문서의 성격을 갖는 국제인권규약은 2개의 문서로 나눠지기까지 하였다. 즉 서방 자유민주주의 진영은 인권에 대한 국제사회의 합의가 일단 조약 문서로 성립되는 경우 '시민적·정치적' 권리는 커다란 물질적 기여 없이 그 실현을 추구할 수 있지만 '경제적·사회적' 권리는 국가 내의 사회복지 정책 실행처럼 국제사회의 구성원들이 모두 물질적인 기여를 하여 재원을 마련하기 전에는 실현하기 어렵다고 보았기 때문이다. 이러한 배경에서 유럽인권협약 등 현존하는 국제 인권 보호 제도들은 '경제적·사회적' 권리보다 '시민적·정치적' 권리에 초점을 두고 있는 것이 사실이다. 이처럼 인권과 민주주의에 대한 대조적인 이론 간의 경쟁은 1989년 동서 이데올로기 경쟁의 상징이었던 베를린장벽이 무너지면서 크게 약화되었다고 할 수 있다. 이러한 결과는 이제 양대 이데올로기를 둘러싼 이론적 논쟁을 넘어 사회민주주의 또는 공산주의를 정치 이론적 기초로 수립된 구소련과 중동부 유럽의 정권들이 (완전히 무너지거나 남아 있더라도) 자유민주주의의 중요한 구성 요소인 자본주의 시장경제 요소를 국가 운영에 도입함으로써 나타나게 되었다. 따라서 오늘날 어떤 면에서는 자유민주주의인가 아니면 사회민주주의(공산주의)인가에 대한 논쟁, 그리고 '시민적·정치적' 권리들이 우선인가 아니면 '경제적·사회적' 권리들이 우선인가의 논쟁도 크게 약화되었다고 할 수 있다. 다만 이러한 논의는 그 성격을 달리하여 새로운 용어를 통하여 지속되고 있다. 그것은 1994년 유엔개발계획(UN Development

Programme)의 인간개발보고서(Human Development Report)에서 인간 안보 개념이 처음으로 등장한 이후이다. 즉 이 보고서는 안보 개념을 기존의 국가 안보에서 인간 안보로 접근하면서 그 구체적인 내용을 '공포로부터의 자유(freedom from fear)'와 '결핍으로부터의 자유(freedom from want)'로 규정하였다.5) 여기에서 '공포로부터의 자유'라는 개념은 자유민주주의, '시민적·정치적' 권리를 새롭게 표현한 것으로 볼 수 있고 '결핍으로부터의 자유'는 (사회주의 또는 공산주의와 관련된 의미로서) 사회민주주의 그리고 '경제적·사회적' 권리를 달리 표현한 것이라 할 수 있다.

    제2차 세계대전 이후 이처럼 대조적인 이론적 입장의 대립과 경쟁의 산물로서 한반도의 남북에 등장한 두 정치체제는 아직도 이러한 논쟁에서 자유롭지 못하다고 할 수 있다. 남한은 해방 후 자유민주주의를 기본 정치 이념으로 하여 수립되었지만 오랫동안 독재 정권 내지 군부 권위주의 정권하에 있었기 때문에 인권 상황이 국제사회의 비판 대상이 되었다. 바로 이 시기에 북한은 국제사회에서 남한에 대해 인권 공세를 취했다. 북한은 1982년에 '시민적·정치적 권리에 대한 국제규약'과 '경제적·사회적·문화적 권리에 대한 국제규약'의 당사국이 되면서 국제 인권 레짐에 남한보다 더 적극적인 태도를 취했다. 이에 따라 북한은 1983년 '시민적·정치적 권리에 대한 국제규약' 하의 실행 기구인 유엔인권위원회(Human Rights Committee)에 제출한 북한 인권 상황 보고서에서 북한의 모범적인 인권 준수를 강조하고 동시에 당시 전두환 정권하의 남한 내 인권 탄압에 심각한 우려를 표명, 관심을 촉구한 바 있다(이원웅, 2001: 125). 하지만 남한은 5.18 광주민주화운동, 6.10 민주항쟁을 통하여 꾸준히 민주화를 이룩한 결과

---

5) http://hdr.undp.org/en/media/hdr_1994_en_overview.pdf(검색일: 2009년 8월 7일).

오늘날 비교적 높은 수준의 자유민주주의를 실행하고 있다고 할 수 있다. 하지만 북한에서는 민주주의라는 이름하에서도 공산당 일당독재 체제를 계속 유지함으로써 그 인권 상황과 관련하여 국제사회의 심각한 우려와 거센 비판을 촉발시키고 있다. 북한은 1980년대 말 이후 국제사회에서 사회주의국가들이 붕괴되면서 그 체제 유지에 부정적인 환경이 조성되자 강한 상대주의 시각에 기초하여 '서방식'과 대비되는 우리식 사회주의, '우리식 인권'이라는 독특한 인권 개념을 제시하고 있다(김수암, 2006: 165-166; 홍성필, 2004: 224). 그리하여 '시민적·정치적' 인권의 범주에 속하는 권리들은 거부하고 '경제적 및 사회적' 인권의 범주에 속하는 권리들은 수용하는 태도들을 취해왔다(이원웅, 2001: 125). 하지만 북한의 인권 상황이 '시민적·정치적' 권리는 물론이고 '경제적 및 사회적' 권리도 만성적인 식량 부족, 열악한 교육 환경 및 의료 시설 등으로 인하여 매우 심각하다는 것은 널리 알려진 사실이다. 북한에서 '경제적 및 사회적' 권리가 심각한 상황에 처하게 된 것은 북한 정권이 말하고 있는 것처럼 부분적으로 자연재해의 탓도 있지만 더 중요한 것은 바로 '시민적·정치적' 권리를 허용하지 않음으로써 북한 인민들의 창의성 발휘 가능성을 막고 있다는 데에 있으며, 나아가 '경제적 및 사회적' 권리의 보장이라는 이름하에 추진되고 있는 그들의 비효율적인 폐쇄 경제정책과 선군 정책 등에 의한 자원 배분의 왜곡에 있다고 할 수 있다(박명림, 2008: 12). 앞의 서론에서 지적한 것처럼 남한의 일부 북한 전문가는 북한 인권 문제에 대한 논의에서 '시민적·정치적' 권리의 시각에서 북한의 인권 문제가 제기될 때마다 이를 정치적 의도가 있는 접근이라고 비판하면서 '경제적·사회적' 범주의 인권 내용을 내세워 경제적으로 어려운 북한 주민을 위해 물질적 원조를 하는 것이 곧 북한 인권 문제를 해결하는 길이라고 강변한다. 하지만 오늘날 북한은 엠네스티 인터내셔널, 아시아워치 등 세계의 주요 인권 단체들이 지적하는 것처럼 그 '시민적·정치적' 권리 그리고 '경제적·사회적' 권리의 어느 측면에서 보더라도 인권 상황이 가장 심각한 세계의 몇 국가 중의 하나로 남아 있다. 이러한 현실을 두고 볼 때 그리고 앞으로 북한 인권 문제를 다룸에 있어서 '시민적·정치적' 권리에 기초하여 '경제적·사회적' 권리에도 접근해야 할 것이다. 즉 국가 사회 그리고 국제사회가 안고 있는 어떤 문제도 '시민적·정치적 권리'를 바탕으로 국가 안이든 또는 밖이든 정치 공동체 구성원들 사이에 자유롭고 평등한 논의를 통하여 다루어 나갈 때 '경제적·사회적' 권리 그리고 문화적 권리에 대한 보호와 증진도 기대될 수 있을 것이다. 이러한 사실은 서방 자유민주주의국가들이 '시민적·정치적 권리'에 이론적인 기초를 두고 인권의 의미에 접근함으로써 '시민적·정치적 권리'뿐만 아니라 궁극적으로는 '경제적·사회적' 권리도 매우 높은 수준으로 유지하고 있는 데서 잘 증명된다고 할 수 있다.

참고 문헌

김수암, 2006,「문화상대주의, 주권 원칙과 북한 인권」, 서울대학교 국제문제연구소 엮음(이옥연 책임 편집),『세계정치 5—세계정치와 동아시아의 안보구상』, 경기 고양: 인간사랑, 153-186쪽.

박명림, 2008,「한국의 북한 인권 문제에 대한 접근과 반성—대안을 위한 비판적 모색」,『대북 인권 정책과 인권 문제의 세계적 추세』, 한반도평화연구원, 제10회 한반도평화포럼 자료집(KPI 연구총서 08-03).

서보혁, 2006,『국내외 북한 인권 동향 평가와 인권 개선 로드맵』(KINU 정책연구시리즈 06-06), 서울: 통일연구원.

오수웅, 2007,「루소에 있어서 인권 사상: 자연권과 자연법을 중심으로」,『한국정치학회보』41(4): 91-114.

이원웅, 2001, 「북한 인권 문제의 성격과 대응방안」, 경상대학교 통일문제연구소 엮음, 『남북협력과 북한 인권』, 부산: 도서출판 금정.

조희연·박은홍, 2007, 「사회적 아시아(Social Asia)를 향하여」, 조희연·박은홍 엮음, 『동아시아와 한국—민주화와 민주주의의 위기를 넘어』, 서울: 도서출판 선인.

최자영, 1995, 『고대 아테네 정치제도사: 아레오파고스의 민주정치』, 서울: 신서원.

홍성필, 2007, 「국제 인권에 비추어본 북한의 인권」, 『저스티스』 98: 223-247.

Arat, Zehra F., 1999, "Human Rights and Democracy: Expanding or Contracting?", *Polity* Vol. 32, No. 1.

Bobbio, Norberto, 1996, *The Age of Rights*, Cambridge: Cambridge University Press.

Dodge, Guy H. ed., 1971, *Jean-Jacques Rousseau: Authoritarian Libertarian?*, Lexington, Massachusetts: D. C. Heath and Company.

Donnelly, Jack, 1989, *Universal Human Rights in Theory and Practice*, Ithaca: Cornell University Press.

Dunn, Susan, 2002, "Introduction: Rousseau's Political Triptych", in Jean-Jacques Rousseau, *The Social Contract and The First and Second Discourses*, edited and with an Introduction by Susan Dunn with essays by Gita May, Robert Bromwich and Conor Cruise O'Brien, New Haven and London: Yale University Press.

Eide, Asbjorn, 1998, "Historical significance of the Universal Declaration", *International Social Science Journal* 158: 475-497.

Evans, Tony ed., 1998, *Human Rights Fifty Years On: A Reappraisal*, Manchester: Manchester University Press.

Fukuyama, Francis, 1992, *The End of History and the Last Man*, Harmondsworth: Penguin.

Gallie, W. B., 1956. "Essentially Contested Concepts", *Proceedings of the Aristotelian Society* Vol. LVI: 167-198.

Goodwin, Barbara, 1992, *Using Political Ideas*, Chichester: John Wiley & Sons.

Gourevitch, Victor, 1997, "Introduction", in Rousseau, *The Social Contract and other later political writings*, ed. Victor Gourevitch, Cambridge: Cambridge University Press.

Hobbes, Thomas, 1996, *Leviathan*, ed. Richard Tuck, Cambridge: Cambridge

University Press.

Kim, Dae Jung, 1994, "Is Culture Destiny? — A Response to Lee Kuan Yew", *Foreign Affairs* 73(6)(November/December).

Krasno, Jean E., 2004, "Founding the United Nations: An Evolutionary Process", in Jean E. Krasno ed., *The United Nations: Confronting the Challenges of a Global Society*, Boulder: Lynne Rienner Publishers.

Laslett, Peter, 1960, "Introduction", in John Locke, *Two Treatises of Government*, ed. Peter Laslett, Cambridge: Cambridge University Press.

Locke, John, 1960, *Two Treatises of Government*, ed. Peter Laslett, Cambridge: Cambridge University Press.

Macpherson, C. B., 1962, *The Political Theory of Possessive Individualism*, Oxford: Oxford University Press.

Marks, Stephen P., 1998, "From the 'Single Confused Page' to the 'Decalogue for Six Billion Person': The Roots of the Universal Declaration of Human Rights in the French Revolution", *Human Rights Quarterly* 20(3).

Marx, Karl and Friedrich Engels, 1992, *The Communist Manifesto*, Oxford: Oxford University Press.

Melzer, Arthur M., 1980, "Rousseau and The Problem of Bourgeois Society", *American Political Science Review* 74(4).

Miller, James, 1984, *Rousseau: Dreamer of Democracy*, New Haven: Yale University Press.

Nisbet, Robert A., 1943, "Rousseau and Totalitarianism", *The Journal of Politics* Vol. 5 No. 2.

Oberleitner, Gerd., 2007, *Global Human Rights Institutions: Between Remedy and Ritual*, Cambridge: Polity.

Rousseau, Jean Jacques, 1997, *Discourse on Political Economy*, in Jean Jacques Rousseau, *The Social Contract and other later political writings*, edited by Victor Gourevitch, Cambridge: Cambridge University Press.

Rousseau, Jean Jacques, 1997, *The Social Contract and other later political writings*, edited by Victor Gouervitch, Cambridge: Cambridge University Press.

Sabine, George H. and Thomas L. Thorson, 1973, *A History of Political Theory*, Hinsdale, Illinois: Dryden Press.

Shestack, Jerome J., 2000, "The Philosophical Foundation of Human Rights", in

Janusz Symonides ed., *Human Rights: Concept and Standards*, Aldershot: UNESCO Publishing.

Skinner, Quentin, 1978, *The Foundations of Modern Political Thought, Vol. Two: The Age of Reformation*, Cambridge: Cambridge University Press.

Talmon, J. L., 1953, *The Origins of Totalitarian Democracy*, London: Secker & Warburg.

Vincent, John, 1995, *Human Rights and International Relations*, Cambridge: Cambridge University Press, 1995.

Weatherley, Robert, 1999, *The Discourse of Human Rights in China*, London: Macmillan.

Social Democracy http://en.wikipedia.org/wiki/Social_democracy/(2008. 9. 3. 검색).

http://hdr.undp.org/en/media/hdr_1994_en_overview.pdf(2009. 8. 7. 검색).

7장 칼 맑스의 정치경제학 비판과 사회권 사상

최형익

1. 인권을 넘어선 인권

인권이 현대 민주주의 가치 체계를 지탱하는 핵심 개념임을 부정하는 사람은 별로 없을 것이다. 하지만 인권이 과연 무엇인가라는 질문에 대해서는, 공유되는 그 몇 가지 특징에도 불구하고, 다양한 답이 나올 것이라고 여겨진다. 그렇다면 이렇게 질문해볼 수 있겠다. 하나의 인권 개념만이 존재하는 것일까? 이 글의 관심사인 맑스주의 내지 사회주의사상에 입각하여 인권 개념을 재구성한다 했을 때, 그 속에 담아낼 수 있는 고유의 인권관은 어떠하며 어떤 이론적 강점을 지닌다고 할 수 있을까? 이러한 물음에 대한 답이 이 글의 주제다.

맑스주의적 관점에서의 인권론의 출발점은 바로 현재의 자본주의 사회를 내적 특성에 의거하여 역사 특수적으로 이해해야 한다는 것으로 요약할 수 있다. 다시 말해서 현대를 다른 그 어떤 역사적 시기보다 경제적 삶이 사회적 활동의 중심으로 부각되는, 이른바 '경제의 시대'

로 이해해야 한다는 것이다. 자본주의사회에서 이른바 '경제(economy)'란 사회적 활동의 관점에서 본다면 그 자체로 고유성을 지닌 물질적 생산을 중심으로 하는 사회적 노동 활동의 영역이지만, 동시에 여타의 다른 모든 정치사회 영역과 그 활동의 내용을 사실상 지배하는 '핵심적 사회관계'다. 현대사회에서 경제활동의 내용은 자본의 지배로 현상하는데, 맑스는 이러한 상황을 축약하여 "자본은 부르주아사회의 모든 것을 지배하는 경제 권력"이라고 정의했다(Marx, CW28: 44).[1]

이 같은 언급은 현대 자본주의사회에서는 경제적 지배가 정치적 지배의 내용과 긴밀히 결합되어 있으며, 따라서 칼 맑스의 사상을 경제사상과 정치사상으로 분리하여 이해하는 종래의 관점이 비판적으로 극복되어야 할 이론적 과제임을 시사해주는 것이라 하겠다. 이는, 한마디로, 자본주의 체제를 분석하는 데 있어 정치적인 것과 사회경제적인 것의 내용을 분별 정립하면서도, 동시에 사회경제적 내용을 정치적 관점에서, 다시 말해서 『자본론(Capital)』을 정치학적 관점에서 독해하는 입장이 필요함을 드러내는 것이다. 이 관점은 또한 맑스의 주저인 『자본론』의 제목이 어째서 '새로운 정치경제학'이 아닌 '정치경제학 비판'이었는가를 아울러 이해할 수 있게 해준다. 이 글은 맑스의 정치경제학 비판의 핵심을 사회권 개념의 심화 과정으로 이해하면서 이를 인권 정치 이론의 시각에서 재구성하는 데 그 목적이 있다.

정치경제학 비판을 맑스 인권의 정치 이론의 핵심 내용으로 파악하는 이러한 관점은 최근 미국발 금융위기로 불거진 세계경제위기의 전반적 양상은 물론, 민주화 이후 한국 사회의 정치경제적 변화를 이해하는 데도 상당한 도움을 줄 것으로 여겨진다. 왜냐하면 현대사회는 정치와 경제를 따로 떼어서는 설명할 수 없으며, 무엇보다 경제구조

---

[1] 맑스 저작에서의 직접 인용은 본문에 'Collected Works(=CW)권수: 쪽수'로 표기한다.

가 우리 삶에 미치는 영향이 그 어느 때보다 결정적이라는 사실을 대다수 사람이 인정할 것이기 때문이다. 맑스주의적 권리 이론의 강점은 이처럼 경제 현상을 비판적 시각에서 정치적 사유와 연결 짓는 정치사상이라는 데 있다. 무엇보다 삶의 본원적 조건이라 할 수 있는 사회적 노동의 문제를 단순한 경제 이론이 아닌 정치사상적 맥락에서 포착하게 해줌으로써 현대사회의 구조 변동을 파악하고 이를 통해 인권의 문제를 사회권 이론의 시각에서 재구성하는 데 기여할 수 있을 것으로 판단한다.

2. 보편적 인권이라는 허구

일반적으로 맑스주의와 인권은 그동안 그다지 친화성이 없는 것으로 간주되어왔다. 이러한 부조화는 과거 소련을 위시한 현실 사회주의권 국가들이 국제사회에서 인권 탄압으로 악명을 떨쳐왔다고 비판받음으로써 한층 강화되었다. 스탈린 통치하에서 수용소군도로 대표되는 인권 탄압은 널리 알려진 일이다. 또한 최근까지도 중국과 미국 간의 주요 외교적 현안 가운데 대표적 사안이 인권 문제였다. 미국의 북한 인권법 제정과 유엔에서 연례행사처럼 반복되는 북한 인권 문제 관련 결의안 채택에서 알 수 있듯이 인권 문제는 현실 사회주의국가들의 정치적 아킬레스건으로 작용해왔다.[2]

---

[2] 사회주의국가의 인권 문제에 대한 미국 등 서구 나라들의 문제 제기에는 그다지 순수하지 않은 측면이 있었음을 인정해야 할 것이다. 대표적으로 미국은 인권 담론을 자국의 이익을 위한 안보 외교정책의 일환으로 활용해왔으며, 앞으로도 계속 그렇게 하리라고 여겨진다. 이에 대해서는 포사이드(Forsythe, 1989), 셀라스(2003) 참조.

그렇다면 사회주의국가들에서 유독 인권 관련 이슈가 집중 부각되어 나타나는 이유는 어디에 있는 것일까? 이는 역사적인 이유와 이론적인 이유 두 가지로 나누어 살펴볼 수 있다. 구소련을 위시한 사회주의국가들의 경우, 민주주의 정치의 경험을 하지 못한 채 봉건적 전제군주 통치 내지 서구 제국주의 지배하의 식민지로부터 사회주의사회로 곧바로 이행했다. 역사적으로나 정치사상적으로나 인권 개념이 프랑스대혁명 이후 서구 자유민주주의 정치체제의 등장과 궤를 함께하고 있음은 주지의 사실이다. 그러므로 민주정치를 경험하지 못한 나라에게 서구 민주주의 정치의 기준에서 인권 문제를 다루기를 요구하는 것은 흡사 어린아이에게 어른처럼 행동할 것을 주문하는 것과도 같다고 할 수 있다.

그럼에도 불구하고 이러한 역사 현실적 한계가 이들 사회주의국가들에서 자행된 인권 탄압에 대해 면죄부를 부여해주는 것이 아님은 또한 명백하다. 이들 나라들이 인권에 대해 상대적으로 경시 태도를 보이는 것은 보다 깊은 정치적 뿌리가 있다고 하겠다. 러시아 사회주의혁명의 대표적 정치 지도자였던 레닌의 경우, 서구적 인권 개념에 대해 부르주아 정치 도덕의 반영이라는 시각에서 명시적으로 비판적 관점을 견지했고, 이러한 비판을 맑스주의의 이름으로 정당화했다. 한마디로, 인권은 부르주아 정치 도덕 내지 부르주아사회 체계의 산물로서 프롤레타리아계급의 혁명적 실천을 통해 역사 발전 속에서 지양되어야 한다는 주장이다.

맑스가 인권에 관해 언급한 각종 저서를 포함, 20세기 맑스주의 내지 사회주의 주요 저작들에 대한 이론적 검토를 통해서 스티븐 룩스는 맑스주의가 인권과 정의와 같은 보편적 정치 담론을 사상 내적으로 담아내는 데 실패했다고 주장했다. 그에 따르면, 인권에 관한 맑스주의의 일반 인식은 권리의 제반 조건이 인간 삶에 있어서 본질적이라는 사실을 부인한다는 점에서 발견할 수 있다. 맑스주의는 권리는 갈등하는 여러 주장과 다양한 이해관계를 규제하는 원리를 마련해 줌으로써 계급 화해를 증진시키는 데 기여하고, 또 그렇게 함으로써 권리의 조건이나 정의의 여건이 더 이상 존재하지 않기 때문에 오히려 권리도 필요하지 않은 사회생활의 새로운 형식을 가져다줄 혁명적 변화만을 지연시킬 뿐이라고 보며, 이러한 점에서 권리에 대한 맑스주의 입장은 종교에 대한 맑스주의의 입장과 대단히 유사하다는 것이다. 맑스주의자들은 권리의 도덕 내지 정치를 이데올로기적이고 시대착오적인 것으로 비판한 반면, 해방의 정치를 그 자신의 것으로 받아들였으며, 따라서 맑스주의자들이 주창한 인간 해방은 부분적으로는 바로 권리로부터 그리고 권리에 의해 야기된 상황으로부터의 해방이라는 게 룩스 주장의 핵심 내용이다(Lukes, 1985: 29-35). 그의 주장을 종합해보았을 때, 맑스주의 내지 사회주의 정치사상과 인권의 정치는 양립 불가하다. 바꾸어 말하자면 인권과 관련된 정치 이론의 부재야말로 맑스주의가 역사적으로 실패한 가장 중요한 이유 가운데 하나였다는 것으로 그의 주장을 요약할 수 있다.

룩스의 이러한 비판을 액면 그대로 인정한다면, 이 글이 다루고자 하는 주제인 맑스주의적 인권 이론에 대해 그다지 할 말이 없다. 하지만 룩스 스스로 대단히 역설적이고 기이하게 느끼면서도 인정할 수밖에 없었던 사실, 곧 현실 정치 세계에서 사회주의 정치 운동이 인권의 강력한 옹호자로 등장했던 역사적 현상은 이 문제가 그리 간단치 않음을 시사해주는 것이라 하겠다. 그러므로 룩스가 맑스주의 사상에 제기했던 비판은 절반만 타당하고 할 수 있다. 시야를 공정하게 자본주의 체제 내로 돌리면, 상황은 대단히 달라질 수 있기 때문이다. 미국을 위시한 자본주의국가들 역시 인권 문제로부터 자유롭다고 자신만만하게 답할 수 있을까? 무엇보다 단수(單數)의 '인권' 개념이 지닌 추상성에 대해 최근 많은 학자가 비판하고 있다. 이제 더 이상 단일한 인권 개념만으로 복잡다단한 현대사회의 발전 양상을 포착하고 분석하는 것은 적절하지 않다는 사실이 드러나고 있다. 따라서 우리는 민주주의와 인권 개념의 친화성을 전제하는 가운데에서도 복수의 인권 이론이 가능할 수 있음을 인정해야 할 것이다.

특히 종래의 자유권 중심의 인권 이론이 해석상에 가장 난점을 보이는 지점이 20세기 이후 인권 이론의 최대 쟁점 가운데 하나로 부각돼온 '사회권'과 같은 새로운 권리 체계다. 인권 이론의 문제가 그리 단순하지 않다는 이론적 사실과 함께 사회권 문제가 인권론의 관점에서 마치 계륵과도 같이 부각된 현실은 이미 1948년 세계인권선언 채택 이후 이를 실질적으로 뒷받침하고자 마련된 국제인권규약 채택이 1966년 유엔총회에서야 최종적으로 마무리된 사태에서도 잘 드러나고 있다. 당시 냉전 질서 아래서 양 진영을 대표하던 미국과 소련은 인권선언 채택에는 협력했다. 그러나 이러한 선언적 규정을 개별 나라에 강제할 수 있는 법적, 정치적 근거를 마련하기 위한 이행 규약 채택에 있어서는 각 체제의 민감한 부분을 건드리지 않는 선에서 마무리 짓고자 하였다. 그 결과 사적 소유권을 포함한 개인의 경제적 자유 및 정치적 자유를 규약에 담아내고자 했던 미국과 이와 달리 노동권 등 사회적 권리를 핵심으로 담아내고자 했던 소련의 정치적 의도가 상호 충돌했다. 급기야 주로 시민적·정치적 자유의 권리를 담은 국제 자유권규약 또는 B규약과 경제적·사회적·문화적 권리를 담은 국제 사회권규약 또는 A규약으로 분리하여 국제연합 가맹국들이 각자 비준하는 것으로 사태는 봉합되었다.[3]

잘 알려진 대로, 미국은 이 가운데 A규약으로 알려진 국제 사회권

---

3) 국제인권규약 채택 과정에 대한 자세한 내용은 이샤이(2005), 프리먼(2005) 참조.

규약을 아직까지 채택하지 않은 대표적 국가이다. 물론 표면적으로야 사회권규약 채택이 국가 간섭을 극대화하기 때문이라고 했지만, 보다 근본적으로는 자본주의적 시장경제체제와 사회권이 그 원리상 상호 충돌하고 있기 때문이다. 한마디로 사회권규약을 채택함으로써 그간 미국이 국내, 국제적으로 향유해온 경제적 부와 기득권을 상실하지나 않을까 우려했기 때문이다. 자본주의사회체제 안에서 정치권력과 사회경제 권력의 주체가 반드시 일치하는 것이 아님은 상식에 속한다. 이때 사회경제적 권력은 화폐로 상징되는 경제적 부를 처분할 수 있는 능력과 대체로 일치한다. 자신의 일상적 생존을 영위할 정도 이상의 화폐를 지니지 못한 사람은 따라서 상당한 화폐를 소유하고 있는 자산가에 비해 사회경제적으로 열악한 지위에 놓일 것임은 자명한 노릇이다. 이러한 조건하에서라면, 결국 자산가는 화폐 권력을 법제도적으로 안정화하고 영속하는 형태의 사적 소유권을 보다 옹호할 것이다. 반면 그렇지 못한 사람은 화폐를 소지하지 못하고 있다 해서 인간의 기본적 삶의 조건이 포기되어져서는 안 된다는 취지의 인권, 곧 사회적 권리를 대체로 지지할 것이다.

  자본주의 체제하에서 화폐를 지니지 못한 사람들의 상황이 더욱더 안 좋을 수밖에 없는 근본적 이유는 이들이 삶을 영위하기 위해서는 불가피하게 자산가들에게 임금노동의 형태로 고용될 수밖에 없다는 데 기인한다. 결과적으로 개인의 인권 보장이라는 형태의 자유주의적 내지 소극적 인권 해석만으로는 임금노동으로 상징되는 무산자들의 기본권은 결코 보장될 수 없다. 사적 개인 대 개인의 권리가 마주치는 자유권 영역에서는 이들 임금노동자들은 자본가들의 적수가 결코 될 수 없기 때문이다. 임금노동자들이 자신의 권리를 주장하기 위해 단결하고 집단적 권리로서의 사회권을 주장하게 된 계기란 결국 자본주의사회체제가 갖고 있는 내적 모순의 결과라 해도 그리 틀린 말은 아니다. 그러므로 자본주의사회경제체제의 내적 모순을 비판하는 작업으로서의 정치경제학 비판과 생존에 필요한 이상의 화폐를 소지하지 못한 일반 대중의 사회적 권리를 옹호하는 일은 떼려야 뗄 수 없는 관계를 지닌다는 것은 대단히 자명해 보인다. 맑스가 자본주의경제체제를 내적으로 비판했던 근본적 이유란 다른 무엇보다도 사회경제적 권력에서 배제된 사회적 약자들의 집단적 권리인 사회권을 옹호하기 위해서였다고 판단된다. 이것이 바로 맑스의 정치경제사상을 인권의 정치, 특히 사회권의 정치사상이라는 관점에서 새롭게 해석해내야 하는 가장 중요한 이유이며, 룩스가 보지 못한 절반의 지점이 바로 여기다.

  이 글은 맑스 사상의 구성물 가운데 권리의 정치 이론을 재구성할 수 있는 긍정적 요소가 내포되어 있음을 드러내 보이고자 한다. 특히 다른 여타 권리의 정치사상과 구별시켜주는 맑스주의 권리 이론의 고유한 의미를 『자본론』으로 알려진 '정치경제학 비판'에 대한 정치적 해석을 통해서 찾고자 한다. 루이 알튀세르나 페리 앤더슨, 랄프 밀리반트와 같은 대표적인 서구 현대 맑스주의 이론가들은 이미 1970년대 말부터 맑스주의 사상 안에서 인권론 내지 정의론과 같은 고유한 정치 개념의 부재를 맑스주의의 일반적 위기의 원인으로 지목한 바 있다. 이들의 견해에 따르면, 정치 이론의 부재는 맑스주의에 내재한 경제결정론과 동전의 양면과 같은 것으로 맑스 사상의 공백이었다(Althusser, 1990; Anderson, 1979; Miliband, 1977). 그렇다면 정치 이론의 부재를 극복할 수 있는 방법은 없을까? 이 글은 맑스의 사상에서 작동하는 '정치적인 것'의 개념이 정치의 사회적 편재성이라는 맑스 고유의 방법론을 통해 도출된 것임에 주목한다. 이때 '정치의 사회적 편재성'이란 정치가 사회경제적 관계와 유기적 관련을 맺는 것으로 요약할 수 있다. 따라서 기존에 경제 저작으로 간주돼온 맑스의 『자본론』 등에 대해서 인식론적 전환을 통한 정치 이론화를 시도하고자 한다. 보다 구체적으로 그동안 맑스주의 주류 정치 이론 안에서 잊혀져왔던 인권 내지 권리 개념을 맑스의 정치사상 내부로까지 거슬러 올라가 추적한다.

이러한 작업을 위해 이 글은 무엇보다 맑스의 정치사상이 소위 '영 맑스(Young Marx)'와 올드 맑스(Old Marx) 사이에 어떤 내적 모순도 없이 자연스럽게 진화적 발전을 한 것으로 간주하거나, 아니면 둘 사이에는 그 어떤 공통점도 없이 급격한 전환이 이루어졌다는 식의 인식론 단절을 경험한 것으로 간주하지 않는다.[4] 오히려, 둘 사이에 중대한 이론적 긴장이 있다는 사실을 인정하지만, 동시에 맑스가 이를 극복하려는 노력을 지속적으로 기울였다는 관점에서 파악한다. 이러한 주장과 유사한 맥락에서, 맑스의 저작을 다룬 기존 연구에서 발생하는 문제점, 즉 "첫째로 초기의 맑스가 관념론자이며 헤겔주의자 또는 철학자였다는 사실에는 대개가 동의함에도 불구하고, 정작 헤겔주의자라는 호칭이 갖는 특징에 대해 정확히 성격 규정을 하거나, 또는 정의하려는 시도가 거의 없으며, 둘째로 맑스가 이러한 초창기의 입장으로부터 후기의 '성숙한' 또는 '과학적인 입장'으로 전화했다는 사실에는 마찬가지로 대부분이 동의함에도 불구하고, 그러한 이론적 전환의 성격에 대해서는 기이하게도 별다른 논쟁이 없다."는 게리 티플의 언급은 상당한 설득력이 있다고 여겨진다(Teeple, 1984: 5).

맑스는 근대 자본주의사회에 대한 비판적 연구에 착수하여 그 자신만의 독특한 정치 이론을 구축하는 과정에서 다음과 같은 두 가지의 중대한 인식론적 전환을 단행했다. 첫째, 초기의 노동의 인간학을 통한 인간 일반의 소외론으로부터 근대 부르주아사회라는 역사 특수적 사회에서 프롤레타리아트의 관점이라는 이론적 전환의 계기를 통해

---

4) 이러한 문제에 대해서는 굴드너(Gouldner, 1980) 참조.

자신의 연구 주제를 급격히 변화시켰다. 맑스가 노동이 인간의 유적 본질이라는 식의 노동의 인간학에 대한 비판적 검토를 통해서 얻은 결론은 인간의 다양한 삶의 양식을 구성하는 사회적 실천 과정에 있어서 노동 활동을 특권화하고, 주제화하는 사회란 궁극적으로 근대 부르주아사회 이상일 수 없다는 사실이다. 따라서 맑스의 정치경제학 비판은 물질적 노동 생산 활동의 산물인 자본이 자립화된 사물의 권리라 할 수 있는 사적 소유권으로 정립함으로써 직접적 생산자들을 오히려 지배하는 사회경제적 권력으로 전도하는 과정을 확인하는 작업이었다.

둘째, 맑스는 자본주의사회의 내적 원리에 의해 발생하는 다양한 형태의 사회경제적 갈등이 정치적으로 사회 계급들 간의 권리 투쟁의 외양을 띨 수밖에 없음을 이해했고, 또한 그러하기에 자본주의사회체제 안에서도 역설적으로 일정한 사회경제개혁이 가능할 수 있음을 인정할 수 있었다. 하지만 이후 소련을 위시한 정통 맑스주의는 사회적 권리나 사회경제적 개혁의 문제 등 정치 중심 접근법에는 그다지 관심을 두지 않았던 관계로, 20세기 권리와 관련된 정치 이론은 이른바 '시민권(citizenship)' 이론을 중심으로 발전하게 되었다. 특히 T. H. 마셜의 시민권 이론이 전후 사민주의적 권리관의 발전에 지대한 영향을 미쳤다고 할 수 있다.

마셜의 시민권 이론은 인권 정치 이론의 맥을 잇고 있다는 점에서 여러 가지 기여가 있음에도 불구하고, 내적으로 중대한 논리적 결점을 드러내고 있다. 마셜의 시민권 이론에 있어서 가장 큰 문제점은 그가 말하는 19세기의 사적 소유권을 그 기반으로 하는 자유권, 곧 부르주아적 권리로서의 시민권과 20세기의 노동자계급의 사회권을 기반으로 하는 시민권의 내용이 그 발전 동학에 있어서 질적으로 상이하다는 것을 파악하지 못하고, 자유권, 정치권, 사회권이 순차적으로 발전해왔다고 간주한 데 있다. 이러한 차이를 올바르게 파악한다면, 상이한 사회경제적 근거를 갖는 제반 권리 목록은 시민권이라는 단일한 명칭으로 불릴 수 없다는 점이 확인될 것이다.

특히 마셜이 언급한 세 가지 시민권 가운데 두 가지 권리 체계, 즉 시민적 권리와 그가 '2차적 산업적 시민권'이라고 정의 내린 사회적 권리는 상호 적대적 양상을 띠고 발전해온 상이한 권리 계보에 속한 권리이다. 이러한 두 가지 권리 형태는 자본주의사회 계급 체제 내에 자신들의 특정한 위치를 갖는다. 단순화시켜 표현한다면, 시민적 권리는 부르주아의 권리로, 그리고 사회적 권리는 노동자계급을 위시한 피지배적 인민의 권리로 말이다. 마셜의 시민권 논의에서 이러한 문제가 제대로 다루어지지 못했던 가장 큰 이유는 "20세기 들어 시민권과 자본주의사회 계급 체제가 전쟁을 치르고 있다."(Marshall, 1992: 40)는 그 자신의 주장과는 달리, 정작 권리와 사회 계급 체제 간의 관련성에 대해 별다른 주의를 기울이지 않았기 때문이다.5) 「시민권과 사회 계급」이라는 글 제목과는 달리, 계급 문제가 주요 변수로 제대로 취급되고 있지 않으며, 마셜 또한 이러한 문제점을 인정했다(Marshall, 1992: 17). 그러므로 마셜의 시민권 이론이 자본주의가 발전하면서 별도의 정치적 계급투쟁 없이도 시민권이 조화롭고 자동적으로 전개될 수 있다는 식의 예정 조화론적 권리 이론으로 오해될 소지가 있다는 보토모어의 지적은 적절하다고 할 수 있다(Bottomore, 1992: 55).

반면 맑스의 권리 정치 이론은 마셜이 하나의 역설로만 취급했던

---

5) 뤼시메이어, 스티븐스 부처 등 일군의 정치학 연구자들은 마셜의 시민권 연구에서 부르주아의 재산권 보장을 대가로 획득된 시민권 확대가 마치 '행위자 없는 과정(actorless process)'으로 나타나는 것에 대해 비판하며, 자신들의 주장은 민주주의를 자본주의 모순의 산물로 간주하고, 민주화 과정을 주로 피지배계급의 정치적 행위의 결과로 보는 써본(Therborn)의 견해에 가깝다는 것을 강조한다(Rueschemeyer, 1992).

난점을 이해하게 해준다. 왜냐하면 그의 권리 이론은 근대 부르주아 사회 그 자체에 대한 문제 설정에서 출발하기 때문이다. 맑스의 정치이론은 사적 소유권과 이로부터 비롯된 자본의 경제적 운동 과정을 다루고 있는 정치경제학 비판과, 자본에 저항하는 노동자의 생존 생활권 기획이라는 사회적 권리 이론과의 유기적 동학을 통해 형성되었다. 맑스의 이론적 전환을 이러한 방식으로 해석할 경우, 정치경제학 비판의 의미 또한 새로운 경제 이론의 구축을 시도한 것이 아니라 근대 자본주의경제 시스템 그 자체에 대한 정치적 독해라는, 종래의 경제학적 방법과는 완전히 새로운 방식의 이론적 실천을 행한 것으로 평가할 수 있다.

3. 근대 부르주아사회의 권리 체계 비판: '사회적인 것'의 정치적 해석

맑스가 자신의 전 저작을 통해 비교적 체계적으로 인권 개념에 대해 언급한 글로 단연 「유대인 문제에 대하여」를 꼽는데 그다지 이견이 없을 줄 안다.[6] 무엇보다 「유대인 문제에 대하여」에 드러난 맑스의 정치적 의도는 자연권이라는 형이상학에 기초한 자유주의적 인권 담론에 대한 내재적 비판을 시도한 것이라고 할 수 있다.[7] 맑스주의 권리 이론의 특징은 한마디로 형이상학적 관점의 부재라고 해야겠다. 근대 인권 담론, 특히 자연권 사상에서 형이상학적 구성이 지니는 강력한 정치적 효과는 무엇인가? 자연권 사상에서 비롯된 근대 인권 담론의

---

6) 이 저작에 대한 자세한 내용은 조효제(2007: 139-149) 참조.
7) 맑스의 부르주아 철학 및 정치사상에 대한 비판과 자기 해명의 형식을 통한 담론 실천이 갖는 의미에 대해서는 이구표(2009) 참조.

경우, 양도할 수 없는 권리 내지 천부인권이라는 단순 명쾌한 생득적 권리 관념에 기초함으로써 외견상 반박 불가능할 뿐 아니라 윤리적으로 우위에 서는 정치적 정당성을 선점하는 효과를 지녔다는 것을 알 수 있다. 역사가 보여주는 것처럼 인류는 천부인권이나 인민주권보다 왕권신수설 내지 군주 주권 체계 아래에서 더 오래 살아왔으며, 인간은 태어날 때부터 평등하다는 관념보다 불평등하다는 관념하에서 보다 안정적으로 사회체제를 운영해왔다.

인간은 태어날 때부터 평등하며, 이는 신으로부터 부여받은 것이라는 천부인권의 형이상학은 역사상 전례를 찾아보기 힘든 정말이지 대단히 급진적인 코페르니쿠스적 발상의 전환이었다. 하지만 대단히 기이하게도 정말로 인간은 평등하게 태어났는지 그리고 그것은 정말 양도할 수 없는 인권과 관련된 것인지에 대해서는 누구도 묻거나 논증하려 하지 않았다. 왜냐하면 그것은 자연권이기 때문이다. 근대 인권 개념은 이처럼 태생적으로 강력한 윤리적 내지 도덕적 요청이 침윤된 자연권 사상에 기초했다고 할 수 있다. 그런데 프랑스혁명의 정치 문법으로 신성불가침의 영역으로 여겨졌던 자연권적 형이상학에 기초한 근대 인권 담론의 핵심을 노동의 인간학에 기초한 사적 소유권의 자기 전개라는 관점에서 비판의 칼을 빼어든 이가 바로 칼 맑스였다.

이러한 관점에서 본다면, 현대 인권 이론의 유파는 그 다양한 갈래에도 불구하고, 앞서 말한 대로 자연권이라는 형이상학에 기초한 자유주의적 인권과 이에 대항하여 사회라는 역사적 조건 그 자체로부터 권리 구성의 목록을 연역해내는 사회주의적 인권 개념 그 두 사상의 언저리 어디에 걸쳐 있다고 해야 할 것이다.[8] 근대 인권 사상에 대한

---

[8] 이러한 분류 방식의 입각하여 현대 인권 사상을 정리하고 있는 글로는 이봉철(2001) 참조.

비교적 저명한 연구서 내지 교과서를 일별해보았을 때, 인권 담론이 지니고 있는 세 가지 경향성 내지 담론 구성의 화용 원칙을 일별할 수 있다.

첫째는 윤리성의 원칙이다. 인권 담론, 그 가운데 자연권에 기초한 자유주의적 인권 개념이 비교적 짧은 기간에 강력한 이론적 패권을 장악하게 된 것은 동시대의 흥기하는 부르주아계급의 보편적 도덕률을 연역적 체계 속에서 담아낼 수 있었기 때문이다. 그 가운데 대표적인 것이 바로 노동의 도덕, 곧 부의 모든 기초를 자신의 노동이라는 윤리적 준칙 속에 확립한 사적 소유권의 관념이다. 근대 자유주의적 인권 담론의 탄생이라는 상황에서 자기 노동에 기초한 사적 소유권의 확립이 그 모든 자유주의 도덕관념의 뿌리를 이루었다는 사실을 부정하기는 힘들다고 해야 할 것이다. 이 말은 적어도 자유주의적 인권 담론에 필적할만한 대항적 인권 담론이 출현하기 위해서는 새로운 윤리 원칙을 내재해야 하며 그렇지 않다면 보편적 격률로서의 대안적 인권 개념을 형성하기 힘들 것이라는 점을 시사한다.

둘째는 사회적 관계성의 원칙이다. 이는 인권 담론이 역사적 진공 상황이 아니라 특정한 역사적 맥락 속에 위치한 특정한 사회적 혹은 정치적 관계를 기초로 형성되었다는 것을 의미한다. 이러한 사회적 관계성의 원칙하에서 부르주아적 인권 담론이 확립시킨 특정한 관념이 바로 사적 개인에 기반을 둔 계약관계의 절대성이라고 할 수 있다. 모든 책임성의 시작과 끝을 사적 개인으로 해체하여 이에 근거한 각종 권리 담론을 전개하는 민법적 형식이야말로 근대 인권 담론이 특정한 사회적 관계에 근거하여 구성되었음을 보여주는 가장 뚜렷한 증좌라고 할 수 있다.[9]

---

9) 조세희의 역작 『난장이가 쏘아올린 작은 공』(2001)은 동일한 상황에서 인권이 사

셋째, 정치적 해석학의 원칙이다. 인권 내지 권리는 그 어떤 연역적 이론 구성이 있고 이를 다기한 사건에 적용하여 해석할 수 있다는 입장은 그 자체로 법실증주의적 권리관을 대변하고 있다고 해야 할 것이다. 하지만 현실은 그렇지 않다. 권리 내지 인권은 그 자체로 일방과 타방의 격렬한 논쟁과 갈등을 동반하는 정치투쟁의 산물이다.[10] 따라서 현실적 정치 논쟁을 견뎌내지 못하는 인권 담론은 사실상 죽어 있는 것이라 하겠다. 한마디로, 논증할 수 없는 권리 개념은 유력한 정치 담론으로서의 역할을 포기할 수밖에 없다고 해야 할 것이다. 이러한 정치적 해석학의 원칙에 기초하여 1793년 프랑스혁명 헌법에 각인된 그 신성한 인권선언을 지상으로 내려오게 한 저작이 바로 「유대인 문제에 대하여」라고 할 수 있다. 아래에서는 이러한 전제에 근거하여 맑스의 근대 인권 담론 비판에 대해 살펴보도록 하겠다.

맑스가 근대 인권 담론에 대해서 본격적으로 관심을 갖고 이론적으로 눈을 뜬 데는 1843~1844년경의 파리 체류 시절의 정치 경험이 크게 영향을 미쳤다고 할 수 있다. 『라인신문』을 그만둔 후, 맑스는 당시 유럽에서 가장 공화주의적 분위기의 도시라 할 수 있는 파리로 이주했다. 파리에서의 생활이 그의 정치적 사유를 한 단계 진전시키는 데 중요한 계기로 작용했다. 파리에서 맑스의 정치 활동은 『독불연보』와 『전진』이라는 저널을 통해 주로 이루어졌다. 파리에서의 활동에서 가장 눈여겨볼 대목은 그동안 주요한 사상적 동지들이었으며, 청년 헤

회적 관계에 따라 얼마나 다른 방식으로 작동하는가를 보여주는, 곧 자유권과 사회권적 상황이 상호 충돌하는 형식을 생생하게 드러낸 인권 담론의 살아 있는 교과서라고 해도 과언이 아니다. 바로 그러한 진정성이 그 책이 현대 한국문학 100년의 최고 소설 작품으로 선정된 이유가 아닐까.

10) 우리는 어떤 방식으로 인권 개념을 정치적으로 해석해내느냐에 따라 동일한 사건에서 전혀 상반된 결과가 도출될 수 있음을 심지어 미국 헌정의 역사를 통해서도 확인할 수 있다. 이에 대한 자세한 내용은 장호순(2007) 참조.

겔좌파의 핵심 인물이었던 브르노 바우어와 아놀드 루게 등과의 결별이었다. 이들과 결별하게 된 이유는 무엇보다 정치적 입장상의 균열이 발생했기 때문이었다. 그 균열은 다름 아닌 근대국가와 시민사회를 어떻게 이해할 것인가의 문제로부터 발생한 것이었다. 여기서는 맑스가 이해하는 소위 '정치적인 것'의 문제 설정이 정치 세계에 처음 발을 들여놓은 이전의 『라인신문』 시기와는 중요한 차이를 보인다는 점에 주목할 필요가 있다.

『라인신문』 시기, 맑스에게 정치적 문제의 핵심은 독일의 정치 현실을 비판하는 것이었다. 그는 프로이센 군주제를 프랑스, 영국 등 다른 서유럽 국가들의 정상적 발전에서 일탈한 예외적이고 불합리한 정치 세계로 간주했다. 맑스는 한편으로는 프로이센 군주제의 불합리성을 '관료제' 비판과 연결시키며, 다른 한편으로는 이러한 비합리성을 치유할 대안을, 다시 말해서 이러한 프로이센 국왕제에 민주 공화제의 기운을 불어넣어줄 요소를 "자유 언론"의 존재에서 찾았다.[11]

맑스는 보편 이익을 실현시키는 "자유 언론"의 존재를 근대 민주 공화제의 핵심으로 간주하면서, 프로이센 정치체제에 대한 비판을 사적 이익과 보편 이익 간의 대립이라는 관점에서 해명하고자 했다. 이때 사적 이익이란 신분제적 특권과 같은 의미를 지닌다. 그리고 이러한 신분제적 특권에 의해 프로이센 국가가 조직되었기 때문에 프로이센 군주제는 보편 이성과 보편적 권리가 실현되는 공화제적 이상에 반하는 정치체제이다. 이와 달리 민주주의적 공화제는 국가의 보편 이성

---

11) "그러므로 통치자와 피치자는 곤란을 해결하기 위해서 똑같이 제3의 요소를 필요로 한다. 그것은 관청의 공식적인 것이 아니라 정치적인 것이며, 따라서 관료제적 전제로부터 출발하는 것이 아니다. 또한 그것은 그와 마찬가지로 사적 이해와 그 필요에 직접적으로 연루되지 않은 시민적 요소이다. 공민의 머리와 개별 시민의 심장을 각각 보완하여 그들을 완결시키는 요소는 바로 자유 언론이다."(Marx, *CW*1: 349)

이 실현된 정체로서 프로이센이 따라야 할 전범으로 자리매김한다.

하지만 1843~1844년의 파리 생활은 맑스에게 이러한 생각이 그릇된 환상이었음을 깨닫게 해주었다. 이제 정치 비판의 예봉은 공화제도 그 자체, 정확히 부르주아적 공화제라는 국가형태가 지닌 모순에 겨누어진다. 특히 「유대인 문제에 대하여」라는 저작을 통해 부르주아 공화제 안에서 본격화되는 근대사회의 모순, 즉 국가라는 정치적 공동체의 구성원으로서의 공민(公民)과 시민사회의 성원으로서의 사인(私人) 간의 분열, 그리고 이러한 분열을 미봉하는 부르주아적 권리 개념으로서의 보편적 인권과 그에 기초한 정치적 국가로서의 공화제에 대해 비판적으로 다루고 있다. 그 결과, 근대 자본주의사회의 정치에 대한 이해는 종래의 정치학에서처럼 정치적 국가를 통해 구현되는 형태의 이해를 넘어, 사회적인 것, 구체적으로 '시민사회'에 대한 올바른 이해를 통해서만이 적실할 것임을 주장하기에 이른다.

맑스의 '권리의 정치사상'을 재구성하고자 하는 이 글의 문제의식에 비추어보았을 때, 「유대인 문제에 대하여」에서 집중적으로 다루어지는 맑스의 부르주아 공화제에 대한 연구가 프랑스혁명의 인권선언 비판의 형식을 띠고 있다는 점이 무엇보다 중요하다. 맑스는 이러한 권리 비판에 앞서 부르주아적 정치혁명의 귀결과 그 한계에 의해 조성된 근대사회의 모순, 즉 국가라는 정치적 공동체의 구성원으로서의 공민과 시민사회의 성원으로서 사인 간의 분열에 대해서 논하면서, 이러한 '분열'을 근대사회의 이른바 '정치적 해방의 완성'이라는 말로 표현했다(Marx, CW3: 155). 이어 맑스는 '정치적 해방'을 봉건제로부터의 인간 해방, 즉 부르주아혁명의 소산인 정치적 공민권의 실현이라는 관점에서 파악하며, 동시에 근대 부르주아의 소유권 등 사적 권리가 어째서 '인권(droits de homme)'이라는 보편적 권리의 형태로 불리게 되었는가에 대해서 분석한다.

인권은 그 자체로서 공민권과 구별된다. 공민과 구별되는 인간은 누구인가? 시민사회의 구성원 이외의 어느 누구도 아니다. 무슨 근거에서 시민사회의 구성원이 '인간' 그 자체이며, 어떤 이유로 시민사회의 구성원의 권리가 인권으로서 불리게 되는가? 이러한 사실을 무엇으로 설명할 수 있을까? 시민사회에 대한 정치적 국가의 관계, 정치적 해방의 본성으로 설명할 수 있다. 무엇보다 먼저 우리는 공민권과 구별되는 이른바 인권이란 시민사회 구성원의 권리, 다시 말해서 인간들과 공동체로부터 분리된 이기적 인간들의 권리 이외에 아무것도 아니라는 사실을 확인한다(Marx, CW3: 162).

맑스는 이러한 정치와 사회경제적 분열의 문제를 '자유', '평등', '소유', '안전'을 불가침의 천부인권으로 선언한 1793년 프랑스혁명 헌법을 통해서 고찰한다. 대표적 예로 자유와 소유의 권리에 대해서 살펴보자. 맑스에게 동 헌법 제6조에 따른 자유라는 인권은 인간과 인간의 결속에 기초하는 것이 아니라 오히려 인간과 인간의 구별에 기초한다. 자유는 이러한 구별의 권리임과 동시에 제약된 자기 자신에게만 한정되어 있는 사적 개인의 권리다.

자유라는 인권의 실천적 적용이 바로 사적 소유라는 인권이다.
사적 소유라는 인권의 근간은 무엇인가?
제16조(1793년 헌법): "사적 소유의 권리는 각자의 재화와 수입, 각자의 노동과 근면의 과실을 자기 의지대로 향유하고 처분할 수 있는 모든 시민의 권리이다."
사적 소유라는 인권은 타인과의 관계는 일체 단절한 가운데 사회와도 무관하게 자신이 재산을 마음대로 향유하고 처분할 수 있는 권리, 즉 자기만의 이용의 권리이다. 앞서의 개인적 자유와 함께 그 자유의 이러한 유용(有用)이 시민사회의 기반을 형성한다. 시민사회에서 만인은 타인에게서 자신의 자유의 실현을 발견하는 것이 아니라 오히려 자신의 자유의 제약을 발견한다(Marx, CW3: 163. 강조는 인용자).

맑스는 자유 등 프랑스혁명 헌법에서 등장하는 화려한 "인권" 목록을 시민사회의 구성원으로서의 인간, 즉 자기에게 매몰되고 자신의 사적 이익과 사적 의지에 매몰되어 있는 이기적 인간에게 속한 것으로 간주한다.

인권 속에서는 인간이 유적 존재로서 파악되기는커녕 오히려 유적 삶 그 자체 곧 사회가 개인의 외부에 있는 영역, 개인의 본원적 자립성에 대한 제약으로 나타난다. 자연적 필연성, 욕구와 사적 이익, 각자의 재산의 보존과 각자의 이기적 인격만이 개인들을 하나로 묶는 유일한 끈이다(Marx, CW3: 164).

맑스는 인간의 해방을 의도한 정치적 혁명이 해방은커녕, 오히려 "공민권과 정치적 공동체가 정치적 해방으로부터 소위 인권이라는 것을 수호하기 위한 수단으로 전락"하고 그 결과 "공민이 이기적 인간의 하인으로 선언되고, 인간이 공동체적 존재로 행위하는 영역이 그가 부분적 존재로 행위하는 영역의 수준 이하로 격하되는", 다시 말해서 "공민으로서의 인간이 아니라 사적 시민, 곧 부르주아로서의 인간이 본연의 참된 인간으로 간주"(Marx, CW3: 164)되는 역설을 하나의 "수수께끼(puzzle)"라고 규정한다. 그리고 이 "수수께끼"를 부르주아 정치혁명이 드러내는 형식의 모순과 그 내용적 한계, 곧 정치적인 것과 사회적인 것의 대립으로 풀어간다. 또한 여기서 한발 더 나아가 사회적인 것의 재해석을 통해서 정치적인 것의 규정을 새롭게 시도한다.

> 이 수수께끼는 간단히 풀린다. 정치적 해방이란 곧 민중으로부터 소외된 국가 체계 곧 지배 체계가 기초하고 있는 낡은 사회의 해체이다. 정치혁명은 시민사회의 혁명이다. 낡은 사회의 성격은 무엇이었는가? 그 성격을 한마디로 말한다면 봉건성이다. 낡은 사회는 직접적으로 정치적 성격을 갖고 있었다(Marx, CW3: 165).

맑스에 따르면, 지배 권력을 뒤엎고 국가의 용무를 민중의 용무로 끌어올린 정치혁명, 즉 "일반적 관심사"로서의 정치적 국가, 현실적 국가로서의 정치적 국가를 구성한 정치혁명은 필연적으로 각종 특권을 허물어뜨렸고, 이와 함께 시민사회의 정치적 성격도 철폐시켰다. 이러한 정치혁명은 시민사회를 그것의 단순한 구성 요소들, 한편으로는 개인들로, 다른 한편으로는 이들 개인들의 삶의 내용, 곧 시민적 상황을 형성하고 있는 물질적 정신적 요소들로 분해했다. 하지만 이러한 국가 관념론의 완성은 동시에 시민사회 유물론의 완성이라고 할 수 있다. 왜냐하면 정치적 질곡의 타파는 시민사회의 이기적 정신을 제어했던 연대의 타파였고, 정치적 해방은 동시에 정치로부터의, 즉 보편적 내용이라는 가상(假象) 그 자체로부터의 시민사회의 해방이었기 때문이다. 봉건사회는 해체되어 자신의 근거, 즉 인간에게로 되돌아갔다. 그러나 그 인간은 현실적으로 봉건사회의 근거였던 인간, 곧 이기적 인간이다. 이제 이 인간, 이 시민사회의 구성원이 정치적 국가의 기초이자 전제이다. 그리고 이러한 기초이자 전제로서의 인간이 정치적 국가에 의해, 자연권이라는 형이상학에 기초한 인권 담론 속에 승인되어 있는 것이다. 물론 이러한 형이상학적 자연권 개념에 기초한 인권 담론은 시민사회 내에서 경제적 가치법칙에 규정됨으로써 그 온전한 정치 문법을 확보할 수 있는 일이었지만 말이다.

프랑스혁명 헌법에 나타난 인권 개념의 비판적 분석에서 알 수 있듯이, 맑스는 인권 담론을 통해 실현된 정치적 해방을 사회혁명 또는 전면적인 인간 해방과 대립시키며, 근대사회는 전자만을 달성한 것으로 간주(Marx, CW3: 168)한 것 역시 같은 이유에서였다고 할 수 있다. 공민과 사인의 분리가 완성되고, 공민이 사인의 이기적 이익에 복속됨에 따라, 정치적 공동체인 국가는 가상으로 전락하며, 오히려 시민사회가 실제라는 이 관점은 사실상 『라인신문』에서 보여줬던 이른바 '국가의 내적 중력 명제' 주장과는 상이한 견해다.[12] 하지만 부르주아적 권리인 소위 "인권"이 지닌 한계성에도 불구하고, 그것이 자연권적 형식을 통해 사회 일반의 보편적 지위를 획득하기에 이르는 권리 정치의 동태적, 전환적(transformative) 힘의 측면에 착목함으로써 맑스는 향후 전개될 근대 정치의 주요 지형이 계급적 이익과 권리를 사회 일반의 이익으로 자리매김하고자 하는 투쟁에 다름 아님을 예견할 수 있었다.

요컨대 파리 체류 시절에 저술된 「유대인 문제에 대해서」 등의 저작

---

[12] 헤겔에 따르면, 국가란 보편적 정신이 구현되는 영역이며 '욕구들의 체계'인 시민사회는 정신이 외화된 영역, 다시 말해서 자기 스스로의 어떤 본질적인 운동 능력을 지니지 못한 특수성의 영역이다. 이러한 국가관을 이어받아 이 시기의 맑스 역시 국가란 태양계처럼 '자기 자신 속에 중력을 지닌다.'는 이른바 "국가의 내적 중력 명제"를 제출한다. 다만, 헤겔이 국가의 내적 중력 명제를 통해 당시 프러시아의 정치적 현실을 옹호하려 했다면, 맑스는 그 명제를 현실 비판의 무기로 삼으려고 했다는 점에서 차이가 있다. 이러한 주장으로는 김세균(1989) 참조. 헤겔이 『법철학』에서 '내적 중력 명제' 등에 입각하여 현존하는 프러시아 국가를 옹호하려 했다는 김세균의 주장과는 달리 파인은 헤겔의 이론적 기획이 『자본론』이 정치경제학 비판을 하는 데 과학적 토대를 제공한 것과 마찬가지로, 헤겔의 『법철학』은 정치학 측면에서 비판 이론적 토대를 제공한 것으로 평가한다. 파인(Fine, 1995) 참조.

에서 맑스는 근대사회가 정치, 경제, 사회 등 다양한 영역으로 구성되어 있지만, 이러한 제 사회 영역의 분리와 그것이 지닌 고유의 원리라는 식의 사회 분업적 관점을 통해서는 근대사회 내에서 작동하는 정치적 메커니즘을 제대로 설명할 수 없다는 인식에 도달한 것으로 정리할 수 있다. 다시 말해서 근대사회 내부에서 작동하는 정치 원리를 올바로 이해하기 위해서라도 '정치적인 것'을 '사회적인 것'으로 의미 확장을 함으로써 재규정할 필요가 있었던 것이다. 이처럼 시민사회에 대한 해부라는 현실적 관점으로의 전환은 맑스가 부르주아적 인권을 구현하는 자본주의사회의 경제 원리와 그 운동 과정에 대한 정치경제학적 연구를 가속화하는 데 있어 결정적 계기를 제공한 것으로 여겨진다. 이는 다시 맑스가 이해하는 정치적인 것의 의미가 확장되는 단초로서 맑스 자신의 정치적 관심 안에 사회적인 것, 특히 시민사회 구성과 그 운동 양식을 어떻게 포괄해낼 것인가의 문제로 정식화된다. 따라서 맑스가 파리 시절부터 근대사회의 운동 양식이라 할 수 있는 '정치경제학' 연구에 몰두하기에 시작한 것은 어쩌면 그러한 고민의 당연한 귀결이었다.

물론 룩스의 주장대로 분석보다는 총체적이고 통합적인 방법론을 통해 발전해온 맑스주의적 인권관에는 내적 모순과 오해할만한 요소가 있었음이 분명하다. 특히 사회권에 비해 자유권과 정치적 권리를 상대적으로 경시한 태도는 비판적으로 이해될 필요가 있다. 그럼에도 불구하고 여기서 핵심적 문제는 맑스가 근대적 인권 담론에 대해 비판적 태도를 견지했다는 이유만으로 비난할 것이 아니라, 어떤 이유에서 인권 개념을 비판했는가, 따라서 그의 비판은 근거가 있는 것인가 그렇지 않은가의 여부로 판단되어야 한다는 점이다. 또한 여기서 한발 더 나아가 인권 개념에 대한 비판의 결과 그 스스로 인권 담론 자체의 사용을 폐기했는지 아니면 일정한 약점에도 불구하고 권리 개념이 지닌 정치적 정당성의 문제의식에 주목하여 이후 자신의 이론적 문제의식을 담아내려 했는가의 여부로 판단할 필요가 있다.

프랑스혁명 헌법을 분석한 이른바 '인권' 비판 이후, 맑스는 '인권'이라는 자연권적 형이상학에 기댄 추상 이론 형식으로는 근대 자본주의사회 내에서 실제로 작동하는 제반 권리의 실질적 내용을 파악할 수 없다는 인식에 도달한 것으로 여겨진다. 프랑스대혁명을 통해 등장한 자유, 평등, 박애라는 부르주아 인권 정치론의 핵심 테제를 간직하면서도, 여기서 한발 더 나아가 자본주의사회의 적대성을 담아낼 수 있는 새로운 권리 정치 이론이 요청되는 것이다. 보다 중요한 것은 '인권'이라는 추상이 구체적으로 드러나는 양태, 즉 다양한 권리의 구체적인 사회경제적 함의를 발견하는 것이 권리가 사회에서 작동하는 실제적 메커니즘을 올바르게 이해할 수 있는 길이라고 할 수 있다. 이러한 이유에서 맑스가 인권을 부르주아의 계급적 이익을 은폐하는 자기 이해의 가면으로 이해했다는 식의 룩스(Lukes, 1985: 30)의 비판은 과녁을 빗나간 것이다. 오히려 맑스는 근대사회 내에서 작동한 권리의 내용은 기존의 '인권' 이론적 틀로는 제대로 설명할 수 없다고 보고, 사회경제적 적대와 갈등의 정치적 형식이라는 관점에서 사회적 권리를 재해석하고 그러한 권리 투쟁을 통한 새로운 사회로의 이행의 기초를 발견하는 형태로, 인권의 정치 이론을 풍부히 전개한 것으로 규정할 수 있다.[13]

---

13) 사회주의사상, 특히 맑스주의와 인권은 어떤 관계에 놓여 있는가에 대해 다각적 관점에서 정리하고 있는 글로는 조효제(2007) 참조. 하지만 이러한 접근법이 갖는 한계 역시 명백하다. 왜냐하면 맑스의 사상 내부에서 작동하는 권리의 정치 담론을 추적하기보다는 사회주의와 권리 개념을 별개의 항으로 놓고 두 사상의 관계에 대해서 논하고 있기 때문이다. 이러한 식으로 인권 개념에 접근하는 글은 사회주의적 권리 개념에 대한 독자적인 이론서라기보다는 다양한 시각을 소개하는 교과서의 역할을 한다. 이 가운데 비교적 맑스 사상 내부에서 권리

4. 정치경제학 비판과 권리 문법의 구조 변동: 사회권 개념의 재구성

지금까지의 논의를 통해서 우리는 맑스가 권리의 정치 이론을 전개하는 데 있어서 자유주의적 인권 개념에 기대어 보편 대 특수의 대립으로 권리 이론을 구성하는 초기의 관점과 정치경제학 비판, 곧 『자본론』으로 집대성되는 부르주아적 권리의 실제성과 이에 적대하는 노동자의 사회적 권리 구성을 논하는 후기의 정치 이론 사이의 연속과 단절의 계기를 이해하고자 했다. 상호 대립하는, 혹은 모순되는 사회 계급의 이해 갈등을 분명 권리라는 정치적 형식으로 표현했다는 측면에서 초기와 후기 맑스 사이에는 연속성이 발견되기는 하지만, 그 문제의식이나 권리 정치를 구성하는 지반이 전환되었다는 측면에서 초기의 권리 이론과 후기의 그것은 질적으로 다른 권리의 주제화가 이루어지는 것으로 간주해야 한다.[14]

> 개념을 추적하고 있다고 평가할 수 있는 티플(Teeple, 2005)의 경우, 맑스주의적 권리 개념에 대한 소극적 관점으로 규정할 수 있다. 왜냐하면 그는 정치적 인권은 유산계급의 이익을 반영하고, 사회적, 경제적 인권은 무산계급의 요구에 대응하여 그들을 달래기 위해 20세기 후반에 출현한 최소한의 양보 조치에 지나지 않는다고 보았기 때문이다. 과연 그러한가? 티플의 논의가 더욱 모순적인 것은 인권 개념이 지닌 부르주아적 성격에도 불구하고 인권 개념을 완전히 포기하기보다는 '탈시장화된 인권'으로 새롭게 구성하자고 제안한다는 것이다. 왜 그렇게 해야 하는가에 대해 논증을 하지 못하는 한, 이러한 논의는 완전한 이론적 구성을 갖기 힘들다고 보아야 할 것이다. 이 글은 티플의 소극적 주장과는 달리, 맑스의 경우 권리 개념이 지닌 정치적 의미를 일찍부터 파악했을 뿐만 아니라, 『자본론』과 『고타강령비판』에서도 알 수 있듯이 자신의 정치경제학 비판과 권리 담론을 지속적으로 연결시켰다. 한마디로 맑스의 사상 자체에 인권 담론에 적극적으로 대응하고 새롭게 정초할 수 있는 이론적 근거가 충분히 존재한다는 것이다.

14) 이와 달리 맑스 권리 이론의 출발점을 소위 공민과 사인, 즉 시민 사이의 자기 분열 과정이라는 모순의 연장선상에서 쓰여진 『1844년 경제학-철학수고』를

무엇보다 가장 중요한 내용은 경제적 가치론의 자기 전개를 근대 부르주아적 인권 담론의 보편적이고도 실질적 구성물로 표현하기 시작했다는 점이다. 이로부터 우리는 각 나라별로 혹은 역사 시기별로 근대 부르주아계급의 다기한 형태를 접함에도 불구하고 그들의 권리를 통일적으로 연결시켜주는 단단한 사회경제적 토대로서의 가치법칙이 작동하고 있음을 이해할 수 있다. 또한 이러한 가치론이 부르주아적 내지 자유주의적 인권 담론이라는 정치적 보편 형식을 통해 표현되고 있음을 확인할 수 있다. 문제를 이러한 형태로 전형한다면, 적어도 맑스가 『자본론』에서 표출하고자 했던 핵심적 문제의식이 근대 부르주아 경제법칙의 발견에 놓여 있다기보다는, 근대 부르주아 인권 담론에 대응하는 사회경제적 권리를 그 핵심으로 하는 새로운 권리정치 이론을 창안하는 데 관심이 있었음을 알 수 있다. 요컨대 맑스의 후기 이론 작업은 정치경제학 비판의 형식을 빌려서 사회권적 상황의 도래가 갖는 역사적 의미에 대한 정치적 해석을 시도했다고 보아야 한다는 것이다.

맑스의 권리에 대한 관점에 입각해보았을 때, 근대 자유주의적 인권 상황의 도래를 가능케 한 화폐와 가치 증식, 그 가운데 잉여가치의 증대를 목표로 하는 자본의 정치 기획에 대응하는 프롤레타리아 내지 피지배 대중의 사회권 개념의 핵심은 그 원리상 근대 부르주아사회의 외부에 위치해야 하며 이는 무엇보다 활동적 개인이 사회적 삶을 평균적으로 영위하기 위한 생존·생활 수단을 확보하는 데 놓여 있다고 할 수 있다. 물론 실제 현실에 있어서 '생존(subsistence)'과 '생활(life)'은 한 인간이 자연적 생명을 이어가는 데 위장과 두뇌가 모두 필요한 것

'소외 이론'으로 놓고, 후기의 『자본론』에 이르기까지 이러한 문제의식의 연속성 속에서 맑스의 권리 정치 이론의 구성을 주장하는 글로는 앙겔리디스(Angelidis, 1995) 참조.

처럼 한데 결합되어, 마치 노동과정에서 필요노동시간과 잉여노동시간이 한데 융합되어 있는 것과 마찬가지로, 하나의 유기적 전체를 형성한다. 더구나 활동적, 사회적 개인이 제 각기 생존과 생활의 독자적 주체란 사실을 감안해본다면 인간적 삶을 구성하는 이 두 가지 요소는 분리될 수 없다.[15]

하지만 분석적 차원에서 인간의 생존과 생활 영역 사이에는 큰 차이가 있다. 이러한 구분은 맑스가 한 사회를 사회적 노동 생산 영역으로서의 '필연의 왕국'과 인간 고유의 사회적 삶이 실현되는 '자유의 왕국'으로 구분한 것과 유사한 분석적 비유이다. 먼저 '생활'이란 요소는 인류를 다른 자연 유기체와 절대적으로 구분 짓게 하는 것으로서, 여기에는 무엇보다도 폭넓은 의미에서의 문화 개념이 내재되어 있다. 동물이 생명 활동을 통해 단지 살아 있는 상태, 즉 생존할 수는 있겠지만 인간처럼 생활을 할 수는 없다. 그 이유는 특정 유기체가 생존을 넘어 생활을 영위하기 위해서는 사고, 언어 등 의식구조와 함께 사회적 노동을 통해 생산을 구성할 수 있는 사회적 토대를 필요로 하기 때문이다. 이처럼 단순한 생존을 넘어선 생활을 가능하게 하기 위해 인류는 노동 활동을 사회적으로 조직해냄으로써만 그 재생산 기반을 확보할 수 있었다. 따라서 인간이 향유하는 모든 생존 및 생활의 원천은 그 자체로 사회적일 수밖에 없다. 그럼에도 불구하고 생활은 생존이라는 신체의 기본적 생리 활동, 특히 먹고 마시고 잠자는 등의

---

[15] 최근 이러한 형태로 정의된 권리 개념을 인간의 필수적 욕구와 역량 실현의 관점과 연결 짓는 새로운 인권 이론이 등장하고 있는 현상 또한 인권 이론 진영의 흥미로운 대목이 아닐 수 없다. 물론 욕구와 역량의 문제를 명시적으로 정치경제학 비판에 근거한 사회권적 상황의 도래라는 맑스의 권리관과 연결 짓고 있지는 않지만, 자유권적 인권 상황과는 다른 권리 이론의 출현이 요청되는 역사적 상황에 현대사회가 처해 있음을 드러내고 있다는 점에서 맑스의 사회권 사상과 친화 관계에 놓여 있다고 할 수 있다.

행위를 충족시킬 수 있었을 때야 비로소 가능하기 때문에, 우리는 이러한 사회적 생존과 생활 기획의 관계를 '동일성 속에서 차이'를 파악한다는 의미에서 유기적 차이를 띠는 것으로 정리할 수 있다.

한편 동일한 조건하에서도 어떤 노동자는 욕구가 많아서 자신의 문화생활을 위해 임금을 소비하는 반면, 다른 노동자는 임금의 대부분을 먹고 마시는 단순한 생존을 위해 소비할 수도 있다. 그러나 이 글의 고찰 대상은 개별 인간의 욕구 수준이 아니라 사회적 평균 욕구로서의 생존권과 생활권의 관계와 그것의 내적인 구조 변화를 문제 삼는 것이다. 개별 인간의 평균적 욕구를 규정하는 수준, 즉 노동자 일반의 권리 수준은 사회의 발전 수준에 따라 평균점에서 고정되며, 근대 부르주아사회의 경우 "소비기금으로서의 임금이 역사적, 사회적 평균의 형태로서 욕구 실현의 절대적 한계"(Marx, CW35: 168)를 구성하기 때문이다. 여기서 언급하고 있는 생존과 생활 개념은 단지 물질적 욕구 충족의 의미를 지니고 있는 '필요(need)'(헬러, 1990) 개념에 의해서만 규정되는 것이 아니다. 특정 시기, 사회 구성원의 평균적 욕구 수준을 지시하는 필요 체계란 한 사회가 도달한 물질적 생산제력에 의해 제약받는 것이지만, 그 실질적 수준은 노동자계급의 사회적 권리 투쟁에 의해서 확장될 수 있다. 이러한 전제하에서, 이 절에서는 생존권과 생활권으로 구성되는 노동자계급의 사회권 체계가 내적으로 변동하는 제 계기를 포착하고, 아울러 그러한 구조 변동에 내포된 정치적 함의를 이론적으로 규명하고자 한다.

맑스는 노동자계급의 사회적 생존, 생활 기획을 둘러싼 사회적 권리 구조 변동의 '중대 계기(critical moment)'를 '표준노동일'의 제정에서 찾았다. 이는 다른 말로 '표준노동일'의 제정은 노동자계급의 권리 정치의 맥락에서 차지하는 역사적 지위를 이론적으로 규명할 것을 요청하는 것이다. 노동일의 법적 제한 요구란 그 자체로는 노동자계급의 권리 정치 기획을 통해 제출된 것이긴 하지만, 노동일의 사회적 제한은 역으로 부르주아의 생산 기획을 변화시키는 결정적 계기로도 작용한다. 자본주의사회 내부에서 표준노동일의 사회적 제한이 갖는 정치적 의미란 이처럼 자본과 노동자계급이 각각의 권리를 구성하는 데 있어 급격한 구조 변동을 초래한 데서 찾을 수 있다.

자본의 입장에서 사회적 시간 기획이 갖는 역사적 의미는 주로 자본의 가치 증식 과정과 그에 따른 노동과정의 변화에 있다. 이러한 이유에서 근대 부르주아사회 안에서 기계제 생산의 도입과 같은 노동양식의 변동은 결코 노동시간을 자동적으로 단축시키는 요소로 작용하지 않는다. 오히려 기계제 생산의 도입 등 새로운 생산수단이 근대적 공장에 등장하는 제 계기들은 자본의 착취 욕구를 충족시키기 위해 자연적 시간의 한계 내에서 노동시간을 무한히 연장시키고자 하는 바람이 그 주된 이유였다.

맑스는 근대 부르주아의 주된 목표가 사회적 생활시간 가운데 인간의 노동시간만을 특화하여 경제적 착취를 기획하는 데 있음을 강조한다. 이러한 형태의 사회적 시간 기획에 의해 고대 세계에서는 예외적 형태로만 존재했던 '과도 노동'이 근대 부르주아사회에서는 그야말로 사회를 구성하는 보편 원리로까지 격상되기에 이른다. 같은 이유에서 맑스는 "하루 노동을 24시간 내내 점유하는 것이야말로 자본주의적 생산의 내적 충동"(Marx, *CW*35: 245)이라고 규정했다. 이로부터 근대 자본가들은 인간을 노동 기계로 만들거나 또는 자동기계장치로 인간을 대체하기를 갈망한다. 맑스는 부르주아적 시간 기획이 노동일에 집중된 것임을, 또한 이러한 형태의 생산 기획이란 '인간적 교양을 위한, 정신적 발달을 위한, 사회적 기능들의 수행을 위한, 사교를 위한 시간 등 한마디로 육체적, 정신적 생명력의 자유로운 활동을 위한 시간'(Marx, *CW*35: 252)을 주요 골자로 하는 노동자의 생존-생활권 기획과는 상반된 자본의 권리 실현에 다름 아님을 주장한다.

노동일이란 무엇인가? 자본으로부터 하루 가치를 지불받는 노동력을 자본이 소비해도 좋은 시간은 얼마 만큼인가? 노동일은 노동력 그 자체의 재생산에 필요한 노동시간을 넘어 얼마나 연장될 수 있는가? 이러한 질문에 대하여 자본은 다음과 같이 대답한다. 노동일은 매일 만 24시간에서 노동력이 그 일을 반복하기 위해 필수적인 약간의 휴식 시간을 제외한 것이다. 우선 무엇보다도 자명한 것은 노동자는 그의 하루 생활일의 전체를 통하여 노동력 이외 아무것도 아니라는 것, 또 그가 처분할 수 있는 시간은 자연적으로나 법적으로나 노동시간이고 따라서 자본의 자기 증식을 위한 것이라는 사실이다(Marx, CW35: 252).

지금까지의 논의를 통해, 맑스가 『자본론』을 저술하면서 지녔던 핵심적 문제의식 가운데 하나가 근대 부르주아의 노동시간 기획과 노동자계급의 생존, 생활시간 기획의 적대성에 기초하여 전개되는 사회적 권리 투쟁이라는 정치적 문제 설정이었다는 것이 입증되고 있다. 이러한 정치적 문제 설정하에서만 근대사회가 기계제 생산의 '공장 체제'를 통해 자신의 발로 서게 될 때 비로소 잉여노동에 대한 갈망을 충족시킬 수 있게 되었다는 맑스의 주장을 제대로 이해할 수 있다.

맑스는 '표준노동일 제정'과 '공장입법' 또한 노동자들의 사회권 투쟁에 기반을 둔 것임을 『자본론』에서 잘 보여준다. 역사적으로 획득된 자본의 권리는 자본가계급이 노동일 내에서의 가치 증식이라는 특정한 시간의 조직 방식을 통해 한 사회를 기획해내는 데 성공함으로써 획득된 것이다. 노동일 내에서의 시간 기획, 즉 필요노동시간과 잉여노동시간으로 구분되는 사회적 노동의 작동 방식은 자본의 시선을 통해서만 현실적일 수 있는, 한마디로 착취의 리듬에 종속된 시간의 주제화 방식이다. 노동시간을 통해 사회 대다수 구성원의 여타의 사회적 삶을 지배하려는 자본의 시간 기획과는 반대로 노동자의 권리 정치 기획은 노동과정 바깥의 자신들의 고유한 인간적 삶을 위해 노동일 내에서도 자신들의 사회적 권리를 제기한다는 점에서 자본의 시간 기획과 대립한다.

한편 노동자가 설정하는 사회적 시간 기획은 노동과정 내에서의 필요노동시간과 잉여노동시간간의 분리를 통해 확보되는 것이 아니라 이 둘을 모두 합친 사회적 필요노동시간과 그 외의 가처분 시간, 다시 말해서 자유 시간 내지 생활시간과의 분리라는 시간의 주제화 방식을 통해 확보되는 것이다.[16] 맑스가 『자본론』의 '노동일' 장(章)을 통해 다루고 있는 주제란 이처럼 자본의 노동시간 기획과 노동자의 생활시간 기획이라는 상반된 사회적 시간 기획을 둘러싸고 전개되는 사회적 권리 투쟁이다.[17]

근대 부르주아적 시간 기획의 핵심이 "노동자의 생활시간을 단축시킴으로써 주어진 기간 안에서의 노동자의 생산시간을 연장하는 것에 있"(Marx, CW35: 253)지만, 맑스는 사회적 시간을 노동자계급의 입장에서 정치적으로 기획하는 것이 매우 중요한 권리 요구에 해당함을 일깨워준다. 맑스가 시간을 '인간 개발의 거처(room)'로 정의한 것도 바

---

16) 맑스의 정치경제학 비판에서 시간 개념이 지니는 정치적 의미와 그 중요성에 대한 개괄로는 부스(Booth, 1991) 참조.
17) 빌딩(Wilding, 1995:143)은 맑스의 통찰력은 무엇보다 자본주의 그 자체가 역사적 시간에 대한 우리의 경험 구조를 전환시키는 방식을 드러낸 것에 있다고 말한다. 그는 현대적 시간 개념의 기원은 노동을 일반적으로 부과하기 위한 시간 규율에서 일차적으로 비롯된 것이며, 이런 한에서 맑스의 『자본론』에서 투쟁 대상은 "시간 그 자체"라고 올바르게 지적한다. 이러한 자본가와 노동자 사이의 격렬한 권리 투쟁을 상호 간의 인정 투쟁이라는 헤겔적 문법에서 고찰하고 있는 글로는 악셀 호네트(1996) 참조.

로 같은 맥락에서이다. 자유로운 시간을 조금도 갖지 못하는 인간, 수면과 식사 등의 순전히 육체적인 요구에 의하여 일어나는 중단 이외에는 전체 생활이 자본가를 위한 노동에 빼앗기는 인간, 그러한 인간은 짐 나르는 짐승보다 못한 존재이며 육체적으로 지치고 정신적으로 거칠어진 노동자는 타인의 부를 생산하기 위한 기계에 지나지 않는다 (Marx, CW20: 142). 따라서 사회적 시간을 어떤 방식으로 주제화할 것인가를 둘러싸고 벌어지는 '사회적 시간 기획'의 대립은 부르주아계급과 노동자계급의 권리 정치가 충돌하는 주요 전쟁터로 부상했다.

> 상품 교환 그 자체의 성질로부터는 노동일의 한계는 생겨날 수 없으며 따라서 잉여노동의 한계도 생겨나지 않는다. 자본가가 될 수 있는 대로 노동일을 연장하고 그리하여 가능하다면 1 노동일을 2 노동일로 만들려고 애쓰는 경우 그는 구매자로서의 자신의 권리를 주장하는 것이다. 다른 한편 이 판매된 상품의 특수한 본성은 구매자가 그것을 소비하는 것에 대한 제한을 포함하고 있으며, 따라서 노동자가 노동일을 일정한 표준적인 길이로 제한하려고 하는 경우 그는 판매자로서의 그의 권리를 주장하는 것이다. 따라서 여기서 다 같이 상품 교환의 법칙에 의하여 보증되고 있는 권리 대 권리라는 이율배반이 발생한다. 동등한 권리와 권리 사이에는 힘이 사태를 결정짓는다. 이리하여 자본주의적 생산의 역사에서 노동일의 표준화는 총자본, 즉 자본가계급과 총 노동, 즉 노동자계급 사이의 노동일의 한계를 둘러싼 투쟁으로 나타나는 것이다 (Marx, CW35: 225).

맑스는 노동시간을 사회적으로 확정하는 표준노동일 제정을 "자본가와 노동자 사이의 수세기에 걸친 투쟁의 결과"(Marx, CW35: 257)이자, "자본가계급과 노동자계급 사이의 오랜 동안의 은폐된 내전의 산물"(Marx, CW35: 283)로 규정했다. 여기서 이론적으로 중요한 사실은 노동자들이 자본의 생산 전제(專制)에 저항하고 투쟁하는 이 모든 권리가 자본 생산과정의 외부에서 비롯되고 정치적으로 이론적 근거가 제공된다는 점이다. 그에 따르면, 노동자들은 하나의 계급으로서 스스로 자유의지로 자본과 계약을 맺음으로써 자신과 자기 종족을 죽음과 노예 상태 속으로 팔아넘기지 못하도록 방지하는 하나의 강력한 국가법, 곧 사회적 방지책을 쟁취하지 않으면 안 된다.

'양도할 수 없는 인권'이라는 화려한 목록 대신에 '노동자가 판매한 시간이 언제 끝나며 그에게 속하는 시간은 언제 시작되는가를 궁극적으로 명백히 하는' 하나의 법적으로 제한된 노동일이라는 겸손한 대헌장이 나타난다. 얼마나 기막힌 변화인가!(Marx, CW35: 286).

맑스는 노동자의 육신을 무한정 노동과정에 종속시키려는 자본의 착취 욕구를 사회적으로 제한하는 공장입법을 "자연 발생적인 모습을 띠고 있는 생산에 대한 사회의 최초의 의식적이고 계획적인 반작용"(Marx, CW35: 451)으로 높이 평가했다. 또한 노동자들의 이해와 요구에 입각한 사회적 시간 기획이 일상적인 경제활동의 결과가 아니라 권리투쟁이라는 정치적 노력을 통해서만, 따라서 생산과정의 '외부에서' 정치사회적으로 강제된다는 사실을 분명히 했다.

지금까지의 논의를 통해 확인할 수 있듯이, 맑스는 노동자계급의 권리 구조가 변동하게 되는 계기를 개별 작업장이나 개별 노동자의 관점이 아니라, 노동자계급의 권리 수준의 보편적 증대, 곧 사회적 권리의 심화와 확대에서 발견한다. 이러한 인식에 근거하여 맑스는 투쟁의 성격이 개별적인가, 아니면 노동자계급 일반의 보편적 성격을 띠는가의 문제로 경제투쟁과 정치투쟁을 구분했다. 노동자계급 일반의 존망이 걸린 모든 사회적 권리 투쟁에는 불가피하게 국가가 개입할 수밖에 없다는 점에서 노동자가 자본의 지배에 대항하여 전개하는 모든 권리 투쟁은 정치적 성격을 띠게 된다. 이러한 국가의 개입은 정치권력의 성격을 재규정하고자 하는 사회경제적 구조 변화를 위한 투쟁으로 연결될 가능성이 대단히 높다는 측면에서 사회권은 시민사회 정치와 국가 정치를 매개하는 중심 항이라고 규정할 수 있다.

5. 누가 뭐라고 하든, 네 갈 길을 가라!

지난 2000년경, 밀레니엄에 즈음한 BBC의 한 인터넷 여론조사에서 칼 맑스와 그의 주저『자본론』이 지난 천 년간 인류에 가장 많은 영향을 준 사상가이자 저서로 선정되었다. 무엇보다 이미 그 수명을 다한 정치사상으로 맑스주의의 붕괴가 제창되어 박물관으로 보내지기 위해 최종 봉인만을 남겨둔 것으로 여겨지던 바로 그때, 역설적이게도 맑스의 정치경제학 비판이 지닌 다양한 정치적 함의에 주목해야 하는 경제위기의 시대가 도래함으로써 그 선정의 의미는 빛을 더 발하고 있는 인상이다. 지금까지 자본주의사회는 수차례의 크고 작은 경제위기를 경험했다. 경제위기는 공황, 곧 장기 침체가 지속되는 형태로 표출된다. 역사적으로, 언론 내지 경제학계는 장기 불황이 끝날 때 마다, 이번이 마지막이며 이제 더 이상의 경제위기는 없을 거라고 한결같이 목청을 높여왔다. 이러한 예측은 전후 50년간 전 세계적 차원의 심각한 경제 불황이 발생하지 않았기 때문에 자본주의 사회체제가 공황에 대처할 수 있는 내성을 지니게 된 것은 아닐까라는 모종의 근거

없는 낙관론마저 불러일으키게 할 정도였다. 하지만 이러한 낙관론이 무색할 정도로, 2008년 서브프라임 모기지론 사태를 통해 촉발된 미국을 포함한 전 세계적 차원의 금융위기는 실물경제위기로까지 확산되어 세계경제가 장기 불황 사태로 빠져드는 사태로 연결되었다.

이러한 경제위기 상황이 심각한 이유는 무엇보다도 그것이 사회에 미치는 가공할 충격 때문일 것이다. 경제위기는 일차적으로 대량 실업 사태를 야기한다. 이는 심각한 대중 빈곤과 사회적 궁핍화로 연결되어 시민들의 일상적 삶의 파괴로 이어진다. 이러한 상황이 사회적 통합과 민주주의의 미래에 부정적 영향을 미쳐 어두운 그림자를 드리우게 할 것이라는 점은 명약관화하다. 한국 사회 또한 여기서 예외일 수 없다. 1990년대 말 IMF 경제위기 사태를 경험한 뒤로 지금까지 사회적 양극화와 빈곤, 청년실업, 비정규직으로 대표되는 정치경제학적 용어가 우리 사회에 가장 큰 영향을 미쳐왔음은 주지의 사실이다. 따라서 경제위기로부터 배태된 사회경제적 이슈를 정치사상, 특히 권리이론의 시각에서 재해석할 수 있는 관점의 출현이 절실히 필요한 것은 한마디로 시대적 요청이라고 할 수 있다. 현대사회에서는 경제문제에 대한 정치적 해석을 포함하지 않거나 해명하지 못하는, 다시 말해서 경제사상을 포함하지 않는 정치사상은 그 의미와 영향력이 급격히 축소될 수밖에 없다. 맑스의 정치경제학 비판을 자유주의적 인권론 비판과 사회권적 상황의 전개라는 시각에서 해석해보고자 하는 의의가 바로 여기에 있다고 하겠다.

참고 문헌

김세균, 1989, 「맑스의 국가관」, 『철학』 제31집.

셀라스, 커스틴, 2003, 『인권, 그 위선의 역사』, 오승훈 옮김, 서울: 은행나무.
이구표, 2009, 「맑스와 근대성의 문제: 그의 『브뤼메르 18일』에 대한 푸코의 계보학적 읽기」, 『맑스주의 연구』 13호(제6권 1호).
이봉철, 2001, 『현대 인권 사상』, 서울: 아카넷.
이샤이, 미셸린, 2005, 『세계 인권 사상사』, 조효제 역, 서울: 길.
인권운동사랑방 사회권위원회, 1999, 『인간답게 살 권리: IMF 이후 사회권 실태 보고서』, 서울: 사람생각.
장호순, 2007, 『미국헌법과 인권의 역사』, 서울: 개마고원.
조세희, 2001, 『난장이가 쏘아올린 작은 공』, 서울: 이성과힘.
조효제, 2007, 『인권의 문법』, 서울: 후마니타스.
최현, 2008, 『인권』, 서울: 책세상.
최형익, 2005, 『칼 맑스의 노동과 권리의 정치 이론』, 파주: 한국학술정보.
프리먼, 마이클, 2005, 『인권: 이론과 실천』, 김철효 옮김, 서울: 아르케.
헬러, 아그네스, 1990, 『맑스에 있어서 필요의 이론』, 강정인 옮김, 서울: 인간사랑.
호네트, 악셀, 1996, 『인정 투쟁: 사회적 갈등의 도덕적 형식론』, 문성훈 외 옮김, 서울: 동녘.

Althusser, L., 1990, *Philosophy and the Spontaneous Philosophy of the Scientists*, London: Verso.

Anderson, P., 1979, *Considerations on Western Marxism*, London: Verso.

Angelidis, M., 1995, "The Dialectics of Rights: Transitions and Emancipatory Claims in Marxian Tradition", in W. Bonefeld et al. eds., *Emancipating Marxism: Open Marxism* Vol III, London: Pluto Press.

Avineri, S., 1971, *The Social and Political Thought of Karl Marx*, Cambridge: Cambridge University Press.

Booth, W. J., 1991, "Economies of Time: On the Idea of Time in Marx's Political Economy", *Political Theory* Vol 19 No 1.

Bottomore, T. B., 1992, "Citizenship and Social Class: Forty Years On", in T. H. Marshall and T. B. Bottomore, *Citizenship and Social Class*, London: Pluto Press.

Donnelly, J., 1989, *Universal Human Rights*, Cambridge: Cambridge University Press.

Fine, R., 1995, "Hegel's Philosophy of Rights: Transitions and Emancipatory Claims in Marxian Tradition", in W. Bonefeld et al. eds., *Emancipating Marxism:*

Open Marxism Vol III, London: Pluto Press.

Forsythe, D. P., 1989, *Human Rights and U.S. Foreign Policy congress reconsidered*, Gainesville: University Press of Florida.

Gouldner, A., 1980, *The Two Marxisms: Contradictions and Anomalies in the Development of Theory*, New York: Oxford University Press.

Lenin, V. I., 1966, *Selected Works* Vol I, Moscow: Progress Publishers.

Lukes, S., 1985, *Marxism and Morality*, Oxford: Clarendon Press.

Marks, S. and A. Clapham, 2005, *International Human Rights Lexicon*, Oxford: Oxford University Press.

Marshall, T. H., 1992, "Citizenship and Social Class", in T. H. Marshall and T. B. Bottomore, *Citizenship and Social Class*, London: Pluto Press.

Marx, K., "*Capital I: A Critique of Political Economy*", *Marx and Engels Collected Works* Vol 35.

Marx, K., "Contribution to the Critique of Hegel's Philosophy of Law, Introduction", *Marx and Engels Collected Works* Vol 3.

Marx, K., "Instructions for the Delegates of the Provisional General Council, The different Questions", *Marx and Engels Collected Works* Vol 20.

Marx, K., "Justification of the Correspondent from the Mosel", *Marx and Engels Collected Works* Vol 1, Moscow: Progress Publishers.

Marx, K., "Letters from the Dutsch-Frazosische Jahrbucher", *Marx and Engels Collected Works* Vol 3.

Marx, K., "On the Jewish Question", *Marx and Engels Collected Works* Vol 3.

Marx, K., "Outlines of the Critique of Political Economy(=*Grundrisse*)", *Marx and Engels Collected Works* Vol 28.

Marx, K., "Outlines of the Critique of Political Economy(=*Grundrisse*)", *Marx and Engels Collected Works* Vol 29.

Marx, K., "Value, Price, And Profit", *Marx and Engels Collected Works* Vol 20.

Miliband, R., 1977, *Marxism and Politics*, Oxford: Oxford University Press.

Rueschemeyer, D. and B. Stephens, J. D. Stephens, 1992, *Capitalist Development and Democracy*, Chicago: Polity Press.

Shue, H., 1996, *Basic Rights: subsistence, affluence, and US foreign policy* 2nd ed, Princeton NJ: Princeton University Press.

Teeple, G., 1984, *Marx's Critique of Politics* 1842~1847, Toronto: University of

Toronto Press.

Teeple, G., 2005, *The Riddle of Human Rights*, Aurora: Garamond Press.

Therbon, G., 1977, "The Rule of Capital and the Rise of Democracy", *New Left Review* No 103.

Turner, B., 1993, "Contemporary Problems in the Theory of Citizenship", in Turner ed., *Citizenship and Social Theory*, London: Sage Publications.

Wilding, A., 1995, "The Complicity of Post-history", in W. Bonefeld et al. eds., *Emancipating Marxism: Open Marxism* Vol III, London: Pluto Press.

제4부

역사적 맥락에서 본 페미니스트 인권 담론

8장　근대 정치사상과 여성 그리고 인권_박의경

9장　콜론타이의 여성해방론과 여성의 사회적·경제적 권리_김은실

8장 근대 정치사상과 여성 그리고 인권

박의경

1. 자유, 인권 그리고 여성

　인간은 자신의 몸과 마음의 주인으로서, 자신의 생각을 자유롭게 표현하고 제시할 자유를 갖는다는 것이 자유주의의 근본적 개념이다. 존 스튜어트 밀은 개인의 자유의 중요성을 이렇게 말한다. "오직 한 사람 말고는 인류 모두가 똑같은 의견을 갖고 있다고 할 때 그 한 사람이 인류를 침묵하게 만들 권력을 갖고 있다고 해도 그렇게 하는 것이 정당화될 수 없는 만큼이나 인류가 그 한 사람을 침묵하게 만드는 것도 정당화될 수 없을 것이다."(Mill, 1991: 21) 당시 로크, 페인, 밀 등 자유주의자들의 견해를 종합하여 벌린(Berlin)은 자유에 대해 다음과 같이 설명한다. "…… 내가 누리는 것과 같은 타인의 권리를 침해하지 않는 한, 또는 이런 종류의 사회생활을 가능하게 만드는 기본 질서를 무너뜨리지 않는 한, 나 좋은 대로 살고 내 기분대로 원하는 대로 믿을 수 있다는 추정 위에서 우리는 움직인다."(하디, 2006: 530) 타인의 자유와의 경계선상에서만 자유의 한계가 드러나게 된다는 것이다.

그런데 "자유는 지구 어디서나 박해를 받아왔고, 이성은 반역으로 간주되었으며, 공포의 노예가 된 인간들은 생각하기를 두려워했다." (페인, 2004: 230) 오랜 동안의 자유주의의 노력이 제도화되는 것이 바로 17~18세기 시민혁명을 통해서였다. 1776년 미국의 독립은 자유주의 사상의 지상으로의 안착을 의미했다. 영국 왕의 지배로부터의 독립을 선언하면서, 미국은 헌법에 근거한 통치 원리를 확정하였다. 국가 성립의 근원을 통치자와 피치자 간 계약이라고 보는 사회계약론이 이러한 자유의 원리를 확립하는 데 많은 공헌을 하였다. 페인은 말한다. "자유로운 나라에서는 국가가 사람이 아닌 법에 근거한다. 법을 제정하는 데는 많은 비용이 필요하지 않다. 그리고 그 법이 시행될 때 시민 국가의 모든 일이 수행된다."(페인, 2004: 268)

자유가 법에 실려 있다면, 이어서 그 법에 따른 인간의 권리가 논의되어야 한다. 페인은 인간의 권리에 대해 다음과 같이 설명한다. "자연권은 인간이 존재하는 데 따르는 권리다. 이런 권리에는 모든 지적 권리와 정신적 권리, 그리고 타인의 자연권을 침해하지 않는 한 자신의 안락과 행복을 위해 개인적으로 행동할 수 있는 권리가 모두 포함된다. 시민권은 인간이 사회 구성원이라는데 따르는 권리다. 모든 시민권은 개인에게 이미 존재하는 자연권을 기반으로 한 것이지만, 모든 개인이 그것을 실제로 누릴 처지에 있지는 않다. 시민권에는 안전과 보호에 대한 모든 권리가 포함된다."(페인, 2004: 138-139) 이 내용은 사회계약론의 논리를 그대로 제시하고 있는데, 이제 실제로 사회에서 인간들이 자유를 향유하고 있는지 구체적으로 검증할 수 있어야 한다는 방향으로 논의가 움직이게 된다.

이와 같이 근대 정치사상에서 '인간의 해방과 인간의 권리 확보'는 절대로 포기할 수 없는 핵심적 주장이지만, 여기에 여성이 과연 포함되어 있는지에 대해서 프랑스의 인권선언이나 미국의 독립선언도 침묵하고 있다. 혁명과 선언서 이후 제정된 미국 헌법에도 프랑스 국민의회나 국민공회 헌법에도 여성의 권리에 대한 언급은 존재하지 않는다. 선언서와 헌법에 명시된 '인간'이나 '시민'에 여성이 과연 포함되는지에 대한 논쟁을 해볼 여지도 없이, 프랑스혁명 당시 거리에서 인간의 권리를 외쳤던 여성들은, 미국에서와 마찬가지로, 혁명 이후 모두 가정으로 돌아가야 했다. 사회에서는 여성이 사라지고, 근대 기획은 마무리되었다. 헤겔의 말처럼, 미네르바의 올빼미는 여성의 권리 부재가 사회 전반에서 인식될 때까지 비상하지 않고 있었던 셈이다.

부분과 전체의 문제에서, 부분에 문제가 있을 때, 전체에 문제가 없다고 볼 수 없듯이, 인간 사회에서 여성의 인권에 결함이 있다면, 전체 인권에 결함이 없다고 할 수 없는 것이다. 인간의 해방을 기치로 내세운 근대 기획의 결과 여성이 사회에서 사라졌다. 여성의 존재가 고려되지 않은 인간의 해방이나 인권이 과연 제대로 된 개념일 수 있는지는 생각해볼 일이다. 근대 기획의 완성을 위해 절대적으로 요청되는 것이 있다면 바로 여성이다. 여성의 인권에 대한 고려 없이 인권을 말할 수는 없다. 이 장에서는 근대 기획의 기폭제가 된 프랑스대혁명기를 전후하여 공표되고 발표된 선언서와 문헌을 중심으로 여성의 인권 문제를 집중적으로 다루면서, 근대 기획의 과정에서 사라진 여성을 찾아내어 근대 기획의 주체인 인간에 여성이 존재하고 있었음을 확인하는 데 초점을 맞출 것이다.[1)]

1) 이상과 같은 문제의식에도 불구하고, 이 글은 근대 정치사상 초기의 문서와 사상적 작업을 통해서 근대 기획의 과정에서의 여성의 존재에 대한 사고를 전체적으로 드러내는 데 초점을 맞추고 있어, 이 글에 인용된 많은 사상가의 사상을 정밀하게 다루는 데에 한계가 존재하고 있음을 인정하지 않을 수 없다. 이 글은 '근대 정치사상과 여성'이라는 대주제하에서 근대 기획의 초기에 여성의 문제가 어떻게 대두되고 어떻게 사라져갔는지에 대한 시론적 성격을 지닌다. 이 글에

2. 계몽사상과 자유주의: 인간의 권리를 위하여

계몽사상을 통해 인간의 정신은 종교를 비롯한 외부 다른 요소의 영향을 받던 시기에서 벗어나고, 미망에서 깨어나게 되었다. 헤겔은 문명국가의 조건으로 보편적인 법률의 구현을 제시하였다. 자유와 평등이라는 기본 정신을 바탕으로 보편성을 가진 도덕률과 사회적 규칙들이 17세기 유럽에서부터 시작하여 계몽사상이라는 이름으로 시민혁명을 통해서 퍼져나갔다.

중세 종교의 지배를 벗어난 세속성이 보편주의와 연합하여 휴머니즘에 불을 당기고, 개인의 자유를 최고의 가치로 내세우게 되었던 것이다. 왕권신수설 등 전통적 권위주의에 기반을 둔 봉건사회도 근대적 국민국가 개념으로 진행하면서 자연권과 개인의 자유와 권리를 그 정당성의 근거로 설정하는 데 그 누구도 문제를 제기하지 못하게 되었다.

이제 개인의 사유재산권의 확보를 필두로 하여, 개인의 생명권은 물론 정당한 전쟁에 대한 논쟁 등을 통해 인간 사회의 모든 것에 대한 보편적 정의 기준을 요구하게 되면서, 자유주의가 인간의 권리를 중심으로 확립되어간다.

1) 자유주의적 세계관의 형성: 개인의 발견과 인권의 문제

고대와 중세를 관통하여 공동체와 연결된 인간만을 생각해왔던 '시민의 덕성(citizen's virtue)' 중심의 정치사상에서, 근대에 와서는 공동체

언급된 문서와 개별 사상가의 사상에 대한 보다 정밀한 분석은 차후에 연구 과제로 다루어질 것이다.

에서 독립한 '개인(individual)'의 존재를 인식하게 되면서, 자유주의에 근거한 "개인의 권리"로 정치사상의 초점이 이동하게 되었다. 근대의 위대함과 혁명성은 개인의 발견에서 찾아볼 수 있다. 공동체에 함몰되어 있던 개인을 찾아내어 독립시킴으로써 개인은 이제 자신을 중심으로 움직이는 국가와 사회를 판단하고 평가할 수 있게 된다. 공동체로부터의 자유롭고 평등한 개인의 권리 확보가 중요한 정치사상적 과제로 등장하게 된 것이다.

공동체를 위한 인간, 신을 위한 인간의 삶을 중요하게 생각했던, 그것이 곧 인간 자신을 위하는 일이라 생각했던 고대와 중세 시대를 지나면서 인간이 집단에 희생당하는 문제점들이 드러나기 시작하였다. 공동체를 대표하는 황제나 왕, 교황은 자의적 권력을 휘두르게 되고, 사회의 모든 양상이 획일적 위계 구도로 자리 잡혀 여기서 인간성을 논하기는 매우 어려운 일이 되었다. 사회가 인간을 위해 존재하는 것이 아니라, 인간이 사회를 위해 존재하기에 사회에 맞추어야 하는 반자유주의적 상황이 전개된 것이다.[2]

공동체와 집단의 논리에 짓눌려 있던 인간성의 회복을 위한 첫 시도가 문예부흥 운동이었다. 이들은 고대 그리스에서 인간의 자유로움을 찾아내 이를 회복시키려는 시도를 문화 예술 분야에서부터 시작한다. 문학, 조각, 회화, 그리고 음악에서 인간의 자유로운 감정 표현을 드러내게 되면서 인간의 자유와 개인의 형성을 주도하게 된 것이다. 당시에도 나름대로 강력한 권력의 끈을 유지하고자 마지막 안간힘을

---

2) 이러한 일방적 역사의 반작용으로 등장하게 된 것이 바로 문예부흥과 종교개혁이다. 현실 사회뿐만 아니라 인간 사회에도 물리학의 법칙이 적용되는 것이다. 역사는 언제나 균형점을 찾아 이동한다. 물이 높은 곳에서 낮은 곳으로 흐르고, 삼투 현상에서 보듯이 농도가 짙은 곳에서 옅은 곳으로 흘러 상호 간의 균형점을 찾아가는 것처럼. 정치의 역사에서도 이러한 현상이 존재한다.

쓰던 교황의 세력에 중대한 타격을 가한 것이 바로 종교개혁이다. 이제 공동체의 질곡에서 벗어나기 시작한 인간은 '개인'으로서 신앙의 문제에서 신과 독대하여 구원의 문제도 해결할 수 있게 되어, 인간의 자유는 날개를 달게 된다.

이제 걸음마를 뗀 '개인'의 자유를 완성시킨 것은 바로 인간 정신의 무한한 가능성을 열어준 계몽사상이다. 칸트에 따르면, 계몽(enlightenment)이란 편견과 미신으로부터의 해방이며 자신을 위해 생각하는 능력이다. 계몽사상은 인간의 이성 능력에 대한 신뢰를 바탕으로 하여 인간의 자유를 논한다. 이제 개인은 이성 능력을 가지고 모든 것을 생각하고 모든 것을 알아내고 모든 것을 만들어낼 수 있게 된 것이다. 이러한 개인의 이성 능력이 인간으로 하여금 지식을 알게 하고, 전수하게 하는 것이다. 그 대표적 사례를 바로 디드로(Diderot), 달랑베르(D'allembert) 등 '백과전서파'에서 살펴볼 수 있다. 이들은 백과전서 편찬 작업을 통해서 인간이 이성 능력을 통해서 할 수 없는 것이 없음을, 세상의 모든 것을 알 수 있음을 과시하고자 했다.

계몽사상을 통해 확인된 인간 이성의 승리는 17~18세기 영국의 명예혁명, 프랑스대혁명, 미국의 독립혁명 등 시민혁명으로 제도적 완성을 이루게 된다. 여기서 성립된 체제가 바로 민주주의이다. 개인이 행위의 주체로서 사회의 주인으로 등장하고, 개인의 권리에 대한 보호가 체제의 최우선 과제이며, 권력의 남용으로 개인의 권리가 침해받지 않도록 하는 것이 국가의 가장 중요한 임무로 등장한 체제가 바로 민주주의인 것이다. 종교개혁과 문예부흥부터 시작되어 계몽사상에서 정신사적으로 정립된 근대는 자유주의를 바탕으로 민주주의 제도를 일구어낸 시민혁명을 통해서 드디어 완성되었다고 볼 수 있다 (박의경, 2008: 403-405).

2) 근대 정치사상과 여성

정치사상적으로 근대는 이전과는 전혀 다른 사회의 짜임을 요구했다. 이전에 사회를 규율하고 통제했던 모든 제도와 규칙이 재조명되어야 했다. 완전한 발상의 전환이 바로 이 시대의 요구였던 것이다. 사회의 기원에 대한 논의보다는 기왕에 존재하는 사회와 국가 내에서 인간의 존재 방식에 대한 담론이 이전의 과제였다면, 근대의 과제는 사회의 기원으로까지 거슬러 올라간다. 사회계약론이 새로운 담론의 대표적 사례이다. 공동체에 연결된 인간으로부터 독립적 존재인 개인의 발견을 통해서, 개인은 모든 근대 기획의 주체로 등장한다. 개인의 자유와 평등을 바탕으로 사회로부터의 권리를 확보해가는 과정을 통해 근대 정치사상과 근대 기획은 민주주의 제도로 완성되어나가게 된다.

근대 기획의 핵심은 인간이 주체가 되어 국가와 사회의 모든 절차와 규칙, 제도를 구성해나갔다는 것이다. 근대 기획의 문제점은 여기에 젠더를 대입했을 때 드러나게 된다. 인간 해방을 기치로 내세우면서 개인이 주체가 된 근대사회에서 과연 그 인간에 여성이 포함되는지가 바로 문제의 핵심이다. 근대 기획의 기본 정신은 인간의 해방이고, 개인의 권리 확보였고, 시민혁명을 통해서 많은 것이 달성되었지만, 여성에게도 이러한 열매가 적용되었는지에 대해서는 긍정적일 수만은 없는 것이 사실이다.

시민혁명을 통해서 현실에 제도로서 안착한 자유주의적 세계관은 중세 시대 종교의 지배로부터 종교의 자유와 의사 표현의 자유를 위한 투쟁에서 시작되었고, 이후 이를 위한 투쟁은 생명권과 재산권 문제로까지 이어진다. 17세기부터 시작된 자유주의자들의 권리를 위한 정치적 투쟁은 아직도 계속되고 있으며, 권리의 내용은 생존권에서 생활권으로까지 확장되어왔다.

여기서 문제가 되는 것은 보편성을 기본 원칙으로 출발한 자유주의 사상이 일부 분야에서는 보편성과 거리를 두고 있다는 데 있다. 계몽사상의 도래 이후 인간은 이성적 존재로서 자유와 권리 측면에서도 이성적으로 종교의 배타성을 질타하고 종교의 지배를 돌파하여왔지만, 여성을 비롯한 소수자 집단에 대해서는 이러한 사고방식이나 기준이 적용되지 않는 중대한 하자가 발생한 것이다. 즉 근대의 혁명가들은 인간의 보편적 권리와 존엄성에 대해 인정하였지만, 인간이라는 단어의 구체적 적용에서 발생하는 문제들에 직면하게 되었다. 유색인종이나 여성은 왜 시민적 권리를 부여받을 수 없었는지를 자유주의 사상으로 설명할 수 없었다. 이에 대해서 캐롤 페이트만(Carole Pateman)은 남성이라는 인간에 여성이 복종하게 된 것이 바로 근대 시민사회의 특징이라고 규정한다.

> 계약론자들에 따르면, 여성은 일반적 의미에서도 힘과 능력이 부족하지만, 특정한 정치적 능력―정치적 권리를 형성하고 유지하는 능력―에 있어서는 애초부터 결함이 있는 존재이다.
> 여성은 자연적으로 남성의 정치적 질서에 종속적이기 때문에 남성에게 종속되어야 한다(Pateman, 1988: 96).

보편적인 인간의 권리는 남성에게서만 구체화되었고, 여성에게서는 드러날 수 없었다. 정치적 질서와 정치적 담론에서 '정치적'이란 이성적, 공적, 보편적이라는 의미인데 반해, 여성은 '자연적'으로 규정되게 되고, 자연스럽게 정치의 외곽에 존재하게 되었다. 조운 스콧(Joan Scott)에 따르면, 자유주의 정치사상에서 여성을 발견해내기란 쉬운 일이 아니다. 스콧은 이어서 "자유주의 정치사상의 민주주의적 약속은 아직 충족되지 않았고, 또한 그것은 지금까지 상정된 용어에 의해서는 충족이 불가능하다."(Scott, 1989: 17-18)고 역설한다.

근대 정치사상에서 개인이 발견되었지만, 여기에 여성이나 사회의 소수집단이 존재하는지에 대해서는 명확하지 않다. 오히려 여성의 문제가 들어서면 사회의 전통과 관습을 내세우고, 사회의 통념과 감정을 근거로 들면서 이성 중심적 계몽사상이 일탈적 이론 전개를 하는 역설적인 상황이 드러난다. 계몽사상을 통해서 서구를 중심으로 한 근대 정치사상은 세계사적으로 역사를 주도하게 되지만, 그 자체 내에 존재한 일관성 없음과 사상적 한계로 인해 이후 미완의 혁명이자 근대 기획의 실패라는 도전에 직면하게 된다.

3. 프랑스대혁명과 근대 기획의 문제

17~18세기를 걸쳐, 영국의 명예혁명(1688)과 미국독립전쟁(1776), 프랑스대혁명(1789)은 자유주의 사상을 확인하고 현실에 천착시킨 중요한 사건들이었다. 이들 3대 시민혁명을 통해서 나온 3대 문서인 영국의「권리장전」(1689), 미국의「독립선언서」(1776), 프랑스의「인간과 시민의 권리선언」(1789)은 자유주의를 제도화하고 인권의 토대를 확립하는 데 중요한 역할을 하였다.

이들 문서 중에서도 특히「인간과 시민의 권리선언」에는 보편적 법치, 개개인의 평등한 시민 자격, 집합적인 국민주권 등이 선포되고 있으며, 이에 기반을 둔 새로운 국가 원칙이 천명되기에 이른다(이샤이, 2008: 142-143). "자유, 평등, 박애"를 근대사회가 추구해야 할 보편적 규범으로 선포하면서 혁명은 시작되었지만, 궁극적으로 보수주의 세력의 반동을 막아내기에는 역부족이었다. 모든 사람의 자유와 평등을 언급하면서도 재산을 소유한 일부 계층에 투표권 부여를 한정하게 되고, 영국이나 미국과 마찬가지로 보수주의로 회귀하면서 부르주아지 공화국으로 정착되고 만다.

이런 맥락에서 볼 때, 프랑스의 「인간과 시민의 권리선언」에서 여성에 대한 언급이 발견되지 않는 것은 지극히 당연한 귀결일지도 모른다. 물론 언급 없음이 포함인지, 배제인지에 대해 문서는 침묵을 지킨다. 프랑스혁명을 그린 들라크루아의 〈민중을 이끄는 자유의 여신〉에서 성난 민중을 이끄는 자는 자유의 여신이다.[3] 그러나 혁명 시작 당시 민중을 앞서서 이끌던 자유의 여신을 혁명이 정리되는 시점에서는 찾아보기 어렵다는 것이 일반적 관측이다. 역사를 이끌던 상징으로서의 여신은 이제 사라졌다. 이어서 「인간과 시민의 권리선언」에 대항하여 「여성과 여성 시민의 권리선언」(1791)을 발표하면서 여성의 투표권과 대표권을 외치던 올랭프 드 구주(Olympe de Gouges)도 자신의 성적 위치를 망각한 여성이라는 비난과 함께 단두대의 이슬로 사라졌다.

왕정을 넘어서 공화국으로 자리 잡은 프랑스혁명은 가부장의 권리를 통한 가정의 회복으로 당시의 혼란한 사회의 질서 잡기를 시도했다. 거리로 나왔던 여성들이 가야 할 자리는 이제 회복된 가정이었다. 혁명의 결과 가부장의 상징인 왕이 사라지고, 각 가정의 가부장이 그 자리를 대신하게 되었다. 프랑스혁명으로 올려진 인간 해방의 기치 속에서 여성은 이제 무대 뒤로 퇴장하게 되어버렸다. 인간과 여성이라는 왜곡된 관계 설정이 시작된 것이다.

『프랑스혁명의 가족 로망스』에서 헌트(Hunt)는 이렇게 말한다. "여

---

[3] 린 헌트(Lynn Hunt)는 "자유가 여성으로 그려진 것은 여성이 정치적 행위자라고 생각되지 않았기 때문"이라고 설명한다. 실제로 당시 "여성에게는 투표권도 없었고, 여성들이 자유로부터 멀리 떨어져 있었기 때문에 자유의 이상을 표현하도록 선택되었다."는 매우 역설적 설명을 헌트는 마리아 워너(Maria Warner)를 인용하면서 분석한다(헌트, 2000: 121).

성들은 노예가 아니기 때문에 규정상 시민이었지만, 투표를 하거나 공직에 취임하지는 못했다."(헌트, 2000: 70) "여성들은 새로운 시민 질서 속으로 편입되었고, 따라서 법적으로는 시민적 개인이었다. 하지만 아무런 명확한 설명 없이 일부 정치적 권리를 박탈당했다."(헌트, 2000: 278) 아무 이유 없이 정치적 권리를 박탈당한 자들에 대한 권리 회복 운동이 이후 자유주의와 민주주의의 운동에 근본적인 추동력이 된 것은 주지의 사실이다.

1) 프랑스대혁명과 「인간과 시민의 권리선언」

1789년 프랑스 국민의회에서 제정된 「인간과 시민의 권리선언」(이샤이, 2008: 154-156)은 18세기를 대표하는 혁명과 인권의 문서이다. 제1조에서 "모든 사람은 출생과 더불어 그리고 그 이후 계속해서 평등한 권리를 누린다."는 내용을 통해서 모든 인간의 평등한 권리를 선언한다. 제6조를 살펴보면 다음과 같다. "입법은 일반의지를 표현한다. 모든 시민은 직접 또는 그 대표를 통하여 일반의지의 형성에 기여할 자격이 있다. 입법은 사람을 보호하든 처벌하든 모든 사람에게 동등하여야 한다. 모든 시민이 법 앞에 평등하므로 그들의 능력에 따라 평등하게, 또 그들의 역량과 재능 이외에는 어떠한 구분도 없이 계급, 공직 그리고 고용의 모든 자리에 기용될 수 있다." 현대 국가의 헌법에서 흔히 보이는 평등에 대한 규정과 차별 금지에 대한 근거가 여기서 제시된다.

「인간과 시민의 권리선언」은 자유주의의 기본 문서로서 결코 손색이 없는 인권 문서라는 데 이견을 제시할 수는 없겠으나, 과연 이 문서의 모든 원칙과 정신이 현실에 그대로 적용되었는지에 대해서는 많은 사람이 의견을 달리한다. 선언서의 제10조와 11조에 규정된 사상과 의견의 자유로운 소통에 대한 내용을 통해서 사상과 표현의 자유라는 자유주의의 기본 원칙이 확립되었다는 것은 분명 프랑스대혁명의 공이라고 할 수 있지만, 앞서 언급한 제1조와 6조에 명시된 모든 사람의 평등과 차별 금지에 대한 조항이 여성의 정치적 권리를 배제하는 방향으로 움직인 것은 문서의 기본 정신으로는 도저히 설명할 수 없는 불합리한 일이다.

아베 드 시예스(Abbé de Sieyès)를 위시한 당시 프랑스 입법의회 대의원들은 능동적 유권자라는 개념을 동원하여 유자격자와 무자격자를 구분하고 나선다. 시민의 범주나 개념이 아직 확실하지 않은 상황에서 프랑스혁명으로 인한 신분제도의 와해와 함께 발생한 참여 폭발 현상으로 프랑스 사회는 일시적 혼란을 경험하게 되면서, 시민의 자격을 논하게 되는 상황에서 그는 다음과 같이 설명한다. "한 나라의 모든 거주자는 소극적 시민으로서의 권리를 향유할 수 있다. …… 그러나 공적 제도에 기여할 수 있는 사람만이 거대한 사회적 기업의 진정한 주주로 간주될 수 있다. 그들만이 진정한 능동적 시민, 즉 정치결사체의 진정한 구성원인 셈이다."(Abbé de Sieyès; 이샤이, 2008: 180에서 재인용) 이렇게 하여 「인간과 시민의 권리선언」은 선언서의 모든 사람에서 능동적인 정치적 권리를 향유할 수 있는 집단을 선별적으로 구분해내는 매우 차별적인 문서가 되고 마는 셈이다.[4] 로베스피에르를

---

[4] 시예스의 말을 정치 참여를 촉구하는 글로 볼 수도 있지만, 당시의 맥락은 오히려 시민을 분류하고 제한하려는 의도가 다분하다고 볼 수 있다. 그렇게 본다면 실제로 정치사회에 여성의 존재가 매우 희소한 당시의 상황에서 이 글의 의미를 분석해야 한다. 정치사회에 기왕에 존재하지 않았고 재산권도 없는 상황에서 여성은 자연스럽게 배제되게 된다. 시예스의 분석을 빌리면, 능동적이고 적극적인 시민의 범주 안에 여성은 포함되지 않게 된다. 프랑스어의 구조상 citoyen(남성 시민)과 citoyenne(여성 시민)은 바로 구분되지만, 한국어에서 '시민'이라는 단어로는 성별이 구분되지 않는 것이 이러한 분석상의 오해를 초래할 수 있다고 본다.

비롯한 몇몇의 반대가 있었지만, 재산권에 근거한 선거권 제한 규정은 이후에도 지속되었다. 재산의 권리와 투표권은 18세기 프랑스에서 남성의 특권으로 인정되고 있었다. 이를 미셸린 이샤이는 『세계 인권 사상사』에서 "경제적 권리와 정치적 권리를 화해시키지 못함을 계몽주의의 무능"(이샤이, 2008: 182)으로 설명한다.5) 1789년에 「인간과 시민의 권리선언」이 나왔음에도 불구하고, 불과 2년 후인 1791년 「여성과 여성 시민의 권리선언」이 나와야 했던 이유가 바로 여기에 있다.

2) 올랭프 드 구주와 「여성과 여성 시민의 권리선언」

프랑스대혁명의 문서인 「인간과 시민의 권리선언」은 혁명 문서로서 역사에 남아 있지만, 「여성과 여성 시민의 권리선언」(이샤이, 2008: 200-203)은 올랭프 드 구주라는 여성의 이름으로 작성되었다는 데 두 문서의 근본적 차이가 존재한다. 전자의 인간과 시민에서 여성이 정치사회적 권리 측면에서 배제당하지 않았다면 후자는 나타나지 않았을 것이다.

제1조에서 "여성은 출생과 더불어 그리고 그 이후 계속해서 평등한 권리를 누린다."고 시작하면서 「인간과 시민의 권리선언」과 대구(對句)를 이루어나간다. 이어 제6조에서 "입법은 일반의지를 표현한다. 모든 여성 시민과 남성 시민은 직접 또는 그 대표를 통하여 일반의지 형성에 기여할 자격이 있다. 입법은 모든 사람에게 동일하여야 한다. 남성 시민과 여성 시민은 법 앞에 평등하므로 그들의 능력에 따라 평등하게 또 그들의 역량과 재능 이외에는 어떠한 구분도 없이 계급, 공

---

5) 이샤이는 이어서 계몽주의의 그러한 무능으로 사회적 균열이 심화되었고, 19세기 노동운동으로 이어졌다고 분석한다.

직 그리고 고용의 모든 자리에 기용될 수 있다."를 통해서 여성 시민의 존재를 분명히 부각시킨다.

획기적인 선언적 내용으로 제10조를 살펴보자. "누구도 자신의 기본적인 의사 표현 때문에 고통을 당해서는 안 된다. 여성이 교수대에 오를 권리가 있다면, 자신의 의사 표현이 법으로 정한 공공질서를 해치지 않는 한, 연단에 오를 권리도 있어야 한다." 거부당한 여성의 정치적 권리에 대한 절규이자 배신당한 인간 해방에 대한 호소가 그대로 드러난다. 이어지는 제11조의 내용은 다음과 같다. "사상과 의견의 자유로운 소통은 여성에게 가장 소중한 권리에 속한다. 그러한 자유가 있어야 아이의 아버지로부터 그 아이가 친자임을 인정받을 수 있기 때문이다. 따라서 모든 여성 시민은 야만적인 편견 때문에 진실을 숨기도록 강요당할 필요 없이, 내가 당신 아이의 어머니라고 자유롭게 말할 수 있어야 한다."

「여성과 여성 시민의 권리선언」은 프랑스대혁명의 공식 문서에서 사용된 '시민'에 여성이 들어 있는지에 대한 명확한 의문을 제기하면서 '여성 시민'이 포함되어야 함을 공식적으로 선언한다. 동시에 여성도 남성과 같이 자연권을 보장받아야 한다고 주장한다. 재생산 영역에 존재하는 여성의 특수한 상황에 대한 고려를 살펴보면 올랭프 드 구주는 매우 현대적 인식을 가진 여성이라고 볼 수도 있다. 여성이라는 젠더 문제를 정확히 인식하여 당시 친권의 전담자인 아이의 아버지로부터 자기(여성)의 친자임을 인정받을 권리와 여성 시민에 대한 국가의 보호 조항이 필요함을 제시한다.[6]

---

[6] 이 권리선언이 나온 시기는 1791년이고, 이러한 문제들이 정치적으로 해결되기 시작한 것은 1950년이 넘어서라는 사실을 생각해보면 여성에 대한 사고와 현실에의 천착이라는 시차가 상당함을 알 수 있다. 남성 시민의 자유가 확보되는 시간과 여성 시민의 자유가 확보되는 시간의 차이를 비교해보면, 거기에 차별의

올랭프 드 구주의 발문(跋文)의 일부를 살펴보면 당시 여성의 문제와 그의 생각이 보다 명확하게 드러난다.

> 여성이여 일어나라. 이성의 종소리가 전 우주에 울려 퍼지고 있다. 너희의 권리를 찾아라. 이제 더 이상 편견과 광기와 미혹과 거짓이 자연의 대제국을 둘러싸고 있지 않다. 진리의 불꽃은 무지와 강탈의 모든 암운을 흩어놓았다. 노예였던 남자는 역량을 키웠으나 자신의 사슬을 끊어버리기 위해 너희의 힘에 의존할 필요가 있다. 남자는 일단 자유롭게 되자 자기의 반려에게 불공평해졌다. 오, 여자여! 도대체 언제쯤이면 눈을 뜰 것인가? 혁명으로 너희가 무슨 이득을 얻었느냐? 더 심한 무시와 더 독한 모멸이 아니더냐? …… 현명한 자연의 포고령에 입각하여 너희의 고토를 회복하라. 그런 과업에서 무엇을 두려워하는가? …… 만일 그들이 자기들 원칙에 맞지도 않는 이따위 당치 않은 소리를 해서 자신의 약함을 계속 드러내고, 허장성세로 무모하게 이성의 힘을 반대한다면, 철학의 기준 아래 뭉쳐 우리 여자들의 참된 힘을 모두 모으자 …… 너희 앞에 어떤 장애가 있건 너희를 자유롭게 할 수 있는 것은 오직 너희의 힘뿐이다. 단지 자유롭기만 원한다면 말이다 …… 하지만 우리가 은인자중하며 기다리는 동안 국민의 교육과, 도덕의 회복과, 결혼의 풍습을 통해 언젠가는 해결책이 마련될 것으로 나는 믿는다(이샤이, 2008: 202-203에서 재인용).

올랭프 드 구주는 이와 동시에 여성들의 협회를 최초로 조직하기도 하는데, 이러한 시대를 앞서가는 언행이 당시 국민공회로부터 공화국 온도차가 존재함을 알 수 있을 것이다.

이 여성에게 부과한 신성한 의무인 가사 돌보기를 포기하였다는 비난을 받으면서 드 구주는 남성과 여성의 자연적 경계를 침범한 사례로서 단두대에서 처형당하게 된다. 드 구주의 처형과 함께 여성이 남성되기를 원하는 것은 자연의 법칙에 어긋난 것이라면서 여성의 정치적 권리에 대한 주장은 이제 '젠더에 의한 사회적 역할 구분은 자연의 법칙'이라는 주장에 묻혀버리게 된다. 공적 영역과 사적 영역의 분리가 자유를 기치로 내건 프랑스혁명을 통해 남성과 여성에게 고착적으로 적용되면서 이제 남성과 여성에게 사회가 부과하는 덕성도 차별적으로 진화한다. "남성에게 덕성은 정치라는 공적인 세계에 참여하는 것을 뜻했다. 그러나 여성의 덕성은 가정이라는 사적 세계로 물러나는 것을 의미했다."(헌트, 2006: 170)

이러한 순차적 차별화 과정을 통해 자유도 권리도 차별적으로 적용되게 되고, 남성과 여성의 구도가 아니라, 인간과 여성의 구도가 전개되게 된다. 자유주의와 근대 시민혁명의 역사는 여성이 인간이 되기 위해서는 많은 노력을 해야 한다는 과제를 여성들에게 던지게 되었다. 권력은 가부장성을 그대로 지닌 채 유지되어왔고, 이제 인간으로 태어난 여성은 자신이 인간임을 증명해야 하는 불합리한 사회적 조류에 휩싸이게 된 것이다.[7]

---

7) 이후 1, 2세기 동안 여성들은 자신이 인간임을 주장하고 설득하는 데 많은 노력을 경주하게 된다. 근대 기획에서 이 문제가 정리되었다면 많은 에너지가 역사 발전을 위한 다른 방향으로 사용될 수 있었으리라 생각해본다. 모순적이고 불합리한 사회에서 흔히 발생하는 문제로 자신이 하지 않은 것에 대해서 다수가 그렇다고 주장하는 경우에 하지 않은 것을 증명해야 하는 상황이 발생한다. 특히 여론이나 사회적 추세와 역행하는 행동을 할 경우에는 더욱 그러하다.

4. 인간의 권리 vs 여성의 권리

근대 정치사상은 성에 무지했고(gender-blind), 그 결과 인간의 자유, 평등, 권리의 확장이 지속되고 있었음에도 불구하고 여성은 거기에 들어설 수 있는 지적, 역사적 공간을 부여받지 못하였다. 시민혁명 이후 정치사회에서의 인간의 기본적 권리로 드러난 선거권과 피선거권이 여성에게 주어지지 않은 것이다. 앞서 언급한 바 있지만, 프랑스혁명 당시 여성의 선거권, 피선거권을 주창한 올랭프 드 구주는 단두대의 제물이 되었고, 아비게일 애덤스[8]를 비롯한 독립 전쟁에 공헌한 미국 여성들의 노력도 미국 헌법에 반영되기 위해서는 수정헌법 19조가 통과되는 1920년까지 기다려야 했다. 영국에서 차티스트운동을 통해 성인 남성 모두에게 선거권이 확대되었지만, 여전히 여성이 포함되기 위해서는 20세기를 기다려야 했다.[9]

근대는 이러한 결정적 결함을 가진 채 완성되지 못한 미완의 상태에서 그 이후로 과제의 해결을 넘기게 된다. 의미상으로 인간의 권리에 여성의 권리가 포함되는 것이 당연하지만, 정치사회는 그렇게 단순하게 가지 않았다. 인간으로 태어난 여성이, 시민에 속해 있는 여성이 인간이고, 시민임을 사회에서 확인받기 위해서 여성 자신들이 나서야 했던 것이다.[10]

---

8) 미국의 2대 대통령이자 독립선언서를 기초하는 데 참여했던 존 애덤스의 부인으로 남편에게 보낸 편지가 유명하다. 그는 남자들이 영국에 대항해서 노력하고 있는 만큼, 여성들에게 보다 관대해져야 한다고 제안하면서, 남편이 아내에 대해 무제한적인 권한을 가져서는 안 된다고 경고했다. 여자들이 정치적 목소리를 갖지 못하면 함께 뭉쳐 반란을 일으킬 것이라고도 경고했다.
9) 여성에게 투표권이 부여된 시기는 각각 다음과 같다. 미국에서는 1920년(수정헌법 19조 '남녀평등 조항' 통과 시기), 영국에서도 1918년(30세 이상의 기혼 여성에게만), 프랑스에서는 1946년에 여성에게 투표권이 인정되었다.
10) 근대사상의 완성을 위해 여성주의적 시각이 들어서는 방법에는 세 가지가 있

미완의 혁명 근대 기획의 그림 속에서 숨은 그림을 찾아내는 일은 그리 어려운 일이 아니다. 이러한 상황에서도 근대사상의 세례를 받은 많은 지식인 여성이 여성의 권리를 요구하기에 이른다. 이들은 계몽사상의 영향을 받은 자유주의자들이었고, 프랑스혁명 정신을 이어받아 인간의 권리, 자유, 평등에 열광하였다. 영국의 메리 월스톤크라프트(Mary Wollstonecraft), 존 스튜어트 밀(J. S. Mill)은 자유주의 사상가로서 시민혁명 이후 민주주의의 제도화 과정에서 여성이 배제되어야 하는 이유를 발견하지 못하고, 미완의 근대 제도를 질타하고 나선다. 미국에서는 엘리자베스 캐디 스탠톤을 중심으로 1848년 제1차 전국여성대회를 개최하면서 독립선언서 형식을 빌린 「감정의 선언문」을 발표한다.

1) 메리 월스톤크라프트와 『여성권리옹호론』

1789년 프랑스혁명이 발발하자, 영국의 버크(Burke)는 『프랑스혁명에 대한 고찰(Reflections on the French Revolution)』(1790)에서 모든 전통과 관습을 단번에 뒤엎는 혁명에 대한 비판의 날을 세우면서 보수주의의 개조로 등장한다. 이에 대해서 메리 월스톤크라프트는 『인간 권리 옹호론(Vindication of the Rights of Man)』(1791)에서 자유주의의 승리와 가치

다. 숨은그림찾기와 끼어들기, 새판짜기가 바로 그것이다. 숨은그림찾기는 역사 속에 존재했던 여성들의 소리와 아우성을 찾아내 완성하는 일이다. 이 작업은 과거와 현재를 이어주는 역할을 하면서 미래의 비전을 제시한다. 끼어들기는 현재의 상황에서 남성적 구도가 잔존하더라도 그 상태 그대로 끼어들어 여성의 참여율을 높이는 일이다. 이는 미래를 위한 준비 작업이다. 새판짜기는 여성주의적 시각으로 새로이 구성된 사회에서 여성의 속성에 대한 인위적 변화 없이 정치사회적 권리를 자연스럽게 향유하게 되는 것으로 미래를 앞당기는 역할을 하게 된다.

에 대한 지속적 신뢰를 보낸다. 그녀는 이어서 1792년 『여성권리옹호론(Vindication of the Rights of Woman)』을 발표하면서, 자유주의를 여성에게도 동등하게 적용해야 한다는 당위성을 설파한다. 자유주의의 기본 개념에서 여성이 사회에서 배제되어야 하는 이유를 발견하지 못한다.

『여성권리옹호론』에서 월스톤크라프트는 지속적으로 남성과 여성에 대한 미덕과 조건의 차별적 적용에 대한 부당성을 지적한다. 미덕이나 덕성, 사회에서 살아가는 조건에 대해서 자연은 남녀 간에 차이를 만들지 않았다는 것이다.

> 양성[남성과 여성]은 모두 동시에 좋아지거나 나빠진다. …… 사회적 덕성과 행복의 근거가 되는 순결, 정숙함, 공공 정신 기타 모든 고상한 가치는 모든 인류에게 적용되는 것이다. 그렇지 않다면 그것들은 별로 효과를 가지지 못한다(Wollstonecraft, 1985: 230).

모든 가치는 공유되어야 하며, 여성이 남성에게 의존적으로 살아야 할 특별한 이유가 없다.

> 남성이 시민의 의무를 수행해야 하고, 시민으로서 일정 분야에 종사하고 있을 때, 그의 아내도 가족을 관리하고, 자녀를 교육하고 이웃을 돕는 등 시민으로서의 적극적 역할을 하고 있다(Wollstonecraft, 1985: 238-239).

따라서 시민으로서 여성이 임의적으로 통치권에 의해 지배당하지 않도록 정치적 대표권과 사회에서 활동 영역을 가져야 한다는 것은 지극히 당연한 귀결이다. 사회에서의 활동이 여성에게 허용될 때, 불만족스럽게 세월을 허송하며 사는 여성들은 경제적, 정치적으로 독립적인 여성으로 거듭나게 될 것이다. 이야말로 여성들의 진정한 아름다움이라고 월스톤크라프트는 역설한다.

> 남성이 여성에게 붙어 있는 질곡을 제거하고 야만적인 복종보다는 진정한 우애를 가지고 살아가기로 한다면, 우리 여성들은 더욱 순종적인 딸, 더 사랑스러운 누이, 더욱 성실한 아내, 더 합리적인 어머니―한마디로 훌륭한 시민―가 될 것이다(Wollstonecraft, 1985: 263).

이를 위해서는 남성과 여성 모두를 동일하게 시민으로 교육시켜야 한다고 주장한다. 20세기에 들어서야 가능해지는 양성평등 교육에 대한 사고를 살펴볼 수 있다.

2) 수잔 앤소니와 엘리자베스 캐디 스탠튼의 「감정의 선언문」

미국에서는 1848년 뉴욕주의 세네카 폴즈에서 중산층 이상의 여성들이 중심이 되어 제1차 여성대회를 개최하여 여성과 남성이 평등함을 선포한다. 미국의 「독립선언서」 형식을 그대로 빌려 작성한 「감정의 선언문(the Declaration of Sentiments)」(1848)에서 재산의 소유권, 자녀 양육권, 평등한 교육을 받을 권리 등과 함께 여성의 투표권 확보에 많은 노력을 기울인다. 선언문의 내용을 살펴보면 다음과 같은 것들이 있다. "남성은 시민의 첫째 권리인 선거권을 여성에게서 박탈하여 입법의 전당에서 여성의 대표를 제외함으로써 여성을 모든 면에서 억압하였다. 남성은 법적으로 기혼 여성을 시민으로서는 사망자와 마찬가지인 존재로 만들었다. 남성은 여성이 철저한 교육을 받을 수 있는 기관에 입학하지 못하게 금했으며, 여성에게는 모든 대학의 문호가 닫

혀 있다."(이샤이, 2008: 281)

선언문의 전문과 발문에는 다음과 같은 내용이 담겨 있다.

우리는 다음과 같은 사실, 즉 모든 남성과 여성은 평등하게 태어났으며, 조물주는 빼앗길 수 없는 일정한 권리를 모든 사람에게 부여했다는 사실을 자명한 진리라고 생각한다. 그러한 권리에는 생명, 자유, 행복 추구의 권리가 포함되어 있다. …… 이와 같은 것으로 인해 대등한 지위를 요구할 필요성이 여성에게 주어졌고 여성은 그러한 자격이 있다. 인류의 역사는, 여성에게 절대 폭정을 수립할 직접적인 목적으로, 남성이 여성에게 위해와 권리침해를 되풀이해온 역사이다. ……

이제 이 나라 인민의 절반이 처한 완전한 권리박탈의 상황과 그들이 처한 사회적, 종교적으로 모욕적인 상황에 비추어, 그리고 위에서 언급한 부당한 법률에 비추어, 또한 여성이 고통과 억압을 느끼고 자신의 가장 성스러운 권리를 부정하게 박탈당했다고 느끼고 있으므로, 우리는 여성이 미합중국의 시민으로서 여성에게 속한 모든 권리와 특권을 즉각 행사할 것을 주장하는 바이다(이샤이, 2008: 280-283에서 재인용).

전문에서는 여성의 평등한 권리를 확인하고 발문의 마지막에서는 시민으로서의 모든 권리의 회복을 역설하고 있다. 이들의 노력으로 1920년에 수정헌법 19조가 제정되게 되면서 여성의 참정권이 헌법 차원에서 보장받게 되었다. 물론 흑인 남성에게 투표권을 부여한 1868년의 수정헌법 14조에 비하면 40년의 시차가 있고, 또 각 주별로 이를 주 헌법에 반영한 시기도 매우 다르지만, 역사에 여성의 권리와 평등에 대한 방향성을 제시하였다는 측면에서 중요한 가치가 있다.

3) 존 스튜어트 밀과 『여성의 종속』

월스톤크라프트로부터 시작하는 페미니즘 사상의 핵심을 이어받는 사상가가 바로 밀(J. S. Mill)이다. 자유주의 사상가로서 대의 민주주의론의 사상적 기반을 다지기도 한 밀은 『자유론(On Liberty)』과 『여성의 종속(Subjection of Woman)』(1869)에서 이들의 사상을 이어나간다. 자유주의 사상을 근간으로 서 있는 근대 영국 사회에서 왜 여성들이 사라져버렸는지에 대한 해답을 발견해내지 못하고, 이를 교정해야만 자유주의가 완성될 수 있음을 주장한다.

월스톤크라프트와 밀의 공통된 생각은 이성 능력에서 여성이 남성과 다른 점이 없다는 것이다. 당시 여성이 남성보다 지적으로 열등한 듯이 보이는 것은 객관적 교육 기회의 부족과 의식의 부족에 있다는 점을 그 이유로 든다. 따라서 여성에게 남성과 동일한 기회가 주어지면 달라질 것이라는 결론이 도출된다. 이성 능력을 근간으로 형성된 근대의 체제에서 이성을 가진 존재인 여성을 원천적으로 배제한다는 것은 논리적으로 모순이라는 것이 이들의 공통된 생각이었다.

밀은 "여성들이 남성과 경쟁하는 것이 법과 제도에 의해 원천 봉쇄되고 있다."(Mill, 1991: 490)고 하면서, 이렇게 여성이 종속되어 있다는 것은 사회적으로 가장 중요한 기본 원칙을 훼손하는 유례없는 사례이며, 다른 구시대의 관행과 생각은 다 사라져가고 있는데, 유독 여성의 종속이라는 관행만 아직도 살아 움직이면서 많은 여성의 삶을 사상적 근거 없이 불편하게 하고 있다고 주장한다. 오랫동안 여성의 사회 진출을 허용하지 않았던 이유가 여성이 여성이라는 것 이외에는 다른 이유를 발견하기 어렵다는 것이 밀의 분석이다. 남성이 가지고 있는 권리가 왜 여성에게는 허용이 되지 않는가에 대한 강한 의문을 밀은 제기한다.

> 어떤 조건에서든, 한계가 무엇이든, 남성에게는 투표권이 인정되면서 여성에게는 투표권을 인정하지 않고 있는 것은 정당화되기 어렵다. 여성은 동일한 계급의 남성과 정치적 의견에 있어 그렇게 다르지 않다. 여성을 공정하고 동등하게 고려한다는 차원에서 투표권은 여성에게도 부여되어야 한다(Mill, 1991: 527).

한마디로 정치, 사회로의 여성의 참여가 법적, 제도적으로 보장되어야 한다는 것이다. 따라서 이 시기의 페미니즘은 여성의 정치적 참여 요구에 집중하게 된다. 여성을 막고 있었던 법과 제도가 열리면, 여성의 삶도 달라질 것이라는 희망과 함께, 각 지역에서 여성의 참정권 확보를 위한 단체 조직과 함께 사회운동이 발생하게 된다. 인간의 해방과 권리의 확대가 많은 곳에서 이루어졌지만, 여성만은—지역에 관계없이—인간과 시민의 대열에 참여하기 위한 별도의 노력이 필요했다. 왜 정치사회적으로 인간과 시민이 되는데, 여성만이 별도의 작업이 필요한지에 대한 당시의 답변은 '생물학적으로 여성'이라는 것뿐이었다. 정치사회적 권리의 근원에 대한 질문에 생물학적인 원인으로 답하는 왜곡된 사회의 변화를 위해서는 다음 세기에 보다 많은 여성의 노력과 시간이 필요했다.

5. 근대의 완성을 위하여

개인이 사상과 역사의 주체로 등장하고 인간의 해방을 기치로 내세워 시작된 근대 혁명으로 자유주의 사상은 제도화되었지만, 그 근대 기획의 결과 여성은 사회의 어느 곳에서도 보이지 않게 되는 의외의 현상이 발생하였다. 모든 인간이 자유롭고 평등해야 한다는 자유주의 사상의 기본적 전제에 정면으로 배치되는 현실로 역사는 이행한 것이다. 인구의 절반을 차지하는 여성의 존재가 고려되지 않은 인간의 해방이 과연 제대로 된 인간의 해방이었는지는 깊이 생각해보지 않아도 자명한 일이다. 구성원의 절반만이 만족하다고 할 때 전체가 만족한다고 말할 수 없듯이, 인간의 해방을 위한 근대 기획은 결국 실패한 셈이다. 여성이 포함되지 않았다는 것이 그 이유이다.

근대 기획의 실패는 단순히 역사의 한 장면으로 종언을 고하는 것이 아니다. 역사는 이어지는 것이기에, 나는 20세기 이후 끊임없이 대두되는 여성 이슈의 뿌리를 미완의 근대 혁명에서 발견한다. 프랑스 혁명 이후 사회를 정리하는 과정에서 국가의 역할과 가부장의 역할을 등치시키면서, 국가는 가부장의 국가, 즉 남성의 국가가 되었고, 여성의 문제는 수면 아래로 가라앉아 가부장의 가정 내에서 해결해야 할 사적인 과제로 축소되어버린 것이, 20세기 이후 근대화와 민주화의 길을 통과하는 모든 사회에서 여성 이슈 폭발 현상이 나타나는 이유가 된다.

여성을 포괄하는 '모든 사람의 자유'에 대한 인식과, 차별에 대한 근원적 문제가 자유주의 사상을 기조로 하는 근대 정치사상에서 제대로 짚어지지 않았기에, 현대사회에서 법과 제도 차원에서 이루어지는 남녀평등에 대한 작업이 아직도 미진한 것이다. 현대사회는 아직도 미완성 상태인 근대를 그 사상적 근저로 하고 있기 때문에, 미완의 근대를 완성시키는 작업이야말로 현대사회의 문제점 해결을 위한 첫걸음인 셈이다.

서론에서 이미 언급한 바와 같이 근대 기획의 완성을 위해서 필요한 한 가지가 있다면 그것은 바로 여성이다. 여기에 젠더 문제의 중요성이 있다. 어떤 것이든지 그 사상적 완성을 위해서 여성에 대한 고려와 여성주의적 시각이 필수적으로 포함되어야 한다. 근대 기획이 완성되어야 비로소 현대사회는 제대로 문제의 본질을 파악하고 해결해 나갈 수 있다.

참고 문헌

박의경, 2008, 「페미니즘: 민주주의의 완성을 위하여」, 한국정치학회 편, 『정치학 이해의 길잡이: 정치사상』, 법문사.
이샤이, 미셸린, 2008, 『세계 인권 사상사』, 조효제 옮김, 도서출판 길.
재거, 앨리슨 외 편, 2005, 『여성주의 철학』 2 vols, 한국여성철학회 옮김, 서광사.
페인, 토마스, 2004, 『상식, 인권』, 박홍규 옮김, 필맥.
통, 로즈마리, 2003, 『페미니즘 사상: 종합적 접근』, 이소영 옮김, 한신문화사.
하디, 헨리 편, 2006, 『이사야 벌린의 자유론』, 박동천 옮김, 아카넷.
한국영미문학페미니즘학회 편, 2000, 『페미니즘: 어제와 오늘』, 민음사.
헌트, 린, 2000, 『프랑스혁명의 가족 로망스』, 조한욱 옮김, 새물결.
Landes, Joan, 1988, *Women and Public Sphere*, Ithaca, NY: Cornell University Press.
Hegel, 1952, *Philosophy of Right*, Oxford: Clarendon Press.
Hirschmann, Nancy, 2008, *Gender, Class and Freedom in Modern Political Theory*, Princeton, NJ: Princeton University Press.
Mill, John Stuart, 1991, *On Liberty and other Essays*, New York: Oxford University Press.
Pateman, Carol, 1988, *The Sexual Contract*, Stanford, CA: Stanford University Press.
Scott, Joan, 1989, "French Feminism and the Rights of Man: Olympe de Gouges's

Declaration", *History Workshop Journal* 28.

Shanley, Mary Lyndon, and Carole Pateman eds., 1991, *Feminist Interpretations and Political Theory*, University Park, PA: Pennsylvania State University Press.

Wollstonecraft, Mary, 1985, *Vindication of the Rights of Woman*, New York: Penguin Books.

9장 콜론타이의 여성해방론과 여성의 사회적·경제적 권리

김은실

1. 여성 인권과 경제활동

프랑스혁명의 인권선언에서도 제외되었고, 세계인권선언에서조차 명확한 개념 정의를 이끌어내지 못했던 여성의 인권 문제가 1979년에 가서야 비로소 유엔에서 「여성에 대한 모든 형태의 차별 철폐에 관한 협약」을 통해 구체적 정의로 선언되었다. 보편적인 개인의 권리를 강조했던 근대 자유주의 인권 사상이 20세기 기본권과 관련된 시민적·정치적 권리를 어느 정도 발전시키는 성과를 가져왔고 여성의 사회적 지위가 과거에 비해 좋아졌다고 평가되고 있다. 그러나 20여 년이 지난 1995년 제4차 베이징 유엔세계여성대회에서 미국 대통령 영부인 힐러리 클린턴은 여성 권리선언을[1] 통해 국제사회에 여성 인권에 관한 강력한 메시지를 던졌다. 오늘날까지도 여성은 빈곤 인구의 70%,

---

1) "Human rights are Women's rights and Women's rights are Human rights."

문맹자의 2/3를 차지하고 있으며 유사 이래로 사회적 약자의 위치에서 벗어나지 못한 채 가정 폭력과 매춘에 노출되어 있음을 지적하였다(클린턴, 1995). 근대 자유주의 인권이 보편적인 개인의 권리를 의미했음에도 불구하고 현대사회에서 여성의 인권이 보편성이라는 범주에 제대로 자리매김하지 못하고 있음을 입증하고 있는 것이라 할 수 있다.

최근 스위스 세계경제포럼(WEF)이 발표한 '세계 성차별(Gender Gap) 지수 2009'에서 한국이 전체 134개국 중 115위로 보건(80위), 정치(104위), 교육(109위), 고용(113위)순으로 젠더화가 심각한 것으로 드러났다(『동아일보』 2009. 10. 29일자).[2] "21세기 성 주류화를 위한 설문 조사"에서는 한국 여성들이 경제활동에 참여하지 않는 이유 중 집안 살림(47.1%) 때문에, 일자리가 없어서(25.2%)가 가장 높은 비중을 차지하고 있다(김양희 외, 2001). 이는 현대사회에서 경제적·사회적 인권 차원에서 지속적인 젠더화가 진행되고 있음을 뜻하는 것이다. 현대 여성 역시 여전히 폭력과 빈곤 등 인권의 사각지대에 노출되어 있고 과거 여성들과 마찬가지로 가정이라는 높은 울타리를 넘어서지 못하고 있다. 여성 경제활동인구의 대부분이 비정규직에 몰려 있어 여성의 경제적 자립이 곤란한 상황이며 경제활동을 하고 있는 여성들은 사회 노동과 가사 및 육아 노동의 경계에서 힘겨워하고 있다. 또한 최근 심화되고 있는 '여성의 빈곤화 현상'은 여성 인권에 심각한 문제를 가중시키고 있다.

이 같은 문제는 20세기 초 '여성해방과 자유'를 슬로건으로 내세워

---

[2] 세계 성차별 지수는 각 나라의 양성평등 수준을 수치로 계량화해 교육, 보건, 고용, 정치 등 4가지 부문에서 0(완전 불평등) 1(완전 평등) 사이로 점수를 매기는데, 2009년 한국은 0.6146점을 얻었다. 한국의 성차별 지수는 2006년 92위에서 97위(2007), 108위(2008)로 지속적으로 하락세를 나타내고 있는바, 필리핀(9위), 중국(60위), 인도(114위)보다 성차별이 더 심한 것으로, 사우디아라비아(130위), 파키스탄(132위), 최하위 예멘(134위)보다는 앞선 순위이다.

여성 스스로가 자신의 권리와 자유를 확보해야 한다는 소비에트 러시아의 알렉산드라 콜론타이(Александра Коллонтай)의 주장에서도 유사하게 드러나고 있다.[3] 콜론타이의 여성해방론은 사회나 산업구조의 변화에도 불구하고 과거 농경 사회로부터 지속되어온 가정적 역할에 여성을 한정시키는 시대착오적인 발상에 대한 문제 제기이다. 콜론타이는 여성도 공적 사회에서 남성과 더불어 사회 노동(경제활동)에 종사하게 될 때 남성과 같이 자신의 삶에 대해 독립적이고 자유로운 결정을 할 수 있게 된다는 자신의 신념을 갖고 있었다. 콜론타이의 신념은 당시 유럽을 뜨겁게 달구었던 여성의 기본권적 인권이나 정치적 권리에 머무르는 것이 아니라, 여성이 '경제적인 독립'을 통해 사회적 존재로 인정받아야 하고, 이를 기반으로 한 여성의 자기 결정권 확보라는 광의의 인권 개념에 기초하고 있었다.[4]

여성이 남성 중심적 전통과 사회질서에서 벗어나 여성이 사회 주체가 될 수 있는 첫 번째 방법은 무불(無拂) 노동인 가사 노동의 경계를 넘어 경제적 자립을 하는 것이고, 둘째는 여성의 경제활동을 위해 국가가 사회적·법적 제도를 구축하도록 하는 것이다. '보호와 예속'이라는 양면성으로 여성을 가정이라는 사적 영역에 가둬왔던 전통적 사고방식을 뛰어넘어 사회 영역으로 활동 범위를 확장시켜나가야 한다는 주장이다. 콜론타이는 초기 소비에트 정부 각료로서 여성의 정치

---

[3] 콜론타이에 대한 소개는 김은실(2004b)을 참조하고, 여성해방과 사회주의 해방에 관한 콜론타이의 견해는 김은실(2008)을 참조할 것.
[4] 근대 이후 발전한 인권의 개념은 크게 시민적·정치적 권리(자유권)와 경제적·사회적 권리(사회권) 영역으로 구분되었고, 이후 국제인권규약에 구체적인 조항으로 명시되었다. 자유권은 근대적 개인에 기초한 개별 남성 부르주아에게 한정된 것이었고, 사회권은 새로운 사회계층으로 등장한 노동자들의 생존 권리를 보장하기 위한 개념으로 등장하였다. 따라서 18세기에는 시민적 권리, 19세기에는 정치적 권리, 20세기에는 사회적 권리가 강조되었다(강남식, 2002).

교육, 가사 노동의 사회화와 공동육아, 모성 보험, 매춘 문제 등에 관한 입법과 정책 수립을 시도하였으며 가족법, 이혼법, 낙태법, 어린이집 설립을 통해 여성의 경제적 활동 공간을 확보함은 물론이고 여성과 남성이 동등하게 공존할 수 있는 사회적 기반을 소비에트 사회에 실제적으로 구축하고자 노력하였다.

오늘날 사회적·경제적 권리는 시민적·정치적 인간의 권리를 향유하기 위한 필수적인 전제 조건이다. 사회적·경제적 권리에 기초하지 않는 시민적·정치적 인간의 권리는 모래 위에 건물을 세워놓은 것과 마찬가지다. 따라서 콜론타이는 20세기 여성운동이 여성의 시민적·정치적 권리에 초점을 맞췄던 것에 대한 반박 논리로 여성해방론을 제시했다. 그후 여성의 시민적·정치적 권리는 꾸준히 개선되어왔고 현대사회는 그 성과를 과거와 비교해 자랑스럽게 여기고 있다. 이제는 전 세계가 보편적 인권 개념에 기초해 다른 국가의 인권 정책에 대해 문제 제기를 할 수 있을 정도로 현대사회는 인권 담론이 활발하게 전개되고 있다.

그런데 현대 여성이 한 명의 시민으로서 자신의 생계와 생존을 위해 사회 활동을 하고자 할 때 남성과 비교해 체감하게 되는 사회적·경제적 불평등 지수를 어떻게 평가할 것인가? 현대 여성이 직면해 있는 사회적·경제적 불평등 문제가 100년 전에 콜론타이가 지적했던 것이라면 여성의 권리나 인권이 과연 진일보했다고 평가할 수 있을까? 과거와 비교해 한국 사회 역시 다양한 차원에서 인권에 대한 논의가 활발해지고 있다. 그러나 아직도 여성의 사회적·경제적 인권 문제는 심각한 현상으로 인식되지 못하고 있다. 다만 현재 여성 노동력의 활용과 미래 사회 노동력 재생산을 위한 차원에서 그 대안이 논의되고 있을 뿐 문제의 본질에 다가가지 못하고 있는 실정이다. 여성의 사회적·경제적 권리에 대한 근본적인 인식과 대안을 모색하지 못한다면 현재는 물론이고 미래 한국에서 여성의 빈곤화 현상, 저출산, 한부모 가정의 위기 등을 수반하게 될 가정적·사회적 불안정과 양극화 현상은 심각한 사회문제로 비화될 가능성을 내재하고 있다. 이에 과거 19~20세기 러시아에서 콜론타이가 던졌던 여성의 사회적·경제적 권리에 관한 문제 제기를 살펴보고, 당시 콜론타이가 제시했던 여성해방론이 과연 현대 여성 인권 문제의 실효성 있는 해법이 될 수 있을지에 대해 분석하고자 한다.

2. 여성 노동에 대한 편견

1) 가족제도에 묶인 여성의 역할과 노동

콜론타이는 맑스-엥겔스의 주장과 같이 가족을 정부, 종교, 관습과 동일한 방식으로, 사회의 경제적 체계로부터 파생된 하나의 구조로, 또한 결혼과 가족의 형성은 경제적 체계의 변화에 의해 달라지는 것으로 보았다(Коллонтай〔콜론타이〕, 1972). 따라서 자연경제체제에서는 가족이 생산의 주체이자 소비의 주체였고 가족을 벗어난 개인들은 생존에 필요한 물자를 조달할 수가 없었다. 아이들은 부모의 보살핌 아래서 성장했으며 여성들은 집안에서 전 인생을 보냈다. 여성은 문밖에서 일어나는 일에 대해 전혀 알지 못했고, 대부분의 경우 알기를 원하지도 않았다. 집안에는 항상 할 일이 넘쳐났고 일은 가족뿐만 아니라 국가를 위해서도 꼭 필요하고 유용한 것이었다. 이와 같이 대부분 가정 내에서 생산과 소비가 이루어지고, 가족 구성원 모두가 생산에 참여하는 가운데 불평등이나 억압 구조가 심화되지 않는 자연경제체제에서는 사회나 국가조차도 가족제도에 의존하는 상황이었다.

우리 할머니 시대에는 이 모든 집안일이 가족의 복지를 보장하는 필수적이고 유용한 일이었다. 안주인이 더 전념할수록 소작농이나 장인 가족은 더욱 잘 살았다. 국가 경제조차 가정주부의 활약으로 이익을 얻었기 때문에 여성은 가족의 직접적인 필요를 충족시키는 스프와 감자 요리에 그치지 않고 시장에서 팔 수 있는 옷, 실, 버터 등을 만들었다. 소작농을 비롯한 모든 남성은 이런 '가정 노동력' 없이 살림살이를 제대로 꾸릴 수가 없다는 것을 알았기 때문에 "황금 손"을 가진 아내를 얻으려고 노력했다. 가정에서 옷, 가죽, 모직을 만드는 데 많은 노력을 기울이면 국가 경제가 호황을 누릴 수 있다는 것에 온 관심이 집중돼 있었다(Коллонтай, 1920).

이후 자본주의에 근거한 산업화, 근대화 노력은 가정과 사회, 국가 모두에게 구조적이고 급진적인 변화를 초래하였다. 콜론타이에 따르면 몇 백 년 동안 유지해온 이 관습적인 가족의 모습은 가족 구조에 대한 자본의 지배와 노동 인력을 고용하는 공장과 기업의 증가로 인해 달라지기 시작하였다. 자본주의 시스템의 진행에 따라 물질적 가족 연대가 약화되고 경제단위로서의 가족의 의미는 퇴색되어갔다. 서유럽의 근대화에 크게 고무되어 실행되었던 1861년 러시아의 농노해방은 러시아 사회를 지탱하고 있던 전통적인 생활 방식에 커다란 변화를 초래하였다.5) 전통적 가족제도에서는 남성 가부장이 가족의 생계 책임자였다. 그러나 가족은 더 이상 사회적 공동체로서의 기능을

---

5) 크림전쟁에서 패배한 러시아는 근대화를 추진하기 위해 농노해방령과 공업화 정책 등 위로부터의 개혁을 단행하였다. 농노제 폐지는 사회·경제 질서에 커다란 변화를 초래하였다. 귀족들은 토지와 가내 노동력을 상실함에 따라 생산 활동에 직접 참여해야만 했다. 여성들도 부족한 가계 비용을 위해 생계 수단을 찾아 나서야만 했다(Коллонтай, 1909).

충족시키지 못하게 되었고 경제단위로서의 의미를 상실해갔다. 농노해방으로 인해 달라진 생활 방식과 가정경제는 가족 구성원으로 하여금 생계비를 위해 일자리를 찾아 나서게 했다. 그러나 그동안 정규교육 과정에서 배제되었던 여성들은 제대로 된 직업을 선택할 수가 없었다. 이런 상황은 여성들의 의식과 지적 세계에도 영향을 미쳤고, 여성들은 정부에 대해 교육의 자유와 직업 선택의 기회를 요구하였다.

러시아 여성은 지난 40~50년 동안 다른 자본주의국가에서보다 더 긴 시간 동안 집 밖에서 일자리를 구하도록 강요받았다. 생계 책임자의 봉급은 가족을 부양하기에 부족해서 여성은 어쩔 수 없이 돈을 벌어야 했고 공장의 문을 두드렸다. 매년 집 밖에서 품팔이, 판매원, 가게 점원, 세탁부, 가정부로 일을 시작하는 노동계급 여성들의 수가 많이 증가했다(Коллонтай, 1920).

콜론타이의 1914년 통계에 따르면 유럽과 미국에서 일하는 여성의 수는 약 6,000만 명이었고 러시아의 경우는 6,300만의 여성 인구 중 600만 이상이 자신의 소득으로 생활했다.[6] 이들 중 절반은 기혼 여성이었다. 제1차 세계대전 동안에 그 수가 더욱 늘어났다. 자본주의 경제활동은 가족제도와 사회 변화를 촉구했다. 가족 중심에서 생산되던 모든 것이 거대한 규모의 작업장과 공장에서 제조되었고 기계가 아내를 대신했다. 가족은 더 이상 생산자가 아니라 소비자로 변모하였으며 가족 경제는 가족의 범위를 넘어섰다.

이 같은 사회적 변화에도 불구하고 대부분의 사람은 결혼과 가족제

---

[6] 콜론타이는 유럽 및 러시아의 남녀 노동자 인구 비례에 관해 「여성 문제의 사회적 기초(Социальные основы женского вопроса)」에서 통계분석과 아울러 구체적으로 설명하고 있다.

도를 결코 변하지 않는 윤리나 관습이라고 생각했다. 따라서 여성의 가정 내 역할이나 사회적 지위 역시 전통적 방식에서 크게 벗어날 수가 없었다.

산업구조의 변화는 그동안 가정 내에서 자급자족의 가족 생산방식으로 진행되었던 가사 노동 중 청소, 요리, 가족의 옷 관리 정도를 제외한 대부분의 가사 노동을 공장의 임금노동으로 전환시켰다. 그 결과 화폐경제에 도움이 되지 못하는 주부의 가사 노동은 국가 경제에 별 영향을 주지 않으며 새로운 가치를 창출하거나 국가의 번영에 기여하지 않는 것으로 인식되었다. 주부의 가사 노동은 공동체에 덜 유익하고 비생산적인 것으로 판단되었다. 그러나 여성 노동자들은 하루 10시간 이상 넘는 공장 노동과 가사 및 육아 노동의 3중고에 시달려야 했다(Коллонтай, 1920).

콜론타이의 「공산주의와 가족(Коммнизм и Семья)」에 따르면 시대 변화와 무관하게 유지하고 있는 여성의 전통적 지위와 역할의 불합리함은 여성뿐만 아니라 남성에게도 커다란 고민거리임을 서술하고 있다. 콜론타이는 사회 변화에 뒤처진 전통적인 가족관과 사회의식이 여성 노동자에게 얼마나 커다란 짐이 되고 있는지에 대한 비판과 해법을 제시하고 있다(Коллонтай, 1909a; 1918; 1920). 콜론타이는 자본주의의 도입으로 급변하고 있는 19세기의 러시아 사회에서 가족생활의 도덕과 관습 역시 가족 구조의 변화에 맞게 새롭게 형성돼야 함을 지적하였다. 역사 변화 과정에서 가족 구조와 생활 방식은 수차례 변화해왔으며 지역이나 국가, 민족에 따라 다른 양상을 띠게 되었다고 지적하였다.[7)]

2) '일하지 않는' 아내와 여성의 소비 노동 증가

전통적인 경제는 가족을 중심으로 생산과 소비가 동시에 이루어지는 가정에서 출발하였다.[8] 여기에서 여성은 가족 구성원의 필요를 충족시켜 주는 중심적인 존재였음에도 불구하고 여성의 주요 활동 영역인 가계 생산과 분배 문제, 가사 노동은 경제학의 연구 대상에서 제외되었다.[9] 근대경제학은 인간을 합리적이고 자치적이며 개인주의적인 이익 추구의 존재로 설정하고 있다. 인간은 더 이상 절대자에게 예속된 존재가 아니라 자기 운명을 스스로 창조해가는 존재로서 가시적이고 계량화될 수 있는 것들에 관심을 쏟게 되었다. 19세기 초반까지는 경제학 토론에서 여성, 가족, 소비에 관한 이슈들이 별 관심을 끌지 못했고, '경제적'인 것과 '남성'은 '경제적 인간'이라는 차원에서 접근되고 있었다.[10] 상품화의 역사로 인식되고 있는 자본주의경제사 속에서 화폐로 환산되지 않는 여성의 노동은 공식적인 통계나 보상에서 제외되었다.

---

7) 유전학적 차원의 단일 가족에서 모계사회로, 가부장제로의 가족제도 변천을 지적하면서 가족 구조가 시대와 풍습에 따라 다르게 나타남을 지적하였다. 일례로 터키, 아랍, 페르시아에서는 부인을 많이 두는 것이 법적으로 허용되지만, 반대로 여러 남편을 두는 관습이 통용되는 부족이 있으며 많은 연인을 가지는 것에 자부심을 느껴 팔과 다리를 수많은 장신구로 장식하며 이를 자랑하는 경우도 있음을 알려주었다.
8) 경제학(economics)의 그리스 어원은 집을 의미하는 오이코스(oikos)에서 비롯되고 있다.
9) 근대경제학은 성의 개념을 단지 생물학적인 측면에서 조명하였으며 수요자와 공급자 간의 교환 행위를 강조할 뿐 양자의 경제적 환경이나 역사적 배경은 고려하지 않았다. 따라서 성의 개념도 단지 남성과 여성으로 나눌 뿐 사회관계를 토대로 하는 젠더에 대한 설명이나 해법이 부재하였다(Woolley, 1993).
10) '경제적 인간'이라는 말은 남성의 역동적인 시장 활동을 의미하는 것으로 여성의 가족적인 역할과 대비되었다.

경제학의 학문적 관심은 시장에 쏠리게 되었고 계산이 어렵거나 계산의 필요를 덜 느꼈던 부분에 대해서는 관심을 갖지 않았다. 민주주의나 자본주의의 중심은 시청이나 시장에서 이루어지고 있었기 때문에 여성 노동자들은 자본주의 초기에 남성 노동자 못지않게 공장에서 일했음에도 불구하고 시청과 시장으로 나가지 못했다는 이유로 관심 밖의 대상이 되었다. 여성의 생산 및 재생산 활동은 사적인 영역으로 간과되어 계량적 방법으로 측정되지 못했고, 근대경제학의 관심 대상에서도 제외되었으며, 공식적인 기록이나 통계에서도 배제되었다. 따라서 남성과 시장 영역에 대한 연구는 경제학의 중심으로 자리 잡아 갔으나 반면에 여성의 영역에 대한 분석은 주관적이고 특수한 것으로 여겨져 등한시되었다.[11] 노동과 시장이 분화되는 과정에서 가정은 시장과 비교해 사적인 공간으로 인식되었고 그 속에서 화폐로 환산되지 않는 여성들의 노동 역시 경제학의 분석 대상에서 제외되었다. 따라서 남성의 경제활동은 사회나 가정에서 당당하고 공적인 것으로 인정받았던 것에 반해 여성의 경제활동은 부수적이고 사적인 것으로 평가되었다.

사회적인 인식 차원에서도 남성적인 것이나 남성이 하는 일은 긍정적으로 평가되는 반면, 여성적인 것이나 여성이 하는 일은 상대적으로 낮은 평가를 받아왔다. 이에 대해 여성 경제학자들은 전통적으로 남성의 일로 간주되어온 활동들은 커다란 영예와 힘, 돈이 연결되어 있었기 때문이라고 지적하고 있다(퍼브·넬슨, 1997). 경제 분야 역시 남성의 영역으로 오인되어왔고 경제 분석을 위한 역사 및 통계자료

---

[11] 결국 시장에서 거래된 것만이 '경제적'이라는 의미는 가사 노동을 시장가치화하고 GDP에 포함시키는 것에 대한 논쟁을 불러일으켰다. GDP를 계산할 때 가사 노동의 가치를 고려하지 않는 것은 가사 노동을 '경제적' 활동으로 간주하지 않는 대표적인 예이다.

등이 남성 중심적으로 조사·분석되어 활용되었을 뿐만 아니라 여성이 실제적으로 참여했던 경제활동마저도 화폐가치로 환산되지 못했던 것이 이런 맥락에서 충분히 이해될 수 있다. 가족의 요구에 응해야 하기 때문에 활동을 가족에게로 한정시키고 시장에서 거래되지 않는 활동을 함으로써 여성의 노동이 화폐적 가치를 지니지 못하게 되자, 여성은 '일하지 않는' 존재로 인식되었다. 결과적으로 여성은 임금을 받지 못한다는 이유로 '일하지 않는' 존재로 여겨졌다.

　이런 논리 구조는 여성들의 경제적 역할과 능력을 가정에 국한시키고, 비록 사회 노동에 참여한다 하더라도 저임금, 하위직 노동에 한정시키는 데 결정적인 역할을 하였다. 이뿐만 아니라 여성들은 주로 가사 노동과 관련된 노동에 투입되었기 때문에 대부분 여성의 사회 노동은 노약자나 병자를 돌보는 일, 가사 노동과 유사한 일, 육체적 부담이나 위험이 덜한 일, 시간 사용이 비교적 자유로운 일 등에 국한되었다. 결과적으로 여성들은 비정규직이나 시간제 노동에 참여하게 되고 집단적 공적 공간을 상실하게 되어 조직화와 의사소통 수단에서 멀어지게 됨으로써 노동계급의 개별화가 심화되고 있다. 가사 노동에 집중되어 있던 여성 인력이 가사 노동의 사회화를 통해 사회 노동력으로 전환되는 과정에 있기는 하지만, 아직까지도 준비되지 않은 여성의 일자리와 저임금, 하위직, 비정규직 등에 다수의 직업군을 형성하고 있는 여성들의 경제활동은 많은 어려움을 함축하고 있다. 이것은 성 정체성에 의해 구조화된 것으로 경제주체로 하여금 어떤 작업에서는 여성의 취업을 장려하고, 그와 다른 작업에서는 여성의 진출을 부적절한 것으로 간주하도록 하는 결과를 낳게 하였다(황수경, 2003).

　지금까지 살펴본 바와 같이 여성의 가사 노동은 화폐를 통한 교환가치를 창출하지 못한다는 이유에서 여성은 일하지 않는 존재로 인식되었다. 이 같은 여성의 가사 노동에 대한 편견은 개별 국가의 법과 제도에서도 그대로 나타나고 있다. 세계여성대회를 비롯한 국제적인 차원에서의 요구에도 불구하고 지금까지도 여성의 가사 노동은 여전히 국민소득 계정에서 제외되고 있다. 이와 같은 논리는 남성을 생산의 주체로 여성을 소비의 주체로 설정하는 데 전혀 거리낌이 없었다. 이는 남성을 국가 경제 발전을 위한 산업 역군으로, 여성을 생활 절약 운동이나 건전 소비문화 운동의 주체로 인식했던 20세기 경제 문화에서 잘 드러나고 있다. 이런 이분법적 사고는 자연스럽게 가정생활의 개별화 현상과 보수 없는 '소비 노동'의 강화를 통해 가정주부들에게 소비 노동에 대한 부담을 전가시킨다(휴즈, 2004). 과거에 비해 가사 노동의 많은 부분이 사회화되고 기계화되었음에도 불구하고 여성들은 가사 노동에서 해방되지 못하고 있을 뿐만 아니라, 가사를 위한 소비 노동에 많은 시간을 할애하고 있다. 과거에 비해 가정에서 소비하는 돈의 양이 증대되고 소비 압력이 더욱 커지고 있다. 소비 노동이 개인의 문제가 되면서 소비 노동자들이 집과 소유물의 관리에 관심을 집중시키게 되었고, 이런 소비 노동의 대부분은 여성들의 몫으로 남성들보다 훨씬 많은 영향을 받게 된다.

각 가정에서는 세탁기, 냉장고, 난로, 진공청소기 등 각종 살림 도구를 갖추어 살게 되고, 가정주부들은 이것을 조립하고 사용하는 과정에 많은 시간을 할애한다. 보통의 가정이 전화, 냉장고, 텔레비전 등을 갖추고 있다는 것을 전제로 가옥 구조가 설계되고, 사회 전체적인 인식이 이런 기구들을 기본적으로 갖추고 살아야 한다고 생각하고 있기 때문에 이런 물건들이 없이 산다는 것은 어려운 일이다.[12] 현대 사회는 노동의 상당 부분이 셀프서비스라는 이름으로 소비자들에게

---

12) 과학 기술의 발달로 인간의 숙련노동이 기계 노동으로 대체되어온 것과 마찬가지로 가사 노동 역시 가정주부의 숙련된 기술보다는 많은 부분을 가전제품이라는 기계 구조에 의존하고 있는 상황이다.

떠넘겨진다. 무보수 노동이 곧 여성의 일로 인식되는 사회에서 '셀프 서비스 경제'가 여성들의 몫으로 전가되고 있다. 임금노동 영역이 자동화되고 이익과 효율을 극대화하는 과정에서 임금의 최소화를 위해 셀프서비스 업무가 가정주부의 전통적인 책임에 추가되고 있는 것이다.[13] 이 밖에도 주부는 학교, 일자리, 상점 여는 시간 등 외부의 시간표에 맞춰 돌아가야 하는 빡빡한 일정 속에서 외부적인 것들에 의해 좌우되어 일처리 순서를 스스로 결정할 수 없게 된다. 더구나 가정은 임금노동이 발전하면서 일터의 '공적인 세계'와 가정의 '사적인 세계'로 그 개념이 분리되었고, 짜증나며 긴장되는 노동환경의 피난처 내지는 오락과 휴식, 정서적 지원, 성적 자극과 기쁨을 제공하는 장소가 되기를 요구받고 있다.[14]

앞으로 가사 노동은 계속해서 더 많은 영역이 사회화될 것이고 여성들은 이것을 충당하기 위해 더 많은 돈을 벌어야 하는 처지에 놓이게 될 것이다. 또한 자녀 교육비와 가정을 위한 투자용 자금, 첨단 가전제품들을 사기 위한 임금에 더욱 의존하는 처지로 몰리게 되며, 적은 임금과 부족한 가정의 편의 시설 때문에 상대적인 박탈감에 시달리게 될 것이다. 더구나 가사 노동의 형태가 과거와 달리 소비 노동을 주로 하도록 구성되어 있어 향후 여성의 빈곤화나 소비 노동의 가중화 문제가 여성 문제의 또 다른 형태로 심각하게 대두될 것이다.

---

13) 식품의 신선도 유지와 저장이라는 측면에서 혁신을 일으켰던 냉장고의 등장은 자연히 소비를 증가시켰고, 유통 구조의 변화는 슈퍼마켓에 가서 직접 물건을 찾아 장바구니에 담고, 계산대에 가서 계산을 하고, 물건을 집까지 운반하는 일을 주부에게 전가시켰다.
14) 따라서 이런 요구를 충족시켜야 하는 부담은 전적으로 주부에게 전가되고 있다. 임금노동이 날로 힘들고 불쾌해지면서 여성에게 정서적 뒷받침과 평화, 행복, 기쁨 창출에 대한 요구가 훨씬 가중되는 것이다.

3. 경제적 · 사회적 권리로서의 여성 인권

1) 여성의 사회 노동과 젠더화된 경제구조

세계인권선언에서 밝히고 있는바, 인간 평등의 보편적 권리로 인식되고 있는 인권 개념에 여성의 삶이 얼마나 부합되고 있는가는 시민적 · 정치적 인간의 권리를 향유하기 위한 전제 조건으로서의 사회적 · 경제적 권리가 현대사회에서 얼마나 보장되고 있는가에 따라 다른 양상을 띠게 될 것이다. 과거 일터와 집의 상호 배타적인 공 · 사 영역의 분리 방식과, 이미 젠더화된 사회구조로 인해 여성이 인권의 공간과 주체성에서 배제되고, 미성년자와 마찬가지로 가정이라는 사적 공간에 국한되어 남성 가장의 결정에 복종해야 하는 존재였던 것에 비해서는 오늘날 여성 인권에 대한 사회적 인식이 진일보한 것으로 볼 수 있다. 그러나 산업화 과정을 통해 강조되어온 도구적 가족주의는 개인보다는 가족 전체의 안녕을 강조하는 가족 중심주의와 가부장적 가족 구성 원리를 지속시켜왔고, 결과적으로 가족 구성에 있어 여성을 부차적인 존재로 규정함으로써 여성의 고유한 권리를 침해하였다. 공적 영역으로의 진출과 개별 존재로서 권리와 선택을 존중받으려는 여성들의 시도가 가족을 넘어 사회적 영역으로 확산되고 있고, 이러한 여성들의 시도는 젠더 갈등과 가족 갈등은 물론 가족주의로 대별되는 집합주의와 개인주의의 가치 경쟁과 대립으로 인해 사회 갈등으로 비화되고 있다(김혜영, 2003).

현대사회는 여성의 경제활동 내지는 사회 활동을 당연시 여기는 시대가 되었고 전 지구적인 차원에서 여성의 사회 노동에 대한 관심이 급증하고 있다. 한국에서는 여성의 교육 수준이 향상되고 사회 전반적으로 양성평등 분위기가 점진적으로 확산되는 등 여성의 사회 활동에 대한 인식 변화가 급격하게 이루어지고 있다. 현대 여성들은 가정이라는 한정된 공간에만 머무르지 않고 사회적, 경제적, 정치적 활동에 참여하고 남성과 동일한 경제적, 사회적 권리를 인정받기 위해 노력하고 있다. 동시에 국가 역시 여성들을 사회 노동의 영역으로 유인하고자 정책적, 제도적 변화를 시도하고 있다. 더 이상 여성을 '보이지 않는 노동자'로만 취급할 수 없는 현실에 직면해 있는 것이다. 이제 여성 인력은 국가 경쟁력을 결정짓는 중요한 변수로서 부상되고 있고 이를 위한 인적자원 개발과 활용 방안의 구축이 국가 경영의 중대한 과제로 부각되고 있다.

현재 한국 여성의 과반수가 어떤 형태로든지 경제활동에 참여하고 있다. 전문직이나 고위직에 진출하는 여성들이 조금씩 늘어나고 있고 특히 1990년대 이후 전문직과 IT 분야에 종사하는 여성이 점차적으로 증가하고 있다.[15] 양적인 측면에서도 1960년대 이후 최근까지 여성의 경제활동 참가율이 꾸준히 증가하고 있다(강이수, 2001).[16] 이제 젊은 여성들은 일하지 않는 자신의 모습을 상상하지 못할 만큼 세상이 변했다. 여성이 일하지 않고는 한 가족의 생계와 자녀 양육에 필요

---

[15] 기존 산업의 지식 집약화 과정에서 아웃소싱 및 분사화(spin-off)가 확대되고, 소호(SOHO)나 가상기업(virtual enterprise) 등 다양한 기업형태가 가능해지면서 전문 소기업의 창업 기회가 확대되고, 여성의 진출이 증가하고 있다. 지식 기반 사회에서는 인적자원의 경쟁력이 물리적인 힘보다 지적 능력에 의해 결정되며 노동력의 성별 구분이 사실상 무의미해진다는 점에서 과거 산업사회에 비해 여성 인력에 대한 수요가 증가하고 있다. 이 분야는 연구 개발이나 서비스직 등 소프트한 직종의 비중이 높아 여성 특유의 섬세함과 감성으로 남성에 비해 경쟁 우위를 가질 수 있는 분야이다. 지식 정보화에 따른 재택근무 등 근로 형태가 다양화되는 것 역시 가사 및 육아 부담으로 위축되었던 취업 기회를 확대시키는 작용을 하고 있다.
[16] 여성 경제활동 참가율은 2002년 53.5%, 2005년 54.5%, 2008년 54.7%로 증가하고 있으며, 2010년 55%를 목표로 여성 인력 활용 극대화를 위한 여성인력개발종합계획(2006~2010)을 여성부 주도로 추진 중이다.

한 비용을 충당하기 힘든 시대가 되었다. 따라서 국가 발전을 위한 장기적 비전이라는 차원에서 여성들의 적극적이고 능동적인 사회 및 경제활동에 대한 새로운 접근과 평가가 필요하다.

현재 우리나라는 여성의 인적자원 활용을 위해 법적, 제도적 차원에서 남녀고용평등법, 모성보호제도의 확립, 보육 투자의 확대, 여성재고용제도, 각종 여성차별금지정책의 실현 등 여러 가지 여성 고용 촉진 정책 방안을 시도하고 있다. 그러나 선진국에 비해 아직까지 여성 인력의 활용 상태가 저조한 편이며 고학력 여성들의 경제활동 참여가 활성화되지 못하고 있다. 여성 경제활동에 대한 당위성과 국가와 사회의 필요성이 계속 대두되고 있음에도 불구하고 사회적인 인식이나 경제·사회의 구조적인 불평등 문제가 여성의 능동적인 경제활동에 장애가 되고 있는 것이다. 이는 기존의 인권 개념이 가치중립적임을 표방하고 있지만 실질적으로 인간으로서의 보편성과 여성으로서의 특수성이 동시에 고려되지 않는 상황 속에서 여성이 적극적으로 경제활동에 임할 수가 없기 때문이다(김혜영, 2003).

양성평등에 대한 사회적 의식 고양과 여성 스스로의 긍정적인 자기정체성의 향상, 여성 인적자원의 개발이 국가 차원에서 요청되고 있는 최근 상황 속에서도 여전히 채용, 임금, 승진 등에서 여성에 대한 차별은 지속적으로 존재하고 있다. 여성 경제활동의 내면에 심화되어 있는 젠더화된 경제구조, 임신 및 육아 활동 시기에 여성에게 전문적 성취도를 요구하는 고용구조 등이 여전히 여성에게 직장과 가정의 갈림길에서 걸림돌이 되어 여성의 활발한 경제활동과 사회적 진출을 지속적으로 압박하고 있는 것이다. 이런 문제들이 계속적으로 방치된다면 여성의 사회 노동과 공적 영역에서의 활동이 그 역량을 제대로 발휘할 수 없을 것이며 국가적 경쟁력이라는 차원에서도 많은 문제점을 초래하게 될 것이다.

2) 정치적 권리를 넘어 경제적 권리로

전통 사회에서 여성들의 지위와 생활 방식은 그들이 속한 사회나 국가에 따라 다소의 차이는 있었으나, 사회적, 법적 권리가 부재했던 것은 대동소이하다. 러시아 역시 19세기까지 남성의 영역으로 규정되었던 사회 활동이나 공적인 일에 여성은 전혀 참여하지 못했다(Лотман Ю.М., 1994). 1836년 가족법(Семейное законодательство)에 따르면 아내인 여성은 남편의 허가 없이 법적 권리를 행사하는 것도 불가능한 일이었고 가정의 지배자인 남편에게 무조건 복종해야만 했다. 농민들에게 주어졌던 미르(Мир: 농촌공동체)의 자치권에서도 여성은 배제되었다. 당시 러시아의 농민은 국유지나 지주의 토지를 경작하였는데 정치적 권리는 전혀 갖지 못하고 미르라는 농촌공동체에서의 자치권만을 인정받는 존재였다. 농촌공동체인 미르 내에는 농민 법정이 있어 공동체 내에서의 분쟁과 갈등을 조정하는 역할을 하였는데 이 법정의 구성원은 모두 남성이었다.

아내인 여성은 재산상속에 대한 권한도 없었고, 남편의 동의 없이는 직업을 가질 수도 없었다. 다만 여성은 경작 노동에 종사하는 생산 노동자로, 국가가 연공이나 부역, 조세에서 농민 부부 한 쌍을 대상으로 부과하는 과세의 대상으로서만 남성과 동등한 대우를 받을 수 있었다. 이와 같이 가정과 마을에서는 남성 중심적인 법체계를 통해 자치권이나 정치적인 권리에서 여성을 철저하게 배제시켰고, 이에 대해 국가는 방관과 과세를 위한 선택적 개입이라는 이중성을 보였다(조효제, 2007). 여성의 지위나 삶은 권리보다는 의무에 치중되었고, 자신들이 속한 공동체, 가족의 관계 속에서 독립적인 인격체가 아니라 가부장제적 질서와 제도의 대상으로 존재했을 뿐이었다.[17]

그러나 러시아의 자본주의 도입과 사회구조의 변화는 여성의 역할과 의식에 변화를 가져왔다. 러시아의 여성운동은 의식 있는 여성들에 의해 자선단체의 성격으로 출발하여 성별, 종교, 민족의 차별을 뛰어넘는 보통선거권 요구로 확대되었다.[18] 지식인 여성을 중심으로 한 여성운동은 정부를 향해 교육 기회 제공과 정치적 평등권을 요구하고 나섰다. 콜론타이도 여성의 정치적 평등권에 대해서 그 의미를 긍정적으로 평가하였다.

> 정치적 자유는 현재 성장의 필수 조건이며 러시아 부르주아의 힘이다. 이 정치적 자유가 없다면 경제적 번영도 모래 위에 집을 짓는 것과 같다고 증명될 것이다. 자본이 성장하고 번창하려면 특정 규범이나 보장이 필요하다. 이 규범은 부르주아 대표의 참여로 확증될 수 있다. 다음으로 남성과 여성 모두에게 똑같이 중요한 정치권의 획득이다. 여성에게 정치적 평등 요구는 삶 자체가 요구하는 필수 조건이다(Коллонтай, 1909a).

콜론타이는 여성운동 과정에서 당시 사회가 직면하고 있던 여성의 열등한 지위, 결혼과 가족으로부터 오는 억압에 대한 문제들이 단순한 법적 권리 확대나 기회균등의 문제로만 해결되는 것이 아니라는 것을 인식하였다. 콜론타이는 부르주아 여성들이 프롤레타리아 여성들을 '여동생'으로 간주하고 관심을 표명하였으나 도시 중심의 여성

---

17) 이때 콜론타이가 말하는 가부장제는 가부장의 뜻이 곧 기타 가족 구성원들에게 법으로 작용하는 제도를 의미했다.
18) 러시아의 여성운동은 크게 자유주의 페미니스트와 사회주의 여성해방론자로 대별되었다. 양자 모두 지식인 여성에 의해 주도되고 있었음에도 불구하고 당시 사회 상황과 여성의 역할에 대한 인식과 해법의 차이는 양자를 전혀 다른 방향으로 이끌어갔다. 러시아 여성운동에 대한 자세한 내용은 한정숙(1988)을 참조할 것.

운동과 조직 그리고 지식인 여성들의 자선과 교육 중심의 여성운동으로는 하층계급 여성들의 필요를 반영하지 못한다고 평가하였다. 결국 사회주의 여성해방론자들은 부르주아 여성운동이 제기했던 '자신의 선택에 의한 결혼'이나 모성의 권리 주장, 나아가 여성의 정치적 평등권 확보를 위한 의회 진출과 새로운 정당 건설 요구에 대해 부르주아 남성들이 누리고 있는 특권을 차용하는 것에 불과한 것이라고 비판하였다(김은실, 2004a). 콜론타이를 비롯한 사회주의 여성해방론자들은 부르주아 여성운동에 한계를 느끼고, 남녀동등권 획득 운동을 넘어 계급을 초월한 여성 문제와, 사회적 약자로서의 여성에 대한 문제의식이 필요하다고 생각하였다.

> [부르주아] 페미니스트들은 해외의 동지 여성처럼 정치적 평등의 요구 이상으로 더 나가지 않는다. 사회민주주의 원칙으로 펼쳐진 광활한 시야는 그들에게 낯설었고 그들은 이해할 수 없었다. 페미니스트들은 기존의 계급 기반 사회의 틀 안에서 어떻게든 그 토대를 침해하지 않고 평등을 위해 투쟁하고 있다. 기존의 모든 특권을 폐지하기 위해 투쟁하지 않고 여성의 특권을 위해 싸우고 있다 (Коллонтай, 1909a).

여성 노동자와 여성 농민의 현실적인 문제를 해결하지 못한 상태에서 정치적 권리 투쟁은 특정 계급의 권익을 옹호하는 결과를 초래하게 될 것이며 이로 인해 여성 내의 연대가 붕괴되는 결과를 초래하게 될 것이라고 불안해했던 콜론타이는 1908년 '전 러시아 여성회의'에서 「여성 문제의 사회적 기초」라는 팸플릿을 통해 부르주아 여성운동에 대한 한계와 문제점을 공개적으로 비판하였다. 거기서 콜론타이는 정치적 평등이나 법률상의 평등이 모든 면에서 여성 문제를 해결할 수 없음을 강조하였다. 정치적 평등권의 획득이 노동계급 여성의 경제적 노예화를 막을 수 없다고 판단하였다. 따라서 계급적 갈등과 모순을 극복할 수 있는 새로운 사회구조를 형성하지 못한다면 아무리 여성운동이 정치적 평등을 위해 투쟁한다 하더라도 그 결과는 크게 진일보할 수 없다는 신념을 갖고 있었다.

남성의 세계에서처럼 여성의 세계도 두 진영으로 나뉘었다. 목표가 열망과 이익인 진영은 부르주아계급 편이고, 반면에 또 한 진영은 노동계급과 밀접하게 연관되어 있으며, 이들의 자유에 대한 열망에는 모든 측면에서 여성 문제의 해결책이 포함되어 있다. 두 진영에서 투쟁하는 여성은 '여성해방'이라는 공통의 슬로건을 기반으로 활동하더라도 목표, 이익, 투쟁 방법이 다르다. 이 투쟁 단체는 무의식적으로 자기 계급의 이익을 중심으로 활동하며, 이로 인해 특정 계급의 열망과 목적이라는 특색을 띠게 되었다. (부르주아) 페미니스트의 요구가 아무리 혁신적인 것처럼 보이더라도 계급의 입장에서 페미니스트는 현 경제사회구조의 근본적인 재구성을 성취하기 위해 투쟁할 수 없으며 투쟁 없이 여성해방은 완성될 수 없음을 잊지 말아야 한다(Коллонтай, 1909a).

콜론타이가 살았던 19세기의 사회 개혁과 정치 변화는 여성의 사회 노동을 촉진시켰다. 그러나 여성들은 그동안 전통적 생활 방식 속에서 성장하면서 교육과 취업 능력의 기회를 제대로 갖지 못했기 때문에 가사 노동 관련 직종과 저임금의 비숙련노동에 집중될 수밖에 없었다. 현대사회가 가정과 국가 경제를 위해 여성의 경제활동을 부추기면서도 현실적으로 여성들을 서비스업종이나 비정규직으로 몰아가는 형식과 너무나 유사한 패턴이었다. 이뿐만 아니라 19세기 러시아에서 여성의 사회 노동 진출이 활발하게 이루어졌음에도 불구하고 여전히 가사 노동은 여성의 몫이라는 전통적 사고방식은 여성에게 가사 노동과 육아를 전담하면서 사회 노동을 병행해야 하는 이중고를 안겨 주었다. 100년 전과 비교해볼 때 여성 인적자원 활용에 대한 국가적 요구는 높아지고 있으나 현실적으로 가사 노동과 육아에 대한 전통적인 사고방식이 크게 개선되지 않아 사회 노동에 종사하는 여성들은 슈퍼우먼이 돼야 하는 실정이다.

이런 상황에 대해 콜론타이는 당시 러시아 사회가 여성의 인간적 권리를 억압하고 자본주의 착취 구조 속으로 여성을 밀어 넣고 있다고 규정하고 여성이 전통적 가족제도에서 해방되고 하나의 사회적 존재로 서기 위해서는 여성의 주체적 의식 변화와, 사회적 지위와 역할에 대한 경제적, 사회적 법 제도의 개선이 선행되어야 한다고 강조하였다. 러시아 여성운동 과정을 통해 콜론타이는 진정으로 해방된 여성으로, 인권을 존중받는 존재로 살아가기 위해서는 분명히 정치적·시민적 권리가 전제되어야 하겠지만, 경제적·사회적 권리를 확보하지 못하고서는 여성의 인간으로서의 권리가 보장될 수 없다는 것을 시사하고 있다.

4. 인권을 향한 콜론타이의 여성해방과 자유

1) 여성의 자기 결정권과 주체적 사랑

콜론타이는 여성이 인격체로 존중받지 못하는 근본적인 원인을 가족제도의 모순에서 찾고 있다. 남성과 여성은 모두 동등한 인격체이며 서로 사랑하고 연대해야 하는 존재임에도 불구하고 결혼과 가족

관계에 들어가게 되면 전혀 다른 구성체로 변질된다. 여성해방을 저해하는 것으로 전통적 결혼(애정)관계와 낡은 가족제도를 들었다. 결혼과 사유재산제도는 여성으로 하여금 생존을 위해 남성에게 의존하게 만들었고, 가족 내에서 남편은 부르주아지이고, 아내는 프롤레타리아트와 같은 처지가 되었다는 것이다(Коллонтай, 1909a). 전통 사회의 가족은 여성의 자기 결정권과 자유를 제한하도록 하였고 여성에 대한 종속과 억압은 부르주아 가족제도의 모순에서 비롯되었다고 보았다. 자본주의사회에서 여성은 집 안팎에서 노동에 대한 이중 부담을 안고 있기 때문에 일터에서 남성 노동자와 대등한 존재로 대우받기 위해 노력할 시간적 여유조차 없으며 아이들은 돌봐줄 사람 없이 종일 거리에 방치되어 위험에 노출되고 있음을 지적하였다.

따라서 여성이 가사 노동의 속박에서 벗어날 때 남성과 동등한 노동자로서의 역할을 수행할 수 있게 된다는 것을 전제로 콜론타이는 그동안 사적 공간에서만 이루어지던 가사 노동과 육아를 공적 사회로 전환시키는 방안을 모색하였다(Коллонтай, 1918a; 1923a; 1923b). 가사와 육아 노동의 부담에서 자유로워질 때 여성은 더 이상 남편에게 의존하지 않고 자신의 능력에 따라 일할 수 있게 된다. 콜론타이는 여성이 사회적 영역에서 여성의 발전을 저해하는 가사 및 육아 노동에서 벗어나 남성과 동등한 공적 영역의 참여자가 되기 위해서는 '가정을 떠나는 죄'를 극복해야 한다고 역설함으로써 많은 논란의 여지를 주고 있다(Коллонтай, 1909a). 그러나 여기에서 가정을 떠나는 죄라는 것이 곧 '결혼하지 않는 여성'을 의미하는 것은 아니다. 이 말은 단지 전통 사회가 요구하는 가정 경영 방식에서 탈피함으로써 하나의 성이 다른 성을 억압하지 않는 새로운 형태로 결합된 가족을 의미한다 (Коллонтай, 1918a).[19] 콜론타이는 불평등과 복종이라는 전통적인 관념을 동지애의 원칙으로 승화시킬 것을 권유하고 있다(Коллонтай,

1911b).

새로운 가족제도와 동지적 남녀 관계를 기반으로 콜론타이는 '노바야 젠시나(Новая Женщина: 새로운 여성)'를 그려내고 있다(Коллонтай, 1918a).[20] 콜론타이는 가족의 보호로부터 자유로우며 결혼에도 얽매이지 않고 일과 사랑 모두를 중요하게 여기는 독립된 여성상을 원했다. 자신의 일을 통해 경제적인 독립을 획득하게 될 때 여성은 자기결정권을 가질 수 있게 되며, 주체적이고 자유로운 사랑을 하게 되는 것이다. 그러므로 콜론타이가 말하는 사랑은 진실한 자아를 찾아가기 위한 출발선이기도 하다. 콜론타이의 소비에트 신여성은 생활의 기복에도 흔들리지 않는 '강한 자아'를 갖고 있으며 자신의 능력을 신뢰하고 생활을 두려워하지 않는다. 신여성은 인간으로서 자신의 존재를 생각하고 자신의 삶을 중시해 사랑이나 남성을 위해 맹목적으로 자아를 희생하지 않으며 남성에게 예속된 존재로 살지 않는다(Коллонтай, 1913). 남성과 동등하게 열심히 노동하는 동지로서 스스로를 인식하고 또 그렇게 대우받기를 원한다. 콜론타이의 '새로운 여성'은 결혼과 관습에 얽매이지 않는 소비에트 신여성, 노동자로서 남성과 동등하게 사회주의를 건설하는 자립적인 여성이다. 콜론타이는 독립된 여성상을 수립하기 위해 결혼한 부부가 서로를 소유하고 있다는 관념, 육체적이고 정서적인 차이에 대한 이해, 극단적 이기주의에 대한 금기를

---

19) 이 문제는 소비에트 정부의 가족법 제정을 둘러싸고 볼셰비키 내에서도 논쟁을 불러일으켰다(김은실, 2008: 69-70 참조). 콜론타이는 자신이 설정하고 있는 이상적 사회(공산주의)에서는 가족의 물질적, 경제적 관계들이 존재하지 않게 되기 때문에 남성에 대한 여성의 경제적 의존과 자녀 부양에 대한 가족의 역할 또한 사라질 것으로 예견했다(Коллонтай, 1972).
20) 콜론타이는 주체적이고 해방된 여성을 주인공으로 자서전적 소설을 썼다. 소설 속에서 '새로운 여성'에 대한 이미지와 그녀가 독립적으로 살아갈 수 있는 사회적 조건을 제시하였다.

우선적 요건으로 규정한다.

콜론타이는 새로운 사회에서 발생하게 될 여성의 도덕적 심리적 변화에도 관심을 보였다. 여성의 종속 문제가 단순하게 가사 노동이나 육아에서만 비롯되는 것이 아니라 여성 자신의 '감정적 종속'에 의해서도 충분히 발생된다고 지적한다. 감성적인 사랑에 대한 욕구와 갈망은 경제, 정치, 혁명 등의 제 영역에서 여성의 생산적이고 유익한 일을 방해할 뿐 아니라 굴종적인 사랑에 빠지게 한다는 것이다. 콜론타이는 여성의 자유에 대한 갈망과 경제적, 정신적 독립에 대한 의지를 약화시키는 주범이 바로 전통 사회나 자본주의 방식의 남성 주도적인 사랑이라고 지적하였다. 사랑에 대한 종속과 감정적인 집착은 수세기에 걸쳐 사랑 외의 중요하거나 본질적인 일이 여성에게 주어지지 않았기 때문이라고 변호한다(Коллонтай, 1913b).

또한 콜론타이는 남성에게는 자유로운 성적 표현을 여성에게는 거부하는 전통 사회의 이중적 기준을 공격한다. 성에 대한 욕구는 남성이나 여성 모두에게 본능적인 욕망임을 지적함과 동시에 내면의 도덕적 의무감 없이 육체적 욕망에 기인하는 성관계에 대해서는 '날개 없는 애정(Эрос: 관능적 사랑)'이라고 비난한다. 또한 건전한 공동체의 유지라는 측면에서 육체적 매력이나 이해관계, 습관성 혹은 지적인 유사성에 근거한 성적 관계에 대해서도 비판한다.[21] 성과 사랑은 하나의 경험이고 삶을 구성하는 하나의 단계이므로 사랑이나 남성과의 관계가 여성에게 삶의 목표가 될 수는 없다고 주장한다. 따라서 콜론타

---

21) 특히 조기의 성경험과 성적 억압을 모두 해로운 것으로 간주한다. 성적인 무절제나 방종은 태아 및 자녀의 건강과 생활 능력에 나쁜 영향을 미치게 된다는 것이 과학적으로 입증되었음을 들어 반대하였다(Коллонтай, 1972). 사랑의 표현을 사고파는 것은 양성 간의 평등성을 파괴하게 되고 그 결과 연대감의 기반이 없어지게 되면 새로운 공동체 역시 존재할 수 없게 된다는 것이다. 이런 것은 모두 성을 위해 스스로의 삶과 자유를 희생시키는 것으로 간주하였다.

이는 어릴 때부터 개인의 인성이 완전히 개발되는 방식으로 교육을 받고, 다양한 범주에 속하는 양성의 사람들과 접촉함으로써 여러 사람 사이에 존재하는 사랑과 우정에 대한 다양한 형태의 결속력을 발전시키도록 요구한다.

콜론타이는 이처럼 남녀 상호 간에 이해관계를 탈피한 자유로운 사랑을 실현하기 위해서는 부양과 의존의 관계를 탈피해야 한다고 말한다. 여성이 자녀 양육과 생계를 위해 남편에게 의존할 필요가 없이 경제적으로 자유로운 존재가 될 수 있을 때 남편도 가장이나 부양자의 부담에서 벗어나게 되고, 이로써 자유로운 남녀의 결합과 사랑이 이루어지게 되는 것이다. 콜론타이가 강조하는 자유로운 사랑과 상호존중의 동지애를 창출하는 새로운 남녀 관계는 동료로서의 우애를 기반으로 하는 여성과 남성의 자유로운 관계 속에서만 가능하게 된다. 나아가 여성이 남성으로부터 사회적 능력을 인정받을 때 비로소 '자유로운 남녀의 동지적 결합'이 가능하게 된다.

2) 여성의 사회 노동을 위한 경제·사회제도 개선

콜론타이는 여성이 인격체로 인정받고 사회 구성원으로서 주체적인 삶을 살기 위해서는 과거 전통 사회의 낡은 관습에 종지부를 찍는 새로운 사회구조와 새로운 사회관계를 수립해야 한다고 인식하였다. 아울러 여성이 남성과 파트너십(동지적 결합)을 갖는 대상으로 성장하기 위해서는 여성의 경제적 독립을 위한 제도적 장치가 선결되어야 한다고 주장하였다. 이 같은 여성의 주체적인 삶과 자유를 확보하기 위해서는 먼저 국가가 여성에게 일자리를 보장해줄 것을 요구하였다. 따라서 콜론타이는 누구보다도 적극적으로 러시아혁명의 대열에 앞장섰으며, 소비에트 정부 구축을 위해 여성 대중의 혁명 참여를 독려

하였다. 실제로 콜론타이는 새로운 정부에서 여성의 경제·사회적 권리 확보와 사회 노동을 보장하기 위한 입법과 정책 마련을 위해 동분서주하였다.

러시아혁명 직후 콜론타이를 중심으로 한 소비에트 정부는 가족생활에 있어서 최소한 법적 측면에서 완전한 남녀평등을 보장한다는 취지로 봉건적이고 가부장제적인 가족법의 전면적 개정에 착수하였다. 1917년 12월 이혼법, 1918년 가족법 제정으로 결혼 절차 간소화를 시도함으로써 전통적인 결혼과 가족제도에서 탈피하여 여성을 사회혁명의 주체로 끌어내겠다는 의지를 표명하였다. 그 결과 사실혼도 법적으로 등록된 혼인과 동일시할 것과 정교회 교리로 인해 사실상 금지되어 있던 이혼의 가능성을 열어주었으며, 이혼 이후 양육비 지원에 관한 법적 효력 및 상속과 혼외 자녀의 법적 대우 획득 조항을 제시하였다. 1920년에는 국민 보건 위생 문제의 관점에서 모성보호를 위해 낙태의 합법화에 관한 법률을 제정하기도 하였다. 이 같은 일련의 조치들은 전통적 결혼 생활로부터 여성을 해방시켜 여성을 독립적 주체로, 사회 구성원으로 세우려는 콜론타이의 의지에서 비롯되었다.

법과 제도적 장치들을 마련해나감과 동시에 콜론타이는 소비에트 여성들에게 전통 사회에서 요구되던 소심함, 보수주의와 같은 내적인 도덕적 특징으로부터 자유로워져야 한다고 설득하였다. 나아가 여성들은 자신의 노동과 사회적 위치가 자신의 복지뿐만 아니라 아이들의 생존에까지 직접적인 영향을 미친다는 사실을 깨닫게 될 것이라고 주장했다. 스스로의 노동으로 살아가게 될 때 비로소 여성은 자신의 다른 능력을 개발하고 새로운 성향을 습득하게 될 것이라고 강조하였다. 따라서 새로운 사회에서 해방된 여성은 과거처럼 남성의 배려나 지원을 기대하지 않고 스스로 사회적 주체가 되어 사회 발전을 위해 기여하게 될 것으로 전망하였다.

'새로운 여성'들은 더 이상 '감성에 젖어 있을' 여유가 없으며 새로운 사회에서는 훨씬 '덜' 순종적이며 '덜' 인내해도 된다. 자신이 갖고 있는 힘을 확신하고 행동하는 데 있어서는 단호하며 감정에 흐트러지지 않는다는 것은 매우 중요하다. '새로운 여성'은 과거 여성들과 달리 자신의 건강과 신체적 강인함을 향상시키고 능력을 증진함으로써 노동시장에서 자신의 가치를 증대시키게 될 것이며, 여성 노동자들 간의 강한 유대감과 계급적 연대 의식을 갖게 될 것이다(Коллонтай, 1972).

콜론타이는 여성해방을 위한 법적, 제도적 장치가 구축된 새로운 사회에서 여성은 사회 발전과 부흥을 위해 비생산적인 노동력을 일깨우고 사용 가능한 모든 자원을 효율적으로 사용하기 위해 직업을 가질 것을 권하였다. 가정에서 발생할 수 있는 비생산적인 에너지 지출에서 여성을 구해내 소비에트의 이익을 위해 효율적으로 사용하도록 유도해야 한다고 생각하였던 것이다. 이에 콜론타이는 전통적인 방식과는 전혀 다른 개념인 노동자-어머니(работница-мать) 모델을 제시하였다. 육아에 대한 '노동자-어머니'의 역할은 아기의 기본적인 욕구 관리를 위해 기저귀를 갈고 아이를 씻겨 요람에 누이는 것에 한정된 어머니의 역할이 아니라 국가가 필요로 하는 새로운 사회 구성원으로 성장하도록 아기를 건강하고 강인하게 양육하는 것이라고 규정하고 있다.[22] 아이에 대한 어머니의 의무는 국가와 민족에 대한 건강과 위생, 그리고 국가 경제 공동체가 필요로 하는 인구 증감과 직결되는 아이의 성장과 발달을 위해 건강하고 정상적인 환경을 확보하는

---

22) 과거 귀족 여성들은 '신부 수업'을 받은 후 가문과 재력 있는 남성과 결혼하여 적출의 상속자를 출산하는 것을 가장 큰 의무로 여겼다. 출산 이후의 양육은 거의 가정교사나 유모에게 맡겨졌다.

것을 뜻한다. 어린 세대의 보호는 사적인 가족만의 일이 아니라 사회적인 문제임을 확신했다. 따라서 공동체는 여성으로 하여금 위생 규칙을 지키도록 하며 임산부에게 좋은 환경을 제공해야 한다고 판단하였다. 미미한 수준이긴 하나 실제적으로 소비에트 정부에서 콜론타이는 모성보호 위원회를 설립하고 200여 개의 임신과 간호를 위한 상담 센터, 수유실을 설립하였다(Коллонтай, 1923d).

새로운 소비에트 법은 그 출발부터 모성애를 사적인 문제가 아니라 활동적이며 평등한 여성 시민이 갖는 사회적 의무로 보았다. 그러므로 법규범은 여성 노동력의 보호, 모성의 임신과 육아 관련 복지, 모자 관계를 규정하는 법 그리고 모성과 공동체와의 관계를 규정하는 법을 수립해야 한다고 생각하였다. 여성의 본성을 해치지 않으면서 여성으로 하여금 사회 노동에 참여할 가능성을 제공하기 위해서는 어머니의 역할과 사회적 노동력을 통합하고, 아동의 사회적 양육을 위한 제도적인 네트워크 구축이 시급함을 주장하였다. 점차적으로 소비에트에서 여성 노동자의 수가 증가하고 여성의 전문적인 노동이 증가하는 가운데 콜론타이는 『사회와 모성(Общество и Материнство)』이라는 저술을 통해 모성 보험의 필요성, 노동계급과 여성 노동자의 생활 조건이 영아 사망에 미치는 영향, 모성 보험의 유형을 다루었고, 부록에서는 14개 국가의 모성 보험 법안, 사회주의자 여성대회의 여성 보험 결의안, 다양한 통계자료, 유럽의 6개 국어로 작성된 참고 자료 및 서지 사항을 포함한 방대한 작업을 하였다.

콜론타이는 여성의 모성애를 손상시키지 않으면서도 모든 영역에서 여성 노동력을 적극적으로 활용하기 위한 방법으로 '가사 노동과 자녀 양육의 사회화' 프로그램을 제시했다.[23] 이는 과거 가정에서 이

---

23) 콜론타이는 어머니로서의 성과 노동자로서의 여성 보호에 관한 1860년대 제1

루어졌던 가사 노동과 아이의 양육, 그리고 교육이 사회 공공 시스템을 통해 실시되는 것을 의미한다. 이 밖에도 콜론타이는 모스크바 전역을 대상으로 중앙(공동) 취사장의 연결망에 대한 구체적인 계획을 세웠다.[24] 중앙 취사장 사업이 여성들의 집단정신 형성에 좋은 자극제가 되고 소비에트에 대한 긍정적인 평가를 낳게 될 것이라고 기대했다(김은실, 2004a). 중앙 취사장은 대체로 여성 노동자에 의해 운영되고 연료와 식량은 지역 소비에트에서 지원받는 것으로 기획하였다. 이것을 통해 여성의 일자리 창출과 가사 노동으로부터의 탈출이라는 일거양득의 효과를 기대했다. 이 같은 사회적 기반이 마련될 때 '새로운 여성'은 본질적으로 하나의 독립된 노동 주체로 서게 되며, 그 능력을 사적인 가족 경제의 이해 요구에만 쏟는 것이 아니라 사회적으로 유용하며 필수적인 노동을 수행하는 데 발휘하게 되리라고 전망했다. 이 제도와 시설들이 여성해방을 실질적으로 용이하게 하고 남성에 대한 여성의 불평등을 줄일 수 있는 방안이 될 것이라고 믿었다.

5. 여성의 경제 사회적 불평등 해소를 위한 제언

기회의 평등과 조건의 평등을 모두 함축하고 있는 콜론타이의 여성해방론은 프랑스혁명의 인권선언에서 빠졌던 여성의 권리에 대해 1791년 올랭프 드 구주가 "여성이 교수대에 오를 권리가 있다면, 자신의 의사 표현이 법으로 정한 공공질서를 해치지 않는 한, 연단에 오

인터내셔널에서의 문제 제기를 근거로 정부와 당에서 모성을 위한 국가의 보호와 공급 대책을 세울 것을 구체적으로 요구했다.

[24] 콜론타이는 자신의 자서전적 소설 『바실리사 말리기나(Василиса Малыгина)』에서 공동주택, 공동 취사장에 대한 청사진을 묘사하였다.

를 권리도 있어야 한다."라고 주장했던 것과 비교해볼 때, 그 이념과 노력이 정치적 평등을 넘어 사회적, 경제적 권리로 진일보했음을 알 수 있다. '사적 영역'에 한정되어 있던 가사 노동과 육아에 대한 콜론타이의 사회화 방법론은 여성의 인권과 노동을 공적 사회가 아닌 소수자의 공간에서 벌어지는 억압과 통제에 방치했던 서구 근대 인권 사상의 결함에 대한 보완과 해법으로 볼 수 있다. 또한 가사 노동과 양육의 많은 부분이 사회화 방식으로 전환된 현대사회의 생활 풍속도에 대한 예견이 아니었나 하는 생각도 든다.

콜론타이의 예견처럼 자본주의의 눈부신 발전은 많은 부분에 있어서 가사 노동을 사회로 이전시켰다. 자신의 가정이나 가족을 위한 노동이 아니라 돈을 벌기 위해 일을 하게 되는 과정에서 가족을 위한 노동이 상품화되고, 이것은 대규모의 과학과 기술의 개입을 초래하게 되었다.[25] 전통적인 여성의 일이 과학과 기술의 발달을 통해 집 밖에서 임금을 받고 하는 일로 변화했다. 자본주의화 과정에서 제조업은 가정에서의 무보수 노동을 하나씩 시장에 넘겨 상품화시켜나갔다. 가사 노동으로 이루어지던 생산과정이 시장으로 넘어가면서 가내 생산은 돈벌이를 위한 일거리가 되고 사용가치보다는 교환가치의 비중이 커지게 되었다.[26] 디지털의 발전은 새로운 상품과 서비스의 등장을, 그리고 이로 인한 가사 노동의 또 다른 부분을 사회화시켜 대체했으

[25] 시장에서 돈을 받고 제공하는 청소 대행업이 비누, 세탁기 등의 상품 제조를 유발시키기 때문에 화학, 기계, 전기공학 등에서 기술 변화를 가져오게 된다. 이런 새로운 제조 노동과정에는 소수의 숙련노동자만 필요하고, 나머지 대부분의 일은 전반적인 지식이 거의 없고 노동과정의 통제권도 없으며 일에 따르는 위험에 대해서도 잘 모르는 비숙련노동자들이 맡아서 하게 된다.
[26] 가정에서 생산되던 상품생산이 사회화 과정을 통해 공장에서의 대량생산 시스템으로 편입되고, 이 과정에서 생산방법과 기술 개발의 합리화가 이루어짐으로써 상품의 단가가 낮아질 수 있게 되었다. 따라서 노동 집약적이고 소량 생산 방식의 가내공업은 더 이상 경제적이지 못하게 되었다.

며 가사 노동의 단순노동화를 촉진하게 되었다. 서비스 형태로 사회화되고, 기술 변화의 결과가 상품으로 변신하고, 이는 다시 새로운 제조업의 기반을 제공하게 된다. 이로써 새로운 상품의 등장은 대다수 사람의 소비 행태를 변화시키고 아직 사회화하지 않은 노동의 성격까지 바꾸게 된다. 이 같은 분업 과정은 고도의 숙련 기술이 필요 없는 마사지, 물품 운송, 청소 등의 전문 직종을 탄생시키기도 했다.

비로소 여성은 '힘든 가사 노동'에서 해방되어 노동계급의 구성원으로 변화되었다. 새로운 상품 제조나 새로운 서비스 제공을 위해 창출된 새 일자리는 여성들에 의해 채워졌다. 그러나 전체 여성 노동자의 절반 이상이 가사 관련 여성 직종인 청소부, 미용사, 가사도우미, 공장노동자, 텔레마케터, 식당 보조, 판매원, 계산원으로 일하게 되었다. 이런 것들은 가사 노동이나 살림살이용 상품 제조와 관련된 것들로 남성의 일자리에 비해 턱없이 낮은 임금과 열악한 노동환경에서 일하는 것을 의미한다. 동시에 다른 영역에 비해 아직 '사회화하지 않은 영역'으로 남겨진 부분들—가정과 공동체에서 이뤄지는 상품 및 재화의 소비, 어린이와 노인과 장애인 돌보기, 임금노동자에 대한 봉사와 관련되는 일—과 같은 재생산, 소비, 가사 노동 영역의 일들은 여전히 여성의 몫으로 남겨져 있다. 최근에 와서는 이런 영역들조차 사회적 관계 속에서 변화되는 경로에 있기는 하지만, 아직도 어린아이들과 노인들, 장애인들을 돌봐야 하기 때문에 여성이 공적 영역이나 사회 영역보다는 집과 집 주변에 묶여 있는 경우가 많다.

그럼에도 불구하고 계속해서 새로운 저임금 일자리가 여성을 위해 만들어질 것이고, 여성들이 종사하는 가사 관련 노동들은 지극히 단순화된 노동으로 변화해갈 것이다. 가사 노동의 단순화와 용이화는 노인 여성과 빈곤 여성들에게 상대적인 부담을 주게 될 것이다. 가사 노동이 쉬워지고 비전문적으로 변화된다는 것은 이 일이 남성이나 다른 인력에 의해 대체될 수 있다는 것이기 때문이다. 이것은 또한 가사 관련 노동에 종사하고 있는 많은 여성의 낮은 임금을 더욱 낮은 상태로 떨어지게 하는 요인으로 작용하게 될 것이다. 남편과 헤어져 혼자 가정을 꾸리거나 늙어 경제력을 상실하게 된 여성들 같은 경우는 극도로 빈곤하게 된다. 여성은 남성보다 상대적으로 빈곤하기 때문에 경제적으로 남성에게 의존하거나 훨씬 적은 임금으로 홀로 버티게 되며, 상대적으로 남성에 비해 자동차, 전화, 비디오 등의 편의 도구들을 소유하지 못하는 등 빈곤 계층으로 전락될 가능성이 크다.

콜론타이의 19세기 여성의 삶과 노동에 대한 문제 제기는 문명적으로 100년을 앞서가고 있는 현대사회에도 동일한 메시지를 전달하고 있다. 현대사회 역시 사회구조의 변화와 더불어 계층과 신분, 가족 형태와 의미가 계속 변화하고 있으며, 여성에 대한 사회적 요구도 달라지고 있다. 그러나 여성의 가정 내 역할이나 노동량은 크게 달라지지 않았다. 사회 변화에 따른 구성원의 역할 변화는 당연한 귀결임에도 불구하고 자본주의 상품화의 발달과 젠더화된 사회경제구조는 여성의 지위와 노동에 대한 사회적 불평등을 가속화시키고 있다.

최근 한국 사회에서 저출산에 대한 해법으로 정부가 '퍼플 잡(purple job)'이라는 방안을 제시할 만큼 여성의 가사 노동과 사회 노동에 대한 기대가 동시에 강조되고 있는 상황이다.[27] 따라서 콜론타이가 제시하고 있는 여성의 인권과 경제적 독립 문제는 현재 우리 사회의 여성 노동문제와 저출산 등의 사회적 이슈를 해결하는 데 좋은 가이드 역할

---

27) 일하는 여성이 육아, 가사 등 가정생활도 병행할 수 있도록 '9시 출근, 6시 퇴근' 근무 형태를 다양화하는 것으로 빨간색과 파란색이 섞인 보라색처럼 일과 가정이 조화를 이룬다는 의미다. 여성부는 내년도 정책 초점을 '일하는 여성'에 맞추고 여성 근로자가 근무시간과 형태를 자유롭게 조절할 수 있는 탄력 근무 직종을 공공 부문에서 민간 기업으로 확대해나갈 방침이다(『동아일보』 2009. 12. 15일자 A5).

을 할 수 있을 것으로 전망된다. 여성이 가족의 재생산을 담당하면서 사회 노동을 감당하는 '일하는 어머니'로서 존재할 수 있도록 여성에게 집중되어 있는 소비 노동 증가 문제와 육아 노동을 남성과 사회 공동체로 분산시켜야 한다. 여성이 남성과 동일한 사회적 조건에서 일할 수 있는 법적, 제도적 개선이 전제된다면 우리 사회가 안고 있는 출산 인구의 감소 문제나 국가경쟁력을 위한 인적자원 개발 문제가 자연스럽게 해소될 것으로 전망된다. 아울러 전통적 사고방식으로 인해 과도한 가정적, 사회적 책임에 억눌려 있는 남성의 심리적, 사회적 부담을 덜어줄 수 있을 것이다.

현실적으로 현대사회는 여성이 가정에만 머무를 수 없는 구조로 변모하고 있고, 최근 세대의 여성일수록 자신을 사회적 존재로 바라보기를 원하고 있다. 그러나 국가를 중심으로 하는 사회 공동체는 젠더화된 법 제도와 사회구조를 지향하고 있어 여성이 사회경제적인 측면에서 남성과 동등한 사회적 존재로 활동하는 데 장애가 되고 있다. 콜론타이의 지적처럼 '일하는 여성'을 위한 '공동체적 책임'의 제도화 작업이 필요하다. 진정한 인권의 보편성이 사회적 약자에게 보장될 때 비로소 인권이 그 의미를 획득하게 된다(김정아, 2006). 실질적으로 평등한 조건에서 여성이 경제활동에 참여하고 능력을 발휘할 수 있는 권리와, 가사 노동이든 사회 노동이든 간에 여성 스스로가 자발적으로 선택하며 이로 인해 불평등한 지위에 놓이지 않을 권리가 보장되어야 한다(강남식, 2002). 이를 실현하기 위해서는 여성 스스로가 사회의 주체가 되기 위해 끊임없이 노력해야겠지만 동시에 국가와 사회가 여성들의 사회적 지위 변화와 공적 노동의 참여를 보장해야만 할 것이다.

참고 문헌

강남식, 2002, 「여성 인권으로 본 여성 노동권과 여성 노동정책」, 『아시아여성연구』 제41호, 숙명여대 아시아여성연구소.
강이수, 2001, 「변화하는 노동시장과 여성 노동자」, 『경제와 사회』 가을호.
김경희, 2005, 「성차별 개선을 위한 적극적 조치와 역차별 논쟁」, 『여성 고용촉진 및 차별시정에 관한 정책토론회』, 한국노동연구원.
김애실, 1986, 「여성과 경제활동」, 『논문집』 19, 한국외국어대학교.
김양희 외, 2001, 『21세기 성 주류화를 위한 국민여론 및 전문가 의견조사』, 한국여성개발원.
김엘림, 1996, 「여성차별철폐협약」, 『국제인권법』 제1호.
김은실, 2000, 「인권, 문화, 여성: 여성 인권을 논하기 위한 문화비판 시론」, 『여성과 철학』 통권 제44호.
김은실, 2004a, 「소비에트 사회에서의 여성해방론 실험」, 『아시아여성연구』 43-2, 숙명여대 아시아여성연구소.
김은실, 2004b, 「실천하는 여성해방론자 알렉산드라 미하일로브나 콜론타이」, 전경옥 외, 『세계의 여성리더』, 숙명여자대학교 출판부.
김은실, 2008, 「'여성해방'에 대한 콜론타이와 레닌의 정치적 갈등」, 『정치사상연구』 14-1.
김정아, 2006, 「'인간'의 권리는 '누구'의 권리였나」, 『인권오름』 제9호.
김혜영, 2003, 「한국의 가족주의와 여성 인권」, 『아시아여성연구』 제42호, 숙명여대 아시아여성연구소.
문유경, 2001, 「여성의 무급노동 시간사용분석과 정책방안」, 『여성의 무급노동 평가와 정책화를 위한 세미나 자료집』, 한국여성개발원.
발리바르, 에티엔 외, 2003, 『인권의 정치와 성적 차이』, 윤소영 옮김, 공감.
유영주, 1997, 「취업주부의 가정 내 역할수행상의 문제」, 『서울대학교 가정대논문집 2』 1-15호.
이샤이, 미셸린, 2008, 『세계 인권 사상사』, 조효제 옮김, 도서출판 길.
정혜옥, 2001, 「성의 경제학: 찰스 브록덴 브라운의 『오몬드』를 중심으로」, 『신영어영문학』 제19집, 신영어영문학회.
조형석, 2007, 「여성차별철폐협약 선택의정서의 개관 및 함의」, 『젠더리뷰』 제4호.

조효제, 2007, 『인권의 문법』, 도서출판 후마니타스.
차은영·홍태희, 2001, 「가계분석의 연구동향과 Gender개념의 도입가능성에 대한 연구」, 『응용경제』 3권 1호, 한국응용경제학회.
최현, 2009, 『인권』, 책세상.
클린턴, 힐러리, 1995, 「여성의 권리는 여성 인권」, 제4차 베이징 유엔세계여성대회 연설문. http://blog.daum.net/gjkyemovie/11299665 (검색일 2009.11.4)
퍼버, 마리안 A.·줄리 A. 넬슨 공편, 1997, 『남성들의 경제학을 넘어서』, 김애실 외 공역, 한국외국어대학교출판부.
한정숙, 1988, 「혁명, 그리고 여성해방」, 여성사연구회 편, 『여성 2』.
홍태희, 2003, 「경제학과 젠더」, 『경제학연구』 51-2, 한국경제학회.
황수경, 2003, 『여성의 직업선택과 고용구조』, 한국노동연구원.
휴즈, 어슐러, 2004, 『싸이버타리아트』, 신기섭 옮김, 갈무리.
Becker, Gary, 1981, *A Treatise on the Family*, Cambridge Mass.: Harvard University Press.
Folbre, Nancy, 1991, *The Unproductive Housewife: Her Evolution in Nineteenth-Century Economic Thought*, Signs 16(3).
Nelson, Julie A., 1995, "Feminism and Economics", *Journal of Economic Perspective* Vol. 90 No. 2.
Woolley, Frances R., 1993, "The Feminist Challenge to Neoclassical Economics", *The Cambridge Journal of Economics*.
Голубев, В., 2006, *Феминизм в общественнной мысли и литературе*, Москва: Грифон.
Здравомыслова, Е. и Темкаин, А., 2006, *История и современость: Гендерный порядок в России*, Алексеев, Н.И. Ред., Гендер Для Чайников, Москва: Просветительско-издательский центр Звенья.
Коллонтай, А., 1909a, *Социальные основы женского вопроса*, СПб.
Коллонтай, А., 1909b, *Женщина-работница на первом феминистском сьезде в России*, Голоссоциал-демократе, 2 март.
Коллонтай, А., 1912a, Новые законы страхования материнства, *Современный мир*, No. 10.
Коллонтай, А., 1912b, Союз защиты материнства и реформа се

ксуальной морали, *Новая жизнь*, No. 11.

Коллонтай, А., 1913a, Защита материнства, *Наша заря*, No. 9.

Коллонтай, А., 1913b, Новая женщина, *Новая мораль и рабочий класс*.

Коллонтай, А., 1914, *Работница-мать*, СПб.

Коллонтай, А., 1918a, Любовь и новая мораль, *Новая мораль, и рабочий класс*, М.

Коллонтай, А., 1918b, *Работница за год революции*, М.

Коллонтай, А., 1920, *Семья и коммунизм. Коммунистка*, No. 7, декабрь.

Коллонтай, А., 1923a, *Любовь пчёл трудовых*, Петроград.

Коллонтай, А., 1923b, *Большая Любовь*, Петроград.

Коллонтай, А., 1923c, Сестры, *Коммунистка*, No. 3-4, март-апрель.

Коллонтай, А., 1923d, *Труд женщины в эволюции хозяйства*, Москва.

Коллонтай, А., 1972, *Избр. Статьи и Реи*, Москва.

Коллонтай, А., 1974, *Из моей жизни и работы*, Восп. и дневники, Москва.

Лотман, Ю. М., 1994, *Беседы о русской культуре*, СПб.

Осипович, Т., 1993, Комммунизм, феминием, освобождение женщин и Александра Коллонтай, *Женщина в обществе*, Москва.

Осипович, Т., 1994, «Новая женщина» в беллетристике Александры Коллонтай, Преображение, *русский феминистский журнал*, No. 2, Москва.

Успенская, В. Н., Сост. и общ. ред. 2003, *Марксистский феминизм, Коллекция текстов А. М., Коллонтай*, Тверь: Феминист Пресс.

제5부

동아시아 인권 담론의 기원과 자원

10장 서구 '권리' 관념의 수용과 변용: 유길준과 니시 아마네의 비교
_김봉진

11장 인권과 문명, 그리고 아시아적 가치: '보편적인 것'의 정치성과 '열린 보편성'_김석근

12장 동학(천도교)의 인권 사상_오문환

10장 서구 '권리' 관념의 수용과 변용:
유길준과 니시 아마네의 비교

김봉진

1. 천리자연권과 삼원 사고

서구 근대의 '권(權), 권리(權利, rights)'나 '자연권(natural rights)'이란 관념 내지 개념은 동아시아 3국(청국, 일본, 조선. 이하 3국)에서는 유교 특히 주자학 사상을 매개로 수용되었다. 예컨대 '천부인권=자연권, 자연법(=性法)' 관념은 주자학의 '천리자연(天理自然), 성즉리(性卽理)'라는 명제 없이는 수용될 수 없었다. 여기서 매개란 상징적으로 말하면 '전통'과 '근대'의 이종교배(hybridization)를 함축한 개념이다. 이를테면 전통 속의 주자학과 서구 근대사상과의 이종교배를 수반한다는 말이다. 그런데 3국의 주자학 전통은 서로 같음과 다름을 지니고 있다. 따라서 3국에서의 권리 관념의 수용과 변용, 그리고 이종교배의 양상에도 같음과 다름이 발생하게 된다.

그렇다면 권리 관념이 유교나 주자학 사상을 매개로 수용되었음은 무엇을 뜻할까? 이는 유교나 주자학 사상 안에 고유한 권리 관념이 담겨 있었음을 뜻한다.[1] 예컨대 유교의 민본 사상은 민권 사상을 담고 있다.[2] 그리고 '천하위공(天下爲公=公天下)'이란 명제는 자연권, 민권 관념을 내포하고 표상한다.[3] 이 명제는 주자학에서는 '천리자연의 공'이 된다. 그리하여 사람은 당연히 천리자연에 바탕을 둔 권리를 지닌다는 관념이 퍼져나갔다고 본다. 이 같은 관념을 '천리자연권'이라 불러도 좋으리라.[4] 이는 도의적이자 원리적으로 국가 제도나 법률을 초월한 자연권이며 그런 뜻에서 서구의 천부자연권(천부인권)과 상통한다.

[1] 이런 뜻에서 권리 관념이나 개념은 서구 근대의 산물이라고만 볼 수 없다. 실제로 근년에 이르러 적지 않은 지식인들은 인권이 서구 기원이라는 보편 언설을 비판하면서 비서구 특히 동아시아의 종교, 문화, 풍습 안에도 이미 인권 관념과 그 실천이 담겨 있었음을 주장하고 나섰다. 예컨대 유교의 인권 관념에 관해서는 드 베리와 웨이밍(de Bary and Weiming, 1998) 및 바우어와 벨(Bauer and Bell, 1999) 참조. 단 후자에 실린 도넬리(Donnelly, 1999)는 예외이다. 도넬리는 "인권 개념과 실천이 서구 기원임은 역사적 사실"이라며 "인권이 본래 유럽에서 발현—창조, '발명'—되었던 것은 서구의 덕목이나 통찰이 우수했던 까닭이 아니라 어쨌든 근대국가와 자본주의가 거기서 출현했기 때문임을 뜻한다."고 말한다(Donnelly, 1999: 69). 그러나 이 같은 그의 견해 속에는 서구 중심적 보편주의나 근대주의가 자리 잡고 있다고 본다.
[2] 명말청초(明末淸初)부터 청조를 거쳐 청말·근대 중국에 이르기까지 민본 사상을 토대로 발생한 민권 사상의 양상에 관해서는 미조구치 유조(溝口雄三, 1995) 참조. 또한 근대 중국에서의 '권리, 민권' 관념의 수용 양상에 관해서는 리샤오둥(李曉東, 2005) 참조.
[3] 이에 관해서는 미조구치 유조(溝口雄三, 1995) 참조. 거기서 미조구치는 "'천하의 공'이 정치·사회 레벨에서 '생민(生民)'이라 함은 구체적으로 민의 생존, 소유 등 자연권이 기움 없이 충족되어 있는 상태를 뜻하나 당초에는 황제의 공정한 정치 자세를 기대함에 불과했던 것이 명대 이후 민측 요구가 증가하자 민의 사적 집적(集積)이나 사적 관계의 조화를 '천하의 공'의 실질로 삼게 되었고, 나아가 청말에는 이 자연권 속에 정치적 권리 평등이란 관념이 침투"했다고 말한다(溝口雄三, 1995: 63. 강조는 지은이).
[4] 이 '천리자연권'과 서구 권리 관념과의 이종교배로 전개된 민권론, 인권론의 양상에 관한 비교 고찰의 일례로 김봉진(金鳳珍, 2004: 238-250) 참조.

주자학의 리(理)는 하나이자 사람을 포함한 자연 만물에 빠짐없이 부여되어 있다〔'理一分殊'〕. 그런 현실 속에서 자연 만물은 각각 '(특)수'한 '분'을 지니며 서로 다양한 관계를 맺은 채 복잡계를 형성한다. 그 다양한 관계 안에는 상하 관계도 포함된다. 그 때문에 '분수'된 리는 상하 관계를 규율하는 법칙·규범이 되기도 한다. 그러나 하나의 리는 자연 만물의 다양한 현실적 관계를 초월한 무차별적이자 보편적인 원리, 법칙·규범을 상징한다. 예컨대 사람 내지 자연 만물은 리 앞에 '평등'하다. 그런 뜻에서 리는 관념적으로 만물의 자연권·자연법을 내포하고 표상한다.

리는 사람의 도리와 만물의 물리를 일관하는 도(道)로서 자연스럽고 당연한 원리, 법칙·규범이기도 하다. 이때 도라는 관념도 리와 마찬가지로 자연권·자연법 관념을 내포, 표상한다. 그런데 하늘로부터 목숨〔命〕을 받은 사람의 리는 성(本然의 性+氣質의 性)으로 표현된다. 『중용(中庸)』의 '천명지위성(天命之謂性), 솔성지위도(率性之謂道)'(1장 1절), 즉 '하늘의 명을 성이라 하고, 성에 따름을 도라 한다.'는 것과 관련하여 성도 역시 일종의 자연권·자연법 관념을 내포, 표상한다. 이렇듯 리와 그 관련 개념인 천, 도, 성, 공 등은 모두─서로 보완하고 '차연(差延)'하면서─자연권·자연법 관념을 내포, 표상한다.

리가 인간 사회에 드러나 이루어지면 예(禮)가 된다. 따라서 예는 리와 같은 성향을 지닌다. 예와 예치를 통하여 유교 사회는 예의 도덕 질서를 바로잡는다. 그 질서 밑에서 사람의 권리는 예와 도덕에 의해 당연히 보장된다.5) 유교 사회는 또한 사람의 권리를 보장함과 동시에 현실의 질서를 바로잡기 위해 예와 함께 법을 제정하여 법치를 시행

---

5) 예 또는 예법을 어기는 사람은 '권리'를 제한받든가 빼앗긴다. 만약 그 같은 군주가 출현하면 사람들은 저항할 '권리'를 갖는다.

해왔다. 그렇지만 유교 사회에서 권리를 보장하는 주된 방법은—서구 근대사회와 달리—실정법이기보다는 실정화되기 어려운 예나 도덕이었다. 이 때문에 법이 부여하는 권리(약칭 法賦權)나 이를 보장하는 헌법·법률 제정과 같은 제도화는 미흡했다고 말할 수 있다.[6] 이 때문에 그 같은 제도화는 결국 3국의 근대화 과정에서 큰 과제가 되었던 것이다.

미리 말해둘 것은 리, 예는 '권리이자 의무'를 함께 포괄한다는 점이다. 이를테면 사람들은 천리자연권을 받고 태어났으며 살아가는 동안 그 천리/리로서의 권리를 누린다. 또 그럴 수 있도록 형성된 (예의 질서를 바탕으로 한) 사회 안에서 사람들은 자연스럽고 당연한 예우를 받을 권리를 누린다. 단 동시에 이런 권리를 누리기 위해서는 그에 합당한 의무로서의 리, 예를 지켜야 한다. 한편 사람들은 천리자연의 적소(適所)를 받고 태어났으며 사는 동안 그 적소를 새로 찾거나 바꾸기도 한다. 이때 사람들은 각자 적소에 합당한 '분(分), 직분(職分)'으로서의 권리를 지닌다. 동시에 각자의 분을 지켜야 할 의무도 지닌다. 그런 뜻에서 리, 예 그리고 '분'은 권리이자 의무라는 말이다.[7]

이 같은 '권리이자 의무'라는 사고 양식은 유교, 주자학을 포함한 동양 사상의 특징에서 비롯된다고 본다. 그 특징이란 한마디로 '삼원 사고'이다. 여기서 삼원 사고란 이원론에 바탕을 둔 이원 사고나 이항 대립 사고를 넘어 그 '이원, 이항'을 상화(相和, 상호 보충·조화, 매

---

6) 이에 관하여 이상익은 유교 사상의 전개 과정에서 민(民)의 주권이나 기본권 관념이 발생했으며 또 부분적으로 이들 권리가 보장, 실천되었음을 인정한다. 그러나 그 한계나 문제점으로서 ① 선거와 투표의 제도를 제시하지 못했다는 점, ② 근대적 입헌주의가 결여되어 있었다는 점, ③ 민의 기본권으로서의 자유와 평등을 소홀히 했던 점 등을 지적한다(李相益, 2004: 320-326).
7) 그 권리와 의무 어느 쪽을 강조하는가는 각 사람의 주의·주장과 실천이나 사회 구조 등 현실에 따라 달라지는 문제라고 말할 수 있으리라.

개·공매(共媒))시킬 제3차원을 상정하는 사고를 뜻한다. 이는 '역(易)'의 사고 또는 음양오행론의 '생생화화(生生化化)'적 사고라고 말할 수도 있다. 음양론은 음양의 차이, 상극을 인정하면서도 그것들이 궁극적으로 상화, 상생해간다는 논리, 즉 음양 이극과 태극의 삼극 논리이다. 달리 말해 음양의 속성 내지 관계는 '부즉불리(不卽不離), 불일불이(不一不二)' 또는 '불상잡불상리(不相雜不相離), 일이이이이일(一而二二而一〔하나이자 둘, 둘이자 하나〕)'이다.8) 따라서 오행〔火水木金土〕은 통상 상생·상극의 이원 사고로 설명되나 실은 그 사이에 상화라는 차원을 넣어 생각할 필요가 있다.9)

이 장의 목적은 유길준(1856~1914)과 니시 아마네(西周, 1829~1897)의 사상에 보이는 '권리' 관념의 수용과 변용(더불어 '전통'과 '근대'의 이종교배)의 양상을 비교 고찰하는 일이다.10) 이들은 권리나 자연권 관념을 어떻게 수용했으며 그 가운데 권리와 법 내지 천부인권(자연권)과 법부권(法賦權)과의 관계를 어떻게 설정하고 있었을까? 그리고 이들의 권리 관념은 어떻게 변용해갔으며 그 과정에서 권리와 권력의 관계를 어떤 식으로 이해하고 있었을까? 이때 수용과 변용은 거의 동시적으로 벌어지기도 하며 또한 수용 후의 상황 변화에 따라 다

---

8) 이는 음양뿐만 아니라 도기(道器), 체용(體用), 이기(理氣) 등 불교나 유학 같은 동양 철학의 거의 모든 '대립 개념'에도 해당된다. 비록 이들 대립 개념이 현실에서 상호 보충·매개되지 않고 대립되는 경우가 있을지라도 말이다.
9) 이 삼원 사고를 보다 깊게 이해하려면 김봉진(2009a) 참조.
10) 여기서 다음과 같은 사항을 지적해두고 싶다. 유길준의 권리론에 관해서는 이미 다수의 연구 업적이 있다. 그 가운데 주요한 것은 전봉덕(田鳳德, 1981: 제2편의 4), 김봉렬(1998: 제2장, 4장), 정용화(2004: 제7장) 등을 들 수 있다. 그러나 이들 연구는 유길준의 권리론에 보이는 '전통'과 '근대'의 이종교배 양상에 주목하지 않고 있다. 이에 주목한 연구는 나의 책(金鳳珍, 2004) 외에는 없다. 한편 니시의 권리론에 관한 연구에는 고이즈미 다카시(小泉仰, 1989: 제6장 5절)와 이를 보완했다고 볼 수 있는 그의 다른 연구(小泉仰, 2007)가 있다. 그리고 니시의 권리론을 유길준의 그것과 비교 고찰한 논문으로는 김봉진(金鳳珍, 2007)이 있다.

시금 변용되어가기도 한다. 단 이 장에서는 상황 변화에 비추어보는 콘텍스트 분석 방법보다는 주로 비교 사상사적 방법으로 고찰한다. 이에 앞서 다음 절에서는 'rights'의 번역어 '권, 권리'를 둘러싼 번역 문제를 언급한다. 마지막으로 이들 두 사람의 법·규범 사고에 드러난 차이와 이에 관련한 나의 견해를 피력하고자 한다.

2. '권, 권리'를 둘러싼 번역 문제

'권, 권리'는 'rights'의 번역어이다. 그러나 'rights'와 '권, 권리' 각각이 지닌 말뜻의 본래성에서 보자면 '권, 권리=rights'란 일종의 모순 어법이다. 본래 권(權)은 ① 세(勢), 힘[力], 권력(權力), ② 저울질, ③ 임기응변의 조치, 권도(權道) 등을 뜻한다. 그 대표적인 뜻은 영어로 말하면 'power'이다. 또한 이(利)는 ① 예리함, ② 좋음, ③ 이익(利益), ④ 득(得), 벌이 등을 뜻한다.[11] 영어로는 'profit'으로 대표된다. 이에 대해 'rights'의 단수형인 'right'는 ① 바름, ② 틀림없음, ③ 적당, 적절 등을 뜻한다. 이같이 '권, 권리'와 'rights' 사이에는 서로 잘 들어맞지 않는 말뜻이 포함되어 있는 것이다. 그런 점에서 '권, 권리=rights'는 오역이라 볼 수도 있다.

11) 한 가지 덧붙이면 이(利)는 '의(義)'의 뜻을 포함하기도 한다. 예컨대 『주역(周易)』 상경(上經)의 30괘의 첫째인 「건(乾)」에서 '건은 원형이정(元亨利貞)하다.'고 풀이된다. 그런데 이를 다시 해설한 「전(傳)」(「역전(易傳)」. 모두 열 가지의 「전」으로 이루어져 있으며 이를 「십익(十翼)」이라 부른다)가운데 하나인 「문언(文言)」(傳)에 따르면 '원(元)은 선(善)의 장(長)이요, 형(亨)은 가(嘉)의 회(會)요, 이(利)는 의(義)의 화(和)요, 정(貞)은 사(事)의 간(幹)이라.'고 한다. 이때 '이(利)는 의(義)의 화(和)'란 달리 말해 '사물을 이롭게 하되 의로움에 조화되도록 한다.'란 뜻이라고 한다. 이런 뜻에 국한시키면 '권리=rights'는 일정 정도 적절한 번역이라 볼 수 있을지 모른다.

그럼에도 '권, 권리'는 1864년에 청국에서 한역되어 출판된 『만국공법(萬國公法)』에 첫 출현한 이래,[12] 점차 3국에 유포되었고 약 30년 후에는 다른 번역어를 내쫓고 정착되기에 이르렀다.[13] 왜 이 같은 일이 가능했을까? 이는 단적으로 말해 당시의 '근대'에 담긴 정(正)과 부(負)의 양면성과 모순성에 기인한다.[14] 이 장의 주제에 입각해 말하면 근대적 권리 개념의 양의성과 모순성에 기인한다. 우선 근대의 'rights'는 '힘(power)'이나 '소유(property)로서의 이(利)'와 밀접히 결합되어 있었다. 즉 권력적 내지 소유권적 권리라는 특징을 띠고 있었다는 말이다.[15] 그 배경에는 당시의 실정법주의, 실증주의, 공리주의, 사회진화론 등 시대사조가 존재했다.

다음으로 19세기의 'rights'에는 17~18세기를 통해 성립된 자연권 사상의 잔영이 남아 있었다. 그 바탕에는 실정법에 앞서 자연법이 존재하며—그 바탕이 신이든 이성, 덕(virtue)이든—자연권 확보를 위해 법질서가 존재한다는 법·규범 사고가 깔려 있었던 것이다. 이와 함께 '근대'에 대립하는 '반근대의 근대' 내지 '또 하나의 근대'의 흐름도 있었다. 그래도 역시 19세기에는 이성주의와 현실주의의 언설이 압도적이었다. 한편 서구의 신은 기독교 이외의 신을 무시·멸시했다. 더

---

12) 『만국공법』의 번역 사정은 가토 슈이치·마루야마 마사오(加藤周一·丸山眞男, 1991: 「文獻解題」) 참조.
13) '권, 권리'의 유포와 정착에 결정적 영향을 미친 것은 일본의 '근대'와 이를 뒷받침한 ('전통'에서 '근대'에 이르는) 사고 양식과 가치 체계였다. 즉 '권, 권리'란 용어는 『만국공법』과 더불어 일본에 수입된 후 일본 지식인들 사이에 유포되어 이미 1880년대에는 정착되었다. 이를 개관하려면 야나부 아키라(柳父章, 1982) 참조.
14) 나는 '근대'를 정과 부의 양면으로 상대화시켜볼 필요가 있다고 생각한다. 이는 '전통'에도 해당된다.
15) 이를 자연법주의적 권리의 대립 개념으로서 실정법주의적 권리라 부를 수도 있을 것이다.

욱이 그 기독교의 신마저도 이성에 대치된 채 격하되었다. 이에 따라 덕은 위덕(僞德)·악덕(惡德)에 빠지는 일도 빈번했다. 그 배경에도 당시의 시대사조가 존재했다.

이 같은 당시 근대의 상황을 감안하면 'rights'를 '권, 권리'로 번역함은 어느 정도 적절했다고 볼 수 있을지도 모른다. 그렇다 해도 '권, 권리'란 어의상 보편적 법·규범으로서의 'rights'나 자연권보다 역시 권력적 내지 소유권적 권리를 표상함을 부인할 수 없다. 따라서 이를 근대의 상황이란 변수만으로 용인할 수만은 없으리라. 이런 뜻에서 그것을 지금껏 사용하고 있다는 사실은 법·규범상 또한 현실적으로도 심각한 문제를 내포하고 있다고 볼 수 있지 않을까?

그렇다면 'rights'를 '권, 권리'로 처음 번역한 사람은 누구일까? 그리고 왜 그렇게 번역했을까? 첫 물음의 답은 『만국공법』을 한역한 마틴(W. A. P. Martin, 1827~1916)이다.[16] 예컨대 『만국공법』 1권 2장의 3절 「군신지사권(君身之私權)」을 보면 군주의 "personal rights, or rights of property"가 "사권(私權)"으로 번역되어 있으며 이를 다시 군주의 "권리"라 표현하고 있음도 알 수 있다. 이어서 4절 「민인지사권(民人之私權)」에는 민인의 "Private individuals, or public and private corporations", 즉 개인 또는 공적 및 사적 기업도 "공사(公私)"의 "권리"를 가진다고 되어 있다.[17] 덧붙여 『만국공법』 2권의 제목(「論諸國自然之權(Absolute International Rights)」)을 보아 알 수 있듯이 "자연지권(自然之權)"은 "absolute rights"의 번역어이다(본문에서는 "自有之專權"으로 바뀌어 번역되어 있다). 이 "자연지권"은 '자연권(natural rights)'을 함의하는 개념이다.

16) 참고로 『만국공법』 1권 1장을 보면 마틴은 "natural law"를 "성법(性法)" 또는 "천법(天法), 이법(理法)"이라 번역하고 있다.
17) 단 『만국공법』 전체를 보면 '권'에 비해 '권리'의 용례는 매우 적다.

다음으로 두 번째 물음에는 다음과 같이 답할 수 있다. 실은 『만국공법』에 등장하는 권, 권리의 용례는 대부분이 국가의 권, 권리, 즉 '주권(sovereignty)'을 가리킨다. 특히 권은 국가의 사법, 행정의 '권(power)'을 가리키는 경우도 있다. 그리하여 권은 'rights'와 'power'라는 양의성을 갖게 됨과 동시에 권리 역시 그 양의성을 표상하게 된 것이다. 이같은 사실에서 보면 마틴이 'rights'를 '권, 권리'로 번역한 이유를 어느 정도 납득할 수 있다. 그의 주안(主眼)은 사람의 'rights'가 아니라 국가의 'rights, sovereignty'에 있었음을 알 수 있기 때문이다. 더욱이 당시는 '힘없는 국가는 권리도 없다.' '권리는 강자의 것'이란 말이 통용되던 시대였다. 그리고 국가 간의 권력정치 밑에서 약육강식과 식민지주의가 횡행하던 시대였다.

그러나 동아시아 전통에서 보자면 '권, 권리'라는 번역어가 이해되고 납득되기는 퍽 어려운 일이었으리라 여겨진다. 게다가 그 용어가 가진 양의성은 어려움을 증폭시켰을 가능성이 있다. 이를 반영하듯 후일 마틴은 『공법회통(公法會通)』(1880)의 「범례(凡例)」에서 다음과 같은 '변해(辯解)'를 첨가하고 있다. "공법에는 전용어가 있다. 원문의 뜻을 한문으로 전달하기 어려운 탓에 글자를 억지로 꿰맞춰 사용한 감이 있는 경우도 종종 있다. 예컨대 권이란 글자는 공법서 안에서 정부기관이 갖는 권(력)을 가리킨다. 그러나 또 뭇사람의 응당한 권리[應得之分]를 가리키기도 한다. 이 경우 뭇사람의 본유(本有)의 권리(權利)라는 식으로 이(利)란 글자를 첨가한 예도 있다. 이들 자구(字句)를 처음 보는 사람들은 눈에 쉽게 들어오지 않을 수도 있으리라. 그러나 자꾸 보면 그것들을 사용치 않을 수 없었던 이유를 이해할 수 있게 될 것이다."라고.

3. 권리, 자연권 관념의 수용과 그 법과의 관계

1) 니시 아마네

1863년부터 1865년까지 네델란드의 라이덴대학에 유학한 니시는 휘세링(Simon Vissering, 1818~1888) 교수 밑에서 Natuurregt와 Volkenregt를 포함한 5과목을 배웠다. 이에 관한 기록(『五科學習關係文書』의 「記五科授業之略」, 1863)을 보면 Natuurregt가 '성법학(性法學, 性法之學)', Volkenregt가 '만국공법학(萬國公法學, 萬國公法之學)'으로 번역되어 있음을 알 수 있다.[18] 이같이 니시는 1863년에 이미 '성법, 만국공법'이란 번역어를 사용하고 있었다. 그렇다면 니시는 마틴의 『만국공법』이 출판되기 2년 전에 이들 용어를 최초로 '발명'했던 것일까? 반드시 그렇지는 않을 것이다. 추측컨대 니시는 1863년 유학을 가는 도중에 상하이에 들렀던바 이때 이미 번역되어 있었던 마틴의 『만국공법』 속에 '성법, 만국공법(약칭 공법)'이란 용어가 (중국에서) 사용되고 있었다는 것을 보고 알게 되었을 가능성이 있기 때문이다.

그런데 『오과학습관계문서』의 「오과학습에 관한 휘세링의 각서」(1863)에는 'Natuurregt=天然ノ本分', 'Volkenregt=民人ノ本分'이라 되어 있다. 여기서 전자는 자연권, 후자는 인민의 권리를 뜻한다. 요컨대 니시는 Regt의 또 하나의 뜻인 '권, 권리'를 '본분'이라 번역한 것이다.[19] 이때 '본분'이란 앞에서 말한 것처럼 사람들 각자의 적소에

---

18) 「오과학습관계문서」는 『니시 아마네 전집(西周全集)』 제2권, 134-145쪽. 이하 『니시 아마네 전집』 제2권을 인용할 경우 『전집 2』로 표기한다. 그리고 인용문 페이지는 숫자만 표기한다. 그 외의 『니시 아마네 전집』을 인용할 경우도 마찬가지다.
19) 네델란드어 Regt는 독일어 Recht나 프랑스어 droit와 마찬가지로 '법, 법률'과 '권, 권리'의 양의성을 지닌다.

합당한 '분'으로서의 권리를 뜻한다. 이로써 니시는 'Natuurregt=자연권'과 'Regt=권, 권리'란 관념을 이해했던 것이다. 그러나 후일 니시는 『원법제강(原法提綱)』(1877년 전후의 저작)에서 '권의(權義)'란 용어를 사용하고 있는데, 거기에 '즉 권리와 본분을 말함'(『전집 2』, 146)이란 주석을 달고 있다. 이때 본분은 의무를 가리킨다.

1865년 12월에 귀국한 니시는 이듬해 4월 바쿠후(幕府)로부터 '휘세링의 「만국공법」 강의'를 번역하라는 명을 받았다. 그러나 그가 번역한 『휘세링의 만국공법(畢西林氏說　萬國公法)』은 바쿠후 말 유신기의 정세 불안에 영향을 받은 듯 1868년에야 비로소 출판되었다(『전집 2』). 이 책의 범례나 제1장에서 니시는 번역할 때 마틴의 『만국공법』을 참조했노라고 서술하고 있다. 과연 그 본문에는 마틴의 번역어가 다수 채용되어 있음을 알 수 있다. 단 마틴의 '권리'는 (아직) 채용되지 않았다. 즉 니시는 Regt의 번역어로서 마틴의 '권'과 함께 그 자신의 번역어인 '권의(權義)'를 사용하고 있었던 것이다. 이는 당시의 니시가 '권리'라는 용어에 저항감을 느끼고 있었음을 뜻하는지도 모른다. 또는 그가 자연법주의적 권리의 관념을 강하게 지니고 있었음을 드러내는 것일지도 모른다.[20]

니시의 『만국공법』 제2장은 '성법'을 바탕으로 한 공법론이다. 즉 이는 국가의 기본권 내지 자연권에 관한 해설이라 할 수 있다. 주목할 것은 그 해설 용어로서 유학 특히 주자학의 개념들이 많이 사용되고

---

[20] 니시는 후술(4절)하는 것처럼 메이지 10년대에 들어서부터 성법이나 자연권의 존재를 부정하게 된다. 이를 보여주는 대표적 저작이 『원법제강』이다. 이 저작에서 니시는 권리라는 용어를 채용한다. 그런 뜻에서 '권리'의 채용은 니시의 권리 관념에 중대한 변화가 생겼음을 뜻한다. 그 변화란 후술하는 것처럼 자연법주의적 권리의 부정과 이를 대신하는 '권리=힘, 소유'라는 권력주의적 내지 소유권적 권리 관념의 긍정을 표상한다. 이는 다른 일본 지식인의 경우에도 해당된다. 그러나 유길준의 경우에는 해당되지 않는다.

있다는 점이다.21) 예컨대 니시는 '성법에서 논하는 바의 권'을 '자유(自有)의 권'과 '가유(假有)의 권' 두 가지로 나누고 있다. 그 가운데 '자유의 권'은 '사람의 성(性)'을 바탕으로 한 '천연 고유의 권'이라고 해설하고 있다(『전집 2』, 15). 이는 달리 말해 자연권을 뜻한다. 니시는 이 '자유의 권(＝국가의 자연권, 기본권)'의 하나가 '자주의 권(＝주권)'이며 그것은 '도리(道理)'를 바탕으로 한다고 서술한다(『전집 2』, 15).

니시의 『만국공법』 제3장은 국제 관계에서 '자연권의(自然權義)'가 존재하는가 아닌가를 묻고 다음과 같은 세 가지 학설을 소개한다(『전집 2』, 18).22) 첫째, 공법의 존재 자체를 부인하는 설. 둘째, 공법의 존재는 인정하나 그 근거를 '성리(性理)'가 아닌 '명허(明許＝조약)'에서 구하는 설(실정법주의). 마지막으로 약육강식의 국제 관계에서는 힘이야말로 공법의 근거라는 설. 그리고 이들 각각의 학설에 대한 비평과 함께 니시는 공법의 근거로서 '성법(性法)의 통리(通理), 결약(結約＝조약), 묵허(默許＝관행), 관습법(慣習法), 의례(擬例＝조례)' 등을 든다. 이를 보면 그의 공법관에는 당시 유행했던 실정법주의적 국제법학의 특징이 투영되어 있음을 알 수 있다. 그 가운데 '성법의 통리'는 자연법, 자연권을 표상하나 이는 17세기 이래의 자연권 사상 내지 자연법주의의 잔영이라고 볼 수 있다.

21) 그 주된 이유는 니시가 이들 해설 용어를 마틴의 『만국공법』에서 채용했기 때문이라고 본다. 마틴은 『만국공법』 제1권 1장에서 국가의 기본권 내지 자연권을 해설하는바 이때 유학 특히 주자학의 개념을 많이 사용한다.
22) 여기서 '자연권의'란 'Natuurregt'의 번역어일 것이다. 그런데 니시의 '권의'는 권리와 의무의 합성어이다. 즉 그의 『만국공법』 제1장 첫머리에 "만국이 서로에 대하여 쥘[秉] 수 있는 권(權)과 지켜야[務] 할 의(義)"(『전집 2』, 13)라는 서술이 보인다. 이즈음 니시는 자연권이란 '권리이자 의무'라는 (전통) 관념을 지니고 있었다고 볼 수 있다. 그러나 후일 그는 『백학연환(百學連環)』(1870년경)에서 "right를 권(權), obligation을 의(義)로 번역한다."(『전집 1』, 167)고 명시함으로써 권리와 의무를 (이분법적으로 내지 근대적으로) 구분하게 되었음을 알 수 있다.

그렇지만 니시는 적어도 1870년대 초까지는 자연법과 자연권 관념의 수용에 종사하고 있었다. 그 일단을 보여주는 것이 『성법략(性法略)』(1871)이다. 이 『성법략』이란 제목대로 자연법 해설서를 뜻한다. 단 그 내용은 '원유(原有)의 권(=자연권)'과 '득유(得有)의 권(=소유권)'이란 두 가지의 권리에 관한 해설로 구성되어 있다. 아무튼 이 책이 자연권 해설에 주력하고 있음은 사실이다. 물론 이 책의 번역자는 간다 고헤이(神田孝平, 1830~1898)이다. 그러나 니시는 번역을 도왔으며 또 서문을 쓰고 있다. 그리고 이 책의「서언」을 보면 알 수 있듯 그 원본은 휘세링의「성법」강의를 니시와 즈다 마미치(津田眞道, 1829~1903)가 필기했던 노트였다(『전집 2』, 104).

그「서언」에 따르면 휘세링은 "만국공법은 성법이 만국 사이에 행해지는 것이며 국법은 성법이 관민(官民) 사이에 행해지는 것"(『전집 2』, 104)이라고 강의했다고 한다. 이것이 사실이라면 휘세링은 니시와 즈다에게 자연법주의적 (국제)법학을 가르쳤다는 말이 될 것이다. 아무튼 이를 바탕으로 니시는「성법약서(性法略序)」에서 당시 세계의 약육강식의 현실과 '유관(儒冠=유학자의 권위)'의 추락을 한탄하면서 "그러나 약법삼장(約法三章: 본래의 뜻은 전한의 태조 유방이 민중을 위해 제정했다는 법률 3장. 이것이 여기서는 성법=자연법을 바탕으로 한 법률을 상징한다고 본다)이 무용하다는 뜻으로 보아서는 안 된다. '법률은 사람의 성(性)에 연원한다.'는 것이 어찌 허망하다고 말하리오."(『전집 2』, 103)라고 서술하고 있다.

이렇듯 니시는 자연법과 자연권 관념을 수용하고 있었다. 단 그가 말하는 '성법'이나 자연권은 근대의 자연법, 자연권과는 다른 요소를 지니고 있었다. 이를「등영문답(燈影問答)」(1870)의 자유론을 통해 검토해보자. 거기서 니시는 "사람마다 자유의 성(性)이 있으니 그 성에 위배되지 않을 때는 각자의 자유를 지닐 수 있다."(『전집 2』, 252)고 서술한다. 이는 '성(=본연의 성+기질의 성)'을 바탕으로 한 자연권(=천리자연권) 내지 자연법 관념에서 유래하는 자유권론이다. 즉 모든 사람에게는 '성'이 내재하며 따라서 사람은 "각각 자유의 권을 지닌다."(『전집 2』, 255)는 것이다.

그런데 니시에 따르면 이 자유권은 사람에게만 주어진 것이 아니다. "무릇 생활하는 것치고 그 자유를 바라지 않는 것은 없다. 초목과 같은 것도 그러하다."면서 초목도 "각각의 도를 얻어 자유롭다."(『전집 2』, 252)고 말한다. 즉 모든 생물은 '자유의 성'을 바탕으로 한 자유권을 지닌다는 것이다. 주목할 것은 사람이든 생물이든 똑같이 '자유의 성'을 가지고 있다고 하는 점이다. 이는 조선 주자학에서 논쟁되어온 '인물성동이론(人物性同異論)' 가운데 '인물성동론'의 입장이라 볼 수 있다. 이는 자연의 법칙이 사람과 생물에 똑같이 적용됨을 함의한다.

그러나 근대 자연법사상은 인간 법칙(=규범)과 자연(=물리)법칙을 구별한다. 즉 근대 자연법은 동식물을 자연법칙으로 밀어냄으로써 인간에게만 타당한 규범 체계를 성립시키려 했던 것이다. 따라서 니시의 경우는 "사람과 동식물을 똑같은 레벨로 이해했기 때문에 사람에게만 타당한 규범은 엄밀하게는 존재하지 않는다."는 해석이 가능하다(米原謙, 1986: 25). 이 같은 니시의 자연법 관념에는 실은 전통 자연법 특히 주자학의 성, 리 개념을 바탕으로 한 자연법 관념이 투영되어 있다. 이를 바탕으로 니시는 자연법, 자연권 관념을 수용했던 것이다. 그러나 후에 니시는 주자학의 성, 리로부터 멀어져가면서 자연법, 자연권 관념 자체를 부인하게 된다(후술).

2) 유길준

1881년에 조선 정부는 일본에 신사유람단을 파견했다. 이때 유길준은 신사유람단의 일원[紳士]이었던 어윤중(1848~1896)의 수행원으로 따라갔다가 임무를 끝낸 후 후쿠자와 유키치(福澤諭吉, 1835~1901)의 게이오 기주쿠(慶應義塾)에 유학했다. 그후 임오군란(1882. 7)의 사후 처리와 시찰을 목적으로 방일한 특명전권대사 박영효(1861~1939) 일행과 함께 1883년 1월에 귀국했다. 귀국 후 그는 세계의 인종, 언어, 정치, 개화, 역사 등에 관한 14편의 논문으로 구성된『세계대세론』(1883)을 썼다.[23] 그 가운데「자유대략(自由大略)」이란 논문은 일종의 권리론이다. 거기에는 후쿠자와가『서양사정(西洋事情)』(外編, 1867; 二編, 1870) 등에서 전개했던 권리론의 영향이 짙게 배어 있다.[24]

「자유대략」의 첫머리에서 유길준은 "세계의 일부가 개화 영역 속에 진입하여 …… 인민이 각자 일신의 권리(權利[초고에서는 權理라고 했으나 곧 權利로 개고함])[25])와 일국의 권리를 확장하는 풍이 성행하니"(『전

---

[23]『유길준 전서』III, 89-102쪽에 실려 있다. 이를 인용할 때『전서 III』으로 표기한다. 인용문 페이지는 숫자만 표기한다. 또 인용문은 현대어에 가깝게 고친 부분도 있다. 그 외의『유길준 전서』(1971)를 인용할 경우도 마찬가지다.

[24] 후쿠자와 역시 일찍이 유교 특히 주자학 사상을 매개로 서구의 권리 관념을 수용했던 선구자의 하나이다. 그의 권리론에 관해서는 김봉진(金鳳珍, 2004: 240-244) 참조. 덧붙여 이 글에서 후쿠자와의 저작을 인용할 때는『후쿠자와 유키치 전집(福澤諭吉全集)』을 이용하고, 표기 방식은 앞의 각주 23을 준용하되,『全集』으로 표기한다.

[25] 여기서 유길준이 '권리(權理)'를 '권리(權利)'로 개고했다는 사실에는 후쿠자와와 관련해서 말하면 다음과 같은 연유가 있었을 것이라고 추정된다. 후쿠자와는 유길준이 게이오 기주쿠에 유학 중이었던 1882년 4월에『시사대세론(時事大勢論)』을 출판했다. 이 저작의 주된 논지는 '관민조화(官民調和)'론으로서 그 내용 자체는 물론 유길준의『세계대세론』과 다르다. 하지만 두 저작의 제목은 비슷하다. 추측컨대『세계대세론』이란 제목은 유길준이 후쿠자와의『시사대세론』을 읽고 그 제목을 모방했을 것 가능성이 크다.
주목할 것은 후쿠자와가『시사대세론』에서 권리(權理)란 용어를 사용했다는 점이다. 그가 이 용어를 처음 사용한 것은『학문의 권장(學問のすすめ)』(1872~1876)의 2편「사람은 동등함」에서이다. 이는 권리(權利)보다 자연권적 성격이 강한 용어로서 유길준도 이에 주목했을 것이다. 그래서 그는「자유대략」을 저

서 III』, 89)라고 서술한 후 그 '일신의 권리'와 '일국의 권리'를 다음과 같이 설명한다.

> 일신의 권리란 사람이 원하는 대로 행하되 그것이 국가의 정법(政法)을 문란시키지 않고 타인의 사물에 해를 끼치지 않음을 뜻한다. 그렇게만 한다면 물론 사람은 무슨 일이든 마음대로 행하거나 그만둘 수 있는 자유[권]를 얻는다. 이때 정부라 해도 인민이 행하는 일이 헌법·율칙을 어기지 않는 한 국가의 위력으로 마음대로 벌을 줄 수 없다(『전서 III』, 89).

여기서 그가 말하는 권리란 천부인권(자연권)으로서의 자유권을 뜻한다. 이 자유권을 정부는 간섭해서도 제한해서도 안 된다. 이 유길준의 천부인권으로서의 자유권은 후쿠자와가 『서양사정』(2편)의 권1「인간의 통의」에서 말한 '무계(無係)의 통의(通義=rights, 권리)'로서의 자유권에 해당한다. 한편 유길준은 인민의 자유권 행사는 '국가의 정법'을 문란시키거나 타인을 해쳐서는 안 된다고 말한다. 또한 헌법이나 법률을 어겨서도 안 된다. 이때 유길준의 '인민 자유권'은 후쿠자와가 「인간의 통의」에서 말한 '유계(有係)의 통의' 또는 '인민의 권리'로서의 자유권에 해당한다고 볼 수 있다. 거기에는 후쿠자와와 마

술할 당초에는 권리(權理)를 한번 사용해보았을 것이다. 그러나 곧 이를 권리(權利)로 개고했고 그후에도 권리를 사용하게 되었던 것이다. 그 이유는 1880년대에 들어 일본에서는 이미 권리(權利)라는 용어가 일반화되어 있었기 때문이라고 본다. 덧붙이면 'rights'의 다양한 번역어 예컨대 통의, 권리(權理), 권리(權利), 그리고 권의(權義. 후쿠자와의 경우에는 權理通義의 합성어, 니시의 경우에는 權利義務의 합성어) 가운데 어느 쪽을 선택, 사용했는가는 일본 지식인에게는 중대한 의미를 지닌다. 그들이 선택한 용어가 그들의 권리 관념 자체가 변화되었다는 사실을 보여주기 때문이다.

찬가지로 준법 강조, 법부권이나 법 중시와 같은 취지가 투영되어 있다. 이렇게 본다면 당시 유길준의 권리론은 후쿠자와의 그것과 별 차이가 없다고 보아도 좋으리라.

이어서 유길준은 일국의 권리(national rights, 국권)를 주재권(主裁權), 독립권, 동등권의 3대권으로 나누어 다음과 같이 설명한다(『전서 III』, 89-90). 주재권은 "국내 정치의 일체를 스스로 행하는" 권리, 독립권은 "타국의 간섭과 침략을 받지 않는" 권리, 동등권은 "나라의 대소나 병력의 강약이 있긴 하나 서로 예(禮)로써 답하고 형제같이 조금도 존비(尊卑)의 분별을 두지 않는" 권리라고 한다. 이들 모두 자연권으로서의 국권을 뜻한다. 이 역시 후쿠자와가 『학문의 권장(學問のすすめ)』의 3편 「나라는 동등함」「일신 독립하고 일국 독립함」이란 절에서 논한 자연권으로서의 국권과 별로 다른 게 없다.

나아가 유길준은 "오늘날 세상은 인권·국권의 세계라 칭한다. 대체로 인권은 일신의 권리이며 국권은 일국의 권리"라 한 다음 "인권을 확장하려면 점차 정치를 수량(修良)하고 행실을 정제(整齊)해야 한다. 또한 국권을 확장하려면 병력을 양성해야 한다."(『전서 III』, 91)고 주장한다. 즉 인권 확장의 방법은 정치 개량과 도덕 정비에서 구하고 있는 반면 국권 확장의 수단은 병력 양성에서 구하고 있는 것이다. 여기서 유길준이 사용한 '국권 확장'이란 용어는 다음과 같은 유래와 뜻을 지닌 것으로 이해된다.

'국권 확장'이란 용어는 당시 후쿠자와가 『통속국권론(通俗國權論)』(1878; 二編은 1879), 『시사소언(時事小言)』(1881) 등 저작, 그리고 1882년 3월 1일에 창간된 『시사신보(時事新報)』의 다수 논설을 통해 주창하고 있었던 국권 확장론에서 유래한다고 본다. 그러나 유길준이 사용한 국권 확장의 뜻은 후쿠자와의 그것과는 전혀 다르다. 즉 전자는 식민지주의적 국권 확장을 뜻하나 후자는 오히려 이에 반대되는 국권 **확립**

을 뜻한다. 단 이 용어가 '병력 양성'과 더불어 사용되었다는 점에서 당시 유길준이 국권은 힘에 기반을 두고 있다는 사실을 숙지하고 있었음을 보여준다. 그는 이를테면 '권리는 강자의 것' '힘없는 국가는 권리도 없다.'라는 당시의 권력정치적 현실을 인지하고 조선에게도 병력 양성이 필요하다고 보았던 것이다. 그런 뜻에서 그는 현실주의자였다.

그렇다면 유길준은 당시 후쿠자와처럼 국권 확장론자가 되었다고 볼 수 있을까? 그렇지 않다. 왜냐하면 그는 '국권 확장을 위한 병력 양성'을 주장한 이유를 다음과 같이 피력하고 있기 때문이다(『전서 III』, 92). 즉 다른 나라들은 '치외법권'을 누리고 있으나 조선의 경우 "외국인이 우리나라에서 죄를 범하고 있어도 우리 법률로 벌을 줄 수 없다. 다른 나라는 관세를 마음대로 높이고 낮추는 권(權)이 있으나 우리나라는 없다. 우리 공사는 병력을 이끌고 외국에 갈 수도 없다."고 한다. 그 이유는 조선이 "일국의 3대권을 손실하여 그 영광을 보유치 못하고 있는", 즉 병력 없는 약소국이기 때문이란 것이다. 결국 그가 병력 양성을 주장한 이유는 조선의 국권 확립에 있었음을 알 수 있다.

이러한 점은 후쿠자와의 권리 관념의 변용이나 권리와 권력과의 관계에 대한 이해와는 결정적 차이를 보여준다. 물론 이 같은 차이의 배경에는 당시 조선과 일본이 처한 국내외 상황이 달랐다는 변수가 깔려 있었음을 부인할 수 없다. 이를테면 조선의 경우 국가적 지위가 매우 낮았으며 국내 개혁이 막 시작된 참이었으나 실로 국권 확립조차 위태로운 상황이었다는 점이다. 그런 상황하에서 유길준이 국권 확장이란 용어를 쓰면서도 실은 그것이 국권 확립을 뜻하는 데 지나지 않았음은 어쩌면 당연한 일이었을지도 모른다.

그렇다면 가령 조선이 일본처럼 강대국으로 성장할 가능성을 지녔었다면 유길준도 후쿠자와처럼 국권 확장론을 전개했을까? 물론 그 여부를 가늠할 도리는 없다. 단 한 가지 지적할 것은 유길준의 국권 확립론과 후쿠자와의 국권 확장론의 차이가 생긴 배경에는 전술한 '상황 변수'만이 깔려 있었다고는 말할 수 없으리라는 점이다. 거기에는 양자 (나아가 양국) 사이에 사상/문화적 전통의 차이라는 변수가 깊이 깔려 있었다고 보기 때문이다. 아니 어쩌면 이 후자의 변수가 더욱 중요하리라고 여겨지기 때문이다.

1883년 7월에 유길준은 보빙사 민영익(1860~1914)의 수행원으로 미국을 방문한다. 그 공식 임무가 끝난 후 그는 같은 해 11월부터 유학 생활에 들어간다. 그러나 1884년 12월에 일어난 갑신정변의 실패와 그 후일담을 듣고 난 뒤 결국 귀국을 결심하고 유럽 여행을 거쳐 1885년 12월에 귀국하고 만다. 귀국 후 그는 갑신정변 주모자들과의 관계를 의심받았으나 처형을 면한 채 연금 상태에 들어간다(해제는 1892년 봄). 그 사이에 그는 「중립론」(1885), 『서유견문』(1889년 작, 1895년 출판) 등을 저술하는 한편 비밀리에 외교 사무에도 종사하고 있었다.

『서유견문』 4편의 「인민의 권리」란 논문은 제목대로 권리론이다. 여기에는 유길준의 권리론과 법 사고가 잘 드러나 있다. 그런데 이 논문은 크게 두 부분으로 나누어볼 필요가 있다. 하나는 후쿠자와 유키치의 「인생의 통의와 직분(人生の通義及び其職分)」 「인간의 통의(人間の通義)」의 두 논문과 『서양사정』(2편)의 「예언(例言)」을 참조하여 그 일부를 역술(譯述)한 전반부, 또 하나는 유길준이 창작한 후반부. 이하에서는 「인민의 권리」의 논지를 순서대로 검토하면서 필요에 따라 이를 후쿠자와의 권리론과 비교 고찰해본다. 그 첫머리는 다음과 같다.

인민의 권리란 그 자유와 통의를 말한다. …… 자유란 그 마음의 좋아하는 바에 따라서 무슨 일이든지 궁하게 굽히거나 거리끼는 사려(思慮)가 없음을 말한다. 하지만 결코 마음껏 방탕한다는 취지가 아니며 불법으로 제멋대로 하는 거동도 아니다. 또한 타인의 사체(事體)를 돌보지 않고 자기의 이욕를 마음대로 하는 의사(意思)도 아니다. 즉 나라의 법률을 경봉(敬奉)하고 정직한 도리를 스스로 지니며 자기가 마땅히 행해야 할 인세(人世)의 직분이다. 타인을 방해해서도 안 되나 타인으로부터 방해받는 일도 없이 그 바라는 바를 이루는 것이 바로 자유의 권리이다. 통의는 한마디로 말해 당연한 정리(正理)이다. …… 천사만물(千事萬物)이 그 당연한 도에 따라 고유한 상경(常經)을 잃지 않고 서로 칭하는 직분을 스스로 지키면 이것이 곧 통의의 권리이다(『전서 I』, 129).

위 인용문 가운데 자유(의 권리)론 부분은 주로 『서양사정』「예언」의 자유에 관한 설명(『全集 1』, 486-487)을 참조하여 역술한 것이다. 그리고 통의(의 권리)론 부분은 주로 「인생의 통의와 직분」에 나오는 통의론과 직분론(『全集 1』, 392-393)을 참조하여 역술한 것이다. 그 바탕에는 모두 천리자연권 관념이 깔려 있다고 본다. 그리하여 양자의 취지 자체는 후술하는 바와 같이 대체로 유사하다. 그러나 역시 후술하는 것처럼 양자의 콘텍스트를 잘 비교해보면 그 언설 내용에는 서로 미묘한 차이가 있음을 알 수 있다. 나아가 이러한 미묘한 차이가 결국 중대한 차이로 이어지는 것이다.

위의 자유(의 권리)론에서 유길준은—후쿠자와가 「인생의 통의와 직분」(『全集 1』, 392)에서 전개했던 바와 같은— '천부인권'으로서의 자유와 '민권'으로서의 자유를 동시에 논하고 있다고 본다. 먼저 "자유란 그 마음의 좋아하는 바에 따라서 무슨 일이든지 궁하게 굽히거나 거리끼는 사려(思慮)가 없음"이란 『서양사정』「예언」의 "자유란 일신(一身)의 좋아하는 대로 일하며 궁굴(窮屈)하는 생각이 없음"(『全集 1』, 486)을 역술한 것이다. 이는 '천부인권'으로서의 자유를 간결히 논한 것으로 본다.

다음으로 '민권'으로서의 자유는 앞서 후쿠자와의 「인생의 통의와 직분」을 통해 고찰했던 나라의 제도나 법으로 제한받는 '법부권'에 속한다. 이에 관하여 후쿠자와는 『서양사정』「예언」에서 "결코 마음껏 방탕한다 취의(趣意)가 아니며 타(他)를 해(害)하여 사(私)를 이(利)하는 뜻도 아니다. 오직 심신의 활동을 강건하게 하고 사람들이 서로 방해하지 않음으로써 일신의 행복에 다다름을 말함"(『全集 1』, 487)이란 식으로 표현하고 있다. 이를 받아 유길준은 "결코 마음껏 방탕한다는 취지가 아니며 …… 또한 타인의 사체(事體)를 돌보지 않고 자기의 이욕을 마음대로 하는 의사(意思)도 아니다. …… 타인을 방해해서도 안 되나 타인으로부터 방해받는 일도 없이 그 바라는 바를 이룸"이라 역술하고 있다. 이들 사이에 별다른 차이는 없는 듯 보인다. 단 한 가지 미묘한 차이를 들면 유길준의 경우 후쿠자와에 비해 타인에의 시선이 한결 강조되어 있다는 점이다. 이는 어쩌면 『논어』의 '자기가 바라지 않는 바를 타인에게 시키지 말라.'(「里仁」)는 명제가 후쿠자와보다 유길준에게 더 강하게 자리 잡고 있기 때문이 아닐까?

위 인용문 가운데 "나라의 법률을 경봉(敬奉)하고 정직한 도리를 스스로 지니며 자기가 마땅히 행해야 할 인세(人世)의 직분이다."란 부분은 후쿠자와가 「인생의 통의와 직분」에서 직분론을 전개하는 가운데 서술한 다음 문장을 참조하여 역술한 것으로 여겨진다. 즉 거기서 후쿠자와는 "세상에 법률이 있어 우리 신체를 유지하고 우리 통의를 달성할 수 있기 때문에 …… 그 법률을 존경하지 않으면 안 된다."(『全集 1』, 393)라고 서술하고 있는 것이다. 이를 언뜻 보면 유길준의 '법률 경봉'론은 후쿠자와의 '법률 존경'론과 거의 유사한듯하다. 그러나 양자의 콘텍스트를 비교해보면 그 언설 내용에는 서로 미묘한 차이가 드러남을 알 수 있다.

유길준도 후쿠자와도 천리자연권의 양의성을 바탕으로 하여 권리와 더불어 직분을 논하고 있다고 볼 수 있다. 단 유길준의 직분은 후쿠자와의 그것과 같이 의무만을 뜻하기보다는 권리의 뜻을 함께 내포한다. 아니 오히려 권리의 뜻이 더 강한 개념으로 여겨지기도 한다. 이를 다음의 인용문(앞선 인용문과 중복되는 부분도 있다)을 통해 고찰해보자. 즉 "통의는 한마디로 말해 당연한 정리이다. …… 관직에 이바지하는 자는 그 책임을 행하기에 상당하는 직권을 보유함이 그 당연한 정리이며, 가택을 가진 자가 주인의 명실(名實)을 지니고 자기 것이라 칭함이 또한 당연한 정리이며 …… 천사만물(千事萬物)이 그 당연한 도에 따라 고유한 상경(常經)을 잃지 않고 서로 칭하는 직분을 스스로 지키면 이것이 곧 통의의 권리"(『전서 I』, 129)라는 것이다. 이렇듯 유길준에게 있어 직분이란 이를테면 '천리자연의 적소'를 바탕으로 한 '권리이자 의무'라는 관념이 강하다.

이에 비해 후쿠자와의 직분은 의무일 뿐이다. 그는 "사람 각자 그 통의를 강건하게 하고 천성(天性)을 속박하는 일이 없다면 그다음으로 그 직분을 다하지 않으면 안 된다. 이를 비유컨대 가업(家業)을 영위하면서 운상(運上)[조세의 일종]을 납부하는 것과 같다. …… 그 법률을 존경하지 않으면 안 된다. 이 또한 사람된 자의 직분이다."(『全集 1』, 393)라고 말한다. 이같이 후쿠자와에게 있어 직분이란 곧 의무를 뜻한다. 그리고 '법률 존경'론은 준법 의무의 강조를 뜻한다. 이렇듯 후쿠자와는 준법 의무를 강조한다. 그렇긴 해도 이 준법 의무를 권리에 우선시키고 있지는 않다. 달리 말해 권리보다 법이 우선한다는 '법우선'론에 돌입하지는 않았다. 단 그가 '법우선'론에 돌입할 가능성은 열려 있었다.

실제로 후쿠자와는 수년 후인 1870년대 초반부터 '법우선'론을 전개해나간다. 예컨대 1872년부터 76년까지의 저술인 『학문의 권장』의

6편 「국법의 귀함을 논함」을 보자. 그 첫머리에서 "국민은 반드시 정부의 법에 따르지 않으면 안 된다."(『全集 2』, 63)고 말한다. 그 법이 "부정불편(不正不便)"(『全集 2』, 69)의 법일지라도 '반드시' 복종하라는 것이다. 이는 그가 국민에 대한 정부의 '법우선'론에 돌입했음을 뜻한다. 이 '법우선'론은 그후 민권에 대한 관권, 국권 우선론으로 이어진다. 동시에 그의 언설에서 인권이나 민권은 서서히 그 위치를 잃어간다. 나아가 후쿠자와는 국권주의, 팽창주의, 식민지주의를 표명하게 된다(후술).

이러한 경향은 유길준의 언설에서는 찾아볼 수가 없다. 물론 유길준도 전술했듯 '법률 경봉'이나 준법론을 전개한다. 그러나 그는 후쿠자와처럼 '법우선'론에 돌입함으로써 민권에 대한 관권, 국권 우선론을 전개하지는 않는다. 유길준은 후쿠자와의 『서양사정』에서의 권리(우선)론을 답습한 채 법보다 권리가 우선한다는 '권리우선'론의 입장을 끝내 버리지 않았던 것이다.

> 무계의 통의는 천부에 속한다. 그래서 천하의 사람 누구를 막론하고 세속 안에서 서로 교제를 행하는 자도 세속 밖에서 독립하고 사는 자도 달성해야 할 정리(正理)이다. 그러나 유계의 통의는 그 취지가 약간 다르기는 하나 인위의 법률로써 윽박질러 사람을 반드시 지키게 만들어서는 안 된다. 단 법률의 본지가 사람의 행동거지를 바로잡는 것이기에 [법률은] 각 사람의 일신의 직분과는 관계없고 [관여, 간섭은 못하나] 세속 교도(交道)의 직분에만 간섭할 수 있다(『전서 I』, 130).

여기서 유길준은 통의를 무계와 유계로 나누어 논한다. 무계의 통의는 천부의 권리, 유계의 통의는 세속=사회 안에서의 권리이다. 이

때 무계의 통의는 물론 유계의 통의일지라도 그 권리를 인위의 법률로 함부로 규제할 수 없다. 단 '세속 교도의 직분'과 같은 유계의 통의는 "사람의 행동거지를 바로잡는"다는 본지(本旨)에 입각한 법률에 의해서만 규제가 가능하다는 것이다. 이는 한마디로 '권리우선'론이다. 유길준도 '법률 경봉'론을 전개했으나 이는 어떤 법률이든 '반드시' 경봉하라는 뜻이 아니다.

위 인용문은 실은 「인간의 통의」의 다음 문장을 역술한 것이다. 즉 "무계의 통의가 사람의 천부에 속하는 것이라면 천하의 중인(衆人), 세속 안에서 교제하는 자도 또 세속 밖에 특립(特立)하는 자도 같이 함께 달성해야 할 리이다. 그러나 일신 당무(一身當務)의 직분은 약간 그 취지를 달리 하나 인위의 법률로써 사람을 강요하여 이를 지키게 만들 수는 없다. 단 국법이 [본]지로 삼는 바는 사람의 행위 동작을 바로잡고 이를 [통]제하는 것일지라도 원래 세속의 교제상에 관해서만 시행하는 것이라면 일신의 직분과는 관계없고 단지 세속 교제의 직분을 책[임]지울 수 있을 뿐이다."(『全集 1』, 494)라는 것이다. 이들 두 문장을 대조해보면 용어 사용에서 미묘한 차이가 보이긴 하나 그 취지는 대동소이하다.

이렇듯 유길준의 '권리우선'론은 그가 『서양사정』이란 초기 저작을 역술함으로써 후쿠자와의 권리(우선)론을 답습했다는 점을 부인할 수 없다. 그러나 주목할 것은 유길준의 「인민의 권리」 후반부에 보이는 창작 부분이다(이 창작 부분은 다음 절에서 본격적으로 고찰될 것이다).

자유와 통의는 인생의 불가탈(不可奪), 불가요(不可撓), 불가굴(不可屈)의 권리이다. 그러나 법률을 각별히 따르고 정직한 도리로 그 몸을 바르게 하고 그후에 천수(天授)의 권리를 보유하여 인간

세상의 즐거움을 받아 누려야 한다. 자기의 권리를 사랑하고 아끼는 자는 타인의 권리를 돌보아 보호하고 감히 침범치 않는다. 만일 타인의 권리를 침범하면 법률의 공평한 도는 반드시 이를 허용치 않고 또 그 침범한 분수(分數)대로 범한 자의 권리를 박탈할 것이다. 이는 자기의 손으로 자기의 권리를 손상하는 것이 된다. 법률의 위령(威令)은 그 스스로 초래한 손상을 행할 따름이다. 그 때문에 사람의 권리는 자기가 스스로 부수기 전에는 만승(萬乘)〔황제의 지위〕의 위(威)나 만부(萬夫)의 용(勇)으로도 끌어내어 빼앗을 수 없다(『전서 I』, 133).

여기서 그는 먼저 "불가탈, 불가요, 불가굴"이나 "천수"란 수식어를 부침으로써 인권의 자연 권성을 새삼 강조한다. 특기할 것은 인권의 상호 보장이란 면에서 그의 타자 인식이 매우 강하다는 점이다. 달리 말해 그의 시선에는 자기=타자의 타자란 인식에 입각한듯한 자기와 타자의 권리를 향한 동등한 존중 의식이 강하게 담겨 있다. 이어서 준법론을 전개하지만 그러나 법률은 어디까지나 "공평한 도"를 바탕으로 한 것이어야 한다. 그에게는 "타인의 권리를 돌보아 보호하고 감히 침범치 않는" 일이야말로 사람의 도리이자 법률의 공평한 도이다. 그에게 있어 법률의 목적은 인권 보장이나 신장에 있을 뿐이다. 거기에는 '법우선'론이 개입할 여지가 거의 없다.[26]

---

[26] 예컨대 전봉덕은 유길준의 인권 보장·신장을 위한 법률 제정론에 관하여 "인권을 법률의 유보하에 두는 법부 인권론"이라 표현한 다음 나아가 그 법부 인권론이란 "논리적으로 천부인권설의 포기를 의미하는 것"이라 주장한다(田鳳德, 191: 220). 나는 물론 이에 동의하지 않는다.

4. 권리 관념의 변용, 권리 권력관계

1) 니시 아마네

전술한 것처럼 니시는 주자학의 성, 리 개념을 매개로 자연권을 수용하고 있었다. 그러나 그는 점차 주자학의 성, 리로부터 멀어져간다. 그 대신 『백일신론(百一新論)』(1874)에서 주자학의 리나 전통적(=유교적) 도리와는 다른 새로운 뜻의 '도리'를 이끌어 다음과 같이 논한다. "도리라는 말만 하면 지금은 그 누구라도 군(君)을 섬겨 충(忠)을 다하고 부모를 섬겨 효를 다한다는 도리도 또 비가 내리는 도리도 햇빛이 비치는 도리도 모두 도리, 리의 당연, 자연의 리"라 말하나 실은 "거기에 하나의 구별이 있다는 것"을 알아야 한다고 말한다(『전집 1』, 607). 그리하여 '도리'를 '물리(物理)'와 '심리(心理)'의 두 가지로 구분하여 전자는 "천연 자연의 리", "선천(先天)의 리"이며 후자는 "후천(後天)의 리"라고 설명한다(『전집 1』, 608). 또한 '물리'는 "물질 일반의 리"(『전집 1』, 609)이며 '심리'는 "인간의 마음속에 존재하는 리"(『전집 1』, 610)라고 설명하기도 한다. 이때 '심리'란 "불의 부도(不義不道)를 행할 수도 있는 것"(『전집 1』, 611)이어서 이미 천리자연법적 윤리로서의 도리를 가리키는 것이 아니다.

니시에 따르면 '물리'는 "하나로 정해져[一定] 움직이지 않는 것"이나 '심리'는 "하나의 일[一事]에 있어도 천차만별"인 것이다. 이는 언뜻 주자학의 '이일분수'의 설과 비슷한 것처럼 보인다. 그러나 둘 사이에는 중대한 차이가 있다. 주자학의 리는 '일즉다(一卽多)', 즉 하나이자 전체이다. 거기서는 니시의 '물리'나 '심리'와 같은 구분이 성립하지 않는다. 굳이 말하면 '물리'와 '심리'는 '이이일일이이(二而一一而二)'이다. 또 주자학의 리는 움직이며 움직여 '분수'하더라도 '물리'와

‘심리’는 함께 병행한다. 그뿐만 아니라 리는 인간의 도리=윤리를 포함한다. 전술한 것처럼 니시 역시 '도리'를 말하나 이는 '천리자연'과 같은 자연법적 도리로서의 윤리가 아니다. 그것은 '물리'와 '심리'가 구분되기 이전의 도리일 뿐이다.

이상과 같은 사실을 근대주의적 시각에서 보면 니시는 근대적인 리(=principle, reason)의 관념을 수용했노라고 평가할 수도 있다. 그러나 한편 그는 주자학의 성, 리 그리고 천리에서―아울러 삼원 사고에서―멀어짐으로써 윤리나 자연법, 자연권 관념을 떠나는 계기를 만들어놓고 있음을 부인할 수 없다. 실제로 그는 『교문론(敎門論)』(1874, 『전집 1』)에서 '천부(天賦)의 성(性)'을 말하면서도 "하늘은 내가 알 수 있는 것이 아니다."(『전집 1』, 505)라면서 '천불가지론(天不可知論)'을 취하고는 주자학의 천리를 비판한다. 이로써 천리자연권은 물론 자연법, 자연권 관념을 부인함과 동시에 실증주의, 공리주의, 사회진화론 등 당시의 시대사조를 수용하게 되었던 것이다.[27] 이러한 니시의 사상적 변화는 물론 서구 학문 수업의 결과이나 또한 그가 18세쯤부터 배웠다는 소라이(徂徠)학의 영향도 컸다고 본다.[28]

니시가 성법(자연법)이나 자연권 관념을 명백히 부인했음을 보여주는 저작은 『원법제강』이다. 그 첫머리에서 그는 "법은 …… 민생(民生) 일용(日用)에서 그칠 줄 모르는 세(勢) 때문에 발생한다. …… 그 뿌리가 사람의 성(性)에 있다고 말할 수 없다."(『전집 2』, 146)고 말한다. 여기서 그는 과거에 긍정했던 성법의 존재를 부정하기에 이르렀

---

[27] 이러한 니시의 사상적 변화의 양상은 『백학연환』, 『백일신론』 그리고 「인세삼보설(人世三寶說)」(1875) 등 저작에 잘 드러나 있다.
[28] 에도 시대의 유학자 오규 소라이(荻生徂徠, 1666~1728)는 주자학의 '자연'의 리를 비판 내지 부정하고 '도는 성인이 만든 것'이라 하여 통치자에 의한 '작위'의 논리를 세움으로써 큰 학파를 형성했다. 이 소라이학과 니시와의 관련에 관해서는 고이즈미 다카시(小泉仰, 2007: 제1장)와 이노우에 아츠시(井上厚史, 2005) 참조.

던 것이다. 이는 그의 사상에서 실정법주의나 실증주의가 비중을 더해감에 따라 그의 법 사고나 권리론에서 규범성 내지 윤리성의 관점이 후퇴했음을 함의한다. 결국 그는 법의 뿌리를 현실의 '세'에 두고 '권리란 곧 힘(권력)에 의한 것'임을 주장하기에 이른 셈이다.

먼저 니시는 권리와 의무에 관하여 "한 사람 또는 일당(一黨)이 타자(他)에 대하여 우월한 분〔優分〕으로 누르는〔控制〕 이(利)가 있으면 이를 권리라 한다. …… 타자에 대하여 열등한 분〔劣分〕을 가져서 복종의 의(義)가 있으면 이를 의무라 한다."(『전집 2』, 146)고 말한다. 즉 사람이나 단체가 차지하는 '분'의 우열이 권리와 의무를 판가름하는 기준이란 것이다. 그렇다면 권리나 법의 규범성은 그의 법 사고 안에는 존재할 수 없게 된다. 또한 그는 권리와 의무란 "법률로써 확정될 따름"(『전집 2』, 148)이라고도 한다. 달리 말해 사람의 권리는 법에 의해 부여되어야 생기는 '법부권'의 범위를 넘지 못한다는 것이다. 이는 그에게서 자연권 관념이 실종되었음을 뜻한다.

다음으로 이 같은 법 사고의 귀결로서 니시는 권리란 "적점(積漸)의 힘, 적점의 세(勢)"(『전집 2』, 148)에 의한 것이며 또 "노력(勞力=心力과 體力)"의 결과라고 말한다(『전집 2』, 149). 이것이야말로 "일관(一貫)의 실리(實理)"(『전집 2』, 149)라면서 "권리(權利)란 실세(實勢)에 있을 뿐 허리(虛理)에는 없다."(『전집 2』, 152)고도 말한다. 여기서 '실리, 실세'란 그가 주자학의 리를 떠남과 동시에 법의 윤리성, 규범성이나 권리의 자연성과 완전히 이별했음을 함의한다. 그 대립 개념으로서의 '허리'란 주자학의 리를 뜻한다고 볼 수 있다. 그리고 '실'이란 그의 법 사고가 실증주의, 즉 실정법주의와 결합되어 있음을 표상한다고 볼 수 있다.

단 니시의 '심력(心力)'은 '지력(智力), 덕력(德力), 재력(才力), 능력(能力), 기력(氣力)'을 가리키는 것으로 거기에는 덕력이 포함되어 있다. 그러나 이 덕력이란 용어에 부여된 규범성은 법의 그것과는 구분되어 분리되고 만다. 즉 "도덕의 대본(大本)은 선미(善美), 법의 대본은 정직(正直)"(『전집 2』, 154)이라 하여 도덕과 법을 구별하고 있는 것이다. 이는 그의 사상 속에 근대주의적 이분법이나 이원 사고가 깊이 침투해 갔음을 뜻한다. 한편 법은 "자애(自愛)의 성(性)에서 생긴다."면서 그 자애의 성은 "동감(同感)의 정(情)에서 발한다."고 서술한다(『전집 2』, 156). 이때 '정'에서 발하는 '성'이란 '본연의 성'이 아닌 '기질의 성'에 해당된다. 이는 니시가 본연의 성을 바탕으로 한 자연법, 자연권과 멀어져갔음을 뜻한다.

셋째로 니시의 법 사고는 소유권적 권리 관념에 기울어간다. 그는 "권리의 의(義), 그 근원은 소유권에서 나오며 미루어 인신(人身)에 미친다."(『전집 2』, 152)고 서술한다. 즉 모든 권리의 원천은 다름 아닌 '소유'에 있다는 말이다. 그렇다면 자연권이란 '현실적으로 소유하고 있는 권'은 아니라는 점에서 무시된다. 또한 그 '소유'에는 필연적이자 현실적으로 차이가 발생한다. 그래서 "권리는 반드시 일존일비(一尊一卑), 일귀일천(一貴一賤), 일부일빈(一富一貧)과 상관되어 비로소 발동한다."(『전집 2』, 152)는 것이다. 이렇듯 니시의 권리 관념은 '존비, 귀천, 빈부'와 같은 현실적 차별, 불평등을 자연스럽고 당연한 것으로 인정하게 된다.

그리하여 니시의 법 사고는 다음과 같은 논의를 이끈다(『전집 2』, 153). 예컨대 갓난아이는 아무런 '노력(勞力)'도 하지 않기 때문에 당연히 권리도 없다. 정신병자, 바보는 물론 어린아이, 노인도 자주의 의지가 없다면 무권리이다. 그리고 남녀의 권리에는 경중(輕重)이 있다. 즉 남녀 간에 "그 재(材)를 논하면 천연의 경중이 있다. 체력에 있어서 여자는 병역에 복무할 수 없다. 심력에 있어서 여자는 관리가 될 수 없다. 이는 음양강유(陰陽剛柔)가 정한 바에 의한 것이다."라면서 이는 "동방 고금(東方古今)의 통의(通義)"라고 말한다. 거기에는 그 자신의 남존여비 사상이 담겨 있다. 그러나 과연 예컨대 동양 전통의 '음양'론이 본래 남존여비 사상을 담고 있노라고, 나아가 이를 '동방 고금의 통의'라고 말할 수 있는지는 매우 의문이다. 왜냐하면 '역' 철학에서의 음양이나 남녀는 '상하, 존비' 관계만이 아니라 오히려 '상보, 상생' 관계에 있다고 보기 때문이다.

이상과 같은 니시의 법 사고는 그가 수용한 근대적 실정법주의가 가져다준 결과라고 할 수 있을 것이다. 달리 말해 그의 실증주의적 사고가 '권력=권리, 소유=권리'라는 관념을 성립시킨 것이다. 그래서 그는 자연권을 부정한 채 근대의 권리 관념이 지닌 양의성의 한 측면(=負의 측면)을 수용하게 되었다고 볼 수 있다. 이로써 그가 '권리는 강자의 것'이며 따라서 '권리는 투쟁'이란 명제를 긍정하는 것은 자연스럽고 당연한 일이었다. 실제로 그는 후일 이들 명제를 논하고 있는 예링(Rudolf von Jhering, 1818~1892)의 *Der Kampf ums Recht*(1872년 초판)를 번역한다(『學士匝令氏權利爭鬪論』, 1882).29) 이렇듯 니시에게 권리란 자연권이 아니라 법부권에 지나지 않고 권력적 내지 소유권적 권리를 표상하게 되었다. 요컨대 그의 권리론은 '근대적인 것'이 되었으나 동시에 '근대의 부의 측면'을 수용한 것이다.

2) 유길준

『서유견문』에는 권리=권력이란 인식이나 자연권의 존재 부인이 없다. 오히려 유길준은 권리=권력이란 인식을 비판하고 자연권을 고수

---

29) 1882년 5월에 니시는 원로원(元老院) 의관(議官)에 임명됨과 동시에 참모본부의 직원[御用掛]을 겸무하게 된다. 그가 예링의『권리투쟁론(權利鬪爭論)』을 번역했던 것은 당시 참모본부장이던 야마가타 아리토모(山縣有朋, 1838~1922)의 요청에 의한 것이었다.

하고 있다. 그는 「인민의 권리」의 창작 부분에서 다음과 같이 논한다.

> 사람의 강약은 시비(是非)로 판단되나 금수의 강약은 세력으로 정해진다. …… 금수는 그 자유를 사용하는 데 통의의 규율이 없고 또한 법률의 규제도 없고 약육강식하여 그 세력을 제멋대로 함으로써 상생(相生)의 도(道)를 짓는다. 사람은 서로 관여할 때 법률의 기강을 세우고 통의의 계역(界域)을 정하고 그 자유를 규제함으로써 인간의 같지 않은 경황(景況)〔모습과 상황〕을 조평(調平)〔공평하게 조절〕한다(『전서 I』, 135-136).

사람의 권리를 공평하게 보장하고 보호하는 일이 법률의 기강이다. 이때 '사람의 권리'란 인권, 자연권이자 민권을 모두 내포하는 개념일 것이다. 유길준에게 권리는 결코 권력이 아니며 또 권력이어서도 안 된다. "금수의 강약은 세력으로 정해진다."면서 금수가 서로 "약육강식하여 그 세력을 제멋대로 함"을 지적한 곳에서 유길준의 권력정치에 대한 준엄한 비판을 엿볼 수 있다. 이는 또한 그 자체로 사회진화론의 '공례'에 대한 비판을 표상한다. 그는 인간 사회에 현실적으로 '강약'을 포함한 '같지 않음〔不齊〕=불평등'이 존재함을 인정한다. 그러나 인간 사회에는 이를 '조평'하기 위한 통의의 규율이나 법률의 규제가 있다.[30] 이 같은 유길준의 논의의 바탕에는 천리자연권 관념은 물론 유교 전통의 균분주의가 깔려 있다고 본다.

유길준은 "금수의 자유, 야만인〔蠻夷〕의 자유, 유식인(有識人)의 자유'라는 3분론을 전개한다. 그 가운데 유식인의 자유란 "인욕을 막고

---

[30] 이 '조평'이란 용어에는 유교 전통의 '균분(均分=平均)' 사상이 투영되어 있다고 본다. 이 '균분'이란 개념은 서구의 '평등(equality)'과는 일정한 정도 차이가 있다. 그러나 그 속에는 '평등' 관념도 포함되어 있다고 본다.

천리를 보전하는 정직한 도에 의해 그 권리를 지니고 지킨다."(『전서 I』, 136)는 뜻의 자유권을 가리킨다.31) 이는 바로 천리자연권을 표상한 다고 볼 것이다. 그에 따르면 이는 금수나 야만인의 자유와 달리 "부 자유 가운데 존재"(『전서 I』, 136)한다.32) 이를테면 '타자의 자유를 침 범할 자유는 없다.'라는 뜻이리라. 이러한 유길준의 언설에는 당시 시 대사조였던 자유주의나 그 부의 측면을 바탕으로 한 국권주의, 팽창 주의, 식민지주의에 대한 비판 의식이 담겨 있다고 보아도 좋으리라.

이어서 그는 "몸과 생명, 재산, 영업, 집회, 종교"의 자유와 통의에 관하여 항목별로 자세히 논한다(『전서 I』, 136-147). 그 가운데 그는 "각 사람 일신의 무계[의 통의]로 그 천연(天然)을 제멋대로" 하면 "금수의 자유"가 되며 "유계의 통의를 참작하여 그 과용하는 폐를 제한하지" 않으면 "야만인의 자유"가 된다고 지적한다. 이 같은 인권 타락은 막 아야 한다. 그리하여 자타의 인권, 민권을 보장하고 신장시켜야 한다. 이를 위해 "법률의 규도(規度)를 세워 세상 사람의 자유를 윤색한다. 그리고 처세[=유계]의 권리를 보전하려는 자는 법률을 경봉하여 대중 의 상생 공도(相生公道)를 지킨다."(『전서 I』, 138)라고 주장한다. 그의 '법률 경봉'론의 목적은 권리를 '윤색'함, 즉 보다 윤택하게 빛내도록 함과 '상생 공도'를 지킴에 있다. 이같이 그의 권리론에서는 권리와 법률은 서로 병존, 양립하면서 상생, 상보하는 관계에 있다. 달리 말

---

31) 여기서 '인욕을 막고 천리를 보전함[存天理遏人慾]'이란 주지하는바 주자학의 주 요 명제이다.
32) 후쿠자와도 이 같은 표현을 한 적이 있다. 즉 『문명론의 개략(文明論之槪略)』의 9장 「일본 문명의 유래」의 "문명의 자유는 다른 자유로 살 수 있는 것이 아니 다. 무릇 권의(權義)를 허용하고 이익을 얻고 의견을 듣고 힘을 강하게 함으로 써 피차가 평균(平均)하는 사이에 존재할 뿐이다. 또는 자유는 부자유에 즈음하 여 생기는 것이라 말해도 좋으리라."(『全集 4』, 145-146)는 서술이 그것이다. 이를 유길준은 읽었다고 본다.

해 '법률 경봉'론과 '상생 공도'론은 그의 권리론의 양 바퀴를 이룬다.

> 법률의 본뜻은 사람의 권리를 삼가 중하게 여김으로써 이를 보호함에 있다. …… 권리가 천하 사람들이 스스로 지닌 지극한 보배라 해도 그 실은 법률에 따라 붙어서 그 현상(現像)〔실제 모습〕을 보전한다. 그 때문에 사람의 권리는 법률이 내려주는 바라 말해도 틀린 평은 아니다(『전서 I』, 138-139).

그는 "법률은 스승, 권리는 제자"(『전서 I』, 139)라 비유하기도 한다. 그러나 거기에는 "만약 스승이 가혹한 기율(紀律)과 포학한 규례(規例)로 제자의 본분을 누르고 막는다면 좋은 스승이라 할 수 없다."는 유보 조건을 달고 있듯이 그의 '법률 경봉'론은 결코 '법우선'론이 아니다. 그에게는 "법률과 권리가 상제(相濟)하는〔서로 돕는〕 관계"(『전서 I』, 139)에 있는 것이다.

> 자유에는 양악(良惡)의 분별이 있다. 천리의 정직을 따르면 곧 양(良)자유, 인욕의 사벽(邪僻〔잘못된 버릇〕)에 맡기면 곧 악(惡)자유라 말한다. 통의에는 진가(眞假)의 구획이 존재한다. 진(眞)통의는 천연의 양자유를 지키나 가(假)통의는 인위의 악자유를 제멋대로 한다. 그 때문에 법률은 그 양악, 진가를 분별함으로써 인생 권리의 큰 병을 치료하는 금단(金丹〔만병통치의 약, 중요한 수단〕)이다(『전서 I』, 148).

천리를 바탕으로 천연의 '양자유, 진통의(=천부인권)'를 보호한다는 뜻에서 법률은 '금단'이다. 이 천부인권을 보호함이 법률의 목적이자 존재 이유이다. 여기서 유길준은 천리, 권리, 법률의 3위일체론을 전개하고 있다고 말할 수 있다.

이제 마지막으로 인권과 군권에 관한 유길준의 논지를 보고자 한다. 이것이 권리와 권력관계를 보는 그의 관점과 밀접한 관련이 있다고 보기 때문이다.

> 사람의 권리에는 현우(賢愚), 귀천, 빈부, 강약의 분별이 없으니 이는 세간의 대공지정(大公至正)한 원리이다. …… 사람이 세상에 태어난 후 점유하는 지위는 인작(人作[작위])의 구별이나 향유(享有)하는 권리는 천수(天授)의 공도이다. 본디 사람이 사람인 리는 천자로부터 필부에 이르기까지 조금도 차이가 없다. …… 천지간에 태어난 각인(各人)의 리에서 보면 사람 위에 사람 없고 사람 밑에 사람 없다. 천자도 사람이고 필부도 사람이다(『전서 I』, 134).

즉 사람의 권리는 군주든 서민이든 모두 평등하다는 것이다. 이같이 그는 철저한 자연권론을 바탕으로 하여 인간 평등관을 지니고 있었다. 이는 논리적으로 군주의 권리, 권력은 인권, 민권 위에 함부로 군림하거나 우선시될 수 없다는 관점으로 이어질 것이다.[33] 이렇듯 철저한 그의 자연권론은 어디에서 기인한 것일까? 그 요인은 다양할 것이다. 그러나 한 요인으로 주목할 것은 '대공지정한 원리, 천수의 공도, 리' 등과 같은 '전통' 관념의 강인함이다. 달리 말해 그의 자연권론은 서구의 자연권 관념보다 오히려 조선 전통의 천리자연권 관념을 바탕으로 한 것이었기에 그토록 철저한 모습을 보여주는 것이다.

---

33) 이런 관점은 후쿠자와의 논의 어디에서도 볼 수 없다. 후쿠자와의 군권론은 『제실론(帝室論)』(1882), 『존왕론(尊王論)』(1888) 등 저작에 보인다. 그 논지를 요약하면 천황, 황실의 권리(권위, 권력)는 '존엄 신성(尊嚴神聖)'이며 민권, 관권, 국권 등 모든 권리, 권력 위에 군림하는 '절대적인 것'이다.

5. 맺음말

이상에서 비교 고찰한 바와 같이 유길준도 니시도 천리자연권이란 관념을 바탕으로 하여 서구의 자연권 관념을 수용했다. 그러나 니시의 경우 1870년대 들어서면서 권력=권리라는 인식이 강해졌고 이에 따라 자연권을 부정하면서 동시에 권리보다 법, 권력을 우선하는 쪽으로 기울어갔다. 이는 그의 법 사고가 19세기적인 실정법주의에 접근해갔음을 뜻한다고 보아도 좋을 것이다. 만약 이를 '근대적이고 발전된 사고'라고 평가한다면 우리는 '근대주의적 시각'에 빠져 있다는 말이 될 것이다. 그러나 '근대의 상대화'란 시각에서 보면 그는 근대의 '부'의 방향으로 기울어갔다고 볼 수 있다.[34]

이에 비해 유길준은 법을 중시하고는 있으나 이를 권리보다 우선하지는 않는다. 그는 어디까지나 자연권을 우선하면서 권력=권리라는 인식을 지니려 하지 않는다. 권리는 법, 권력에 우선한다는 것이 그의 권리론의 확고한 입장이었던 것이다. 그의 법 사고의 특징은 한마디로 '천리, 권리, 법률'의 3위일체론이었다.

그렇다면 이들 두 사람의 권리론과 법 사고가 달라진 요인은 무엇이었을까? 거기에는 물론 여러 요인이 있었을 것이다. 그러나 가장 중요한 요인은 '리를 보는 태도'에 있었다고 본다. 그 배경에는 당연히 조선과 일본 주자학 내지 유학 전통의 사상 내면적 차이가 있다.

---

[34] 같은 경향은 니시에 국한된 것은 아니다. 당시 일본 지식인들의 일반적 경향이었던 것이다. 그 전형적 예는 가토 히로유키(加藤弘之, 1836~1916)이다. 그는 일찍이 『진정대의(眞政大意)』, 『국법범론(國法汎論)』, 『국체신론(國體新論)』 등의 저작을 통해서 자연권, 자연법을 논했으나 1882년에 출간된 『인권신설(人權新說)』에 이르러 이를 스스로 뒤집고 자연권, 자연법 존재 자체를 부정해버리고 만다.

중국[과 조선]에서도 많은 주자학 비판자가 나왔으나 이들은 그 내포를 재해석함으로써 '리' 개념 자체는 살려나가려고 했다. 이에 대해 일본에서는 '리'라는 것 자체에 대한 불신이 자주 표명되었다. …… '리'로부터 동떨어진 태도 [「理」への態度の懸隔]는 양 문화나 양국인의 '사고 양식, 정신 구조, 심성, 민족성' 등에서 격차를 드러내는 중요한 요인이 될 수 있으리라(渡邊浩, 1997: 71-72).

요는 일본 유학/주자학 전통에는 '리로부터 동떨어진 태도'가 현저하다는 것이다. 이에 비해 중국과 조선에서는 리를 중시했다. 물론 조선 유학사를 개관해보면 알 수 있듯 거기에도 리 특히 허리(虛理) 비판의 전통은 줄기차게 흐르고 있었다. 그래도 조선 유학자들의 리, 허리 비판은 강인한 리 중시의 뿌리를 바탕으로 전개되었고 단지 리 중시의 '부'를 비판했을 뿐이었다.

그렇다면 유길준과 후쿠자와의 권리론이나 법 사고의 차이로부터 다음과 같은 사항을 이끌어낼 수 있다. 즉 유길준의 천리자연권 관념은 후쿠자와의 그것에 비해 강인했으며 그만큼 천부인권 관념을 수용할 때 훨씬 강력한 이종교배를 일으켰다. 그 때문에 유길준의 천부인권론도 강인한 것이 되었던 것이다. 이와 더불어 자연과 작위의 문제를 생각하면 후쿠자와의 경우는 점차 '자연에서 작위로'라는 경향이 강해졌고 그 작위를 중시했다고 보아도 좋다.[35]

---

35) 단 주의할 것은 주자학이 자연의 리를 중시함은 사실이나 그렇다고 그것만 중시한다는 것은 아니라는 점이다. 주자학은 자연(무위)은 물론 '통치자의 작위'를 포함한 인간 모두의 작위를 중시한다. 또한 당위도 중시한다. 이는 실은 공자 이래의 유학의 전통이다. 유학에는 무위(자연)・유의(작위)・당위(당연)의 세 유형이 있고 또 이들의 조화(3위일체)를 추구하는 사상 전통이 있다. 그 상세한 내용은 김형효(金炯孝, 2003) 참조. 김형효에 따르면 공자 사상 안에는 안자학(顔子學), 맹자학, 순자학의 세 유형이 있다. 우선 안자학은 노장 사상과 불

그런데 유길준의 경우는 '자연에서 작위에'의 경향이 약하다거나 작위보다 자연을 중시했다고 볼 수 있을까? 그렇다고 볼 수 없다. 그는 자연도 작위도 중시했다. 또 당위도 중시했다. 그 때문에 그는 자연에서 작위에의 경향을 보여줄 때에도 그것이 반드시 중심 이동을 뜻하는 것은 아니었다. 달리 말해 작위 범주가 넓어져도 그것이 자연이나 당위 범주를 좁히지 않고 함께 병행했던 것이다. 전술한 것처럼 그의 천리자연권 관념과 이를 바탕으로 한 천부인권론은 '법률 경봉'론과 병행하면서 '천리, 권리, 법률'의 3위일체론을 구성했던 것이다.

구로즈미 마코토는 근세 일본의 유교가 "그 본질적 핵이라 할 이념과 제도를 결하고 있었기" 때문에 오히려 "자의성(恣意性)을 얻어 …… 다방면으로 뻗어나갈 수 있었다."고 보고 있다(黑住眞, 2003: 26). 그러나 이로 말미암은 문제점을 구로즈미는 다음과 같이 지적한다. 근세 일본의 "유학자들은 지금·여기에로의 particularism, 퇴행, 자아부정

교의 선 사상과 연관되어 있으며 후에 송대의 정호(程顥, 호는 明道, 1032~1085)로부터 본격 발동하여 육구연(陸九淵, 호는 象山, 1139~1192)을 거쳐 명대의 왕수인(王守仁, 호는 陽明, 1472~1528)으로 이어졌다고 한다. 다음으로 맹자학은 공자의 제자였던 증자(曾子)의 사상을 계승하고 또 안자학도 포함한다는 뜻에서 '무위 유학'과 '당위 유학'의 두 성향을 배태하고 있다. 이 증자의 '당위 유학' 전통은 이른바 도학의 도통으로서 한대와 당대의 정치 유학을 거쳐 송대의 정이(程頤, 호는 伊川, 1033~1107)의 도학과 주자의 종합 유학으로 이어졌다. 마지막으로 순자학은 '유위 유학' 또는 '실용적 유학'이다. 이 순자의 유학을 '작위 유학'이라 불러도 좋으리라.

덧붙여 말하면 작위(유위)만을 중시할 때 그것이 '위(僞)'가 될 경우도 있다. 그리하여 천지 만물이나 인간 사회에 무위와 당위에 문제가 발생하게 된다. 이러한 작위의 문제점에 관해서는—공자에게도 영향을 준—노자의 가르침을 음미하면 좋을 것이다. 예컨대 『노자(老子)』에는 "대도(大道)가 폐(廢)하니 인의(仁義)가 생겼다. 지혜(慧智)가 나오니 대위(大僞)가 생겼다."(18장)라든가 "상덕(上德)은 무위(無爲)이면서 또 이루지(爲) 못하는 게 없다. 하덕(下德)은 이를 이루나 그로써 이루지 못하는 게 있다. 상인(上仁)은 이를 이루면서 또 이루는 게 없다. …… 그 때문에 도를 잃고 난 후 덕이 생겼고 덕을 잃고 난 후 인이 생겼다."(38장)라는 가르침이 있다.

등을 자학적으로 행하는 경향으로 흘렀다. 도쿠가와(德川) 유교에서 보이는 본체적 리의 부정은 이런 뜻에서 인식의 포기와 추종의 논리에 까지 이르고 있다."(黑住眞, 2003: 56-57)

원래 리는 '원리, 규칙, 이성' 등을 뜻하며 예, 도, 공, 의 등의 관념과 상호 연관된 개념이다. 달리 말해 리는 '초월성, 보편성, 공공성'을 상징하며 따라서 자타를 초월한 이념, 관념, 가치, 규범 등 '보편적이자 공공적인 것'을 표상한다. 그런데 '리로부터 동떨어진 태도'가 보여주듯 일본 사상의 전통에서는 이런 사항들, 즉 '보편적이자 공공적인 것'이 약했다고 본다. 물론 그것이 없었던 것은 아니다. 단 '리로부터 동떨어진 태도'가 그것과 비친화적이었음을 상징한다는 사실은 부정할 수 없다. 이런 사실이 후쿠자와를 비롯한 일본 지식인의 자연권이나 권리 관념의 취약성으로 이어졌음도 부정할 수 없다. 그 취약성이 오히려 일본의 근대, 근대화에 도움을 주었다는 역설이 성립할지라도 말이다.

참고 문헌

『公法會通』(1880).
『노자』.
『논어』.
『萬國公法』(1865).
『맹자』.
『福澤諭吉全集』(1969~1971), 全21卷, 岩波書店.
『西周全集』(1961), 全4卷, 宗高書房.
『性法略』(1871)
『兪吉濬全書』(1971), 전5권, 일조각.
『중용』.
김봉렬, 1998, 『유길준 개화사상의 연구』, 경남대학교출판부.

김봉진, 2009a, 「글로벌 공공철학으로서의 한사상」, 『한류와 한사상』, 도서출판 모시는사람들.

김봉진, 2009b, 「서구 '권리' 관념의 수용과 변용: 유길준과 후쿠자와 유키치의 비교 고찰」, 『東方學志』 제145집(2009년 3월), 연세대학교 국학연구원.

金炯孝, 2003, 『物學 心學 實學』, 청계.

李相益, 2004, 『儒敎傳統과 自由民主主義』, 심산.

田鳳德, 1981, 『韓國近代法思想史』, 박영사.

정용화, 2004, 『문명의 정치사상: 유길준과 근대 한국』, 문학과지성사.

加藤周一〔가토 슈이치〕・丸山眞男〔마루야마 마사오〕, 1991, 『飜譯の思想』, 岩波書店.

溝口雄三〔미조구치 유조〕, 1995, 『中國の公と私』, 硏文出版.

金鳳珍, 2004, 『東アジア「開明」知識人の思惟空間―鄭觀應, 福澤諭吉, 兪吉濬の比較考察』, 九州大學出版會.

金鳳珍, 2008, 「西周における『權利』觀念の受容と變容―兪吉濬との比較考察」, 北九州市立大學大學院社會システム硏究科, 『社會システム硏究』第6号(2008年 3月).

渡邊浩〔와타나베 히로시〕, 1997, 『東アジアの王權と思想』, 東京大學出版會.

柳父章〔야나부 아키라〕, 1982, 『翻譯語成立事情』, 岩波書店.

李曉東〔리샤오둥〕, 2005, 『近代中國の立憲構想―嚴復・楊度・梁啓超と明治啓蒙思想』, 法政大學出版局.

米原謙〔요네하라 켄〕, 1986, 『日本近代思想と中江兆民』, 新評論.

小泉仰, 2007, 「『原法提綱』における西周の權利思想」, 島根縣立大學西周硏究會 編, 『西周と東西思想の出會い』, 同硏究會報告書.

小泉仰〔고이즈미 다카시〕, 1989, 『西周と歐米思想との出會い』, 三嶺書房.

井上厚史〔이노우에 아츠시〕, 2005, 「西周と儒敎思想―『理』の解釋をめぐって―」, 島根縣立大學西周硏究會編, 『西周と日本の近代』, ぺりかん社.

黑住眞〔구로즈미 마코토〕, 2003, 『近世日本社會と儒敎』, ぺりかん社.

Bauer, Joanne R. and Daniel A. Bell eds., 1999. *The East Asian Challenge for Human Rights*, Cambridge University Press.

de Bary, Wm. Theodore and Tu Weiming eds., 1998, *Confucianism and Human Rights*, Columbia University Press.

Donnelly, Jack, 1999, "Human Rights and Asian Values: A Defense of 'Western' Universalism', Joanne R. Bauer and Daniel A. Bell eds., *The East Asian Challenge for Human Rights*, Cambridge University Press.

11장 인권과 문명, 그리고 아시아적 가치:
'보편적인 것'의 정치성과 '열린 보편성'

김석근

1. 인권, 다시 보기

오늘날 '인권(Human Rights)'은 이미 당연한 것 내지 보편적인 것으로 여겨지고 있는듯하다. 아울러 인권이란 말은 우리 일상생활에서도 널리 쓰이고 있다. 인권유린, 인권침해, 인권 보장, 인권 옹호 등. 그래선지 원칙적으로 그 '당위성'에 대해서는 충분히 강조되고 있으며,[1] 이제 그 사상적 연원과 배경 그리고 역사적 전개 등에 대해서도 활발하게 논의되기 시작했다.[2]

하지만 조금만 자세히 들여다보면 '인권'이란 개념/용어는 여전히

---

[1] 지난 2001년 국가인권위원회법에 따라 설립된 '국가인권위원회'가 하나의 좋은 증거가 될 수 있지 않을까 한다. 국가인권위원회는 입법·사법·행정부에 소속되지 않는 독립적인 국가기구이다.
[2] 인권과 관련된 수많은 서적이 좋은 증거가 될 것이라 생각한다. 그것들에 대한 소개는 생략하기로 한다.

논쟁적이고 정치적인 것이라 하지 않을 수 없다. 특히 국제정치 영역, 더구나 국가 간의 관계에 있어서도 더러 어떤 특정한 국가의 '인권' 문제와 상황이 구체적으로 지적되기도 한다.3) '인권 외교'라는 용어도 등장해서 쓰이고 있다. 입장에 따라서 강대국이 간섭을 위해서 혹은 영향력을 행사하기 위해서 내세우는 명분처럼 비판당하기도 한다.4) 그래선지 인권에 대해서 '그 위선의 역사'가 지적되기도 하며(셀

---

3) 이라크전쟁을 둘러싼 다양한 입장 표명 역시 그런 측면에서 이해할 수 있을 것이다.
4) 단적인 한 예로『조선대백과사전』28권(2001)에서는 '인권 외교'라는 항목에 대해 이렇게 정의하고 있다. "미제를 우두머리로 하는 제국주의자들이 이른바 '인권 옹호'의 간판 밑에 들고 나온 교활한 침략 정책"(593쪽). 이어『김일성저작집』32권의 인권과 관련된 구절("오늘 미제의 우두머리들을 비롯한 제국주의자들은 민주주의와 인권의 '옹호자'로 자처하면서 사회주의적 제도를 반대하는 반공 소동에 그 어느 때보다도 열을 올리고 있습니다.")을 인용하고 나서 다음과 같이 부연 설명하고 있다. 조금 길지만 한 극단의 입장인 만큼, 인권의 논쟁성과 정치성이란 측면의 참고를 위해서 인용해두기로 한다.
"1970년대 후반기에 미국 지배층은 민주주의와 인권의 '옹호자'로 자처하면서 이른바 '인권 외교'를 표방하고 나섰다. 그들은 '인권 옹호'의 구호를 내걸면서 인권이 유린되고 있는 나라들에 저들의 '영향력을 행사'하겠다느니 하고 떠들어댔다. 미국 지배층은 '인권 존중이 미국의 기본적인 가치관'이며 '인권 문제는 미국의 대외 정책에서 중추를 이루는 문제'라고 하면서 저들이 마치도 세계 인민들의 인권 옹호에 관심이나 있는 듯이 가장해 나섰으며 사회주의 나라들과 발전 도상 나라들에서 인권이 유린되고 있는 것처럼 기만선전을 벌리였다. 이렇게 함으로써 미제는 침략자, 인권 교살자로서의 저들의 정체를 감싸고 세계 인민들의 반미 감정과 반미 투쟁을 무마시키며 다른 편으로는 다른 나라들에게 서방식 인권, 부르죠아 가치관을 내리먹여 이 나라들을 내부로부터 와해하여 저들에게 예속시키려고 꾀하였다. 결국 미제를 비롯한 제국주의의 '인권 외교'란 무력으로 이룩하지 못한 침략 목적을 '인권 옹호'의 간판 밑에 실현해보려는 교활한 술책이다. 그것은 미제가 일관하게 견지하고 있는 힘의 정책의 장식물이다. 제국주의와 인권은 량립될 수 없으며 미제는 세계 최대의 인권유린자이다. 미국은 세계에서 사회적 불평등과 빈부의 차이가 가장 심하고 인민들에 대한 억압과 인권유린이 가장 혹독한 나라이다. 절대다수의 근로대중은 아무런 정치적 자유와 권리도 가지지 못하고 인간의 존엄이 무참히 짓밟히고 있는 것이 미국의 현실이다. 미국에 '인권'이 있다면 한 줌도 못되는 특권 계층이 인민대중의 피땀을 짜내여 부귀영

라스, 2003), 그에 뒤얽힌 비판적인 소문 역시 여전히 들려오고 있다.

효율적인 논의를 위해서, 나로서는 현재 상황에 이르기까지 성장해 온 인권의 의미와 그 성과에 대해서 충분히 인정하며, 또 그 같은 전제 위에 서 있음을 미리 밝혀두고자 한다. 다만 진정으로 보편적인 인권 논의를 위해서, 현재 우리가 말하고 있는 '인권'은 과연 보편적인 것인가 하는 의문을 조심스레 한번 던져보고자 할 뿐이다. 가능하다면 인권 문제와 관련된 논의의 심화와 업그레이드를 위해서 한번쯤 되짚어보려는 입장을 취하려는 것이다. 다른 말로 하자면 이미 일상화된 용어로서의 인권, 그리고 지금도 여전히 문제가 되고 있는 인권에 대해서 그것이 지니고 있는 역사적 의미와 함의에 대해서 비판적으로 검토해보고자 한다.

이하에서는 먼저 오늘날 우리가 쓰는 '인권'이란 용어가 'Human Rights'라는 개념의 번역어로 등장했다는 점을 지적하고자 한다. 그 둘 사이에 미묘한 의미상의 거리가 있을 수도 있다는 것이다. Human Rights라는 말은 실질적으로는 '인간(Human)'(더 구체적으로는 역시 '개인(Individual)')과 '권리(Rights)'로 이루어진 합성어라는 점, 그리고 'Human Rights'라는 개념은 그 두 개념(용어)의 의미 위에 비로소 성

화를 누리며 인민들을 억압, 멸실할 권리가 있을 따름이다. 미제는 자기 나라에서뿐아니라 남조선을 비롯한 저들의 식민지, 예속 국가들에서도 인권을 여지없이 유린하고 있다. 그 단적인 실례가 1980년에 미제가 남조선괴뢰군을 내몰아 광주인민봉기를 류혈적으로 진압하여 대학살 만행을 감행한 것이다. 미제를 비롯한 제국주의자들은 오늘도 세계에서 '인권의 재판관'처럼 행세하면서 사회주의나라들과 발전도상나라들에서의 인권에 대하여 터무니없이 걸고 들고 이 나라들을 저들에게 순종시키려고 날뛰고 있으며 이것이 통하지 않자 정치, 경제, 군사적 압력과 위협을 가하는 횡포한 짓도 서슴지 않고 있다. 그러나 제국주의자들은 극악한 인권 교살자로서의 저들의 정체를 결코 가리울 수 없으며 그들의 '인권 외교'도 세계 인민들과 공정한 사회 여론의 강력한 규탄과 배격 속에서 파탄을 면치 못하고 있다."(593쪽)

립 가능한 것이라는 점도 언급할 것이다.

이어 'Human Rights' 관념은 냉정하게 그 기원을 바라보자면 서구(유럽) 문명이 만들어내고 이룩해낸 것이며, 따라서 흔히 말하는 것처럼 '보편적인' 것이라기보다는, 보편적이라는 주장과 더불어 비서구 세계로 '전파'되고 '번역'된 것이라는 속성을 드러내 보이고자 한다. 다시 말해서 그 출발점에서부터 서구 중심주의 내지 유럽 중심주의의 영향하에 있었다는 것, 흔히 말해지는 보편성이라는 것이 어쩌면 지극히 '정치적'인 것일 수도 있었다는 것이다. 나아가 인권 논의의 지평을 넓히기 위해서, 그런 인권을 근래 활발하게 논의되기 시작한 서구 중심주의에 대한 비판, 문명권(文明圈)에 대한 논의, 그리고 '아시아적 가치(Asian Value)' 논쟁과 관련해서 어떻게 다시 볼 수 있는가, 그리고 또 어떻게 다시 보아야 할 것인가 등을 다루어보고자 한다.

이 같은 검토를 토대로 지난날 흔히 말해지던 '보편적인 것'들에 담겨 있을 수 있는 '정치성'을 새삼 되돌아봄과 동시에 문화의 차이와 다름을 감싸 안을 수 있는 다원적인 인권 개념, 나아가 전 지구적인 적실성을 가질 수 있는 진정한 보편적 인권의 모색이라는 현재적 혹은 미래지향적인 전망에 대해서 언급해보고자 한다.

2. Human Rights와 人權

한자어 '인권(人權)'에 대해서, 『대한화사전(大漢和辭典)』의 해당 항목은 "넓은 의미에서는 인류 모두가 주장해야 할 권리, 좁은 의미에서는 인권 중의 인격권"[5]이라는 식으로 간략하게 적고 있을 뿐이다. 그

---

5) "廣義では, 人類一切の主張すべき權利. 狹義では, 人權中の人格權."(『大漢和辭典』 1

짧은 설명에 다시 '권리'와 '인권'이란 용어가 나오고 있어 보기에 따라서는 동어반복이라는 느낌마저 안겨주고 있다. 다른 단어에 대해서는 한문으로 쓰인 옛 전적에 나오는 용례를 친절하게 실어주고 있는 것과는 좋은 대조를 이루고 있다. 그런 실제 용례가 없었던 것이다.

그러니까 '인권'이란 말은 동아시아 세계에 등장한 신조어였다. 그것은 'Human Rights'의 번역어로서 굳어지게 된, 새로 만들어진 용어였던 것이다. 그만큼 낯설었다는 말도 되겠다. 누가, 언제, 그리고 어떻게 번역했는가 하는 부분은 좀 더 자세한 검증이 이루어져야 할듯하다. 아마도 Human Rights의 한 요소에 다름 아닌 'Rights'라는 개념이 우여곡절을 거쳐서 '권리(權利)'로 번역이 굳어지는 과정[6]과 무관하지 않을 것이다. 하지만 결과적으로 보자면, 어느 순간부터 '인권

卷: 559).

[6] 일본에서는 번역자에 따라 용어는 조금씩 달랐다. 예컨대 니시 아마네(西周)는 『백일신론(百一新論)』에서 단순히 '권(權)'이라 했으며, 나카에 초민(中江兆民)은 『민약역해(民約譯解)』(1882)에서 droit를 경우에 따라서 '권(權)' '의(義)' '도리(道理)' 등으로 번역하기도 했다. 수많은 번역어를 만들어냈던 후쿠자와 유키치의 경우, 권리(權利) 대신에 '권리(權理)'를 사용하기도 하고, 또 길게 '권리통의(權理通義)', 다시 줄여서 '권의(權義)'로 쓰기도 했다(『학문의 권장』 제2편, 3편).
『서양사정(西洋事情)』과 미국 「독립선언서」 번역에서는 '통의(通義)'를 썼다. '통의'라는 단어는 "천하 일반에 통하는 불변(不變)의 도리(道理). 세간(世間) 어디에도 통용되는 도리. 통의(通誼). 통칙(通則)"이라는 의미를 갖는다. 다음과 같은 용례를 확인할 수 있다. "'或勞心, 或勞力, 勞心者治人, 勞力者治於人, 治於人者食人, 治人者食於人, 天下之通義也.'(『孟子』「藤文公上」); '不卹公道通義.'(『荀子』「臣道」); '父死子繼, 兄死弟及, 天下通義也.'(『史記』「宋微子世家」); '和氣致祥, 乖氣致異, 祥多者其國安, 異者其國危, 天地之常經, 古今之通義也.'(『漢書』「劉向傳」); '冠而後娶, 古今之通義也.'(『孔叢子』「論書」)"(『大漢和辭典』 11卷: 57). 그렇기 때문에 후쿠자와는 '통의'를 right의 번역어로 채택하기도 했던 것이다. 유교적인 편견(?)에서 벗어나지 못했다기보다는, 유교적 소양을 가진 사람들에게 '통의'라는 익숙한 한자어를 통해서 낯선 right라는 새로운 개념을 이해, 납득시키려 했던 것이다. 일종의 '격의(格義)'라 해도 좋겠다. 이에 대해서는 야나부 아키라(柳父章, 1996) 및 김석근(金錫根, 2001) 참조.

(人權)'은 Human Rights의 번역어로 굳어지게 되었으리라는 점을 추측해볼 수 있겠다.

아울러 인권 개념과 관련해서 다음의 두 가지 흥미로운 측면을 지적해두고자 한다. 번역어로서의 '인권'의 위상과 의미를 역사적으로 그리고 입체적으로 이해하는 데 다소나마 도움이 되지 않을까 한다.

첫째, 동아시아에서 용어 자체로서의 '인권'은 근대 일본에서 일찍부터 쓰였다는 점이다. 처음에 계몽사상가로 출발했지만 훗날 국가주의자로 변신하게 되는 가토 히로유키(加藤弘之)는 1882년에 내놓은 자신의 저서에 『인권신설(人權新說)』이라는 타이틀을 붙이고 있다. '인권'이란 용어를 분명하게 의식적으로 구사한 것이다. 또한 '천부인권(天賦人權)'이라는 용어 자체도 일찍부터 쓰여지고 있었다. 용어가 아닌 개념으로서는 그보다 더 이른 시기에, 미국「독립선언서」와 헌법을 번역한 후쿠자와 유키치(福澤諭吉)의 『서양사정(西洋事情)』에서 이미 찾아볼 수 있을 것이다.[7]

둘째, '인권'이 Human Rights의 번역어로 굳어지기 전까지, '인권'에는 다양한 의미가 담겨지고 있었다는 점이다. 예컨대 1925년 출판된 『광사림(廣辭林)』(三省堂)의 '인권' 항에서는 1) 채권(債權)을 들고 있다. 민법상의 물권(物權)에 대한 채권이 그렇게 불리기도 했다는 것이다(이는 1907년의 『사림(辭林)』도 마찬가지였다). 물론 이어 2) 인격권(人格權), 3) 인류가 태어나면서부터 향유하는 자유평등의 권리, 즉 천부인권이라 하고 있다.[8] 따라서 '천부인권'이 아니라 '인권'이 오로지 오늘날 우리가 쓰는 '인권'(즉 Human Rights의 번역어) 개념으로 쓰이게 되는 것은 상당히 후대의 일이라는 것을 미루어 짐작할

---

7) 이 부분은 내가 현재 번역 중인 『서양사정』 번역 원고를 참조했다.
8) 이 부분은 히구치 요이치(樋口陽一, 1996: 21)를 참조했다.

수 있다.

더욱이 1880~90년대 일본에서 그리고 더 넓히자면 동아시아에서 정작 각광을 받았던 용어는 실은 '인권'이라기보다는 '민권(民權)'이었다는 사실을 덧붙여 두고자 한다.9) 그것은 1880년대 일본의 운동과 사상계를 풍미하다시피 했던 '자유민권운동(自由民權運動)'이 상징적으로 말해준다고 하겠다.10) 그 시대의 최대 관심사는 '인권'이 아니라 '민권'이었던 것이다. 인권과 민권에 담기는 뉘앙스의 차이―'인'과 '민' 사이의 거리와 함의―가 얼마나 큰 것인지는 새삼 말하지 않아도 될 것이다.

그러므로 문제는 어떤 '인(人)'인가, 혹은 인(人)에 담기는 내포(內包)가 무엇인가 하는 것이다. 여기서 우리는 'Human Rights'와 번역어

---

9) 민권에 대해서 마루야마 마사오는 이렇게 정리하고 있다. "마루야마: 복수와 단수의 구별이 없다는 점에서 생각해낸 것이 '민권(民權)'이지요. '자유민권운동'은 일본에서는 일상적인 단어입니다만, 서양인들은 번역하는 데 애를 먹습니다. 지금이야 freedom and people's rights movements라는 번역어가 정착되었습니다만, 처음에는 아주 이상하게 느꼈던 것 같습니다. 즉 people's rights라는 것은 없지요. right는 어디까지나 개인의 권리이지, 민권이라는 의미가 되지 않습니다. 그 점을 알아차린 사람은 역시 후쿠자와입니다. 민권(民權)이라 하지만, 인권(人權)과 참정권(參政權)을 혼동하고 있다고, 후쿠자와는 말했지요. 인권은 개인의 권리이지 인민의 권리는 아니다. 그러므로 국가권력이 인권, 즉 개인의 권리를 침해해서는 안 된다. 인민이 참정권을 가져야 한다는 것을 민권이라 할 때, 거기에는 개인 일반 인민의 구별이 없다고, 후쿠자와는 말했습니다. 그 감각이 아주 예리합니다. 집합개념으로서의 인민의 권리와 개개인의 individual한 권리."(丸山眞男 外, 1998: 89-90)

10) 메이지(明治) 시대 전기, 번벌 정치(藩閥政治)에 반대해서 인민의 자유와 권리를 요구했던 정치 운동. 1874년 이타가키 다이스케(板垣退助) 등에 의한 민찬의원설립건백서(民撰議院設立建白書) 제출이 시작되어, 국회 개설을 요구하는 운동으로 전국적으로 확산되었다. 나중에 자유당(自由党)·입헌개진당(立憲改進党)이 결성되어, 조직적인 운동을 전개했지만, 후쿠시마사건(福島事件)·지치부사건(秩父事件) 등이 진압되면서 쇠퇴하게 되었다. 일각에서는 '일본 부르주아민주주의 혁명운동'으로 자리매김하기도 한다.

'인권(人權)' 사이에 존재할 수도 있는—하지만 '번역어'라는 무의식적인 '프리즘'을 통해서 그들 둘은 거의 즉자적으로 같은 것으로 여겨지고 있다—미묘하고 섬세한 '의미 공간'에 대해서 주목해야 할 것으로 여겨진다. 아울러 오늘날 '인권' 문제를 둘러싼 상당한 오해는 정작 거기서부터 비롯되고 있는 게 아닐까 하는 염려도 없지 않다.

지극히 사전적인 정의에 의하면, Human Rights는 다음과 같은 것을 가리킨다고 할 수 있겠다. (1) "*rights* that belongs to *an individual* as a consequence of being human. They refer to a wide continuum of values that are universal in character and in some sense equally claimed for all human beings. Human rights are understood to represent individual and group demands for the shaping and sharing of respect, tolerance, and forbearance in the pursuit of other values."(*The New Encyclopedia Britannica* vol. 6. 1990. 강조는 인용자)

그리고 흔히 국제적으로 'Human Rights(인권)' 문제가 논란되고 있는 곳 중의 하나인 북한(조선인민민주주의공화국)에서도 '인권'은 다음과 같이 정의되고 있다. (2) "사람이 사회적 존재로서 마땅히 가져야 할 권리. 사람이 자연과 사회의 주인의 지위를 차지하고 주인으로서의 역할을 하자면 정치, 경제, 문화를 비롯한 사회생활의 모든 분야에서 인간의 자주적 본성에 맞는 권리, 인권이 보장되어야 한다. 인권은 사람이 사회적 존재로서의 존엄을 가질 권리, 정치적 권리와 경제 문화적 권리, 불가침권 등을 기본 내용으로 하고 있다. 사람은 태어날 때부터 세상에서 가장 귀중한 존재로서 사회적으로 존중받아야 할 권리를 가진다."(『조선대백과사전』: 593. 강조는 인용자)

이렇게 본다면, 우리가 'Human Rights(人權)' 개념에서, 그것을 구성하는 중요한 두개의 요소, 즉 'Rights(권리)'와 'individual(개인)'에 주목하는 것은 자연스러운 귀결이라 할 수 있겠다. 그 핵심을 말하자면 역시 누구의 권리인가(Whose Rights?) 하는 점이라 하겠다. 내가 힘주어 말하고 싶은 것은 바로 'individual(개인)'이라는 것이다.[11] 예컨대 위의 (2)에서는 '사람'이라 했는데, 거기서는 'individual(개인)' 부분이 분명하게 드러나지 않는다. 거기서 말하는 사람은, 굳이 말한다면 "사람이 곧 하늘〔人乃天〕"이라는 명제에서의 '사람〔人〕'과 거의 다르지 않다. 거칠게 말하자면 오해는 바로 거기서부터 나오고 있지 않나 하는 것이다. 이는 바로 앞에서도 언급했듯이, 19세기 말 동아시아에서 '개인'의 '권리'보다는 오히려 '민권(民의 權利)'이란 용어가 등장해서, 중요한 의미를 지녔던 것에서도 확연히 드러난다. 예컨대 메이지 일본에서의 '자유민권운동'이나 손문(孫文)의 '삼민주의(三民主義. 民族, 民權, 民生)'가 그 좋은 예라 하겠다. 집합개념으로서의 '민(民)'이 아직은 '개인'으로 분화되기 이전 단계에 머물러 있는 것이다.

역사적으로 Human Rights(인권)의 사상적 연원과 배경은 얼마든지 고대로까지 거슬러 올라갈 수 있겠지만, 오늘날 우리가 말하고 있는 Human Rights(인권)는 엄밀하게 말해서 역시 '개인'을 단위로 하는 '권리'라 해야 하지 않을까. 어디까지나 근대적인 의미에서의 그것이라 해야 하지 않을까. 아울러 '개인'과 '권리'라는 개념(용어), 그것들이야말로 '인권' 개념을 구성하는 핵심 구성 요소라 할 수 있을 것이

---

11) 실제로 individual의 번역어가 개인(個人)으로 굳어지기까지에는 우여곡절이 있었다. 『영화대역수진사서(英華對譯袖珍辭書)』(1862)는 '히토리(獨り)', 『화영어림집성(和英語林集成)』(1867)는 '히토리, 일인(一人, 이치닌)', 그리고 『부음삽도영화자휘(附音挿圖 英和字彙)』(1873)에서 '일인(一人)'이라 했다. 그러나 사상가들은 역시 의미의 격차를 감지할 수 있었다. 나카무라 마사나오(中村正直)는 '인민개개(人民箇箇)' '인민일개(人民一箇)' '자기일개(自己一箇)'(『自由之理』, 1872), 니시무라 시게키(西村茂樹)는 '잇신노미모치(一身ノ身持)'(「西語十二解」, 『明六雜誌』, 1875)라 했다. 그들은 (individual에 대비되는) society에 대해서는 각각 '중간회소(즉정부)〔仲間會所(卽チ政府)〕' '중간의 교제(仲間ノ交際)'라 했다. 이에 대한 자세한 논의는 김석근(2004; 2009) 참조.

다. 당연한 것이지만 그들 역시 번역어로서 새롭게 등장한 것이었다.

3. 인권과 아시아적 가치: 문명론적 관점

1) 인권 문제와 동아시아

앞에서 살펴본 대로 'Human Rights' 관념, 그리고 그 관념을 구성하고 있는 핵심적인 요소라 할 수 있는 '개인'과 '권리' 개념은, 19세기 말부터 동아시아[12] 세계에 전파되기 시작했다. 관념과 개념이 전해지고, 번역과 이해 작업이 뒤따랐으며, 새로운 용어가 등장하게 되었다. 19세기 한국에서도 그런 작업이 이루어지고 있었다. 하지만 새로운 개념이 전해지고 새로운 용어가 생겨났다고 해서, 그것이 곧바로 '현실'이 되는 것은 아니었다. 장기적으로 보자면, 새로운 생각이 현실을 만들어가는 하나의 유력한 추동력이 된다고 할 수는 있겠지만.

더욱이 동아시아를 비롯한 대부분의 비서구 사회는 서구 열강의 강압적인 제국주의 침략과 식민지 체험을 강요받지 않을 수 없었다. 서구의 국제 세계 바깥에 위치한 그들은 새로운 형태의 '개인의 권리'를 주장하기에 앞서서 기존 체제하에서의 '민의 권리(민권)'를 주장하기도 했지만, 역시 그들에게는 전체적으로 '국가(정치 공동체)'와 '민족(집단)'의 권리가 더 큰 문제였다고 해도 좋을 것이다. 근대 동아시아 역사에서 (인권(개인의 권리)에 대비되는) '국권(國權)'에 대한 논의(예컨대 '국권론'이나 '국권 회복 운동' 등)가 무성했던 것 역시 나름대로의 방증 자료가 된다고 하겠다. 또한 일찍이 서구의 근대사상을

---

[12] '동아시아' 개념과 범위 등에 대해서는 김석근(2005) 참조.

접하고서 개인의 권리를 주장했지만 실제 국제사회에서의 냉혹한 현실을 목도하고서는, 점차로 뒤로 물러서면서 국가주의, 국가 중심주의로 나아갔던 지식인들을 어렵지 않게 찾아볼 수 있다.[13]

한동안 비서구 사회에서 근대화에 성공한 유일한 사례로 꼽히곤 하던 일본에서도, 그 실상을 들여다보면, 개인의 권리로서의 인권은 역시 충분히 구현되지 않았다. 이른바 '대일본제국헌법(大日本帝國憲法)'에서는 '신민(臣民)'의 권리를 언급하는 데 머물러 있었다. 개인이 아닌 신민, 그러니 '신민'과 인권 사이에는 어쩔 수 없는 간격이 존재한다.[14] 더욱이 국체(國體, 고쿠타이)가 강조되고 있던 1930~40년대의 초국가주의하에서 개인의 권리로서의 인권을 찾아보기란 거의 불가능한 것이었다. 그 시대에 일본의 식민지였던 한국은 더 말할 필요도 없을 것이다.

사정이 그러했으니, 어떤 형태로건 동아시아 세계에서 인권이 가시적으로 드러나는 것은 역시 1945년 8월 15일 이후가 아닐까. 제2차 세계대전의 종전과 국제 질서 재편 과정이 전기가 되었을 것이다. 이후 인권은 동아시아에서도 주요한 관심사로 떠오르게 되었다. 1948년 국제연합(UN)총회에서 통과된 세계인권선언(世界人權宣言, Universal Declaration of Human Rights),[15] 그리고 1966년 채택된 국제인권규약(國

---

13) 예컨대 가토오 히로유키의 경우, 천부인권에 대해서 "절대로 실존하지 않는다 (絶テ實存スルニアラズ)."고 선언했으며, 스펜서류의 '진화주의' 내지 사회진화론을 적극적으로 받아들이게 된다.
14) 제2차 세계대전 이후 제정, 공포된 '일본국헌법(日本國憲法)'에는 "모든 국민은 개인으로서 존중된다(すべて國民は個人として尊重される)"(13조)라는 구절이 보인다. '개인'의 의미를 분명하게 밝힌 셈이다. 흔히 '인권 조항'으로 불리는 제3장(10~40조)의 표제는 '국민의 권리 및 의무'로 되어 있다. 인권이라는 단어는 '기본적 인권'으로 사용되고 있다(樋目陽一, 1996: 28 참조).
15) 1948년 12월 10일 국제연합총회에서 통과되었다(국제연합총회 결의 217 A (III)). 가장 많은 언어로 번역된 국제연합총회 결의라 한다. 이는 그에 앞서 1946년

際人權規約, International Covenants on Civil and Political Rights)16) 등이 증거가 된다고 하겠다. 국제연합총회 결의인 세계인권선언이 (법적 구속력이 아니라) 권고적 효력만 지니고 있는 데 반해서, 국제인권규약은 최초로 법적 구속력을 가진 세계적인 인권 관련 국제법이라 할 수 있겠다.

이후 60여 년 시간의 흐름과 더불어 인권에 관한 관심은 끊임없이 높아져왔다고 할 수 있겠다. 그런 흐름이 갖는 긍정적인 성과와 의미를 누구도 부인할 수 없을 것이다. 하지만 선언과 현실 사이에는 언제나 일정한 거리가 존재하기 마련이다. 국제규약 내지 국제법상의 인권 조항이, 특히 동아시아의 현실에서 과연 얼마나 적실성을 갖는 것이었는지는 더 깊이 따져보아야 할 문제라 하겠다. 인권은 선언과 규약의 규정에 머물러 있고, 현실은 무관하게 나아갔던 것은 아닐는지. 아무튼 그 문제의 본질에 대해서 제대로 바라볼 수 있게 된 것은, 역시 동서 냉전과 이념 대립에서 자유로워진 이후, 그리고 제도적인 민주화가 이룩된 이후가 아닐까 한다.

2) 서구 중심주의와 문명론

지난 1991년 '근대세계체제론(the Modern World System)'으로 널리 알

국제연합인권위원회가 작성한 '인권장전 초안(Draft Outline of a Bill of Rights)'을 발전시킨 것으로 볼 수도 있겠다.
16) 1966년 12월 16일 제21차 국제연합총회에서 채택되었다. 이는 '경제적·사회적·문화적 권리에 대한 규약(A규약)과 '시민적·정치적 권리에 대한 규약(B규약) 그리고 A규약과 B규약 각각의 부속 선택의정서(附屬選擇議定書)로 이루어져 있다. A규약은 1976년 1월에, B규약과 그 부속 선택의정서는 같은 해 3월에 각각 발효되었다. 그리고 세계인권선언 60주년을 맞은 2008년 6월 유엔인권이사회는 '경제적·사회적·문화적 권리에 관한 국제규약'의 선택의정서를 채택했다.

려진 임마뉴엘 월러스타인(Immanuel Wallerstein)은 자신의 저서에 *Unthinking Social Sciences: The Limits of Nineteenth-Century Paradigms*라는 독특한 타이틀을 붙였다. 그 책의 한국어판은 『사회과학으로부터의 탈피: 19세기 패러다임의 한계』라는 제목을 붙이고 있다. 한국인 독자들을 위한 저자 서문에서 그는 이렇게 말하고 있다.

> 이 과정에서 한국이 떠맡을 어떤 특수한 임무가 있을까? 우리가 심심찮게 들어왔듯 19세기적 사고가 속속들이 유럽 중심적이라는 점에는 나는 '그렇다.'고 대답하겠다. 우리가 그 사고에서 탈피하려면, 범세계적인 작업이 요청될 것임이 분명하다. 이는 그다지 쉬운 일이 아니다. 한국이나 중국 또는 인도나 남아프리카공화국의 학자들이 그런 집단 작업에 뛰어드는 경우에도, 그들 자신의 사고가 오히려 지나치게 유럽 중심적인 예를 종종 볼 수 있다(월러스틴, 1991: 4).

그 부분을 읽었을 때 내가 느낀 감흥은 대단한 것이었다. 한국 학자들과 학문적 경향에 대한 예리한 비판도 그러했지만, 유럽 중심주의를 솔직하게 인정하고 범세계적인 작업을 주장한 것이 신선하게 다가왔다. 거의 비슷한 무렵 번역, 소개되기 시작한 에드워드 사이드(Edward Said)의 『오리엔탈리즘(Orientalism)』(1978), 『문화와 제국주의(Culture and Imperialism)』(1993) 등도 은밀하게 가리어진 서구적인 편견과 비서구 지역에 대한 오만을 제대로 응시할 수 있게 해주었다.

이후 서구 인문사회과학계의 서구 중심주의 내지 유럽 중심주의에 대한 비판은 마치 유행처럼 이어지고 있는듯하다. 그런 주제를 다룬 저작들 역시 꾸준히 번역, 소개되고 있다.[17] 예를 들자면 사미르 아민(Samir Amin)의 『유럽 중심주의(Eurocentrism)』,[18] 방대한 자료를 동원해서 기존의 패러다임을 뒤흔드는 마틴 버낼(Martin Bernal)의 『블랙 아테나: 서양 고전문명의 아프리카·아시아적 뿌리(Black Athena: the Afroasiatic roots classcical civilization I: the fabrication of ancient Greece)』,[19] 종래의 '이성' '자유' '인권' 등의 보편적 가치가 실은 역사적으로 특수한 정치성, 단적으로 '유럽적 보편주의'를 띤다고 일러주면서 진정한 보편주의라 할 수 있는 '보편적 보편주의(Universal Universalism)'라는 개념을 제시하고 있는 임마뉴엘 왈러스타인의 『유럽적 보편주의: 권력의 레토릭 (European Universalism: The Rhetoric of Power)』(2006), 주요한 유럽 중심주의 역사학자들을 비판하는 제임스 블로트(James M. Blaut)의 『역사학의 함정: 유럽 중심주의를 비판한다(Eight Eurocentric Historians)』(2000) 등등. 우리 학계 내부에서도 '서구 중심주의'에 대한 정면적인 비판과 아울러 넘어서자는 주장(『서구 중심주의를 넘어서』)이 나왔다(강정인, 2004 참조).

서구 중심주의 비판과 관련해서는, 동양이 서구 문명의 시발점이라는 주장을 내세우는 존 홉슨(John M. Hobson)의 『서구 문명은 동양에서 시작되었다(The Eastern Origins of Western Civilisation)』(2004), 진지하게 아시아에 주목할 것을 주장하는 안드레 군더 프랑크(Andre Gunder Frank)의 『리오리엔트(ReORIENT: Global Economy in the Asian Age)』 등도 우리의 시선을 끌기에 충분하다.

---

17) 서구 중심주의 내지 유럽 중심주의에 대한 비판 역시 서구로부터의 '지적인 수입' 과정을 그대로 되풀이하고 있다는 식으로 볼 수도 있겠다. 하지만 거기에 담긴 시사와 함의는 종래의 무비판적인 수입, 수용과 같은 차원에서 논할 수는 없을 것이라 생각한다.
18) 국내에 번역 소개된 것은 초판이고 원저는 2판에 이어 2010년 1월에 개정 신판 (Revised and Updated edition)이 출간되었다.
19) 제1권은 1987년, 제2권은 1991년, 제3권은 2006년에 간행되었다. 국내에 번역 소개된 것은 제1권이다.

이 같은 일련의 저작들은, 좀 더 엄밀하게 검증되어야 하겠지만, 우리의 인문사회과학 분야에 대해서도 시사하는 바 크다고 하지 않을 수 없다. 의미 있는 지적인 자극으로 받아들여야 할 것이다. 그와 동시에, 내가 생각하기에는 서구 내지 유럽 중심주의를 열심히 비판하는 것만으로는 충분치 않다는 것, 그에 비례해서 각 문명권에 대한 객관적인 관심과 입체적인 연구가 필요한 것이다. 종래의 학문 경향이나 풍토에 적절한 거리를 두면서 아시아나 아프리카 등에 대한 주체적인 연구, 특히 구체적인 영역에서의 심도 있는 연구가 요청된다고 하겠다.

더 나아간다면 서구 유럽이 주도권(이니셔티브)을 쥐고 추동해간 근대 국제사회 성립을 전후한 시기의 문명권에 대한 종합적인 연구가 이루어져야 할 것이다. 단선론적인 발전 경로가 아니라 다원적이고 복합적인 상호 영향 관계에 주목할 필요가 있다고 하겠다. 앞으로의 과제라 해도 되겠다.

3) 'Inter-Civilizational' 혹은 '文際的'

이제 이 글에서 다루고 있는 Human Rights/인권 논의는 과연 보편적인 것인가, 그리고 보편적이었던가 하는 의문을 던져볼 필요가 있다고 하겠다. 월러스타인의 용어를 빌려서 말한다면 보편적인 것으로 말해져온 인권은 '유럽적인 보편주의'인가 아니면 '보편적 보편주의'인가 하는 것이다. 다시 말해서 그것은 전 지구적 규모의 정당성(혹은 정통성)을 가질 수 있는 것인가. 인권은 문화나 경제 발전에 따라 서로 달라지는 상대적인 것인가, 그리고 상대적인 것일 수 있는가. 그것은 말하자면 '인권의 상대성 문제와 자민족주의(The Relativity and Ethnocentricity of Human Rights)'의 문제일 따름이라고 해도 좋겠다.

그 문제에 관해서는, 일본인 국제법학자 오누마 야스아키의 저작, 『인권·국가·문명: 보편주의적 인권관에서 문제적(文際的) 인권관으로』(大沼保昭, 1998)를 참조할 수 있다. '보편주의적 인권관에서 문제적 인권관에로'라는 부제가 상징적이다. 그는 오늘날 지배적인 인권 개념이란 다름아닌 '구미(歐美) 중심의 인권관'이라 한다. 흔히 그것은 '보편주의적인 인권관'이라는 외형을 띠고 있는데, 말하자면 이른바 '보편주의'가 지니고 있는 도저한 '정치성'이라 할 수 있을는지도 모르겠다. 그는 '의사(疑似) 보편성'이란 용어를 쓰고 있다. 그는 인권을 '보편성 대(對) 상대성'이란 관점에서 바라보면서, 지금까지 '보편적'으로 여겨져온 인권 기준의 문제성을 1) 구미(歐美) 중심주의, 2) 자유권 중심주의, 3) 개인 중심주의라는 세 개의 위상(位相)에서 밝혀내고 있다(大沼保昭, 1998: 제5장).

나아가 그는 종래의 서구적인, 보편주의적인 인권관을 넘어서는 '문제적(文際的) 인권론'을 제시한다(大沼保昭, 1998: 제7장). '문제적(文際的)'이란 'inter-civilizational'에 대한 번역어(그의 조어)라 할 수 있겠다. 문명론적 관점에서 '인권' 문제를 다루고자 하는 셈이다. 이른바 발전도상국을 포함한 '인권의 보편화' 내지 '전 지구적 규모의 정통성을 갖는 인권관'으로 나아갈 것을 제안한다. 말하자면 미래지향적인 관점에서 전 지구적 규모의 정통성을 갖는 '문제적(文際的) 인권관'의 실마리를 시사해주고 있다.

적어도 내가 보기에는, 종래의 Human Rights(인권) 논의가 '구미 중심주의' '자유권 중심주의' '개인 중심주의'라는 비판은 일리 있는 주장으로 여겨진다. 이미 2절(Human Rights와 人權)에서 보았듯이, 인권의 내용적인 핵심은 'Rights(권리)'와 'individual(개인)'이라는 두 요소라 할 수 있기 때문이다. 개인 중심주의와 자유권 중심주의는 '개인'과 구미 중심주의는 '권리'와 직결된다고 할 수도 있겠다. 그 부분에 대한 정확한 인식이 있어야 인권을 둘러싼 여러 가지 논의에서 길을 잃어버리지 않을 것이라 생각한다.

예를 들자면 인권이 서구에서 비롯되었다는 주장을 비판하면서 비서구 사회, 특히 동아시아의 종교, 문화, 풍습 등에서도 '인권' 관념과 그 실천적 함의가 실제로 담겨 있음을 주장하는 저작도 나오고 있다. 특히 유교와 관련해서 그 부분을 추적, 입증하려는 노력이 두드러져 보인다(de Bary and Weiming, 1998; Bauer and Bell, 1999). 입장에 따라서 논쟁이 계속될 수도 있겠지만, '개인'과 '권리'라는 두 개념으로 접근해 들어가면 그 논쟁은 생각보다는 한층 더 쉽게 정리될 수 있지 않을까 한다. '개인'과 '권리' 개념 위에 성립하고 있는 근대적인 의미에서의 인권은, 결국은 'Western Universalism' 내지 'European Universalism'의 그것이라 해야 하지 않을까 하는 것이다.

이런 입장을 취하게 되면, 인권과 유교 그리고 인권을 둘러싼 '아시아적 가치' 논쟁 역시 정돈될 수 있을 것으로 기대한다. 그러니까 민주주의와 인권을 유일한 잣대로 삼아서 아시아적 가치를 폄하하기보다는, 그리고 아시아적 가치를 독재나 전체주의 체제 옹호를 위한 이데올로기쯤으로 치부하기보다는 앞에서 말한 대로 '문명론'적 관점에서 바라볼 수 있는 여유가 필요하지 않을까 한다. 아울러 흔히 생각하는 것처럼 '아시아적 가치'에 대비되는 개념은 '보편적 가치(Universal Value)'가 아니라 '유럽적 가치(European Value)' 내지 '서구적 가치(Western Value)'라는 점을 정확하게 인지해야 할 필요가 있다고 하겠다 (김석근, 1999 참조). 아시아적 가치와 서구적 가치보다 한 단계 더 높은 곳에 진정한 보편적 가치의 자리가 있다고 해야 하지 않을까.

아울러 덧붙여 두자면 사람의 존엄과 가치에 대한 강조는 어느 문명권에나 있던 지극히 보편적인 현상이었다는 것, 절대자 신(God) 개념을 갖지 못한 동아시아가 오히려 더 '인간 중심적'이었다는 것이다.

예컨대 유교의 인(仁), 단군신화에서 볼 수 있는 "널리 인간을 이롭게 한다."는 홍익인간(弘益人間), 동학에서 "사람을 하늘처럼 섬긴다."는 '사인여천(事人如天)'이나 "사람이 곧 하늘"이라는 '인내천'을 보라. 얼마나 사람을 귀하게 여기는지 금세 알 수 있다. 하지만 그것과 근대 서구의 개인·권리 개념 사이에는 어쩔 수 없는 거리가 존재하고 있다. 주체라는 측면에서 특별히 개인에 주목한 점, 그리고 분명하게 (헌법상의) 권리 차원에서 자리매김한 것 등은 서구적인 인권관('보편주의적 인권관')이 보여준 특성이자 동시에 그야말로 지난 20세기를 지배했으며, 동시에 '보편적'이라 주장해왔던 관념 체계라 할 수 있지 않을까.

4. 인권과 '열린 보편성'

나는 이 글에서 현재 상황에 이르기까지 성장한 인권의 의미와 그 성과에 대해서 인정하는 것으로부터 출발했다.[20] 다만 진정으로 보편

---

20) 나는 그런 '인권'—개인과 권리—개념이 근대 유럽 정치사는 물론이고 동아시아 근현대사에서도 큰 의미를 갖는다고 생각한다. 유럽 정치사에서 봉건적 억압과 종교적인 속박을 벗어나게 한 의미를 과소평가해서는 안 될 것이다. 프랑스혁명 당시 결의 공포한 「인간과 시민의 권리선언(Déclaration des droits de l'homme et du citoyen)」의 중요성은 아무리 강조해도 지나치지 않을 것이다. 따라서 인권—개인과 권리—개념은, 동아시아에서는 예로부터 이어져온 각종 전제 왕정에 대해서는 물론이고, 1930~40년대 유행했던 '근대의 초극' 논쟁이나 '초국가주의' 현상에 대해서 이념적으로 비판할 수 있는 논리적, 사상적 근거를 제공해줄 수 있었다고 할 수 있지 않을까. 아울러 '아시아적 가치' 논쟁에서도 쟁점이 되고 있는 것처럼, 인권 개념은 좋든 싫든 간에 일정한 논의의 준거틀로 이용할 수 있지 않을까 한다. 다시 말해서 성공 여부와는 관계없이. 그렇게 함으로써 동아시아에서 서구적인 '인권'과 '권리' 관념 체계에 대한 이해와 동시에 비판의 일단을 엿볼 수 있지 않을까 한다.

적인 인권 논의를 위해서, 현재의 '인권'이 과연 보편적인 것인가 하는 의문을 던져 보고자 했을 뿐이다.[21] 왜냐하면 지금까지의 인권 논의의 핵심은, '주체'라는 측면에서는 '개인' 그리고 형식적인 측면에서는 '권리'(특히 헌법)에 주목해왔기 때문이다. 그것은 근대의 서구적인 인권관이 보여준 특성이자 동시에 지난 20세기를 지배했으며, 동시에 '보편적'이라 주장해왔던 관념 체계라 할 수 있을 것이다.

사실 '인권'이란 용어는, 동아시아 세계에서는 'Human Rights'의 번역어로서 새로 만들어진 용어였다. 그 과정은 'Rights' 개념이 '권리'로 번역이 굳어지는 과정과 무관하지 않았다. 그것은 이른바 서세동점(西勢東漸) 현상과 더불어 이루어지게 되었다고 해도 좋을 것이다. 그러다 어느 순간에 이르러 '인권'은 'Human Rights'의 정해진 번역어로 굳어지게 되었지만, 그렇게 되기 전까지는 다양한 의미가 '인권'이란 용어에 담기기도 했다.

그런데 더 들여다보면, 인권/Human Rights는 '개인'과 '권리'라는 개념(용어) 위에 성립하고 있다. 역시 '개인'을 단위로 하는 '권리', 다시 말해서 근대적인 의미에서의 그것이라 해야 할 것이다. 그 내실에 있어서는 '개인'과 '권리' 개념의 번역과 이해야말로 본질적인 부분이라 해야 할 것이다. 하지만 19세기 말 동아시아에서는 개인의 권리보다는 오히려 '민권'이란 용어가 관심의 표적이었다. 메이지 일본의 '자유민권운동'이나 '삼민주의'가 좋은 예라고 하겠다. 아직은 집합개념으로서의 '민'에 머물러 있었던 것이다.

역시 동아시아 세계에서 인권이 주요한 관심사로 떠오르게 되는 것

---

21) 앞에서도 언급했듯이 갈등을 내포하고 있는 국제 관계, 비서구 사회의 많은 발전도상국가, 일부 사회주의국가, 소수자(minorities), 외국인 노동자, 여성 등에게는 현재의 '인권'이 한갓 번지르르한 구호에 그치고 있거나 일종의 정치적인 명분 내지 구호처럼 여겨질 수도 있을 것이다.

은 제2차 세계대전 이후의 일이라 하겠다. 국제연합의 세계인권선언(1948), 국제인권규약(1966) 등이 적지 않게 영향을 미쳤을 것이다. 하지만 인권 문제를 제대로 바라볼 수 있게 된 것은, 역시 동서 냉전과 이념 대립에서 자유로워진 이후, 그리고 제도적인 민주화가 이룩된 이후가 아닐까 한다. 그리고 최근에 등장하고 있는 서구 중심주의 내지 유럽 중심주의에 대한 비판은 종래의 인문사회과학 전반에 걸쳐서 다시 한 번 진지하게 되돌아볼 수 있는 계기를 제공해주고 있다고 하겠다.

그런 만큼 'Human Rights'/'인권' 논의와 관련해서도 그것이 과연 보편적인가 하는 의문을 한번쯤 던져볼 필요가 있다고 하겠다. 현재의 지배적인 인권 개념은 '구미 중심의 인권관'이며, '보편주의적인 인권관'이라는 외형을 띠고 있으며, 1) 구미 중심주의, 2) 자유권 중심주의, 3) 개인 중심주의라는 특성을 보여주고 있다는 주장도 나왔다. 그것은 나름대로 일정한 '정치성'을 띠고 있다는 말이기도 하다. '아시아적 가치' 논쟁이나 문명론적 관점에 대해서 외면할 수 없는 것도 그런 측면과 깊이 관련되어 있다고 하겠다. 사실 현재의 인권은 주체로서의 개인, 형식적으로는 권리(특히 헌법)에 주목하고 있는 만큼 굳이 말한다면 '유럽적인 보편주의'라 할 수 있을는지도 모르겠다. 아직은 '보편적 보편주의'에 이르지는 못했다고 해야 할 것이다.

바야흐로 우리는 종래의 서구적인, '보편주의적'인 인권관을 넘어서는 '문제적 인권론', 다시 말해서 문화의 차이와 다름을 감싸 안을 수 있는 다원적인 인권 개념, 발전도상국들을 포함한 '인권의 보편화' 내지 '전 지구적 규모의 정통성을 갖는 인권관'을 모색해야 한다는 거시적인 과제를 설정해볼 수 있겠다.[22] 그러기 위해서는 미래지향적인

---

22) 최근 텔레비전에서 방영된 시리즈 다큐멘터리 〈아마존의 눈물〉을 흥미롭게 보

관점에 서서 그리고 '문명론'적 관점에서 '인권' 문제를 보다 다각적으로 그리고 입체적으로 바라보지 않으면 안 될 것이다. 거기서 우리는 진정한 인권 개념이란 측면에서 ('유럽적 보편주의'를 넘어서는) '보편적 보편주의' 내지는 '열린 보편성'의 전망과 가능성의 일단을 읽어낼 수 있지 않을까 한다.

참고 문헌

『조선대백과사전』 28권(2001), 백과사전출판사.
The New Encyclopedia Britannica vol. 6(1990), Encyclopedia Britamnnica Inc.
강정인, 2004, 『서구 중심주의를 넘어서』, 아카넷.
김석근, 1999, 「아시아적 가치의 계보학: 기원과 함의 그리고 전망」, 『오늘의 동양사상』 제2호.
김석근, 2004, 「근대적 '개인'의 탄생과 그 주변: 『독립신문』을 통해본 '주체'와 '작위'의 문제」, 한국정치학회, 정치평론학회 연례학술대회 발표 논문.
김석근, 2005, 「동아시아」, 이동철·최진석·신정근 공편, 『21세기의 동양철학』, 을유문화사.
김석근, 2009, 「근대 한국의 '개인' 개념 수용」, 하영선 외, 『근대한국의 사회과학 개념 형성사』, 창작과비평사.
블로트, 제임스, 2008, 『역사학의 함정: 유럽 중심주의를 비판한다』, 박광식 옮김, 푸른숲.
사이드, 에드워드, 1991, 『오리엔탈리즘』, 박홍규 옮김, 교보문고.

왔다. '문'명의 전파와 개발의 열풍 속에서 뿌리째 무너지고 있는 원시 부족(토착민)들의 삶과 터전을 바라보면서, 현재 말해지고 있는 '인권'의 속성이 어떤 것인지, 그 범위와 한계는 어디까지인지, 그리고 진정한 의미의 '인권'이란 과연 어떠해야 하는지 한번 생각해볼 수 있었다. 익숙하지 않은 주제의 이 글을 마무리할 수 있는 원동력의 하나가 되어주었다. 조금 더 상상력을 발휘해보면, 그 같은 과정은 동아시아를 비롯한 비서구 사회에서 일찍이 경험했던 것과 크게 다르지 않았음을 '기억'해낼 수 있지 않을까 한다.

사이드, 에드워드, 1995 『문화와 제국주의』, 김성곤·정정호 옮김, 도서출판 窓.
셀라스, 커스틴, 2003, 『인권, 그 위선의 역사』, 오승호 옮김, 은행나무.
아민, 사미르, 2000, 『유럽 중심주의』, 김용규 옮김, 세종출판사.
월러스틴, 이매뉴얼, 1991, 『사회과학으로부터의 탈피』, 성백용 옮김, 창작과비평사.
월러스틴, 이매뉴얼, 2008, 『유럽적 보편주의』, 김재오 옮김, 창작과비평사.
프랑크, 안드레 군더, 2003, 『리오리엔트』, 이희재 옮김, 이산.
프리먼, 마이클, 2005, 『인권: 이론과 실천』, 김철효 옮김, 아르케.
하영선 외, 2009, 『근대 한국의 사회과학 개념 형성사』, 창작과비평사.
흡슨, 존, 2005, 『서구 문명은 동양에서 시작되었다』, 정경옥 옮김, 에코리브르.
金錫根, 2001, "福澤諭吉における'自由'と'通義':獨立不羈の政治學", 『福澤諭吉年鑑』 28集.
金錫根, 2003, "兪吉濬, 『文明論之槪略』を讀む?", 『福澤諭吉年鑑』 30集.
大沼保昭, 1998, 『人權, 國家, 文明: 普遍主義的人權觀から文際的人權觀へ』, 筑摩書房.
柳父章, 1996, 『飜譯語成立事情』, 岩波新書.
樋口陽一, 1996, 『人權』, 三省堂.
丸山眞男 外, 1998, 『飜譯と日本の近代』, 岩波新書.
Bauer, Joanne R. and Daniel A. Bell eds., 1999, *The East Asian Challenge for Human Rights*, Cambridge University Press.
de Bary, Wm. Theodore and Tu Weiming eds., 1998, *Confucianism and Human Rights*, Columbia University Press.
Griffin, James, 2008, *On Human Rights*, Oxford University Press.

12장 동학(천도교)의 인권 사상

오문환

1. 인권의 정치와 덕치(德治)

서구 근대의 정치 담론의 뚜렷한 특징들 가운데 하나는 정치 공동체의 성립 근거를 권리에서 찾았다는 점이다. 비록 절대주권에 양도하지만 개인권에서 출발하여 정치를 설명한 근대 정치사상의 아버지는 홉스이다. 『리바이어던』에서 그는 개인에 대한 논의를 상당량 할당하여 데카르트의 코기토(cogito)에 비견할 수 있는 개인권의 정초를 확고히 다지고자 하였다(Strauss, 1963: 156). 정치 공동체를 개인권에서 출발시켰다는 것은 무엇보다도 정치적 권위를 신적 권위나 세습적 권위로부터 해방시켜 정치의 자율성을 확보하였다는 데 큰 의미가 있다.

그러나 주권의 절대성·양도 불가능성·자율성은 이미 권력을 하나의 살아 있는 거대한 생명체로 만들어 인간 삶을 관리하고, 조작하고, 통제하고, 억압할 수 있는 자기 정당화의 개연성을 내포하고 있다. 푸코적 해부에서 볼 수 있듯 서구 근대에서 권력은 거시적·미시적 차원에서의 자기 정당화와 억압의 기제를 발전시킴으로써 삶의 세계를 성공적으로 식민화시킨 것으로 보인다. 권력에 의하여 식민화된 삶의 세계를 해방시키려는 하버마스적 기획이 중요한 담론으로 등장할 수 있었던 데에는 이러한 이유가 있었다고 할 수 있다.

절대 권력의 억압과 폐해는 세계대전 이후인 1948년 유엔총회에서 세계인권선언의 선포를 촉진하게 된다. 그리하여 서구 근대의 인권은 세계적 보편개념으로 확장되게 된다. 인권은 권력의 자기 정당화를 효과적으로 제어할 수 있는 기제 중의 하나라 할 수 있다. 그렇지만 인권의 정치학은 아직까지 서구 근대의 정치 이데올로기로부터 자유롭지 못하다고 할 수 있다. 그럼에도 불구하고 기본적인 인권의 보장을 추구하는 정치의 모색은 지구상의 여러 곳에서 자행되고 있는 압제적 권력으로부터 인간 삶을 보호하는 데 기여하였으며 하고 있다고 할 수 있다. 인권은 서구 근대의 권력정치를 제어하는 중요하며 효과적인 담론 중의 하나이다. 동학에서 이러한 서구 근대의 인권과 동일한 사상을 찾기는 어려워도 권력을 제어하는 강력한 기제를 찾는 것이 불가능하지는 않다. 동학은 억압적 왕정과 침략적 외세에 의하여 정치적·사회적 고통이 극치에 달하였던 19세기 말 조선에서 태어나 새로운 활로를 모색했던 종교철학이자 정치 운동이었다.

동학(천도교)에는 오늘날 어떤 인권 사상보다도 분명하고 확고한 인간 존엄성의 사상이 나타나 있다. 즉 '모든 존재자가 다 천주를 모셨다[侍天主].'(수운, 「주문」)[1] '사람을 하늘과 동일하게 섬겨라[事人如

---

[1] 동학·천도교의 인용은 도호와 경전 편명 그리고 절로 표기하며, 『천도교경전(天道敎經典)』 포덕138년(1998)판을 기준으로 한다. 원전은 수운의 경우 『동경대전(東經大全)』과 『용담유사』 계미판(癸未版)이 저본이며, 이 계미판은 한국학문헌연구소가 편찬한 자료집(韓國學文獻硏究所 編, 1979)에 영인되어 있다. 해월의 저술은 「내수도문(內修道文)」, 「내칙(內則)」, 「유훈(遺訓)」이 있으며 서울대 중앙도서관 규

天].'(해월,「대인접물」7-1) '사람이 하늘이다[人乃天].'(의암,「성령출세설」 14-5)는 언명들은 인간을 하늘과 동일하게 공경하여 섬기는 사상을 보여준다. 또한 사회 정치적으로는 동학혁명과 3·1독립운동을 통하여 억압과 침략으로부터 자유롭고 평등한 새로운 정치 공동체를 향한 실천을 보여주었다. 동학·천도교는 '국가 보존과 민의 안녕[輔國安民]'을 목적으로 내걸었으며 동학혁명과 3·1독립운동의 과정에서 근 100만 명이 희생되었다. 이 글은 동학이 서구 근대처럼 권리의 정치 사상이 아니라 동양 전래의 덕 개념에 뿌리를 두고 인간의 존엄성이 실현되는 공동체 형성을 위해 노력하고 있다는 것을 보이고자 한다. 따라서 이 글은 동학의 인권 사상을 서구 근대적 맥락의 권리 개념보다는 덕 개념으로 접근하여 동학적 인권 사상의 특성을 규명하고자 하는 것이다. 이를 위해서는 우선 동학에서 덕이 어떻게 이해되고 있는지를 살펴볼 필요가 있다.

수운은「전팔절」에서 '덕이 있는 바를 알지 못하거든 내 몸이 태어나 이루어진 것을 헤아리라[不知德之所在 料吾身之化生].'(수운,「전팔절」)고 하였으며「후팔절」에서는 '말하고자 하나 넓어서 말하기 어려우니라[不知德之所在 欲言浩而難言].'(수운,「후팔절」)라고 하였다. 수운은 '덕'을 '내 몸'과 연결 지어서 말하고 있다. 즉 덕은 먼 것이 아니라 내 몸이 태어나 이루어진 것이므로 매우 가깝다는 것이다. 내 몸이 태어나 이루어진 것을 헤아리게 되면 부모님을 떠올리지만 계속 시간적으로

장각도서(奎章閣圖書) 문서번호 17295 동학서(東學書) 30책에 실려 있다. 신용하(愼鏞廈)가『한국학보(韓國學報)』12(1978): 198-202에 전재하고 해설을 붙였다. 해월의 말을 손천민(孫天民)이 한자로 옮긴「이기대전(理氣大全)」도 해월의 저서이다(『韓國學報』21: 150-155). 의암의 경우는 최기영과 박맹수가 편찬한 자료집(崔起榮·朴孟洙 編, 1997)에 실린 영인본을 저본으로 한다.

소급해 올라가면 최초의 부모님은 어디에서 왔는지 알 수 없는 지경에 이르게 된다. 또한 내 몸의 존재를 다른 존재들과의 관계망에서 보게 되면 음식·물·공기와 떨어져서 내 몸은 있을 수 없으며 그 극에까지 이르게 되면 내 몸은 우주 만물과 떨어져 또한 존재할 수 없게 된다. 한편으로는 그 온 바의 시원(始原)을 헤아리고 다른 한편으로는 존재의 인연의 망을 헤아리다 보면 왜 수운이 덕을 '말하고자 하지만 넓어서 말하기 어렵다.'고 했는지 분명해진다. 너무 넓어서 헤아릴 수 없는 덕을 입고서 지금 여기의 내 몸이 있게 되었기 때문이다. 내 몸이 태어나 이루어진 것을 헤아리다 보면 가정·사회·국가·세계 등의 은덕도 헤아리게 된다. 시공간적 인연의 망을 총괄하여 천지라고 한다면 내 몸이 태어나 이루어진 것은 천지의 덕 때문임을 알게 된다. 무궁한 천지의 덕에 의하여 내 몸이 생겨난 것을 알게 되면 자동적으로 은덕에 대한 감사의 마음과 되갚음의 생각이 깨어나게 된다. 이러한 감사와 되갚음이 윤리·도덕의 길이 된다. 감사와 되갚음은 덕을 헤아릴 수 있는 마음이 있고서야 나오게 된다. 공자는 육신의 부모에 대한 효를 말하지만 해월을 따르면 동학은 '천지부모에 대한 효도의 길을 5만 년에 처음으로 밝힌 도'(해월, 「도결」 3-8)라고 하였다. 즉 동학에 이르러 사람은 천지부모님께 효를 하는 인간이 되었다는 주장이다.

 동학에 의하면 인간됨의 시작은 이처럼 덕을 헤아리면서부터이다. 덕을 헤아릴 수 있는 마음이 없다면 덕은 느껴지지 않는다. 덕을 느끼기 위해서는 감성을 계발해야 하며 무궁한 천덕을 느끼기 위해서는 무궁한 덕을 느낄 수 있는 특별한 감성을 계발해야 한다. 수운은 '마음을 닦아야 덕을 안다〔心修來而知德〕'(수운, 「탄도유심급」)고 하였다. 수운은 이 마음을 닦는 공부를 '심학(心學)' 또는 '수심정기(守心正氣)'라 하였다. 심학은 자기 마음을 공부하는 것이지 남의 마음을 공부하는 것이 아니다. 공자의 '위기(爲己)'(『論語』, 「憲問」)나 '혈구지도'와 같은 개념도 심학의 맥락으로 볼 수 있다. 마음을 닦아서 '덕을 오직 밝히는 것이 도〔德惟明而是道〕'(수운, 「탄도유심급」)라는 것이 도에 대한 수운의 정의이다. 다시 말하자면 무궁한 덕을 아는 것은 하늘마음이고, 하늘마음이 열리는 것이 득도(得道)인 것이다. 동학·천도교에서 득도는 '사람마음이 하늘마음과 똑같아지는〔吾心卽汝心〕' 것이며, '모든 사람을 한울님과 똑같이 섬기는〔事人如天〕' 것이다. 동학에서 인간의 존엄성은 하늘의 덕에 대한 마음의 깨달음에 기초하고 있다.

논의를 요약하자면 첫째 덕은 마음과 떨어질 수 없다는 점이다. 즉 마음이 열려야 덕을 알 수 있다는 주장이다. 마음이 완전히 열리는 것을 득도라 하므로 덕은 천도와 떨어질 수 없다. 천도는 동서고금의 구분이 없는 보편성 자체이다. 그러므로 덕론으로 동학의 인권 사상을 볼 때 가장 먼저 인권의 보편성 문제부터 다루고자 한다. 동학에서 인권의 보편성 문제는 인간마음과 하늘마음의 상관성에 대한 문제이다. 둘째 덕은 우주적 공동체와 떨어질 수 없다는 점이다. 즉 우주 만유 덕분에 '내'가 존재할 수 있다는 주장이다. 이는 우주적 공동체성 또는 우주적 관계성으로 말할 수 있으며 이를 두 번째 문제 제기로 다루고자 한다.

2. 인권의 보편성과 천도

'나'는 데카르트적 '코기토'에 의하여 존재하는 것이 아니라 천지의 무궁한 '덕'을 헤아릴 수 없이 많이 입고 살아가는 존재라는 것이 동학·천도교가 보는 인간 주체이다. 보다 중요한 것은 사람은 그 무궁한 천지의 덕을 헤아리는 마음을 가진 존재라는 사실이다. 덕을 헤아릴 뿐만 아니라 되갚는 마음이 '나'라는 점을 밝히기 위하여 마음공부를 한다는 점이다. 그리하여 마음이 완전히 밝아지게 되면 사람마음이 하늘마음과 동일하게 되는데 이 경지를 득도라 부른다. 득도하게 되면 '내' 마음이 하늘이라는 보편성 자체와 동일해졌으므로 사람은 천도(天道)와 동일하게 된다. 사람마음이 하늘마음과 완전히 동일하게 되었기 때문에 동학·천도교에서는 인간은 보편 하늘과 동일하다고 한다. 동학에서 인권의 보편성은 이처럼 천도와의 합일을 통하여 확보된다는 점이 서구 근대에서의 인권의 보편성과 다른 독특한 점이다. 인권의 보편성 논의가 서구 근대 정치 담론에서의 보편성 논의와 사뭇 다를 수밖에 없게 된다.

'보편적 법칙에 타당하게 행위하라.'(칸트, 2003: 86)는 것은 칸트가 찾아낸 도덕률로 도덕법의 근거이다. 이러한 도덕률은 개인들의 무제약적 자유를 제한할 수 있는 근거가 되어 자유방임주의를 도덕화시켰다는 평가를 받는다. 보편적 도덕 행위는 이성적 판단에 따르는 것이 아니라 도덕의 선험성 때문이라는 것이 칸트의 주장이다. 즉 도덕 행위의 기초에는 사유나 성찰 이전에 일종의 동감 또는 감정이입으로 해석되는 sympathy가 있다는 것이다. 그러나 이러한 sympathy에 기초한 선험적 도덕의 형이상학은 동학이 말하는 '내 마음의 천도와의 합일 체험[吾心卽汝心]'과는 분명하게 다르다. 동학의 합일 체험은 사람마음과 천도의 합일을 통하여 인간마음의 보편성을 뒷받침해주지만 칸트는 도덕의 형이상학적 원리 또는 보편법의 보편성을 주장한다. 그러므로 동학에서 인간은 자기 안의 '하늘마음'이라는 보편성을 따르지만 칸트에는 인간을 보편적 도덕법을 따라야 할 존재로 보는 것이다(오문환, 2004).

보편법을 통한 개인행동의 자기 제어처럼 국제 관계에서도 개별 국가권력의 제어를 보편적 국제법에 의거하여 하고자 하는 발상을 롤즈에게서 볼 수 있다. 롤즈는 '기본적 인권'을 최소한 보장하는 국가들 사이에서 적용되는 원리와 규칙으로 만민법을 제시한다(유홍림, 2003: 320). 롤즈는 만민법이 국제사회에서 비록 국가주권을 제한하지는 못하지만 국제사회의 보편적 정의라는 점을 설득하고자 한다. 칸트의 도덕법이 도덕의 제1의적 선험성에 기초하고 있다면 만민법은 인권의 제1의적 보편성에 기초하고 있다고 할 수 있다. 인권은 정치적(대의제적)·법적 맥락에서 보편 준칙으로 역할을 한다고 보아도 좋을 것이다. 인권의 보편성 논의는 국민국가 안에서 논의되는 시민권과 달리 국제적 차원에서의 보편성으로 확장하는 효과가 있다. 그러므로 오늘날 국제사회에서는 독재국가에 대한 비판과 강제적 제재의 정당화 근거로서 보편적 인권이 다분히 이데올로기적으로 언급되곤 한다.

동학에서는 이와 같은 서구 근대의 법적·정치적 차원에서의 인권의 보편성 논의는 찾기 어렵다. 반면 동학의 경우는 도덕·윤리의 맥락에서의 인권이 두드러지게 나타난다. 엄밀하게 말하자면 동학에는 서구 근대적 맥락의 인권의 보편성 문제를 찾을 수 없다. 동학에서 인권의 보편성은 천도를 체득한 마음의 보편성 문제인 것이다. 동학에서 인간은 보편적 도와 동일시된다. 즉 인간은 천도와 아무런 구분이 되지 않는 보편성 자체로 이해된다. 인간이 곧 천도라는 것은 동학의 핵심적 주장이다. 수운은 1860년 4월 5일의 득도 체험에서 천도를 인격적 존재로 만나게 된다. 그리하여 그때 수운은 한울님으로부터 '내 마음이 네 마음이다〔吾心卽汝心〕.'라는 말을 들었다고 기술하고 있다. 인간마음은 하늘마음과 똑같다는 것이다. 해월은 '인즉천 인시천(人卽天 人是天)'이라 하였고, 의암은 '인내천(人乃天)'이라고 하였다. 이처럼 동학·천도교는 인간과 천도를 분리하지 않았다. 다시 말하자면 인간은 천도라는 절대성·완전성·영원성과 동일시되고 있다.

서구 근대인이 신 중심 질서로부터의 자유와 해방에서 탄생하였다면 동학적 인간은 인간과 신의 동일화·평등화를 통하여 탄생하였다고 할 수 있다. 인권의 보편성을 정치적으로 선언한 대표적 문건인 1776년 미국「독립선언서」의 "모든 사람은 평등하게 창조되었고 창조주로부터 생명, 자유, 행복 추구와 같은 양도 불가능한 권리를 부여받았다."는 발상과는 분명히 다르다. 인간은 창조주를 자신 안에 모시고 있기 때문에 본래부터 자유롭고, 평등하며, 행복하다는 것이 동학의 주장이다.

동학의 인간·천도의 일원론을 천도에 대한 보다 오래되고 대표적인 표현인 '원형이정(元亨利貞)'의 개념을 통하여 살펴보자. '원형이정'이란 오랜 역사를 통하여 실로 다양하게 해석되어왔다. 본체론적으로 보자면 천도는 모든 것의 으뜸이며, 모든 것에 형통해 있으며, 모든 것에 이로우며, 모든 것 가운데 가장 깨끗하다는 뜻이다. 자연현상론적 이해는 봄·여름·가을·겨울의 사계절을 원형이정으로 본다. 도덕·윤리론은 원형이정을 '인의예지(仁義禮智)'로 보기도 한다.

유가에 익숙했던 수운은 이러한 논의들을 잘 알고 있었을 것이며 「포덕문」첫 구절에서 이를 확인할 수 있다. 즉 '봄과 가을이 번갈아 들고 사계절이 옮기지도 아니하고 바뀌지도 아니한 것은 천주조화의 자취다〔盖自上古以來 春秋迭代 四時盛衰 不遷不易 是亦天主造化之迹 昭然于天下也〕.'라는(수운,「포덕문」1) 수운의 표현은 유자들에게는 크게 낯설지 않다. 그러나 이 한마디에는 천도에 대한 유가적 이해와 뚜렷하게 구분되는 점이 있다. 바로 유무(有無)의 상통(相通)이다. 천주조화는 보이지 않는 무형이며 자연현상은 보이는 자취로서 하늘의 안팎을 이룬다고 수운은 표현하고 있다. 즉 우주 자연의 변화하는 모습은 저절로 이루어지는 것이 아니라 천도, 즉 천주조화가 밖으로 나타난 모습이라는 것이다. 하늘을 종교적·인격적으로 표현한 천주와 달리 천도는 철학화되고 내면화된 개념임을 감안하면 상호 통용할 수 있다. 「포덕문」 첫 구절은 사계절의 변화를 떠나서 따로 천도를 볼 수 있는 것도 아니며 또한 천도가 없이 사계절의 변화가 일어날 수도 없음을 분명히 하고 있다. 여기에서 보이지 않는 천도와 보이는 우주 변화의 뗄 수 없는 관계성을 볼 수 있다. 이를 한마디로 표현한 개념이 '형상이 없으면서 자취가 있다〔無形有跡〕.'는 표현이다. 무형과 유형의 불이(不二)야말로 동학·천도교의 가장 뚜렷한 특징이라 할 수 있다. 천주조화라는 무형의 본체와 사계절이라는 유형의 우주가 둘이 아니라는〔不二〕 도에 인권의 보편성이 정초하고 있는 것이다. 무형의 본체와 유형의 우주가 둘이 아닌 것을 아는 주체가 사람마음이다.

  마음으로 무형과 유형을 통하지 않으면 이와 같은 언명이 나올 수 없다. 즉 천도와 우주가 사람을 떠나서 따로 있지 않다는 점을 체득하는 것이다. 정확하게 표현하자면 사람마음은 천주를 모시고 있고, 조화 기운에 통해져 있음을 뚜렷하게 아는 것이다. 수운은 '하늘마음을 지키고 하늘 기운을 바르게 하고, 하늘 성품을 따르고 하늘 가르침을 받게 되면 그 가운데에서 자연스럽게 이루어져 나온다〔曰何爲其然也 曰吾道無爲而化矣 守其心正其氣 率其性受其敎 化出於自然之中也〕.'고 하였다(수운,「논학문」 9). 하늘마음을 지키고 하늘 성품을 따를 때 비로소 무형유적을 자명하게 알게 된다는 것이다. 모든 구체적 자취에서 무형의 천도를 보기 위해서는 하늘마음을 지켜야 하고, 하늘 성품을 따라야만 되는 것이다. 또한 하늘 기운이 바르게 작동하도록 해야 하고, 하늘의 가르침을 받아야 한다. 그렇게 되면 사람은 천도와 똑같이 자연스럽게 이루어지게 된다고 하였다. 그러므로 수운은 자신의 공부는 다른 것이 아니라 이 '하늘마음을 지키고 하늘 기운을 바르게 하는 데 있다〔守心正氣〕.'고 하였다. 그렇게 될 때 사람은 하늘이라는 것이다.

  이처럼 동학은 인간과 보편적 천도를 동일시하였기 때문에 인간은 당연히 보편적 존재이다. 보편적 존재로서의 인간상을 가장 잘 표현한 개념이 '무위이화(無爲而化)'와 '이천식천(以天食天)' 개념이다. 무위이화에는 무(無)를 강조한 노자적 '무위자연(無爲自然)'이 반영되었고 '이천식천'에는 유(有)를 강조한 유가적 천관이 나타난다. 무위이화란 사람이 자의로 움직이는 것이 아니라 하늘의 운행과 동일해진다는 것이다. 이천식천이란 해월의 표현으로 사람이 밥을 먹는 것이 아니라 하늘이 하늘을 먹는다는 뜻이다. 이러한 개념들에서 알 수 있는 것은 인간과 자연 사물이 동일하고 인간과 하늘이 동일하다는 점이다. 즉 인간은 형이상의 하늘과 동일한 보편 존재가 되었으며 형이하의 우주 자연과도 동일한 보편 존재라는 것이다. 그러므로 동학에서 인간은 칸트처럼 도덕적 정언명령에 따라서 보편적으로 행위하는 존재가 아니라 자기 안의 천도에 따라서 보편적으로 행위하게 된다. 철학적 사유를 통해 타율적 도덕률에 따라 행위하는 것이 아니라 득도를 통해 자율적으로 도덕 실천을 하는 것이다. 타율적 도덕이 외적 도덕법으로 발전해간다면 자율적 도덕은 내적 심법으로 발전해간다. 동학에서는 인권의 보편성을 칸트나 롤즈처럼 보편법을 통해서가 아니라 내적 심법을 통하여 모색하고자 했던 것이다. 그러나 내적 심법이란 단지 관념적 차원에 머문다는 뜻이 아니다. 동양에서 심법 또는 도덕은 실천과 동떨어진 것이 아니다. 동학의 지도자들의 도덕 실천에서 이를 확인할 수 있다.

수운은 두 명의 하녀를 한 명은 며느리로 다른 한 명은 딸로 삼는 도덕 실천을 보였다. 해월은 '사람은 한울이라 평등하다.'고 하면서 일체의 차별주의를 반대하였다(李敦化, 昭和 8年: 第二篇 7)[2]. 해월은 청

---

[2] "사람은 한울이라 平等이요 差別이 없나니 사람이 人爲로서 貴賤을 分別함은 곧

주의 서택순이라는 동학교도의 집에서 며느리가 베 짜는 소리를 듣고 며느리가 아니라 한울님이 베를 짠다는 유명할 일화도 남기고 있다 (해월, 「대인접물」 7-4). 천도교여성회가 우리나라 최초로 여성운동 조직을 결성하여 여권운동에 앞장선 것은 이와 같은 도덕적 평등주의의 실천이 있었기 때문에 가능했다고 하겠다. 또한 해월은 '아이를 때리는 것은 곧 한울님을 때리는 것'(해월, 「대인접물」 7-5)이라고 하여 우리나라 어린이 운동의 종교철학적 기초가 된다. 1921년 김기전·방정환 등은 이러한 권리를 어린이 운동으로 구체화하여 세계적으로 어린이 인권 운동의 효시가 된다(윤석산, 2005: 378). 적서 차별, 남녀 차별, 나이 차별, 신분 차별 등 일체의 차별을 비판하며 도덕적 평등사상이 대안으로 제시되었다. 동학의 도덕적 인권은 1920년대에 이르게 되면 청도교청년회에 의하여 6개 부문 운동 조직으로 발전하게 되지만 서구 근대의 법적·제도적 일반화를 통한 인권 보장의 담론과는 다른 도덕 실천의 양상으로 나타났다.

여기에서 도덕 실천으로서의 동학의 인권은 서구 근대의 인권과는 내용상 차이점이 있다. 동학의 인권은 개인적인 차원에서 논의되는 시민권이나 정치권과도 다르며 또한 공동체적 차원에서 논의되는 사회권이나 경제권과도 다르다. 동학에서는 인권을 법적·정치적·경제적 차원에서의 담론 문제라기보다는 천도와 천덕의 실천이라는 도덕 실천의 문제로 이해하였다. 다시 말하자면 '사람을 하늘로 섬기는' 도덕 실천이 앞서고 이를 바탕으로 법적·제도적 차원에서의 제도화가 뒤따라야 한다고 보는 것이다. 동학에서 인간은 천도를 자기 안에 구

天意를 어기는 것이니 諸君은 一切 貴賤의 差別을 撤廢하여 先師의 뜻을 이어가기로 盟誓하라." "人은 乃天이라. 故로 人은 平等하여 差別이 없나니 人이 人爲로서 貴賤을 分함은 是天에 違함이니 吾道人은 一切 貴賤의 差別을 撤廢하여 선사의 志를 副함으로써 爲主하기를 望하노라."

현한 존재로 인식되었으며 천덕을 모든 존재자에게 베푸는 존재로 인식되었다. 이러한 인간을 계발하는 것이 급선무이지 법이나 정치적 강제력에 의하여 모든 사람을 통제하는 것은 부차적인 문제로 보았던 것이다. 따라서 동학은 도덕·윤리를 통한 '사람 만들기'를 법과 제도를 통한 '사회 만들기'보다 중시하고 앞세우는 '도덕 형이상학'(牟宗三, 民79: 139)적 길이라 할 수 있다.

서구 근대의 경험에서 볼 수 있듯 시민이나 인민을 정치 주체의 권리자로 내세워 인권의 보편성을 정의하게 되면 그 이외의 소수자(비시민·여성·어린이 등)는 정상적 과정에서 배제되고 소외되고 억압되게 된다. 인권을 특정한 층에 한정시켜 보편화하려고 할 경우 '허구적 보편성'이라는 비판이 가능해진다(홍태영, 2008). 가령 개인주의적 자유주의나 보편 계급주의에서 말하는 '개인'이나 '보편 계급'은 현실에서는 존재하지 않는 이론적 요청에 의해 탄생된 가상적 존재이기 때문에 허구적이라는 비판을 면하지 못하는 것이다. 그리고 타자와의 관계에서 권리를 정의하고, 이성적인 법질서에 의하여 조정되고, 권력 범위 안에서 작동하는 인권은 언제나 상대적일 수밖에 없다. 이러한 상대주의적 현실 구조에서 보편성을 확보하는 길은 중립적이고 공정한 정의의 맥락에서 상대성들이 최소한 서로 동의 또는 합의할 수 있는 중첩성을 찾아내서 이를 보편성으로 발전시키는 길이다(유홍림, 2003: 319-328).

그러나 동학은 인권의 보편성을 합의의 산물로 보는 것이 아니라 천도와의 합일로 본다. 천도와의 합일은 동학의 근본 출발점이기 때문에 자기 명증적이다. 물론 누구에게나 명증한 것은 아니며 단지 천도와 합일된 사람에게만 명증하다. 누구나 천주를 모시고 있지만 천주는 이를 깨달은 사람에게만 존재할 뿐이다. 그러므로 의암은 모심을 깨달음으로 해석하였다. 그리하여 '자천자각(自天自覺)'을 강조한 것이다. 자신의 하늘을 스스로 깨닫지 않으면 하늘과 인간은 따로 존재하기 때문에 자천의 보편성은 없고 오직 자신(自身)의 특수성만 있을 뿐이다. 엄밀하게 말하자면 동학에서 특수적·상대적 인간의 권리는 보편성을 갖지 못한다. 즉 동학·천도교는 시민이나 인민과 같은 특정한 사회·역사성을 전제로 하는 사람의 보편권을 주장하지는 않는다. 동학에서 인권의 보편성은 '자천(自天)'의 보편성이라 할 수 있다. 이러한 이유로 서구 근대에서 인권의 보편성이 상대적·특수적 권리들 간의 합의를 통한 보편성의 문제라면 동학·천도교에서 인권의 보편성은 '천도합일적(天道合一的)' 보편성이라 할 수 있다. 동학에서 합의는 개별자들의 거래나 의견 조정을 통하여 이루어지기보다는 개별자들이 내면의 하늘의 보편성을 자각함으로써 이루어진다고 볼 수 있다. 동학은 인권을 정치적·법적 문제라기보다는 심학과 도덕의 문제로 본 것이다.

1920년대에 천도교 청년운동가들이 말하는 '새로운 민주주의'는 서구 근대처럼 정치 주체들 사이의 다수결에 의한 결정 과정보다 하늘의 뜻과 천도의 보편성에의 합일을 중시하는 민주주의로 볼 수 있을 것이다. 민이 주체가 되는 민주주의이지만 천도에 합일되는 도덕 실천을 하는 주체를 강조하기 때문에 새롭다고 할 수 있을 것이다. 이를 '도덕 민주주의'라는 개념으로 표현할 수 있겠다.

3. 인권의 공동체성과 공도공행(公道公行)

공동체론에서 인권은 계급권이나 민족권처럼 뚜렷한 단위나 또는 보다 추상적인 집단 의지를 권리주체로 설정하기도 한다(김범수, 2008). 동학이 탄생한 시대적 환경으로 말미암아 동학은 '보국안민(輔

國安民)'을 기치로 내걸었다. 외세로부터 국가를 보존한다는 주장은 민족 주권 운동으로 나타났고, 민(民)의 생활을 안정시킨다는 주장은 민의 사회권·경제권 운동으로 나타났다. 이러한 민족권과 사회권이 동학농민혁명과 천도교의 3·1독립운동을 추동력으로 작동하고 있음을 추론할 수 있다. 동학·천도교의 민족권이나 사회권은 서구 근대의 맥락과는 또 다른 정치사상에 입각하여 정당화되면서 근대적 민족운동으로 표출되었다.

동학에서 인권의 보편성이 천도의 보편성에 기초하고 있다면 공동체적 인권의 경우는 천덕의 공동체성에 기초하고 있음을 논의할 필요가 있다. 위에서 살펴보았듯이 동학에서 덕은 사회성에 한정되기보다는 우주성에 가깝다. 왜냐하면 인간은 우주적 덕을 입고서야 존재하고 활동할 수 있기 때문이다. 우주적 덕에는 인간 중심적인 사회 공동체만 아니라 동식물 나아가 물질세계까지 포함된다. 생태학자들이 인간의 지구 생태계와의 연관성을 강조한다면 동학은 인간의 태양계와 은하계 나아가 다른 우주와의 연관성까지도 생각한다는 점에서 우주적이다. 동학에서 이러한 인간존재는 '무궁한 이 울 속에 무궁한 나' (수운, 「흥비가」 7)로 표현되었다. 인간의 우주적 공동체성은 권리로 주장되기보다는 덕론에 입각한 되갚음으로 이해되고 있음을 유의할 필요가 있다. 즉 인간이 공동체적 권리를 주장하는 것이 아니라 오히려 반대로 인간은 우주 공동체 덕분에 존재하므로 은덕을 갚는 것이 동학에서의 인권의 공동체성 문제이다.

우주적 공동체성이라고 하는 것은 우주가 하나의 지극한 기운에 의하여 하나로 통해져 있기 때문에 인간을 포함한 우주 만물이 모두 다 이 하나의 지극한 기운으로 연결되어 있다는 의미이다. 해월은 '너와 내가 한 동포이며[人吾同胞] 인간과 사물이 또한 한 동포[物吾同胞]'(해월,「삼경」21-1)라 하였다. 수운은 인간과 인간, 자연과 인간을 하나로 연결시키는 하나의 지극한 기운을 '지기(至氣)' 또는 '혼원일기(渾元一氣)'라고 불렀으며 이 기운과 만나서 통해지는 것을 '강령(降靈)'이라 하였다. 그리고 우주를 창조하고 변화시키는 하나의 지극한 기운과 완전히 합일하는 것을 수운은 '조화정(造化定)'이라고 하였다. 따라서 조화정이 되면 사람은 '하늘의 덕에 합하게 되고 하늘의 마음과 합하게[定者 合其德定其心也]'(수운,「논학문」13) 된다. 이처럼 사람이 우주적 공동체성과 합일되어 그 공동체성의 실현을 실천하는 것이 바로 인간 존재의 실현이 된다. 이러한 공동체성의 입장에서 보자면 민족을 보존하고 국가를 보존하는 일은 곧 자기 자신을 보전하는 일과 마찬가지가 되는 것이다.

공동체성에 대한 수운의 우주론적 설명은 다분히 유가적이나 해월은 생활의 언어로 명료하게 설명한다. 해월은 밥 이야기를 통하여 인간이 천덕을 어떻게 입고 살아가는지를 설명한다. 해월은 밥을 '천지의 젖'(해월,「천지부모」2-6)이라고 하였다. 그러므로 해월은 앞에서도 말했듯이 사람은 밥을 먹고 사는 것이 아니라 하늘과 땅의 원기(元氣)를 먹고 살아가므로 사람이 밥을 먹는다고 하지 않고 '하늘이 하늘을 먹는다.'고 표현하였다. 인간의 우주적 공동체성은 멀고 어려운 것이 아니라 일상생활의 매매사사에서 나타나고 있다는 것이다. 이렇게 천덕을 입고 생활을 하고 있으므로 사람은 매매사사에 하늘에 감사함을 느끼고 매매사사를 하늘을 대하는 것과 똑같이 공경하라고 하였다. 그러므로 해월은 '사람을 한울과 똑같이 섬기고[事人如天]', '사물마다 한울이고 일마다 한울이므로[物物天事事天]'(해월,「이천식천」24-1) '물건을 공경하라[敬物]'고 하였다.

이런 덕론(德論)은 고도의 도덕적 감성에서 나오는 도덕 윤리이지 권리 자각에서 나오는 법적·정치적 주장이 아니다. 인간의 공동체성의 문제는 밥 문제이고 밥은 단순히 경제문제에 한정되는 것이 아니라 자연환경의 문제이기도 하다. 인간 사회와 자연환경의 복합적 공동체성의 산물인 밥을 통하여 해월은 인간존재의 우주적 공동체성을 지키려고 하였다. 그러나 서구 근대에서 보이는 경제권·사회권을 통하여 공동체적 인권을 지키는 것이 아니라 정반대로 믿음과 공경 그리고 정성으로 사람을 대하고 자연 사물을 접하는 것으로 은덕을 갚으라고 한다. 이는 권리론이 아니라 일종의 의무론에 가깝다고 할 수 있다. 해월은 밥 먹을 때 반드시 밥을 베풀어준 사람들과 자연환경의 은덕에 깊이 감사할 뿐만 아니라 먹는 자신도 한울님이라는 자각을 잃지 않는 식고(食告)에 도통이 있다고 하였다. 인간의 존엄성은 자신의 우주적 공동체성의 자각과 함께 타자의 우주적 공동체성의 자각과 공경에 있음을 알 수 있다. 따라서 동학에서 공동체적 인권은 다름 아닌 우주적 공공 의식에서 나온다고 할 수 있다. 우주적 공공 의식이란 아무리 하찮은 존재라도 모두 다 하나의 기운으로 통해진 동포라는 의식이다. 이렇게 우주 만유를 바라볼 수 있는 의식을 의암은 '위위심(爲爲心)'이라 하였다.

의암은 위하고 위하는 마음에서 천지도 생겨나고, 사람도 생겨나고, 도도 생겨났다고(의암, 「무체법경」 1-8-3) 한다. 천지와 사람의 탄생은 저절로 우연히 생겨난 것이 아니라 한울님의 지극히 위하고 위하는 마음에 의하여 생겨났다는 것이다. 흥미로운 점은 이 위위심에서부터 서구 근대 정치에서의 공화나 자유와는 또 다른 천도교의 '공화(共和)'와 '자유'의 개념을 이끌어낸다는 점이다. 의암에 의하면 공화는 자리이타(自利利他)를 뜻하고, 자유는 공화에서 온다고 말한다. 즉 공화란 자기에게도 이롭고 남에게도 이로운 것이다. 자타불이(自他不二)가 되지 않고 분리된다면 공화는 불가능하게 된다. 즉 우주적 공동체성 또는 우주적 공공 의식을 회복하고서야 공화가 되고 이때 비로소 마음이 자유롭게 된다는 것이다. 이러한 공화와 자유에 대한 이해는 서구 근대의 권리의 정치철학에서는 찾을 수 없는 독특한 해석이다. 그러나 의암의 공화와 자유는 심학적 맥락에서의 논의이며 그 당시에는 서구 근대의 공화주의와 자유주의처럼 정치사상적 담론으로까지 발전하지는 못했다. 정치 담론으로까지는 발전하지 않았지만 공화와 자유는 동학식으로 새롭게 실천되고 있었다. 서구적 맥락과는 다른 공화주의 운동과 민주주의 운동이 천도교에 의하여 주도된 것이다.

동학·천도교에서 정치는 상제를 돕는 일이라는 『서경(書經)』의 정치관이 계승되고 있다(해월,「강서」35-1). 그러나 한울님을 돕는다는 것은 창공의 어떤 절대자를 돕는 것이 아니라 한울님을 모신 사람을 돕는 민본(民本)이나 위민(爲民)의 맥락에서 이해될 수 있다. 그러나 동학에 와서 분명하게 달라진 것이 있다면 천자(天子), 대인(大人), 사대부(士大夫) 등과 같은 특정 계층만이 민을 위하는 정치를 할 수 있는 것이 아니라 누구나 할 수 있다는 점이다. 즉 동학에 이르러 민이 정치의 주체가 되는 민주주의 운동을 볼 수 있게 되는 것이다.

해월은 동학을 조직화하면서 적서 차별과 반상 차별은 나라를 망하게 하는 두 가지 폐풍이라고 하여 능력과 도덕에 따라서 직책을 임명하였다. 대표적인 사례가 많은 사람의 반대를 물리치고 남계천이라는 천민 출신을 호남우도편의장에 임명한 일이다(천도교사편찬위원회, 1981: 159-160). 동학혁명 과정에서 도덕적 평등주의는 신분제 철폐, 지방관의 부패와 경제적 부정의 시정, 진위 여부를 둘러싸고 논쟁이 있지만 토지 균작 등과 같은 진보적이면서 근대적인 공동체권으로 구체화된다. 비록 왕권 철폐를 통한 공화국의 건설이라는 혁명으로까지 발전하지는 못했지만 동학혁명은 자생적인 근대성을 뚜렷하게 보여주었다. 동학혁명운동이 어떤 정치제도를 수립하겠다는 구상이 빈곤하다(김영작, 1989: 211-222)는 지적은 동학의 인권 사상이 법적·정치제도적 맥락에서 논의되지 못하고 있음을 지적하는 것으로 볼 수 있다. 그러나 천도교에 이르게 되면 민주정과 공화정 수립 운동으로 발전하게 된다.

1904년에 이르게 되면 의암은 「명리전」에서 공화 정치체제의 지향성을(의암, 「명리전」 10-1-12) 보이면서 민회운동을 통하여 자치제를 실험하게 된다(오문환, 2006). 1904년 의암은 법무대신에게 민회 설립을 촉구하였으나(천도교사편찬위원회, 1981: 344)[3] 정부로부터 거부당하자 지방자치체인 민회 설립 운동을 추진하면서 전통의 상징이라 할 수 있는 상투를 자르고 흰옷 대신 색깔있는 옷을 입는 '단발흑의(斷髮黑衣)' 운동을 전국에 걸쳐서 시행하게 된다(조항래, 2002: 75-124). 이러한 민회운동을 일본의 자치운동의 연장선상에서 이해하고자 하는 주장이 있으나 열린 공동체성의 실현이라는 동학적 사상과 운동의 맥락이 보다 자연스럽다. 동학의 자치운동이 1919년 3·1독립운동이라는 '민족자결주의'의 민족해방운동으로 이어지는 점도 쉽게 이해된다. 천도교의 자치운동을 일제하의 제한된 자치운동으로 본다면 천도교가 자체의 존망을 걸고서 민족해방운동을 선도할 이유가 없게 된다. 3·1독립운동의 민족자결주의는 자기 공동체성의 자기실현 운동이라 할 수 있다. 따라서 3·1독립운동은 민권 회복의 민주주의 운동이며 동시에 국권 회복의 공화주의 운동의 신기원이라 할 수 있다. 그러나 서구 근대의 맥락과 뚜렷하게 구분되는 점은 3·1운동 주체자들은 3·1운동을 인간 행복과 세계 평화라는 도의(道義)의 보편성 회복 운

---

3) "士林之中에 擇其有志者 幾千百萬하야 招集於化育之內하야 何以名之나 設立民會하야 大小開議하야 政府交涉이면 則外交未達이나 蒼生保生之精力이 骨髓侵入矣리니 如是之後에 外敵難便之請求事件을 指揮則 民心이 死守對抗하야 外敵某對抗을 受之라도 民力暴害之經緯無矣리라."

동으로 스스로 정의했다는 점이다. 이는 3·1독립운동이 열린 공동체성의 사상에 정초하고 있음을 보여준다. 천도교는 조선의 독립은 민족 간 평등 실현으로서 세계 평화에 기여할 수 있다고 보는 것이다. 그러므로 민족주의로 표출된 동학의 공동체적 인권은 제국주의적 경향을 가진 서구 근대의 민족주의와 다르며 또한 제3세계의 저항적 민족주의와도 다른 민족 간 평등을 통한 평화적 세계 질서를 지향하고 있음을 알 수 있다. 이런 이유로 동학의 공동체성을 열린 공동체성이라 부를 수 있다.

천도교의 열린 공동체성은 1920년대의 사회운동에서도 일관되게 나타나고 있음을 볼 수 있다. 1920년대에 이르면 천도교는 「개벽」지를 중심으로 문화 운동을 하고, 천도교청년당 산하에 청년회(1920), 소년회(1921), 학생회(1924), 내수단(여성회, 1924), 조선농민사(1925), 조선노동사(1931)를 설치하여 부문 사회운동을 이끌어가게 된다(황선희, 2009: 311-320). 각 사회의 여러 부문 운동을 이끌면서도 천도교의 사회운동은 '전적(全的)' 운동 또는 '범인간적 민족주의(汎人間的民族主義)'(이돈화, 1923)를 지향하였다. 즉 천도교의 사회운동은 비록 구체적인 부문 운동을 하지만 민족 전체라는 '열린 공동체성'을 실현하고자 한다는 것이다. 이는 1920년대부터 본격화되는 좌우 갈등을 넘어서는 새로운 대안적 성격을 강조한 것으로 볼 수 있다(이돈화, 1924: 21).[4] 이러한 천도교의 열린 공동체성은 유심론과 유물론을 지양하는 '지기일원론(至氣一元論)'(李敦化, 1982: 30)[5]으로 정의되었다. 또한 이러한

---

4) "현재의 세계 사상이 정신과 물질의 양극단에 병립하여 각각 其一을 잡고 他一을 배척함은 모두 中和의 진리를 잃은 것으로 天道는 본래 唯神도 아니요, 唯心도 아니요, 物心兩者를 天道 그 스스로의 가운데 포용하였다."
5) "唯心 唯物의 現象을 더듬어 올라가 그 極 卽 萬物의 本源에 도달하고 보면 여기에는 物質이라고 볼 수도 없고 精神이라고 稱할 수도 없는 一元的 極이 있다는 것

입장은 3·1운동이 모든 인간의 행복을 위한다는 열린 공동체성의 맥락에서 전개되었다는 주장과 맥을 같이하고 있다. 즉 천도교는 특정 민족, 특정 계급, 특정 부문만의 관심이나 이익을 위하는 것이 아니라 언제나 모든 민족, 모든 계급, 모든 부문의 관심이나 이익의 조화로운 발전을 지향하는 것이다.

인권의 보편성은 인권의 열린 공동체성에 의하여 확보된다고 할 수 있다. 천도합일적 보편성을 주장하는 동학·천도교가 정치사회적 공동체권 운동의 전면에 서게 되는 이유를 알 수 있다. 동학에서 인간의 공동체권은 우주적 차원에 열려 있기 때문에 모든 공동체는 자기 결정권을 가지며 어떤 공동체도 다른 공동체를 억압하거나 강제할 권한은 없다고 할 수 있다. 그러므로 동학혁명, 민회운동, 3·1운동은 특정 계층이나 특정 민족의 복리를 도모하기 위한 운동이 아니라 전체 민과 모든 민족의 평화를 위한 운동이라는 점이 강조되었다.

4. 인간성 실현의 정치

인권의 정치든 덕치든 궁극 목적은 인간성 실현에 있을 것이다. 무엇이 인간성의 실현이냐를 둘러싸고 자유주의는 개인권의 보장을 주장할 것이며 공동체론은 유적 존재로서의 사회·경제권을 주장할 것이다. 반면 동학·천도교는 영적 보편성과 함께 열린 우주적 공동체성

> 이다. 極은 무엇으로 된 것이냐 하면 水雲은 이것을 至氣라 命名하였다. …… 이로 보면 至氣는 물질도 아니요 精神도 아닌 宇宙의 實體로 활동력의 單元이 되는 것이다. 이른바 힘이라 함은 自存自活의 힘으로서 他의 影響에 依하여 變化하지 못하는 獨立自存體인데 分割하지 못할 非物質적인 것이다."

을 인간성 실현으로 보았다고 할 수 있다. 영적 보편성은 천도의 문제이고 우주적 공동체성은 천덕의 문제이다. 도와 덕에 대한 새로운 이해에 입각하여 동학·천도교는 정치를 도덕에 정초시키는 것을 인간성 실현의 정치로 보았다. 이상의 논의를 요약하면 다음과 같다.

첫째 동학·천도교의 인권 사상은 덕론에 기초한다. 서구 근대의 권리 관념과는 뚜렷하게 구분되는 점이다. 동학에서 덕은 마음에 의하여 밝혀지며 마음의 밝음을 득도라 한다. 따라서 덕은 도와 떨어질 수 없다. 천도는 보편성 자체이기 때문에 동학의 인권은 천도론의 선상에서 인권의 보편성 문제를 논의할 수 있다. 덕은 존재의 연기망(緣起網)으로 이해되므로 이러한 존재의 공동체성을 떠나서 인권을 논하기 어렵다. 결국 동학·천도교의 인권 사상은 도덕을 떠나서 논의하기 어렵다는 이야기가 된다.

둘째, 동학에서 인권의 보편성은 서구 근대와 달리 인간존재 자체가 곧 보편성 자체라는 '인간=천도'의 득도 체험에 정초하고 있다. 사람이 천도, 천주, 천심과 동일하다는 체득은 인간 존엄성의 극치를 보여준다. 동학적 도덕 실천은 다방면에 걸쳐서 나타나게 되는데 하인, 여성, 어린이 등의 인권 운동의 효시를 열었다. 또한 새소리도 시천주의 소리라고 하여 동물권과 생가지도 꺾지 말라는 식물권 그리고 땅을 어머니 살처럼 보호하라는 환경권은 편협한 인권의 한계를 넘어선 생태권 또는 생명권의 종교철학적 맹아를 열었다고 할 수 있다. 이러한 동학의 인권 사상은 서구 근대의 인권 사상에서 나타나는 합의주의적·중첩주의적 보편성과는 다른 천도합일적 보편성을 드러낸다. 동학의 인권 사상은 서구 근대 인권 사상에서 나타나는 법적·제도주의적 성격보다는 내적·심학적 특징을 보여준다. 즉 동학·천도교는 도덕법이나 보편법을 통한 인권 보장보다는 심법과 수양을 통한 인간 존엄성의 체득과 모범을 중시한다.

셋째, 동학에서 인권은 공동체성으로 이해된다. 동학·천도교는 '나'를 '무궁한 이 울 속에 무궁한 나'로 본다. 따라서 주체는 숨쉬는 공기, 먹는 밥, 이웃, 자연환경 등과 동떨어진 존재로 이해될 수 없다. 그러므로 인간은 우주를 관통하는 하나의 기운에 통하게 되면 모든 존재자를 위하고 위하는 공공 의식이 나타나게 되는데 이를 의암은 '위위심'이라고 하였다. 이 마음에서 자타(自他)를 구분 짓지 않는 공화와 자유를 이끌어낸다. 우주에 열린 공공 의식은 국가와 민족의 문제를 자신의 문제와 동일시하므로 자연스럽게 공동체의 주인의식을 갖게 된다. 동학·천도교의 열린 공동체론은 동학혁명에서 나타난 민(民)운동과 자주 운동 그리고 1904년 이래 나타난 공화주의, 민회운동, 3·1독립운동의 사상적 토대였다고 할 수 있다. 서구 근대 공동체론에서 인권은 종종 특정 민족, 특정 계급, 특정 인종의 절대주의에 입각한 닫힌 공동체성을 나타내지만 1919년 3·1독립운동이나 1920년대의 천도교청년회의 사회운동에서는 열린 공동체성을 추구하였다. 즉 3·1독립운동은 일제와의 전쟁이 아니라 민족 간 평등 구현을 통하여 세계 평화를 이룩하고자 하는 운동임을 명확하게 하였다. 1920년대 부문 사회운동은 언제나 범인간적, 범민족적 행복을 도모하고 있음을 강조하였다. 이 점에서 동학의 인권은 열린 공동체권이라 할 수 있다. 나아가 열린 공동체성은 생태 위기의 현대에 생명 사상으로서의 의미도 갖는다. 즉 인간 공동체만의 관심과 이익이 아닌 생명권 전체의 관심과 이익을 고려하는 것이다.

동학의 인권 사상은 서구 근대의 인권론과는 다른 맥락에서 발전되었다. 동학은 동양의 두 가지 덕치 원형에 제3의 모델을 제시하였다고 할 수 있다. 일반화시켜 말하자면 덕치의 제1원형은 요순(堯舜)형이고 제2원형은 주공(周公)형이다. 전자는 임금이 덕을 이룬 경우이고 후자는 신하가 덕을 이룬 모델이다. 조선은 후자 모델을 강조하는 성리학 전통에 의하여 사대부에 의한 정치, 또는 신권(臣權)정치를 지향하였지만 왕권과의 균형을 도모하였다. 동학은 요순이나 주공과는 다른 제3의 민주주의 덕치 모델을 제시하였다고 할 수 있다. 민주주의 덕치 모델이란 누구라도 덕을 이룰 수 있으며 나아가 정치 주체로써 덕을 널리 베풀 수 있다고 보는 모델이다.

참고 문헌

김범수, 2008, 「인권과 공동체주의: 공동체주의의 인권 개념 해석을 중심으로」, 『인권의 시대와 한국 사회: 정치철학적 접근』, 한국정치사상학회 학술회의 발표 논문, 2008년 11월 15일.

김영작, 1989, 『韓末내셔널리즘 硏究』, 청계출판사.

서울대 중앙도서관 규장각도서(奎章閣圖書) 문서번호 17295 동학서(東學書) 30책

오문환, 2004, 「동학과 칸트의 도덕론 비교」, 『동학학보』 8집(2004. 12).

오문환, 2006, 「천도교(동학)의 민주 공화주의 사상과 운동」, 『정신문화연구』 10권 1호(2006. 6).

유홍림, 2003, 『현대 정치사상 연구』, 인간사랑.

윤석산, 2005, 「천도교의 가르침과 어린이 교육」, 『동학학보』 제9권 2호(2005. 12)

이돈화, 1923, 「汎人間的 民族主義」, 『開闢』 1923. 1.

이돈화, 1924, 『人乃天要義』, 21쪽.

李敦化, 1982, 『新人哲學』, 천도교중앙총부.

李敦化, 昭和 8年, 『天道敎創建史』, 天道敎中央宗理院.

조항래, 2002, 「갑진개화혁신운동의 영향과 의의」, 『동학학보』 제4호(2002. 10).

천도교사편찬위원회, 1981, 『天道敎百年略史』, 천도교중앙총부.

천도교중앙총부, 포덕138년(1998), 『天道敎經典』.

崔起榮·朴孟洙 編, 1997, 『韓末天道敎資料集』 1·2.

칸트, 임마누엘, 2003, 『실천이성비판』, 백종현 옮김, 아카넷.

韓國學文獻硏究所 編, 1979, 『東學思想資料集 壹貳參』, 亞細亞文化社.

홍태영, 2008, 「인권의 정치와 민주주의의 경계들」, 『인권의 시대와 한국 사회: 정치철학적 접근』, 한국정치사상학회 학술회의 발표 논문, 2008년 11월 15일.

황선희, 2009, 『동학·천도교 역사의 재조명』, 모시는사람들.

牟宗三, 民79, 『心體與性體』 第一冊, 臺北: 正中書局.

Strauss, Leo, 1963, *The Political Philosophy of Hobbes*, Translated by Elsa M. Sinclair, Chicago and London: The University of Chicago Press.

제6부

지구화 시대 인권 담론의 과제와 전망

13장 인권의 정치와 민주주의의 경계들_홍태영

14장 문화적 권리와 보편적 인권_김남국

15장 인권의 결함_김병욱

16장 가치 다원주의 시대의 인권 규범 형성: 정치철학적 접근_김비환

13장 인권의 정치와 민주주의의 경계들

홍태영

1. 왜 인권의 정치인가?

근대 초기 '인권' 개념은 자연권에서 출발하였지만, 그것이 구체화되는 단계에서, 즉 미국혁명, 프랑스혁명을 거치면서 근대 국민국가에 편입되는 과정에서 정치적 쟁점이 된다. 프랑스혁명에서 등장한「인간과 시민의 권리선언」이후 시민권의 형태로 발전한 인권은 1948년 유엔 인권선언 등을 계기로 그 영향력을 지속하고 있다. 특히 제3세계 식민지해방운동에서 인권은 억압에 대항하는 무기를 제공하였다. 또한 인권 탄압국에 대해 다양한 방식으로 개입할 정치적 명분을 제공하면서 국제적 분쟁을 일으키기도 했다. '인권' 담론은 말 그대로 인권 확대의 무기로 작용하기도 하지만 동시에 정치적으로 악용되거나 도덕적 수사학에 그치는 경우도 많다. 그러한 의미에서 '인권'은 '정치'의 중심에 있다. 최근에 한국 사회에서도 인권의 총체적인 원칙에 근거한 '역동적, 포괄적 인권 정치'를 주장하면서 '인권의 정치'가 담론화되고 있다(조효제, 2007: 40-41). '인권'이 '정치'와 결합될 필요성을 제기하는 것은 인권의 실현이 추상적 평준화 수준에 머물러서는 안 되며, 구체적인 인권의 보호와 확장된 실현을 통한 민주주의적 전망의 확대와 결합해야 하기 때문이다(장은주, 2007).

1980년대 이후 프랑스 정치철학의 흐름 속에 '인권의 정치'의 담론이 들어오기 시작한 것은 그것이 갖는 '전복성' 때문이었다. '인권의 정치'가 68혁명의 흐름을 흡수하면서 기존의 자유주의적 사고의 확장, 즉 개인들의 권리의 확장이라는 차원에 한정되지 않고 '전복적'일 수 있는 가능성을 가지고 있었기 때문이다.[1] 68년의 혁명 그리고 그 이후의 과정은 '구조'에서 '차이'로 그리고 '착취'에서 '자유' 혹은 '소외', '배제'로 문제 설정이 변화하였다.[2] 이로부터 등장한 새로운 사회운동이나 다양한 형태의 소수자 운동을 통해 새로운 정치적 주체들이 등장하였다. 그 과정에서 사회 속에 흩어져 존재하는 억압과 배제의 새로운 형태들에 대한 인식과 더불어 인권의 정치가 제기되었다. 그리고 인권은 억압과 배제에 대한 문제 제기를 통해 자신의 정당성을 지속적으로 확보해나갔다.

'인권의 정치'가 구체적으로 제기되면서 드러나는 주요한 쟁점 중의 하나는 인권이 갖는 '보편성'의 문제이다. '보편성'을 전제하는 '인권' 개념은 인권의 구체적인 실현 방식으로서 '시민권'이라는 개념과 충돌의 여지가 있다. 현실적으로 인권은 근대의 정치체인 국민국가라는 틀 속에서 시민권으로서 구체화되었다. 즉 '인간의 권리'에서 '인

---

1) 물론 잊혀졌던 세 가지 단어의 결합이 만들어낸 상황을 희화적으로 보면서, 마르셀 고쉐는 "인권은 정치가 아니다."라고 강하게 주장하였다. 무엇보다 인권의 정치가 가져올 수 있는 극단적 상황, 즉 권리와 권력의 동학은 결국 전체주의를 가져온다는 것이 강조된다(Gauchet, 1980).
2) 68혁명의 사상적 흐름과 세력 그리고 문제 제기의 변화 등에 대해서는 홍태영(2008b) 참조.

간'은 '시민'으로서만 존재하였고, '권리'는 '시민의 권리'로서 실현되었다. 하지만 국민국가라는 정치 공동체의 구성원을 의미하는 '시민'이라는 개념은 자신의 '경계'를 가지고 있다. 역사적으로 정치 공동체의 구성원이 된다는 사실로부터 포섭과 배제의 동학이 작동하는 경계가 존재하며 정체성의 문제가 쟁점이 되어왔다. 예를 들어 고대 그리스에서 시민은 공동체 구성원의 자격을 가질 뿐만 아니라 공동체 생활에 참여한다는 의미가 있었다. 이때 공동체 생활은 정치적, 종교적, 군사적 측면에서 참여를 전제로 하는 것이었으며, 그것은 남성 시민에 한정되었다. 따라서 여자, 이방인과 노예, 극빈자는 시민권을 획득하지 못하였다. 또한 아테네 시민은 '아테네인 부모를 가진 자에 한해서' 그 자격이 있다고까지 하였다(모세, 2002). 현재 우리가 살아가고 있는 국민국가라는 공동체 역시 프랑스혁명 시기의 예에서 볼 수 있듯 '적극적 시민'과 '소극적 시민'의 구분에서부터 남성과 여성의 구분, 국민과 이방인의 구분 등 다양한 방식의 경계를 설정하여왔다.

'인권'이 구체적으로 실현되는 과정에서 그것은 다양한 형태의 '경계들'을 가지고 있다. 가장 눈에 띄는 국민국가의 영토적 경계에서부터, 그 내부에서 시민권을 획득하기 위해 넘어야 하는 다양한 방식의 법적인 경계들, 그리고 우리의 사고와 생활 속에 존재하는 내재적 '경계들'이 있다. 그러한 의미에서 '인권의 정치'는 이러한 '경계들'을 무너뜨리는 작업이며, 곧 '민주주의의 경계'를 확장하는 작업일 것이다. 이 글은 국민국가라는 근대의 정치체의 전환을 가져오는 포스트모던과 지구화라는 맥락 속에서 '인권의 정치'의 의미를 추적해보고자 한다. 이를 위해 우선 근대 민주주의의 구체화의 계기를 이룬 프랑스혁명에서 '인권'이 국민국가라는 경계 내에서 '시민권'으로 실현되는 방식을 살펴보고, 이후 국민국가의 발전 속에서 그 계기들을 살펴볼 것이다. 그리고 마지막으로 '인권의 보편성'이 가지는 민주주의 전환의 계기를 살펴볼 것이다.

2. 인간의 권리와 시민의 권리―프랑스혁명과 인권의 탄생

프랑스혁명과 함께 등장한 「인간과 시민의 권리선언」은 이후 근대 국가의 구성원인 시민의 권리에 대한 기본적인 출발점이 되었다. 하지만 선언된 '인간과 시민의 권리'가 구체적으로 어떻게 실현될 것인가의 문제를 둘러싸고 많은 논의의 여지를 남겼다. 또한 현실적으로 프랑스혁명의 진행 과정 그리고 프랑스에서 공화국의 변화 속에서 그것의 현실화를 둘러싼 논의는 계속되었다. 프랑스혁명이라는 급박한 정세 속에서 탄생한 「인간과 시민의 권리선언」은 당시는 물론 이후에도 지속적으로 정치적 쟁점이 되었다.

우선 프랑스혁명에서 새로운 권력 주체로 등장한 국민(nation)은 그것을 구성하는 시민의 문제를 제기하였다. 시민권 그리고 시민의 상(像)을 둘러싸고 다양한 의견의 편차가 드러났다. 특정한 정치적 상황 속에서 시민권의 내용과 그 경계가 진동하였던 것이다. 선거권과 관련하여 1789년 9월 29일 투레(Thouret)가 제출한 헌법안에 따르면, 투표의 권리는 국민권(nationalité), 주거지, 그리고 납세라는 3가지 조건을 갖추어야 했다(Sewell Jr., 1988). 당시 국민권의 획득 조건에서는 혈연주의(droit du sang)보다는 속지주의(droit du sol)가 우선시되었다. 이 과정에서 국민권은 시민권(citoyenneté)과 결합된다. 시민권으로부터 배제의 대상이 되었던 사람들은 귀족, 외국인, 범죄자 등이었다.[3] 유대인

---

[3] 1791년 9월 3일 헌법(Constitution) 4조 4항―예외적 국적 획득 조항(naturalisation exceptionnelles)을 두고서 "프랑스 내에 거주하면서 공민 서약(serment civique)을 한

의 경우 구체제에서 항상 이방인으로 취급되었다면, 혁명 이후 프랑스인으로 인정되고 시민권을 행사할 수 있게 되었다. 유대인은 하나의 집단이나 종족으로서가 아니라 개인적인 시민으로 인정되면서 공동체 내에 편입된 것이다. 그것은 이미 르 샤플리에(Le Chapelier) 법을 통해 강조되었듯이 국가 내에는 어떠한 이익집단이나 특수한 집합체가 존재할 수 없으며, 사회에는 낱낱의 개인만이 존재할 수 있었기 때문이다.

시민권 형성에 중요한 축으로 작용하였던 것은 재산의 문제였다. 사실 '계몽주의 시대'에는 어느 누구도 보통선거권을 주장하지 않았다. 『백과전서』에서 돌바크(d'Holbach)는 '대표자(représentants)'라는 항목에서 "시민을 만드는 것은 재산이다. 국가 내에서 소유를 한 사람은 국가의 부에 대해 관심을 가진다. 특정한 협약이 그에게 어떤 일을 맡기든 간에, 그는 항상 소유자로서 그리고 그가 소유한 것 때문에 말을 해야 하거나 대표를 보낼 권리를 갖게 된다."고 명시하면서 정치적 권리가 재산권과 밀접한 관련이 있음을 강조하였다(Rosanvallon, 1992: 46에서 재인용). 중농주의자들은 국민의 구성원을 사회의 부의 형성에 참여한 사람으로 한정하였다. 이러한 사고의 연장선상에서 시예스(Sieyès)는 소유자-시민 개념을 정교화하였고, 그의 사고의 근저에는 아담 스미스의 경제/노동 개념이 깔려 있었다(홍태영, 2008a: 2장 참조). 계몽주의의 연장선상에서 프랑스혁명 직후의 정치적 권리는 재산을 지니고서 일정한 세금을 납부하는 사람들―능동적 시민―로 한정되었고, 그렇지 않은 경우 잠재적인 시민―수동적 시민―으로 간주되었다. 따라서 혁명 직후 시민의 모습은 '소유자로서 시민(citoyen propriétaire)'

경우 예외적으로 외국인에게 귀화 증명서(un acte de naturalisation)를 줄 수 있다."고 규정하였다.

이었다.

'소유자로서 시민'의 상(像)과 함께 존재하였던 것은 시민군(citoyen soldat)으로서의 상이다. '국민방위군(Garde nationale)'은 1789년 7월 13일 질서유지를 목적으로 창설되었다. '국민방위군'은 행동하는 국민주권으로서, 국왕의 절대주의에 대항하는 새로운 힘을 표상하였다. 국민방위군이 창설 다음날 바스티유를 점령한 것은 바로 이러한 상징적 중요성을 드러낸 것이었다. 1790년 12월 국민방위군에 관한 법령은 '투표권을 가진 능동적 시민에 한하여 구성원이 될 수 있다.'고 명시하였다. 그것은 투표권(droit de vote)과 방위권(droit de défense)이 동일한 사회적 함의를 가지는 것을 의미하며, 그 기저는 재산의 문제임을 의미하는 것이었다.

하지만 1792년 7월 11일 '조국의 위기(la patrie en danger)'가 선언되고, 수동적 시민 역시—1792년 7월 30일 법령에 의해—국민방위군에 가입할 수 있게 되면서 상황은 급변한다. 우선 프랑스 내부적으로 8월 10일 봉기가 발생하고 그 뒤로 공화국의 선포와 국민공회의 소집 그리고 공포정치가 이어진다. 이제 국민방위군에 가입한 모든 병사는 능동적, 수동적 시민을 막론하고 시민의 정치적 권리를 누릴 수 있게 된다. 조국의 방어, 즉 모든 시민이 방위군이 되어야 한다는 것은 자신이 공동체에 속한다는 사실, 다시 말해 투표권을 행사한다는 사실의 표현이었다. 그리고 위기에 처한 조국을 구하기 위해 전 국민은 혁명전쟁에 동원되었다. 프랑스에서는 내부적으로 혁명과 반혁명이 대립하고, 외부적으로 유럽 다른 나라들과 대립하면서 네이션, 조국, 애국주의 등의 개념도 변화하기 시작한다.

국민공회에 의한 공포정치 시기에는 시민의 덕목으로서 공화주의적 그리고 애국주의적 덕성이 강조되었다. 혁명전쟁의 출발은 애국주의 전쟁이었다. 이때의 애국주의는 혁명을 통해 선언된 공화국을 지켜야 한다는 명분 그리고 자유, 평등, 형제애라는 대의명분을 지키는 것이었다. 8월 19일 프러시아 군대가 프랑스에 진입하였다. 이러한 상황에서 국민공회는 8월 26일 다음과 같은 법령을 채택한다. "······ 그들의 감성, 글 그리고 용기 등이 보여준 것 때문에, 프랑스의 시민권을 부여한다. ······ 프리슬리(J. Priestley), 페인(Th. Payne), 벤담(J. Bentham), ······ 워싱턴(G. Washington), ······ 해밀턴(Hamilton), ······." 물론 벤담, 워싱턴, 해밀턴 등은 프랑스에 살지도 않았고, 서약도 안 했지만, 국적이 부여되었다. 일종의 명예시민이었다. 마치 라파예트가 미국에서 명예시민권을 받았듯이. 그중에서 페인과 클로츠(A. Cloots)는 국민공회의 의원이 되기까지 했다. 조국이 위험에 처해 있고 국왕이 체포되는 상황 속에서 공화국 창설을 위해 외국인 입법자나 사상가를 부른다는 것은 공화국의 보편성과 프랑스인의 보편주의적 특성 —문명인으로서의 보편성—을 보여주는 것이었다(Rosanvallon, 1992; Wahnich, 1997 참조).[4] 또한 그것은 루소의 충고를 따르는 것이었다. 루소는 『사회계약론』에서 '입법자'에 대하여 말하면서 입법이라는 특수한 업무를 외국인에게 맡기는 것은 대부분의 그리스 도시와 근대 이태리 공화국 그리고 최근 제네바 공화국의 관습이라고 말하고 있다.

4) 보편주의 전통은 이미 기독교 이래 계몽주의를 거쳐 자리 잡고 있었다. 하지만 보편주의가 서구 중심주의를 기반으로 한다는 것은 부인할 수 없다. 특히 유럽인들이 다른 대륙으로 진출하면서 제시한 보편주의는 기독교의 수용을 통한 합리성이었다. 그것의 거부는 야만적인 비합리성이었다. 따라서 인권 개념 역시 '백인'과 '비백인'에 대한 구분에서 출발한다. 그에 대한 흥미로운 탐구로 밀스(1997) 참조. 계몽주의 시기 보편적 휴머니즘을 유럽과 식민지의 관계 속에서 잘 보여주고 있는 저작은 레날의 책(Abbé Guillaume-Thomas Raynal, *Histoire philosophique et politique du commerce et de établissements des Européens dans les Deux Indes*[『두 인도의 역사』])이다. 또한 프랑스의 인권선언이 갖는 보편주의적인 인종주의적 한계에 대해서는 C. L. R. 제임스(2001) 참조.

하지만 반혁명적인 오스트리아, 프로이센, 영국과의 전쟁은 혁명을 지키면서 동시에 프랑스 국민을 만들어가는 과정이었고 동시에 타자를 만들어가는 과정이었다.5) 따라서 반혁명과 외국인이 서서히 동일시되기 시작하였다. 프랑스 의회에서 외국인에 대한 축출이 시작되고, 이전에 시민권의 전제로 제시되었던 국민권이 다시 제기된다. 혁명전쟁이 진행되면서 외국인들은 모호한 위치가 된다. 1793년 2월 26일과 3월 21일 법령은 외국인들에게 의무적으로 등록하도록 하였다. 1793년 10월 16일 법령에서 국민공회는 "공화국과 전쟁 중인 정부의 외국인은 평화가 정착할 때까지 보호감호된다."고 선언하였다. 혁명력 2년 니보스(nivose) 5일(1793년 12월 25일), 외국인은 프랑스 인민을 대표할 수 없게 되고, 페인과 클로츠는 국민공회에서 축출되었다. 이러한 금지 규정은 다음날(1793년 12월 26일) 외국에서 태어난 프랑스인들에게도 적용된다. 프랑스 영토에서 태어난 프랑스인들을 제외하고는 공적인 활동이 허용되지 않았던 것이다.

혁명이 진행되면서 시작된 혁명전쟁은 초반에 혁명의 대의를 전파하고자 했던 것과 달리 전쟁 자체의 논리, 즉 승리를 위한 공세적 전쟁이 되면서 상황이 달라진다.6) 나폴레옹은 시대정신을 실현하는 공화주의의 전파자가 아니라 유럽의 각국을 자신의 지배하에 두고자 했던 침략자였다. 유럽 각국에서 역시 민족주의가 형성되기 시작하였다. 이제 근대의 정치 공동체로서 국민국가의 근저에는 민족주의가

---

5) 중세 이래 오랫동안 종교적 성격을 띠었던 전쟁은 7년전쟁(1756~1763)부터 종교적 색채가 없어지고 인종적 혹은 민족적 성격을 띠는 전쟁으로 변화하기 시작하였고, 프랑스혁명전쟁은 그것을 분명히 하였다. 이제 '이교도'에 대항하는 전쟁이 아니라 '야만족' 혹은 '국민의 적'에 대항하는 전쟁이 되었다(Bell, 2001: 78-91).
6) 프랑스혁명 직후 국왕의 군대는 국민방위군으로 전환되면서 '시민군' 개념을 만들어내지만, 혁명전쟁의 변질 속에서 나폴레옹 황제의 군대가 되어간다(Bertaud, 1979).

자리 잡기 시작하였다. 따라서 국민국가의 성원인 시민의 기본적인 조건이 '국민'이어야 함은 당연한 것이었다.

프랑스혁명의 짧은 기간 동안 '시민됨'이 무엇인가를 둘러싸고 벌어진 다양한 사건과 논의는 여러 가지 방식의 경계 짓기의 예를 보여주었고, 그것은 이후의 근대 정치사 속에서 반복적으로 등장하였다.

3. 국민국가의 시민권

1) 시민, 계급 그리고 국민

1789년에 시작된 장기의 19세기는 자유주의의 세기이기도 했지만, 또한 민족주의의 세기였다. 내셔널리즘(nationalism)이라는 단어가 통용되기 시작하는 것은 19세기 후반에 이르러서이다.[7] 하지만 1789년 프랑스혁명과 함께 시민권의 조건으로서 국민권이 요구되면서 네이션의 범위를 둘러싼 쟁점들이 발생하였고, 국가들 간의 전쟁과 함께 네이션을 동원할 필요성이 제기됨으로써 애국주의는 서서히 내셔널리즘으로 변화되어갔다. 그리고 그 과정에서 네이션을 구성하는 시민의 상(像)은 다양하게 그려졌다. 무엇보다도 자유, 평등, 형제애라는 혁명의 대의와 함께 애국심에 근거한 시민의 상은 특정한 시점에 잠깐 내비칠 뿐이었고, 혁명전쟁의 와중에서 타자인 외국인과의 경계를 뚜렷이 하는 시민의 상이 지배적이게 되었다. 사실 애국주의는 비록 자유와 덕성을 그 구성 요소로 할지라도 이미 배타적 성격을 가지고

---

[7] 프랑스어에서 내셔널리즘(nationalisme)이라는 말이 처음 등장한 것은 1798년이지만 광범위하게 유통되기 시작한 것은 1860년 이후이다(Godechot, 1971: 482).

있었다. 볼테르는 '훌륭한 애국자가 되는 것은 나머지 다른 사람들의 적이 되는 것'이라고 결론지은 적이 있었다(Godechot, 1971: 487에서 재인용). 그러한 의미에서 볼테르는 코스모폴리탄이 되고자 하였다. 하지만 루소는 애국심의 배타적 성격을 알고 있으면서도, 조국에 대한 사랑이 인간을 덕성스럽고 자유롭고 행복하게 만든다고 강조하였다(Rousseau, 1964: 255-256). 사실 마키아벨리 이래 공화주의 전통으로부터 유래한 애국주의의 언어는 지나치게 추상적이어서 구체적인 인민들이 자신들의 자유를 실현하고 추구하는 데 있어서 적합하지 못한 측면이 존재하였다(Viroli, 1995: 106-107). 구체적인 자유의 실현을 위해 애국주의는 국민 문화와 결합할 필요성이 있었다.[8] 국민 문화에 기반을 둔 애국주의는 자연스럽게 19세기 동안에 민족주의로 전환되었다.

민족주의가 막 탄생한 국민을 국민/주체로 만드는 작업에 치중했다면, 자유주의는 국민을 구성하는 개인을 시민/주체로 만드는 작업을 담당하였다. 프랑스혁명 속에서 등장하였던 공화주의적 시민의 상(像)과 애국주의적 문제의식은 19세기를 거치면서 자유주의적 시민과 민족주의로 대체되는 경향을 띠었다. 그러한 의미에서 맑스가 「유대인 문제에 대하여」에서 '인간의 권리'란 "시민사회 구성원의 권리, 즉 인간들과 공동체로부터 분리된 이기적 인간들의 권리 이외에 아무것도 아니다."라는 명제를 제시하였을 때, 그것은 정확한 지적이었다. 그러한 명제에 대한 증명은 맑스 자신보다는 오히려 토크빌 그리고 아렌트에 의해 이루어졌다. 토크빌이 미국의 민주주의 사회를 관찰하면서

---

[8] 프랑스의 혁명전쟁 그리고 뒤이은 나폴레옹전쟁은 유럽 전역에서 민족주의를 자극하였다. 역사, 언어, 문학, 종교 등 문화적 단일성에 근거한 네이션 개념을 발전시킨 대표적인 예는 당연히 유럽에서는 독일이다. 피히테, 헤르더 등의 민족주의는, 서로 간에 분명한 차이가 있음에도 불구하고, 문화적 민족주의를 우선시한다. 그들의 조국이라는 개념 역시 문화적 단일성에 근거한 것이다.

발견하였던 개인주의적 성향의 대중들은 '조건들의 평등'으로 이해한 민주주의 속에서 존재하는 평등한 권리를 지닌 시민들의 모습이었다. 그때의 인권은 부르주아사회의 자기중심적 개인의 권리에 불과한 것이었다. 아렌트는 자유주의적 개인주의가 만연한 사회에서 원자화된 개인들을 통일시키고 집중화시키는 것이 민족주의라고 보았다(아렌트, 2006: 433). 토크빌 그리고 아렌트가 보기에 현대 민주주의 사회는 그러한 사적인 개인들이 상업적 이해를 추구하는 데 집중하는 사회였다. 그리고 그러한 개인들의 권리가 바로 '인권'이었다. 하지만 그 둘 모두가 우려했고 실제로 경험했던 것은 '민주주의적 전제정' 혹은 '전체주의'라는 거대한 권력체의 출현이었다.

민족주의와 자유주의 발전과 더불어 19세기의 주요한 변수 중의 하나는 노동자계급의 형성이다. 톰슨(E. P. Thompson)이 19세기에 들어서 1832년을 끝으로 책을 마무리 지으면서 '노동자계급의 형성'을 보았을 때 그것은 분명 의미 있는 숫자였다. 이미 폴라니가 말했듯이 1832년은 스핀햄랜드 법의 폐지와 함께 '진정한' 의미에서 노동자계급이 출현한 시점이었다. 영국은 다른 유럽 국가들에 비해 국민적 정체성이 일찍 발달하였다. 그것은 이미 프랑스혁명 이전에 두 개의 혁명을 거친 후, 국교회 문제와 미국의 독립혁명을 경험하면서 이루어진 것이었다. 그리고 프랑스혁명의 영향 등으로 '국민'이라는 개념이 갖는 진보적 의미가 실현되고 있었고, 국민의 형성 과정은 자본주의의 발달 속에서 노동자계급의 형성 과정과 맞물려 존재하였다. 분명 18세기 후반부터 19세기 전반기의 영국에서 노동자의 형성과 국민의 형성 과정은 대립적이기보다는 "동일한 역사적 과정의 두 측면"이었다(Colley, 1986).

이미 프랑스혁명이 추구했던 전제정에 대항하는 유럽인들의 해방이라는 관념은 '국민'을 정치적 주체로 형성하는 작업이었고, 동시에 노동자계급을 형성하는 과정이었다. 홉스봄의 표현대로 1848년은 '국민들의 봄'이었고, 국민들의 자기주장이 유럽 곳곳에서 광범위하게 그리고 강하게 제기되었다(홉스봄, 1983a). 국민국가 체계로 전환되어가면서 국민은 정치적 동일성을 가진 실체로 등장했지만, 동시에 역사적, 문화적 존재로서의 의미를 획득해갔다. 그것은 국가에 의한 위로부터의 작업이면서 동시에 아래로부터의 작업이기도 하였다. 1848년 맑스의 「공산당선언」에 나타난 국제주의적 원칙 선언에도 불구하고 노동자계급의 정치적 의식은 내셔널리즘과 동일한 과정을 거치면서 형성되었다고 보는 것이 타당하다. 그것은 혁명 그 자체의 전통이 국민적인 것이었을 뿐만 아니라 노동운동의 지도자들이 국민적 문제에 깊이 관여했기 때문이다(홉스봄, 1983b: 144).

홉스봄의 표현대로 국가는 "시민들이 국가와 경쟁하는 설교자들에게 기울기 전에 [시민들을] 새로운 시민종교로 개종"시킬 필요가 있었다(홉스봄, 1994: 117). 이러한 필요성은 1870년대에 들어서면서 나타난 변화를 반영한 것이다. 1864년 제1인터내셔널이 성립되면서 노동자 국제주의가 현실화되는듯하였지만, 다른 한편으로 독일과 이탈리아가 통일을 이루면서 유럽의 국민국가들 간의 경쟁의 시대가 본격화된다. 1870년대에 들어서 유럽 각국에서는 국가에 의한 '국민 만들기' 작업이 구체화된다. 영국의 경우 선거권이 확대되고 의무교육제도가 도입되었고, 프랑스 역시 1883년 초등교육의 의무, 무상, 세속화의 원칙이 채택되었다.

국가와 시민이 시민적·정치적 권리를 통해 연결되기 시작하였다면, 사회적 권리는 그 관계를 더욱 굳건하게 만드는 계기였다. 영국에서는 밀(J. S. Mill) 이래 홉하우스의 '사회적 자유주의', 프랑스에서는 뒤르케임의 '연대'와 '연대주의' 등이 사회적 권리 형성에 배경이 되는 자유주의의 새로운 흐름들이다. 개인의 권리 확대를 위해 국가의 역할을 축소해야 한다는 전통적인 개인주의자들의 주장에 대해, 뒤르케임은 개인의 권리의 확대와 국가권력의 강화가 동시에 연결되어 있음을 강조하였다.

이러한 이데올로기적 기반 속에서 프랑스는 19세기 말부터 산업재해에 관한 법률과 노동자, 농민의 연금에 관한 법률을 제정하였다. 그리고 제1차 세계대전이 끝난 뒤 통과된 연금법은 그 대상이 상이군인과 전쟁고아, 미망인이었다는 점에서 국민적 통합이라는 목적과 함께 애국주의적 문제의식을 실현한 것이다. 물론 이때의 애국주의는 이미 상당 부분 과거 프랑스혁명 당시 가지고 있었던, '자유, 평등, 형제애'의 실현 공간에 대한 사랑이라는 의미를 벗어나 민족주의적으로 경도된 것이었다. 한편으로 복지 정책의 출발은 분명 노동자운동과 좌파 정치 세력의 요구에 따라 분배의 목적을 갖는다는 점을 부인할 수 없다. 하지만 동시에 그것은 시민으로서의 권리를 통한 국민적 정체성의 확보와 국민 통합이라는 측면을 갖는다. 그러한 의미에서 계급과 국민의 형성 과정과 정체성의 형성은 불균등하지만 동일한 과정이었다.

2) 자본주의와 시민권[9]

근대 국민국가의 형성과 발전 과정에서 주요한 축을 형성하는 것 중의 하나는 자본주의이다. 이미 근대국가 형성 초기부터 자본주의라

---

9) 자본주의에 기반을 둔 근대 국민국가의 발전 속에서의 시민권의 발달의 역사에 대한 연구는 충분히 이루어졌다. 예를 들어 마셜(T. H. Marshall)의 연구를 선두로 터너(B. S. Turner) 등의 서구 유럽의 시민권의 발달 역사에 대한 연구가 있다. 이러한 연구들은 시민권의 내용을 둘러싼 투쟁과 갈등의 역사라고 할 수 있다. 이 글은 이러한 부분보다는 시민권의 포섭과 배제를 둘러싼 경계의 문제에 한정된다. 시민권 발달의 역사가 갖는 백인 남성 중심적 사고에 대한 비판에 대해서는 페이트만(2001) 참조.

는 요소는 그 중심축을 형성하였다. 봉건제에서 자본주의적 생산양식으로의 변화 과정에서 국가의 역할이 요구되었고, 그중 가장 주요한 역할이 자본주의 시초 축적과 그에 따른 노동자계급의 형성이었다. 자본주의 역사 전체에서 보면 실질적으로 다양한 형태의 부자유노동자(unfree wage labor)—노예, 죄수 노동자, 계약 노동자, 이주 노동자 등—가 지속적으로 재생산되고 유지되어왔으며, 국가는 그것에 중요한 역할을 담당하였다. 그것은 이미 맑스가 말하였던 상대적 과잉인구 혹은 산업예비군이다. 자본주의적 생산 및 세계시장 영역이 전 지구적으로 확대되면서 상대적 과잉인구의 원천도 전 세계적으로 확산되었다(설동훈, 1999: 43).[10] 자본의 세계화와 더불어 노동력의 세계화가 가속되면서 노동력의 국가 간 이동이 활발하게 진행되고 있다. 하지만 경계를 넘어서 유입되는 외국인 노동자들은 많은 경우 공동체 내부에 존재하면서도 실질적으로 공동체의 구성원으로서 권리를 행사하지 못한다.

  20세기 들어서 두 차례의 세계대전을 거치면서 경제성장은 자본 집약, 표준화된 생산 등에 의한 대량생산과 대량 소비를 중심으로 하는 경제체제를 통해 이루어졌다. 이러한 경제체제하에서 대규모로 형성된 중간계급은 대량 소비에 기여하고 이것은 생산의 표준화에 기여하면서 일상의 생활 구조를 형성하였다. 하지만 1970년대 중반 이후 경제활동은 노동시장의 특수한 형태를 만들어냈다. 즉 세계경제가 불황 국면으로 들어서기 시작하였고, 서구 유럽의 케인즈주의적 복지국가는 위기를 맞는다. 서서히 실업률이 증가하고 노동시장에 유연성이 도입되기 시작하였다. 새로운 유연성은 시간제 근무와 임시직의 증가

---

10) 노동력의 국제 이주와 관련하여 그것의 발생, 영속, 적응의 측면에 관한 다양한 이론이 존재하고 논쟁 중이다. 이러한 부분에 대한 논의는 이 글의 범위를 벗어나므로 생략한다. 다만 그것들에 대한 개략적인 소개는 석현호(2003) 참조.

를 의미하였다. 직업의 임시 고용화 혹은 비공식화가 일어났고, 새로운 유형의 사회적 분화를 가져와 고용 기회의 양극화를 유발하였다. 핵심적인 산업 부문의 노동시장에서 나타나는 특징은 고용관계가 점차 단기화된다는 것이다. 그것은 이민자들의 유입을 불러일으키게 된다. 또한 이민자와 인종 집단이 중심지 도시로 집중화되면서 도시의 공간적 분화와 집중 현상이 일어난다(사쎈, 1998: 187).

세계화가 가속되고 있는 현재의 상황에서 자본의 지리적 이동성과 변동성의 증가가 세계의 노동자들을 단일 시장의 경쟁으로 몰아넣어 임금과 노동조건의 "바닥을 향한 경쟁"을 일으킨다(아리기·실버 외, 2008: 30). 세계 체제는 상품, 기술, 금융 기법 등에서는 통합되고 있지만 노동의 경우에는 통합되어 있지 않다. 이 경우 통합되지 않은 노동시장 덕분에 기업은 지방 간, 나라 간 및 대륙 간 노동 보수의 격차를 마음대로 활용할 수 있게 된다(쎄네, 2003: 42). 산업자본과 금융자본의 손쉬운 이동은 '자본 도피'의 위험성을 현실화시키고 있고, 그 결과 노동자들의 보호 장치는 갈수록 취약해지고 있는 것이 현실이다. 따라서 틸리는 노동자들의 권리가 국민국가에 의해 집행되어왔지만, 오늘날에는 국가가 주식과 유동자산을 감시하고 통제하는 능력과 효과적인 사회정책을 전개할 능력을 상실했기 때문에 노동자들의 권리가 쇠퇴하고 있다고 말한다(Tilly, 1995).[11]

하지만 왈러스타인은 국가권력이 약화된다는 주장을 반박하면서 국가와 자본의 관계는 16세기 이래 변화하지 않았다고 말한다(Wallerstein, 1995). 그는 19세기 중반 이래 계속된 노동자와 시민의 권리 확대는

---

11) 세계화 시대의 노동 양식의 변화 속에서 업무와 노동자의 차별화에 따른 비정규직 노동, 비표준형 고용 방식 및 이직률의 증가 등은 국민국가의 지식과 권력 통제의 약화를 가져오고 또한 노동자들의 개인화 및 계급 정체성 약화라는 결과를 가져온다고 평가된다(Carnoy and Castells, 2001).

점점 늘어나고 전투적으로 되어가는 자국 내의 노동계급을 선별 흡수하는 전략, 즉 복지국가와 인종차별주의에 기반을 두고 이중의 국민의식을 제공함으로써 이루어졌다는 것이다.[12] 그러한 의미에서 그는 최근의 변화를 다음과 같이 파악한다. "우리는 자유주의국가의 대명사와 같은 전통의 장소에서 …… '노동자'가 형편없는 급료를 받고 정치적·사회적 권리에서 소외된 1848년 이전 같은 상황으로 돌아가 있을 것이다. 서양 노동자들은 또다시 '위험한 계급'이 되어 있을 것이다. 그러나 그들의 피부색은 바뀌어 있을 것이며, 계급투쟁은 인종 투쟁이 될 것이다. 21세기의 문제는 인종차별의 문제가 될 것이다." (Wallerstein, 1995: 27)

세계화가 진행되면서 자본의 이동은 물론 노동력의 이동이 급증함에 따라 세계 곳곳에서 인종 문제가 구체적인 현실이 되고 있다. 유럽에서는 통합이 진행되면서 인종주의의 문제가 중요한 쟁점으로 등장하고 있다. 2005년 가을 프랑스에서 일어난 아랍계 이민자들의 소요 사태는 물론이거니와 유럽 각국에서 극우 정당들의 득세는 인종 문제가 현실적인 정치사회적 쟁점으로 등장하고 있음을 보여준다. 사실 한국 사회 역시 예외가 아니다. 2009년 현재 100만 명에 이르는 외국인들이 한국에 있다고 추산되고 있다. 사실 합법적으로 체류하고 있는 외국인은 그중 40%가 되지 않으며, 나머지가 불법체류이다. 한국 사회에서 외국인들은 주요한 '타자'로서 구성되고 있다. 그들은 하층

---

12) 예를 들어 한국의 경우 정규직에 대한 노동보호법제의 강도는 선진국 수준을 능가하는 반면에, 비정규직에 대한 노동보호법제는 극히 취약하다(OECD, 2007). 노동자들 내부의 분열에 따른 정규직과 비정규직, 그리고 외국인 노동자 등 다양한 형태의 노동자들 사이의 분열이 자연스럽게 진행되고 있다. 특히 1997년 IMF를 겪고 난 뒤 노동조합은 노동자들의 '정치의 장소'가 아니라, 비정규직, 외국인 노동자들의 희생을 대가로 기존 노동자들의 이익과 자리를 보호하는 장치로 변화한다(김원 외, 2008).

노동자 혹은 불법체류자로서, 가난한 나라에서 온 최하층의 일꾼으로서, 혹은 사회 범죄의 근원으로서 우리 사회 속에서 표상되고 있다(한건수, 2004).

한국은 고급 인력에 대해서 출입국 우대카드제도를 적용하고 국적 취득을 용이하게 하면서 적극적으로 전문 인력의 유입을 유도하고 있다. 반면에 생산 기능 외국 인력을 유치하기 위한 제도는 2007년 1월 1일부터 고용허가제도로 일원화되었다. 이 경우 한국 정부는 자국의 노동시장 보호라는 이유에서 이주 노동자에게 차별적인 정책을 취하고 있는 것이다. 예를 들어 1990년 제69차 유엔총회에서 채택된「이주 노동자와 그 가족의 권리 보호에 관한 국제 협약」을 국회가 비준하지 않음으로써 외국인 이주 노동자들에게 가족 동반 사증을 발급하지 않고 있다. 또한 부모가 불법체류자이면 아이들도 불법체류자가 되지만, 아이들은 불법행위를 저지른 주체가 아니라는 점에서「아동 인권 협약」에 의하여 무죄로 간주된다. 하지만 외국인 노동자에 대한 교육권 논의가 시작된 것이 수년 전이고 2001년이 되어서야 교육인적자원부는 '불법체류 외국인 노동자 자녀의 교육권을 보장'하기 위한 행정 지침을 마련했다. 2003년 유엔아동권리위원회는 외국인 미등록 노동자 자녀를 포함한 이주 노동자 자녀에 대한 복지 및 권리 규정이 부재함을 지적하고 미등록 노동자를 포함한 이주 노동자 자녀들의 동등한 공적 서비스 접근을 보장할 수 있도록 국내법을 개정하고「모든 이주 노동자와 그 가족의 권리 보호에 관한 국제 협약」을 비준할 것을 권고하였다(설동훈, 2005: 62). 이러한 기본적인 가족의 구성조차 어려운 상황이기 때문에 이주 노동자가 정치적 권리 및 사회적 권리를 거의 행사하지 못하는 것은 당연한 현실이다.[13] 예를 들어 제한된 포용 정책

---

13) 물론 2004년「주민투표법」제정으로 일정 요건을 갖춘 영주 자격 소지자는「공

을 통해 영주권(denizenship)이라는 이름으로 시민권(citizenship)과 구별되는 국민주권의 배타적 권리를 인정하려는 경향이 존재한다. 그러나 이 경우 사실상 항구적 타자를 만들어낼 수밖에 없다.

또한 외국인 노동자의 권리와 관련하여 짚고 넘어가야 할 부분은 "국제 노동 분업의 여성화"가 가져오는 현상이다(Pettman, 1999: 213).[14] 우리나라의 이주 관련 노동정책은 제도적으로 외국인을 내국인과 분리하면서 차별과 배제의 논리를 작동시키고 있다. 그런데 여성 이주 노동자들의 경우 불평등한 젠더 관계에 의해 남성보다 더 열등한 위치에 있게 된다. 인종과 젠더가 서로 맞물리면서 상호 결합하기 때문에 이주 여성들은 우리 사회에서 최하층을 이루며 더 나아가 가장 종속적인 위치에 처하게 된다(이선주, 2006; 한국염, 2005; 김엘림·오정진, 2001).

4. 인권의 보편성과 민주주의 경계들

근대 국민국가의 권력과 권리의 주체로서의 시민은 '인간'이 공동체 속에 존재하는 방식이었지만, 그것으로부터 배제되는 많은 비(非)

직선거법」,「주민투표법」,「주민 소환에 관한 법률」 등을 통해 주민으로서의 자치권을 가질 수 있게 되었다. 외국인 영주자를 '주민'으로 인정하여 선거권과 주민 투표권 및 주민 소환권을 부여한 나라는 한국이 아시아 최초이다(설동훈, 2007: 407). 예를 들어 유럽의 경우 '유럽 시민'의 형성이라는 차원에서 유럽의회 선거에서는 유럽연합 회원국의 국민권을 가진 경우 유럽 지역 어디에서나 선거권을 행사할 수 있다. 물론 개별 국가의 의회를 구성할 때는 참정권을 행사하지 못한다는 점에서 국민국가의 배타적 주권은 아직까지도 건재하다.

14) 한국에서 최근 증가하고 있는 국제결혼의 경우 역시 국가 간의 '경제적' 차이를 사적인 차원의 성적 결합으로 변화시키면서 여성들의 이주를 촉진시키고 있는 '이주의 여성화' 양태이다(김현미, 2006).

시민의 문제가 지속적으로 제기되어왔다. 그것은 국민국가라는 정치 공동체가 존재하기 위해 지속적으로 자기 확장을 해왔기 때문이다. 끊임없이 자기의 외부를 만들면서 동시에 비시민을 만들었던 것이다.

결국 여기에서 근본적인 갈등이 발생한다. 모든 인간이 인간으로서 가지는 보편적인 인권이라는 관념과, 시민으로서의 권리, 즉 정치 공동체의 성원으로서 가지는 특수한 권리 사이의 갈등이다. 전자는 일종의 전(前)정치적 개념, 혹은 근대 초기 자연권이라는 개념으로 이해되었던 것이기도 하다. 하지만 그것은 동시에 지극히 정치적으로 이용되어왔다. 사실 미국이 아프가니스탄, 이라크 등에 군사적 개입을 단행하거나 과거 중국이나 북한에 경제적 봉쇄정책을 펼 때 제시한 개념이 '보편적 인권' 개념이다. 전정치적 개념을 지극히 정치적으로 사용한 경우들이다.

여기에서 '인간의 권리의 보편성'이라는 개념이 가지는 수수께끼가 제기된다. 역사적으로 보편성은 그 정세에 따라 상이한 위상을 점하였다. 페미니즘이나 노동자운동 초기에 보편성이라는 것은 운동의 무기로 작용하였다. 국민국가가 형성되어가는 19세기의 시점에서 노동자와 여성은 인권이 갖는 보편주의에 근거하여 자신들의 권리를 요구하였다. 그리고 그것에 근거하여 노동자와 여성은 국민국가라는 정치 공동체에 편입될 수 있었다. 하지만 보편화의 과정, 즉 보편성에의 편입의 과정은 일종의 '정상화'의 과정이다.[15] 그것은 보편주의적 해방을 얻기 위해 '보편적인 것에의 동일화', 즉 정상성에의 복종이라는 대가를 치러야 한다.[16] 보편주의가 갖는 정상성과 그것이 수반하는

---

15) 발리바르는 이러한 보편성을 일종의 '허구적 보편성'이라 부른다(발리바르, 2007).
16) 서동진의 지적처럼 비이성애적 주체에게 시민으로서 자격을 부여하는 것은 포용의 과정이지만 또한 동시에 이성애적 규범성을 통해 비이성애적 주체를 규율

억압 및 배제의 논리에 대한 지적은 포스트모더니즘에서 근대성을 비판하는 출발점을 이룬다.

근대성에 대한 근본적인 비판을 진행하였던 푸코는 권리의 정치가 갖는 그 근본성을 지적하고 있다. 푸코는 권리의 문제를 제기하면서, "정치투쟁의 이슈가 되었던 것은 권리라기보다는 삶"이었으며, 그것이 "권리의 확정을 통해 정식화하는 것이긴 했지만, 생명, 자신의 신체, 건강, 행복, 필요의 충족 …… 에 대한 권리, 이 권리는 고전주의적 법률 체계가 전혀 이해할 수 없는 권리"라고 평가한다(푸코, 1990: 191).[17] 들뢰즈의 말대로 권리의 주체는 "영원성의 형태인 인간이 아니라 특이성의 담지자이자 '가능성으로 가득 찬' 삶인 것"이다(들뢰즈, 1995: 139). 권리 및 권리의 주체의 추상성이 아니라 구체적인 삶과 그것의 변이 및 전환의 가능성을 가진 삶이 문제가 되어야 하는 것이다. 그리고 그 삶 속에 편재되어 있는 권력과 그 권력에 대한 저항의 동학을 인식해야 하는 것이다. 푸코는 권력이 도처에 편재해 있고, 저항 역시 권력이 있는 곳에 존재한다고 말한다. 담론 역시 "권력의 도구이자 동시에 결과일 뿐만 아니라 장애물, 제동장치, 저항점 그리고 정반대되는 전략을 위한 출발점일 수 있는 복잡하고 불안정한 과정"으로 이해한다(푸코, 1990: 114).

아감벤은 이러한 푸코의 생명 정치적 모델에 덧붙여 권력에 대한 법적, 제도적 모델, 특히 아렌트의 논의를 결합하여 근대 정치의 특성

하는 새로운 형태의 지배가 발생할 수 있다(서동진, 2005). 이것은 권리에 대한 자유주의적 접근이 갖는 난점이다. 페미니즘의 경우 역시 자유주의적 페미니즘이 가질 수 있는 난점이 그것이고, 그것으로부터 포스트모던 페미니즘의 비판이 가능하지만, 포스트모더니즘적인 접근은 페미니즘 자체의 성립 불가능성을 가져올 수 있다는 난점이 발생한다(푸코 외, 1995).
17) 이러한 푸코의 문제의식을 수용하여 프랑스에서 복지국가의 발생, 특히 사회적 권리의 형성이라는 측면을 수행한 연구로는 에발트의 연구가 있다(Ewald, 1985).

을 논의한다. 인권에 대한 논의에서 아렌트의 지적은 자신의 경험에 비추어 현실적이고 적절한 것이었다. 아렌트는 자신의 경험을 근거로 인권이라는 것이 국민국가라는 공동체에 속하지 못한 인간, 즉 자신과 같은 망명자에게는 아무런 의미가 없는 것임을 강조하였다(아렌트, 2006). 국적을 잃은 망명자들은 국내법을 어긴 범죄자만도 못한 취급을 받았다. 아감벤은 이러한 삶을 "벌거벗은 생명"이라고 표현하였다. 벌거벗은 생명은 시민으로서의 법적 자격이 인정되지 않기 때문에 "살해는 가능하지만 희생물로 바쳐질 수 없는 생명, 호모 사케르(homo sacer)의 생명이다."(아감벤, 2008: 45) 호모 사케르의 생명은 "주권적 추방 명령하의 생명이며, 이러한 의미에서 벌거벗은 생명의 창출은 곧 주권의 근원적 활동"이며, 오늘날의 정치는 바로 이러한 헐벗은 삶의 전면화이다(아감벤, 2008: 177; 유홍림·홍철기, 2007). 그러한 의미에서 주권 권력과 생체 권력은 동일한 것이다.

이러한 근대 권력에 대한 비판은 '권리'의 우선성이라는 차원에서 이해될 수 있다. 즉 '인간 권리의 정치'는 곧 '권리의 정치'에 강조점이 주어진다. 이로부터 '권리의 보편성' 혹은 '권리들에 대한 권리'라는 관념이 발생한다. 발리바르는 아렌트로부터 "권리들에 대한 권리(droit aux droits)"라는 개념을 빌려와서 그것이 가질 수 있는 최대치를 사고하려 한다. 그것은 인간존재의 공공 영역에의 소속, 노동, 문화, 공적 발언, 사적 신념 등의 권리에 대한 인정을 의미한다(Balibar, 2001: 188). 그는 이러한 요소들이 인민의 직접적 혹은 간접적 개입을 통해 구성되는 민주주의의 구성 요소임을 분명히 한다. 발리바르가 인권의 정치를 주장하면서 전제하는 것은 권력에 대한 권리의 우선성이다. 랑시에르는 "권리 없는 사람들의 권리"라는 개념으로 동일한 문제를 제기한다. 그는 "인권은 국가 공동체의 틀을 갖춘 시민들의 권리이자 권리를 가진 사람들만의 권리일 뿐이므로 동어반복에 불과하다."고 말하면서 "권리 없는 사람들"의 권리에 대한 요구를 말한다(랑시에르, 2007: 111). 그것은 자신의 '존재 양식'의 공동체 내에서의 권리를 선언하는 방식이다. 또한 그것은 권력에 대한 권리의 선차성을 주장하는 것이다.

'권리들에 대한 권리' 혹은 '권리 없는 사람들의 권리'의 문제 설정은 '정치'에 대한 권리로 이어진다. 즉 '권리'의 출발점이 추상적인 자연권으로서의 인권이 아니라 구체적인 현실이기 때문이다. 따라서 동일시(identification)의 과정을 넘어선 주체화(subjectivation)의 과정이 요구되는 것이다.[18] 그것은 발리바르의 지적처럼 어느 누구도 외부 혹은 위로부터 해방될 수 없고— '동일시'의 과정이 아니라—, 오직 자신의 행동과 그 행동의 집단화에 의해서만, 즉 '주체화'를 통해서만 해방될 수 있다는 것을 의미한다(발리바르, 2007: 540).[19] 인간의 권리는 권력에 의해 인정되는 것이 아니라 인간의 존재로부터 요구되는 것이다. 이러한 인간존재로부터 출발된 권리의 정치가 새로운 주체들을 형성한다.

새로운 주체 형성을 위한 작업에서 두 가지의 동일시 과정이 강조된다. 하나는 '인간'과 '시민'의 동일시이며, 다른 하나는 '자유'와 '평등'의 동일시이다. 앞서 보았듯이 근대 국민국가에서 '인간의 권리'는 '시민의 권리'로 존재할 수 있었다. 즉 '인간'은 국가권력이 인정하는

---

18) 1832년 법정에서 스스로를 '프롤레타리아'라고 대답했던 블랑키(A. Blanqui)와, 프랑스혁명 당시 여성이 단두대에 설 권리가 있다면 투표할 권리도 있다고 주장했던 올랭프 드 구주(O. de Gouges)가 동일시를 넘어선 주체화 과정의 예로서 제시될 수 있다.
19) 랑시에르 역시 이러한 의미에서 사회운동을 이야기한다. 사회운동은 사회학적으로 규정되는 어떤 집단의 운동이 아니라 사회질서가 그들에게 준 정체성인 사회학적 정체성을 기각함으로써 투사로서의 정체성을 발견하고 깨우치려고 애쓰는 주체들의 운동이자 인민의 운동이라고 규정한다(랑시에르, 2008: 148).

'시민'—즉 국민권을 동반한 시민권의 담지자—으로서 존재할 뿐이었다. 우선 '인간'과 '시민'의 동일시라는 틀을 통해 인간의 권리의 현실화 및 시민권의 확장을 사고할 수 있다. '인간'과 '시민'의 동일시라는 문제 제기는 세계화가 진행되는 최근의 상황에서 더 의미를 가진다. 발리바르는 세계화 속에서 노동력의 잦은 이동이 가져오는 국민권의 제약 그리고 그에 따른 시민권의 제약을 제거하기 위해 시민권의 정의에서 국민이라는 규정을 제거할 것을 요구한다(Balibar, 2001a: 180). 이것은 경계가 갖는 신성함을 제거하는 것을 의미하며, 또한 경계의 민주화를 의미하는 것이라고 주장한다. 국민국가 시기에 인간이 시민으로서만 존재했다면, 오히려 시민의 인간됨을 말함으로써 모든 인간의 시민됨을 말할 수 있어야 한다.

다른 한편으로 발리바르는 프랑스혁명에 등장했던 자유(liberté)와 평등(égalité)에 관한 인간의 권리의 내용을 새롭게 전복시킨다. 그가 제시하는 명제는 '평등자유(l'égaliberté)'라는 개념이다. 즉 발리바르는 자유와 평등 개념의 동일화를 통해 자유주의적 해석을 넘어서고자 하는 것이다. 자유와 평등의 동일시라는 개념은, 자유와 평등 각각이 다른 하나 없이는 존재할 수 없다는 점을 정치가 인정한다는 사실 위에 기초한다는 것을 의미한다(Balibar, 1992: 247). 즉 어느 하나의 제거는 다른 하나의 제한을 가져올 수밖에 없다는 것이다. 랑시에르 역시 보편성과 정체성 사이의 해결책 없는 논쟁을 빠져나올 수 있는 것은 '평등'이라는 개념을 통해서라고 제시한다. 평등은 "인간성이나 이성의 본질에 각인되어 있는 하나의 가치로서가 아니"라, "각각의 사례 속에서 전제되고 입증되며 증명해야 하는 하나의 보편"이다(랑시에르, 2008: 138). 이 지점에서 정치가 개입함을 알 수 있다. 즉 평등이라는 것이 증명되는 것은 주체화가 이루어지는 장소인 것이다. 정치적 주체화의 논리는 결코 하나의 정체성에 대한 단순한 긍정이 아니라 "두 정체성 사이의 균열 속에서 정치적 주체로서 행동"하는 것이다(랑시에르, 2008: 142). '보편적 인권'은 전정치적인 것이기보다는 본래적인 정치화의 적실한 공간을 형성할 수 있음을 의미한다.[20] 그러한 의미에서 '인간 권리의 정치'가 작동하는 것이다.

5. 정체성과 인권의 정치

'인권의 정치'라는 커다란 틀 속에서 이해될 수 있는 이러한 권리에 대한 문제 제기는 근대 정치의 틀을 넘어서려는 시도라고 볼 수 있다. 근대 국민국가에서 시민의 권리로 이해된 '권리'가 한정한 '경계'를 확장하려는 것이 이러한 문제 제기의 의도이다.[21] 그것은 '새로운 정치의 실천'으로서 정치의 확장이며 또한 새로운 정치의 공간의 창조이다. 근대 국민국가의 '표상(representation)'의 원리에 기초한 정치에 반하여 대중은 자신의 정치적 공간을 만들어내고 새로운 정치의 가능성을 제기한다. 현재의 시점에서 이루어지고 있는 지구화, '제국'의

---

[20] 유홍림 역시 인권의 보편성이 초월적 기초에 의해 정당화되는 것이 아니라 역사적 과정을 통해 인권의 내용이 심화되고 확장되며, '실천'을 통해 '획득되는' 것임을 강조한다(유홍림, 2003: 338-339). 하버마스 역시 "기본권의 실현은 평등하게 권리를 부여받은 시민들의 사적 자율성을 오직 그들의 정치적 자율성의 활성화와 병행하여 보장하는 과정"임을 강조한다(하버마스, 2007: 563). 즉 인권에 대한 논의가 정치라는 공간과 결합되어 있음이 강조된다. 그럼에도 불구하고 하버마스의 논의는 근대성의 틀 내에 존재한다.

[21] 이미 19세기 후반 독일의 법철학자 예링은 이러한 것을 "권리를 위한 투쟁"이라고 칭하였다. 그는 "세상의 모든 권리는 투쟁에 의해 쟁취되며, 중요한 모든 법규는 무엇보다도 이러한 법규에 반대하는 사람들에 맞서 투쟁함으로써 쟁취된 것이다. 또한 모든 권리는 민족의 권리든 개인의 권리든 그 권리를 행사하기 위해 끊임없이 투쟁할 준비를 할 것을 전제로 한다. 권리는 단순한 사상이 아니라 살아 있는 힘이다."라고 갈파하였다(예링, 2007: 37).

가능성, 정보 통신 혁명이 이루어낸 탈경계의 흐름은 근대적 공간의 개념을 넘어서는 것들이다. 대중이 만들어내는 정치적 공간과 그들의 정치 역시 국민국가적 틀을 넘어서 진행된다. 국민국가적 경계의 해체 그리고 주권적 권력의 해체를 염두에 두면서 아감벤은 새로운 공간적 질서를 제안한다. 그는 유럽의 예를 보면서 유럽이 단순히 "국민들의 유럽"으로서 동질적인 국민적 영토나 지형학적 총합이 아니라 뫼비우스의 띠와 같이 내부와 외부가 비결정적인 지형학적 절합(articluating)이 되기를 기대한다. 새로운 공간으로서 유럽의 도시들이 상호 관계 속에 있는 초영토적 관계를 통해 과거 도시의 역할을 회복하기를 기대한다(Agamben, 2000: 23-24).[22]

국민국가의 전환이라는 시점에서 사회적 배제가 문제가 되고, 그 배제의 형태 역시 다양하게 등장하고 있다는 점에서 다양한 '존재 양식(mode d'être)'의 공동체 내에서 사회 구성원들의 권리 요구라는 문제가 설정된다. 이때 권리의 요구로서의 '권리의 정치'는 주체화의 양식으로서의 '정체성의 정치'와 결합하게 된다. 이 지점에서 새로운 쟁점이 발생한다. '권리의 정치'가 정당성을 얻으면서 '보편적 인권'의 내용이 정치적 운동과 실천의 문제로 귀결될 때 등장할 수 있는 '권리들' 간의 충돌이다. 따라서 '윤리적인 것'의 문제가 제기된다. 그것은 올바른 '존재 방식'의 추구라는 의미의 윤리적인 것을 전제한다. 윤리

---

[22] 사센(S. Sassen)이 전 지구적 도시(global city)라는 개념을 통해 강조하듯이, 전 지구적 이동성은 물리적 영토가 갖는 고정성을 수반하며, 전 지구적 네트워크는 그러한 사업을 조직하고 지휘·통제하는 중심적 거점을 연결하는 방식으로 만들어진다. 그리고 전 지구적 도시는 자본의 탈국민화된 네트워크를 연결하는 매듭일 뿐만 아니라 국민국가 내부에서 전 지구화를 받아들이고 확산시키는 거점들이다(이진경, 2008: 60). 카스텔 등으로 대표되는 네트워크 이론가들의 논의가 현 시기 세계화되는 자본주의의 흐름을 분석하는 데 유용하며, 또한 그가 제시하는 '정체성'에 대한 논의 역시 '정체성의 정치학'의 차원에서 다루어질 수 있다(카스텔, 2008).

란 원칙적으로 '타자에 대한 윤리'이며 '타자에 대한 열림'이다(바디우, 2001: 25). 근대의 민주주의가 일국적 경계 내에서 존재하는 것이었다면, 이제는 그러한 물리적 경계를 무너뜨리면서 동시에 민주주의 자체가 가지고 있는 내부의 경계를 무너뜨리는 것이 요구된다. 기본적 인권의 정치를 사고하는 이들이 공유하는 것은 시민권의 문제가 근대의 '동일성의 원리'가 아니라 '차이'에 기초한 새로운 시민의 가능성이라는 점이다. 그리고 그것은 허구적 보편성을 극복하는 보편성이며, 무엇보다 현실적인 운동으로서 존재하고 실현되는 보편성이다.

인간의 실질적인 삶에 근거한 권리의 요구와 정치는 국민국가적 형태를 통해 발전해온 국가권력과 대면하는 지점에서 발생한다. 그리고 근대의 민주주의가 국민국가라는 일정한 경계를 통하여 발전해왔고, 이행의 문제 역시 그 틀을 벗어나지 못하였다는 점을 고려한다면, 권리의 정치는 세계주의적 형성이라는 의미를 지닐 것이다.

참고 문헌

김엘림·오정진, 2001, 『외국인 여성 노동자의 인권 보장 연구』, 서울: 한국여성개발원.
김원 외, 2008, 『사라진 정치의 장소들』, 서울: 천권의책.
김현미, 2006, 「국제결혼의 전 지구적 젠더 정치학」, 『경제와 사회』 여름호(통권 70호).
들뢰즈, 질, 1995, 『들뢰즈의 푸코』, 권영숙 외 옮김, 서울: 새길.
랑시에르, 자크, 2007, 『민주주의에 대한 증오』, 백승대 옮김, 서울: 인간사랑.
랑시에르, 자크, 2008, 『정치의 가장자리에서』, 양창렬 옮김, 서울: 길.
모세, 클로드, 2002, 『고대 그리스의 시민』, 김덕희 옮김, 서울: 동문선.
밀스, 찰스 W., 1997, 『인종계약』, 정범진 옮김, 서울: 아침이슬.
바디우, 알랭, 2001, 『윤리학』, 이종영 옮김, 서울: 동문선.

발리바르, 에티엔, 2007, 「보편적인 것들」, 『대중들의 공포』, 최원·서관모 옮김, 서울: 도서출판b.
사센, 사스키아, 1998, 『경제의 세계화와 도시의 위기』, 남기범 외 옮김, 서울: 푸른길.
서동진, 2005, 「인권, 시민권 그리고 섹슈얼리티. 한국의 성적 소수자 운동과 정치학」, 『경제와 사회』 겨울호(통권 67호).
석현호, 2003, 「국제 이주 이론의 검토」, 『외국인 노동자의 일터와 삶』, 서울: 지식마당.
설동훈, 1999, 『외국인 노동자와 한국 사회』, 서울: 서울대출판부.
설동훈, 2005, 「외국인 노동자와 인권」, 『민주주의와 인권』 5권 2호.
설동훈, 2007, 「국제노동력이동과 외국인 노동자의 시민권에 관현 연구」, 『민주주의와 인권』 7권 2호.
셰네, 프랑수아, 2003, 『자본의 세계화』, 서익진 옮김, 서울: 한울.
아감벤, 조르조, 2008, 『호모 사케르』, 박진우 옮김, 서울: 새물결.
아렌트, 한나, 2006, 『전체주의의 기원』 1, 이진우·박미애 옮김, 서울: 한길사.
아리기, 지오바니·비벌리 J. 실버 외, 2008, 『체계론으로 보는 세계사』, 최홍주 옮김, 서울: 모티브북.
예링, 루돌프 폰, 2007, 『권리를 위한 투쟁』, 윤철홍 옮김, 서울: 책세상.
유홍림, 2003, 「인권의 보편성」, 『현대정치사상연구』, 서울: 인간사랑.
유홍림·홍철기, 2007, 「조르지오 아감벤(Giorgio Agamben)의 포스트모던 정치철학」, 『정치사상연구』 13집 2호.
이선주, 2006, 「국제노동이주와 젠더: 배제와 제한된 포용」, 『한국여성학』 제22권 4호.
이진경, 2008, 「전 지구적 자본주의와 과잉-제국주의」, 『전 지구적 자본주의와 한국 사회』, 서울: 그린비.
장은주, 2007, 『생존에서 존엄으로』, 서울: 나남.
제임스, 시 엘 아르, 2001, 『블랙 자코뱅』, 우태정 옮김, 서울: 필맥.
조효제, 2007, 『인권의 문법』, 서울: 후마니타스.
지젝, 슬라보예, 2006, 「반인권론」, 김영희 옮김, 『창작과 비평』 132.
카스텔, 마누엘, 2008, 『정체성 권력』, 정병순 옮김, 서울: 한울.
톰슨, E. P., 2000, 『영국노동계급의 형성』, 나종일 외 옮김, 서울: 창작과비평사.
페이트만, 캐럴, 2001, 『남과 여, 은폐된 성적계약』, 이충훈·유영근 옮김, 서울: 이후.

푸코, 미셸, 1990, 『성의 역사』 1권, 이규현 옮김, 서울: 나남.
푸코, 미셸 외, 1995, 『미셸 푸코, 섹슈얼리티의 정치와 페미니즘』, 황정미 옮김, 서울: 새물결.
하버마스, 위르겐, 2007, 『사실성과 타당성』, 한상진·박영도 역, 서울: 나남.
한건수, 2004, 「타자만들기: 한국 사회와 이주 노동자의 재현」, 최협 등 편, 『한국의 소수자, 실태와 전망』, 서울: 한울아카데미.
한국염, 2005, 『지구화와 이주의 여성화, 한국 이주 여성의 실태』, 서울: 한국이주여성센터.
홉스봄, 에릭, 1983a, 『혁명의 시대』, 박현채 옮김, 서울: 한길사.
홉스봄, 에릭, 1983b, 『자본의 시대』, 정도영 옮김, 서울: 한길사.
홉스봄, 에릭, 1994, 『1780년 이래 민족과 민족주의』, 강명세 옮김, 서울: 창작과비평사.
홍태영, 2008a, 『국민국가의 정치학』, 서울: 후마니타스.
홍태영, 2008b, 「프랑스 68혁명의 계기와 한국의 2008」, 『경제와 사회』 겨울호(통권 80호).

Agamben, Giorgio, 2000, "Beyond human rights", *Means without End*, Minneapolis and London: University of Minnesota Press.

Balibar, Etienne, 1992, "Qu'est-ce qu'une politique des droits de l'homme", *Les frontières de la démocratie*, Paris: La découverte.

Balibar, Etienne, 2001a, "Frontières du monde, frontières de la politique", *Nous, citoyens d'Europe? Les frontières, l'Etat, le peuple*, Paris: La découverte.

Balibar, Etienne, 2001b, "Violence et mondialisation; Une politique de la civilité est-elle possible", *Nous, citoyens d'Europe? Les frontières, l'Etat, le peuple*, Paris: La découverte.

Bell, David A., 2001, *The Cult of the Nation in France. Inventing Nationalism 1680~1800*, Cambridge: Harvard Universtiy Press.

Bertaud, Jean-Paul, 1979, *La Révolution armée: Les soldats-citoyens et la Révolution française*, Paris: Robert Laffont.

Carnoy, Martin and Manuel Castells, 2001, "Globalization, the knowledge society, and the Network State: Poulantzas at the millennium", *Global Networks* 1.

Colley, Linda, 1986, "Whose nation? Class and national consciousness in Britain 1750~1830", *Past & Present* No. 113.

Ewald, Françis, 1985, *L'Etat-providence*, Paris: Grasset.

Gauchet, Marcel, 1980, "Les droits de l'homme ne sont pas une politique", *Le Débat*, juillet-août.

Godechot, Jacques, 1971, "Nation, patrie, nationalisme et patriotisme en France au XVIIIe siècle", *Annales Historique de la Révolution Française* 43 oct-déc.

OECD, 2007, *OECD employment outlooks*.

Pettman, Jan Jindy, 1999, "Globalisation and the Gendered Politics of Citizenship", in Nira Yuval-Davis and Pnina Werbner eds., *Women, Citizenship and Difference*, London and New York: Zeb Books.

Rosanvallon, Pierre, 1992, *Le sacre du citoyen*, Paris: Gallimard.

Rousseau, J.-J., 1964, "Discours sur l'Economie politique", *OEuvres complètes* III, Paris: Gallimard.

Sewell Jr., William H., 1988, "Le citoyen/la citoyenne: Actvity, Passivity and the Revolutionary Concept of Citizenship", C. Lucas ed., *The Political Culture of French Revolution*, Oxford: Pergamon.

Tilly, Charles, 1995, "Globalization threatens labor's rights", *International Labor and Working-Class History* 47.

Viroli, Maurizio, 1995, *For Love of Country. An Essay on patriotism and nationalism*, Oxford: Clarendon Press.

Wahnich, Sophie, 1997, *L'impossible citoyen. L'étranger dans le discours de la Révolution française*, Paris: Albin Michel.

Wallerstein, Immanuel, 1995, "Response: Declining States, Declining Rights?" *International Labor and Working-Class History* 47.

14장 문화적 권리와 보편적 인권

김남국

1. 인권 개념의 변화와 문화적 권리

 문화적 권리는 보편적 인권에 속한다고 볼 수 있을까? 이 질문은 두 가지 점에서 곤혹스럽다. 우선 보편적 인권이 과연 존재하는지에 대해 따져보아야 하고, 다음으로 문화적 권리의 내용이 무엇인지를 정리해야 한다. 그다음에 둘 사이의 관계를 살펴보아야 하는데 안타깝게도 문화적 권리는 그 의미와 내용이 모호한 상태에서 여전히 변화하고 있는 유동적인 개념이고, 보편적 인권이라는 개념이 성립하는지에 대해서는 학자들 사이에 상반된 주장이 대립하고 있다.
 예컨대 크랜스톤은 인권에 대해 인간이 인간으로서 갖는 보편적이고 도덕적인 권리라고 주장하며(Cranston, 1967: 50), 롤즈는 다양한 문화, 종교, 이념을 가진 사람들이 중첩적 합의(overlapping consensus)를 통해 도달할 수 있는 보편타당한 도덕 원칙에 근거한 인간의 권리라고 본다. 그러나 매킨타이어는 보편적 인권이라는 개념이 공동체적 근거를 결여한 상상 속의 허구라고 주장하며(MacIntyre, 1981: 69-70), 벤담은 실정법에 의해 뒷받침되지 않는 도덕적 권리로서 인권은 존재하지 않는다고 주장한다(김범수, 2009: 56-57). 이들 사이의 간격을 좁혀서 인권의 보편성을 구체적인 사회적 맥락 속에서 찾으려는 치열한 논의들도 있었다(양운덕, 2003; 박구용, 2004; 장은주, 2000; 2006; 2009; 장동진, 2006). 인권 논의가 현실을 중요시하는 것은 현실과 분리된 방식으로 정당화한 보편적 인권과 도덕 원칙이 현실을 이상적으로 변화시키는 것이 아니라 이상으로 현실을 파괴할 수 있는 가능성 때문이다(박구용, 2004: 170).

따라서 우리가 크랜스톤과 롤즈 등의 보편적 인권을 지지하는 입장을 받아들인다 하더라도 시간을 초월한 자연권과 인권 등의 개념이 근대 이전에도 존재했을 것이라고 주장하는 것은 아니다. 서구의 근대가 권리와 의무를 갖는 개인을 비로소 발견해냈다고 볼 수 있기 때문이다. 그러나 이와 같은 시간적 제약 이외에도 근대의 인권 개념이 보편적이라는 수준에 도달하기 위해서는 적어도 두 가지 경계를 더 넘어서야 한다. 하나는 국민국가의 물리적인 경계를 넘는 것이고, 다른 하나는 문화의 차이가 만들어내는 도덕적 경계를 넘어서는 것이다.

예컨대 아렌트가 1962년의 아이히만 재판이 두 가지 점에서 잘못되었다고 주장하면서 첫째, 인류에 대한 범죄가 아니라 유대인에 대한 범죄로 기소한 점, 둘째, 국제법정이 아니라 예루살렘의 법정에서 재판을 진행한 점(아렌트, 2006: 54)을 지적할 때 그녀는 아이히만의 행위가 세계사적 차원의 반인류적 범죄로 이해되어야 한다는 주장을 통해서 이 재판을 일국적 차원을 넘어서 보편적인 차원으로 끌어올리고자 한다.

오늘날 국제형사재판소(ICC)의 출범과 공소시효를 없앤 반인류적 범죄의 신설은 국민국가를 넘어서는 보편적 인권의 성립에 세계가 한발 더 다가섰음을 보여준다. 아렌트는 일찍이 배제를 통해 국민국가의 정체성을 형성하는 공간으로서 근대성의 법칙을 드러내는 집단 수용소, 즉 정치사회적 생명은 없고 생물학적 생명만 남은 사람들(Agamben, 1998)로 이루어진 집단 수용소를 둘러싼 가장 근대적인 범죄를 국민국가를 넘어서는 세계사적이고 보편적인 차원의 담론으로 전환시키려고 노력하였다.

그러나 이러한 성취는 위험한 측면을 동시에 갖는다. 보편적 인권이 갖는 상징적 허구의 힘을 무시해서는 안 되지만 구체적인 맥락을 벗어난 논의의 추상화는 현실적 감각을 떨어뜨리고 집행력을 약화시키기 때문이다. 우리는 국민국가의 경계를 넘어서는 과정에서 특정 개인이 추상적인 인간 일반으로 환원되고, 그가 직업, 성, 종교, 시민권, 민족적 정체성과 무관하게 보편적 인권의 담지자가 되는 순간 역설적으로 그의 인권은 사라지는 현상을 목격한다(지젝, 2006: 399). 정치적 망명자와 난민들, 다양한 사회적 소수자와 원주민의 사례가 대표적인 경우이다. 그렇기 때문에 아이히만 재판에서 이스라엘 총리 다비드 벤구리온과 법무장관 기드온 하우스너가 예루살렘의 이 역사적 재판의 심판대에 서 있는 것은 한 개인이 아니고, 나치 정부도 아니며, 바로 역사 전체에 나타나는 반유대주의(아렌트, 2006: 69)라고 아렌트와 정반대의 주장을 할 때 그들의 주장을 복수심에 사로잡힌 편협한 태도라고 일방적으로 비난할 수는 없는 것이다.

다시 말하자면 국민국가를 배경으로 하는 정치투쟁의 우연적 영역과 무관하게 역사로부터 면제된 천부적 인간 권리로 인권을 설정하는 본질주의적 환원도 위험하지만, 실정법과 공동체적 경계에 의해 구체적인 역사 과정에서 생겨난 사물화된 물신으로만 인권을 간주하는 것도 한계를 갖는다(지젝, 2006: 404). 우리는 보편적 인권을 향한 인간의 열망이 실제적 효력을 가질 수도 있는 상징적 허구라는 사실을 인정해야 하고, 국민국가를 배경으로 하는 정치투쟁의 우연적 영역 가운데서 인권의 개념과 내용이 변해왔다는 사실도 인정해야 한다.

근대의 인권이 보편적인 수준을 획득하기 위해 넘어야 하는 두 번째 문턱인 문화의 차이에 따른 도덕적 경계는 좀 더 복잡한 논의를 필요로 한다. 이 논의에서 핵심적인 질문은 서로 다른 문화를 갖고 있는 독립적인 공동체들 사이에서 문화적 차이를 초월하여 도덕적으로 정당화할 수 있는 보편적인 인권의 내용이 존재할 수 있는가이다. 이 질문에 답하기 위해서는 우선 인권을 정당화하는 도덕 원칙이 문화에 따라 상대적이기 때문에 보편적 인권은 존재할 수 없다는 문화적 상대주의 주장에 대답해야 한다.

문화에 대한 강조와 천착은 기본적으로 선험적인 천부의 인간적 권리보다는 공동체의 경계를 전제로 한 정치투쟁과 구체적 역사 과정을 더 자세하게 보여준다. 이처럼 서로 다른 문화에 기반한 도덕 원칙들이 어느 정도까지 보편적인 합의에 이를 수 있는지 대답하기는 쉽지 않다. 그러나 보편적인 인권 개념에서 보편주의의 의미를 다시 점검하여 세분화해보면 문화의 영역에서 확보 가능한 보편적 인권의 내용과 그 변화 과정을 파악할 수 있다. 다시 말하자면 문화적 상대주의와 보편주의의 다양한 차원을 개념적으로 정리한 다음에, 문화의 의미와 문화적 권리의 내용이 1948년 세계인권선언부터 2005년 문화 다양성 협약에 이르기까지 어떻게 변화해왔는가를 살펴보면 보편적인 인권과 문화적 권리 사이의 긴장 관계를 이해할 수 있는 것이다.

인권 논의는 이른바 1세대의 시민적·정치적 권리에서, 2세대의 경제적·사회적 권리, 그리고 3세대의 사회적 연대와 문화의 권리로까지 발전해왔다. 예컨대 마셜의 시민권 논의는 점증하는 계급 갈등을 재분배의 복지를 통해 완화함으로써 모든 시민이 계급을 초월해 신사가 될 수 있는 복지국가의 이론적 토대를 제공했지만 그가 제시하는 시민적, 정치적, 사회적 권리로 이루어진 시민권의 발전은 기본적으로 재분배의 단위가 되는 국민국가의 경계를 뚜렷하게 전제하고 있다는 점에서 지구화 시대의 인권 모델로는 한계를 갖는다(Marshall, 1950). 오늘날 사회적 소수가 증가하는 다문화 사회에서 보편적인 인권 논의는 제3세대의 문화적 권리를 포괄해야 하는 지점까지 진전해 있다. 여전히 국민국가의 경계가 갖는 규정력을 무시할 수 없지만 국민국가를 넘어서는 지구적 차원에서, 동시에 국민국가 내부의 지역 차원에서 문화적 권리와 보편적 인권의 관계를 논의해야 하는 시점에 와 있는 것이다(오영달, 2001a; 2001b; 김범수, 2008; 장준호, 2008; 홍태영, 2009).

이 장에서는 근대의 인권 개념이 보편적이라는 수준에 도달하기 위해 넘어야 하는 두 가지 경계, 즉 국민국가의 물리적인 경계와 문화의 차이가 만들어내는 도덕적 경계 가운데 두 번째 차원인 도덕적 경계에 초점을 맞춰 논의를 진행한다. 다음 절에서는 차례대로 문화적 상대주의와 보편주의에 대해 논의하고, 문화적 권리의 내용이 국제 협약과 국제적 논의에서 어떻게 변화해왔는가를 살펴본 다음, 결론적으로 보편주의와 상대주의의 차원들을 대비시켜 문화적 권리와 보편적 인권이 양립할 수 있는 상황에 대해 설명하고자 한다.

2. 문화적 상대주의와 보편주의의 다양한 차원

문화는 다양하게 정의될 수 있지만 크게 세 가지로 그 종류를 나눌 수 있다. 첫째, 문화를 인류의 축적된 물질 문명이라고 정의하는 것이다. 이 정의는 물질적인 산물에 초점을 맞추고 있다. 둘째, 예술적, 과학적 창조의 과정을 문화라고 부를 수도 있다. 이 정의는 문화의 창조와 창조하는 사람들에 초점을 맞추고 있다. 셋째, 인류학적 관점에 따라 생활의 양식을 문화라고 보는 것이다. 유네스코의 정의도 이 관점을 따라 한 사회나 사회적 그룹의 독특한 정신적, 물질적, 정서적 특징들의 집합을 문화라고 정의하고 있다(Stamatopoulou, 2007: 109). 인류학적 관점에서 말하는 문화란 특정한 시대에 특정한 사회에서 공유된 사람들의 생활양식을 일컫는 넓은 의미의 개념이다. 오늘날 인류학적 관점의 문화에 대한 정의가 주류를 이루지만 문화의 정의는 시대에 따라 변해왔다. 19세기에는 문화가 평범한 것을 뛰어넘는 특별한 문학 및 예술 활동의 결과를 의미했다면, 제2차 세계대전 이후 문화의 의미는 일상생활에서 이루어지는 모든 삶의 행위를 뜻하는 것으로 바뀌었다(Arnold, 1869; Williams, 1993).

생활의 양식으로서 문화는 한 공동체 안에서 구성원들 사이에 의미를 생산하고 소통시키며 세계를 보는 특정한 눈을 갖게 함으로써 개인에게 선택의 기준을 제공한다. 즉 문화는 개인의 정체성 형성에 중요한 영향을 끼치며 근대 세계의 생활단위인 민족이나 국가와 연계되면서 민족문화나 국가문화라는 이름으로 안과 밖을 구분하는 경계를 만들어내고 나와 타자를 구분하는 기준을 제공한다(김남국, 2005a: 88). 이러한 관점에서 보면 개인은 체계적인 문화의 산물이다. 그렇지만 모든 생활의 양식이 문화인 것은 아니다. 생활의 양식이 문화로 인정받기 위해서는 두 가지 조건을 충족시켜야 한다. 하나는 특정 생활양식이 '학습'을 통해 세대에서 세대로 전수될 수 있어야 한다는 점이고, 다른 하나는 사람들 사이에 '공유'된 생활의 양식이어야 한다는 점이다. 바꿔 말하자면 사람들 사이에 존재하는 생물학적 본능은 문화가 아니고 개인의 습관이나 행동 양식 역시 문화가 아니다. 따라서 문화란 보통 사람들 사이에서 공유되고 학습된 생활의 양식이라고 정의할 수 있다. 여기에서 보통 사람이라고 하는 범주는 상류 계층에 속하는 사람들이 문화의 주체가 되던 19세기와 비교할 때 20세기 중반 이후, 특히 제2차 세계대전 이후에 등장하여 일반화된 개념이다(김남국, 2008: 344).

문화는 생물학적 차이를 중요한 상징으로 사용하지만 생물적인 본능과는 다르다. 다시 말하자면 문화는 사람들 사이의 관계에서 발생하고, 관계를 규정하고 재생산한다는 점에서 사회적으로 구성되는 것이다. 한 국가 안에서도 다양한 사회적 집단에 의해 서로 다른 문화가 존재할 수 있다. 이처럼 서로 다른 생활의 양식을 공유하는 문화 집단이 하나의 공동체 안에 함께 존재할 때 우리는 그 상태를 다문화 사회라고 부를 수 있다. 다문화 사회의 미래는 첫째, 다양한 문화가 평화롭게 양립하는 문화 공존과 둘째, 서로 다른 문화가 갈등하는 문화 충돌, 그리고 셋째, 하나의 문화가 다른 문화를 흡수하는 문화 동화 등의 길을 예상할 수 있다. 그러나 오늘날 다문화 사회에서 볼 수 있는 현실은 서로 다른 문화가 어느 방식의 소통이 더 지배적인 지위를 차지하느냐에 따라 권력관계를 형성하고, 이렇게 떠오른 지배적인 문화는 소수 문화로부터 세계에 대한 새로운 해석의 방식이 등장하고 그 해석이 소통되는 기회를 막기 위해 애쓰는 것이다(Giles and Middleton, 1999: 9-55; Said, 1993; Geertz, 2000: 33-54). 즉 하나의 공동체 안에서 그 사회의 지배적인 문제 해결 방식과 소통의 방식을 독점한 다수 문화는 우월한 지위가 주는 편리함을 좀처럼 소수 문화에 양보하려고 하지 않으며 대체로 지배적인 문화를 결정짓는 가장 큰 요인이 문화 집단의 크기이기 때문에 다수집단은 소수집단의 인원이 증가하는 것을 억제하기 위해 노력한다. 오늘날 소수집단의 증가를 억제하기 위한 노력의 가장 전형적인 사례는 다양한 형태의 국경 통제일 것이다.

그렇다면 다수 문화와 소수 문화, 또는 지배적 문화와 비지배적 문화 사이의 권력관계를 정당화하고 평가할 하나의 기준이 존재할 수 있을까? 표현의 도구로서 언어와 가치 체계로서 종교 등을 포함하고 있는 문화들 사이의 차이는 비교 가능할까? 그 비교를 통해서 우열을 가릴 수 있을까? 문화의 차이를 비교하는 것이 불가능하다고 보는 입장은 첫째, 인지와 상징이 갖는 특징을 고려한다면 가치나 관습을 비교하는 일이 아무 의미가 없고 이들을 비교할 단일한 기준을 찾기가 어렵다고 본다. 둘째, 문화의 속성이 인접 문화와의 교류를 통해 끊임없이 변화하고 있기 때문에 한 문화가 다른 문화와 뚜렷하게 구분되는 어떤 모습을 찾는 것이 쉽지 않다고 본다. 셋째, 그렇지만 모든 문화가 똑같이 존엄성을 인정받는 것은 아니고 그 가치를 존중받을 수 없는 문화도 있다고 본다(아리스페 외, 2008: 90). 문화 사이의 비교 가능성을 거부하는 이와 같은 입장은 문화적 상대주의로 간주될 수 있다. 문화적 상대주의는 독립된 공동체의 경계를 넘어서 받아들여질 수 있는 단일한 법적, 도덕적 기준이 있을 수 없다고 주장한다.

문화적 상대주의에 대해 파레크는 인간의 공통성과 문화적 차이 사이의 균형이라는 관점에서 문화를 비교하고 평가하는 것이 가능하다고 주장한 바 있다(김남국, 2005a: 90). 그는 문화가 비교 불가능하고 오직 그 문화 내부의 논리에 의해 판단되어야 한다는 강한 상대주의 입장이 절반만 맞다고 본다. 즉 문화는 좋은 삶에 대해 독특하고 복합적인 시각을 제공하고 있기 때문에 그것이 하나의 일반적인 기준으로 환원될 수 없다는 점에서 문화의 비교 불가능성 주장은 옳을 수 있지만, 동시에 어떤 문화가 인간의 삶을 더 풍요롭게 하는가, 또는 보편적으로 공유된 인간의 특징들을 더 존중하는가에 따라 서로 다른 문화를 비교할 수 있다고 파레크는 주장한다(Parekh, 2000: 172-174). 파레크의 이와 같은 주장은 한편으로 문화적 상대주의를 인정해야 하는 차원이 있고, 다른 한편으로 문화적 상대주의를 반박해야 하는 차원이 있음을 말하고 있다.

문화적 상대주의의 다양한 차원을 이해하기 위해 우리는 상대주의 서로 다른 내용을 서술적, 초윤리적, 규범적 상대주의의 세 가지 차원으로 구분해서 접근할 수 있다(Teson, 1985: 869-898). 첫째, 서술적 상대주의(descriptive relativism)는 인류학자들이 그렇듯이 서로 다른 사회는 서로 다른 옳음과 그름에 대한 인식을 갖고 있다고 본다. 즉 우리 사회는 도덕성에 대해 우리 문화 고유의 사회적 실천과 관점을 갖고 있고, 우리와 다른 사회는 그 사회에 맞는 도덕에 대한 관점과 실천을 가질 수 있다고 보는 것이다. 이러한 입장은 서로 다른 문화의 가치가 하나의 기준으로 환원될 수 없다는 점도 인정하고 있지만, 동시에 인간의 존엄성을 존중하는 보편적 기준의 성립 가능성도 열어놓고 있다. 따라서 상대주의적 입장이라도 보편주의와 아직 본격적으로 갈등하지 않는다.

둘째, 초윤리적 상대주의(metaethical relativism)는 도덕적 진실을 발견하는 것이 불가능하다고 보는 입장이다. 바꿔 말하자면 도덕적 문제에 대해 과학적 수단과 같이 설득력 있는 유효한 방법을 찾을 수 없다고 보는 것이다. 이 입장은 어떤 도덕적 원칙의 올바름에 대해 증명해 보이는 것이 가능하다고 믿지 않기 때문에 서술적 상대주의와 비교할 때 훨씬 더 심각한 도전을 불러일으킨다. 그러나 이 입장도 롤즈의 반성적 평형(reflective equilibrium)을 고려하면 반드시 보편주의와 양립이 불가능한 것은 아니다(롤즈, 2003: 90-93). 롤즈에 따르면 모든 사람이 즐길 권리에 대해 말하기 위해 도덕적 진실을 발견할 무오류의 수단을 가질 필요는 없다. 단지, 미래의 변경 가능성을 향해 열려 있는 하나의 도덕적 원칙을 상대로 다른 하나의 도덕적 원칙을 검증함으로써 궁극적으로 또 다른 도덕적 결론에 이를 수 있다. 즉 초윤리적 상대주의가 주장하는 것과 다르게 서로 다른 문화 사이에서 도덕적 진실을 발견하는 것이 불가능하지 않을 수도 있는 것이다.

셋째, 규범적 상대주의(normative relativism)는 서로 다른 문화 사이에 적용 가능한 보편적 도덕 원칙은 없다고 보고, 개인은 자신의 문화 집단이 제시하는 도덕 원칙에 따라 행동해야 한다고 보는 입장이다. 이 입장은 서로 다른 문화에 속한 인간이 발견해낼 수 있는 보편적 원칙의 가능성을 부정하면서 동시에 그 불가능성을 보편적 원칙으로 주장하는 논리적인 모순을 보여준다. 이 관점에서 보면 우리 공동체가 정한 규칙은 도덕적 관점에서 옳을 수밖에 없다. 왜냐하면 이것이 우리의 문화이고 우리는 우리 문화가 제시하는 도덕 원칙에 따라 행동하면 되기 때문이다. 결국 규범적 상대주의는 역설적이게도 문화적 절대주의와 극단적 보수주의로 흐를 가능성을 안고 있다. 그러나 개인이 특정 사회적 그룹이나 공동체에 속한다는 우연은 도덕적으로 의미 있는 사실이 아니다. 즉 개인의 출생과 문화적 환경은 개인의 인권을 보장하거나 그의 도덕적 가치를 정하는 일과 아무 상관이 없는 것이다. 따라서 규범적 상대주의는 보편적으로 공유된 인간의 존엄성을 기준으로 하여 서로 다른 문화를 비교할 수 있다고 보는 보편주의적 입장에 대해 가장 취약한 근거를 갖고 있는 셈이다.

그렇다면 이와 같은 세 가지 상대주의와 서로 다른 수준에서 갈등하게 되는 보편주의의 내용은 어떻게 구성될 수 있을까? 문화적 보편주의를 서로 다른 사회의 문화 차이를 뛰어넘어 우리가 발견할 수 있는 하나의 도덕적 기준이라고 할 때 여기에서 보편주의의 의미는 크게 개념, 해석, 실천의 세 가지 차원으로 나누어 생각해야 한다(Donnelly, 2003: 89-106). 첫째, 합의에 이를 가능성이 가장 높은 차원은 추상적 개념(abstract concept) 수준에서의 보편주의이다. 예컨대 1948년의 세계인권선언이 제1조에서 "모든 인간은 태어날 때부터 자유롭고 존엄성과 권리에 있어서 평등하다."고 규정할 때 어떤 문화적 상대주의도 이 주장을 반박하기는 쉽지 않다. 바꿔 말하자면 우리가 보편주의라고 말할 때 대부분의 경우에는 이처럼 추상 수준이 높은 개념 차원에서 문화의 차이에 상관없이 합의에 이를 수 있다는 사실을 의미할 때가 많다.

그렇지만 둘째, 해석(interpretation)의 차원에서 보편주의가 성립하기는 쉽지 않다. 세계인권선언 제18조의 종교의 자유나, 제19조 의사 표현의 자유의 경우 개념 차원에서는 보편적 권리로 합의에 이를 수 있더라도 문화의 차이에 따라 그 해석은 다르게 나타날 수 있다. 다시 말하자면 어떤 문화도 종교의 자유나 표현의 자유를 원칙적으로 거부하지는 않겠지만 그것이 무엇을 의미하는지는 문화적 맥락에 따라 다르게 나타나는 경우가 많은 것이다. 예를 들어 포르노그래피의 허용 범위와 유통 범위는 표현의 자유에 대한 해석에 따라 서구 국가와 이슬람 국가가 다르게 규정할 수 있다. 종교의 자유도 한 나라에서 허용되는 특정 종교 활동이 다른 나라에서는 사이비로 규정되어 금지되는 경우가 있다. 특히 표현의 자유와 종교의 자유가 충돌할 때 이 둘 사이의 관계를 해석하는 것은 학자에 따라서 국가에 따라서 문화에 따라서 다를 수 있다. 우리는 이 문제에 대한 대표적인 경우를 루시디가 쓴 책 『악마의 시』를 둘러싸고 벌어진 배리와 파레크의 논쟁에서 찾아볼 수 있다.

1988년에 출판되어 이슬람에 대한 신성모독과 표현의 자유를 둘러싸고 세계적 논쟁을 불러일으켰던 루시디의 책에 대해 두 사람은 서로 다른 입장을 보여준다. 파레크는 만약 아우슈비츠의 비극적인 희생자들을 조롱하고 비웃으면서 그들의 고난을 사소한 것으로 간주하는 작가가 있다면, 사람들은 그의 소설에 대해 분노하고 소설의 존재 가치를 부정하고 작가에게 비난을 퍼부을 수 있다고 본다. 이러한 경우에 작가에게 좋은 것이 반드시 사회에 유익한 것은 아니다. 즉 작가는 사회의 관용을 이용하면서 자신의 표현의 자유를 남용하고 있는 것이다. 따라서 파레크는 작가의 표현의 자유는 개인이나 집단적인 자존심을 지키려는 다른 사람들의 권리와 균형을 이루어야 한다고 주장한다(김남국, 2006: 406).

반면 배리는 조롱하고, 비웃고, 희화화할 수 있는 권리는 표현의 자유와 불가분의 관계라고 주장한다. 그는 이와 같은 표현의 자유가 보편적인 인권의 일부로서 문화나 종교의 압력에 의해 영향 받을 수 있는 것이 아니라고 주장한다. 따라서 루시디의 표현이 신성모독이라는 비판을 받을지라도 정당한 표현의 자유로 인정되어야 한다고 본다. 루시디 자신은 종교적인 언어가 그렇지 않은 다른 언어보다 더 특권을 가져야 한다는 것은 성립될 수 없다고 주장한다. 만약 그렇게 된다면, 특정 종교의 추종자들은 더 많은 자유를 갖게 된다는 것이다. 즉 그들은 자신들이 믿는 것을 믿을 자유를 가질 뿐만 아니라, 다른 사람들이 그 믿음에 대해 동의하지 않는 것을 방해할 자유까지 갖게 되는 것이라고 주장한다(김남국, 2004: 355; 2006: 406).

이처럼 파레크와 배리, 루시디의 주장에서 어느 누구도 표현의 자유 자체에 대해 부정하고 있지는 않지만 표현의 자유의 구체적인 해석에서는 서로 다른 입장을 보여주고 있다. 즉 문화상대주의가 갖는 부정적인 점을 비판하면서 보편주의의 성립 가능성을 주장하더라도 추상적인 개념 차원을 넘어서 해석의 차원에서도 보편주의가 성립하기는 쉽지 않은 것이다.

이러한 어려움은 셋째, 실천(implementation)의 차원에 가면 더욱 뚜렷해진다. 예컨대 세계인권선언 5조가 규정하고 있는 "누구도 고문을 당하거나 잔인하고 비인간적이고 불명예스러운 대우나 처벌을 받아서는 안 된다."는 조항을 놓고 과연 잔인하다는 범주에 사형제가 들어가는가에 대해 세계 각국은 서로 다른 실천을 보여주고 있다. 유럽연합은 국제적인 사형제 폐지 운동을 주도하면서 자신들이 이 운동에서 보여주는 영향력을 규범적 권력(normative power)이라고 명명한 바 있다

(Manners, 2002). 즉 무엇이 이상적이고 정상적인 것인가에 대한 관념을 형성하고 스스로 모범을 보임으로써 영향력을 행사하는 것을 기존의 시민적, 군사적 권력과 구분하여 규범 권력이라고 부른 것이다. 유럽 연합의 주요 회원 국가 가운데서는 영국이 1999년 사형제를 폐지함으로써 현재는 거의 모든 국가가 사형제에 대해 잔인한 대우와 처벌을 금하는 세계인권선언 5조를 위반한 것으로 간주하고 있다. 반면 미국과 일본, 러시아, 중국, 인도 등은 여전히 사형제를 시행하고 있으며 한국의 경우는 1997년 12월 사형 집행을 마지막으로 12년째 사형 집행이 없다는 이유로 사실상 사형 폐지 국가로 분류되고 있다.

유럽 각국은 헤드스카프 등의 종교적인 상징물을 공공장소에서 착용할 수 있는가에 대해서도 서로 다른 실천을 보여준다. 독일, 영국, 네덜란드, 스위스 등은 종교적 상징물의 착용에 대해 어떤 규제도 가하지 않지만 터키와 벨기에, 프랑스 등은 법을 통해 엄격하게 규제한다. 물론 이 나라들 역시 추상적 개념 차원의 종교의 자유에 대해서는 누구도 반대하지 않을 것이다. 그러나 벨기에는 공립 교육의 형평성과 중립성이 종교의 자유보다 우선한다고 주장하고, 프랑스는 정교분리의 세속주의가 프랑스 민주주의를 지키는 주요 이념이라는 이유로 금지하고 있다. 2004년 유럽인권재판소(European Court of Human Rights)는 이스탄불대학의 헤드스카프 금지에 대해 종교와 양심, 신앙의 자유는 침해할 수 없는 권리이지만 다양한 종교가 공존하는 민주 사회에서 서로의 이해를 양립시키고 모두의 믿음이 존중받기 위해 제한이 필요할 수도 있다고 판결하고 있다(European Court of Human Rights, 2004).

종교의 자유와 잔인한 처벌의 금지라는 개념 차원의 보편적 인권에 동의하면서도 구체적인 실천 차원에서 나라에 따라 다른 모습으로 나타나는 이와 같은 현실은 서술적 상대주의가 아직 호소력을 갖는 영역이 있다는 점을 보여준다. 다시 말하자면 '해석'과 '실천'의 차원에서 보편주의를 주장하기는 쉽지 않으며 이 두 차원에서 각각 초윤리적 상대주의와 서술적 상대주의가 영향력을 발휘할 여지가 남아 있는 것이다. 다음에서 살펴볼 1948년 세계인권선언에서부터 2005년 유네스코 문화 다양성 협약에 이르는 과정은 문화적 권리의 의미와 내용을 둘러싸고 여전히 '해석'과 '실천'의 차원에서 초윤리적 상대주의와 서술적 상대주의의 영향력이 강력하게 남아 있지만 문화적 권리를 '개념' 차원에서 구체화시킴으로써 보편적 인권에 속하는 문화적 권리의 범위를 점점 확장해가고 있다는 점을 잘 보여주고 있다.

3. 1948년 세계인권선언: 전후 정치 환경과 문화적 권리의 부재

문화적 권리는 국제사회에서 그동안 상대적으로 주목받지 못했거나 때로는 적대적인 시선으로 외면받는 주제였다. 그 이유는 다양하게 찾아볼 수 있다. 첫째, 문화적 권리가 갖는 배타적인 성격이 한 이유일 수 있다. 대부분의 인권이 권리주체의 보편적인 확장을 지향하는 데 비해 문화적 권리는 특정 공동체의 역사적 경험을 바탕으로 형성된 정체성에 근거해 권리주체의 배타적인 설정을 주장한다. 둘째, 이러한 배타적 성격은 문화적 소수나 원주민의 권리와 정체성의 보호를 통해 분리주의를 장려함으로써 궁극적으로 국민국가의 통일성을 위협할 수 있다는 점 때문에 쉽게 지지받지 못하기도 하였다. 셋째, 문화적 권리는 사회경제적 권리를 확보한 이후에 시도해야 하는 예외적인 권리라는 인권의 발달 순서에 대한 인식, 그리고 이 과정에서 이미 성립된 보편적 권리와 문화적 권리가 충돌할 가능성에 대한 염려도 이유가 될 수 있다. 넷째, 문화적 권리는 또한 공동체의 경계를 강화함으로써 상품과 서비스, 노동과 자본의 자유로운 이동을 주장하는 현재의 신자유주의 조류와 갈등을 불러일으킬 수 있기 때문에 외면받기도 하였다. 다섯째, 문화에 대한 논란은 문화적 상대주의를 불러일으킴으로써 제2차 세계대전 이후 간신히 확보한 보편주의를 상실할 수 있다는 두려움도 국제사회에서 문화에 대한 논의를 회피하게 만들었다(Francioni and Scheinin, 2008: 3-6; Stamatopoulou, 2007: 4-6).

1948년 세계인권선언 역시 문화적 권리에 대한 전후의 부정적 시각을 반영하고 있다. 이 선언은 예외적인 권리의 보장을 통해 인권을 향상시키기보다는 보편적인 권리의 제시를 통해 인권을 향상시킨다는 자유주의적 접근을 택하고 있다. 유엔이 보편적인 인권에 대해 선언문을 준비하려고 하자 미국인류학회는 세 가지 경고를 보낸 바 있다. 이 경고에 따르면, 첫째, 개인은 그의 문화를 통해 개인성을 실현하며 따라서 개인의 차이에 대한 존중은 문화적 차이에 대한 존중을 의미한다. 둘째, 문화 사이의 차이에 대한 존중은 문화를 질적으로 평가할 기술이 발견되지 않았다는 과학적 사실에 의해 유효하다. 셋째, 기준과 가치는 문화에 따라 상대적이기 때문에 한 문화의 도덕적 코드와 신념 체계로부터 인류 전체에 적용할 보편적인 인권을 만들어내는 것은 그 적용 가능성 자체를 손상시킨다(AAA, 1947: 539). 이러한 원칙의 제시는 한 사회에서 받아들여진 인권의 원칙이 다른 사회에서 거부될 수 있고 문화의 차이를 무시한 보편적인 인권의 제시가 오히려 인권을 손상시킬 수 있다는 서술적 상대주의 또는 초윤리적 상대주의에 기반하고 있는 것이다.

그러나 세계인권선언은 '해석'이나 '실천' 차원에서 서술적 상대주의의 유효성을 인정하면서 '개념' 차원의 보편주의 확보에 주력했고 논란을 불러일으킬 수 있는 문화적 권리의 내용에 대해서도 높은 추상 수준의 정의를 제시할 뿐 '해석'과 '실천'의 차원에 이르기까지 구체적으로 규정하지는 않았다. 이 선언의 27조 1항 "모든 사람은 공동체의 문화생활에 자유롭게 참여하고, 예술을 감상하며, 과학의 진보와 그 혜택을 향유할 권리를 가진다."와 2항 "모든 사람은 자신이 창조한 모든 과학적, 문학적, 예술적 창작물에서 생기는 정신적, 물질적 이익을 보호받을 권리를 가진다."가 직접적으로 문화적 권리를 언급하고 있는 유일한 구절이다. 이 조항은 문화적 권리의 내용과 주체에 대해 문화적 소수나 원주민의 공동체적 권리보다는 개인적인 차원의 권리로 규정하고 있다. 바꿔 말하자면 27조는 지배적인 문화 공동체의 일원으로서 문화적 생활을 향유하는 개인이 국가정책으로 나타나는 문화를 즐길 수 있는 권리에 대해 말하는 것인지, 아니면 종교, 언어, 인종적 소수에 속하는 개인이 지배적인 문화 체계 아래서 정체성을 찾지 못할 때 마땅히 누려야 하는 권리에 대해 말하는 것인지를 뚜렷하게 구분하여 언급하지 않았다.

흥미롭게도 문화적 권리에 관한 27조를 최종 채택하는 과정에서 유엔인권위원회와 소수자 보호 및 차별 방지에 관한 소위원회는 더 구체적이고 적극적인 문화적 권리에 대해 초안을 준비하거나 토론한 바 있다. 세계인권선언 준비를 위한 위원회의 비서로서 인권선언 초안의 대부분을 썼던 험프리는 소수(minorities)의 정의에 대해 문화, 종교, 언어 측면에서 한 나라의 지배적인 그룹과 달라서 자신들의 문화적, 종교적, 언어적 정체성을 보존하거나 육성하기를 원하는 그룹이라고 정의하고 소수의 보호는 차별로부터의 보호와 동화로부터의 보호를 포함한다고 보았다. 소위원회가 채택했던 로터파트와 험프리의 문화적 권리 조항은 "인종, 언어, 종교적으로 다수 이외에 상당한 숫자의 소수가 존재하는 국가에서 그러한 소수에 속하는 사람들은 공공질서 및 안보와 양립하는 한 학교와 문화, 종교적 기관을 설립하고 유지할 권리를 가지며, 언론, 공공 집회, 법정, 국가기관에서 자신의 언어를 사용할 권리를 가진다."고 규정하고 있다(Morsink, 1999: 270-272 재인용).

그러나 이 초안은 미국이 의장을 맡은 워킹그룹에서 몇 가지 이유로 삭제되었다. 미국은 기본적으로 소수 문제는 유럽의 문제이며 미국 내에 다양한 인종적, 언어적 그룹이 존재하지만 소수 문제는 없다는 이유를 제시했다. 벨기에는 히틀러가 1920년대 국제연맹 헌장에 규정되었던 소수의 권리에 근거해 다른 나라에 있는 소수 독일인의 지위를 문제 삼아 개입과 침략을 정당화했다는 점을 들어 반대했다. 브라질은 외국인이 학교와 법정, 다른 환경에서 그들의 모국어를 사용하면 포르투갈어를 배우려는 관심이 없을 것이며 결국 브라질 국민들 사이로 동화되려는 관심도 없을 것이라고 반대하였다. 많은 나라를 설득한 또 한 가지 중요한 반대의 근거는 세계인권선언 2조의 차별금지, 18조의 종교의 자유, 26조의 교육의 권리 등에 의해 소수의 권리가 충분히 보장될 수 있기 때문에 굳이 문화적 소수의 권리를 따로 넣을 필요가 없다는 것이었다. 결정적으로 대다수의 나라가 문화적 권리에 반대하게 만든 사건은 벨라루스 대표 카민스키의 연설이었다. 그는 개인의 언어와 문화에 대한 권리는 가장 중요한 인권 가운데 하나이며 오스트레일리아가 애버리진 그룹의 강제 제거 정책을 수행해 왔다는 사실, 미국의 인디언이 거의 멸종 위기에 왔다는 사실을 모른 체할 수 없다고 주장하였다. 그는 또 식민지에서 원주민의 문화가 발전하거나 장려되고 있다는 증거가 없으며 90퍼센트의 영국 식민지에 사는 사람들이 문맹자라고 비판하였다(Morsink, 1999: 272-280). 이러한 연설은 당연히 비판의 대상이 된 해당 국가들과 식민지를 경영했던 유럽의 많은 나라를 문화적 권리에 대한 반대로 돌아서게 만들었다.

유엔인권위원회는 문화적 권리처럼 논란이 심한 조항들을 삭제하거나 최소화하면서 합의 가능한 추상적인 '개념' 차원에서 보편적인 인권에 대해 정리해갔지만, 이렇게 정리된 높은 추상 수준의 선언문을 채택하기 위한 1948년 12월 10일의 3차 유엔총회 마지막 표결에서도 모든 참석 국가가 찬성한 것은 아니었다. 마지막 표결은 48개 국가의 찬성과 반대 없음 이외에도 8개 국가의 기권이 있었다. 소련은 29조에 규정된 "개인의 권리와 자유는 도덕의 정당한 요구와 공공질서, 민주적 사회(democratic society)의 일반 복지를 충족시키려는 목적에서 제한될 수 있다."는 내용에 "민주적 국가(democratic state)의 상응하는 요구에 의해서도 제한될 수 있다."는 내용을 추가할 것을 제안하다가 표결로 거부당하자 최종 투표에서 기권하였다. 사우디아라비아는 16조의 남녀가 동등한 결혼의 권리를 가진다는 내용, 18조의 종교와 믿음을 바꿀 권리를 가진다는 내용에 반대해 기권하였다. 남아프리카공화국은 세계인권선언이 자국 내에서 벌어지는 인도인에 대한 대우를 비난하는 데 이용될 수 있다는 이유로 기권하였다(Morsink, 1999: 21-28).

세계인권선언은 나치의 반인류적인 범죄에 대한 혐오를 배경으로 서로 다른 문화권의 대표들이 모여서 보편적인 인권의 전범을 마련한 이른바 중첩 합의의 대표적 사례로 간주될 수 있다(김비환, 2009: 22-24). 적어도 37개 기독교 국가, 11개 이슬람 국가, 6개 사회주의국가, 4개 불교 국가 등이 모여서 이루어낸 '개념' 차원의 보편적 인권 수립을 향한 중요한 성취였다. 그러나 이 선언은 제2차 세계대전 직후의 국제정치 환경과 국가 이해를 반영하고 있고, 그 과정에서 논란이 심했던 문화적 권리는 가장 소극적인 형태의 추상적인 '개념' 차원의 언어로 표현되는 데 그치고 있다.

4. 1966년 협약들과 2005년 문화 다양성 협약: 문화적 권리의 발전

세계인권선언에서 소극적으로 언급된 문화적 권리는 1966년 두 개의 규약, 즉 '경제적·사회적·문화적 권리에 대한 국제규약(ICESCR)'과 '시민적·정치적 권리에 대한 국제규약(ICCPR)'에서 다시 등장한다. 문화적 권리와 관련하여 두 규약은 공통점과 차이점을 동시에 보여주는데 세계인권선언에서 언급되지 않았던 민족자결권이 두 규약의 제1조에서 똑같이 언급되고 있다는 공통점이 있다. 세계인권선언 이후 국제사회에서 민족자결권에 대한 언급은 1960년의 유엔총회 결의안 1514호, '식민지 국가와 민족에 독립을 주기 위한 선언'에서 처음 나타난다. 이 선언은 "모든 민족은 자결권을 갖는다. 이 권리를 통해 그들은 자신들의 정치적 지위를 자유롭게 결정하고 경제, 사회, 문화적 발전을 자유롭게 추구한다."고 규정하고 있다. 1966년의 두 규약은 1960년 선언에서 처음 등장한 민족자결권을 그대로 이어받고 있는 셈이다.

그러나 ICESCR이 개인적 차원의 문화적 권리에 대해 세계인권선언의 내용을 그대로 반복하고 있다면, ICCPR은 최초로 집단의 문화적 권리에 대해 언급하고 있다는 차이점이 있다. 즉 ICESCR은 13조에서 교육의 권리에 대해, 15조에서 문화생활에 참여할 권리, 과학적 진보를 향유할 권리, 자신이 저자인 과학, 문학, 예술 활동의 결과로부터 나오는 도덕적, 물질적 이해의 보호를 얻을 권리 등에 대해 규정하고 있는 반면, ICCPR의 27조는 "인종적, 종교적, 언어적 소수가 존재하는 국가에서 소수에 속하는 사람들은 공동체 내의 다른 사람들과 함께 자신의 문화를 향유하고, 자신의 종교를 고백하고 실천하며, 자신의 언어를 사용할 권리를 거부당하지 않는다."라고 개인 차원을 넘어선 소수집단의 문화적 권리에 대해 규정하고 있다.

1992년의 '민족적, 인종적, 종교적, 언어적 소수에 속하는 사람들의 권리에 대한 선언'은 1966년 ICCPR에서 부정문 형식의 소극적 표현에 그쳤던 소수집단의 문화적 권리를 긍정문 형식의 적극적 표현으로 바꾸고 있다. 즉 이 선언의 2조는 "소수집단에 속하는 사람들이 어떤 방해나 차별 없이 자유롭게 자신의 문화를 향유하고, 자신의 종교를 고백하고 실천하며, 사적, 공적 장소에서 자신의 언어를 사용할 권리를 갖는다."고 규정하고 있다. ICCPR 27조 및 1992년 권리선언의 2조에 규정된 소수집단의 문화적 권리에 대한 해석은 점점 더 적극적으로 그 범위를 확대해가면서 토지와 자원의 사용 권리, 이러한 사용 권리와 개발 계획의 제한 여부, 토지 및 자원과 관련된 결정에서 국가의 사전 상의 요구 등의 주요한 이슈를 만들어냈다.

그러나 대체로 유엔인권위원회의 결정은 토지와 자원의 사용에 관한 내용이 소수집단의 문화적 권리 실현과 불가분의 관계를 갖고 있기 때문에 존중되어야 한다는 것이었다. 예컨대 1990년 캐나다의 오미나약(Ominayak) 사례의 경우 독특한 문화적 공동체로서 원주민의 생존은 토지와 밀접한 관계를 갖고 있기 때문에 원주민의 땅에서 가스나 기름 탐사를 위해 리스를 허용하는 것과 목재 개발을 허용하는 것이 불법이라고 결정하였다. 1993년 뉴질랜드의 마후이카(Mahuika) 사례의 경우에서도 어업권에 대한 통제와 사용은 소수집단의 문화 보호에 결정적인 역할을 하기 때문에 존중되어야 한다고 결정하였다. 이러한 결정의 의미는 ICCPR 27조가 규정하고 있는 소수집단 및 원주민의 생활 방식에 관한 권리를 보호하기 위해 토지와 자원의 사용권을 보장하는 것이 문화적 권리의 핵심적 내용을 이룬다는 것이다 (Stamatopoulou, 2007: 180-181).

소수집단의 권리 범위가 토지 및 자원에 대한 사용권으로 확장되면서 집단적 문화 권리의 내용도 그 권리의 주체에 따라 세분화되기 시작했다. 현재까지 논의는 소수집단을 다시 소수인종(ethnic minority)과 소수민족(national minority), 그리고 원주민(indigenous people)으로 구분하고 각각의 집단이 요구하는 권리의 종류가 다르다고 보는 것이다. 소수민족과 소수인종을 구분하는 가장 중요한 기준은 새로운 사회로의 통합이나 이주 과정에서 자신들이 스스로 다수 사회와의 통합을 원했는지 따지는 자발성(voluntariness)의 여부이다. 소수인종은 비교적 최근에 자발적인 이민을 통해 자신의 삶의 근거를 정착 국가로 옮긴 사람들인 반면 소수민족은 역사 속에서 비자발적인 전쟁이나 정복, 조약 등을 통해 다수 사회로 합병된 사람들을 가리킨다. 따라서 소수민족의 경우 자신들의 영토적 기반과 언어, 문화 등을 갖고 있고, 이에 근거한 집단자치권(self government)이나 집단대표권(self representation)을 요구한다. 반면 소수인종은 다문화의 권리(polyethnic rights)를 요구하지만 자신들의 전통적인 영토나 공동체의 뚜렷한 물리적인 경계를 갖고 있지 않기 때문에 집단자치권이나 집단대표권을 요구하지는 않는다. 즉 이들은 문화적 차원에서 자신들의 기존 정체성을 지킬 수 있게 되기를 바라지만, 정치, 사회, 경제적으로는 정착한 국가의 주류 사회에 차별 없이 편입되기를 원한다. 소수민족은 다시 원주민과 구별되는데 이 두 그룹을 구분하는 기준은 국민국가 건설 과정에서 다수집단에 대항하는 의미 있는 경쟁자였는가 여부이다. 따라서 영국의 스코틀랜드 사람들은 소수민족이라고 부르지만 호주의 애버리진은 원주민이라고 부른다(김남국, 2008: 345-346).

킴리카와 밴팅은 각 집단이 요구할 수 있는 문화적 권리의 내용을 구체적인 항목으로 정리하고 있다. 먼저 소수인종이 요구하는 문화적 권리로는 헌법이나 입법을 통한 다문화주의 인정, 학교 교과과정에서 다문화주의 채택, 미디어에서 소수인종의 출연 보장, 법에 의해 자유로운 복장이나 종교 행위 보장, 이중국적의 허용, 소수인종의 문화 활동을 위한 재정적 지원, 이중 언어교육을 위한 재정적 지원, 불리한 이민자 집단을 위한 역차별 정책의 시행 등이 있다.

반면 소수민족이 요구하는 집단자치와 대표권의 항목으로는 연방제 아래서의 영토의 자율성 보장, 지역이나 전국적 차원에서 공식적인 언어 지위 부여, 중앙정부나 법원에서 집단 대표의 보장, 소수 언어 사용 학교나 미디어에 공적인 재정 지원, 다민족주의에 대한 헌법이나 의회 차원의 보장, 국제회의나 기구에서 소수민족의 대표 허용 등이 있다.

원주민이 요구하는 집단자치와 대표권의 항목으로는 토지권의 인정, 자치권의 인정, 소수민족이 맺은 기존 조약 준수 및 인정, 언어 및 사냥 등의 문화권 인정, 중앙정부에서 자문 및 대표권 인정, 원주민에 대한 특별한 지위 부여, 원주민의 권리에 대한 국제적 지지, 역차별 정책 인정 등이 있다(Banting and Kymlicka, 2006: 56-62).

이와 같은 소수집단 및 원주민의 문화적 권리의 내용들은 세계인권선언 이후 최근에 이르기까지 보편적 인권의 항목으로 그 범위를 확장해가고 있는 것은 사실이지만 아직 국제사회에서 완전히 합의에 이르지 못한 내용들도 많이 있다. 소수집단의 권리 보호를 통해 문화 다양성을 보호하고 장려한다는 발전 방향 자체가 문화적 상대주의를 인정하는 측면이 있고 이러한 인정은 문화적 보편주의와 긴장하는 차원이 있기 때문이다. 예컨대 1993년 6월 유엔 세계 인권회의에서 채택한 '비엔나 선언'은 인권의 보편성을 확인하면서도 국가 및 지역의 특수성과 역사, 문화, 종교적 배경의 중요성을 고려하여 인권의 내용을 판단해야 한다는 조건을 추가하고 있다. 문화 다양성의 보호가 중요하다는 사실 자체는 보편적으로 인정되고 있지만 서로 다른 사회에서 어느 정도 넓이와 깊이의 권리가 문화 다양성의 이름 아래 보장되어야 하는지는 합의에 이르지 못하고 있는 것이다.

　문화 다양성의 보호에 대해 현재까지 진행된 논의를 가장 포괄적으로 담고 있는 문서는 2001년에 채택된 '유네스코 세계 문화 다양성 선언'이다. 이 선언은 1조에서 문화 다양성이 인류 공동의 유산임을 규정하고, 4조에서는 문화 다양성의 보호가 인간 존엄성의 존중과 분리될 수 없으며, 특히 소수집단과 원주민의 자유와 인권을 지키는 것을 의미한다고 주장한다. 7조는 창의성의 원천으로서 문화유산이 보존되고 고양되어야 함을 주장하고, 8조는 문화 상품과 서비스의 특수성에 대해, 10조는 국제 연대를 통해 경쟁력 있는 문화 산업을 육성할 필요성에 대해, 11조는 시장의 힘만으로 보장될 수 없는 문화 다양성의 보전과 증진에 공공 부문, 민간 부문, 시민사회의 협력이 중요함을 강조하고 있다. 이 선언은 실천을 위한 실행 계획으로 20개 항으로 이루어진 별도의 문서를 채택하였다.

　그러나 가장 포괄적인 이 선언에서도 초안에는 포함되어 있었지만 최종안에서는 합의에 이르지 못하고 채택되지 않은 내용들이 존재한다. 즉 문화 정체성에 대한 논의가 이에 해당되는데 일반적 가치로서가 아닌 구체적 권리로서 문화 정체성에 대한 존중과 문화 정체성의 토대로서 언어권, 그리고 문화 정체성을 존중하는 교육권 등은 최종 논의 과정에서 삭제되었다(UNESCO, 2001). 아마도 문화 다양성 대신에 문화 정체성이라는 개념을 도입할 경우 이 단어가 갖는 포괄성의 범위가 국민국가의 주권을 위협할 정도로 넓은 점이 그 이유였을 것이다. 이 선언의 제5조는 문화 다양성을 존중하는 문화적 권리에 대해 세계인권선언 27조와 ICESCR 13조 및 15조에 근거해 구체적으로 정의하고 있다. 즉 문화적 권리란 모든 사람이 스스로 선택한 언어로 자신의 작품을 창조하고 배포할 자유와 문화 다양성을 존중하는 교육과 훈련을 받을 수 있는 권리, 그리고 자신이 선택한 문화적 생활에 참여하고 실천할 수 있는 권리라고 규정하고 있다.

2005년 10월 유네스코는 미국과 이스라엘 등 2개국이 반대하고, 오스트레일리아, 니카라과, 라이베리아, 온두라스 등 4개국이 기권하고, 148개국이 찬성하는 가운데 '문화적 표현의 다양성 보호와 증진에 관한 협약'을 채택하였다. 이 협약은 30개 국가가 비준을 마친 후 3개월이 지난 시점인 2007년 3월 18일부터 국제 협약으로서 효력을 발휘하기 시작하였다. 이 협약은 2001년 선언의 연장선상에 서 있지만 몇 가지 점에서 뚜렷하게 2001년 선언과 차이를 보여준다. 첫째, 이 협약은 문화 다양성 선언이 1조부터 7조까지 규정하고 있던 문화 다양성과 창조성, 인권과의 관계, 문화유산으로서 가치 등에 대해 언급하지 않고, 8조부터 11조 사이에 강조된 문화 상품성과 표현의 문제에 초점을 맞춰 문화의 경제적 측면을 강조하고 있다. 둘째, 문화 다양성 협약의 2조 2항은 "국가는 유엔헌장과 국제법의 원칙에 따라 자국 영토 내에서 문화적 표현의 다양성을 보호하고 증진하기 위한 조치와 정책을 채택하는 주권적 권리를 갖는다."라고 국민국가의 주권적 권리를 강조하고 있다(박선희, 2009).

유네스코는 이 협약이 2001년 선언의 일부분만을 다루고 있는 것은 문화 다양성의 측면들이 이미 존재하는 다른 협약들, 즉 세계저작권협약, 세계문화유산 및 자연유산 보호협약, 무형문화유산 보호협약 등을 통해 보장되고 있기 때문이라고 주장한다. 따라서 이 협약은 주로 문화적 활동과 상품 그리고 서비스를 통해 접근 가능한 문화적 표현의 다양성에 중점을 두고 있다는 것이다(유네스코한국위원회, 2008: 316). 이 협약은 무엇보다도 자본과 노동의 세계화에 직면한 여러 나라가 문화 다양성의 가치 증진을 바탕으로 세계화의 부정적인 측면에 맞서 자국의 문화 산업을 보호하려는 이해를 반영하고 있는 것으로 볼 수 있다. 즉 이 협약에서 갑자기 문화적 권리의 경제적 측면과 국민국가의 주권적 권리가 강조되는 배경에는 미국 문화 산업의 위협으로부터 자신의 문화 산업을 보호하고자 원하는 유럽의 국가들이 미국 중심의 신자유주의적 흐름에 저항하는 유효한 수단으로 문화 다양성 협약을 이용하려는 국제정치적 환경이 자리 잡고 있다.

물론 이 협약은 문화적 가치와 정체성을 다루는 문화 상품의 특수성을 강조하여 문화 주권의 중요성을 언급하는 것 이외에도 동시에 문화 상품의 공정한 무역과 서비스를 규제할 수 있는 국제통상의 규범을 만들고자 한다. 따라서 이 협약의 20조 관계정립조항은 다른 국제 협정과의 가능한 충돌에 대해 '동등성의 원칙'이나 '구법 우선 원칙' 등을 포괄적으로 제시하고 있다(박현석, 2006; 박경신, 2008). 즉 문화 다양성 협약 20조 1항은 문화 다양성 협약보다 다른 국제조약을 우선시해서는 안 되며 다른 국제조약을 해석하거나 규정하고 의무를 받아들일 때 문화 다양성 협약의 관련 규정을 고려해야 한다고 하는 동등성의 원칙을 분명히 하고 있다. 그러나 이 협약의 20조 2항은 문화 다양성 협약의 어떤 조항도 당사국이 가입한 다른 국제조약에 따르는 권리와 의무를 변경하는 것으로 해석해서는 안 된다고 하는 구법 우선의 원칙을 동시에 제시하고 있다. 따라서 20조 2항의 구법 우선의 원칙에 따르면 문화 다양성 협약과 자유무역협정(FTA)이나 WTO협정 사이에 이해의 충돌이 발생할 때 WTO협정이 먼저 고려되어야 한다. 그러나 이 조항이 무조건적인 WTO협정의 우위를 보장하는 것은 아니다. 국제조약의 해석에 관한 1969년 비엔나 협약 31조 3항에 따르면 WTO협정을 해석하는 과정에서 '당사국들 사이의 관계에 적용될 수 있는 국제법 규범'인 문화 다양성 협약의 20조 1항 동등성의 원칙을 반드시 고려하여 해석해야 한다. 결국 문화 다양성 협약은 WTO협정과의 사이에 충돌이 발생할 때 20조 1항이 규정하고 있는 동등성의 원칙에 근거하여 문화 상품의 특수성에 기초한 문화 주권을 옹호할 수 있는 좋은 논리를 제공하고 있는 것이다(박경신, 2008).

문화 다양성의 토대로서 국민국가의 주권적 권리를 강조한 이 협약은 국민국가 내부에 존재하는 소수집단과 원주민의 문화적 권리 역시 중요하게 언급하고 있다. 예컨대 이 협약의 전문에서는 부의 원천으로서 원주민이 갖는 전통 지식 체계의 중요성과 이의 적절한 보호 필요성에 대해 말하고 있고, 전통문화를 자유롭게 창조, 보급, 배포하고 활용하는 데 있어서 소수집단과 원주민을 포함한 모든 사람에게 문화가 갖는 힘의 중요성을 고려해야 한다고 언급하고 있다. 또한 이 협약의 2조 3항에서는 모든 문화에 대한 동등한 존엄성 인정이라는 지도 원칙 아래 소수집단과 원주민의 문화 역시 똑같이 존중되어야 한다는 점을 포함시키고 있다. 즉 이 협약은 국민국가 내부의 사회적 소수를 차별하지 않을 국내의 소극적 의무와, 재정적 지원 등을 통해 소수집단을 지원해야 하는 국내의 적극적 의무에 대해 규정하고 있는 것이다. 문화 다양성 협약은 또한 다른 나라의 문화 보존과 발전을 위해 재정적 지원을 장려하는 국가 간 적극적 의무에 대해서도 언급하고 있다. 그렇지만 이 협약은 자국의 문화 산업을 보호하기 위한 조치를 취할 경우 외국의 문화 상품 및 서비스를 차별 대우하지 않는다는 국가 간 소극적 의무, 이른바 보호와 개방 사이에 균형이 있어야 한다는 의무에 대해서는 규정하지 않고 있고, 이에 따른 분쟁 해결 절차 역시 제시하지 않고 있다(박경신, 2008). 이런 점 때문에 문화 다양성 협약은 WTO협정과 비교할 때 상대적으로 법적 구속력이 약한 자유주의적 또는 제도주의적 시각의 규범적 내용을 담고 있다는 한계를 지닌다(조한승, 2008).

5. 보편적 인권으로서 문화적 권리

세계인권선언 이후 60여 년 동안 개인 차원에서 정의되었던 문화적 권리는 점점 집단 차원의 권리를 의미하는 것으로 변화해가면서 그 내용도 토지와 자원을 비롯한 경제적, 사회적 활동까지 포괄하는 범위로 확장되어왔다. 다시 말하자면 개인 차원에서 문화생활에 참여할 권리, 과학적 진보를 향유할 권리, 자신이 저자인 과학, 문학, 예술 활동의 결과로부터 나오는 도덕적, 물질적 이해의 보호를 얻을 권리 등으로 정의되던 문화적 권리는 소수집단 및 원주민이 공적, 사적 생활에서 고유 언어를 사용할 권리, 학교를 세우고 고유 언어를 가르칠 권리, 토지와 자원의 전통적 사용과 관련된 특별한 경제활동을 계속할 권리 등 집단적 문화 권리에 대한 강조로 바뀌고 있다(Stamatopoulou, 2007: 173).

이 시기는 대체로 문화를 둘러싼 서술적 상대주의가 강력하게 남아 있는 상태에서 문화적 권리를 개념 차원에서 구체화시킴으로써 보편적 인권에 속하는 권리의 범위를 확장해갔던 과정으로 볼 수 있다. 물론 전후에 이처럼 공유된 합의들은 당연히 그때그때의 국제정치 환경을 반영하여 성립된 잠정적인 균형일 수 있다. 예컨대 2005년의 유네스코 협약은 미국과 유럽 사이의 힘 관계를 반영하여 문화적 권리의 경제적 측면과 국민국가의 주권적 권리를 강조했다. 그러나 시간이 흐를수록 권리주체의 배타적 설정을 통해 비로소 보편적 인권을 누릴 수 있는 주변부의 사회적 소수들이 있고, 그들에 대한 정당한 배려가 필요하다는 합의가 설득력을 얻어가면서 문화적 권리의 배타적 성격에 대한 비호의적 시각들이 줄어들고 있는 것도 사실이다.

이러한 합의는 여전히 해석과 실천 차원에서 또 다른 도전에 직면할 것이다. 예컨대 공유된 합의이기 때문에 정당성을 갖는 것이 아니라 도덕적으로 정당화가 가능해야 공유된 합의가 될 수 있다는 주장은 개념 차원에서의 느슨한 보편주의에 회의를 보내면서 해석과 실천 차원에서도 보편주의를 확립하려는 강력한 도전이라고 볼 수 있다. 이러한 주장을 감안하면서 서로 다른 문화를 갖고 있는 독립적인 공동체들 사이에서 문화적 차이를 초월하여 도덕적으로 정당화할 수 있는 보편적 인권을 수립하기 위해 극복해야 할 상대주의의 내용들은 다음과 같이 정리될 수 있다.

보편주의의 차원	보편주의가 극복해야 할 상대주의의 내용		
	개념	해석	실천
상대주의의 차원	규범적 상대주의	초윤리적 상대주의	서술적 상대주의

우선 상대적으로 보편적인 합의에 이를 가능성이 가장 높은 '개념' 차원에서 문화적 권리에 대한 논의는 서로 다른 문화 사이에 적용 가능한 보편적 도덕 원칙은 없다고 보고, 개인은 자신의 문화 집단이 제시하는 도덕 원칙에 따라 행동해야 한다고 보는 규범적 상대주의를 극복해야 한다. 규범적 상대주의가 갖는 문화적 절대주의나 극단적 보수주의의 역설적인 약점은 인간의 존엄성에 대한 존중과 이러한 존엄을 보장하는 조건으로서 문화 다양성에 대한 존중이라는 논리에 의해 반박될 수 있다. 배타적인 도덕 원칙이 다양하게 존재할수록 모순과 불일치가 증가하고 상대주의가 극단화될수록 그만큼 보편적 합의와 공공성의 필요성에 대한 자각도 증대될 것이다. 즉 인간은 자신이 태어난 특정 장소와 시기, 주위 환경에 영향 받는 우연성(contingency)을 중요한 특징으로 갖지만 이러한 환경을 뛰어넘어서 소통하고 교류하면서 인간 공통의 보편성을 지향하고자 하는 무한성(infinity)을 동시에 갖고 있다. 물론 다원성을 우선시하는 문화적 절대주의와 다원성

을 아예 부정하는 문화적 보수주의는 서로 대립적인 것처럼 보이지만 실제로는 보편적 합의를 향한 소통 자체를 부정하는 근본주의적 입장을 공유하고 있다. 따라서 개념 차원에서 합의에 이를 가능성은 합리적 불일치를 부정하는 규범적 상대주의의 강한 주장이 갖는 역설적인 약점 때문에 비교적 높다고 볼 수 있다.

'해석' 차원에서 보편적 합의에 이르기 위해서는 단일한 기준에 의한 도덕적 진실의 발견이 불가능하다는 초윤리적 상대주의를 극복해야 한다. 보편적 인권을 강력하게 주장할 수 있는 논리로서는 특정 종교의 관점에서 정당화한 인권 개념이나 자연법적 전통에서 정당화한 인권 개념, 그리고 특정 학문 전통의 실천이성에 근거한 도덕을 일반화한 사회계약론적 인권 개념 등이 있다(박구용, 2004). 그러나 다양한 문화적, 종교적, 인종적 배경을 갖는 시민들 사이에서 이러한 인권 개념이 이의 없이 받아들여지기는 쉽지 않다. 따라서 초윤리적 상대주의는 자신들의 주장에 대해 비교적 강력한 근거를 갖고 있다고 볼 수 있다. 하버마스는 이처럼 쉽지 않은 초윤리적 상대주의를 극복하는 논리로서 인권을 도덕 담론이 아닌 법적 담론을 통해 정당화할 것을 주장한다. 그는 도덕과 법, 자연법과 실정법, 인권과 주권, 타당성과 사실성 사이의 긴장 관계에서 도덕 담론과 인권 담론, 인권 담론과 문화 담론을 구별하고 도덕적으로 정당화한 인권의 현실적 적용은 언제나 법을 필요로 한다는 점을 강조하면서 인권을 법적 개념으로 이해하는 절차주의적 패러다임을 제시한다. 하버마스는 인권 개념이 특수한 사회적 이념이나 도덕 원칙, 문화적 전통에 근거해서는 안 되며 민주적 담론 구조를 가진 공론장의 활성화와 의사소통적 자기 결정이라는 실천을 통해 생겨나는 사회적 연대성에 근거해야 한다고 본다. 이 사회적 연대성에 근거해 제정된 법을 통해 하버마스는 서구의 도덕 관점에 치우친 인권 제국주의를 비판하고 자연법적 전통에서 벗어나며 법실증주의나 초윤리적 상대주의의 함정에서도 벗어날 수 있다고 본다. 그가 최근 종교와의 대화를 통해 후기 세속 사회(post secular society)에서 종교가 갖는 영향력을 인정하고 종교의 원칙들을 세속의 언어로 번역하여 연대의 증진과 법의 제정 과정에 이용하는 것에 대해 긍정적인 입장을 보이지만 아직 이성과 합리적 불일치에 근거한 소통과 공론장을 강조하는 그의 입장에 근본적인 변화가 있다고 보이지는 않는다(Ratzinger and Habermas, 2007).

'실천' 차원에서 보편적 합의에 이르기는 가장 어렵고 이와 대비되는 서술적 상대주의는 가장 강력하게 자신의 존재 근거를 제시할 수 있다. 아마도 문화적 권리와 보편적 인권의 논리가 가장 치열하게 부딪히는 곳이 실천을 둘러싼 보편적 합의 시도와, 옳고 그름에 대해 서로 다른 인식과 실천이 존재하는 서술적 상대주의의 주장이 공존하는 공간일 것이다. 이 치열한 공간에서 각자가 자신들의 주장을 펼칠 때 기억해야 할 사실은 우리가 이룩한 문명과 우리의 생활양식이 더 우월하기 때문에 세계의 실천 기준이 우리 방식으로 통일되어야 한다는 보편적 인권 주장이 갖는 문화 제국주의적 위험성과, 동시에 문화적 권리의 우선성을 주장하는 가운데 문화적 자결권의 이름 아래 억압적이고 비인간적인 문화적 실천과 관습이 온존될 가능성과 보편적 시각에서 쉽게 거부될 수 있는 인권유린 사례들이 은폐될 수 있다는 점이다. 실천을 위한 조건의 합의는 폭력적인 방법을 배제한다면 대화를 통해 이룩될 수 있다. 그러나 우리는 대화를 위한 구체적인 조건을 찾아야 할 것이다. 이른바 심의를 위한 다양한 조건이 존재하지만 하나의 예로서 합리적 대화와 상호 존중, 그리고 논의에 참여하는 당사자들 사이에 보장된 정치적 권리로 이루어진 심의 다문화주의가 제시될 수 있고(김남국, 2005a), 비지배적 상호주의에 근거한 공화주의적 접근(곽준혁, 2009)도 실천을 위한 합의에 이르는 방법으로 제시될 수 있을 것이다.

문화적 상대주의를 향한 어떤 극복의 노력도 쉽지 않은 갈등과 긴장을 수반한다. 따라서 문화적 권리를 둘러싸고 실천에서 생겨날 수 있는 다양한 차이는 우리가 추구하는 모든 정치철학은 시대의 산물로서 지금 여기라는 시간과 공간의 제약을 받고 있다는 근본적인 철학적 인식에 눈을 돌리게 만든다. 아마도, 우리가 알고 있는 모든 도덕적 주장을 반영하고, 갈등하는 서로 다른 개념에 대해 가중치를 두어 문화적 다수와 소수의 주장에 대응하는, 개념과 해석, 실천 차원을 포괄하는 종합적인 원칙을 찾아내는 일은 불가능할 것이다. 더구나, 서로 다른 삶의 방식을 양립시키기 위해 간신히 찾은 균형점은 지금 여기를 지배하는 조건들의 변화에 따라 한 지점에서 또 다른 지점으로 계속해서 이동하고 있다(김남국, 2005a). 이러한 입장은 개념 차원에서 보편적 합의의 가능성을 부정하는 것은 아니지만, 해석과 실천 차원에서 서술적 상대주의나 초윤리적 상대주의가 갖는 설득력을 인정하는 것이다.

개인과 집단 두 차원 모두에서 문화적 권리는 궁극적으로 대화와 타협의 과정을 거쳐 개념과 해석, 그리고 실천 차원에서 보편적 인권의 내용으로 그 합의의 범주를 확장해갈 수 있을 것이다. 모든 문화적 권리를 둘러싼 논의들은 매우 높은 추상 수준을 보여주지만 다양한 차이가 부딪히는 정치투쟁의 장을 배경으로 존재한다. 아마도 이 과정은 합리적 주체들 간의 순조로운 합의보다는 갈등과 투쟁을 통해 형성되는 주체들의 정체성이 부딪히는 장이 될 확률이 높다(진은영, 2008). 따라서 문화적 권리를 둘러싼 보편적 인권 논의의 방향이 천부적 인권으로의 본질주의적 환원일 수는 없을 것이다. 바꿔 말하자면 우리는 국민국가를 배경으로 하는 정치투쟁의 우연적 영역 가운데서 문화적 권리를 비롯한 인권의 개념과 내용이 변해왔다는 사실을 인정해야 한다. 그러나 동시에 인권 논의를 해석과 실천 차원에서 초윤리적 상대주의와 서술적 상대주의의 지배를 받는 정치투쟁의 결과일 뿐인 것으로 물신화시키는 일도 피해야 할 것이다. 즉 문화 사이의 차이를 넘어서 도덕적으로 정당화가 가능한 개념의 확장을 통해 보편적 인권을 수립하려는 인간의 열망이 실제적 효력을 가질 수 있다는 점을 인정해야 하는 것이다. 세계인권선언 이후 60여 년에 걸친 문화적 권리의 발전 과정은 이 상징적 허구가 갖는 규정력을 잘 보여주고 있다.

참고 문헌

곽준혁, 2009, 「공화주의와 인권」, 『정치사상연구』 15(1): 31-53.
김남국, 2004, 「영국과 프랑스에서 정치와 종교」, 『국제정치논총』 44(4): 341-362.
김남국, 2005a, 「심의 다문화주의: 문화적 권리와 문화적 생존」, 『한국정치학회보』 39(1): 87-107.
김남국, 2005b, 「다문화 시대의 시민: 한국의 경우」, 『국제정치논총』 45(4): 97-121.
김남국, 2006, 「문화와 정의」, 『국제평화』 3(2): 400-407.
김남국, 2008, 「한국에서 다문화주의 논의의 전개와 수용」, 『경제와 사회』 80: 343-361.
김범수, 2008, 「민주주의에서 포용과 배제」, 『국제정치논총』 48(3): 173-198.
김범수, 2009, 「공동체주의 인권 담론 연구」, 『정치사상연구』 15(1): 54-79.
김비환, 2009, 「가치 다원주의 시대의 인권 규범 형성」, 『정치사상연구』 15(1): 7-31.
롤즈, 존, 2003, 『정의론』, 황경식 옮김, 서울: 이학사.
박경신, 2008, 「문화 다양성 협약과 WTO협정 사이의 상호 지지적인 관계정립을 위하여」, 『법과 사회』 34: 395-426.
박구용, 2004, 「인권의 보편주의적 정당화와 해명」, 『사회와 철학』 7: 153-196.
박선희, 2009, 「유네스코 문화 다양성 협약과 프랑스의 국가전략」, 『한국정치학회보』 43(3): 195-217.
박현석, 2006, 「유네스코 문화 다양성 협약과 WTO협정의 충돌문제」, 『국제법학회논총』 51(1): 41-65.
아렌트, 한나, 2006, 『예루살렘의 아이히만』, 김선욱 옮김, 서울: 한길사.
아리스페, 로르데스 외, 2008, 「문화 다양성, 갈등, 다원주의」, 유네스코한국위원회 엮음, 『유네스코와 문화 다양성』, 서울: 집문당, 79-103쪽.
양운덕, 2003, 「공적 합리성의 가능조건: 보편적 인권의 정당화와 관련하여」, 『시대와 철학』 14(1): 251-282.
오영달, 2001a, 「두 가지 주권론과 인권과의 관계」, 『유럽연구』 13: 323-350.
오영달, 2001b, 「주권과 인권에 관한 홉스와 로크 이론의 비교 연구」, 『평화연구』 10: 143-167.
유네스코한국위원회 엮음, 2008, 『유네스코와 문화 다양성』, 서울: 집문당.
장동진, 2006, 「서양 정의이론의 동아시아 수용」, 『정치사상연구』 12(2): 80-100.
장은주, 2000, 「문화적 차이와 인권」, 『철학연구』 49(1): 155-178.
장은주, 2006, 「사회권의 이념과 인권의 정치」, 『사회와 철학』 12: 187-216.
장은주, 2009, 「인권의 보편성과 인도적 개입의 정당성」, 『사회와 철학』 17: 285-324.
장준호, 2008, 「국제사회의 국제법과 지구시민사회의 만민법」, 『한국정치외교사논총』 29(2): 155-183.
전경옥, 2006, 『문화와 정치』, 서울: 숙명여대 출판부.
조한승, 2008, 「문화 다양성 협약에 대한 국제정치 국제법학제적 조망」, 『한국정치학회보』 42(4): 409-428.
지젝, 슬라보예, 2006, 「반인권론」, 김영희 옮김, 『창작과 비평』 132(여름호): 379-404.
진은영, 2008, 「다문화주의와 급진적 인권」, 『철학』 95: 255-283.
홍태영, 2009, 「인권의 정치와 민주주의의 경계들」, 『정치사상연구』 15(1): 80-100.
AAA(American Anthropological Association), 1947, "Statement on Human Rights", *American Anthropologist* 49(4): 539-543.
Agamben, Giorgio, 1998, *Homo Sacer: Sovereign Power and Bare Life*, Stanford University Press[『호모 사케르』, 박진우 옮김, 서울: 새물결, 2008].
An Naim, Abdullahi ed., 1992, *Human Rights in Cross Cultural Perspectives*, Philadelphia: University of Pennsylvania Press.

Arnold, Matthew, 1869, *Culture and Anarchy*, London: Cambridge University Press.

Banting, Keith and Will Kymlicka, 2006, *Multiculturalism and the Welfare State*, Oxford: Oxford University Press.

Cranston, Maurice, 1967, "Human Rights, Real and Supposed", in *Political Theory and the Rights of Man*, edited by D. D. Raphael, London: Macmillan.

Donnelly, Jack, 2003, *Universal Human Rights in Theory and Practice*, Ithaca: Cornell University Press.

European Court of Human Rights, 2004, Leyla Sahin v Turkey, Application no. 44774/98, June 29.

Francioni, Francesco, and Martin Scheinin, 2008, *Cultural Human Rights*, Leiden: Martinus nijhoff Publishers.

Geertz, Clifford, 2000[1973], *The Interpretation of Cultures*, New York: Basic Books.

Giles, Judy and Tim Middleton, 1999, *Studying Culture*, Oxford: Blackwell.

Hayden, Patrick, 2001, *The Philosophy of Human Rights*, St. Paul: The Paragon House.

Ishay, Micheline, 2004, *The History of Human Rights*, Berkeley: University of California Press.

Lauren, Paul, 2003, *The Evolution of International Human Rights*, Philadelphia: University of Pennsylvania Press.

MacIntyre, Alasdair, 1981, *After Virtue*, Notre Dame: Notre Dame University Press.

Manners, Ian, 2002, "Normative Power Europe: A Contradiction in Terms?", *Journal of Common Market Studies* 40(2, Summer): 235-258.

Marshall, T. H., 1950, *Citizenship and Social Class*, Cambridge: Cambridge University Press.

Morsink, Johannnes, 1999, *The Universal Declaration of Human Rights*, Philadelphia: University of Pennsylvania Press.

Parekh, Bhikhu, 2000, *Rethinking Multiculturalism*, Cambridge: Harvard University Press.

Ratzinger, Joseph and Jürgen Habermas, 2007, *The Dialectics of Secularization: On Reason and Religion*, Ignatius[『대화』, 윤종석 옮김, 서울: 새물결, 2009].

Said, Edward, 1993, *Culture and Imperialism*, London: Vintage.

Stamatopoulou, Elsa, 2007, *Cultural Rights in International Law*, Leiden: Martinus nijhoff Publishers.

Teson, Fernando, 1985, "International Human Rights and Cultural Relativism",

Virginia Journal of International Law 25(4): 869-898.

UNESCO, 2001, *Report by the Director General on the Progress of the UNESCO Draft Declaration on Cultural Diversity*, UNESCO document 161 EX/12 Annex.

Williams, Raymond, 1993, "Culture is Ordinary", in *Studying Culture*, edited by Ann Gray and Jim McGuigan, London: Arnold.

Wilson, Richard ed., 1997, *Human Rights, Culture & Context*, London: Pluto Press.

15장 인권의 결함

김병욱

1. 인권에 결함은 없는가

　인권에 결함이 있다. 자성을 잃어버린 나침반 자침이 북극 방향을 제대로 지시할 수 없듯이 인권은 더 이상 이 시대 역사의 방향을 제대로 지시할 수 없다. 인권의 결함 때문이다. 이 글에서 나는 인권의 결함을 밝히고자 한다. 물론 그렇다고 하더라도 아직 뚜렷한 치유안 내지 대안이 없는 현실에서 인권은 여전히 소중하다. 하지만 인권에 치명적인 결함이 있기 때문에 그 근원적인 치유안 내지 대안의 모색이 시급하다는 점을 우리 사회 앞에 알리고자 한다.
　세계인권선언문의 잉크가 채 마르기도 전에, 인권의 결함을 묻는 일은 이 시대 분위기와 어울리지 않는 일일 수도 있다. 그러나 이 일은 매우 중요하다. 사람이 하는 여러 일이 사회를 위해 소중하지만, 그 여러 일 가운데 삶과 사회의 '참 모습'이 어떤 모습인지를 끊임없이 묻고 드러내어 제시하는 일 역시 소중한 일임에 틀림없다. 이는 마치 항해하는 배를 점검하는 일이 한두 가지가 아니지만, 그 가운데 항해하는 배의 나침반을 점검하는 일 역시 소중한 일인 것과도 같다.

이 일을 위해서 이 글은 '인권의 철학적 근거', 특히 '인권의 보편성과 특수성에 관한 기존 논의의 철학적 근거'를 윤리철학 및 정치철학 측면에서 검토한다. 현대 인권 논의 속에는 '좋은 삶'과 '좋은 사회'에 대한 '정의(正義, 올바름)의 기준들'이 마구 혼재하거나 그 추상성이 너무 높다. 물론 이러한 인권을 역사 현실 속에 잘 결합할 수 있도록 다시 해석할 수도 있을 것이다. 그러나 그렇다고 하더라도 재해석한 그것은 인간의 다양한 욕구를 달리 표현해둔 것에 지나지 않을 가능성이 크거나, 심지어 물리적 세력의 법적 정당화 수단으로 이용당할 가능성이 크다.

기존 인권 논의 속에 담겨 있는 '정의의 기준들'이 혼재하거나 그 추상성이 너무 높을 수밖에 없는 근원적인 원인 가운데 하나는 그것이 '좋은 삶'이나 '삶의 좋음'에 관한 구체적인 해석과 표현에 의해 뒷받침되어 있지 않고, '좋은 국가'나 '사회의 좋음'에 관한 구체적인 해석과 표현에 의해서도 뒷받침되어 있지 않다는 데에 있다.[1]

이 점은 근대 개인 권리가 '좋은 삶'과 '좋은 사회'에 관한 비전에 의해 어느 정도 뒷받침되었다는 점과 비교된다. '주체적 삶'이 곧 '좋은 삶'이고, '사회 구성원들 각자가 주체적 삶을 살아가는 사회'가 곧 '좋은 사회'라고 하는 일종의 '좋음'에 관한 구체적인 해석과 표현에 의해 근대 개인 권리가 뒷받침되었던 반면에, 현대 인간 권리는 '좋은 삶'이나 '좋은 사회'에 관한 그 어떤 비전에 의해서도 뒷받침되어 있지 않다.

---

[1] '좋은 삶'과 '삶의 좋음'을 이 글은 구분하지 않고 일단 같은 의미로 간주한다. '좋은 국가'나 '좋은 사회' 역시 '국가의 좋음'이나 '사회의 좋음'과 구분하지 않고 일단 같은 의미로 간주한다.

이 근원적인 원인으로 인해 결과적으로 기존 인권 논의 속에 담겨 있는 정의의 기준들이 혼재하거나 그 추상성이 너무 높을 수밖에 없고, 기존 인권 논의는 '인간 욕구의 정당화 논리와 그 인정 투쟁'으로 변질될 소지가 높으며, 심지어 적나라한 '물리적 힘의 정당화 논리와 그 주종 계약'으로 전락할 가능성 또한 아주 높다.

연구 방법 면에서 이 글은 '인권', '인권에 관한 논의', '인권과 결합해가거나 그렇지 않기도 하는 역사 현실' 등을 구분한다. 그 가운데 인권에 관한 논의의 지형을 다음과 같이 구분한다. 첫째, 인권의 보편성과 특수성에 관한 철학적 논의, 둘째, 인권의 구체적 내용들 사이의 충돌 문제를 포함하여 그 체계성과 일관성에 관한 이론적 논의, 셋째, 인권과 국가주권 사이의 우열에 관한 문제를 포함하여 인권의 보수성과 혁명성에 관한 이념적 논의 등이다.

이상 둘째와 셋째 논의가 결국 첫째 논의에 논리적으로나 실천적으로 의존한다는 점에서 이 글은 우선 인권에 관한 첫 번째 논의를 위주로 검토한다. 예컨대 요즘 누구나 자신의 '인권의 하락'에는 저항하지만 '분배 비율과 환율의 변화에 따른 자신의 실질적 삶의 가치 하락'에는 저항하지 않을 만큼, 이제 인권은 우리의 가장 현실적인 가치인 것처럼 보인다. 그만큼 인권은 오늘날 정치 경제의 현실, 역사 현실과 이미 많이 결합해 있고 상당히 깊이 맞물려 있다고 할 수도 있다. 그런데 현실의 표층과의 결합 못지않게 그 심층과의 결합 국면 역시 중요하다. 따라서 이 글은 인권과 결합한 역사 현실이나 이론 및 이념 측면의 논의 등을 방법적으로 최대한 삭감하고 그 심층 속에서 인권의 철학적 근거를 적출하여 검토한다.

이 글은 다음 논의를 좀 더 포괄적, 체계적, 구체적으로 진행하기 위해서 '용어', '개념', '윤리', '자체', '결합', '윤리사상', '정치사상' 등을 다음과 같이 사용하겠다. 어떤 말이 의미하는 경계를 명료하게 했을 때 그 의미 내용을 '용어'라고 한다면 그 용어가 의미하는 바를 지칭하는 이름[名]을 '개념'이라고 하겠다. '윤리'를 좋음과 올바름과 이로움 등의 '삶의 가치와 그 실현 방식', 즉 '삶의 방식'을 뜻하는 개념으로 사용하겠고, '삶'을 '생명 활동'과 같은 의미로 사용하겠다.

이 글에서 사용하는 '자체(自體)' 개념은 기존 '체계(system)' 개념이나 '단위(unit)' 개념을 대체하기 위해 마련한 개념이다. '자체(자신, 자기, 나)' 개념은 한 사람 자체, 한 집단 자체, 한 정치 공동체 자체인 국가 자체 등을 통칭하면서 서로 유비적임을 전제하는 개념이므로 매번 특별한 언급 없이 유비적으로 사용될 것이며, 인칭과 무관하게 사용될 것이다.

자체 개념은 때로 일으켜 세워져 성립하기도 하고, 때로 스러져 무너져 괴멸하기도 하는 '일[事]'을 의미한다. 자체는 '여러 작은 일'이 결합하여 서로 일으켜 세워져 성립하면서 생명 활동을 해가는 '하나의 커다란 일'이다. 그러나 여러 작은 일이 제대로 결합하지 못할 때 자체는 단순한 조합체나 집합체에 머물고 말거나 심지어 스러져 무너져 괴멸될 수도 있다. 여기서 '결합(結合, 맺음)' 개념은, 조합(組合, 엮음), 집합(集合, 모음) 등의 개념과 함께, '여러 작은 일'이 서로 만나고 나누면서 좀 더 커다란 일인 '하나의 자체'로 일으켜 세워져가는 과정 가운데 일부 과정을 의미한다.[2]

윤리사상을 윤리철학, 윤리이론, 윤리이념 등을 내포하는 개념으로 사용하겠다. '윤리철학'은 자체가 처한 현실에서 자체적 동일성의 가치[3]를 드러내고 제시하는 과정이며, '윤리이론'은 그 자체적 동일성

---

2) '결합과정'은 '만남과정', '나눔과정' 등과 함께 '자체의 여러 변화과정' 가운데 일부 과정이다. 만남과정과 나눔과정을 지나면서 자체는 '결합과정'으로 이어질 수 있지만, 그러지 못하고 단순히 '조합과정'이나 '집합과정'으로 이어질 수도 있다.

의 가치와 그 가치를 자체의 현실에 실현하는 방식을 혹종의 방법에 따라 이해하고 설명하는 과정이고, '윤리이념'은 그 자체적 동일성의 가치와 그 실현 방식을 자체의 행동으로 옮길 수 있도록 어떤 대안을 마련하여 시도하고 설득하는 과정이다. 이상의 윤리이념, 윤리이론, 윤리철학의 세 측면을 모두 갖추고 있으면서 서로 상합하여 하나로 되어 있는 경우 이를 '윤리사상'이라고 하겠다.[4]

정치사상 역시 정치철학, 정치이론, 정치이념 등을 내포하는 개념으로 사용하겠고, 정치 공동체의 자체적 동일성의 가치를 정치 공동체의 현실에 실현해가는 과정인, 이 정치이념, 정치이론, 정치철학의 세 측면을 모두 갖추고 있으면서 서로 상합하여 하나로 되어 있는 경우 이를 '정치사상'이라고 하겠다. 이 가운데 '정치철학'은 정치 공동체가 처한 현실에서 정치 공동체의 자체적 동일성의 가치를 드러내고 제시하는 과정이다.

윤리철학이나 정치철학 등과 같은, 사람이 철학하는 과정의 '유한성'을 이 글은 다음과 같이 전제할 것임을 미리 밝혀둔다. 사람이 철학하는 과정이란 끊임없이 '절대적인 자체적 동일성의 가치'를 지향하면서 그것을 현실에 드러내고 제시하고자 하는 과정이지만, 사람이 철학하는 한계와 사람이 철학한 그것과 결합하는 한계로 말미암아 '절대적인 자체적 동일성의 가치'와 '사람이 철학하는 과정에서 드러

---

3) 라틴어 identitas, 헬라어 tautotēs를 그 어원으로 하는 동일성(同一性, identity) 개념은 같음[同, sameness]과 하나[一, oneness]의 의미를 동시에 함축하고 있는 가치 개념이다(Liddell and Scott, 1983).
4) 윤리이념, 윤리이론, 윤리철학, 이 세 측면 각각은 나머지 두 측면이나 어느 한 측면을 결여한 채로도 얼마든지 성립할 수 있다. 다만 나머지 두 측면이나 어느 한 측면을 결여한 윤리이념이나 윤리이론 또는 윤리철학은 그렇지 않은 것에 비해서 저급하다고 할 수 있다. 이 점은 다음 정치사상의 세 측면의 경우도 마찬가지다.

내고 제시하는 자체적 동일성의 가치'는 서로 얼마큼의 '간격'이 있을 수밖에 없다. 이런 연유에서 후자는 전자의 '근사치'일 수밖에 없으며, 사람이 철학하는 과정은 늘 유한할 수밖에 없다.

철학하는 과정을 거치면서 자체적 동일성의 가치를 드러내고 제시하는 과정을 이 글에서는 '자체적 동일성의 가치와 잘못 규정한 자체적 동일성의 가치 사이의 결합과정'(이하 '가치와 가치의 결합과정'으로 약함)이라고 하겠다. 그리고 사람이 사상하는 일과 다른 여러 일을 거치면서 자체적 동일성의 가치를 자체의 현실에 실현해가는 과정을 이 글에서는 '좀 더 자체다운 자체적 동일성의 가치와 자체의 현실 사이의 결합과정'(이하 '가치와 현실의 결합과정'으로 약함)이라고 하겠다.

2. 인간 권리와 가치의 보편성

'인권의 보편성' 여부를 묻는 질문은 일종의 '가치의 보편성' 여부를 묻는 질문이다. 하지만 이 양자는 엄밀히 구분된다. 인권의 보편성을 비판하거나 부정하는 것과 가치의 보편성을 믿는 것이 양립 가능하기 때문이고, 인권의 보편성을 옹호하거나 긍정하는 것과 가치의 보편성을 의심하는 것 역시 얼마든지 양립 가능하기 때문이다. 이 양자는 그 범주가 확실히 다르다는 점을 인권을 검토하면서 우선 염두에 둬야 한다.

21세기는 인권의 시대라고들 한다. 인권은 '단지 인간이라는 이유' 하나만으로도 '모든 인간은 존엄하다.'고 하는 점을 잘 부각시켜준다고 하면서, 근래 어디서나 인권을 부쩍 강조하고 있다. 그 이면에는 세계의 '보편적 가치'로 인권의 의미를 확장해가는 입장이 자리하고 있다. 인권이 인류 역사상의 거의 모든 문명과 종교와 철학 속에 중첩적으로 깃들어 있는 '인간 생명의 존엄성' 등의 '인간의 보편적 필요'를 담고 있다고 하면서, 이 입장은 인권의 보편성을 주장한다(Chun, 2001; 바삭 편, 1986; UNESCO 1949).

이 입장은 인권의 철학적 근거와 그 적용의 보편성을 주장하면서 여러 사회에 인권을 보편적으로 적용하려는 시도를 적극 긍정하고 옹호한다. 물론 '인권(human rights)'은 인류 정치사와 사상사에서 매우 영속적인 쟁점 가운데 하나인 '사회정의(social rightness)'의 다른 표현이라는 점에서 그 보편성을 부정하기 어렵다.5)

반대로 인권은 양차 세계대전과 인간 대량 학살이라는 잔혹한 20세기 역사 현실에서 잉태된 매우 현대적인 가치이고, 특히 전후 세계 질서를 장악한 일부 강대국의 국가 이익에 영합하는 '특수한 가치'라는 점을 지적하는 입장도 있다.6)

인간 권리에서 권리 개념은 서유럽에서조차 그 개념의 역사를 아무리 거슬러 올라가도 서기 1400년대 이전에는 그 개념이 있지도 않았고, 그만큼 근현대 서유럽 정치와 사회에서 비롯된 특수한 역사적 산물이며, 세계인권선언을 제정하여 채택한 국제연합의 등장, 탈냉전, 서유럽 중심 세계 질서의 출현 등 최근의 특수한 역사 현실 속에서 일시적으로 보편화되고 있는 듯이 보일 뿐이라는 점에서, 이 입장은 인

---

5) '권리'가 '사회정의(사회적 올바름)'의 다른 표현이고 그 근대적인 표현이라는 점에 관하여 다음 3절에서 상세히 논의하겠다. 이하 이 글에서 '사회정의'와 '사회적 올바름'을 같은 용어로 간주하고 혼용하겠다. 이제 가능한 한 우리말로 학문적 개념과 용어를 사용할 때가 되었다고 보기 때문이다.
6) 커스틴 셀라스(2003)는 인권의 역사가 곧 위선의 역사라고 고발하면서, "인권을 움직이는 보이지 않는 손", "미국은 인류 역사에서 전시뿐만 아니라 평화 시에도 인도주의의 이름으로 국제적 십자군을 자처해 힘과 이익을 모두 챙긴 첫 번째 나라였다."고 지적한다.

권의 특수성을 주장한다(Donnelly, 1989; MacIntyre, 1981).

더욱이 동아시아의 경우 휴먼 라이츠(human rights)에서 라이트(right)를 19세기 말 일본 신지식인들이 '권리(權利)'라고 번역해낸 이후 그 번역에 의해 동아시아 지성사에서 더욱 복합적인 의미 내용을 동시에 함축하고 있는 매우 구체적인 표현이라는 점에서, 동아시아에서 이 입장은 다른 지역의 이 입장과 함께하면서도 자신의 독특한 역사적 맥락에서 인권의 특수성을 강조한다.[7] 이들 입장은 모두 인권의 철학적 근거와 그 적용의 특수성을 주장하면서 인권을 보편적으로 적용하려는 시도를 부정하고 비판한다.

인권은 근현대 서유럽의 특수한 역사 경로 속에서 '사회적 올바름'을 그들 나름대로 '권리(rights, a right)'라는 개념으로 구체적으로 해석해낸 산물이며, 동아시아의 역사 경로 속에서도 그 나름대로 '권리(權利)'라는 번역어로 해석해낸 산물이라고 할 수 있다. 어떤 형태로든 '자신이 처해온 역사 현실에서 드러내고 제시해온 가치'라는 점과, 그만큼 일정하게 구체적으로 해석하고 표현해낸 의미를 분명하게 함축하고 있다는 점에서 그 특수성 역시 부정하기 어렵다.

또 일부에서는 인권이 비록 특수한 역사적 배경을 갖고 역사에 등장했다고 하더라도, 21세기에 들어선 이제 어느 누구나 그것을 중요한 가치라고 받아들일 수 있다면 세계적으로 보편화되어야 마땅하다고 주장하기도 한다.[8] 그러나 이 세 번째 입장은 그 출발이야 어찌됐든 21세기에 이르러 이제 인권은 세계 보편적 가치임에 틀림없다는 그

---

[7] 일본에서 권리 개념의 번역 과정과 그 개념이 전래되던 당시 한국과 일본에서의 권리 관념에 관한 상세한 소개는 야나부 아키라(2003)와 김봉진(2008: 100-118)을 참조 바람. 번역어라는 맥락에서 인권과 아시아적 가치에 관한 최근의 여러 논의(임홍빈, 2003)의 또 하나의 복합적 배경을 이해할 수 있을 것이다.
[8] 프리먼(2005: 29-31)은 이 입장을 포함해서 기존 논의의 흐름을 이상 세 가지 입장으로 정리한다.

보편성에 근거하고 있다는 점에서 첫 번째 입장과 크게 다를 바 없다.

또 일부에서는 인권을 더욱 최상위적으로 정당화해주는 철학적 근거에 대한 '합의 가능성'이나 '중첩 가능성', 그리고 그 철학적 근거의 '효용성' 등 인권의 철학적 근거의 '정당화 가능성'에 관하여 논의하기도 한다.[9] 그러나 이러한 인권의 철학적 근거의 정당화 가능성에 관한 논의 역시 결국 인권의 보편성과 특수성에 관한 기존 논의에 해당하고, 기존의 논의의 틀로부터 조금도 벗어나지 않는다.

왜냐하면 여기서 말하는 정당화 가능성이란, 합의 가능성에서 그 정당화 가능성을 찾는 경우에서 알아볼 수 있듯이, 결국 '인권이 현실에 합의의 형태로 결합할 수 있는 가능성'을 뜻하기 때문이다. 또한 중첩 가능성이나 효용성에서 그 정당화 가능성을 찾는 경우에서 알아볼 수 있듯이, 여기서 말하는 정당화 가능성이란 결국 '인권이 현실에 결합해가는 과정에서 비로소 그 중첩이나 효용을 확인할 수 있는 가능성'을 뜻하기 때문이다.

요컨대 인권의 철학적 근거에 관한 기존 논의 역시, 인권의 보편성과 특수성에 관한 다른 기존 논의들과 마찬가지로, '인권과 현실의 결합과정'에서 나타나는 보편성과 특수성 문제로 귀결되는 것이다. 인권이 보편 가치인가 아니면 특수 가치인가에 관한, 소위 인권의 보편성과 특수성에 관한 기존 논의는 인권이 역사 현실과 결합한 경향, 정도, 범위 등의 차이를 달리 표현한 것이라고 할 수 있다.

그렇다면 인권과 현실의 결합과정을 누락해둔 채로 단지 '인권 가

---

[9] 인권의 철학적 근거의 정당화 가능성에 관한 기존 논의를 이봉철(2001: 51-59)은 직관설, 제도설, 이익설, 추론설, 이상계약설, 필요설 등의 여섯 가지 유형으로 구분하면서, 이것들이 모두 "도덕적 본성론에 치우치"고 있다고 지적한다.
이 글의 다음 5절에서 상세히 다루겠지만, 이 글은 인권의 철학적 근거의 정당화 가능성에 관한 기존 논의를 크게 규범주의와 공리주의의 논의로 구분하고, 그에 대한 현대의 몇 가지 비판적 입장을 포함하여 기존 논의의 한계를 논할 것이다.

치가 보편적이므로 시공간적으로 보편화되어야 한다.'든가 아니면 '인권 가치는 특수한 가치에 불과하므로 그것을 다른 특수한 가치와 비교하는 기준으로 삼을 수 없다.'는 식의 주장을 제기하는 것은 단순한 동어반복에 지나지 않을 수 있다.

문제는 '인권과 현실의 결합과정'을 빼놓고서는 인권의 보편성과 특수성에 관한 논의를 조금도 진행해갈 수 없다는 점이다. 그리고 '인권과 현실의 결합과정'을 제대로 살펴보기 위해서는 무엇보다도 우선 '인권의 철학적 근거'가 구체적인 역사 현실에서 어떻게 드러나고 제시되어왔는지를 살펴봐야 하고, 구체적인 '자체가 처해온 현실에서 인권이라는 가치를 드러내고 제시해온 과정'을 살펴봐야 한다.

요컨대 '인권의 보편성과 특수성'에 관한 논의는 반드시 '인권과 역사 현실의 결합과정(가치와 현실의 결합과정)'에 관한 검토를 그 바탕으로 해서 논의되어야 하고, 이는 반드시 '근현대 역사 현실에서 인권의 철학적 근거를 도출해온 과정(가치와 가치의 결합과정)'에 관한 검토를 그 바탕으로 해서 검토되어야 한다는 것이다. 이하 이 글에서 진행할 이러한 검토는 다음과 같은 점을 아울러 확인시켜줄 것이다.

'인권의 보편성'과 '가치의 보편성', 이 양자의 범주가 확실히 다른 데에는 그 사이에 많은 것이 개재되어 있지만, 특히 사람이 철학하는 한계와 사람이 철학한 그것과 결합하는 한계가 개재되어 있다는 점이다.

3. 개인 권리와 권리의 사회성

이 절에서는 '인권과 역사 현실의 결합과정(가치와 현실의 결합과정)'에 관한 간단한 언급과 함께, 주로 '근현대 역사 현실에서 인권의 철학적 근거를 도출해온 과정(가치와 가치의 결합과정)'을 검토하겠다. '인권'으로 축약해서 흔히 사용하는 '인간 권리'의 역사가 근대 '개인 권리'에서부터 출발한다는 점을 살펴볼 것이고, 인권의 철학적 근거는 바로 '개인'으로 함축되는 '주체적인 삶'에 있다는 점을 살펴볼 것이며, 개인 권리의 권리는 개인의 주체적 삶을 위한 사회정의의 다른 표현이고 그 근대적 표현이라는 점을 살펴볼 것이다.

이런 점에서 개인 권리의 '권리'는 개인과 사회를 결합하는 성격을 지니고 있고, 이것을 '권리의 사회성'이라고 할 수 있을 것이다. 물론 권리의 사회성은 '권리의 정치성'을 그 바탕으로 한다. 근대 개인 권리의 권리가 개인과 사회를 얼마큼 결합할 수 있었던 것은 구체적으로 어떤 사회적 자격이나 지위를 놓고 끊임없이 일어난 저항/지배, 주장/허용, 쟁취/억압, 확장/제한, 요구/수용, 보유/부여, 참여/배제, 형성/제거, 불러냄(소환)/내버림(유기) 등의 여러 정치적 과정을 그 바탕으로 하고 있었기 때문이다.

그런데 이 글에서 특히 주목하고자 하는 것은 이러한 '권리의 정치성'의 심층에서 작동한 개인 권리의 철학적 근거를 도출해온 과정(가치와 가치의 결합과정)이다. 이것을 '권리의 윤리철학성' 혹은 '권리의 정치철학성'이라고 할 수 있을 것이고, 간단히 '권리의 윤리성'이라고 할 수 있을 것이다.

인권이라는 가치는 우선 핵전쟁이라는 세계대전과 유대인 학살 등과 같은 인간에 의한 인간 대량 학살이라는 비참한 역사 현실에 당면해서 당시 인류에게 가장 부득이하고 궁극적인 가치로 세계 여러 국가의 대표들에 의해 해석되고 표현되었다. 이것을 유엔총회 결의에 따라 세계인권선언(Universal Declaration of Human Rights)으로 채택하여 만국에 선포하였다.

이후 이 선언을 전문, 6장, 54조로 구성된 시민적·정치적 권리에 대한 국제규약(Covenants on Civil and Political Rights)과 전문, 5장, 29조로 구성된 경제적·사회적·문화적 권리에 대한 국제규약(Covenants on Economic, Social and Cultural Rights)이라는 두 개의 국제인권규약으로 법제화하였다.

1948년에는 선언 차원에 머물 수밖에 없었고, 1966년에 이르러서야 가까스로 그것도 두 개의 국제인권규약으로 나눠서 법제화할 수밖에 없었으며, 1976년에 가서야 비로소 발효될 수밖에 없었다는 것은, 물론 한정된 범위이기는 하지만, 한편으로 '가치와 현실의 결합과정'이 "아주 불확실하지만, 불가능하지만은 않다."는 것을 잘 보여준다.[10]

물론 이러한 '가치와 현실의 결합과정'은 어떤 형태로든 하나의 사회적 가치에서 다른 사회적 가치로의 변화과정, 즉 '가치와 가치의 결합과정'을 전제한다. 그렇다면 이 인권은 어떤 사회적 가치로부터 변화한 것일까.

아주 포괄적이고 간단하지만 세계인권선언과 국제인권규약이 유엔에서 선포되고 법제화될 수 있었던 데에는 당시 이 일을 위해 열심히 활약한 사람들의 노력 말고도 서유럽에서 '자연권(natural right)'이라는 이름으로 등장한 근대 '개인 권리의 역사'가 뒷받침하고 있었다.[11] 가

---

10) 김홍우(1992)는 '진리와 역사 사이의 결합(만남)'이 "아주 불확실하지만, 불가능하지만은 않다(very improbable, but not impossible)."는 플라톤의 언명을 인용하고, '결합'을 곧 '만남'으로 간주하면서, 레오 스트라우스(Leo Strauss)의 역사주의 비판이 "아주 불확실하다"는 데에 너무 악센트를 두고 "불가능하지 않다"는 점을 간과한다고 지적한다. 그러면서 스트라우스의 역사주의 비판에 대한 대안으로 그는 "나쁜 의미와 좋은 의미의 역사주의", "상호주관성을 상실한 닫혀진 상대주의와 열려진 상대주의", 이것들을 구분할 것을 제안한다. 적확한 지적이고 의미 있는 제안이다. 이러한 지적과 제안은 이 글의 문제의식과 무관하지 않지만, 이 글은 그것과 조금 달리 접근한다.
11) 서유럽 전통적인 '자연법' 개념에서 근대 '자연권' 개념으로의 변화의 시점과 그 변화과정에 관한 상세한 논의는 피니스(J. Finnis)와 턱(R. Tuck) 등의 기존 논의를 잘 요약해 소개한 이봉철(2001: 120-130)을 참조 바람.

까이는 1789년 프랑스의 「인간[남성]과 시민의 권리선언」, 1776년 미국의 「독립선언서」 등에서 그것의 명문화된 형식을 찾아볼 수 있지만, 인권은 그보다 훨씬 더 긴 역사를 지니고 있다.

중세를 벗어나기 시작하는 소위 르네상스 시기라는 역사 현실을 지나면서 당시 서유럽인들은 무엇보다도 자연의 억압과 가난으로부터 해방된 '물질적 자립'과 교회의 억압과 타인의 지배로부터 해방된 '정신적 자율'을 자신들의 소중한 가치로 구체적으로 해석하고 표현해냈다. 그것은 당대 서유럽인들에게 중세의 낡은 현실을 직시할 수 있도록 도와주고 새로운 현실로 개선할 수 있도록 도와주는 새 시대의 새로운 가치로 받아들여졌다.

이러한 물질적 자립과 정신적 자율이라는 새로운 가치를 데카르트 등의 여러 사상가가 '주체(subject)' 내지 '실체(substance)'[12]라는 개념으로 담아 사용하기 시작했고, 또한 이러한 '주체적인 삶'을 당대의 '좋은 삶(good life)'으로 해석하고 표현하여 그것을 '개인(individual)'이라는 말로 정립해냈다. 인권의 역사는 바로 여기서부터 출발한다.[13]

이러한 개인이 주체적으로 살아갈 수 있는 사회, 즉 '사회 구성원들 각자가 주체적 삶을 살아가는 사회'를 '좋은 사회(good society)'라고 보고, 이러한 '좋은 삶의 최소한의 조건을 이루는 사회정의(사회적 올바름)'를 바로 '신체와 재산에 관한 권리'라고 해석한 사람들은 로크

---

12) 데카르트(Descartes, 1979)의 '실체' 개념은 이후 근대 '주체' 개념과 주체 철학의 기본 골격을 이루는 것으로 판단된다. 그의 실체 개념은 "존재하기 위하여 다른 어떤 것도 필요로 하지 않으면서 존재하는 것, 그것 이외의 아무것도 아닌 것"이다(By substance, we can understand nothing else than a thing which so exists that it needs no other thing in order to exist).
13) 유럽에서 개인 개념의 성립 과정에 관한 설명은 부르크하르트(2002), 백종현(1994: 155-186), 차하순(1963: 50-74) 등을 참조 바람. 일본에서 개인 개념의 번역 과정에 관한 소개는 야나부 아키라(2003)를 참조 바람.

등의 근대 계몽사상가들이다. 근대 초기 역사 현실에서 서유럽인은 그들에게 가장 부득이하고 궁극적이며 자명한 가치인 자연권으로서 개인 권리를 '신체와 재산에 관한 권리'로 구체적으로 해석하고 표현했던 것이다.[14]

자연권으로서 개인 권리라고 할 때,[15] 여기서 '권리(right)' 개념은 영어 라이트(right)의 원래 뜻인 '오른쪽'과 '올바르다'는 뜻에 얼마큼 의존한다고도 할 수 있겠지만, 그러나 영어 라이트의 기존 뜻에다 아주 새로운 의미를 추가했다고 할 수 있는 다음과 같은 뜻을 동시에 갖는다.

권리 개념은 무엇보다도 우선 신 중심의 초월적 근거가 아닌 사람 중심의 세속적 근거에서 정당화되는 것으로서, 첫째, 개인의 주체적인 삶을 위해서는 개인적인 소유와 사회적인 지위나 자격 등에서 구체적으로 어떠어떠한 것들이 '사회적으로 올바르다.'라는 뜻과, 둘째, 사회적으로 올바르기 때문에 그 구체적인 것들이 '사회적으로 허용된다.'는 뜻과, 셋째, 사회적으로 허용되어야 함에도 불구하고 누군가가 누군가에게 허용하지 않는다면 허용받지 못한 그가 사회 앞에 허용해 달라고 그 구체적인 것들을 '사회적으로 주장할 수 있다.'는 뜻을 갖는다.

이상의 권리 개념에 관한 해석은 서유럽 근대사상사의 흐름에서 윤

---

14) 개인 권리인 자연권이 '양도할 수 없는 천부의 권리'이며 이러한 것들은 '자명하다(self-evident)'는 표현은 제퍼슨이 작성한 미국「독립선언서」에 가장 선언적으로 나타나 있다.

15) 버크(Edmund Burke)가 프랑스혁명을 비판적으로 공격한 것에 대한 응답 형식으로 1790년과 1792년에 각각 발표한 페인(Thomas Paine)의 『인간[남성]의 권리 (Rights of Man, 인권)』라는 저서 이름은 1789년 프랑스의「인간[남성]과 시민의 권리선언」에 나오는 '자연권(droit natural)'을 번역한 것이라는 점에서도 알 수 있듯이, 근대 초기 당시에 권리는 자연권으로서 개인 권리, 특히 남성 권리를 의미했다.

리적, 정치적, 법적, 사회적으로 가장 중시되었던 문제, 그 문제에 관한 여러 의도, 그 의도에 담겨 있는 여러 의미 등을 동시에 함축해온 근대 권리 개념의 역사에서 가장 핵심적이며 공통된 의미를 골라 내 나름대로 정리해본 것이다. 이렇듯 권리 개념은 그 의미하는 바가 상당히 깊고 넓다. 권리 개념은 그 윤리성과, 이것을 바탕으로 한 그 정치성과, 또 이것을 바탕으로 한 그 사회성을 동시에 함축하고 있는 것이다.

예컨대 보댕(Jean Bodin)이나 홉스(Thomas Hobbes) 등의 사상에서 볼 수 있듯이 윤리, 정치, 사회 등을 바라보는 관점을 신중심주의에서 인간중심주의로 변화시키려는 의도와 그 의미가 그것이다. 그리고 로크(John Locke)나 루소(Jean Jacques Rousseau) 등의 사상에서 볼 수 있듯이 첫째, 자연권적 자유와 자연법적 제한을 서로 조화시키려는 의도와 그 의미, 둘째, 권리와 의무를 서로 조화시키려는 의도와 그 의미, 셋째, 개인의 자기보존의 필요, 개인의 이성적 능력, 개인의 사회적 지위나 자격 등의 능력, 개인의 필요를 사회적 법적으로 허용해주는 능력, 그리고 사회정의를 서로 조화시키려는 의도와 그 의미 등이 그것이다.[16]

돌이켜보면 권리 개념에 담겨 있는 위와 같은 개념사적 의미는 '통

---

[16] 위와 같은 권리 개념의 윤리사상사와 정치사상사적인 의미, 즉 개념사적인 핵심적 의미를 바탕으로 했을 때라야만, 비로소 권한(權限), 권능(權能), 권원(權原) 등과 구분하면서 진행하고 있는 권리의 의미에 관한 다음과 같은 법학계의 기존 논의가 좀 더 체계적이면서 일관성 있게 정리될 수 있을 것이다. 첫째, 『권리를 위한 투쟁』의 저자의 저자이기도 한 예링(Jhering)이 처음으로 주장한 것으로 '법에 의해 보호되는 이익(geschütztes Interesse)'이 곧 권리라고 간주하는 이익설, 둘째, 역사학파가 주로 주장한 것으로 '법에 의해 허용된 의사의 지배 혹은 그 의사의 힘(Willensmacht)'이 곧 권리라고 간주하는 의사설, 셋째, 에넥케루스(Enneccerus)가 주장한 것으로 '(일정한 이익을 향유하도록 하기 위하여) 법에 의해 허용된 힘(Rechtsmacht)'이 곧 권리라고 간주하는 법력설 등이 그것이다. 권리에 관한 기존 법학적 논의의 간명한 소개는 곽윤직의 『민법총칙』(1979)을 참조 바람.

의(通義, 사회적으로 통하는 올바름)'라는 일본 메이지 시대 사상가 후쿠자와 유키치(福澤諭吉, 1835~1901)의 번역어 속에 훨씬 잘 반영되어 있다고 할 수 있을 것이다.17) 이처럼 권리 개념의 사상사적이고 개념사적인 측면에서도 알 수 있듯이 개인 권리에서의 권리 개념은 '사회적 올바름(사회정의)'의 다른 표현이고 그 근대적 표현이라고 할 수 있다. 이때 권리는 개인이 갖는 권리, 곧 개인 권리다.

근대 초기 개인 권리의 구체적인 의미 내용은 다음과 같다. 개인의 주체적인 삶을 위해서는 개인적인 소유와 사회적인 지위나 자격 등에서 '구체적으로 어떠어떠한 것들'이 사회적으로 올바르다, 허용된다, 주장할 수 있다고 할 때, 그 구체적인 것들은 기본적으로 다음 여섯 가지다.

첫째, 자신의 신체를 자신이 소유하는 것은 사회적으로 올바르다. 그렇기 때문에 자신의 신체를 자신이 소유하는 '신체의 권리'는 사회적으로 허용될 수 있고 주장할 수 있는 권리다.

둘째, 신체의 권리에 근거하여 자신의 의식주 욕구를 만족시키기 위해서 자신의 신체로 자신의 노동을 하는 것은 사회적으로 올바르다. 그렇기 때문에 자신의 신체로 노동하는 '노동의 권리'는 사회적으로 허용될 수 있고 주장할 수 있는 권리다.

셋째, 노동의 권리에 근거하여 자신의 노동의 결과물을 노동한 자신이 소유하는 것은 사회적으로 올바르다. 그렇기 때문에 자신의 노동의 결과물을 노동한 자신이 소유하는 '소유의 권리'는 사회적 허용될 수 있고 주장할 수 있는 권리다.

---

17) 위와 같은 권리 개념의 사상사적이고 개념사적인 핵심적 의미를 좀 더 잘 반영하는 번역어라면 '통의'와 '권리'를 동시에 함축하고 있어야 할 것이다. 그러나 만일 동시에 함축하는 번역어를 찾기 힘들다고 한다면 권리보다는 통의가 그 핵심적 의미에 가깝다고 해야 할 것이다.

넷째, 소유의 권리에 근거하여 자신의 소유로 자신의 욕구를 만족시키는 것은 사회적으로 올바르다. 그렇기 때문에 자신의 소유로 자신의 욕구를 만족시키는 '향유의 권리'는 사회적으로 허용될 수 있고 주장할 수 있는 권리다.

다섯째, 향유의 권리에 근거하여 자신이 향유한 나머지 소유를 처분하는 것은 사회적으로 올바르다. 그렇기 때문에 자신이 향유한 나머지 소유를 처분하는 '처분의 권리'는 사회적으로 허용될 수 있고 주장할 수 있는 권리다.

여섯째, 처분의 권리에 근거하여 자신이 처분하지도 않았는데 누군가 그것을 훔쳐가거나 빼앗아 가면 그를 처벌하는 것은 사회적으로 올바르다. 그렇기 때문에 자신이 처분하지도 않았는데 누군가 그것을 훔쳐가거나 빼앗아 가면 그를 처벌하는 '처벌의 권리'는 사회적으로 허용될 수 있고 주장할 수 있는 권리다.[18]

위와 같은 제반 개인 권리의 구체적인 내용, 즉 신체의 권리, 노동의 권리, 소유의 권리, 향유의 권리, 처분의 권리, 처벌의 권리 등은 사회 구성원인 개인이 주체적인 삶을 영위해가기 위해서는 그에게 사회적으로 허용되어야 하고 또 그가 주장할 수 있어야 하는 최소한의 조건이다.

근대 초기 서유럽의 역사 현실에서 '좋은 삶'은 곧 '주체적인 삶'이라고 해석하여 표현하고, 그 주체적인 삶을 위한 최소한의 사회적 조건을 이루는 방식으로서 '사회정의(사회적 올바름)'를 구체적으로 해

---

[18] 이것은 로크(1996)가 해석한 것과 그 밖의 여러 사상가의 것을 중심으로 해서 근대 초기 개인 권리의 구체적인 내용을 내가 정리해본 것이다. 여기서 말하는 노동의 권리는 단결권 등의 노동3권의 권리를 뜻하는 것이 아니라, 그것보다 근원적인 개인의 소유와 재산의 권리의 근거로서의 권리를 뜻한다. 이를테면 '재산(property)'은 자신의 노동을 근거로 해서 올바르다고 정당화되는 소유, 즉 '올바른 소유'를 뜻한다.

석하여 표현한 것이 곧 위와 같은 개인 권리의 구체적인 내용이라고 할 수 있다. 이런 점에서 위와 같은 개인 권리의 구체적인 내용은 곧 근대 초기 서유럽의 역사 현실에서 드러나고 제시되어온 '사회정의'의 다른 표현이며 그 근대적인 표현이라고 할 수 있다.

이상의 여러 권리 가운데 신체의 권리를 제외한, 노동의 권리, 소유의 권리, 향유의 권리, 처분의 권리, 처벌의 권리 등은 모두 '재산에 관한 권리'다. '신체와 재산에 관한 권리'로 요약되는 위와 같은 개인 권리의 구체적인 내용은 근대 정치적 가치의 대명사처럼 일컫는 '자유'의 구체적인 내용이기도 하다. 근대 초기 자유의 구체적인 의미 내용이란 다름 아닌 위에 열거한 권리들을 뜻했다. 사회주의적 평등 개념이 등장하기 이전 근대 초기 평등 역시 위와 같은 개인 권리의 구체적인 내용에 대한 평등과 그 구체적인 내용 앞에서의 평등을 뜻했다.[19] 요컨대 '신체와 재산에 관한 권리'로 요약되는 이상의 여섯 가지 개인 권리의 구체적인 내용은 개인이 주체적인 삶을 영위해가기 위한 최소한의 조건이라는 것이다. 이것을 '제1기 권리'라고 한다.

4. 개인 권리와 인간 권리

이 절에서는 개인 권리에서 인간 권리로의 변형 과정을 검토하겠다. 이것을 네 시기로 구분하여 앞서 살펴본 제1기 권리에서 최근 제4기 권리로의 변화과정을 살펴볼 것이다. 제1기 권리에서 제2기 권리

---

19) 이런 점에서 지금도 '권리'는 곧잘 '자유'와 동의어로 사용되기도 한다. 1941년 1월 6일 프랭클린 루즈벨트가 미 의회에 보낸 연두교서에서 밝혔듯이 그는 "자유가 최고의 인권을 의미한다."고 보았다. 프리드릭(1977) 역시 자유와 인권을 동의어로 사용한다.

로 변화하는 시기는 영국 산업혁명기로부터 시작한다. 영국 산업혁명, 미국독립전쟁, 프랑스혁명 및 나폴레옹전쟁, 그리고 이탈리아, 미국, 독일 등의 후발 통일국가가 등장하여 새로운 강대국으로 부상하던 시기, 대략 1770년대부터 1890년대에 이르는 시기다.

이 시기에 '정치에 참여할 권리(참정권)'로서 '선거권'을 확대하려는 여러 운동과 사건이 격렬하게 일어난다. 대표적으로 1830년 프랑스 7월혁명, 1832년 영국 제1차 선거법 개정, 1836~1848년 영국 차티스트운동, 1848년 프랑스 2월혁명 등이 그것이다.

이 시기 산업화로 말미암아 산업 노동자가 많아지고 노동운동이 조직화되던 서유럽의 역사 현실에서, 자본가든 노동자든 서유럽인들은 그들에게 가장 부득이하고 궁극적이며 자명한 가치 가운데 하나로 '정치에 참여할 권리'라고 하는 '정치적 권리'를 새롭게 해석하여 그것을 '신체와 재산에 관한 권리'에다가 추가하였고 '개인'의 자율적인 삶을 위한 '의미 있는 확장'을 이루어냈던 것이다. 이것을 '제2기 권리'라고 한다.

제2기 권리에서 제3기 권리로 변화는 1890년대부터 소비에트연방이 해체되던 1991년에 이르는 시기에 이루어진다. 복지국가 모델을 지향하는 미국은 물론 반제국주의 국가를 건설하는 소련도 경제공황으로 인한 '결핍으로부터 자유'와 전쟁으로 인한 '공포로부터 자유'를 그 골격으로 하는 '국가로부터 일자리, 교육, 의료 등의 제반 복지 혜택을 받을 권리'라고 하는 '사회적 권리'를 추가하기에 이른다.[20]

서유럽 열강들의 경쟁적인 제국주의의 발호, 주기적이고 광범위하

---

[20] 표현과 신앙의 자유, 궁핍과 공포로부터 자유 등 이상 "네 가지 자유가 바로 선 세상을 만들기 위해 싸우고 있다."고 미국의 제2차 세계대전 개입을 미 국민에게 설명한 1941년 1월 6일 프랭클린 루즈벨트 대통령의 연두교서 및 당시의 뉴딜 정책, 그리고 구소련의 헌법이나 북한의 헌법 등을 참조 바람.

며 심각한 경제공황의 발생, 전 세계적 범위에서의 두 차례에 걸친 세계대전 등이 이 시기 주된 사건들이다. 이 역사 현실에서 '사회적 권리'를 새롭게 해석하여 그것을 제1기와 제2기 권리에다 추가하였다. 이것을 '제3기 권리'라고 한다.

이 '사회적 권리'는, 앞선 '정치적 권리'와 달리, 전적으로 "정부의 도움이 있어야만 얻을 수 있는 것"(프리드릭, 1977: 13)이라는 점을 주목할 필요가 있다.[21] 정부의 도움이 있어야만 얻을 수 있는 권리는 엄밀히 말해서 더 이상 주체적인 삶의 최소한의 조건이라고 할 수 없을 것이다. 당초 물질과 경제 측면에서 자립적으로 살아간다는 의미에서, 그리고 정신과 정치 측면에서 자율적으로 살아간다는 의미에서 소위 '주체적 개인'이라고 했다. 그 개인의 주체적 삶의 최소한의 조건이라는 의미에서 소위 '개인의 권리'라고 했다. 그러나 주체적 개인을 위한 그 사회적 권리가 실상은 '정부의 도움이 있어야만 얻을 수 있는 것', 그래서 비자립적이고 비자율적이며 비주체적인 방식으로 얻을 수 있는 것이라고 한다면 그것은 명백한 자기모순이다.

'정부의 도움이 있어야만 얻을 수 있는 사회적 권리'를 한편으로 사회적으로 허용해달라고 하고 다른 한편으로 그것을 사회적으로 주장하는 삶을, 또 그렇게 하지 않으면 제대로 살아갈 수 없다고 스스로 인정하는 삶을 더 이상 '주체적인 삶'이라고 할 수 없을 것이다. 여기에는 분명히 '인간 권리의 확장'과 함께 '인간 욕구의 확장'이 그 배경에 깔려 있으며, 무엇보다도 '인간 노동의 축소'가 그 저변에 자리 잡고 있는 것으로 보인다.

노동 축소의 단면은 제3기 이후, 노동과 실업, 정규 노동과 비정규

---

21) 권영성(1979: 289)은 이것을 "각자가 인간다운 생존을 할 수 있도록 국가의 배려를 요구할 수 있는 권리"라는 문구로 설명하고 있다.

노동, 비정규 노동과 시급 잡직 알바를 포함하는 여러 형태의 실업 등에서도 읽어볼 수 있다. 이러한 여러 형태의 실업이 곧 '기술 발달'과 그것을 촉진하는 '자본 확장'으로부터 기인하고 있는 것으로 해석할 수도 있을 것이다.[22]

그러나 무엇보다도 이러한 노동 축소의 단면을 사람이 관여하는 일 가운데서 특히 철학하는 일이 전면 위축되거나 폐기되어버린 듯이 보이는 우리 자신 각자의 노동의 현실, 삶의 현실, 그리고 우리 모두의 역사 현실, 그 어디에서나 쉽게 확인할 수 있다면, 이것은 분명히 기술 발달과 자본 확장의 저변에서 작동하면서 그것보다 더욱 근원적인 차원의 문제라고 할 수 있을 것이다.

자본에 보탬이 되는 '노동 축소형 기술'이 '생산성 향상을 위한 기술'임과 동시에 '보다 진보한 기술'로 거의 무조건적으로 대접받는 것이 오늘의 현실이다. 그것이 이렇게 '거의 무조건적으로' 대접받는 이러한 현실의 저변에는, 기술과 자본 말고도 오히려 기술과 자본을 제쳐놓고도, 그것을 명시적으로 대접하거나 암묵적으로 동조한 무수한 지식인, 전문가, 거의 모든 계급의 사람들과 이들이 관여하는 일들이 자리하고 있다.

이것은 마치 유대인 집단 학살이 당시 히틀러와 나치 세력 앞에서 침묵한 무수한 동조자들의 자기 기만적이고도 거의 무조건적인 동조에 의해 가능했던 것과 같다. 요컨대 '근대 개인의 주체적 성격'이 완전히 변형되어버리고 왜곡되어버린 노동 축소의 배경과 저변에는 바

---

[22] '기술 발달'이 곧 노동 해방과 정반대 방향의 '실업 양산'을 초래한다는 진단은 19세기 초 영국의 기계파괴운동에서부터 그동안 칼 맑스를 거쳐 최근 제러미 리프킨에 이르기까지 참 많은 사람에 의해 오랫동안 적시되어왔다. 리프킨 (2005: 65)에 따르면, "향후 30년 이내에 세계 전체 수요에 필요한 모든 재화를 생산하는 데 있어서 현 세계 노동력의 단지 2퍼센트만 필요하게 될 것이다."고 한다.

로 '근대 개인 노동의 주체적 성격'의 변형 내지 폐기가 자리하고 있다고 할 수 있을 것이다.

사실 '근대 개인 노동의 주체적 성격'이야말로 '신분 논리의 중세사회'와 '노동 논리의 근대사회'의 차이점을 확연하게 설명해줄 수 있었던 핵심적 근거였다. 그럼에도 불구하고 이처럼 정부의 도움이 있어야만 얻을 수 있는 사회적 권리를 개인의 주체적인 삶보다 더욱 중시하기에 이르렀다는 것은 노동하는 과정에 실현해가는 '좋은 삶'으로서 '개인의 삶'을 더 이상 소중하게 받아들이지 않는다는 것을 뜻하고, 사회적 권리의 몇 개 항목에다가 노동하는 개인의 주체적인 삶을 양도해버렸다는 것을 뜻하며, '주체적으로 노동하는 욕구'를 기술과 자본의 먹음직스런 몇 개 열매나 '경쟁적으로 소비하는 욕구'와 맞바꿨다는 것을 뜻하고, 결국 개인의 주체적인 삶을 포기하기에 이르렀다는 것을 뜻한다.

이 점에서 제3기 권리는 앞선 제1기와 제2기 권리에 추가된 것이 아니라 '수정된 변형'이라고 해야 할 것이다. 이 지점에서 제3기 권리를 더 이상 '개인'의 권리가 아니라 '인간'의 권리라고 명명해야 하는 이유를 찾을 수 있을 것이다.[23] '개인'이라는 구체적으로 자득한 삶의

---

23) 이렇게 놓고 보았을 때, 앞서 논의한 세계인권선언과 국제인권규약은 집단적 연대권을 제외하고 이상의 제1기, 제2기, 제3기 등의 제반 권리를 간략하게 모아놓은 것이라고 할 수 있다. 그리고 소위 카렐 바삭(Karel Vasak)의 '인권 3세대론'이라는 것도 세계인권선언의 내용에서 크게 벗어나지 않는다.
권영성(1979: 307-313)은 자유권, 수익권, 참정권 등의 셋으로 기본권을 분류하는 엘리네크(G. Jellinek)의 3분법이나 그 밖의 4분법, 5분법, 6분법 등의 기본권에 관한 기존 여러 분류법에 관하여 설명하면서, 권리란 "특정의 역사적 단계와 특정의 국가 내에서 그 가치나 이익을 둘러싼" 정치적 대항 관계에 의해서 결정되므로 "학문상의 기본권 분류가 먼저고 그것에 대응하는 것으로 어떠어떠한 인권 규정이 존재하고 있는 것과 같은 해석론은 인권론의 자유로운 전개를 위해서 지양되어야 한다."고 지적한다. 이 글은 특정의 역사 사회적 단계에서 특정

가치와 비전으로부터, 조금 달리 말해서 '좋은 삶'에 관한 근대 서유럽인 자신들의 구체적인 해석과 표현으로부터 '인간'이라는 막연한 보통명사로의 전환이야말로 '근대'와 '현대'를 가르는 분기점이라고 할 수 있을 것이다.[24]

최근 '인권 논의'에서 혼란을 가중시키고 있는 문제의 핵심은 '근대 개인'의 의미 내용이 구체적이고 분명한 반면, '현대 인간'의 의미 내용은 "단지 인간이라는 이유" 말고는 아직까지 뚜렷하게 없다는 점이다. 굳이 그 의미를 덧붙인다면 '상호 의존적 삶'을 살아가는 '인간'이라고 해둬야 할 것이다.[25]

의 정치적 대항 관계에 의해 결정되는 권리의 내용을 좀 더 구체적으로 분석한다. 이 분석을 통해 제1기, 제2기와 달리 제3기에 이르러서 노동 축소와 함께 그 정치의 모습이 어떻게 변형되고 위축되어왔는가를 밝힌다.

[24] 근대와 현대를 가르는 분기점과 그 분기의 원인에 관하여 그동안 여러 측면에서 논의되어왔다. 예컨대 이성에 대해 신뢰하는 양상의 변화라든가, 기술의 변화 등이 그것이다. 이 글은 근대 서유럽 사회의 핵심적 가치인 '개인' 가치의 변형, 즉 개인이라는 구체적인 가치로부터 인간이라는 막연한 보통명사로의 변형에서 그 분기점과 그 분기의 원인을 찾는다.

[25] 안옥선(2008: 5-10)은 인간이 존엄하고 만물 영장이라는 이유, 그래서 "단지 인간이라는 이유"에서 찾고 있는 현재 인권의 근거는 결국 "인간 종의 자기 격려적이고 자아도취적인 선언에 불과한지도 모른다."고 지적하면서, '상호 의존적인 삶'을 살아가는 '인간'은 "온 존재를 보살필 수 있는" 인간이라는 점에서 "현재의 제1, 2, 3세대 인권을 넘어선" "제4의 온 존재 배려적 인권"의 근거를 찾을 수 있다고 한다.

그녀의 주장은 불교 관점에서 인권을 재해석해내고 있다는 점에서 매우 흥미롭다. 그러나 인간 종을 넘어선 동물 중심주의(animocentrism), 혹은 동물을 넘어선 생물 중심주의(biocentrism), 혹은 생물을 넘어선 생태 중심주의(ecocentrism) 등을 거론하면서 소위 '인간 중심 가치와 윤리(values and ethics of anthropocentrism)'를 비판하는 현대 제반 논의와 함께, 이 주장 역시 결국 인간 자신들이 신봉한다는 황금률을 인간계를 넘어서서 생태계에 이르기까지 확장할 수 있을 것이라는 인간 스스로의 "자기 격려적이고 자아도취적인 선언에 불과한지도 모른다." 거기에는 '가치와 가치의 결합과정'과 '가치와 현실의 결합과정' 모두가 전혀 고려되지 않고 있기 때문이다. 박이문(1996; 1997)은 생태 중심주의 입장에서 인간 중심 가치와 윤리를 비판한다.

게다가 소련 해체 이후 지역경제공동체 및 FTA의 증가와 그에 따르는 자유무역의 활성화 등을 지구화로 규정하고 있는 신자유주의(헬드 외, 2002; 베일리스 외, 2006)와 그것을 국정 기조로 채택하고 있는 일부 국가가 '인권 개입'의 외교정책선상에서 '인권'을 강조하고 있어서 인권 논의에 더욱 혼란을 가중시켜놓고 있다.

'제4기 권리'라고 명명해야 할 지구화의 신자유주의에서 말하는 권리는 '세계적 권리'다. 1990년대 이후 현재에 이르는 이 시기에 신자유주의에 의해 새롭게 제시된 이 세계적 권리는 테러와 독재의 공포로부터 해방을 뜻하는 '인간의 신체적 권리'와 단일한 시장으로 지구화하고 있다는 세계시장에서 누구나 자유롭게 공급하고 소비할 수 있는 '인간의 경제적 권리'다.

이 새로운 제4기 권리는 이전의 제2기와 제3기 권리인 정치적 권리와 사회적 권리의 전면적 삭감 내지 대폭적 수정을 요구한다. 서로 정면으로 충돌하기 때문이다. 가령 제3기 사회적 권리는 시장 규제, 주권 행사 등의 강력한 정부의 역할을 전제함으로써 그 존립과 실현이 가능하다. 그러나 제4기 세계적 권리는 정부가 시행해온 각종 규제를 철폐하고 국가주권의 약화를 전제함으로써 그 존립과 실현이 가능하다.

제2기 정치적 권리는 개인이 직접 선출한 대표에게 정치적 결정을 위임하거나 때로 개인이 직접 정치적 결정에 참여하는 것을 전제함으로써 그 존립과 실현이 가능한 권리다. 그러나 제4기 세계적 권리는 지구화로 말미암아 세계 질서가 시민들이 거의 통제할 수 없는 경제적 힘에 의해 결정되고 있다는 점을 전제하거나 일단 인정한다. 그리고 이 경제적 힘을, 설령 개인이 직접 선출하는 방식이 아니라고 하더라도, 어떻게 해서든 세계적 수준에서 결성되는 정치 공동체의 정치적 힘으로 통제해야 한다는 것을 전제함으로써 그 존립과 실현이 가능한 권리다.[26]

신자유주의는 시장의 지구화를 주장하면서도 '자율적인 삶'과 '주체적인 삶'을 여전히 지켜야 한다는 표면적인 목소리만은 높인다. 그러나 다른 한편으로 소위 지구화하고 있다고 하는 세계시장에서 제4기 세계적 권리로 규정한 '인권'을 실현해가는 데에 '주권'이 걸림돌이 된다고 해서, 신자유주의는 국가 구성원인 개인들의 자치 능력을 전제하고 있는 국가의 주권을 약화시켜가야 한다고 주장한다.

물론 이때 주권은, 국민들 전체의 주권이라는 의미에서의 '국가의 주권'이 아니라, 국민들 가운데 소수 지배 집단의 주권이라는 의미에서의 '정부의 주권'이라고 변호할 수도 있을 것이다. 그러나 이러한 변호는 그들 주장의 입지를 더욱 축소시켜놓을 뿐이다. 어떤 형태의 정부든 그것은 당해 국민들의 자치 능력의 산물이기 때문이다. 결국 신자유주의가 의미하는 인권은 '개인들의 자치 능력'을 근원적으로 부인하고 있는 셈이고, 자신들의 자치 능력으로 살아가고 자율적이며 주체적으로 살아가는 '개인의 삶'을 정면 부인하고 있는 셈이다.

따라서 신자유주의가 지구화를 주장하면서 동시에 개인의 자율적인 삶과 주체적인 삶이 여전히 지켜져야 한다고 강조하는 것은 논리적으로나 실천적으로 자기모순이며 한갓 명목적 구호에 불과할 뿐이다. 주권의 약화를 요구한다는 것은 개인들의 자치 능력을 근원적으로 부인하고 개인의 삶을 정면 부인하고 있음을 뜻하는 것에 지나지 않는다. 주권의 약화와 제2기와 제3기 권리의 삭감 내지 수정을 계속 요구하는 한, '좋은 삶'으로 묘사되는 개인의 '주체적인 삶'은 그 속이

---

26) 최근에 권리가 충돌하는 경우는 이 밖에도 수없이 많다. 이를테면 표현의 권리와 사생활 및 사유재산을 침해당하지 않을 권리, 자국민 노동과 외국인 노동, 자본과 노동, 자본과 소비, 일자리를 가진 소수 노동자와 일자리를 잃은 다수 실업자, 여성 고용 할당제와 양성평등, 낙태와 산모 건강, 생산성 향상과 고용 안정, 개발과 보존 등이 그것이다. 이에 관한 자세한 논의는 인권의 체계성과 일관성에 관한 이론적 논의에 속하기 때문에 여기서 줄인다.

텅 비어 있는 허울에 불과하다고 할 수 있다. 이렇게 현대 제4기 권리 역시 제3기 권리와 마찬가지로 근대 제1기와 제2기 권리의 '수정된 변형'이다.

요컨대 근대 제1기와 제2기의 권리와 달리 현대 제3기와 제4기의 권리는 '좋은 삶'에 관한 분명한 비전에 의해 뒷받침되어 있지 않다. 제3기와 제4기의 권리는 좋은 삶에 관한 새로운 비전을 적기에 정립하지 못한 채, 그 권리 내용을 제1기와 제2기의 권리 내용과 다르게 그리고 때로 그것과 상충되게 해석함으로써 거꾸로 당초 '좋은 삶'이라고 자명하게 인정해왔던 '개인'의 '주체적인 삶'을 심각하게 변형시키고 결국 포기하기에 이른 것이다.

여기서 '주체적인 삶'이 곧 '좋은 삶'이라는 의미를 함축하고 있는 '개인'이라는 가치 역시 그동안 수없이 명멸해온 다른 시대적 가치와 마찬가지로 역사 현실과 얼마큼 결합하다가도 언제든지 그 결합을 잃을 수 있다는 점 또한 확인할 수 있다. 가치와 현실의 결합이 "아주 불확실하지만 불가능하지만은 않다."는 점과, 그와 반대로 '불가능하지만은 않지만 필연적이지만도 않다.'는 점을 확인할 수 있다.

이렇게 놓고 보았을 때, 개인 개념이나 개인주의를 중심으로 해서 역사를 기술하는 대부분의 사가가 역사를 마치 개인이라는 가치의 팽창사인 것처럼 간주하면서 단선적으로 역사를 이해하는 경우가 많은데, 그러한 이해는 삶과 역사 현실을 오히려 왜곡하기 쉽다고 할 수 있겠다.[27]

---

[27] 예컨대 알랭 로랑(2001)은 서유럽 개인주의 역사를 소크라테스에서 몽테뉴에 이르기까지 오랜 준비 과정을 거쳐서, 17~18세기에 개인은 자신의 자율성과 독립성에 의거해서 자신을 자유롭게 사용할 수 있는 권리를 정당화시키고, 19세기 초부터 일반적이던 개인의 범주를 극복하고 실질적인 해방을 시도하기 시작한다고 기술한다. 이러한 이해는 개인과 개인주의의 역사에 관한 다음과 같은 사전류의 기술에도 그 기저에 깔려 있다. "Types of Individualism", in *Dictionary*

5. 인간 권리와 사회정의론

인간 권리의 전신인 개인 권리가 사회적 올바름의 다른 표현이고 그 근대적 표현이라는 점에서, '사회적 올바름(社會正義)'에 관한 기존 논의, 즉 사회정의론은 인권에 관한 기존 논의에다 매우 중요한 철학적 근거를 제공하고 있다고 할 수 있다. 롤즈를 비롯한 많은 학인이 사회적 올바름에 관한 기존 논의의 지형을 법칙론이라고도 하는 '규범주의'와 목적론이라고도 하는 '공리주의'로 대별하여 유형화한다.[28]

규범주의는 칸트 철학의 유산을 이어받아 '올바름의 법칙'을 강조한다. 공리주의는 밀 철학의 유산을 이어받아 '효용의 원칙'을 강조한다. 전자는 '올바름 가치의 우선성'을 주장하고 후자는 이로움이라는 '효용 가치의 우선성'을 주장한다. 그리고 여기서 '이로움'은 곧 '좋음'으로 간주된다.

양자 모두 이성과 합리성을 중시한다는 점에서 같아 보이지만, 이성과 합리성의 의미가 서로 다르다. 규범주의에서 말하는 '이성'이 감성의 욕구를 극복하는 능력이며 올바름의 법칙을 자율적으로 규정하는 능력이라면, '합리성'은 이러한 이성에 의해 규정한 올바름의 법칙과 결합하는 방식이다. 공리주의에서 말하는 '이성'이 감성의 욕구 만족을 위한 수단을 탐색하는 능력이며 욕구 대상으로 다가가는 방도를 발견하는 능력이라면, '합리성'은 욕구 만족을 극대화할 수 있는 효용의 원칙과 결합하는 방식이다.

사회적 올바름을 정당화하는 최상위적 근거를 어쨌거나 인간을 초월하는 '신의 뜻(神意)'이나 '하늘의 명령(天命)' 등과 같은 어떤 형이

---

of the History of Ideas Vol. II, 1978: 594-604.
28) 이 양자에 관한 간명한 설명은 황경식(1985)을 참조 바람.

상학적인 절대적 근거가 아니라 '인간 자신'에게서 찾아야 한다는 점에서 이 두 입장은 같다. 그러면서 규범주의는 '이성적 명령'의 합리성을 잘 반영한다는 '합의 가치'를 강조하고, 공리주의는 '감성적 욕구'의 합리성을 잘 반영한다는 '효용 가치'를 강조한다.

칸트에 따르면 인간은 이원적으로 이해된다. 선험적 자아와 경험적 자아가 그것이다. 선험적 자아가 필연적인 인과성의 제약으로부터 벗어나 있다면, 경험적 자아는 인과적 필연의 세계에 있고 물질적 이로움을 추구한다. 따라서 여러 사람이 공유할 수 있는 사회적 올바름의 가치는 선험적 자아의 영역으로부터 자율적으로 규정하고 도출해야 한다고 한다. 물론 이러한 견해에 대한 비판 역시 만만찮다.

데리다(Jacques Derrida)나 로티(Richard Rorty) 등의 현대 해체주의가 이러한 규범주의에 대해서 다양성과 타자성을 폭력적으로 획일화시켜 버리는 이성과 논리 중심의 동일성 철학의 전형이라고 비판한다. 다양성, 감성, 심미성 등을 회복하면서 개인 권리를 실현하기 위해서는 기존 동일성 철학의 기반을 '해체(deconstruction)'시켜야 한다는 것이다. 근대 규범주의의 합의-계약적 전통을 잇고 있는 롤즈(John Rawls)와 하버마스(Jürgen Habermas) 등의 현대 규범주의는 근대의 사회적 올바름이 많이 노후화하였으므로 '중첩적 합의'나 '담론적 합의'를 거쳐서 새로운 '사회적 올바름'을 '재구성(reconstruction)'해야 한다고 주장한다.

그러나 규범주의나 공리주의가 논의해온 기본 틀이 변화한 것은 아니다. 현대 해체주의와 현대 규범주의 역시도 감성과 이성, 육체와 정신이라고 하는 이원적 인간관의 기본 틀 안에서 그들의 논의를 진행하고 있다. 근현대 규범주의에서 말하는 선험적 자아 내지 이성에 의해 규정되고 도출된 '사회적 올바름의 가치'가 인간의 경험과는 아무런 결합이 없는 공허한 것일 수 있듯이, 근대 공리주의와 현대 해체주의에서 말하는 감성 내지 심미를 회복하여 찾아 나선 '사회적 효용 극대화의 가치'가 사회 속에 제대로 결합할 수 없을 만큼 맹목일 수 있는 것이다.

한 가지 흥미로운 점은 규범주의에서나 공리주의에서도 '사회적 올바름'의 전제 조건 내지 여건을 거의 비슷하게 '물질적 결핍'이라든가 인간 내면의 '주관적 이기심' 등으로 지적하고 있다는 점이다. 여기서 물질적 결핍과 인간 이기심은 '인간의 협동(인간의 결합)'을 가능하게 하고 또 필요하게 하는 물질적인 전제 조건과 주관적인 여건을 말하는데, 물질이 부족한 현실에서 이기심으로 가득한 인간들 사이에서 불가피하게 발생하는 불균형이나 모순을 해소하기 위해서 '사회적 올바름'의 기준이 부득이하게 필요하게 된다는 것이다.

그러나 역사 현실 속에서 인간에게 가장 부득이하고 궁극적이며 자명한 가치 가운데 하나로 요청되는 것이 바로 '사회적 올바름'이라고는 하지만, 그러나 그러한 물질적인 전제 조건과 주관적 여건으로서의 역사 현실은 지금의 구체적인 역사 현실과 너무도 많이 동떨어져 있을 수 있다. 그렇게 추상된 현실과 전혀 다르게 펼쳐지고 있는 지금 우리의 구체적인 현실을 봐도 그렇다. 비근한 예로 엄청난 분량의 먹을거리를 그것도 천문학적인 돈을 써가면서 쓰레기로 파묻고 있는 지금의 현실은 그렇게 추상된 현실과 전혀 다른 현실이다. 따라서 그렇게 너무도 추상된 역사 현실로부터 도출해간다는 사회적 올바름 역시도 끊임없이 변화하는 현실과 격리될 수밖에 없고 그만큼 추상성이 높을 수밖에 없다.

이러한 근현대 규범주의를 비판하는 매킨타이어(Alasdair MacIntyre)와 테일러(Charles Taylor) 등의 현대 공동체주의는 개인 권리의 지나친 강조와 그 결과로 생기게 된 개인주의와 공동체 붕괴를 문제시하면서 개인이 원래 서 있기도 하고 또한 '사회적 올바름'의 구체적인 내용을 담지하고도 있는 전통과 공동체를 '복구(retrieval)'해야 한다고 주장한다. 기존 규범주의나 공리주의와 달리 전통과 공동체 속에 '이미 결합되어 있는' 의미 지평과의 대화를 통해 인간에게 가장 부득이하고 궁극적인 가치 가운데 하나로 요청되는 사회적 올바름을 찾을 수 있다고 한다.

그러나 그들이 말하는 '이미 결합되어 있다고 하는 전통과 공동체의 역사 현실'은 한국의 경우처럼 식민지와 분단과 분열을 거듭 반복하면서 심각하게 손상된 전통이나 공동체의 역사 현실과는 너무도 동떨어진 현실이다. 이와 같이 전통적 가치 속에 인간에게 가장 부득이하고 궁극적이며 자명한 가치가 '이미 결합되어 있다.'거나, 심지어 어떤 공동체 속에 이러한 가치가 '이미 결합되어 있다.'고 전제하거나 간주해버린 점은 현대 공동체주의의 결정적인 오류다.

그들이 말하는 전통에는 '가치와 가치의 결합과정'을 위한 개념적 장치부터 결여돼 있고, 그들이 말하는 공동체에는 '가치와 현실의 결합과정'을 근원적으로 검토하고 새롭게 시도할 수 있는 개념적 장치가 아예 폐쇄돼 있다. 결합되어 있다고 전제할 수 없는 것을 마치 결합되어 있는 것처럼 함부로 전제해버리는 바로 이 오류야말로 그들의 주장이 결국 전체주의, 보수주의, 역사주의, 상대주의, 회의주의로 귀결될 수밖에 없는 진원지이다.

그러나 이와 같은 공동체주의의 치명적인 오류를 일단 제외해놓고 본다면, 공동체와 전통을 권리라는 사회적 올바름의 '원천(source)'으로 간주해야 한다든가 사회적 올바름의 '내용(content)' 면에서 권리보다는 공동선(common good)에다가 더 많은 비중을 둬야 한다는 공동체주의의 주장을 귀담아둘 필요가 있다.29)

---

29) 이 두 입장 외에 공동체와 전통이 권리를 '대체(replace)'해야 한다고 보는 입장을 포함해서, 공동체주의 내부의 세 가지 입장에 관한 간명한 설명은 킴리카(2006: 제6장)를 참조 바람.

그 이유의 하나는 '올바름'이 '이로움'과 맞서기만 하는 것이 아니라 그 원천으로서 '좋음'에 의해 뒷받침받을 수 있을 수 있다는 점을 얼마큼 설명해주고 있기 때문이다.

그 이유의 다른 하나는 '좋음'과 '올바름'은 상호 목적적으로 서로 도와주고 기대기도 하지만 그렇지 않을 수도 있다는 점을 얼마큼 설명해주고 있기 때문이다. 제1, 2기의 권리처럼 '좋음'(개인)과 '올바름'(권리)이 상호 목적적으로 서로 도와주고 기대기도 하지만, 제3, 4기의 권리처럼 '의미 내용이 불분명한 좋음'(인간)과 '올바름'(권리)은 전혀 그렇지 않다는 점을 얼마큼 설명해준다.

그 이유의 나머지 하나는 '한 사람 수준의 좋음', '한 집단 수준의 좋음', '한 국가 수준의 좋음', 이들 사이의 내적 연관의 문제를 잘 제기하고 있기 때문이다. 이 문제와 관련하여 다음 몇 가지를 확인해둘 필요가 있다.

첫째, 제1, 2기 권리를 뒷받침해온 '개인'은 '좋은 삶'이기는 하지만 그것이 곧 '사회적 좋음'이라고 할 수는 없다는 점이다.

둘째, 그렇다면 제1, 2기의 근대에도 '좋은 삶'과 '사회적 좋음' 사이의 내적 연관을 '결합'이든 아니면 '괴리'든 어떤 형태로든 가졌을 것이라는 점이다. 바로 이 점이 공동체주의자들이 말하는 것처럼 서유럽의 전통과 공동체 속에 담겨 있던 '사회적 좋음(공동선)'이 '좋은 삶(개인선)'을 뒷받침해왔다고 주장하는 근거다. 근대 서유럽 사회에서 '사회적 좋음'과 '좋은 삶' 사이의 내적 결합이 지속되어온 시기에 한해서, 이 시기에 '사회적 올바름'(제1, 2기 권리) 위에 기초한 제반 법률과 제도 등의 사회구조가 얼마큼 순탄하게 기능할 수 있었다는 것이다.

셋째, 그러나 공동체주의도 이 점에서 예외가 아니지만, 만일 이 문제를 근대 서유럽 정치철학에서 전통적으로 다뤄온 것처럼 '좋은 삶을 '사적 좋음'(혹은 '개인선')이라고 하고 '사회적 좋음'이나 '국가적 좋음'을 '공적 좋음'(혹은 '공동선')이라고 하면서 이 양자 사이의 균형 내지 모순의 문제로 다루고 만다면, 또 그렇게 다룰 수밖에 없다고 한다면, 이 절의 처음에 다룬 공리주의와 규범주의 사이에 가로놓여 왔던 사회적 올바름에 관한 오래된 문제, 즉 '효용 가치'와 '합의 가치'의 문제로 되돌아가고 만다는 점이다.

공동체주의 역시 결국 '개체와 전체 사이에 놓인 문제'로 대변되는 위와 같은 함정으로부터 결코 자유로울 수 없는 까닭은 앞서 지적해 둔 그들의 오류에서부터 비롯된다. 결합되어 있다고 전제할 수 없는 것을 마치 결합되어 있는 것처럼 함부로 전제해버리는 오류가 그것이다.[30] 개체든 전체든, 전통이든 공동체든, 그 어느 것도 이미 결합되어 있다고 함부로 전제할 수 없다. 모든 것은 끊임없이 변화한다.

그렇다면 어떻게 해야 철학하는 일을 해가면서 좀 더 자체다운 자체적 동일성의 가치를 드러내고 제시하고 있는지의 여부를 제대로 검토할 수 있겠는가. 달리 말해서 어떻게 하면 '가치와 가치의 결합과정'을 제대로 확인할 수 있을 것인가. 다음과 같이 '좋음과 올바름과 이로움 사이의 내적 연관'을 검토함으로써 그것을 확인할 수 있을 것이다.

---

30) 민족, 민족성, 계급, 계급성, 문명, 언어나 지식의 의사소통, 시간, 관습, 인간의 본성 등에서의 결합에 관한 제반 가정을 포함하여 가정할 수도 없고 또 가정해서도 안 되는 결합과 일치로부터 그 밖의 다른 모든 불일치를 증명하는 오류를 '잘못 가정된 일치의 오류(the fallacy of assumed unification)'라고 하는 논증에 관한 것은 김병욱(2008: 243-278)을 참조 바람.

6. 인간 권리와 좋은 인간

지난 민주화 과정은 물론 최근에도 한국에서 '인권'은 여전히 실정법 내지 현행법의 정당성 여부를 판가름할 수 있게 해주고, 법과 법치에 대한 헌신과 충성을 유지할 수 있게 해주며, 법과 법치의 실현 정도를 가늠할 수 있게 해주는 일종의 메타-법의 역할을 잘 감당하고 있는 것처럼 보인다.[31] 이런 점에서 한국의 현실에서 인권은 여전히 소중하다고 할 수 있다.

그러나 과거 '신의 뜻〔神意〕', '자연법〔自然法〕', '하늘의 명령〔天命〕', '하늘의 이치〔天理〕' 등과 같은 여러 메타-법의 운명이 그랬듯이 어떤 메타-법이 한 사회 속에서 자신의 역할을 얼마 동안 잘 감당하다가도 어느 때가 지나면 더 이상 자명한 것으로 받아들여지지 않고 다른 것으로 대체되는 경우가 있다.[32]

이것은 실정법이나 현행법만이 아니라 그것을 정당화해주는 메타-법 역시도 삶과 사회 현실 속에 전혀 결합되지 못하고 얼마든지 괴리될 수 있다는 것을 뜻한다. 심지어 어떤 메타-법이 한 사회 현실 속에서 자신의 역할을 잘 감당하고 있는 것처럼 보일 때조차도 그 메타-법의 이름 내지 개념을 사람들이 흔하게 아주 널리 사용하고 있기는 하지만 그 속에 전혀 다른 의미의 다른 것을 채워 넣어 오용 내지 남용할 수도 있다.

사람들이 어떤 메타-법을 더 이상 자명하게 받아들이지 않거나 오

---

31) '어떤 사회 속에 실제로 적용하고 있는 실정법 내지 현행법의 기본적·상위적 정당화 근거'라는 뜻으로 이 글에서 '메타-법(meta-law)' 개념을 사용하겠다.
32) 다음 세 가지 경우가 있을 것이다. 첫째, 메타-법이 노후화한 경우다. 둘째, 메타-법이 처음부터 내재적 결함을 안고 있는 경우다. 셋째, 다른 사회의 메타-법을 수입하여 토착화하려고 한 경우다.

용 내지 남용하는 경우, 실정법 내지 현행법의 기본적·상위적 정당화 근거인 그 메타-법은 자신의 역할을 더 이상 감당할 수 없게 되고, 그것에 의해 정당화되어왔던 실정법과 법치 역시 이내 그 존립 기반을 잃고 흔들리거나 심지어 무너지게 된다.[33)]

이런 맥락에서 봤을 때, 모든 메타-법이 곧 '정치철학적 가치(정치 공동체의 자체적 동일성의 가치)'라고 할 수 없다. 어떤 정치 공동체가 처한 역사 현실에서 자신들에게 가장 부득이하고 궁극적이며 자명한 가치 가운데 하나로 자신들이 해석하고 표현해내면서 '가치와 가치의 결합과정'을 거친 '정치철학적 가치'와 '아무러한 메타-법'을 결코 동일시할 수 없다는 말이다.[34)]

---

33) '가치와 가치의 결합과정'을 검토하기 위한 '좋음과 올바름과 이로움 사이의 내적 연관'을 살피는 방법 가운데 하나로 '인권과 사회정의와 실정법 사이의 내적 일관성'을 살펴볼 수도 있다. 그러나 이러한 검토가 보다 근원적인 검토가 되기 위해서는 메타-법으로서의 인권이 더 이상 자신의 역할을 감당할 수 없게 되는 과정과, 그 이하 실정법과 법치 역시 그 존립 기반을 잃게 되는 과정까지도 검토할 수 있어야 할 것이다. 이러한 검토의 여지가 전혀 없이 단지 '인권과 사회정의와 실정법 사이의 내적 일관성'만을 연구하는 것은 인권이 메타-법으로서의 역할을 잘 감당해갈 것이라는 전제 아래서만 비로소 그 의미를 가질 수 있을 것이기 때문이다.

엘리자베스 라이커트(2008: 11-33)는 '인권과 사회정의 사이의 내적 일관성'이 없을 수 있다는 점을 문제 삼고 그것들이 서로 "어떻게 다른지 이해해야" 한다면서 "인권이 사회정의를 포괄"한다고 한다. 최현(2008: 11)은 '인권과 실정법 사이의 내적 일관성'이 없을 수 있다는 점을 문제 삼고, "인권은 보편적 가치가 되었지만, 아직까지 당위적 가치에 머물러 있다."고 한다.

34) 이런 맥락에서만이 나당연합의 무력에 의한 삼국 통일의 초기 과정을 살아가면서 중국의 화엄학에서 다루지 않았던 '이이무애'를 특별히 강조한 의상의 화엄사상을 올바로 이해할 수 있을 것이다. 의상이 말하는 '이이무애(理理無碍)'는 여기서 '가치와 가치의 결합과정'을 다루는 배경과 유사하다. 철학하는 과정을 거치면서 자체적 동일성의 가치를 드러내고 제시하는 '가치와 가치의 결합과정'과 마찬가지로, 삼국 통일의 과정에서 어제까지 서로 싸웠던 삼국이 서로 참된 결합과 통일을 하기 위해서는 무엇보다도 각자의 낡은 삶의 방식인 낡은 이(理)를 버리고 새로운 삶의 방식인 새로운 이(理)를 드러내고 제시하는 '이이무애의

더욱이 '오랜 전통적 가치'라든가 혹은 '흔히 일컫는 인류 보편적 가치'가 곧 정치철학적 가치라고 할 수는 없다. 예컨대 인권이 인류 보편적 가치라고 일컬어진다고 해서 그것이 곧바로 구체적인 역사 현실에서 '가치와 가치의 결합과정'을 거쳐서 정치에서 작용할 수 있는 가치라고 할 수는 없다.[35]

한편 인권의 정당화 가능성을 제시하면서 그것의 가치성을 강조할 수도 있고, 다른 한편 이제까지 과거 정치와 역사 현실에서 그것이 얼마큼 중요한 위치를 차지해왔는가를 설명하면서 그것의 현실성을 주장할 수도 있다. 이런 활동 자체가 다분히 정치적 활동이긴 하지만, 그렇다고 해서 그것이 곧 어떤 정치 공동체의 역사 현실에서 '가치와 가치의 결합과정'을 거친 정치철학적 가치라고 할 수는 없다.

퇴계가 말하는 통치의 요체 가운데 하나는 바로 이와 같은 '정치철

과정'이 중요하다고 의상은 본 것이다.
의상의 화엄사상에서 말하는 '이이무애'나 '이이상즉(理理相卽)'은 이 글에서 말하는 '가치와 가치의 결합과정'과 상응하고, 의상의 화엄사상에서 말하는 '이사무애(理事無碍)'나 '이사상즉(理事相卽)'은 이 글에서 말하는 '가치와 현실의 결합과정'과 상응한다고 할 수 있다. 그리고 이이상즉 없이는 참된 이사상즉이 불가능하기 때문에 이사상즉은 이이상즉을 이미 포함하면서 그것을 전제하듯이, '가치와 가치의 결합과정' 없이는 참된 '가치와 현실의 결합과정'이 불가능하기 때문에 '가치와 현실의 결합과정'은 '가치와 가치의 결합과정'을 이미 포함하면서 그것을 전제한다.
의상의 화엄사상에서 말하는 '상즉(相卽)'이나 '무애(無碍)'는 이 글에서 말하는 '결합과정' 내지 '결합' 개념과 상응한다. "若依別敎一乘 理理相卽 亦得事事相卽 亦得理事相卽 亦得各各不相卽 亦得相卽."(義湘, 『華嚴一乘法界圖記』) 화엄일승법계도의 "커다란 특징은 사사무애법계와 함께 이이무애를 말하는 데 있다. 중국화엄에서는 사리무애나 사사무애는 말하지만 이이무애에 대해서는 언급이 없다."(카타마 시게오, 1987: 155-156) 의상 화엄사상의 이(理) 개념에 관한 좀 더 상세한 설명은 오다겐유(2007)를 참조 바람.
35) 마찬가지로 전통적 가치라고 해서 저절로 '가치와 가치의 결합과정'을 거친 정치철학적 가치라고 할 수 없다. 앞서 현대 공동체주의의 오류에 관하여 논급한 부분을 참조 바람.

학적 가치의 정립'에 있다.36) 어떤 정치 공동체가 처한 역사 현실에서 가장 부득이하고 궁극적이며 자명한 가치를 구체적이고도 분명하게 정립하는 활동이 곧 '통치의 요체' 가운데 하나라는 말이다. 예컨대 묵자의 겸애설은 다른 사람을 사랑하라는 보편적 가치를 말하는 것으로 참으로 좋은 말이지만 그것이 곧바로 정치철학적 가치라고 할 수 없다는 말이다.

『논어』에서 자공이 '박시제중(博施濟衆)'을 들어 공자에게 인(仁)이라는 보편적 가치에 관하여 물어볼 때, 공자가 "인한 사람은 자기가 서려고 하면 남을 세우고, 자기가 달하려고 하면 남을 달하게 한다〔仁者 己欲立而立人 己欲達而達人〕."고 자공에게 답변한 것에 관하여 퇴계는 다음과 같이 주석한다. "자공이 '내 몸의 아주 절실한 곳에서〔就吾身親切處〕' 직접 인을 찾지 아니하고 너무 멀고 관계없는 곳에서 찾기 때문에, 공자가 이것을 말하여 '그로 하여금 자기 몸에 돌이켜보아 가장 절실한 곳에서 인의 체를 인득하게 하고자 한 것〔使己反之於身 而認得仁體 最切實處〕'이다."라고 주석한다. 장횡거가 강조하는 '물아일체(物我一體)'에 관해서 주석하면서도 퇴계는 다음과 같은 점을 거듭 강조해 둔다. "물(物)과 아(我)가 한 가지 이(理)로 서로 관련이 있다는 아주 절실한 의미와 뱃속 가득히 측은한 마음이 두루 관철 유행하여 막힘이 없고, 그것이 어디에나 미치지 않음이 없음을 볼 수 있어야만 비로소 이것이" 횡거가 물아일체라고 해석한 인의 본래 뜻이라고 설명한다.37)

앞서 진행해온 우리의 논의를 이러한 퇴계의 논리를 빌려 다시 말해본다면 '흔히 일컫는 보편적 좋음〔仁〕'을 아무리 강조해봐야 그것이

---

36) '가치와 가치의 결합과정'을 거치면서 정치철학적 가치를 정립해가는 것이 통치의 요체라고 본 퇴계의 정치사상에 관한 것은 김병욱(2000)을 참조 바람.
37) 이상 논어의 박시제중에 관한 퇴계의 주석과 횡거의 물아일체에 관한 퇴계의 설명은 다음을 참조 바람. 『退溪先生文集』卷7, 50: 「西銘考證講義」.

역사 현실 속에서 '올바름〔義〕'으로 뒷받침되어 현실 속에 제대로 결합하지 않는다면 그것은 더 이상 윤리철학적 가치나 정치철학적 가치가 아니라는 말이다. '좋음'을 아무리 말과 글로 강조한다고 하더라도, 그 '좋음'을 현실 속에 실현할 수 있는 최소한의 조건을 이루는 방식'을 구체적인 '올바름'의 형식으로 해석하여서, 그 '올바름'이 일상의 활동 속에 하나하나 결합해가지 않는다면 그 좋음은 한갓 구두선에 불과한 것이다. 그런데 그 반대도 마찬가지다.

『논어』「자로」제18장에서 섭공과 공자의 대화는, 앞서 소개한 퇴계의 표현을 빌린다면, '좋음'에 관한 "아주 절실한 의미와 뱃속 가득히 측은한 마음이 두루 관철 유행하여 막힘이 없고, 그것이 어디에나 미치지 않음이 없음"을 보지 않고서 막연히 '올바름'을 강조한다면 그것은 형식적이거나 심지어 전혀 엉뚱한 사사로운 목적으로 이용될 수 있다는 점을 잘 설명해준다.

섭공이 공자에게 자기 마을 이야기를 이렇게 자랑삼아 한다. "우리 마을에 행동〔몸〕을 올바르게 하는 사람이 있는데, 자기 아버지가 〔자기 집에 걸어 들어온 양을 주인을 찾아 되돌려주지 않고〕 남의 양을 차지하자, 그 사람이 〔관가에 가서〕 이것을 고발〔증언〕하였습니다." 이에 대해 공자가 이렇게 대답한다. "우리 마을에서 올바른 사람은 이와 다릅니다. 아버지는 자식을 위하여 숨겨주고 자식은 아버지를 위하여 숨겨줍니다. 〔서로 사랑하는〕 바로 그 가운데 올바름이 있는 것입니다."

섭공이 자랑한 그 '올바름'에는 사랑하는 마음, 즉 '좋음'이 전혀 뒷받침되어 있지 않다. 그것은 오직 자신의 올바름을 겉으로 드러내 뽐내고자 하는 공명심의 발로일 수 있다. 심지어 그 올바름은 그 젊은 사람이 그 기회에 섭공에게 자신의 올바른 행동을 드러내 보여 그 마을 관가에 한 자리를 청탁해서 얻어보겠다는 흑심에서 자기 아버지까지 팔아넘기는 간악함으로 뒤덮여 있는 더러운 수작 가운데 한 표현일 수 있다.

이 대화는, 앞서 살펴본 제3, 4기 권리의 경우를 들어 다시 살펴본다면, '좋음'에 관한 구체적인 의미 내용이 분명하게 정립되어 뒷받침되지 않고서는 그 '올바름'이란 한편에서 인간 욕구의 정당화 논리로 다른 한편에서 물리적 세력의 정당화 논리로 전락할 가능성이 높다는 점을 잘 설명해준다. 요컨대 이처럼 '좋음(goodness)'과 '올바름(rightness)'은, '인(仁)'과 '의(義)'가 그런 것처럼, 상호 목적적으로 서로 지탱해주고 서로 기대기도 하지만 어느 하나를 결여한 채로는 나머지 다른 하나도 아무런 의미가 없게 되는 깊은 연관 관계를 갖고 있다.

'이로움'이란 이상에서 살펴본 '좋음'과 '올바름'의 긴밀한 연관 아래서 이루어지는 '올바른 일의 결과', '올바른 일의 열매'이자, 보다 엄밀히 말해서 '올바른 일의 결과인 그 일의 열매를 그 일의 당사자 모두가 함께 누리는 방식'이다. 이렇듯이 '좋음'과 '올바름'과 '이로움' 사이의 내적 연관은 크고 단순하며 반듯하다. '좋음과 올바름과 이로움 사이의 일관성'이 있는지 혹은 없는지, 그 여부가 바로 '가치와 가치의 결합과정'을 확인할 수 있는 방법이다. 그러나 현대 인권처럼 그 내적 연관이 전혀 없을 수도 있다. 기존 인권 논의는 다음과 같은 치명적 결함을 지니고 있다.

첫째, 기존 인권 논의 속에 담겨 있어야 할 사회적 올바름의 기준이 혼재하거나 부재하다는 점이다. 설령 있다고 하더라도 그 추상성이 너무 높다는 점이다. 따라서 추상성이 높은 인권 가치를 구체적인 현실 속에 결합할 수 있도록 다시 해석한다고 하더라도 이미 구체적으로 재해석한 그것은 인간의 다양한 욕구를 달리 표현해둔 것에 지나지 않을 가능성이 높다. 인간으로서 가져야 할 '기본적 권리'에 관한 논의와, 마슬로우와 등의 여러 심리학자가 한동안 상세히 논구하던, 인간이 갖는 '기본적 욕구'에 관한 논의, 이 둘 사이에 아무런 차이점

을 발견할 수 없다.[38]

둘째, 기존 인권 논의는 '좋은 사회'(혹은 '좋은 국가')라든가 '사회적 좋음'(혹은 '국가적 좋음')에 관한 비전에 의해 구체적으로 뒷받침되어 있지 않고, '좋은 삶'이라든가 '삶의 좋음'에 관한 비전에 의해서도 아직 분명하게 뒷받침되어 있지 않다는 점이다. '인간 권리'에 관한 규정은 날로 복잡해져가다 못해 극히 추상되고 있지만, '좋은 인간'에 관한 규정은 날로 단순해져가다 못해 아예 증발되고 있는 것이다. 따라서 이렇게 '좋음'이 결여된 채로 벌이는 '올바름'에 관한 여러 구차한 논의는 언제든지 적나라한 '물리적 세력의 정당화 논리와 그 주종 계약'으로 전락할 가능성이 높다. 설령 물리적 세력에 의해 이용당하지 않는다고 하더라도, '좋음'에 의해 뒷받침되어 있지 않은 '올바름'에 관한 논의는 인간 공명심이나 다양한 '인간 욕구의 정당화 논리와 그 인정 투쟁'으로 변질될 소지가 다분하다.[39]

---

[38] 미국 심리학자 마슬로우(Abraham H. Maslow)는 인간의 기본적 욕구를 다섯 가지로 정리한 바 있다. 물론 프로이트는 그것을 아예 한 가지로 요약한다. 20세기 심리학에서 제시된 인간의 기본적 욕구를 이 자리에 열거해두자면 아마도 끝이 없을 것이다. 좋음에 관한 논의와 병행하지 않는다면, 그리고 좋음과 올바름 사이의 연관에 관한 논의와 병행하지 않는다면 우리의 인권 논의도 그와 같은 복잡다단한 전철을 밟을 가능성이 상당히 농후하다.

[39] 바로 이런 연유로 최근 우리 주변에 '인권과 사회 치안 사이의 충돌', '인권과 국가주권 사이의 충돌'이라는 허구적인 사이비 쟁점(pseudo issue)이 떠돌아다니게 된 것이다. 이 문제들은 일단 '인권의 보수성과 혁명성의 이중적 성격'으로부터 노정된 것들이고, 결국 '인권의 결함'으로 말미암은 것이다. 국가 일을 자임하는 이들이 꼭 염두에 둬야 할 점은 인권이 물리적 세력 측이나 인간 욕구를 정당화하려는 측, 이 양측 모두에게 얼마든지 사적으로 이용당할 수 있다는 점이다. 이에 관한 자세한 논의는 인권에 관한 이념적 논의에 속하기 때문에 여기서 약한다. 다만 이 점이야말로 21세기 현대 정치이념에 던져진 주요 과제 가운데 하나라는 점만 지적해둔다.

7. 새로운 공적 가치를 찾아서

인권의 결함을 근본적으로 치유하는 것이 무엇보다도 시급하다. 인권 논의 속에 감춰진 결함을 근본적으로 치유함 없이 우리 모두가 처한 현실의 난국으로부터 헤어나기란 우연을 기대하면 몰라도 극히 어렵다. 문제의 해결을 위한 근원적인 대안이 대부분 문제의 진단에 의해 밝혀진 그 문제의 근원적인 원인 속에 이미 놓여 있는 경우가 많다.

첫째, 근대 개인 권리가 '좋은 삶'과 '좋은 사회'에 관한 비전에 의해 어느 정도 뒷받침되었던 것과 비교해서, 현대 인간 권리는 '좋은 삶'이나 '좋은 사회'에 관한 그 어떤 비전에 의해서도 뒷받침되어 있지 않다. '인간 권리'에 관한 규정만 있고, '좋은 인간'에 관한 규정은 없는 것이다. 이 점이 현대 인권의 근원적인 결함이다.

둘째, 이런 인권의 결함은 기존 인권 논의가, 사회정의에 관한 기존 규범주의나 공리주의의 논의와 함께, 결국 '좋음'에 관한 논의를 결여한 채로 계속 '올바름'과 '이로움'에 관한 논의만을 반복하고 있는 문제점과 깊게 맞물려 있다.

셋째, 이런 인권의 결함은 사람이 하는 여러 일 가운데 특히 철학하는 일이 위축되거나 전면 폐기되어버린 듯이 보이는 현대 인간 노동의 축소 내지 변형과도 좀 더 심층적으로 직결되어 있다.

그렇다면 무엇보다도 우선 자신이 처한 현실과 자신이 하는 일 가운데서 철학하는 일을 회복해가야 한다. 철학하는 일은, 늘 그 유한성을 인정하면서, '자신이 처한 현실에서 자신의 동일성의 가치를 드러내고 제시하는 일', 즉 '자신의 공적 가치(公的 價値)를 정립하는 일'이고, 이 일은 이 글에서 말하는 '가치와 가치 사이의 결합과정'이다.[40]

---

40) '자체의 공적 가치(公的 價値)를 정립하는 일'은 '자체의 공적 필요(公的必要)를 설

철학하는 일을 해가면서 인류 사상사에서 면면히 계승되어오는 주요 질문과 거기에 사용된 제반 개념들을 재사용할 수도 있겠지만, 기존의 질문이나 혹은 기존의 개념에다 새로운 의미를 담아 재규정하여 사용할 수도 있을 것이고, 불가피하다면 새로운 질문을 제기하고 거기에 사용될 개념을 우리 자신이 새롭게 고안할 수도 있을 것이다.

지금까지 이 글에서 검토해온 바에 의하면 이제는 인권이라는 가치가 보편적 가치인가 아니면 특수한 가치인가를 묻는 질문으로부터 철학하는 일을 출발할 일이 아니다. 인권을 포함해서 어떤 가치의 보편성과 특수성에 관한 논의는 그 가치가 현실과 결합하는 경향, 정도, 범위 등의 차이를 달리 표현해둔 것에 불과하다는 점에서, 어떤 가치가 보편적 가치인가 여부를 묻는 질문보다 더욱 근원적인 질문이 있기 때문이다.

'가치와 현실의 결합과정'은 '가치와 가치의 결합과정'을 그 바탕으로 하고 있다는 점에서 이제 철학하는 일은 '가치와 가치의 결합과정', 즉 '자신의 공적 가치를 정립하는 일'(자신이 처한 현실에서 자신의 동일성의 가치를 드러내고 제시하는 일)로부터 출발할 일이다. 따라서 우리에게 더욱 근원적인 질문은 인권이 과연 공적 가치인가라는 질문이고, 지금의 현실에서 우리 자신의 공적 가치는 과연 어떤 가치인가를 묻는 질문이다.

여기서 말하는 공(公) 개념은 서유럽 사상사에서 사용해오고 또 한

정하는 일'과 '자체의 공적 문제(公的問題)를 진단하는 일' 등과 직결되는 일이며, 이 일들은 사실상 거의 동시적인 일의 서로 다른 측면들이라고 할 수 있다. 자체의 공적 문제를 진단하는 일은, 자체가 뭔가를 공적 문제로 삼는 까닭이 자체의 필요 만족을 가로막는 장애물이기 때문이라는 점에서, 자체의 공적 필요를 설정하는 일과 동시적인 일이다. 그리고 자체의 공적 필요를 설정하는 일은, 자체의 공적 필요와 그렇지 않은 사소한 욕구를 나누는 기준이 곧 자체의 공적 가치라는 점에서, 자체의 공적 가치를 정립하는 일과 동시적인 일이다.

자어 공(公), 공공(公共), 공공성(公共性) 등의 개념으로 번역해온 퍼블릭(public) 개념의 여러 번역어 가운데 하나가 아니다. 오히려 사회적 가치 개념과 사회적 공간 개념 등으로 혼용되는 퍼블릭 개념의 한계를 넘어서서 그것을 포괄하는 개념이다.

일단 이 글에서 사용하는 공 개념은 동아시아 사상사와 고대 사상사에 기반을 두고 있다. 이 공 개념은, 첫째, 일종의 가치를 나타내고, 둘째, 가치와 가치 사이의 결합 방식을 나타내며, 셋째, 가치와 현실 사이의 결합 방식, 특히 그 결합의 경향(힘)과 정도(시간)와 범위(공간) 등에서의 결합 방식을 나타낸다.[41]

이러한 공 개념은, 공자가 냇물 위에 서서 "가는 것이 이와 같구나 밤낮으로 머물지 않는구나〔逝者如斯夫 不舍晝夜〕."(『論語』「子罕」)라고 한 말을 재론하지 않더라도, 누구나 일상에서 체험하듯이 '가치'와 '현실' 모두 다 끊임없이 움직이고 흐르며 변화한다는 것을 전제하는 개념이다. 끊임없이 변화하는 가운데서도, 맹자가 변화하는 가치를 왕(王)과 패(覇)로 구분하고(『孟子』「公孫丑上」)[42] 변화하는 현실을 치세

---

41) 이는 동아시아 및 한국의 성리학과 고대 여러 고전적 전거로부터도 연원하지만, 일단 공(公)의 갑골문(甲骨文)의 뜻과 共, 不私, 廣, 通, 平, 平分, 正, 詳, 諸侯(列侯), 爵의 最上, 事, 無, 無偏, 中 등의 한자(漢字) 공(公)의 여러 뜻으로부터 연원한다. '어떤 특정한 곳〔口〕에 이르는 통로〔八〕, 즉 어떤 특정한 목적이나 목적지에 이르는 방식'을 뜻하는 공의 갑골문의 뜻과 그 밖에 여러 뜻에 관한 것은 다음을 참조 바람. 諸橋轍次, 『大漢和辭典』; 檀國大學校 東洋學硏究所 編, 『漢韓大辭典』.

42) 여기서 맹자가 말하는 패(覇)는 "(경제력이나 군사력과 같은) 힘으로써 (본래 인한 마음이 없으면서도 단지 그 인한 일을 이롭게 여겨 그 인한 일을 다른 목적을 위한 수단으로 빌린다는 뜻에서) 인(仁)을 빌리는 것이다." 왕(王)은 "(자신이 마음으로부터 깊이 터득한 것을 행위로도 그대로 미루어나가서 행하여 이르는 곳마다 인하지 아니함이 없다는 뜻으로) 덕으로써 인을 행하는 것이다." 여기서 말하는 왕은 하나의 가치를 표현하는 개념이고, 왕이라는 가치를 다른 목적을 위한 수단으로 삼는 가치가 곧 패라는 가치다. 흔히 말하는 왕도(王道)

(治世)와 난세(亂世)로 구분하듯이(『孟子』「滕文公下」)[43] 여타 가치와 현실에 비해서 좀 더 궁극적으로 좋은 가치와 현실이 있고 또 있을 수 있다는 점을 전제하는 개념이다.

이 공 개념은 또한 사람이 철학하는 일을 포함하는 '사람이 하는 여러 일'이 곧 '가치와 현실의 결합과정'의 모든 과정이라고 할 수는 없지만, 그 결합과정에서 빼놓을 수 없는 매우 중요한 과정이라는 점을 전제하는 개념이다. 그러면서도 이 공 개념은 사람이 철학하는 일을 포함하여 사람이 하는 여러 일의 '유한함'을 전제하고, 그 유한함으로 말미암아 사람이 하는 일과 살아가는 현실의 다양함, 그리고 그 일과 현실에 언제든 우연한 일의 개입이 가능함을 전제하는 개념이다.

사람이 철학하는 일을 포함하여 사람이 하는 여러 일의 유한함은 곧 이 공 개념의 유한함을 뜻한다. 사람은 철학하는 과정에서 끊임없이 '절대적인 자체적 동일성의 가치'를 지향하면서 그것을 현실에 드러내고 제시하고자 한다. 그러나 사람이 철학하는 한계와 사람이 철학한 그것과 결합하는 한계로 말미암아 '절대적인 자체적 동일성의 가치'와 '사람이 철학하는 과정에서 드러내고 제시하는 자체적 동일성의 가치'는 서로 얼마큼의 '간격'이 있을 수밖에 없다. 이런 연유에서 후자는 전자에 늘 근접해가는 도상에 있는 근사치일 수밖에 없으며, 사람이 철학하는 일과 사람이 하는 여러 일은 늘 유한할 수밖에 없다.

    와 패도(霸道)는 왕의 가치와 패의 가치를 현실과 구체적으로 결합해가는 길(道, 방식)까지 포함하여 표현하는 개념이다. 괄호 안 설명은 주자의 주석을 위주로 하여 약간 수정한 것임.
43) 인간의 현실은 "한 번은 치세고 한 번은 난세다(一治一亂)."라는 맹자의 말에 주자는 다음과 같이 주석한다. 현실의 "변화과정의 성하고 쇠하는 것(氣化盛衰)과 사람이 하는 일의 얻고 잃는 것(人事得失)이 되돌아가고 뒤집어져서 서로 번갈아듦이니(反覆相尋) 현실의 변화 이치가 늘 그러하다(理之常也)."

여기서 '절대적인 자체적 동일성의 가치'를 자체에 내재하는 절대적 중심 가치인 '부동의 중심 가치' 혹은 왕처럼 절대적 중심의 위치를 차지한다고 해서 '왕(王)의 가치'라고 할 수 있을 것이다. 이 왕의 가치에 늘 근접해가는 도상에 있는 근사치일 수밖에 없으며 그만큼 유한할 수밖에 없는 '사람이 철학하는 과정에서 드러내고 제시하는 자체적 동일성의 가치'를 왕의 신하인 '공(公)의 가치'라고 할 수 있을 것이다. 이런 점에서, 맹자가 가치를 왕의 가치와 패의 가치로 구분하지만, 이 글은 가치를 '절대적 가치(왕의 가치)'와 '공적 가치(공의 가치)', '사적 가치(사의 가치)'로 구분한다.

공적 가치는 절대적 가치에 비해 늘 유한하기에 어차피 상대적인 한계에 머물 수밖에 없다. 그만큼 왕의 가치에 대해서나 여타 상대적 가치에 대해서도 겸손할 수밖에 없다. 다만 여타 상대적 가치인 '사(私)의 가치(사적 가치)'와 비교해서 좀 더 궁극적으로 좋은 가치이므로, 여타 '사적 가치'에 대해서 '자체의 궁극적 중심 가치'임을 드러내고 본을 보일 수는 있다. 무엇보다도 여타 '사적 가치'에 대해서 '자체의 궁극적 중심 가치'의 역할을 잘 감당해가는 경향, 정도, 범위에서만 '공적 가치'라고 할 수 있을 것이다.

만일 여타 '사적 가치'에 대해서 그 '공적 가치'의 역할을 감당해가는 경향이 미약하고 그 정도가 짧거나 그 범위가 좁다면 그 낡은 공적 가치를 대신하여 다른 새로운 공적 가치가 그 자리를 차지할 수 있다. 이와 같이 변화하는 공적 가치를 '움직이는 궁극적 중심 가치'라고 할 수 있을 것이다. 그리고 이러한 '공적 가치와 그 실현 방식'을 '공적 윤리'라고 할 수 있을 것이다.[44]

---

[44] 이러한 공 개념은, 첫째, 현실에서 끊임없이 '변화하는 가치'와 그 변화과정을 이해하고 설명할 수 있도록 도와준다. 둘째, 현실에서 '잘못 규정한 자체적 동일성의 가치'로부터 벗어나서 '좀 더 자체다운 자체적 동일성의 가치'와 결합해

이 글에서 나는 위와 같은 공 개념과 공적 윤리 개념에 준거하여 거시적인 근현대 서유럽 역사 현실의 변화과정을 분석해보았다. 중세에서 근대로의 변화과정에서 서유럽 사회는 그들이 처한 역사 현실에서 그들의 '공적 가치와 그 실현 방식(공적 윤리)'을 비교적 잘 정립해냈다는 점을 근대 개인 권리(제1기와 제2기 권리)가 '좋은 삶'과 '좋은 사회'에 관한 비전에 의해 어느 정도 뒷받침되었던 점에서 확인해보았다.

그러나 근대에서 현대로의 변화과정에서 동아시아 사회와 함께 서유럽 사회는 자신들이 처한 역사 현실에서 적기에 '공적 가치와 그 실현 방식'을 제대로 재정립해내지 못해왔다는 점을 현대 인간 권리(제3기와 제4기 권리)가 '좋은 삶'이나 '좋은 사회'에 관한 그 어떤 비전에 의해서도 뒷받침되어 있지 않다는 점에서 확인해보았다.

그러면서 여타 '사적 가치'에 대해서 현대 인권이라는 가치가 오늘날 우리가 처한 현실에서 '공적 가치'의 역할을 감당해가기에는 심각한 결함이 있고 또 노후화하였다는 점을 확인해본 셈이다. 따라서 비록 근대 개인 권리가 서유럽에서 얼마큼 작용해왔던 공적 가치였다고 하더라도, 근대 개인 권리로부터 현대 인간 권리로 수정 변형된 지금에 와서 현대 인간 권리에 심각한 결함이 있다고 한다면, 그것을 시급히 치유하거나 그것을 대신하여 다른 새로운 공적 가치로 대체해야 한다고 이 글은 주장하는 것이다.

그러나 한편으로 '좋음'에 관한 논의를 결여한 채로 계속 '올바름'

가는 과정을 이해하고 설명할 수 있도록 도와준다. 셋째, 현실에서 끊임없이 '변화하는 가치'에 준거하여 '가치와 현실의 결합과정'을 결합경향(힘)과 결합정도(시간)와 결합범위(공간) 등으로 명료하게 밝혀줌으로써, 끊임없이 '변화하는 현실'을 제대로 이해하고 설명해낼 수 있도록 도와준다. 이러한 공적 가치 및 공적 윤리에 관한 좀 더 자세한 논의는 김병욱(2006: 47-75; 2004a: 327-357; 2004b)을 참조 바람.

과 '이로움'에 관한 논의만을 반복하고 있는 현대 사회정의론의 한계, 다른 한편으로 사람이 하는 일 어디서나 철학하는 일이 위축되거나 전면 폐기되어버린 듯이 보이는 현대 인간 노동의 축소 내지 변형, 바로 이런 것들이 오늘날 인권이라고 하는 낡은 공적 가치를 시급히 치유하지 못하게 하거나 새롭게 대체하지 못하게 그 발목을 붙잡고 있다는 점을 이 글은 주장하는 것이다. 현대 인권 논의와 관련해서 한 가지 예를 더 들어보고 이 글을 마치고자 한다.

근대 개인 권리를 드러내고 제시해가는 가운데 벌였던 초기의 그 치열한 철학적 검토나 논의와 비교해서, 현대 인간 권리의 철학적 근거에 관한 기존 검토나 논의가 상당히 위축되어 있는 것이 사실이다. 심지어 근대 초기 논의로부터 단 한 치도 진척되지 못하고 계속 반복적으로 이어져오고 있다고 할 수 있다. 현대 인권 논의는 '가치와 현실의 결합과정'은 물론 '가치와 가치의 결합과정'에 관한 논의에서 우리 시대에 의미 있는 새로운 진척을 전혀 이루어내지 못하고 있는 것이다.

예컨대 '이성'과 '감성', '정신'과 '육체', 이 개념들을 중심으로 이 둘 사이를 계속 오가면서 방황하는 근대 특유의 인간 이해에 여전히 머물러 있는 것이 현대 인권 논의의 현주소다. 사실 이 각각의 대쌍(對雙) 개념은 근대 초기에 서유럽인들이 자신들의 삶의 현실과 역사 현실에서 발생한 문제를 진단하고 처방하는 과정에서 새롭게 고안하거나 새로운 의미를 담아 재규정하여 사용해왔던 개념이다.

그럼에도 이들 근대 철학의 거대 개념에 가려서, 정작 지금 우리의 역사 현실에서 발생하고 있는 문제의 정체와 그 핵심을 들여다보지 못하거나, 심지어 우리 자신의 문제를 이들 거대한 이름으로 은폐시켜버리게 되는 근원적인 병폐를 지금까지 그대로 껴안고 있을 가능성이 매우 높다.

바삭(1986: 294)은 국제 인권 교육에 사용할 목적으로 만들었다는 자신의 책을 다음과 같은 고민어린 말로 마무리 한다. "인권은 항상 일반 국제법에 문제를 던지는 도전적 수단이 될 것이다. 모든 것을 충분히 검토한 뒤에 말할 수 있는 것은 이 두 가지 사이의 결합은 인간의 본질에 닿는 이성의 결합이라는 사실이다."

그러나 바삭의 이 말은 '모든 것을 충분히 검토한 뒤에' 하는 새로운 말이 아닌 것 같다. 비록 인권과 국제법 사이의 '결합'을 문제 삼는 그의 문제의식이 돋보인다고 하더라도, '인간의 본질에 닿는 이성'에 의한 '가치와 가치의 결합'이라는 그의 대안은 이미 오래된 진부한 얘기이기 때문이고, 더욱이 그 대안의 심각한 병폐를 여전히 여의지 못하고 그대로 껴안고 있기 때문이다.

비록 '가치와 가치의 결합'은 물론이고 '가치와 현실의 결합'을 처음부터 문제로 삼지도 않는 상대주의와 그 아류들인 실증주의, 역사주의, 허무주의 등과는 다른 입장에 서 있다고 하더라도, 인간의 본질에 닿는 이성에 의한 결합이라는 그의 대안은 이성이 곧 인간의 본질이므로, 이성의 이름으로 정당화할 수 없는 가치란 있을 수 없고, 이성의 이름으로 정당화할 수 없는 현실 또한 있을 수 없다는 무서운 폭력의 가능성을 그 안에 감추고 있다. 『역사 속의 이성』을 밝혀가고자 했다지만, 끝내 동일하게 남아 있을 '이성으로서의 인간 본성'에 대해 너무도 강고하게 집착한 나머지, 결과적으로 모든 현실적인 것을 곧 이성적인 것으로 덧칠해버리고 말았던 헤겔의 전철을 바삭 역시 되밟고 있는 것이다.

'감성으로서의 인간 본성'을 보는 입장 역시 '이성으로서의 인간 본성'을 고집하는 처지와 크게 달라보이지는 않는다 그것이 이성이든 감성이든, 정신이든 육체든, 인간과 인간의 현실에 관한 이와 같은 이해는 바삭의 논의에서도 확인할 수 있듯이 기존 인권 논의의 발목에도 여전히 강고하게 채워진 아주 오래된 족쇄로 보인다. 이 오래되고 낡은 족쇄로부터 벗어나지 못하는 근원적인 원인 가운데 하나는 우리 자신이 처한 현실과 우리 자신이 하는 일 가운데서 철학하는 일이 현저하게 위축되거나 아예 폐기되어버린 듯이 보이는 현대 인간 노동의 축소 내지 변형에 있다.

 이 글에서 내가 인권의 철학적 근거를 분석하기 위해 '공적 가치' 및 '공적 윤리' 개념, 그리고 '일' 및 '자체' 개념을 그 준거 개념으로 삼아온 것은 '인권의 결함'의 치유안 내지 대안을 모색하기 위한 조그만 시도다.

참고 문헌

『論語』
『孟子』
『華嚴一乘法界圖』(義湘)
『退溪先生文集』(李滉)
『漢韓大辭典』(檀國大學校 東洋學硏究所 編, 檀國大學校出版部, 2008)
『大漢和辭典』(諸橋轍次, 大修館書店 1984)
A Greek-English Lexicon(Henry George Liddell and Robert Scott, New York: Oxford University Press, 1983)
Dictionary of the History of Ideas Vol. II(New York: Charles Scribner's Sons Publishers, 1978).
곽윤직, 1979,『민법총칙』, 서울: 박영사.
권영성, 1979,『헌법학원론』上, 서울: 법문사.
김병욱, 2000,『퇴계의 정치사상: 통치이론으로서 사단칠정론에 관한 연구』, 중앙대학교 박사 학위 청구 논문.
김병욱, 2004a,「공적 윤리 모색을 위한 유교윤리관 검토」,『윤리연구』제57호, 한국윤리학회.

김병욱, 2004b, 『공적윤리와 정치』, 서울: 백산출판사.
김병욱, 2006, 「공적 윤리 관점으로 검토해보는 니코마코스 윤리론」, 『윤리연구』 제61호, 한국윤리학회.
김병욱, 2008, 「정치이론과 현실 개념에 관한 윤리적 검토」, 『윤리연구』 제69호, 한국윤리학회.
김봉진, 2008, 「유길준과 니시 아마네(西周)의 '권리' 관념」, 『인권의 시대와 한국 사회』, 한국정치사상학회 학술회의 발표문집(2008. 11. 15).
김홍우, 1992, 「감수자 서문」, 레오 스트라우스·조셉 크랍시 공편, 『서양정치철학사 1: 고대, 중세』, 김영수 외 공역, 서울: 인간사랑.
라이커트, 엘리자베스, 2008, 『사회복지와 인권』, 국가인권위원회 사회복지연구회 옮김, 서울: 인간과복지.
로랑, 알랭, 2001, 『개인주의의 역사』, 김용민 옮김, 서울: 한길사.
로크, 존, 1996, 『통치론』, 강정인·문지영 옮김, 서울: 까치.
리프킨, 제러미, 2005, 『노동의 종말』, 이영호 옮김, 서울: 민음사.
바삭, 카렐 편, 1986, 『인권론』, 박홍규 역, 서울: 실천문학사.
박이문, 1996, 『자비의 윤리학』, 서울: 철학과현실사.
박이문, 1997, 『문명의 미래와 생태학적 세계관』, 서울: 당대.
박태원, 2005, 『의상의 화엄사상』, 울산: 울산대학교출판부.
백종현, 1994, 「개인과 인간 주체 개념의 형성」, 『철학연구』 제35집, 철학연구회.
베일리스, 존 외, 2006, 『세계정치론』, 하영선 외 옮김, 서울: 을유문화사.
부르크하르트, 야코프, 2002, 『이탈리아 르네상스의 문화』, 안인희 옮김, 서울: 푸른숲.
셀라스, 커스틴, 2003, 『인권, 그 위선의 역사』, 오승훈 옮김, 서울: 은행나무.
안옥선, 2008, 『불교와 인권』, 서울: 불교시대사.
야나부 아키라, 2003, 『번역어성립사정』, 서혜영 옮김, 서울: 일빛.
예링, 루돌프 폰, 2007, 『권리를 위한 투쟁』, 윤철홍 옮김, 서울: 책세상.
오다겐유, 2007, 『초기화엄사상사』, 태경 편역, 서울: 불교시대사.
이봉철, 2001, 『현대인권사상』, 서울: 아카넷.
임홍빈, 2003, 『인권의 이념과 아시아가치론』, 서울: 아연출판부.
차하순, 1963, 「Renaissance Individual의 개념」, 『서양사론』 제4호, 한국서양사학회.
최현, 2008, 『인권』, 서울: 책세상.
카타마 시게오, 1987, 『화엄의 사상』, 한형조 역, 서울: 고려원.

킴리카, 윌, 2006, 『현대 정치철학의 이해』, 장동진 외 옮김, 서울: 동명사.
프리드릭, C. J., 1977, 『정치사상강좌』, 서정갑 역, 서울: 법문사.
프리먼, 마이클, 2005, 『인권: 이론과 실천』, 김철효 옮김, 서울: 아르케.
헤겔, 1992, 『역사 속의 이성』, 임석진 역, 서울: 지식산업사.
헬드, 데이비드 외, 2002, 『전 지구적 변환』, 조효제 옮김, 서울: 창비.
황경식, 1985, 『사회정의의 철학적 기초』, 서울: 문학과지성사.
Chun, L., 2001, "Human Rights and Democracy: the case for decoupling", *International Journal of Human Rights* 5(3).
Descartes, René, 1979, *Principles of Philosophy*, in *The Philosophical Works of Descartes* Vol. 1, trans. Haldane and Ross, New York: Cambridge University Press.
Donnelly, Jack, 1989, *Universal Human Rights in Theory and Practice*, Ithaca, New York: Cornell University.
MacIntyre, A., 1981, *After Virtue*, Notre Dame: University of Notre Dame Press.
UNESCO ed., 1949, *Human Rights: comments and interpretations*, New York: Columbia University Press.

16장 가치 다원주의 시대의 인권 규범 형성:
정치철학적 접근

김비환

1. 서론

오늘날 인권은 가장 짧은 시간 동안에 가장 광범위한 영역에서 지지를 받고 있는 가치가 되었다. 불과 반세기 전까지만 해도 인권은 일부 서방 국가의 소수 시민만이 누렸던 특권에 불과했다. 하지만 이제는 저 먼 동방의 변방 티베트의 인민들도 중국의 압제에 저항할 수 있는 영감과 힘을 인권에서부터 얻고 있다. 정치적 독재에 맞선 지속적인 투쟁 끝에 마침내 민주주의를 일궈낸 우리 한국 사회도 예외는 아니다. 그동안의 자유화와 민주화 과정은 물론, 지금 진행되고 있는 민주주의의 공고화 과정에서도 인권 복음은 여전히 가장 중요한 영감의 원천이 되고 있다. 지역적인 편차에도 불구하고 인권은 어떤 지역도, 국가도, 종교도, 문화도 행동을 취함에 있어 고려하지 않을 수 없는 지고의 가치로 자리 잡아가고 있다. 이제 인권은 인종, 문화, 종교, 계급, 국가, 지역의 차이를 초월하여 지배 가치로서의 지위를 확고히 누리게 되었다.

인권이 일종의 세속 종교가 된 '인권 시대'는 제2차 세계대전 후 유엔 창립으로부터 본격적으로 개막되었다. 하지만 그 기원은 근대 초 서구의 자연권 사상에 기반을 두고 진행된 자유화와 민주화 과정에서부터 찾을 수 있다. 명예혁명을 필두로 한 일련의 근대적 시민혁명을 통해 입헌주의와 민주주의에 대한 지지가 확산되고 인권 의식이 고양되고 있던 차에, 나치 전체주의와 제2차 세계대전이라는 미증유의 참상을 겪게 되면서, 인권은 갑자기 인류 구원의 새로운 복음으로 부상하게 되었다.[1] 나치즘과 제2차 세계대전이 나치 독일에 의해 부각된 실증주의 법체계의 위험성을 인식하게 만듦으로써 인류는 야만적 폭력성으로부터 인류와 개인의 존엄성을 보호할 수 있는 불변적인 규범의 필요성에 대한 보편적 공감대를 형성했다. 그 결과 자연권 사상이 부활하고, 1948년 유엔총회에서 마침내 '인권선언(UDHR)'이 공포됨으로써 인권 시대가 막을 열게 되었다.

1950년대에 급속히 가열된 냉전으로 인해 구속력 있는 인권 규범의 확립과 실천 운동은 잠시 지체되었다. 하지만 1960년대 들어 진행된 탈식민화로 인해 신생 독립국가들이 속속 유엔에 가입, 인종주의 문제, 탈식민화 및 자결권 등 새로운 문제들을 인권 의제에 포함시키려고 노력하면서 유엔을 중심으로 한 인권 운동은 새로운 전기를 맞게 되었다(Freeman, 2002: 42-54). 유엔은 유엔헌장과 인권선언에 천명된 권리들을 보호할 수 있는 법적 문서와 집행 기구들을 마련하기 위해 꾸준히 노력하여, 1966년 마침내 시민적·정치적 권리에 대한 국제규

---

[1] 하지만 프랑스혁명 이후부터 제2차 세계대전 전까지는 인권 문제가 이론적으로나 실제에 있어 그다지 큰 관심을 끌지 못했다. 법실증주의, 논리실증주의, 프로이트 심리학과 엘리트주의 정치 이론들의 잇따른 출현과 영향은 인권을 진지한 학문적 대상으로 삼지 못하게 하였다.

약과 경제적·사회적·문화적 권리에 대한 국제규약을 이끌어냈으며, 이들 국제규약의 준수를 감시하기 위해 1976년과 1986년에 각각 유엔인권이사회(Human Rights Committee)와 경제적·사회적·문화적 권리위원회(Committee on Economic, Social and Cultural Rights)를 설립했다. 비록 이런 노력들이 냉전기 동안 큰 결실을 얻지는 못했지만, 탈냉전 시기의 보다 복잡한 국제 환경 속에서도 국제 인권 레짐을 수립하기 위한 노력을 뒷받침하는 중요한 주춧돌이 되었다.

냉전 이후 유엔의 인권 운동은 주로 평화 유지(peace-keeping)와 인권 보호를 두 축으로 전개되었다. 하지만 유고전범재판과 르완다전범재판 그리고 유엔상설국제형사재판소(2002)의 설립 등에서 알 수 있듯이 인권침해를 처벌하기 위한 사법적 제도와 절차도 꾸준히 확립되었다. 두 개의 국제규약(ICCPR과 ICESCR)에 대한 비준국 수가 1976년 35개국에서 2001년 140개국으로 비약적으로 확대된 사실은 유엔을 중심으로 한 국제 협력이 의미 있는 성과를 축적해왔음을 입증해준다. 그리고 꾸준히 증대되어온 인권 관련 NGO의 국제적인 연대 투쟁도 국제 인권 레짐 형성에 적지 않은 힘을 보탰다는 사실을 무시할 수 없다.

국제 인권 레짐의 점진적 수립 과정에 발맞춰 지적·학문적인 영역에서도 의미심장한 변화가 진행되었다. 1960년대 이후 실천철학 특히 공공철학 분야에서는 벤담 이래 1세기 이상 서구의 공공철학을 지배해온 공리주의에 대한 비판이 활발해지는 한편, '강한 권리' 개념에 입각하여 구성된 공공철학이 속속 등장하여 인권 시대의 도래를 정당화하고 지원하기 시작했다. 예컨대 롤즈, 노직, 그리고 드워킨의 정치철학은 지적·학문적 영역에서 인권 담론의 형성에 지대한 공헌을 했다(Rawls, 1971; Nozick, 1974; Dworkin, 1977). 이들에 의하면, 자유민주주의 사회의 시민들은 어떤 공공복지의 실현을 위한다는 명분으로도 결코 침해당할 수 없는 기본적인 권리들을 누린다. 만일 국가가 공공의 복지를 위한다는 명분으로 이 기본권들을 침해한다면 그 국가의 행위는 정당성을 상실한다. 개인의 기본권이 갖는 불가침성을 강조하는 자유주의적 공공철학의 지적 홍기와 지배는 지구화의 물결을 타고 전 세계에 권리 의식을 확산시키는 데 일조했다.

이런 추세에 발맞춰 법실증주의도 도덕적 가치와 사실을 엄격히 구분했던 고전적인 경향에서 벗어나서, 비교적 영원하고 보편적인 가치들을 반영한 실정법 체계만이 효과적인 법체계로 기능할 수 있다는 자연법적 태도를 통합하여 인권 관련 국제법과 사법 체계의 확립에 적지 않은 기여를 했다(Shestack, 1998: 209). 인권의 시대는 한때 인권 개념의 비(非)실재성을 비판했던 법실증주의마저 인권 레짐의 확립에 기여토록 했던 것이다.[2]

하지만 이처럼 인권이 우리 시대의 시대정신으로 확고히 뿌리를 내려가고 있음에도 불구하고 인권의 미래는 여전히 불확실하다. 인권의 존재에 대한 회의주의가 아직 존재하고, 인권의 규범적·철학적 근거에 대한 근본적 불일치가 존재하며, 인권의 보편성보다는 특수성을 강조하는 입장이 만만치 않고, 이론(규범)과 실제 사이의 깊은 심연이 엄존하고 있다. 급속한 지구화에도 불구하고 여전히 국민국가가 인권 규범 이행을 위한 자원들을 거의 독점하고 있는 현실 역시 국제 인권 레짐의 효과적 작동에 적지 않은 장애가 되고 있다.

더구나 오늘날의 강력한 가치 다원주의 혹은 문화상대주의적인 지적 풍토는 인권 규범에 대한 보편적 정당화에 특별한 도전을 제기한다. 각 문화가 만물의 척도가 된 시대에 모든 국가와 문화에 통용되는

---

2) 나중에 살펴보겠지만 법실증주의는 인권 레짐의 확립에 양면적인 역할을 했다. 특히 국가의 주권성을 강조하는 법실증주의는, 나치 독일의 경우에서 알 수 있듯이, 국가 내부의 자유화와 민주화가 수반되지 않을 경우 인권 레짐의 발달에 역행하는 부정적인 기능을 수행할 수도 있다.

보편적 인권 규범의 수립이 어떻게 가능하고 또 정당화될 수 있을 것인가? 비록 최소치의 보편적 인권 규범에 대한 합의가 가능하다고 해도, 권리들의 구체적 내용과 우선순위에 대한 보편적 합의는 가능할 것 같지 않다. 여기에 각 국가의 특수한 정치적 이해관계가 결부될 경우 인권 문제는 정치적 거래와 타협의 대상이 될 수밖에 없는 한계가 있으며, 때로는 국가의 전략적 접근 수단으로 전락할 수도 있다.

이와 같은 난제들에도 불구하고, 유엔을 중심으로 한 국제 인권 레짐의 확립 노력을 결코 과소평가해서는 안 될 것이다. 세계인권선언과 인권 관련 국제규약들은 형식적이나마 거의 모든 국가의 지지를 받고 있으며, 다양한 국제적 협력과 압력을 통해 개별 국가들의 행위를 제약하는 효과를 발휘하고 있다. 이는 어떤 국가도 유엔이 주도하고 있는 국제 인권 레짐의 압력으로부터 결코 자유로울 수 없게 되었다는—그 자체로서 중요한 의미가 있는—사실을 넘어서, 인류 역사상 최초로 전 지구적인 차원의 인권 규범 및 제도를 수립하기 위한 노력이 가시적인 결실을 얻기 시작했다는 신기원적인 정치적 의미를 갖는 것이다.

이처럼, 아직 그 법적 구속력은 매우 제한적이지만, 모든 인류와 국가 그리고 집단을 규제하는 보편적인 인권 규범의 수립과 실행 가능성에 대한 기대는 공존의 규칙이나 원칙을 다루는 정치학에 매우 중대하고도 새로운 주제를 던져주고 있다. 요컨대 전 인류를 대상으로 하는 공존 규범의 원천과 정당성의 근거, 그리고 그 규범의 성격과 한계에 대한 질문이 세계화 시대 정치철학의 가장 중요한 주제로 부상한 것이다.

이 글은 이처럼 우리 시대 정치철학의 새로운 화두로 급부상한 인권 규범에 대한 다양한 정치사상적 이해와 접근 방법들을 비판적으로 조명해본 후, 지구적 수준에서 정당성과 적실성을 담보할 수 있는 인권 규범의 확립에 적합한 접근 방법을 제시해보고, 그렇게 구성된 인권 규범의 성격과 한계를 검토해보고자 한다. 이 과제를 수행함에 있어 이 글은 특히 인권 규범 형성의 배경으로서 문화적·종교적·철학적 다원주의를 전제한다. 왜냐하면 공존 규범 도출에 관한 대부분의 현대 정치철학적 담론이 그렇듯이, 문화적·종교적·철학적 다원주의는 현대사회의 불가피한 사회학적 사실로서, 이 사실을 고려하지 않는 정치철학적 담론은 서로 다른 문화와 종교적 전통을 지닌 국가들이나 집단들의 공통된 지지를 확보하기 어렵기 때문이다(Rawls, 1993: xviii, 24, 38, 138; Raz, 1986, 133, 395-399; Dworkin, 1985: 191, 193).[3] 2절에서는 몇 가지 분석 기준을 제시하고, 매우 개괄적인 수준에서 다양한 정치사상적 전통이 인권 규범의 원천과 정당성의 근거 그리고 인권 규범의 성격과 한계에 대해 어떻게 이해하고 있는지를 검토한다. 3절에서는 인권 규범에 대한 기존의 접근 방법들이 갖는 장단점을 비판적으로 조명해보고, 유엔을 중심으로 한 국제 인권 규범의 수립 과정에 대한 분석을 통해, 지구적 수준에서 정당성과 적실성을 담보할 수 있는 인권 규범의 확립에 필요한 접근 방법을 제시한다. 그리고 맺음말에서는 이 접근 방법에 의해 도출된 인권 규범의 성격과 한계에 관해 살펴본다.

---

3) 하지만 문화적·종교적·철학적 다원주의를 전제하는 것이 다양한 문화와 종교 사이의 교류와 의사소통을 통한 상호적 이해와 계몽이 불가능하다는 것을 의미하지는 않는다. 나는 다원주의의 존재 혹은 강화 현상과 문화·종교 간 상호 이해의 증진이 양립 가능하다고 본다.

2. 인권 규범과 정치사상

이 절에서는 몇 가지 기준을 중심으로 각 정치사상들이 인권 규범의 존재 유무와 원천 및 그 성격과 한계에 대해 서로 다른 입장을 취할 수밖에 없는 이유를 설명하고자 한다. 이 기준들은 이론적으로나 실천적으로 인권 문제에 접근하는 데 편리한 지침을 제공해줄 뿐만 아니라, 한국 사회의 인권 문제를 이해하고 평가하는 데 중요한 가이드가 된다. 여기서 제시된 기준들로는 1) 인권의 존재 유무에 대한 태도, 2) 인권 규범의 선험성(혹은 자연성)과 경험성(혹은 인공성), 3) 인권의 보편성과 특수성, 4) 인권의 형식성과 실질성, 5) 인권 체계 내의 우선순위, 6) 이론과 실제의 간극 정도를 들 수 있다. 이런 기준들은 인권 규범에 대한 다양한 접근 방법에 함축되어 있거나 전제되어 있는 기준들로서, 각 정치사상들에 있어서 인권이 지닌 지위를 보다 명확하게 이해하는 데 유용한 지침을 제공해준다.[4]

1) 인권과 전통적 정치사상

역사적으로 볼 때, 인권 규범은 다양한 근거에 입각해서 정당화되어왔으며 그에 따라 인권과 정치의 관계도 상이하게 설명되어왔다.

---

4) 다양한 정치사상은 여기서 제시된 여섯 가지 기준들 중 몇 가지를 활용하여 인권에 관한 나름대로의 이론을 발전시켰다고 할 수 있다. 정치사상에 따라 하나 또는 두 가지 정도의 기준을 사용하여 인권을 설명하기도 하고, 서너 가지의 기준을 활용하여 더 구체적으로 설명하기도 한다. 따라서 여기서 여섯 가지 기준을 제시한 것은 모든 정치사상의 인권 개념을 그에 준하여 이해·평가할 수 있다는 것이 아니라, 다양한 정치사상 각각이 선별적으로 채택·활용한 기준들을 종합하여 제시한 것이다. 아마도 가장 포괄적이고 구체적인 인권 논의는 이 모든 기준을 활용하여 설명한 이론일 것이다.

크게 볼 때, 인권 규범은 어떤 이상이나 가치에 입각하여 당위적으로 정당화되었거나, 욕구(선호) 추구나 부정의의 회피에 초점을 맞춘 실용적 이유로 정당화되어왔다.

먼저 규범적 정당화의 근거들로는 종교(인간의 신성성과 신 앞의 평등), 인간 본성에 대한 형이상학적 사유(이성적·도덕적 능력에 기반을 둔 존엄성), 생물학적 진화론과 '인간존재의 경이(The Wonder of Our Being)'에 기반을 둔 존엄성 개념 등이 있다(Perry, 1998; Kohen, 2007; Teilhard de Chardin, 1975; Cottingham, 2003).

먼저, 인간의 평등한 신성성이나 존엄성 관념에서 도출된 인권 규범은 선험적으로 정치의 존재 이유 및 한계와 그 작용 방식을 규정짓는다. 예컨대 자연권 사상이 그 한 가지 대표적인 예이다. 자연권 사상에 기반을 둔 정치사상은 정치를 자연권의 보호와 실현을 위한 도구로 인식하는 경향이 있다. 홉스의 경우, 가장 기본적인 자연권인 자기보존의 기본권을 위해 다른 기본권들을 양도하는 조건으로 제3의 주권자인 리바이어던을 세우는데, 이것은 개인들이 강력한 절대 국가의 지배하에서도 행사할 수 있는 최소한의 자연적 권리들—이제는 실정법적인 권리들로 변화되었다—이 있다는 것을 시사한다. 아마도 재산권과 경제활동의 권리들 및 예술 활동의 자유 등을 생각해볼 수 있을 것이다. 하지만 역설적인 사실은 홉스의 절대 국가는 개인들의 권리 보호를 위해 구성되었지만 그 자체가 개인 권리에 대한 치명적인 위협이 될 수 있는 가능성을 안고 있다는 것이다.

자연법의 지배, 나아가서 (실정)법의 지배를 강조한 로크의 대안은 정치가 자연권을 보호하고 조정하는 일차적인 기능을 수행하면서도, 그 자체가 개인의 권리에 대한 위협이 되지 않도록 국가의 권력을 제도적으로 통제할 수 있는 방책을 마련하는 것이었다. 기본권 체계와 권력분립을 명시한 입헌주의 원리는 그 구체적인 표현이며, 개인들이 마지막까지 간직하고 있는 저항(혁명)권은 그 최종적 보루이다.

하지만 벤담처럼 자연권의 존재를 부정하는 공리주의자들이나 회의주의자들은 권리 개념을 인정하는 경우, 인권을 자연적인 실체가 아니라 정치 공동체로서의 국가로부터 파생되거나 국가와 결부되어 있는 것으로, 다시 말해 사회적으로 승인된 것으로 본다(McClelland, 1996: 398, 455-456). 그리고 그것은 주로 유용성을 근거로 정당화된다. 공리주의자들은 개인에게 권리를 부여하는 것이 공공 이익 혹은 공동선의 증진에 기여한다고 여길 경우에만 권리를 인정한다. 따라서 이들은 결코 권리가 절대적이거나 불가 양도의 것이라고 믿지 않는다. 나아가서 공리주의는 개인의 독립성과 자율성을 침해하는 위험성을 내포하고 있는바 개인의 권리를 진지하게 고려하지 않는다(Dworkin, 1977: 7-31). 공리주의는 아무리 정교한 형태라도 가치 평가의 궁극적 기준으로서 '사회 전체의 집합적 효용 혹은 복지의 극대화'를 고수한다. 그리고 그 과정에서 개인들을 수학적·통계적으로만 평등하게 대우할 뿐(treating equally), 각 개인의 고유한 가치를 존중해주는 방식으로 대우하지 않는다(not treating individuals as equals). 그리하여 개인의 욕구와 복지는 사회 전체의 복지를 극대화시킨다는 명목하에 희생될 수 있는 여지가 크고, 따라서 정의와 권리가 실현될 수 있는 확고한 기반을 결여하고 있다.

홉스에게서 그 근대적 연원을 찾을 수 있는 법실증주의 역시 추상적이고 보편적인 인권 규범의 존재를 부정한다. 법실증주의는 권리의 선험적 원천을 부정하며 모든 권리는 사회적 사실이나 관습의 문제라고 본다(Coleman and Leiter, 1999: 241-244). 법실증주의자들은 보편적인 도덕규범을 전제한 인권 규범을 오류라고 간주하고, 인권이 존재한다고 해도 그것은 국가에 의한 제정법 체계에 의해서만 실효성을 갖는다고 본다. 이들에 의하면 법이란 사회적 사실로서 당위적인 것(가치)

과 구분되는바 인권의 도덕적 기초란 없다.

　법실증주의는 또한 국가보다 상위에 있는 선험적인 도덕적 권리를 인정하지 않고 국가주권의 최고성을 강조하는 까닭에 인권의 국제적 토대를 확립하는 데도 장애가 될 수 있다. 법실증주의에 따르면 국제법의 규칙들은 엄밀한 의미의 법규가 아니라 단지 국제 여론에 의해 확립된 일군의 도덕 규칙들에 불과하다. 더구나 법실증주의는 법의 원천으로서 국민국가의 역할을 강조하기 때문에 국제법상으로 개인들이 어떤 법적 지위를 누릴 수 있다는 것을 부정한다. 그러므로 법실증주의가 19세기로부터 20세기 초반까지 광범위한 지지를 얻었다는 사실을 두고 볼 때, 오늘날과 같은 인권 신앙의 시기가 가능케 된 것은 하나의 아이러니가 아닐 수 없다.

　하지만 법실증주의가 건재했던 20세기 동안에도 국제적 인권 규범 체계가 발전해왔다는 사실은 법실증주의가 인권 규범 체계의 발전에 반드시 부정적인 영향만을 끼쳤다고 볼 수 없는 좋은 근거이다. 법실증주의는 인권 체계의 확립에 장애가 되었으면서도 동시에 긍정적인 역할도 수행했다. 이것은 20세기의 서구 국가들이 민주화와 법의 지배를 동시에 발전시켰던바, 전체주의의 지배를 뒷받침했던 법실증주의의 폐단에 대한 반성을 통해 법실증주의가 민주주의와 인권 체계의 발전을 지원하는 방식으로 표현되었기 때문이었다. 보다 구체적으로 말해, 19세기 이후 현재까지 정착된 민주주의와 법의 지배 원리는 법실증주의로 하여금 신속하게 인권 규범을 법체계로 전환시키도록 자극함으로써 인권 보호에 기여할 수 있었다. 예컨대 벤담과 오스틴(J. Austin)은 19세기 영국 법제의 개혁을 통해 실질적인 측면에서 인권의 신장에 기여했다고 할 수 있다(Shestack, 1998: 209). 나아가서 법실증주의는 20세기 중반에 나치 전체주의의 악행을 처벌할 수 있는 보편적인 도덕적·법적 근거로서의 자연권 사상을 실증법적 체계로 반영해

냄으로써, 다시 말해 도덕적 당위를 법적 사실로서 전환시킴으로써 국제법 영역에서도 실질적인 의미를 갖는 인권 관련 법체계를 확립하는 데에도 큰 역할을 했다. 예컨대 국제인권규약은 주권국가들 스스로가 수립한 국제법 체계의 일부가 되었다는 점에서 매우 중요한 의미가 있는 권리 체계이다. 비록 이에 동의한 국가들이 그 법규에 동의한 이유는 제각기 다를지라도, 그 법규가 인권을 보호하는 데 중요한 법적 토대가 되었다는 것은 의심의 여지가 없다.

보수주의자들이나 공동체주의자들은 추상적인 보편적 인권 규범의 존재에 회의적이다.5) 그들에게 있어 권리란 특정한 정치 공동체의 역사와 전통 속에서 확립되고 인정되어온 특수한 것일 뿐, 추상적이고 보편적인 인간이 선험적으로 갖고 있는 실체가 아니다. 프랑스 인권 선언에 대한 버크의 반박은 인권에 대한 보수주의자들의 기본적 태도를 대변한다. 물론 변화에 대한 보수주의자들의 숙명주의적 수용의 태도를 두고 볼 때 오늘날의 보수주의자들이 보편적 인권 규범의 존재를 인정하는 것은 이해할 수 있다. 하지만 그들이 옹호하는 인권 규범의 내용과 폭은 비교적 제한적이고 협소하다.

계급투쟁의 관점에서 정치 세계를 바라보는 맑스주의자들의 경우, 자본주의국가에서 보장된 개인의 권리는 보편적으로 규정되어 있지만, 사실은 부르주아계급이 헤게모니를 쥐고 있는 사회질서를 유지하는 편파적인 역할을 수행하는 것으로 본다(Dembour, 2006: 7). 권리의 형식적 보편성은 실제적 편파성을 은폐하기 위한 이데올로기의 일부로서, 결국은 다수 피지배계급에 대한 억압을 증대시키고 지배계급의

---

5) 그런 것이 존재한다는 것을 인정한다 해도 그것은 각자의 전통과 문화를 발전시켜온 정치 공동체들이 인정·보호해온 구체적인 권리들의 피상적 교집합으로서의 의미가 있다. 이 경우 흔히 '도덕적 최소치(moral minimum)'로 표현되는데, 이것은 선험적이라기보다는 경험적으로 추정된다.

이익을 공고화·극대화시키는 기제일 뿐이다. 권리에 대한 급진적 페미니스트들의 인식도 이와 유사하다(Dembour, 2006: 7-8). 페미니스트들도 권리의 형식적 보편성과 실제적 편파성을 극명히 부각시킨다. 페미니스트들은 일반적으로 권리가 남성들에 의해 규정되어온 사실을 지적하면서, 성적 중립성(gender-neutrality) 관념에 입각해 있다고 여겨지는 권리가 사실상 여성의 권익과 관심사를 무시함으로써 중립적이지도 형평성을 갖지도 못한다고 비판한다. 그러므로 맑스주의자들과 페미니스트들은 공히 인권 개념의 형식적 보편성과 중립성을 비판하고, 인권이 계급적·성적 권력관계를 반영하고 있다는 것을 지적한다. 따라서 이들에게는 권리의 보편성이나 중립성은 권력의 실질적 평등이 담보되지 않는 한, 현존하는 지배/피지배 관계와 기득권을 은폐 또는 공고화하는 이데올로기적 기제에 불과할 뿐이다. 하지만 인간의 해방과 평등 또는 성적 해방과 평등이 완성될 경우, 각각이 비판하는 권리 개념의 형식적 보편성은 실질적 보편성으로 바뀔 수도 있다. 그리고 과도기적인 단계에서는 형식적 보편성이 '점차' 혹은 '단계적으로' 실질적 보편성으로 이행하는 특징을 보일 수도 있을 것이다.

권리의 선험성을 전제하는 자연권적 자유주의와 달리 공화주의자들은 공동체 구성원들의 참여적 심의를 통해 권리 체계가 형성·변경되는 것으로 보는 경향이 있다. 어떤 권리가 권리로서 인정되고 정당화되는 것은 공동체 구성원들의 심의를 통한 합의의 결과이다. 하지만 공화주의가 권리의 기원을 공동체 구성원들의 공적 심의를 통한 합의에서 찾고 있다고 해서, 공화주의가 모든 권리를 전적으로 합의의 산물로 이해한다고 생각하는 것은 피상적인 것이다. 공화주의가 정당한 권리의 원천으로 삼는 공적인 심의의 원칙은 공적인 심의 과정에 참여할 수 있는 선험적인—시민으로서의—자격을 전제하고 있을 뿐만 아니라, 모든 구성원의 참여와 심의야말로 정당성의 근원이라는 전제를 깔고 있기 때문이다. 이것은 공동체의 정당한 일원이 될 수 있는 자유, 다시 말해 참여와 심의 과정에 동등한 지위를 갖고 참여할 수 있는 구성원의 자격을 규정하는 선험적 조건, 즉 선험적인 권리의 존재를 가정한다. 이것은 주로 헌법에 명시되거나 함축되어 있는 권리이며, 동시에 헌법과 법규의 제정 및 개정을 주도할 수 있는 권리로서, 하버마스는 이를 (민주적 정치 공동체의 구성원의 자격을 규정하는) 민주적 권리와 법치의 상호 침투성으로 표현하고 있다(Habermas, 1996: 121).

2) 새로운 인권 담론과 문제의식

인권 규범의 경험적·역사적 기원을 강조한 최근의 정치사회학적인 이론들은 인권 규범이 특수한 역사적 국면에서 억압받아온 피지배층 혹은 체제 변혁 세력들의 저항과 투쟁에 의해 인정·확립된 것으로 본다. 입장에 따라 이렇게 인정된 인권 규범은 목적론적 역사관에 의해 정당화될 수도 있고(Hegelian), 특수한 집단의 순전히 실용적인 상황 대응적 노력의 소산으로 간주될 수도 있다(Rorty, 1989). 이런 관점에서 인권 규범을 인식할 경우, 정치적·사회적·경제적 억압과 착취에 대한 저항과 투쟁, 고문과 같은 정부의 불법행위에 대한 저항, 빈곤과 질병과 같은 사회악들의 완화에 대한 요구, 환경오염과 같은 새로운 공동악(common evil) 해결의 절박한 요구 등이 인권 규범의 원천을 이루는 것으로 간주된다(Bobbio, 1996).

또 한 가지 인권 규범의 원천에 관한 가장 최근의 설명은 인권 규범을 다양한 문화 혹은 가치관 사이의 '중첩 합의'의 산물로서, 다시 말해 '심의를 통한 구성'에서 찾는다(Bobbio, 1996; Donelly, 2003; Kohen, 2007). 특히 하버마스의 의사소통적 합리성 개념과 존 롤즈의 칸트적 구성주의는 이런 접근 방법의 보급에 결정적 역할을 했다(Habermas, 1984; Rawls, 1971; 1993). 이 구성주의적 접근의 장점은 종교적 전통과 세속적 문화를 포함하여, 가능한 한 많은 집단이 거의 '보편적으로' 지지할 수 있는 규범을 도출할 수 있다는 것이다. '중첩 합의'로서의 인권은 대부분의 국가와 문화 집단이 인권의 정당성을 각자의 입장에서 받아들이되 각기 상이한 근거에서 그 정당성을 받아들일 수 있다는 점에서 보편성과 아울러 특수성을 아우를 수 있는 장점이 있다. 다음 절에서는 이 접근 방법을 더 발전시켜 보다 폭넓은 정당성과 적실성을 담보해낼 수 있는 접근 방법을 제안해보고자 한다. 정당성의 원천과는 별개로 인권은 실천 가능성의 측면에서도 중대한 문제를 제기하는바, 인권에 관한 현대적 담론들은 인권 규범의 실천 문제도 중요한 의제로 삼고 있다. 대부분의 현대 국가는 인권의 존재를 부정하지는 않더라도, 인권을 충분히 보장해주기에는 열악한 조건에 처해 있거나, 독재나 기득권을 유지하기 위해 인권을 억압하는 경향이 있다. 다시 말해 이론(규범)과 실제의 괴리가 대단히 크다. 더구나 여전히 국민국가들 사이의 경계가 엄존하는 상황에서 인권의 보편적 실현은 현실적으로 불가능하다. 국민국가의 시민권과 보편적 인간 사이의 구분이 여전히 유의미한 상황은 인권 개념의 보편적 타당성과 실천 가능성을 엄격히 구분 짓게 한다. 아직까지도 인권은 주로 시민권의 형태로 보장되는 것이 현실이기 때문이다. 그래서 소이살(Y. Soysal)은 시민권을 국적과 별도로 간주하여 국적과 상관없이 개별적인 인간(personhood)이라는 사실에 기초하여 모든 이주민에게도 시민권을 부여해야 한다는 주장을 편다(Soysal, 1994: 3). 탈국가적 시민권(postnational citizenship) 개념은 그와 같은 소이살의 입장을 집약하는 개념이다. 그것은 탈영토적이며 보다 개인적인 시민권 개념을 표현한 것으로 초국가적 인권 담론에 의해 뒷받침된다.

오늘날 상당수의 국가가 "당위(ought)는 실천 가능성(can)을 포함한다."는 진술에 입각하여 일부 인권, 특히 사회적·경제적인 인권들은 "실천 가능하지 않기 때문에 실천할 수 없다."고 변명하는 경향이 있다. 하지만 빈번히 그런 진술은 지도자들과 기득권층의 무관심 혹은 의지 결여를 변명하는 것에 불과할 때가 많다. 결국 인권 실천의 문제는 국가들 사이의 정의 문제와 국내의 정치·경제적 자원 혹은 상황과 연관된 문제로 고도의 정치성을 포함한 문제이다. 그런 점에서 (도덕)철학적 접근만으로는 온전히 이해할 수도 해결할 수도 없는 문제이다.

인권 체계 내의 우선순위 문제 역시 중요한 논쟁 대상이다(Beetham, 1999: 89-114). 사회주의적인 국가들은 인권 체계 내에서 상대적으로 적극적 인권, 즉 경제적 인권의 중요성을 강조한다. 그리고 시민적·정치적 권리를 거의 보장해주지 않는 우파 권위주의 정권도 상대적으로 경제적 인권—기본적 생계유지의 권리—의 중요성을 강조하는 경향이 있다. 이는 종종 정치적 권위주의나 독재를 유지하기 위한 정략적 의도와 결부되어 있는 만큼 인권 규범에 대한 진정성 있는 지지의 표현이라 보기 어렵다. 그럼에도 불구하고 극심한 경제·사회적 양극화의 문제를 안고 있는 미국과 같은 사회에 대해서는 어느 정도 설득력을 가질 수 있다. 미국이나 일부 라틴아메리카 국가 그리고 심지어 양극화가 심화된 오늘날의 한국 사회의 기층민들에게는 시민적·정치적 인권의 보장보다는 경제적 인권의 보장이 더 시급하게 여겨질 수 있기 때문이다.

그리고 형식적으로 보장된 시민적·정치적 인권의 실질적 향유를 위해서는 사회적·경제적 인권의 보장이 요구되고, 반대로 사회적·경제적 인권을 보장받기 위해서는 먼저 시민적·정치적 권리의 적극적 행사가 요구된다고 볼 수 있는바, 소극적 인권과 적극적 인권은 서로가 서로의 실현 조건이 되는 매우 복잡한 관계를 맺고 있다. 그러므로 이 두 가지 권리를 동시에 실현할 수 있을 정도의 정치 발전과 경제 발전을 이루지 못한 곳에서는, 인권 체계 내의 우선순위 문제가 여러 사회 세력의 이해관계와 맞물려 매우 복잡한 양상을 띨 수밖에 없다.

3. 전통적 접근 방법과 대안

1) 철학적·종교적 접근

인권 담론의 한 가지 축은 철학적(형이상학적)·종교적이다. 현대의 계약 사상적 실천철학과 칸트주의 도덕철학은 인간은 합리적이며 자율적인 존재, 곧 자유의지를 갖고 있는 존엄한 존재이기 때문에 기본권을 갖는다고 주장한다. 기독교적 담론은 인간은 신의 자녀이기 때문에 신성하며 모두가 신 앞에서 평등하기 때문에 인권을 갖는다고 믿는다(Perry, 1998). 현대의 아리스토텔레스주의는 도덕적인 존재로서의 인간은 신체적·정서적·정신적 필요와 욕구가 충족되어야만 '좋은 삶(the good life)'을 영위할 수 있기 때문에 그런 필요에 상응하는 인권을 누려야 한다고 본다(Nussbaum and Sen, 1993).

오늘날과 같이 가치 다원적인 사회에서는 인권 규범에 대한 종교적인 정당화가 보편적 지지를 얻을 수 없다는 문제의식하에, 진화생물학적 연구에 입각하여 인간의 존엄성 관념을 도출하고, 그것으로부터 인간 존엄성의 보호와 실현에 필요한 권리들을 도출·정당화하는 접근 방법도 그 세속적인 성격을 제외하면 형이상학적이고 종교적인 정당화와 유사하다(Kohen, 2007; Teilhard de Chardin, 1975; Cottingham, 2003).

일반적으로 진화생물학은 기독교의 창조론을 거부하고 우연한 자연 과정에서 생물이 발생했고 그것으로부터 인간이 우연한 진화 과정을 통해 탄생되었다고 보기 때문에 기독교적인 인간의 신성성 관념을 거부한다. 이 때문에 진화생물학이 인간의 평등한 존엄성 관념에 입각하여 인권에 대한 세속적 정당화의 기초를 제공해주기는 어렵다고 생각할 수 있다. 하지만 인권에 대한 종교적 정당화가 보편적이지 않다는 이유로 거부하는 일부 학자는 진화생물학으로부터 인간 존엄성 관념을 도출할 수 있으며 이로부터 인권을 정당화할 수 있다고 주장한다.

진화생물학의 발견으로부터 인간 존엄성 관념을 도출하는 이들은 인간의 복잡한 고차적 뇌 활동이 정신 활동의 생물학적 토대가 되는 바 이는 여타의 다른 동물들과 인간을 구분시켜주는 가장 중요한 기준이 된다고 본다(Kohen, 2007: 85-108). 인간은 진화의 신비로 인해 유일하게 사고하고, 상상하며, 창조하고, 의도하며, 아름다움을 추구하고, 문명을 구성할 수 있는 '존재의 경이로움'을 지닌 '존엄한' 존재이다(Mahoney, 2007: 147-50). 이 존엄성 개념에 입각하여 이들은 존엄성을 보호하고 실현할 수 있는 필수적인 조건으로서의 인권 체계를 도출할 수 있다고 주장함으로써 인권에 대한 세속적 정당화를 시도한다.

인권에 대한 철학적·종교적 옹호와 정당화는 인권에 대한 우리의 태도를 형성하고 국제 인권법의 권위에 대한 존중심을 함양하는 데 더없이 중요하다. 이런 철학적·도덕적 인권 담론들이 없다면 인권에 대한 국제적인 공동 이해와 대응에 어려움이 따를 것이며, 서로 다른 종교와 문화를 갖고 있는 나라들이 상호 이해를 통해 인권 관련 국제법과 국제기구를 창설·유지하는 것도 거의 불가능할 것이다.

하지만 인권 개념을 우주에서의 인간의 지위나 인간 본성에 대한 형이상학적 가정으로부터 연역해내거나 정당화하는 방법은 다음과 같은 문제점들을 안고 있다(김비환, 2006). 먼저 인간의 본성이나 도덕 능력에 대한 철학적 논의로부터 인권(체계)을 도출하는 것은 논란의 여지가 크다는 점이 지적될 수 있다. 인간의 본성은 가변적인가 불변적인가, 인간의 기본적인 필요와 욕구는 무엇인가, 그리고 인간의 필요와 욕구는 문화와 시대에 따라 변하는가? 이런 문제들에 대한 통일된 철학적·종교적 견해는 아직 존재하지 않으며 가까운 미래에도 존재하지 않을 가능성이 크다. 예컨대 인간의 필요와 욕구가 시대와 사회에 따라 변한다고 가정한다면 그런 가변적인 요소들로부터 보편적인 인권 개념을 도출하거나 정당화하기는 어렵다. 그리고 인간의 필요와 욕구가 변하지 않는다고 가정하는 경우에는 전근대사회와 근대사회의 필요와 욕구 체계가 현격히 달랐다는 역사적 사실과 합치하지 않으며, 각국의 문명 발달 수준에 큰 차이가 나는 오늘날의 상황과도 잘 부합하지 않는다. 그러므로 어떤 경우에도 인간의 본성에 대한 가정으로부터 인권 체계를 도출해내어 적용하려는 시도는 상황적·현실적 한계라는 커다란 벽에 부딪히게 된다. 인간성에 관한 형이상학에 토대를 둔 인권 담론은 그 긍정적인 기능에도 불구하고, 현실과의 지나친 괴리로 인해 인권 개념을 오히려 공허한 이상으로 만들어버릴 가능성도 있다. 예컨대 모든 개인은 인간이기 때문에 인권을 갖는다는 주장이 아사 직전의 수많은 아프리카인과 파키스탄의 이재민에게 어떤 실질적 의미가 있으며, 각종 차별과 착취에 시달리는 외국인 노동자들과 학대에 시달리는 아이들 및 소외된 여성들에게 도대체 무슨 실제적 의미가 있을까?

　철학적 인권 담론의 한계는 현대 인권 체계 내에서 발견되는 몇 가지 부정합성을 통해서도 드러난다. 인권 체계를 구분하는 한 가지 방식은 소극적 인권 체계와 적극적 인권 체계로 구분하는 것이다. 소극적 인권 체계는 주로 시민적·정치적 권리들로 구성되며, 누구에게나 적용될 수 있고 다른 사람들의 능동적인 관여를 필요로 하지 않는다는 점에서 서로 충돌 없이 실천될 수 있다. 하지만 사회적·경제적 권리들은 그렇지 않다. 그것들은 모든 사람에게 동일하게 적용될 수 없으며 반드시 다른 사람들 혹은 국가의 능동적인 관여를 요구한다. 예를 들어 복지권은 한 사회의 빈곤층에게 복지 혜택을 주기 위해 불가피하게 부유층에게 그만큼의 부담(의무)을 부과한다. 따라서 이 두 인권 체계의 특성은 매우 달라서 동일한 철학적 토대(절대적 원리)에 입각하여 정당화하기 어렵다.

철학적 인권 담론의 현실적 난점은 국제법 체계 내에 존재하는 부정합성에서도 나타난다. 세계화는 경제적 통합을 관할할 경제법 체계의 확립을 필요로 하고 있는데, 현재의 국제 경제법 체계는 대체로 자유주의적인 가치관과 효율성 원리를 반영한 시장주의와 최소 국가주의를 지향하고 있다. 그와 달리 인권법 체계는 때로는 불개입주의를 때로는 능동적 개입주의를 옹호하고 있는바, 이 경우 능동적 개입주의는 개인의 독립성 원리보다는 사회성과 유대의 원리에 토대를 두고 있다. 국제법 체계에 존재하는 이런 부정합성은 인권 체계가 어떤 철학적 논리를 통해 연역적으로 (따라서 정합적으로) 구성된 것이라기보다는 다양한 맥락에서 형성된 정치적 의도와 관심을 반영하고 있다는 것을 시사해준다.

철학적 인권 담론의 또 다른 한계는 실천 가능성에 관련되어 있다. 설령 보편적인 철학적 절대 원리를 확인하고 그것으로부터 기본적인 인권 체계를 구성하는 것이 가능하다 해도, 그 인권 체계를 실천하는 것은 별개의 문제이다. 그 절대 원리로부터 도출한 인권 체계의 타당성에 대해서는 모든 국가와 집단이 동의할 수 있지만 실천의 조건과 단계 그리고 방법에 대해서는 이해관계를 달리할 수밖에 없다. 즉 그것들을 어떻게 보호하고 실천하는가에 관한 문제는 철학적 정당화와는 별개의 문제로서 구체적인 상황에 대한 판단과 현실적인 고려를 요구한다.

2) 역사적 · 사회학적 접근

　인권 규범을 인권이 발생한 구체적인 역사적·사회적 맥락 속에서 파악하는 역사·사회학적 인권 담론은 철학적·종교적 담론의 한계를 보완하고 인권의 기원과 성격 그리고 한계에 대해 보다 현실적인 인식과 대응을 가능케 해주는 장점이 있다. 역사적·정치사회학적 접근 방법은 종교적 자유는 종교전쟁으로부터, 시민적 자유는 절대주의에 대한 의회의 투쟁으로부터, 그리고 정치적·사회적 자유는 노동자들과 소(小)자작농들의 성장과 요구로부터 발생한 것으로 본다. 또한 교육, 의료 복지 그리고 환경에 대한 권리는 빈곤층이 당국에 대해 끈질기게 요구하고 투쟁함으로써 얻은 것으로 본다. 그러므로 역사·사회학적인 인권 담론은 인권 체계가 어떤 과정을 거쳐 확립되었고, 어떻게 지금과 같은 방식으로 범주화되었으며, 현재의 한계나 문제점을 노정할 수밖에 없는가를 조명해줌으로써 철학적 인권 담론의 한계를 보완해줄 수 있는 장점이 있다.

　하지만 역사·사회학적인 이해도 나름대로의 한계를 지니고 있다. 철학적·도덕적 관점이 갖는 규범성과 보편성을 결여함으로써 일국 내에서의 인권침해에 대한 비판과 시정을 어렵게 한다. 그뿐만 아니라 각 사회의 전통과 발전 수준의 차이를 강조한 나머지 국제적으로 보편성을 갖는 인권 체계와 제도의 구상을 어렵게 한다. 따라서 역사·사회학적인 방법 역시 철학의 반성적이고 보편주의적인 관점에 의해 보완되지 않으면 안 된다. 그래서 각 사회에 내재하고 있는 억압적이고 착취적인 관행들이 '문화의 고유성'이라는 미명하에 미화되거나 존치되지 않도록 비판·극복될 수 있어야 한다. 철학의 보편적 관점과 근본적 비판에 의해 보완되지 않을 경우 역사·사회학적인 관점은 명백한 부정의와 잔악 행위마저도 문화 내재적으로 합리화해버릴 수 있는 위험을 안고 있다. 따라서 철학적 관점과 역사·사회학적인 관점의 병행은 한 관점이 노정하는 한계를 극복할 수 있도록 해줌으로써 규범적으로 타당한 동시에 실제적으로도 유용한 인권 담론 형성에 기여할 수 있다.

3) 철학과 정치의 긴장과 통합: 중첩 합의를 위한 예비적 고찰

나는 규범론과 실천 가능성을 이분법적으로 대립시킬 필요는 없다고 본다. 긴 역사적 안목으로 볼 때는, 단기적으로는 공허해 보였던 규범적 주장이 장기적으로는 실현되어 있음을 알 수 있는데, 도덕규범(진리)의 비현실성 혹은 실천 불가능성을 강조하는 것이 때로는 비역사적·비현실적일 때가 있다. 도덕적 규범은 때로 기성 체제와 권력관계에 도전하는 아래로부터의 저항을 통해 구현된 경우가 적지 않았다. 즉 정치적 실천(혁명)은 진리의 운반자인 경우가 많았다는 것이다.

철학과 정치의 긴장 관계는 오히려 양자의 논리를 통합시킴으로써 규범적 타당성과 아울러 실천 가능한 인권 담론을 모색하는 데 활용할 수 있다. 인권의 보편성과 인권 체계의 역사적 진화 과정은 인권 철학과 정치가 결코 화해될 수 없는 긴장 관계에 있지 않다는 것을 보여준다. UDHR은 철학적·도덕적 진리와, 부정의에 대한 역사적 투쟁 그리고 정치적 심의 혹은 타협의 원리가 종합된 결과물이다. UDHR에 기여한 요소들과 그에 도달하기까지의 정치적 과정은 철학과 정치가 인권 레짐의 구성에 필수 불가결한 요소로 협력했음을 보여준다. 그런 의미에서 UDHR은 정치와 철학의 관계를 재조명할 수 있는, 정치철학적으로도 대단히 의미심장한 계기를 제공해주었다.[6]

[6] 물론 철학과 역사 그리고 정치적 심의의 상호작용을 통해 인권 규범 체계가 형

플라톤 정치사상에서부터 정치철학의 항구적인 주제로 부각된 진리(혹은 도덕규범)와 정치의 긴장 관계는 철학의 초월적 진리에 대한 동경과 정치의 현실적 맥락성 사이의 불가피한 불일치의 귀결이다(Arendt, 1963: 107; Wolin, 1960: 37). 철학자는 절대적인 권력으로 무장하지 않는 한 정치 세계의 논리에 제압될 수밖에 없다. 소크라테스와 예수의 죽음은 그와 같은 긴장 관계를 상징하는 중대한 사건이다.

철학과 정치의 갈등 관계가 지양되는 방식에는 두 가지가 있다. 그 한 가지는 철학이 정치의 논리를 받아들여, 한 사회의 정치가 허용하는 방식과 범위 내에서 철학적 진리를 여론 형태로 제시하는 것이다. 풍자와 해학을 통한 철학적 전달도 가능할 것이다. 다른 한 가지는 정치가 철학의 자유로운 활동에 우호적인 형태로 작용할 경우이다. 이 경우 철학은 비교적 자유롭게 철학적 진리를 제시할 수 있을 것인바, 철학은 '정치적으로' 철학적 진리를 제시할 수 있게 된다.

왈쩌는 철학과 정치의 관계를 플라톤과는 반대로 이해한다(Walzer, 1983: preface). 왈쩌에게 있어 철학자의 역할은 초월적 진리를 발견하는 것이 아니라, 자신이 속해 있는 공동체의 관행을 해석하고 내적 가치에 따라 공동체의 관행을 개선해가는 것이다. 철학자는 보편적인 진리를 위해 동굴을 벗어날 필요가 없고 또 벗어나서도 안 된다. 도덕규범 혹은 진리는 문화 특정적이고 맥락적이기 때문이다. 따라서 공동체 구성원들의 사회적 합의(민주적 합의)가 가치판단과 정책 입안의 기준이 되는바, 정치(민주주의)는 철학에 대해 우선성을 갖는다.

하지만 초월적 진리(규범)와 민주정치는 그와 같은 배타적 관계를 형성할 필요가 없다. 철학자와 성직자는 자유롭게 초월적 진리를 추

성·확립되었다는 사실이 철학과 정치 사이에 존재하는 긴장을 온전히 해소했다는 의미는 아니다. 철학이 지향하는 보편적 규범 체계의 확립과 현실적인 정치 사이에는 여전히 깊은 심연이 존재할 수 있기 때문이다.

구할 수도 있고, 왈쩌의 철학자처럼 공동체의 관행에 구현되어 있거나 함축되어 있는 지배적 가치를 확인하고 그것에 의해 공동체의 관행을 평가·계도하고자 할 수도 있다. 다시 말해 초재적 혹은 외재적 철학과 내재적 철학의 공존이 가능하고 그 사이에 모종의 균형을 찾아가는 반성적 평형의 방법을 활용하는 것이 더 타당한 것이다.[7] 그리하여 민주적인 토의와 합의 과정에는 플라톤적 철학자와 왈쩌적 철학자 그리고 공동체의 부정의와 잔악한 행위에 맞서온 저항자가 '함께' 심의함으로써 공동의 합의 혹은 규범을 도출할 수 있다. 즉 민주적 심의 과정에는 초월적(보편적) 규범과 내재적 가치 그리고 실용적인 고려가 함께 제시되고 조정됨으로써 모종의 결론(합의 혹은 규범)에 이르는 것이 가능한 것이다. 이런 시각을 넓힐 경우, 다양한 종교적·문화적·철학적·도덕적 전통을 갖고 있는 국가 및 단체들 사이의 민주적 심의는 그들 사이에 합의 또는 타협을 가져올 수 있다. 롤즈 식 '중첩 합의'는 이론적인 수준에서 한 가지 '불충분한' 예를 제공해주며, UDHR은 실천적 수준에서 매우 중요한 한 가지 예를 제공해준다.[8]

---

7) 다원주의하에서의 집단적 심의는 그와 같은 반성적 평형을 가능하게 해주는 구체적인 정치적 기제로 작용한다.
8) 여기서 롤즈의 중첩 합의가 불충분하다는 표현은, 그것이 보다 광범위하거나 보편적인 성격의 합의가 될 수 없다는 의미이다. 왜냐하면 롤즈의 중첩 합의는 합의 당사자들 사이의 합의가 순전히 '도덕적'이어서, 도덕적이 아닌 이유에서 합의에 참여할 수 있는 다수를 배격할 수 있기 때문이다. 롤즈적 중첩 합의는 합의 당사자들이 신봉하는 지배적인 가치에 입각하여 지지하는 합의이다. 그래서 그것은 다른 현실적인 대안을 찾을 수 없어서 차선으로 지지하거나, 더 큰 악을 막기 위한 실용적 목적에서 지지하는 당사자들을 배격할 수 있는 만큼 지구적인 인권 규범 형성을 위한 방법으로는 불충분한 것이다. 따라서 중첩 합의는 도덕적이 아닌 이유에서 합의에 참여할 수 있는 당사자들을 포용할 수 있도록 더욱 개방적이어야만 한다.

4) 인권선언과 중첩 합의

UDHR의 입안 과정은 중첩 합의의 훌륭한 본보기를 제공해준다. 유엔은 문화상대주의가 제기하는 도전에 직면하여, 유네스코(UNESCO, UN's Educational, Scientific and Cultural organization)로 하여금 '인권의 이론적 기초 위원회(Committee on the Theoretical Bases of Human Rights)'를 구성토록 함으로써 인권의 보편적 토대를 확립하고자 시도했다(Kohen, 2007: 134-141). 영국의 정치사가 카(E. H. Carr)가 의장을 맡고, 미국 시카고대학의 철학자 매키온(R. McKeon)과 프랑스의 사회철학자 마리탱(J. Maritain) 등과 같은 석학들이 참여한 이 위원회는 1947년, 중국과 이슬람 사회, 힌두 사회, 미국, 유럽, 사회주의국가의 관점 및 관례적인 법학적 관점을 총 망라하여 인권에 대한 견해를 묻는 질문지를 돌려 의견을 수합하였다. 전 세계에 걸쳐 철학자들과 정치학자들, 시인들 그리고 소설가들로부터 약 70개의 응답지를 수합·분석한 결과, 위원회는 "인권의 용어들은 비교적 근대 유럽 발전사의 산물일지라도, 인권의 원천은 그들 모든 전통에 존재한다."는 것을 확인했다(Kohen, 2007: 137). 벵골의 이슬람 시인이자 철학자인 후메이니 카빌(Humayin Kabir)은 위원회의 질의에 다음과 같이 응답했다.

> 인권에 관한 서구적 관념의 기본적인 오류는 그 아이디어 자체에 있는 것이 아니라, 빈번히 그 이념에 부응하여 살지 못한 실패에 있다. …… 실제적으로 …… 인권은 빈번히 유럽인에게만 적용되며, 때로는 유럽인들 중의 일부에게만 적용된다(Kohen, 2007: 137 에서 재인용).

응답지에 대한 분석을 통해 유네스코는 인권의 역사적 맥락을 인정하는 한편으로 세계의 다양한 철학과 문화가 대부분 인권 개념과 유사한 개념을 포함하고 있다는 것을 확인함으로써 문화상대주의를 앞세워 보편적 인권 규범의 수립 불가능성(그리고 잠재적 억압성)을 주장하는 입장에 대응했다. 그리고 질의응답에 대한 분석 과정을 거쳐 진행된 인권선언의 초안 작성 과정은 문화상대주의가 결코 치명적인 장애가 될 수 없다는 점을 넘어서, 인권선언의 작성에 간문화적 합의(cross-cultural agreement)가 가능하다는 것을 보여주었다. 그것은, 오렌드(B. Orend)의 지적처럼, 인권을 정당화할 수 있는 하나의 근거만이 존재하는 것이 아니라 매우 다양한 근거가 존재할 수 있다는 사실을 확인시켜주었다(Orend, 2002: 69-70).

인권선언의 초안작성위원회는 주요 서구 국가들의 위원들은 물론 인도, 필리핀, 칠레, 레바논, 중국과 같은 다양한 국가 출신 위원들로 구성되었다. 더구나 이 위원회에서 가장 적극적인 역할을 수행했다고 평가되고 있는 말릭(C. Malik)과 창(P. C. Chang)은 각각 레바논과 중국 출신으로, 인권선언이 특정 문화나 종교적 가치에 의해 굴절되지 않도록 하는 데 큰 역할을 했다. 그들은 각 문화와 종교가 나름대로의 입장에서 수용할 수 있으면서도 특정 문화나 종교에 지나치게 유리하지 않도록 인권선언을 적성하는 데 기여했다. 이 결과에 대해 글렌돈(M. A. Glendon)은 다음과 같이 평가했다.

> 세계의 모든 나라가 발언권을 갖지는 않았지만 많은 나라가 발언권을 가졌다. 그리고 그들의 대응은 유네스코 철학자들의 결론, 즉 소수의 기본적인 실천적 인권 개념은 광범위하게 공유되고 있기 때문에 사회 구성원으로서의 인간의 본성 속에 내재되어 있는 것으로 볼 수도 있다(Kohen, 2007: 139 재인용).

간문화적 대화(cross-cultural dialogue)의 원리는 유엔인권위원회가 인권선언과 인권 목록을 작성·수정·변호하는 전 과정에 있어 지속적으로 작용했다. 특히 다양한 문화와 종교 그리고 언어공동체와 정치체제에서 파견된 참여자들의 특성으로 인해, 인권선언과 목록 작성에 사용된 용어와 문구는 뜨거운 논쟁 대상이 되었다. 국가주권의 침해 가능성과 실천 가능성 문제를 제기한 사회주의국가들의 반발이 있었음에도 불구하고, 인권선언에 관한 논란은 각 조항의 용어와 표현 문제로 귀착되었다. 인권선언 최종안이 총회에 회부되기 전에 위원회는 초안 작성자들로 하여금 30개 조항 각각에 걸쳐 사용된 용어와 권리의 내용을 정당화하도록 요구함으로써 마지막 검토를 수행했다. 가장 논란이 되었던 조항은 인간의 본성을 기술하는 1조였는데, 그 논쟁의 핵심은 1조에 인간은 신의 이미지로 태어났다는 기독교적 표현을 쓰는 것이 타당한가에 대한 것이었다. 결과는 그 표현은 "모든 곳의 모든 인간으로부터" 보편적 지지를 얻지 못할 것이라는 이유에서 기각되었다. 그리하여 약 2년 동안 81차례의 회의를 거쳐 최종적으로 마련된 인권선언은 찬성 21, 반대 0, 기권 7표로 통과되었다. 인권선언 최종안을 총회의 표결에 붙이기 전에 말릭은 인권선언의 독특성을 설명하는 가운데, 인권선언은 특정 문화에 기원을 둔 이전의 인권선언들과 다른 특별한 것, 곧 매우 다양한 문화와 전통 사이의 합의로부터 도출된 것임을 강조했다(Freeman, 2002: 34-35; Kohen, 2007: 143-144).

5) 중첩 합의의 확장과 간문화적 교류

인권선언에 대한 합의가 인권선언의 목록에 열거된 구체적인 권리들만을 대상으로 한 피상적인 것인지, 아니면 이런 권리들의 공통된 토대로서의 인간 존엄성에 대한 공유된 신념을 반영하는 것인지에 대한 논란이 존재한다(Donnelly, 2003; Bobbio, 1996 vs. Kohen, 2007). 그리고 단순히 나치의 잔학 행위가 재발하지 않도록 막기 위해 채택된 것이라거나(Freeman, 2002), 여전히 서구 중심주의적이며 개인주의적인 가치 체계를 반영하는 것이라거나, 철학적으로 근본이 없는 피상적인 합의라는 비판도 있다(Waldron, 1987: 166-209).

하지만 이미 주장한 바와 같이, UDHR은 다양한 문화와 종교 그리고 지역의 중첩 합의의 산물이지만, 깊은 다원주의를 특징으로 하는 정치 세계의 엄연할 사실을 고려해볼 때 그래도 가장 정당성이 있고 실효성이 있는 지구적 규범 체계라는 것이 이 글의 기본적 입장이다. 이 중첩 합의는 분명 롤즈적인 순수한 '도덕적 합의'에는 못 미치지만, 롤즈적 중첩 합의와 잠정 협약(modus vivendi)을 포괄하는 더 폭넓은 내용을 갖는 것이다. 이 합의 과정에는 플라톤적 철학자와 왈쩌적 철학자 그리고 공동체의 부정의와 잔악한 행위에 맞서온 저항자가 '함께' 참여·심의했다. 즉 민주적 심의 과정에 초월적(보편적) 규범과 내재적 가치 그리고 실용적인 고려가 함께 제시되고 조정됨으로써 모종의 결론(합의 혹은 규범)에 이르는 것이 가능했던 것이다. 이들 중 상당수는 인권 규범에 대해 자신들의 가치관과 종교적 신념에 입각하여 진정으로 지지를 보냈으며, 또 일부는 그 인권 규범이 더 이상의 잔악한 범죄를 막아줄 것이라는 실용적인 이유에서, 그리고 또 일부는 거부할 마땅한 근거를 찾기 어려워 표면적인 동의를 표했을 것이다. 다시 말해 그 합의는 다양한 철학적·실용적 근거에 입각하여 정당화되었다. 하지만 그런 사실이 그 합의가 철학적 근거가 없거나 순전히 실용적인 것이라는 반증은 되지 않는다. 그것은 많은 사람의 도덕적 확신을 반영하는 것이거나, (그 이면에 긍정적 가치를 전제하고 있는) 공통된 도덕적 우려―나치의 잔학 행위를 통해 나타난 부도덕성에 대한 우려―를 반영하고 있기 때문이다. 다시 말해 일종의 확장된 중첩 합의로서의 인권선언은 다수 사람에게는 진정한 도덕적 합의로, 그리고 일부에게는 부도덕한 정치적 악행을 차단하기 위한 소극적인 도덕적 동의로 이해될 수 있다는 점에서 정당성과 아울러 상당히 지속적인 안정성을 확보할 수 있는 것이다. 이와 관련하여 인권 체계의 수립에 대한 오렌드의 다음과 같은 결론은 시사하는 바가 크다.

주목할만한 것은, 서로 다른 사람들이 다양한 이유 때문에 인권을 지지할 수 있는바, 인권 체계의 존재와 그것이 우리의 행위에 요구하는 힘을 강력히 뒷받침하는 타당한 이유는 아마도 하나 그 이상일 것이라는 사실이다(Orend, 2002: 70).

그런데 확대된 중첩 합의로서의 인권선언은 문화에 대한 우리 시대의 변화된 인식과 궤를 같이 한다. 지구화의 급속한 전개는 상이한 문화권에 속한 사람들의 이주를 활성화시켰으며, 그 결과 대부분의 사회는 인종·문화·종교적 다양성을 내포하게 됨으로써 자연스럽게 상이한 문화들 사이의 교류와 상호 침투를 촉진시켰다. 이런 상황은 비록 문화들 사이의 갈등과 충돌이 빈번한 상황에서도 상호 적응을 가능하게 하였고, 각 문화에 고유한 문제와 한계를 인식토록 함으로써 문화의 내적 혁신을 가능하게 하였다. 또한 각 문화는 고유한 세계관과 가치 체계를 지니고 있는 폐쇄적이고 고정·불변적인 실체가 아니라, 가변적이고 혁신을 위한 내적 자원을 내포하고 있다는 사실도 간문화적 소통 및 상호 이해의 증진이라는 대의에 기여함으로써 인권 문제에 대한 공동의 이해와 대응을 가능하게 한 요인으로 작용했다 (Shestack, 1998).

더구나 문화의 고유성과 상대성을 강조하는 문화인류학적인 연구들을 비교·검토한 일부 철학자는 여러 문화가 각자의 고유성에 못지 않은 공통적 특징, 예를 들면 인간의 생명에 대한 존중, 부당한 살인에 대한 혐오, 근친상간의 부정 경향, 난교와 강간의 부정, 성적 관계의 지속성과 안정성에 대한 옹호, 진리에 대한 동경, 협동의 선호, 종교에 대한 옹호 등과 같은 특징을 공유한다는 것을 확인했다(Finnis, 1980: 83-84).

이처럼 지구화로 인한 다문화주의 경향과 문화적 소통성의 증대, 그리고 간문화적 공통성의 확인은, 자유화 및 민주화 그리고 인권 의식의 급속한 확산과 더불어 유엔을 통한 국제적 협력을 가능하게 하는 요인이 되고 있다. 이는 1960년대 이후 유엔헌장과 인권선언에 천명된 권리들을 보호할 수 있는 법적 문서와 집행 기구들을 마련하려는 국제적인 협력의 배경으로 작용했으며, 인권 규범에 대한 보다 실질적이고 깊이 있는 국제적 이해와 정당화를 가능하게 한 요인이 되었다.

인권 규범에 대한 접근 방법과 관련, 지금까지의 논의는 다음과 같이 정리할 수 있다. 종교적·철학적·문화적 다원주의하에서의 개방된 공적 심의는, 시공간적으로 제한된 보편적 규범을 도출해낼 수 있는 현실적으로 유일한 방법이다. 그리고 공적인 심의는 바람직한 인간 사회에 필요한 '절차적·형식적 조건들'에 대한 논의와 아울러, '공동의 악'을 회피할 수 있는 방법에 대한 실용적 논의도 포함시켜야만 규범력과 실천 가능성을 겸비한 인권 규범을 확립할 수 있다. UDHR은 다양한 문화와 전통 그리고 종교 사이에서 진행된, 역사와 철학 그리고 정치적 필요 사이를 오간, 일종의 확장된 '반성적 평형'의 산물이다. 이 방식은 인간다운 삶에 필요한 최소한의 질서를 모색하려 했던 홉스의 신중주의, 인권 규범이 요청하는 보편주의, 그리고 다원주의하에서의 보편적인 규범성 근거를 제공하는 구성주의적 사고 및 그 가장 대표적 사례인 롤즈의 '중첩 합의' 개념과 반성적 평형을 통합한 것으로, 규범성과 실천성 및 문화적·지역적 편차성을 동시에 고려할 수 있는 인권 담론을 모색하는 데 가장 적절한 접근 방법으로 사료된다.

4. 맺음말

현재 한국 사회에서 인권은 그 규범력과 제도적 구현 정도에 있어 공히 미약해 보인다. 강한 비(非)자유주의적 국가주의 전통과, 일천한 민주주의와 법치주의의 전통 및 그것과 연계된 사법부의 종속성, 개발독재의 잔재인 성과 지향적 태도의 고착 및 의무론적 태도의 결여, 분단 상황으로 인한 반공주의의 장기적인 정치적 영향, 그리고 사회적 목적 체계에서 상대적으로 낮은 인권의 위상 및 인권 의식 등을 그 원인으로 제시할 수 있다.

이와 같은 요인들은 정치권이 인권 문제를 쉽게 정략적·전략적 고려의 대상으로 삼아온 이유를 조명해준다. 정치권은 인권의 보편성과 특수성을 편의적으로 해석·적용함으로써 인권의 가치를 정치적으로 이용해왔다. 이 점은 진보와 보수를 막론하고 모든 정치 세력에게 공히 해당된다. 또한 이 문제는 소극적 인권(시민적·정치적 인권)과 적극적 인권(사회적·경제적 인권)의 우선순위에 관한 정치 논쟁, 북한 인권 문제에 대한 정치적 입장 차이 및 다문화주의적 인권 문제와 얽힘으로써 인권 문제에 대한 정치권과 시민사회의 통일된 접근을 가로막고 있다.

특히 가장 논란이 되고 있는 문제는 시민적·정치적 권리와 사회적·경제적 권리의 우선순위에 관한 것이다. 보수 세력은 시민적·정치적 권리의 우선성을 강조하는 반면, 진보 세력은 소극적 권리를 실질적 권리가 되게 할 수 있는 조건으로서의 사회적·경제적 권리의 중요성을 상대적으로 강조한다. 하지만 이런 논쟁과는 별도로 우리 한국 사회가 시민적·정치적 인권을 충분히 보장하고 있는가 하는 문제도 지속적으로 논란이 되어왔다. 전통적인 국가주의가 반공주의와 결합하여 사상적 자유화와 민주주의를 지체시켰던 권위주의 체제의 잔영은 아직도 한국 사회에 시민적·정치적 권리 체계나마 온전히 정착시켰는가 하는 의구심을 불러일으키고 있다. 얼마 전 국방부 금서 목록 지정에 대한 노암 촘스키의 통렬한 비판은 자유민주주의를 수호하기 위해서는 언론과 사상의 자유를 제약하는 것이 옳다는 냉전 자유주의의 영향이 아직도 한국 사회에 잔존해 있음을 방증한다. 최근에 논란을 불러일으키고 있는 언론, 방송 및 인터넷에 대한 현 정권의 규제도 또한 같은 맥락에서 이해할 수 있을 것이다.

보수 진영의 경우 사회적·경제적 권리는 주로 정책적 선택의 문제로 인식할 뿐, 권리의 문제로 인식하려 하지 않는듯하다. 신자유주의적 세계화의 가속화와 IMF체제의 경험은 사회적·경제적 권리(복지권)를 아예 인권에 포함시키지 않거나, 파이를 더 크게 키운 먼 후일의 문제로 유보시켜놓으려는 보수 진영의 입장에 유리하게 작용했다. 최근 미국 금융위기로 촉발된 위기에 대응하는 현 정권의 정책적 지향은 사회적·경제적 권리를 기본적 인권으로 인정하지 않으려는 보수 진영의 기본 태도를 반영하고 있다고 보건대, 서민들의 복지권을 유능하고 부유한 계층이 쌓아 올린 부의 낙수 효과를 통해 충족시켜 줄 수 있다는 입장으로 구체화되고 있다. 하지만 그것은 복지권을 권리로서 인정하는 것이 아니라 정책의 우연한 부수 효과 정도로 인식하는 것이다. 만일 현 정권이 사회적·경제적 인권을 인권의 정당한 일부로 인정한다면, 현 금융위기에 대한 정책적 대응 방향도 상당히 달라질 수 있을 것이다.

현재의 다문화적인 상황 역시 한국 정부의 인권 의식과 정책을 평가할 수 있는 좋은 계기를 제공한다. 현재의 한국 경제에서 외국인 노동자들이 차지하고 있는 비중은 결코 무시할 수 없다.[9] 하지만 이주 노동자들에 대한 정부의 정책과 주류 사회의 태도는 우리 사회의 인권 의식과 제도화의 문제점을 극명히 보여준다. 그들의 경제적 기여에 비해 그들이 한국 정부와 주류 사회로부터 받고 있는 냉대는 한국 사회가 민주화에 성공했다는 자부심의 진정성을 지극히 의심스럽게 만든다. 멀리서 찾을 것도 없이 바로 우리 한국 사회가 인권과 시민권 사이에 존재하는 긴장을 보여주는 생생한 현주소인 것이다.

전체적으로 한국 사회에는 인권의 이론과 실제 사이에 아직도 큰 간극이 존재한다. 인권 규범에 대한 선언적 지지와 현실적 유보 혹은 지연 사이에 꽤 큰 괴리가 존재한다. 이는 특히 다문화적 상황에 대한 대응에서 가장 두드러지고 있다고 볼 수 있는데, 이 영역에서의 실질적인 인권 개선 노력이 진정성 있게 수행되지 않는 한 국제사회로부터 결코 인권을 존중하는 국가로 인정받지 못할 것이다. 또한 현 정권의 인권 문제에 대한 접근이 진정성을 평가받으려면, 북한의 인권 문제에 대해 압력을 쏟는 그 이상으로, 우리 사회 내부의 인권침해, 그것도 정부에 의한 인권침해 가능성을 항상 경계하고 그 가능성을 최소화하기 위해 배가의 노력을 기울여야만 할 것이다.

한 가지 분명한 것은, 한국 사회가 가용할 수 있는 자원의 제한성으로 인해 인권의 우선순위에 대한 논쟁은 계속될 수밖에 없겠지만, 인권 신장의 역사는 한국 사회에서도 멈추지 않을 것이라는 사실이다. 만일 역사의 수레바퀴를 되돌리려는 시도가 있다면, 그것은 일시적인 성공을 거둘 수 있을지는 모르나 머지않아 역사의 반동이라는 오명을

---

[9] 불법체류 노동자들을 포함해서 전체 인구 대비 외국인 노동자들의 비율은 약 2% 정도 되는 것으로 추산되고 있다.

덮어쓸 수밖에 없으며 시민사회의 강력한 저항에 직면하게 될 것이다.

금융위기를 배경으로 하여 등장한 미국의 오바마 정권은 장기적으로 현재의 신자유주의적 패러다임에 어느 정도 수정이나 변경을 하리라고 예측된다. 국제금융에 대한 규제와 감독이 강화되고, 보호무역주의가 일정 수준 다시 부활하고, 인권과 환경의 중요성이 더욱더 강조되며, 양극화에 대한 대응으로 기층 서민과 중산층에 수혜를 주는 정책적 변화가 일어날 가능성이 있다. 이와 같은 미국 정부의 장기적인 패러다임 전환은 한국의 인권 레짐에도 상당한 변화를 가져올 것으로 예상된다. 정부에 대한 한국인들의 기대가 달라지고 정부도 패러다임 전환의 압력을 느끼게 될 것인바, 이와 같은 변화가 한국의 인권 상황에 어느 정도 변화를 초래할 것으로 본다. 이와 같은 변화의 압력에 직면하여, 보편성을 갖춘 인권 규범 체계에 맞추어 한국의 인권 규범 체계를 어떻게 정비하고 또 이행해갈 것인가에 대한 이론적·실천적 논의가 더욱 활발해질 것으로 기대해본다.

참고 문헌

김비환, 2006, 「역사적 맥락에서 본 인권」, 『철학과 현실』 68호: 67-79.
박정순, 2006, 「인권이념의 철학적 고찰」, 『철학과 현실』 68호: 34-66.
임홍빈, 2003, 『인권의 이념과 아시아가치론』, 서울: 아연출판부.
Arendt, Hannah, 1963, *Between past and Future*, Cleveland: The World publishing Company.
Beetham, David, 1999, *Democracy and Human Rights*, Cambridge: Polity.
Bobbio, Norberto, 1996, *The Age of Rights*, trans. Allan Cameron, Cambridge: Polity.
Coleman, J. L. and B. Leiter, 1999, "Legal Positivism", in Dennis Patterson ed., *A Companion to Philosophy of Law and Legal Philosophy*, Oxford: Blackwell, pp. 241-260.

Cottingham, J., 2003, *On the Meaning of Life*, London: Routledge.

Dembour, Marie-Bénédicte, 2006, *Who Believes in Human Rights?: Reflections on the European Convention*, Cambridge: Cambridge University Press.

Donnelly, Jack, 2003, *Human Rights in Theory and Practice*, 2nd Edition, Ithaca: Cornell University Press.

Dworkin, Ronald, 1978, *Taking Rights Seriously*, London: Duckworth.

Dworkin, Ronald, 1985, *A Matter of Principle*, Oxford: Clarendon Press.

Finnis, John, 1980, *Natural Law and Natural Rights*, Oxford: Clarendon Press.

Freeman, Michael, 2002, *Human Rights*, Cambridge: Polity.

Habermas, Jürgen, 1984, *The Theory of Communicative Action*, trans. by T. McCarthy, Boston: Beacon Press.

Habermas, Jürgen, 1996, *Between Facts and Norms: Contributions to Discourse Theory of Law and Democracy*, trans. William Rehg, Cambridge: MIT Press.

Koh, Harold Hongju & Ronald Slye eds., 1999, *Deliberate Democracy and Human Rights*, New Haven & London: Yale University Press.

Kohen, Ari, 2007, *In Defence of Human Rights: A Non-Religious Grounding in a Pluralistic World*, London & New York: Routledge.

Mahoney, jack, 2007, *The Challenge of Human Rights: Origin, Development and Significance*, Oxford: Blackwell.

McCllelland, J. S., 1996, *A History of Western Political Thought*, London: Routledge.

Nozick, Robert, 1974, *Anarchy, State and Utopia*, New York: Basic Books.

Nussbaum, M. and A. Sen eds, 1993, *The Quality of Life*, Oxford: Clarendon Press.

Orend, B., 2002, *Human Rights: Concept and Context*, Peterborough, Ont.: Broadview Press.

Perry, Michael, 1998, *The Idea of Human Rights: Four Inquiries*, Oxford: Oxford University Press.

Rawls, John, 1971, *A Theory of Justice*, Oxford: Oxford University Press.

Rawls, John, 1993, *Political Liberalism*, New York: Columbia University Press.

Raz, Joseph, 1986, *The Morality of Freedom*, Oxford: Clarendon Press.

Rorty, Richard, 1989, *Contingency, Irony, and Solidarity*, Cambridge: Cambridge University Press.

Shestack, Jeromes J., 1998, "The Philosophical Foundations of Human Rights", *Human Rights Quarterly* 20: 201-234.

Soysal, Yasemin Nuho lu, 1994, *Limits of Citizenship: Migrants and Postnational Membership in Europe*, Chicago and London: Chicago University Press.

Teilhard de Chardin, P., 1975, *The Phenomenon of Man*, intro. by Boutros Boutros-Ghali, Secretary-General of the United Nations, New York: Department of Public Information, United Nations.

Waldron, Jeremy, 1987, *'Nonsense upon Stilts': Bentham, Burke and Marx on the Rights of Man*, London: Methuen.

Walzer, Michael, 1983, *Spheres of Justice*, Basic Books.

Wolin, Sheldon S., 1960, *Politics and Vision*, Princeton: Princeton University Press.

각 장에 대한 안내 및 각 장이 처음 게재된 학술지

총론(김비환), 3장(홍원표), 11장(김석근)은 이 책에 처음 싣는 글이고, 그 외의 글들은 학술지에 게재된 것을 이 책에 맞게 일부 내용을 수정·보완한 것이다.

1장: 유홍림, 2001, 「인권의 보편성 문제」(『민주주의와 인권』, 창간호)를 수정·보완한 것이다.

2장: 김범수, 2009, 「공동체주의 인권 담론 연구: 권리 향유자와 의무 이행자의 범위 설정 문제를 중심으로」(『정치사상연구』 제15집 1호: 54-79)를 이 책의 내용에 맞게 일부 수정한 것이다.

4장: 곽준혁, 2009, 「공화주의와 인권」(『정치사상연구』 15집 1호)을 수정한 것이다.

5장: 김병곤, 2009, 「근대자연권 이론과 Property」(『사회과학연구』 35권 3호)를 수정·보완한 것이다.

6장: 오영달, 2009, 「인권과 민주주의에 대한 로크와 루소 사상의 비교와 북한 인권」(『유라시아연구』 제6권 4호)을 재수록한 것이다.

7장: 최형익, 2009, 「카를 마르크스의 정치경제학 비판에 대한 사회권적 해석」(『마르크스주의연구』 제6권 3호)을 수정한 것이다.

8장: 박의경, 2009, 「근대 정치사상과 여성 그리고 인권」(『한국정치외교사논총』 제30집 2호)을 재수록한 것이다.

9장: 김은실, 2009, 「콜론타이의 여성 인권과 자유의 정치사상」(『민주주의와 인권』 제9권 3호)을 수정·보완한 것이다.

10장: 金鳳珍, 2008, 「西周における『權利』觀念の受容と變容―兪吉濬との比較考察」(北九州市立大學大學院社會システム研究科, 『社社會システム研究』 第6號)을 수정·보완한 것으로, 「서구 '권리' 관념의 수용과 변용: 유길준과 후쿠자와 유키치의 비교 고찰」(김봉진, 2009b)의 자매편에 해당하는 글이며 이 두 글에는 겹치는 부분도 있다.

12장: 오문환, 「동학(천도교)의 인권사상: 인권의 보편성과 공동체성을 중심으로」(『동학학보』 17호)를 재수록한 것이다.

13장: 홍태영, 2009, 「인권의 정치와 민주주의의 경계들」(『정치사상연구』 15집 1호)을 이 책의 구성에 맞게 수정·보완한 것이다.

14장: 김남국, 2010, 「문화적 권리와 보편적 인권」(『국제정치논총』 51권 1호)을 일부 수정하여 재수록한 것이다.

15장: 김병욱, 2009, 「인권에 관한 윤리철학 및 정치철학 측면의 검토」(『윤리연구』 제73호)를 일부 수정한 것이다.

16장: 김비환, 2009, 「가치다원시대의 인권규범 형성: 정치철학적 접근」(『정치사상연구』 15집 1호)을 수정·보완한 것이다.

지은이 소개

김비환은 영국 케임브리지대학교에서 정치학 박사 학위를 받았으며, 현재 성균관대학교 정치외교학과 교수로 재직 중이다. 주로 서구 정치사상사와 현대 정치철학을 강의하고 있으며, 주요 관심 분야는 정치와 법치의 관계, 자유주의와 공동체주의 논쟁, 현대 영미 정치사상 관련 문제들이다. 저서로 『포스트모던시대의 정치와 문화』(2005), 『자유지상주의자들, 자유주의자들 그리고 민주주의자들』(2005), 『맘몬의 지배』(2002) 등이, 논문으로 "A Critique of Raz's Liberal Perfectionism: Morality and Politics"(1996), 「전환기 한국사회의 정치철학의 임무: 한국적 민주정치공동체의 존재론적 기초를 찾아」(1999), 「고전적 자유주의 형성의 공동체적 토대: 로크와 스코틀랜드 계몽주의자들을 중심으로」(2000), 「한국 민주주의의 진로에 대한 정치철학적 고찰」(2008) 등이 있다. 이메일: kbhw@skku.edu

유홍림은 미국 럿거스대학교에서 박사 학위를 받았으며, 현재 서울대학교 정치외교학부 교수로 재직 중이다. 서양 정치사상사와 현대 정치사상 등을 강의하고 있으며, 주요 관심 분야는 자유주의, 공동체주의, 민주주의론 등이다. 저서로『현대 정치사상 연구』(2003) 등이, 역서로『현대 정치와 사상』(2005),『전쟁과 정의』(2009) 등이 있다. 이메일: honglim@snu.ac.kr

김범수는 미국 시카고대학교에서 정치학 박사 학위를 받았으며, 현재 서울대학교 자유전공학부 교수로 재직 중이다. 주로 서구 정치사상 고전과 현대 정치 이론, 국제정치를 강의하고 있으며, 주요 관심 분야는 민주주의, 민족주의, 다문화주의, 인권, 정의론 등이다. 주요 논문으로는 「'국민'의 경계 설정: 전후 일본의 사례를 중심으로」(2009), "Bringing Class Back In: The Changing Basis of Inequality and the Korean Minority in Japan"(2007), "From Exclusion to Inclusion? The Legal Treatment of 'Foreigners' in Contemporary Japan"(2006) 등이 있다. 이메일: bramhs@gmail.com

홍원표는 한국외국어대학교에서 정치학 박사 학위를 받았으며, 현재 한국외국어대학교 자유전공학부 교수로 재직 중이다. 주로 현대 정치사상을 강의하고 있으며, 주요 관심 분야는 현대 정치사상 및 한국 정치와 관련된 문제들이다. 저서로『현대 정치철학의 지형』(2002),『언어와 정치』(공저, 2009),『한나 아렌트와 세계사랑』(공저, 2009) 등이, 역서로『혁명론』(아렌트, 2004),『정신의 삶』(아렌트, 2004),『한나 아렌트 전기』(영-브륄, 2009) 등이, 논문으로「한나 아렌트의 새로운 시작 개념과 그 변형」(2007),「정치적 책임과 용서에 대한 한나 아렌트의 이해」(2008),「칼 야스퍼스와 한나 아렌트의 대화」(2010) 등이 있다. 이

메일: hongwp@hufs.ac.kr

곽준혁은 미국 시카고대학교에서 정치학 박사 학위를 받았으며, 현재 고려대학교 정치외교학과 교수로 재직 중이다. 주요 연구 분야는 고대-중세 정치사상과 르네상스 정치사상, 그리고 고전 사상의 현대적 적용에 초점을 둔 정치 이론들이다. 논문으로 "Reconsidering the Comfort Women Case"(2010), "Coexistence without Principle"(2009), 「『로마사 논고』에 기술된 민주적 권위(autorità)」(2008), 「정치적 수사와 민주적 리더십: 아리스토텔레스 수사학의 재구성」(2007), "Democratic Leadership: Machiavelli supplementing Populist Republicanism"(2007) 등이, 저서로 『경계와 편견을 넘어서: 우리시대 정치철학자들과의 대화』(2010) 등이 있다. 이메일: junkwak@korea.ac.kr

김병곤은 영국 케임브리지대학교에서 정치학 박사 학위를 받았으며, 현재 고려대학교 정치외교학과 교수로 재직 중이다. 주로 정치사상사를 강의하고 있으며, 주요 관심 분야는 서구 자유주의 정치사상의 과거가 우리의 현재와 미래에 가지는 의미이다. 저서로 『현대사회와 가치』(1996), 『자유주의의 철학적 기원』(2008) 등이, 논문으로 「동아시아 유교 전통과 자유주의」(2003), 「영국 헌정주의의 기원과 코먼로」(2008), "The Present and Past of the History of Political Thought in Korea: between the West and the Past"(2010) 등이 있다. 이메일: bkkim@korea.ac.kr

오영달은 영국 웨일즈대학교(아버리스트위드)(현 아버리스트위드 대학교)에서 정치학 박사 학위를 받았으며, 현재 한양대학교 정책학과 교수로 재직 중이다. 주로 국제정치학과 정치사상사를 강의하고 있으며, 주요 관심 분야는 국제 인권, 국제 기구, 주권 및 인권 사상에 관련된 문제들이다. 주요 공역서로 『제국에서 공동체로: 국제관계의 새로운 접근』(아미타이 에치오니, 2007), 『세계정치론: 경향과 변환』(찰스 W. 케글리, Jr., 2010) 등이, 논문으로 「라우터파흐트(H. Lauterpacht)의 피치자 중심 주권론과 유럽인권협약의 초국가적 제도화」(2002), 「주권과 인권: 정치철학사상 그 상호관계에 대한 두 가지 전통」(2005), 「근대중국에 있어서 서구의 인권과 주권론 수용―량치차오의 정치사상을 중심으로」(2006) 등이 있다. 이메일: yyo96@hotmail.com

최형익은 서울대학교에서 정치학 박사 학위를 받았으며, 현재 한신대학교 국제관계학부 교수로 재직 중이다. 주로 현대 정치 이론과 한국 정치를 강의하고 있으며, 주요 관심 분야는 민주주의와 정치권력과 관련된 문제들이다. 저서로 『마르크스의 정치이론』(1999), 『고전 다시 읽기』(2007), 『실질적 민주주의』(2009) 등이, 역서로 『자본주의와 사회민주주의』(아담 쉐보르스키, 1995), 『기로에 선 자본주의』(앤서니 기든스 외, 2000), 『제3의 길과 그 비판자들』(앤서니 기든스, 2002) 등이, 논문으로 「입헌독재론」(2008), 「사회양극화와 젠더민주주의」(2009), 「벽초 홍명희의 『임꺽정』에 나타난 전통과 혁명」(2010) 등이 있다. 이메일: ryancooler@gmail.com

박의경은 미국 럿거스대학교에서 정치학 박사 학위를 받았으며, 현재 전남대학교 정치외교학과 교수로 재직 중이다. 주로 서양 정치사상과 여성 정치를 강의하고 있으며, 주요 관심 분야는 근대 정치사상과 민주주의 그리고 여성주의와 관련된 문제들이다. 최근에는 여성 정치사상의 연원에 대한 연구에 주력하고 있다. 주요 논문으로 「미국 민주주의와 관용의 정신」(2010), 「지방자치 20년: 지역여성정치의 현황과 과제」(2010), 「정치적 좋은 삶과 종교적 좋은 삶: 아우구스티누스를 중심으로」(2009), 「참여 민주주의를 위한 루소의 역설」(2008) 등이 있다. 이메일: pek2000@chonnam.ac.kr

김은실은 러시아 모스크바국립대학교에서 정치학 박사 학위를 받았으며, 현재 성신여자대학교 동아시아연구소 연구교수로 재직 중이다. 주로 서양 정치사상과 동북아공동체론, 세계화와 한국을 강의하고 있으며 주요 관심 분야는 러시아 공동체주의, 인간과 정치교육, 여성 정치 관련 문제들이다. 저서로『한국여성인물사 1』(2004, 공저),『세계여성리더』(2004, 공저),『한국여성정치사회사 2』(2005, 공저), 논문으로 「러시아 공동체와 사적자유의 조화」(2002), 「소비에트 사회에서의 여성해방론 실험」(2004), 「여성해방에 대한 콜론타이와 레닌의 정치적 갈등」(2008) 등이 있다. 이메일: vavilova@sungshin.ac.kr

김봉진은 일본 도쿄대학에서 학술 박사 학위를 받았으며, 현재 기타큐슈(北九州)시립대학 국제관계학과 교수로 재직 중이다. 주로 동아시아 국제관계사와 동아시아 지역 질서론을 강의하고 있으며, 주요 관심 분야는 한중일 3국의 정치사상사와 비교 정치사상이다. 저서로 『東アジア「開明」知識人の思惟空間─鄭觀應・福澤諭吉・兪吉濬の比較研究』(2004)가, 공저로『동아시아 전통 지역 질서』(2010),『한류와 한사상』(2009),『한국 병합과 현대: 역사적 국제법적 검토』(2009) 등이, 논문으로「朝鮮近代と万國公法─開國前夜から紳士遊覽団まで」(2010), 「韓日 共通の思想課題」(2009), 「서구 '권리' 관념의 수용과 변용: 유길준과 후쿠자와 유키치의 비교 고찰」(2009), 「서재필의 내셔널 아이덴티티의 형성과 상극」(2008) 등이 있다. 이메일: kimbongj@kitakyu-u.ac.jp

김석근은 한국학중앙연구원 한국학대학원에서 박사 학위를 받았으며, 현재 몇몇 대학에서 한국 정치사상과 동양 정치사상을 강의하고 있다. 동아시아의 전통적 사유에 대한 탐색과 더불어 서구 사상의 번역·수용 과정에 대해서 관심을 가지고 있다. 저서로『한국의 자유민주주의』,『한국민족주의의 종교적 기반』(공저) 외 다수가, 역서로『일본정치사상사연구』,『일본의 사상』,『문명론의 개략을 읽는다』외 다수가, 논문으로「福澤諭吉における'自由'と'通義': 獨立不羈の政治學」,「福澤諭吉における'文明'と'戰爭': '日淸戰爭'に對する批判的讀解」,「兪吉濬,《文明論之槪略》を讀む?」등이 있다. 이메일: jin0729@chol.com

오문환은 연세대학교에서 정치학 박사 학위를 받았으며, 현재 서강대 등의 시간 강사로 출강하고 있다. 주로 한국 정치철학을 강의하고 있으며, 주요 관심 분야는 도덕, 영성, 정치권력의 상관성 문제들이다. 저서로『해월 최시형의 정치사상』(2003),『동학의 정치철학』(2003),『다시 개벽의 심학』(2006) 등이, 논문으로「동학과 칸트의 도덕론 비교」(2005),「천도교의 민주공화주의 사상과 운동」(2007),「동학에서 자율적 인간과 공공영역의 형성」(2003) 등이 있다. 이메일: mhoh@naver.com

홍태영은 프랑스 파리사회과학고등연구원에서 정치학 박사 학위를 받았으며, 현재 국방대학교 국제관계학부 교수로 재직 중이다. 주요 관심 분야는 근현대 정치사상, 특히 문화, 권리 및 정체성의 정치 등이다. 저서로『몽테스키외 & 토크빌』(2006),『국민국가의 정치학』(2008),『현대정치철학의 모험』(공저, 2010) 등이, 논문으로「문화적 공간의 정치학」(2008),「근대 국민국가 형성기 시민군과 애국주의」(2010),「공화

주의적 통합과 프랑스 민주주의」(2010) 등이 있다. 이메일: tyghong@hanmail.net

김남국은 미국 시카고대학교에서 정치학 박사 학위를 받았으며, 현재 고려대학교 정치외교학과 교수로 재직 중이다. 주로 현대 정치철학과 유럽 정치를 강의하고 있으며, 주요 관심 분야는 아시아와 유럽의 시민권, 인권, 다문화주의와 관련된 공공정책의 철학적 해석 등이다. 저서로 『부하린: 혁명과 반혁명의 사이』(1993), 『국민의 군대 그들의 군대』(1995), 편저서로 *Globalization and Regional Integration in Europe and Asia*(2009), 논문으로 「영국과 프랑스에서 정치와 종교」(2004), 「경계와 시민」(2005), 「심의 다문화주의」(2005), 「문화적 권리와 보편적 인권」(2010) 등이 있다. 이메일: nkim98@gmail.com

김병욱은 중앙대학교에서 정치학 박사 학위를 받았으며, 현재 중앙대학교 민족통일연구소 연구교수로 재직 중이다. 주요 관심 분야는 한국정치사상사에 기초를 둔 비교윤리문화방법론과 한국비교정치이론을 구축하는 일이다. 저서로 『공적 윤리와 정치』(2004) 등이 있으며, 논문으로 「인권에 관한 윤리철학 및 정치철학 측면의 검토」(2009), 「정치이론과 현실 개념에 관한 윤리적 검토」(2008), 「공적 윤리 관점으로 검토해보는 니코마코스 윤리론」(2006), 「정치사상적으로 검토해보는 한국비교정치론」(2005) 외 다수가 있다. 이메일: systasis@yahoo.co.kr